杭州市哲学社会科学规划重点课题

杭州历史文化研究丛书

湘湖史

方晨光等／著

中国社会科学出版社

图书在版编目（CIP）数据

湘湖史／方晨光等著. —北京：中国社会科学出版社，2012.10 （杭州历史文化研究丛书）

ISBN 978-7-5161-1525-1

Ⅰ.①.湘… Ⅱ.①方… Ⅲ.①湖泊—历史—杭州市 Ⅳ.①K928.43

中国版本图书馆 CIP 数据核字（2012）第 229196 号

出版人　赵剑英
责任编辑　张　林
特约编辑　孙大伟
责任校对　韩海超
责任印制　戴　宽

出版发行　中国社会科学出版社
社　址　北京鼓楼西大街甲 158 号　邮　编　100720
网　址　http：//www.csspw.cn
中国域名：中国社科网　010－64070619
发行部　010－84083685
门市部　010－84029450
经　销　新华书店及其他书店

印　装　杭州电子工业学院印刷厂
版　次　2012 年 10 月第 1 版
印　次　2012 年 10 月第 1 次印刷

开　本　787 × 1092　1/16
印　张　25.75
插　页　2
字　数　516 千字
定　价　76.00 元

凡购买中国社会科学出版社图书，如有质量问题请与本社发行部联系调换
电话：010－64009791

编辑指导委员会

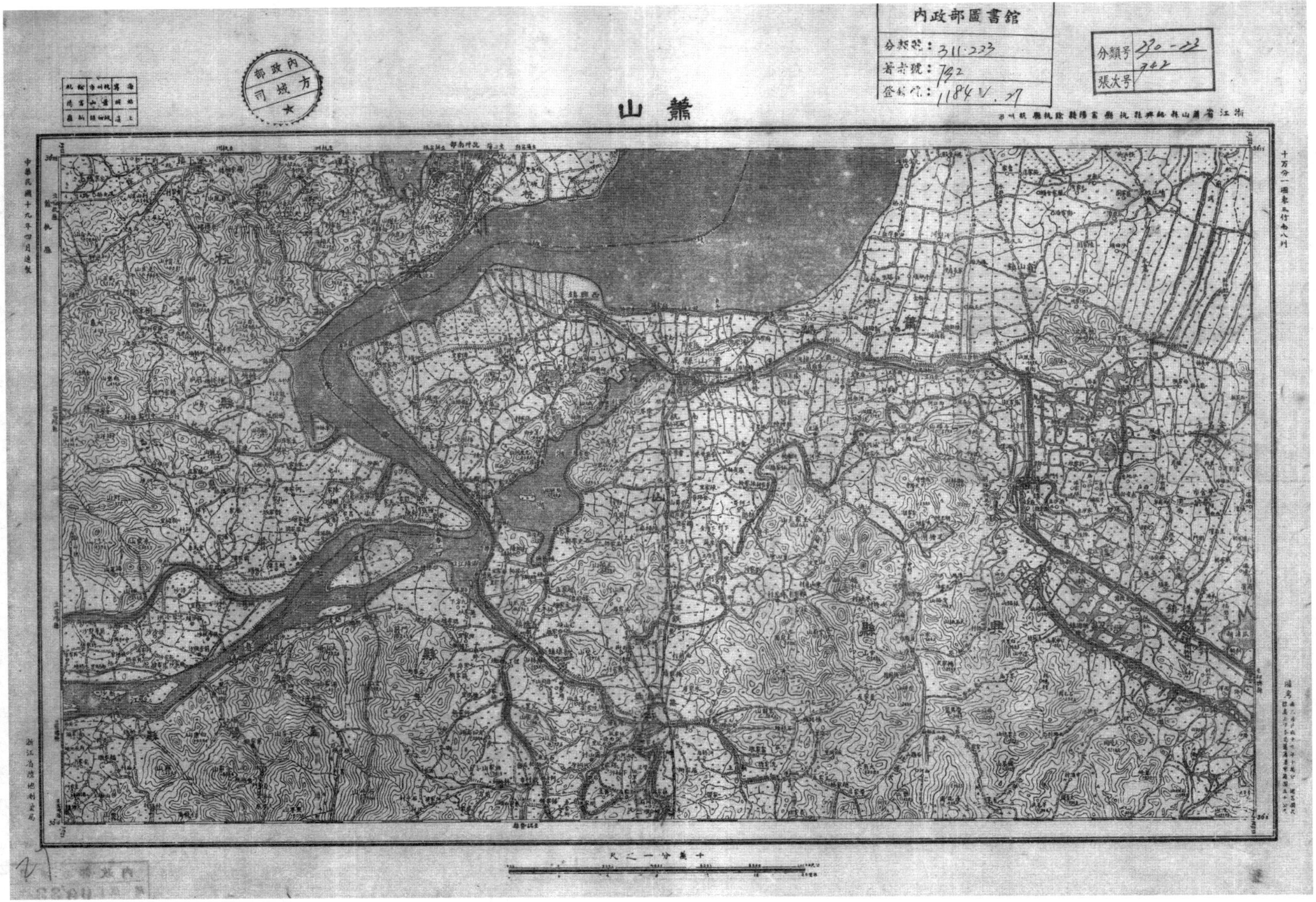

藏于台湾“内政部”图书馆民国19年萧山政区图(钱杭提供)

民国16年湘湖建设计划图

目　录

绪　言

湘湖是一个具有非凡魅力的名字，是故乡萧山堪与西湖媲美的胜景。从童年到如今，我一直眷恋着湘湖，甚至想到身后能归葬于湘湖，或者在湘湖荒原获一方小土立一“读书人来新夏碑”与湘湖相伴。湘湖有着8000多年历史的跨湖桥文化遗迹，有着深厚的文化底蕴，有着历代文人名公的流风余韵，有着丰富充盈的土特物产，有着“山绕湖转，湖傍山走”的美景，更有着说不尽的琐闻故事……所有这些，都给萧山增添了绚丽色彩，而萧山亦以拥有湘湖而骄傲。

我曾读过几本有关湘湖的书，获知湘湖的大略，总想能读到通贯古今、全面论述的著作，而一时未能如愿。2006年，乡友方晨光先生以所著《文脉湘湖》来请序。其书从“历史文化学”角度，研究湘湖的人文历史，向一般读者提供了解湘湖的帮助，但对我来说，该书是一部对湘湖作专题性研究的专著。可喜的是，方晨光先生并未以此止步，而是继续他对湘湖的研究。他曾告诉我，将要写一部《湘湖史》。时经四年，他和他的课题组果然实现了他们的学术理想，完成了《湘湖史》的撰写。《湘湖史》仍以历史文化为视角，反映从跨湖桥文化以来包括自然湘湖和人工湘湖8000多年的历史。其区域范围为湘湖“文化辐射区”，以湘湖流域为基本范围，并超出湘湖流域。较之《文脉湘湖》又进一层楼。我心向往之而谋先读为快，适晨光发来书稿请序，时当溽暑炎夏，读其书若感清凉。

《湘湖史》的主要作者方晨光先生，是我的乡友，虽相识较晚，而相知则深，颇为其勤奋向学的精神所感动。我在为《文脉湘湖》所写的序中，曾表达我对他的钦佩之心：“晨光历任公务，而能于公私丛集之暇，敏而好学，行有余力则日以治学著述为业，于当前公务人员中实属难能。晨光既以湘湖为专攻，则随湘湖日益发展、更新，而研究探讨当有更大进展，而为地方文献领域增一专家。”现在看来，这段话尚有不足。方晨光先生在经过中年历练后，愈益显示他淡泊名利的性格。他摒弃地方上的党政领导职务，他敝屣尚有升阶的空间，毅然投身于学术研究和著述，去充当一份不甚著名的杂志编辑，而且非常恬然自喜。正因为他有这份空间，才带领他的课题组写出了《湘湖史》这样一部著作，对他们所处的时代作出他应作的贡献。

《湘湖史》共分六章，以历史的发展为贯穿脉络，进行分时代的较详细论述。前有“绪论”，后有“附录”。全书的内容大纲是：

序论题作“湘湖生态环境及历史分期”，对湘湖的湖名、生态环境、文化价值和湘湖史的分期等情况作出明确的解释和界说，是本书开宗明义的总说明。

第一章题作“原始社会时期：跨湖桥文化”，共分三节，对远古湘湖跨湖桥文化的遗址与遗存、跨湖桥人的生产生活以及跨湖桥文化保护及展示，作了较详细的描述，使萧山的人文历史和中华民族五千年的历史提前3000年。

第二章题作“先秦至汉唐时期：古越争战与文化多元”，共分五节，叙述了这一历史时期湘湖地区的战备、战事以及萧绍运河的沿革和名士遗迹等，以揭示湘湖自然湖泊时期的人文状态。

第三章题作“宋元时期：从自然走向人文之湖”，共分五节，强调地论述湘湖筑湖前的自然状态和人工建设后的水利成效，并论及《方文林墓志铭》相关人物、南宋皇室的遗迹以及名公文士对湘湖山山水水的吟颂，使后人陶冶在湘湖诗情画意的美妙境界中。

第四章题作“明清时期：湘湖禁垦之争与人文发展”，共分七节，除追述历来权势者对湘湖的侵占和反侵占的原委外，详尽地记述了湘湖的集镇、古迹、特产，并重点论说乡贤遗事、氏族源流及文人学士的人文活动，汇集了他们创作的诗文书画，充分地体现湘湖的人文精神，装点了湘湖的人文色彩，令人神往。

第五章题作“20世纪：湘湖垦殖与文化探索”，共分六节，这是湘湖几近消亡的衰退时期。作者只用一半的笔墨记述湘湖的湮废及艰难的农业生产，而以其他四节写湘湖景观、湘湖典故、湘湖师范及湘湖研究的著作，强调人文精神尚在，用以寄托作者对湘湖湮废的哀痛。

余论题作“文化湘湖的振兴”，介绍新湘湖的规划、机构、开发历程与文化保护、景观、公园以及有关湘湖的著作。意为历史文化的延续和湘湖新文化的创造，虽不能纳入章节，但为湘湖文化美好的愿景。

附录包含有湘湖大事年表、湘湖诗词文赋目录选、湘湖古代景名简注、湘湖景名楹联一览表、湘湖导游词选、新“萧山十景”评选中湘湖景观等内容，对参读本书与游湘湖者有所裨益。

通读全书，应是一部贯通古今、综合论述、具有明显人文精神的著作，可作为读者了解湘湖的门径。对于历史的考证，作者付出了相当的努力，所征引的文献史料，包括志书、著作、论文百余种。其持论比较客观，如湘湖的命名由来，备存三说，以待论定。至于历史分期亦大体相当，切中时代特色。文字通畅，具有可读性，为湘湖增一佳作，定当不胫而走，望九之年犹翘首以待！

是为之序！

来新夏

2011年秋日写于南开大学邃谷，时年89岁

序　论　湘湖生态环境及历史分期

湘湖，位于杭州市萧山区，东邻萧山城区，南接义桥镇，西濒钱塘江，北隔滨江区与杭州钱江新城隔江相望，距杭州西湖十几公里。

湘湖，是一个古老的湖泊，与杭州西湖同称“姊妹湖”。湘湖与西湖是嵌镶于钱塘江南北的两颗明珠。明朝张岱在《明圣二湖》中曰：“余弟毅孺常比西湖为美人，湘湖为隐士，鉴湖为神仙。余不谓然。余以湘湖为处子，眡娗羞涩，犹及见其未嫁之时。”民国周易藻《萧山湘湖志》：“昔人云，湘湖犹处女，密不炫人。”当代郑逸梅先生说，与“杭州一水之隔的萧山有个湘湖，那风景胜迹，不在西湖之下，却湮没不彰”。

在远古时候，湘湖与西湖同属后海（钱塘江）的海湾，大约于4000年前后湘湖由海湾淤积成湖，后逐渐演变为泻湖和内陆淡水湖泊。湘湖早期称“西城湖”，与渔浦湖、临浦湖相连，是浦阳江下游的三大自然湖泊之一。

以北宋政和二年（1112）杨时筑湖为界，之前为自然湘湖时期，之后为人工湘湖时期。自然湖泊时期，历时3100多年；而人工湘湖至今也已有900年的历史。

如果从湘湖区域有人类活动开始算起，至今已有8000多年的历史了。湘湖经历了海湾期、江湾期、泻湖期、初创期、发展期、垦湖期和重新建设期等。湘湖的演变，既是自然的造化，也是人民的杰作；既留下了清晰的历史足迹，亦传承了丰富的湘湖文化。

第一节　湘湖湖名

湘湖，在先秦时期为自然湖泊，其范围为钱塘江以东以南、文笔峰以北、萧然山以西，钱塘江水直拍青山、越王城山半岛。湘湖与南、西南的渔浦湖、临浦湖连成三大湖泊。大约到了唐朝后期，受钱塘江影响，渔浦湖、临浦湖相继淤涨；青山周围的湘湖、渔浦湖、白马湖被逐渐分离，湖面渐渐缩小，只有部分河道相连；渔浦湖一半纳入钱塘江，一半则淤塞成陆。钱塘江北移，固陵码头逐渐远离越王城山（固陵），随着浙东运河的开掘，固陵遂成为隋、唐、五代、宋、元、明、清、民国沟通钱江南北的交通要塞。北宋政和二年（1112），杨时知萧山县，在县尉方文林的协助下，“视山可依，度地可圩，以山为止，筑土为塘”（明嘉靖《萧山县志》），筑湖堤于湘湖南北，废田3.7万余亩，蓄水为湖，雨季蓄水防洪，旱季放水灌溉农田，时流域面积达萧然山、青山东西南北9乡14万余亩。区域包括今许贤、义桥、闻堰、长河、浦沿、西兴、城厢、城东、衷江、新塘、城南、来苏、所前、石岩等地。从筑湖后，南宋、元、明、清各朝垦湖与保湖之争不断，甚至有血案发生，但大多时期保湖派占上风。到了民国时期，湘湖灌溉功能减弱，许多地方淤涨为湿地，随后压乌山、定山等被开垦，1928年浙江省立湘湖乡村师范学校。

一　湖名“三说”

湘湖名称的来源，多有争议，主要有“景若潇湘”说、出于“萧山”说以及源于“湘神”说。

（一）“景若潇湘”说

《四库全书》集部·别集类·明洪武至崇祯·临安集·卷五，明钱宰撰《湘阴草堂记》有这样的记述：“句越之墟有山焉，曰萧山，有水焉，曰湘湖，山秀而疏，水澄而深，邑之人谓，境之胜若潇湘，然因以名之。有汤处士者，世居其地，间尝筑室于湘水之阴，日与宾客燕处其上。以遨以嬉，且将以为归藏之地焉，名之曰湘阴草堂。”

《明嘉靖萧山县志》（卷二）水利：“政和二年，杨龟山来莅政，视山可依，度地可圩，以山为止，筑土为塘。均税得利田内，民乐从之，名曰湘湖。”民国《萧山县志》亦复其言。

1987年的《萧山县志》附录《湘湖记略》中有这样一段话：“政和二年，杨时（龟山）任萧山县令——后以湖景宛若潇湘，取名‘湘湖’。”

1989年《萧山城厢镇志》湖泊：“湘湖，位于镇西南，与本镇市区相距约二里。原为山间洼地，宋代熙宁年间，县民请筑为湖，宋神宗‘可其奏’，后‘因富民多游移，不能划一而令其地者，又惮于任事，遂不决而罢’。政和二年，杨时为萧山县令时，‘视山可依，度地可圩，以山为界，筑土为塘’，遂成湖。境之胜若潇湘然，故名湘湖。”

综上所述，传达了很确切的两层意思：一是“湘湖”之名是杨时筑湘湖之后产生的，时间在北宋政和二年（1112）；二是湘湖之名原以明钱宰“境之胜若潇湘”，所以叫湘湖。

然民国周易藻《萧山湘湖志·湘湖原始》记载有所不同：“谨按：湘湖之名不知何所取义，钱宰《湘阴草堂记》（《四库全书》集部）云，邑人谓境之胜若潇湘，然因以名之。他书无所考证，姑存其说。”周易藻先生对此提出了疑虑。因为其他书无法考证，姑存“境之胜若潇湘”之说。可见，周易藻先生亦想对其考证，限于当时条件，《萧山湘湖志》中又不得不说，所以“姑存其说”。但《萧山湘湖志》（民国16年）以后其他志书并没有提出考证，相反而对“境之胜若潇湘”作了技术处理，似乎“境之胜若潇湘”成了湘湖名称的来源。

《湘阴草堂记》是钱宰《临安集》中的一篇游记，语言很美，借邑人之口，说出“境之胜若潇湘”，不能不说文章之优美，写作水平之高明。钱宰曾居高官，授国子助教，享年96岁，德高望重，明以后各朝《萧山县志》多有引用在情理之中。但在客观上造成了后人对“湘湖”名称来源的误解。其主要原因是湘湖名称在明朝之前就有，也并非“境之胜若潇湘”，加上游记并不作深入的考证，故形成了后代志书的引用。

（二）出于“萧山”说

此说源于蔡堂根著的《萧山湘湖史》[1]，说山名“萧山”与湖名“湘湖”是对称的、有联系的。主要依据为：“钱宰《湘阴草堂记》对湘湖命名的解释无疑是错误的，但它所反映的命名思路——‘萧山’与‘湘湖’是相呼应的，却很有启发意义。”又说：“‘潇’和‘湘’本是湖南境内的两条水名，‘潇湘’二字连用历来代指湖南。‘潇’与‘萧’音同形近，萧山之名早已存在，且成了当时的县名，而湖就在萧山脚下，出于关联和对称的考虑，人们在命名时很容易想到‘湘湖’，即通过‘潇湘’二字把山和湖之间的关联又对称的关系准确表达出来。就这样，萧山和湘湖紧紧地联系在一起了。”

从以上文字看，“萧山”和“湘湖”名称相关的理由主要有两条：一是因为湖南“潇湘”二字的联想；二是因为地理位置相近。但所有这些只是推测，并没有相关依据。作者自己在书中也说：“以上推测如果成立，湘湖之名称最早应该出现在唐代中后期。”

周膺、吴晶著的《杭州史前史》也说道，钱宰可能由“萧（潇）山”联想到“湘湖”（潇、湘为湖南水名），其解释当属随意，可信度不高。[2]

（三）源于“湘神”说

唐末著名的道教学者杜光庭（850—933）在《道教灵验记》（卷七）中撰有《萧山白鹤观石像老君验》一文，文中提及湘湖：“越州萧山县白鹤观石像老君……有湘湖老人水上见一物，凌波而去，谓其蛇也——湖去

[1] 蔡堂根：《萧山湘湖史》，浙江人民出版社2011年版。

[2] 周膺、吴晶：《杭州史前史》，中国社会科学出版社2011年版，第23页。

白鹤观四十余里。”也就是说，湘湖之名至少在唐末已经出现，而非北宋杨时筑湖（1112）后才有。需要说明的是，唐末的湘湖还是一个自然湖泊，它的南面与渔浦湖相通，西面是钱塘江，北面是青山、越王城山。从时间的先后可以证明“境之胜若潇湘”说值得怀疑。

“潇湘”之景在湖南，在宋前一直默默无闻，直到北宋胡安国（1073—1138）父子隐居湘潭隐山，著《春秋传》才创立了“湖湘学派”，后经“湖湘学派”的不断推崇，“潇湘”之景声名大振。但这比唐朝产生“湘湖”之名的时间差了几百年。此亦说明了湘湖之“湘”非“境之胜若潇湘”之“湘”。

《湘湖古诗五百首》[1]中就有不少关于湘妃、湘神、湘灵、湘君的记载，只是没被人重视。明朝正德进士邵经邦（今杭州人）《弘艺录》中《宿渔浦》诗：“楚歌可答湘神鸶，汉客如生严濑明。”《萧山湘湖志》中载清朝黄元寿《湘湖杂咏》诗：“若把西湖比西子，也将湘水拟湘灵。”清朝张文瑞《六湖先生遗集》中《过乐丘魏尚书墓下作》诗：“百里湘湖君子泽，千秋偃盖大夫松。”清朝单隆周《湘湖采莼歌二首》：“仙灵钗股合还分，解佩生丝递相续。”

[1] 杜永毅选编：《湘湖古诗五百首》，浙江人民出版社2006年版。

湘妃、湘神、湘灵、湘君、湘夫人等为舜之妃不同的称呼，受之以湘湖，有其民间传说的渊源和土壤。1998年版缩印本《辞海》有“湘灵”、“湘夫人”、“湘君”的记载：

> 湘灵：神名。《楚辞·远游》：“使湘灵鼓瑟兮，令海若舞冯夷。”王逸《楚辞章句》注以湘灵为“百川之神”。唐章怀太子李贤注，以湘灵为虞舜之妃，即湘夫人。
>
> 湘夫人：《楚辞·九歌》篇名。战国楚人屈原作。与《湘君》为姊妹篇。本篇为祭湘夫人之歌。
>
> 湘君：《楚辞·九歌》篇名。战国楚人屈原作。（1）司马迁《史记·秦始皇本纪》载秦始皇渡湘江时遇大风，因问博士：“湘君何神？”博士言：“尧女，舜之妻，死而葬此。”刘向《列女传》亦谓舜之二妃“死于江湘之间，俗谓之湘君”。（2）王逸《楚辞章句》以湘君为湘水神，湘夫人为舜之二妃。（3）郭璞《山海经注》谓“天帝之二女而处江为神，即……《九歌》所谓湘夫人称帝子者是也”。以为湘君、湘夫人都不是舜之二妃。（4）韩愈《黄陵庙碑》以为“尧之长女娥皇为舜正妃，故曰君；其二女女英，自宜降曰夫人也”。

以上记载虽不十分一致，但湘妃、湘神、湘灵、湘君、湘夫人等无疑为传说中的舜帝之妃。

萧山及周边县市是虞舜遗迹与传说的集中区，这使得关于“湘神”的传说和“湘湖”名称的形成有了社会土壤。湘湖周边是舜传说故事集中区域，萧山许多书籍都记载有湘湖周边的历山、渔浦、舜湖等传说，这就使得舜之妻、尧之女娥皇、女英化身的“湘神（水仙神）”传说有了依据。“历山”即今闻堰镇小砾山，宋前称历山，史籍记载舜耕于历山，舜后人亦耕于此。《十道志》载，历山（今小砾山）为舜耕耘之地。“渔浦”古为湖，上承临浦湖、浦阳江之水，下注钱塘江，《十道志》记载，舜曾渔于此，故名。“舜湖”为“深湖”的原名，位于萧山浦阳镇浦阳江支流凰桐江右岸，是舜的出生地和生长地，舜自小在那里生活和驾牛耕田，是尧发现舜之处，后人俗传“舜湖”为“深湖”，所建祠堂的匾额镌有“舜耕湖上永名世”。有研究表明，禹的后代姓氏多达89个，今萧绍一带的姒姓、夏姓、楼姓皆为大禹后人。楼塔“细十番”古乐曲源于夏朝，流传至今。

萧山周边的县市有许多关于舜的传说。如舜为嫦娥主婚、支持大禹治水、巡狩会稽山、为尧建新都、陶河滨、渔雷泽、耕象田、百官随舜、射天狼、舜江等。又有众多舜迹。宋王十朋在《会稽风俗志》中说：“舜生于诸冯，《孟子》以为东夷之人，历世逾远，流传失真，太史公以为冀州，然耶，否耶？然越之邑，则有上虞、余姚，水有渔浦、三怃，地有姚邱、百官，里焉有灶，汲焉有庙，皆其遗迹也。意者不生于是，漫游于是乎？”

古人以湘神、湘灵、湘君比湘湖，如同西子比西湖。“欲把西湖比西子，淡妆浓抹总相宜”。用湘神、湘灵、湘君等比湘湖，不足为怪。清朝黄元寿《湘湖杂咏》“若把西湖比西子，也将湘水拟湘灵”不是没有道理的。且湘湖之“湘”除以上所用外，还见于众多古代写湘湖的诗词。以写“湘浦”、“湘水”为例：“而今秋色涵湘浦，红蓼洲前放棹来”，清朝工勉《湘湖秋泛》。“乘舟直入湘浦里，四顾千山万山紫”，明来集之《湘湖采莼歌》诗。“飞锡还归湘水东，丹崖翠壁旧龙宫”，清毛奇龄《莲公还住净土寺》。“压乌何事浮湘水，度项中年忆范增”，明朝方以规《压乌山》诗。“庙祀湖堤花满砌，泽流湘水昼长春”，明朝倪朝宾《萧山八景·书院流芳》诗。

总之，湘湖之名始于唐朝，湘湖之“湘”的来源有文献记载，也有广泛的民间传说。湘湖之“湘”是指湘神（湘妃、湘神、湘灵、湘君、湘夫人等），其“湘”名较多地见于明清古诗文。“景若潇湘”是文学语言，且指“湘景”，非指“湘神”，作为志书记载误导了后人。

二　湖名沿革

（一）湘湖水域在商周至汉朝时属“潘水”

远古时期，冰川、海潮作用频繁，气候冷暖交替，湘湖是一个海陆交替的地带。约8000年前，海退成为陆地沼泽，有跨湖桥遗址先民在这个自然的"湖泊"边繁衍生息。他们就地取材制造石器、木器、骨器、陶器等生产生活用具，制造了独木舟、木弓、石磨盘和大量的陶罐，已经会种植水稻和饲养家猪。7000—6000 年前，海侵再次袭来，这里又一次沦为一片浅海，遗址湮灭。

商周"泰伯避历"，"江蛮是适"[1]，居于钱塘江边山顶之城。其城"口"置天，状如"吴"，故立号"句吴"，时称"泰伯奔吴"。其城为浙江天然屏障，城在山上，山以水环，时曰"藩篱"。东汉班氏《汉书·地理志》载："余暨，潘水所出，东入海。""潘水"即今浦阳江。根据陈桥驿研究，北宋之前（包括商周时期至汉朝）的浦阳江下游是临浦湖、渔浦湖、西城湖三大湖泊相连的区域，为"潘水"所出之区域。清代李慈铭对北魏郦道元的《水经·浙江水注》作研考后，在他的《越缦堂文集》（卷十二）中曰："湘湖即汉志之潘水，郦注之西城湖。"唐司马贞《史记·索隐》中引《系本》曰："吴孰哉（仲雍字）居藩篱。"经考研，古代"藩"与"潘"同音，环山之水，卧波城下，水因城名，故曰"潘（藩）水"。"潘水"是湘湖水域最早的名称，出现于商周至汉朝。

[1] 商朝末年，泰伯为避古公亶父想传位给三弟季历的儿子姬昌，主动与二弟仲雍到当时人烟罕至的江南，"文身断发，示不可用"，这样一来，让古公亶父可以安心传位到姬昌，这就是历史上著名的"泰伯让天下"。

（二）湘湖水域在春秋时称"溟海"与"木鱼池"

2500 年前的春秋时期，湘湖一带是吴越争霸的军事重地。湘湖、区域正是越国的军港——固陵港。越国水师在此驻守，越王句践的多次水上军事行动，都从这里出发。湘湖成为吴越交锋的重要战场，留下了"馈鱼退敌"、"卧薪尝胆"等历史故事。国内最早的方志——《越绝书》曾记载："会稽山上城者（今越王城山），句践与吴战，大败，栖其中。因以下为目（木）鱼池，其利不租。"句践对孔子学生子贡讲述了自己"上栖会稽山，下守溟海，唯鱼鳖是见"的情景。《越绝书》将会稽山下四周环水、中间无水（镂空）的地域，形象地称作"木鱼池"，句践把会稽山下广大无垠的水域，叫做"溟海"，这是对湘湖水域的最早记载。

春秋时期，临浦湖、通济湖、渔浦湖、白马湖是早期与湘湖水域相关联的湖泊。古代浦阳江下游为冲积平原，受洪水和海潮影响，形成一片低洼沼泽地带，分布着临浦、通济、渔浦、西城湖等湖泊。据陈志富《萧山水利史》考证："春秋时期，萧山中部平原主要湖泊有临浦（湖）、通济（湖）、渔浦（湖）、西城湖、白马湖等，它们分布于浦阳江下游与钱塘江之间，萧绍平原西部。"又说："峙山南为临浦（湖），峙山北为通济（湖）。"陈桥驿先生在《论历史时期浦阳江下游的河道变迁》一文中指出："临浦湮废以后，木根山与碛堰山之间的平原地区残留为通济湖，仍有水道连通。"春秋时期，临浦湖基本湮废，而通济湖尚有部分河湖存留。陈桥驿《浙江古今地名词典》："晋顾夷《吴郡记》：'富春东三十里有渔浦'，即此。上承临浦湖，下注钱塘江。渔浦湖由来已久，而有史以后，逐渐缩小，明朝嘉靖时尚残留有东湖、白马、净林、回龙庵、詹家诸湖。而东湖、白马湖至今犹存。”古有渔浦潭、渔浦寨、渔浦镇、渔浦驿、渔浦街。今渔浦街尚存，在义桥镇富春江、浦阳江、钱塘江三江汇合处。《十道志》载，渔浦为舜渔猎之处，湖口江边的历山（今小砾山）为舜耕耘之地。以上分析，从东南到西北依次分布着临浦（湖）、通济（湖）、渔浦（湖）等，均与后来的湘湖水域相连。陈桥驿《浙江古今地名词典》载：白马湖“一名石姥湖……一说汉周举乘白马游而不出，时人以为地仙，故名；一说湖形似马，湖水白光渺渺，故名”。白马湖在固陵城北，民间传说夫差围固陵城排马布阵之地，后成湖名“排马湖”，“排”与“白”谐音，故名。后湖因近西陵（西兴），又称“西陵湖”。李白诗曰：“东海横秦望，西陵绕越台。”

（三）“西城湖”是湘湖水域汉至北宋中期的名称

东汉袁康、吴平辑《越绝书·外传记地传》载：“浙江南路西城者，范蠡敦（屯）兵城也。其陵固可守，故谓之固陵。”“西城”乃古越之西之城（非城山之西之城，更非县城之西之城，当时萧山尚无城），后之越王城；“西城”环水，故北魏郦道元《水经注·浙江水注》载：“有西陵湖，亦谓之西城湖”，“浙江又经固陵城北，昔范蠡筑城于浙江之滨，言可固守，谓之固陵，今之西陵也”（见图1）。湖以近城而得名。南宋《嘉泰会稽志》曰：越王城“在县西九里”。清顾祖禹《二十一史方舆纪要》：“查渎在县西南九里。”可见，越王城与查渎相近，均处“西城湖”。陈桥

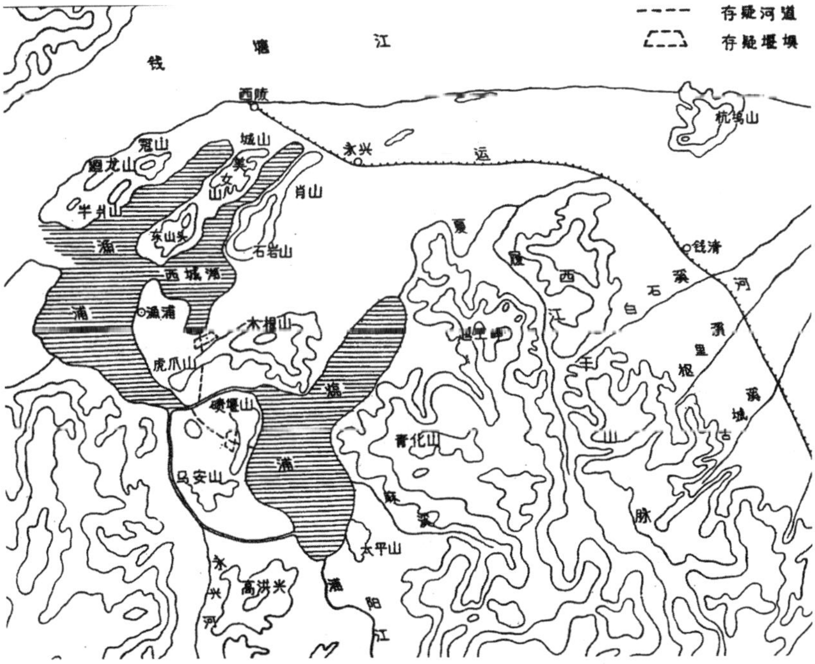

图1　六朝时期浦阳江下游示意图

驿《浙江古今地名词典》："查渎，古聚落名。又称查浦，也即《水经注·浙江水注》所称之柤渎、柤塘。"其时，西城湖南部与渔浦湖相连。《浙江古今地名词典》曰："湘湖，一名西城湖。在萧山市区西南。北宋中期围湖开垦殆尽。政和二年（1112）县令杨时围塘筑复湖。"据以上分析，"西城湖"为湘湖汉至北宋中期的名称。

（四）"湘湖"之名唐末时出现

"越州萧山县白鹤观石像老君……有湘湖老人水上见一物，凌波而去，谓其蛇也——湖去白鹤观四十余里。"（唐杜光庭《萧山白鹤观石像老君验》）结合全文，尤其是其中的"越州萧山县白鹤观"、"湘湖老人水上见一物"、"湖去白鹤观四十余里"等语，尽管文中太上老君像的神奇现象不可信，但其中涉及的地名"萧山"、"湘湖"、"白鹤观"等是存在的；也就是说，"湘湖"之名在唐末就已经存在。

北宋庆历著名的政治家、诗人、学者刘敞（1019—1068）《公是集》（卷十六）中有《得萧山书言吏民颇相信又言湘湖之奇及生子名湘戏作此诗》一诗："吾家千里驹，气与齿俱壮。去年射策雄东堂，今年调官在越上。指挥小吏遣簿书，笑语不废才有余。清酒肥鱼宴宾客，时时骑马临湘湖。湖波无风百里平，人道官心如此清。居民爱尹氏为字，令尹生儿湖作名。家家祝君多男子，越中更有余山水。""越中"的"萧山"亦即浙江萧山。诗题中说"得萧山书"，当是指得到当时在萧山当县令的弟弟刘和的信。《公是集》中，刘敞先后写了《送萧山和弟》（卷二八）、《寄题萧山岁寒堂》（卷十四）、《萧山舍弟将发南都以诗候之》（卷二一）等诗文。"清酒肥鱼宴宾客，时时骑马临湘湖"，刘和的官当得春风得意，就连生儿亦以身边的湘湖为名。刘敞得弟刘和的信，即赋此诗。此诗也表明，"湘湖"之名早在政和二年（1112）之前就有。

宋代许景衡的《横塘集》（卷十九）中有一篇宋重和二年（1119）写成的《方文林墓志铭》曰：方从礼"再调越州萧山尉……萧山湘湖湮废久，民田无以溉。从礼亟以浚治请于有司而躬督其役。未几湖复，邑人赖其利"。方文林，字从礼，为晚唐浙江著名诗人方干的后代，先后任职信州玉山、萧山、杭州、温州等地，"受命十年"，最后因勤于政事，积劳成疾，于政和六年（1116）四月二十六日死于任上，享年46岁，葬于天台县太平乡鸡头奥。方从礼任萧山尉时为县令杨时的下属，"请于有司而躬督其役"，直接参与组织了湘湖的筑造，为杨时筑湖之监工之人，他在湘湖筑成后不久即去世。这篇墓志铭是杨时造湖后时间最近、内容最直接的佐证文献。

（五）湘湖之名流变

远古时期，湘湖区域是一个海陆交替的地带，浦阳江、富春江、钱塘江三江交汇地带形成临浦湖、渔浦湖、西城湖三大湖泊，上游浦阳江、富春江倾泻而下，下游钱塘江潮抵冲。此区域常在海侵时与海湾连成一片，海退时沦为一处沼泽。商周时期，“泰伯避历”、“江蛮是适”，环山之水，卧波城（越王城）下，称“藩篱”，“藩篱”边的水（浦阳江河口处）曰“潘水”。“潘水”是湘湖流域最早的名称，出现于商周至汉朝。

到春秋战国时，《越绝书》记载湘湖为“目（木）鱼池”，句践称其为“溟海”；其时，临浦湖、通济湖、渔浦湖、白马湖（西陵湖）是与湘湖水域相关联的湖泊。在两汉、两晋、南北朝、隋唐、北宋时，称“西城湖”。在汉代“潘水”、“西城湖”名同时出现。

唐末著名的道教学者杜光庭在《道教灵验记》中有《萧山白鹤观石像老君验》一文，中有萧山“湘湖”名称。北宋庆历著名的政治家、诗人、学者刘敞在和弟刘和的诗《得萧山书言吏民颇相信又言湘湖之奇及生子名湘戏作此诗》中，亦有萧山“湘湖”名称，刘和还为其子取名为“湘”。宋代许景衡在《方文林墓志铭》中云，督建湘湖之人为萧山县尉方从礼，首次确认了县令杨时筑湘湖有得力助手。南朝到北宋，“西城湖”与“湘湖”两名同时入古代诗文。

“湘湖”古名“潘水”、“木鱼池”、“溟海”、“西城湖”，唐朝出现“湘湖”之名，并有交替出现之情形；唐末宋初，“湘湖”之名入古诗文；北宋政和二年（1112）因筑南北两塘杨时谓“新湖”（诗作《新湖夜行》）；南宋陆游起，“湘湖”之名广泛运用于诗文之中，宋、元、明、清写“湘湖”诗文有几百首（篇），“湘湖”名称一直沿用至今。“湘湖”之名称不是因为“境之胜若潇湘”而得名，而是源于“湘神”。

三 湘湖别名

湘湖湖山秀丽，历史悠久，人文荟萃。“偏历吾乡胜，湘湖景更幽”，“若把西湖比西子，也将湘水拟湘灵”，确曾乱过历朝文人“不知谁是浣纱人”的感觉。西湖如此，湘湖亦如此。1989 年《萧山城厢镇志·湖泊》：“因其湖光山色，可与杭州西湖媲美，故别称‘赛西湖’；又传说湖中‘每天出一只元宝’，所以叫‘元宝湖’；因在之江的南岸，古人还冠以‘之垂湖’的美名。”[1]

新湖 杨时称湘湖为“新湖”，留有《新湖夜行》诗：“平湖净无澜，天容水中焕。浮舟跨云行，冉冉蹑星汉。烟昏山光淡，桅动林鸦散。夜深宿荒陂，独与雁为伴。”其时，湘湖初筑，湖面 37000 多亩，周围 40 余公里，灌溉 9 乡 14 万余亩农田。其诗描写的是天水一体、桅动鸦散的人工之湖。

赛西湖 明清诗人把湘湖湖光山色与杭州西湖作比较，其波光粼粼，青峰秀峦，环湖耸峙，山中藏湖，湖心耸岛，认为湘湖风景不在西湖之

[1] 徐树林：《湘湖多美名》，http：//www. xssz. xs. zj. cn/xssz/show. asp？id = 276。

下，故别称“赛西湖”。明朝张岱在《陶庵梦忆》中说：“盖西湖止一湖心亭为眼中黑子，湘湖皆小阜、小墩、小山，乱插水面，四围山趾，棱棱砺砺，濡足入水，尤为奇峭。”清代何尚贤《湘湖云影》诗云：“蟹舍渔庄入画图，何人不说赛西湖。”文史掌故专家郑逸梅说，湘湖的“风景胜迹不在西湖之下”。光绪萧山举人黄元寿的《湘湖杂咏》诗写道：“若把西湖比西子，也将湘水拟湘灵”。嘉庆萧山举人王勉《湘湖秋泛》诗云：“若把湘湖比西子，不知谁是浣纱人?”

元宝湖　湘湖是美丽富饶的好地方，传说湘湖从前“每天出一只元宝”，所以又叫“元宝湖”。湘湖不仅能灌溉附近9乡14万余亩农田，更有舟楫之便、鱼虾之利。湖边的淤泥，质细而富有黏性，是烧制砖瓦的上等原料。《湘湖志》载：“其地之所产，有竹、有柿、有桃李、有杨梅、有茭、有菱、有莼、有茶……一日之所生，不下百金。”

之垂湖　钱塘江从萧山闻家堰至杭州闸口一段，江流蜿蜒曲折，形似反写的“之”字，因此人们把这一段江道，形象地称为“之江”。湘湖在之江的南岸，古人就给它冠以“之垂湖”的美名。

第二节　湘湖生态环境

湘湖地理位置独特，位于钱塘江河口的三江口地带，受海、江、河及其涌潮的影响，其地质、地貌、气候情况复杂。

一　湘湖地质与地貌

（一）地质

在大地构造上地处杨子准地台，钱塘台褶皱带北东端，闽浙火山活动带向北延伸部分，隶属东南沿海造山褶皱带和俯冲带的活动性大陆边缘。湘湖区域属于加里东——印支构造层，其中湘湖向斜和华眉山背斜的褶皱构造、跨湖桥断裂等保存比较完整[1]。石岩山西麓有石英砂矿，矿体长1100米，厚60—75米。C + D级储藏量835万吨。有20年的开采历史，矿石主要用于玻璃原料和陶瓷原料。

[1] 参见《萧山市志》（试印本），浙江人民出版社2010年版，第105—114页。

湘湖向斜，分布于金鸡山与湘湖农场、闻堰镇青山张一带。长6.5千米，南西端宽4千米，北东端宽2千米。向斜由南西向北东倾斜，轴向北东51°，枢纽倾斜角6°左右。核部地层为西湖组石英砂砾岩，两翼为康山组、唐家坞组砂岩。向斜形态完整，轴部为第四系掩盖，局部有中侏罗统马涧组砂砾岩超覆，属直立水平向斜。剖面、平面形态分别属于开阔型和短轴状，为典型的向斜谷地地貌。华眉山背斜，分布在闻堰老虎洞一带。出露长7.5千米，宽1千米，轴向50°，枢纽倾斜角5°左右，背斜北东端遭断裂切割。为一歪斜水平背斜，剖面、平面形态属于开阔型和短轴状。核部为唐家坞组砂岩，两翼为西湖组石英砂砾岩，与北部白马湖向斜毗邻，多处断裂破坏，形态基本完整。跨湖桥断裂，分布于湘湖向斜与华眉山背斜共翼部位。由两条平等断裂组成，总体走向北东60°，延伸长度在4千米以上。断裂破碎带宽75—150米，发育构造透镜体，断裂中有流纹斑岩岩脉充填。为压性断裂，形成于印支运动时期。

湘湖区域地层系第四系分布，成因类型复杂，区域差异明显。据钻井资料分析，平原区第四系堆积厚度总体由南西往北东方向递减。在湘湖区域厚度58.8—72米。其上部为海积—冲积亚砂土、粉细砂，局部夹湖沼沉积淤泥质亚黏土、亚黏土、细砂夹黏土，岩性呈深灰、灰、灰黄色，普遍含云母碎片和植物残骸，厚度6—24米；下部为海积夹泻湖型沼泽沉积淤泥质亚黏土、亚黏土、亚砂土和粉细砂层；底层局部为淤泥质黏土与黏土粉砂、细砂互层，产天然气，岩性呈灰黑色、褐灰色，含半炭化植物碎屑、炭质小团块和贝壳碎片，有机质含量高，厚度5—27米。在跨湖桥与下孙全新统地层中，发现距今8000—7000年的新石器时代文化遗址。

（二）地貌

湘湖位于钱塘江河口，在中生代前的漫长地质历史时期，湘湖区域一直浸没在大海之中，印支运动中才全面隆起成陆。此后，历经多次幅度不同的间歇性抬升、下降和海侵、海退的漫长过程。第四纪晚更新世后期，海面下降，大面积顶面平坦的海相沉积才出水成陆，海中岛屿成为平原上的孤丘——陆屿[1]。由于受钱塘江涌潮和富春江、浦阳江径流双向水流的消能作用，夹带的泥沙的能力迅速降低，部分物质沉积下来，逐渐形成河口沙坎，河床抬升，水深变浅。当潮波涌入窄缩江道时，阻力增大，潮能高度集中，潮波产生反射，潮差增大，潮波急剧变形，形成举世闻名的钱江潮。河槽两岸疏松的亚沙土、粉沙和细沙，在强劲涌潮的作用下，产生大冲大淤的变化，致使河床极不稳定。独特的河口地貌，对钱塘江河口的水流结构、泥沙运动、河床演变和滩涂淤涨起着深刻的作用。湘湖区域海相沉积平原就是钱塘江河口变化作用的结果。

[1] 参见《萧山市志》第一卷（试印本），浙江人民出版社2010年7月第1版，第115—121页。

湘湖东南部为浦阳江河谷平原，湘湖南西北部为海积、冲海积平原。平原上部为全新世海积、冲积夹湖沼沉积，岩性为灰色、灰黄色粉细砂、粉沙，轻亚黏土和亚黏土。表面平坦，略有起伏。古湘湖、石岩一带地势较低，高程在4.2—4.8米。浦阳江下游堆积作用旺盛，河道边滩、心滩发育，河口段分布的元宝沙、跑马沙、新涨沙等均具有一定规模，其形成与钱塘江潮顶托有关系。

湘湖山体大致呈北东——南西走向，分别由龙门山与天目山分支余脉延伸入境，山形由低山（丘）和陆屿组成。龙门山支脉入湘湖区域，其分布在湘湖东侧和东南侧，主要山岭包括塔山、石岩山、碑牌岭、西山。天

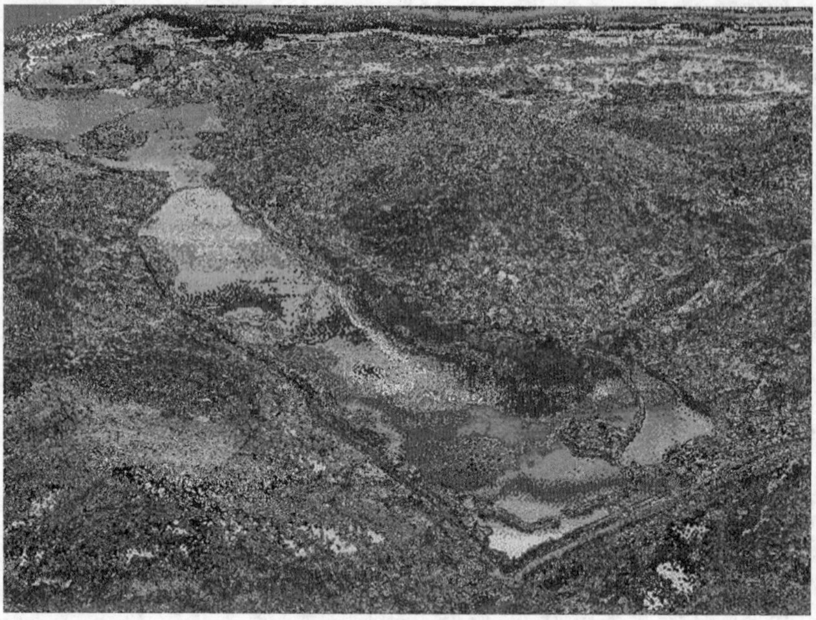

图2　湘湖全景

目山余脉入湘湖区域，分布在湘湖西侧与西北侧，主要山岭包括老虎洞山、象山、万罗伞山、越王城山、扳罾山、至湖岭山、菊花山、蒙山等。

湘湖陆屿，在其地质历史发展过程中，湘湖区域曾几度为海水包围，全新世时期最大海侵后，潮滩退水成陆，昔日水中岛屿转而成为平原上的孤丘。湘湖陆屿大多呈猪背形、不规则形、长条形。岗脊起伏平缓，丘顶多数浑圆，沟谷短浅，坡度21°—28°，有阶梯地形。主要为受褶皱构造控制的分布于湘湖向斜两翼的压乌山、定山、戚家山等石英砂岩、岩屑砂岩向斜山陆屿。受火山构造控制的环绕火山喷发中心呈环状断续分布的虎爪山、碛堰山、塔山等上侏罗统火山碎屑岩陆屿等。

二　湘湖气候与动植物

（一）气候

湘湖区域位于北亚热带季风气候区南缘，属于水乡平原，气候特征四季分明，温和湿润，雨量充沛，光照充足，年降雨量在1200—1500毫米，降水量适中，年平均气温16.0℃—16.2℃，热量条件较优。由于冬夏季风交替的不稳定性，四季均可能出现灾害性天气。春夏秋冬四季以候平均温度划分，候平均气温低于10.0℃为冬季，大于22.0℃为夏季，10.0℃—22.0℃为春、秋季；湘湖区域冬夏长、春秋短。由于地处钱塘江的滨江平原，风力资源较为丰富，年平均风速在3.0米/秒以上。湘湖区域为多雾区，年平均能见度小于1000米的雾日为43.6天，多出现在秋冬季节，一般生成于下半夜至清晨日出之前[1]。

[1] 参见《萧山市志》第一卷（试印本），浙江人民出版社2010年7月第1版，第122—124页。

（二）植物

湘湖属于水网平原土区，由于长期水耕熟化过程的发育，成为以水稻土为主的土壤。湘湖周边的水稻土中，普遍具有砂黏适中、酸碱适度、土层深厚、熟化程度高、无特殊障碍层次等良好性状，易于培育改良。湘湖周围的山主要是红壤土，为一种在温暖湿润的生物气候条件下，遭受深度风化的矿质土壤，土体呈红色和黄红色，质地黏细。特殊的气候和土壤条件，形成了以中亚热带常绿阔叶林植被带，温带、亚热带东亚区系成分特征显著。据跨湖桥遗址发掘报告显示，早在8000年前的新石器时代早期，这里有松树、栎树、酸枣树、枫香树等，而且体量较大，适宜制造独木舟与相关木器；还有稻谷、桃核、梅核、杏核、麻栎果、栓皮栎、白栎果、南酸枣、菱角、芡实等植物遗存发现，表明湘湖曾是植物繁茂的地方。湘湖周围低山、丘陵地带以针叶阔叶混交林的次生性自然植被为主，主要有马尾松、黑松、麻栎、石栎、青冈、木荷、苦槠、枫香、冬青、香樟等，林下伴有乌饭、胡枝子、白栎、猕猴桃等灌木、藤本或草本，人工栽培有毛竹、茶、油茶及各类果树。湘湖的茶、杨梅（白水团品种）、樱桃、板栗等最为有名。湘湖周边平原、河谷地带，则以人工栽培植被为主，具有明显的季节性变化，主要有桑、茶、果及柳、苦楝、白榆、泡桐、水杉、香樟、乌桕等。湘湖及周边河道主要生长平原水生植物，自然生长有水鳖、黑藻、菹草、空心莲子草、凤眼莲、槐叶、水盾草等；人工种植有菱（菱角）、菰（茭白）、莲、莼（莼菜）、芡（鸡头米）等。其中湘湖莼菜为名品，早在南宋前就已经出名[1]。

[1] 参见《萧山市志》第一卷（试印本），浙江人民出版社2010年7月第1版，第168—182页。

（三）动物

据跨湖桥遗址考古发掘资料分析[2]，湘湖地区原始野生动物丰富，出土有鱼类、爬行类、鸟类、哺乳类动物等34种，计5125块动物骨骼。其中哺乳类动物有猪、狗、牛、梅花鹿、麋鹿、貉、虎、犀、熊及其他小型食肉动物；鸟类有天鹅、雁、鹰、雕、丹顶鹤及中小型涉禽等；爬行类动物主要有龟和扬子鳄等；鱼类主要有鲤鱼、乌鳢等。其中，猪、狗等已经开始人工驯养。

[2] 参见蒋乐平主编《浦阳江流域考古发掘报告之一：跨湖桥》，中国文物出版社2004年版。

据1987年《萧山县志》记载，境内野生动物有兽类20多种，禽类40余种，鱼类钱塘江水域115种、内河52种，节肢、两栖、爬行类动物30余种，昆虫20多种。湘湖区域有野猪、猕猴、穿山甲、水獭、黄鼬等动物出没；有小鸊鷉、野鹭鹚、白鹭、绿翅鸭、斑嘴鸭、白鹡鸰、棕背伯劳、丝光椋鸟、北红尾鸲、画眉、斑纹鸟、小鸦等鸟类；有石龙子、黑斑蛙等爬行和两栖类；有季花鱼（鳜）、鲻鱼、鳗鱼、鲮鱼、土步鱼（沙塘鳢）、鲫鱼等鱼类；有玉带凤蝶、铁木剑凤蝶、斑缘豆粉蝶、稻眉眼蝶、美眼夹蝶、红灰蝶、蓝灰蝶、深山珠弄蝶和黄晴、红晴、中国虎甲、拉步甲、萤火虫、棉蝗、螽蟖、白蚁、牛虻、中国蜂、竹节虫等昆虫。

三　湘湖区域环境演变

原始社会时期，湘湖区域经常受到海进海退的影响。据跨湖桥遗址考古发掘的地质剖面观察，其底部晚更新世前期地层是以砾石层为代表的泥石流。每当暴雨来临，沿着周围山麓沟谷形成的地表紊流，携带砾、砂涌向山间，于低洼处堆积起来，形成了现今分布广泛的泥石流砾石层。据此推测当时的湘湖地区是周边环山的低地，山间小溪潺潺，溪水从低地流过，向西南汇入钱塘江。晚更新世后期的地层，主要由粉砂土构成，由此形成了湘湖区域的大片沼泽地。大约10000年前，随着末次冰期的发展，温度进一步下降，海平面大幅度后退，包括湘湖地区在内的整个萧山，都暴露于地表风化剥蚀作用下形成分布广泛的铁质分化壳上。据跨湖桥遗址考古发掘证实，坐落于遗址西北山麓向东南延伸的第四纪黄土层上的遗址中心区，就处在暴露于地表的铁质分化壳上，其文化层厚度在1.5—3米。又据浙江地质调查院对跨湖桥遗址所在地层沉积物调查结果显示，叠压在遗址文化层之上的地层中有明显水平层理的潮间带和潮土带堆积的海侵迹象，据此文化层、潮间带和湖泊遗迹的土壤样品的硅藻分析，距今7000年前的海退期，跨湖桥遗址周围主要是淡水水域，适宜人类生活和居住。但到距今7000年左右，由于海侵，海平面上升，使人类无法在湘湖区域生产、生活和居住，最后只能迁移他处，另择居所。直到距今4000年前后才开始海退。

海退初期，湘湖区域还是一个海湾。海湾与上游的富春江、浦阳江相通，曾是这两条江汇合的入海口。随着海退的继续，海岸线向北、向东退移，大海湾逐渐演变成小海湾。又随着泥沙的沉淀，海湾底部抬高，深海湾逐渐演变成浅海湾。在相当长的时间内，海湾遭受富春江、浦阳江山水和自身海潮浸淹，江海交会，水流减缓，又受山冈阻挡，水流更加趋缓，洪潮带来的泥沙容易沉淀而淤积于海湾底部。大量的泥沙来自江海，此外尚有一小部分泥沙则来自海湾附近山峦。这些山峦每当山水倾泻，水土流失，泥沙往往汇集在与山涧谷地相连的海湾里，与江海泥沙一起，使海湾逐步退化。

随着海退和泥沙淤积，海湾演化成江湾。形成江湾的时期大致在春秋时期。春秋时期，萧绍平原已经基本形成，出现了浙江之称谓。海岸线退移时，钱塘江下游发育，滩涂向北扩展，江道趋北缩狭。原来茫茫大海已经变成弯弯的江河，海湾则变成了江湾。西来之钱塘江和南来之浦阳江在此地汇合注入杭州湾。秦汉时期，江湾犹存。秦始皇三十七年（公元前210），秦始皇“至钱唐，临浙江”。次年在大越（今绍兴）祭大禹后，途经馀暨旧地（今萧山），去连山渡乘船北上。连山渡在白马湖旁，今滨江区长河镇塘子堰村。此时湘湖故地的江湾西接富春江，北通钱塘江，南连渔浦江湾。连山渡与渔浦渡是秦汉时期的重要津渡。南北朝时，还是个浅江湾。南北朝以后，湘湖北侧和西侧的沙滩不断淤涨成陆，致使湘湖江湾与钱塘江逐渐隔离开来，浦阳江原先在湘湖北端和西端的入江口，同时也逐渐湮废而不通。

湘湖江湾变成了泻湖，大致在唐中后期。湘湖区域故地江湾演化成西城湖，因位于西域（固陵）而得名。湘湖故地，从海湾演变到江湾，再由江湾演变到泻湖，全过程用了近 3000 年时间。西城湖作为泻湖的历史不长，不过一二百年。泻湖形成后，常常遭受浦阳江、富春江洪水和钱塘江潮水侵害，时而浸没水中泥沙沉积变浅，时而露裸水上杂草丛生。从生物循环角度分析，葑草蔓生是泻湖湮废的又一原因。泻湖在丰水期，潮汐直薄，江河漫溢；在枯水期，水源枯竭，湖面缩小。湖内水位高低变化频繁，葑草长衰年季重复。葑草的丛生与枯衰，促使湖盆淤积，淤土变黑。自唐中后期形成的泻湖，时隔不久，至五代已经湮废成一片沼泽地了。五代时期吴越王钱镠率子筑四都（半爿山）至渔浦 15 里西江塘，此时西城湖已经湮废，成为“低洼受侵”之地。

四　湘湖水域与山体

（一）水域

湘湖于北宋政和年间初成时，周围 80 余里，湖面达 37002 亩，灌溉周边九乡 14.68 万亩土地，故有“九乡水仓”之称。至明嘉靖三十三年（1554），孙吴两家为方便往来，在湖中葫芦腰处筑堤建跨湖桥，至此湘湖始分上湘湖、下湘湖。上湘湖广而开，下湘湖紧而窄，上湘湖南临钱塘江及三江口，下湘湖东临萧山城。后因湖底逐渐淤结泥沙，以致经常水浅露底，因此元、明、清各朝主禁、主垦不止。1926 年，定山、压乌山一带收归省有，由浙江省建设厅管辖，次年收归国有，作为国立浙江大学农学院农场。至新中国成立初，湘湖湖面仅存 10000 余亩，后又经围湖造田，填湖基建和拦湖取土制砖瓦，到 1966 年湖面已缩至 3000 亩。到 1980 年，已成一条宽 50 米，深 2.5 米左右的水道，水面 1400 余亩。

自北宋建湖以来，湘湖水漾湖与井山湖相连，而井山湖又与山北的白马湖相连。水漾湖，藏于湘湖北山坞中，坞深水碧，湘湖风景城位于湖西，湖内设湘湖钓鱼场，湖口旧有明代朱元璋的军师刘伯温镇龙之桥——锁龙桥今新建飞龙桥。水漾湖坞中有坞，名李家坞、孟家坞、畚箕坍等，坞坞树木繁盛。坞中山麓有清一品封职汤尔恭墓。墓前亭柱联云：“一湾湘水藏幽坞，半壁城山枕乐邱。”每当夏日，水漾坞湖内群蛙齐鸣，古“湘湖八景”有“水漾鸣蛙”一景。井山湖，湖与上湘湖相连，湖中有井山小岛，井葬秦始皇妃子，湖因此而得名。当年秦始皇欲在此造石桥，有“祖龙鞭石”的传说；边有连山，古有连山渡，《会稽三赋·周世则注引夏侯曾先志》曰：“连山，长冈九里，西北至定山。秦始皇欲置石桥渡浙江。今尚有石柱数十，列于江际。世传秦始皇驱山塞海。”白马湖，古称西陵湖，又称排马湖、石姥湖。湖以马湖桥为界分东西两湖，湖中有大小岛屿10多个，湖中有岛，岛中有湖。湖南临越王城山，山体为石英岩，故湖水甘冽，水产丰富。越王句践拒吴于百尺楼，兵败后数日，又在越王城山北排马布阵与吴国展开阵地大战，越军寡不敌众，失败后退居固陵城防守。明清两朝多有诗人吟咏。

（二）山体

据於士达《湘湖考略》图载，湖中有定山、压湖（乌）山、木碗山、箬獭山、眉山、邋遢山、椿墩山、蛤蟆山、井山等9个湖中小岛。周易藻《萧山湘湖志》记载“湖墩”有黄瓮墩（黄天墩）、九里墩、栗子墩、蛤蟆墩（蛤蟆山）等；志另载“湖山”目，在“湖之中央”有珠山、压乌（湖）山、定山、椿墩山、眉山、荷山、邋遢山、木椀山（馒头山）、箬獭山等。东方朔《神异记》：“亚父断萧山南岭，将压于乌江。”宋王十朋《会稽风俗赋并序》云：“压山如玦，亚父之所割兮”，指的都是压湖山。明末清初，压湖山南建有湘云寺。民国时期，浙江省立乡村师范学校设于此地。今新湘湖开发，有湘堤、越堤、杨堤和掬星岛、跨湖桥遗址公园等。

周易藻《萧山湘湖志》“湖山”记载，湘湖之东北有蒙山，湘湖之北有菊山、茗山、龟山、鲤鱼山、龙头山、箬山、黄家坞山、扳罾山、李家坞山、小洋坞山、城山、大黄坞山、小黄坞山、万罗伞山、烂船坞山、象山、井山，湘湖之西北有牛肾子山、连山、湖里王山，湘湖之西有狮子山、菱山、美女山、大石坞山、青山、老虎洞山，湘湖之西南有历山（砾山）、杨家湾山、大湾、杨岐山、戚家山，湘湖之南有糖金山、瓜藤山、乾姜山，湘湖之东南有石岩山（雄鹅鼻）、旋网山、鸡笼山，湘湖之东有罗家坞山、徐家坞山、方家坞山、蛇山、蜈蚣山、碑牌岭山（南山、老虎山）、闵家坞山、沈家坞山、十二房坞山（粪箕山）、单家坞山、金家坞山、锭子山、关王山、小窑里吴山、大窑里吴山、柴岭山、三坞山、二坞山、头坞山、净土山、西山等。《萧山湘湖志》从湘湖东北起依次把湘湖周围的山体排列了出来，虽然方位不十分准确，但大多不知其名的山体有了查验的去处。

西山　又名萧然山，北临湘湖，东北与北干山对峙，山势峰峦起伏，蜿蜒十里，主峰碑牌岭。山在县城以西，故称西山，又名萧山（萧然山）。志载因晋代“许询于此凭林筑室，有萧然自适之趣，故名；或云，句践与夫差战，败，以余兵栖此，四顾萧然，故名”。西山，山势由东北向西南逶迤，峰峦起伏，蜿蜒达数千米，东北有一峰称净土山，中段偏南为主峰，称碑牌岭，最南端称石岩山。1981 年辟建西山公园，构筑亭台，建有云墙漏窗萧然亭、初阳亭、望湘阁，西上净土山巅，又有花架长廊、望湖亭，石径通幽，亭阁翼然。

净土山 高 154 米，山上旧有望湖亭，山麓有净土寺、金泉井。净土寺，始建于宋代开宝五年（972），原称善明寺，太平兴国七年（982）改名为净土寺。寺背后山上有塔，陆游《萧山》一诗中有“披云白塔远招人”之句，此塔“每晚令行者募油钱燃灯，至晓不灭，江海道途之人，望以为号”。净土寺有明代文学家徐渭撰，祁豸佳书门联：“行家郊外西天竺，万顷湖边小普陀。”净土寺以东又有隆兴寺，系晋代将军隆吉所建，其寺为依山建筑，西邻湘湖，面对钱江，背负西山，东环城堞，闹中取静，有萧然物外之感觉。唐代诗人孟浩然曾到此，作有《登隆兴寺阁》一诗：“闻道乘风出，披轩远目开。逶迤见江势，客至屡缘回。兹群何填委，遥山复几哉。苍苍见草木，处处尽楼台。骤雨一阳散，行舟四海来。鸟归余兴远，周览更徘徊。”全诗用白描手法，点出了当年隆兴寺阁上所能见到的壮丽奇观。净土寺以西又有德惠祠，系纪念宋代著名理学家“两程”的弟子杨时而建，民不忘其德，取名德惠祠。祠内有正殿、仪门、外门。仪门外有池，殿左侧又有道南书院，四周以青砖围墙，西向面湖，依山而筑。净土山有金泉井，南宋时邑人酿酒，多汲取此水，故又名酒泉，以萧酿与越酒并重；民国初年，乡人多用此水缫丝。泉之西旧有浮湘阁。

碑牌岭 原名南山、老虎山，西山主峰，海拔 221 米，位于湘湖跨湖桥东，全长约 3000 米。山麓原有宋代兵部员外郎王丝墓。王丝为官清正，与范仲淹为同科进士，又为挚友，王丝病故时，范仲淹知杭州府，亲扶灵柩过江安葬，并题墓志铭，有“既及于民，复通于神”等语。因原建有牌坊，山以此名。碑牌岭下有潘泉井，“井高于地数尺，其水可掬，寒暑未尝竭”。

石岩山 为西山南端之山峰，高 213 米，因岩石裸露而名，其状如昂首向天的雄鹅，又名雄鹅鼻。山顶有先照寺，又名光照寺，始建于南宋绍兴年间（1131—1162），被列为湘湖八景之一，曰“先照晨曦”，每当晴朗的清晨，可领略东海日出的妙景。先照寺南数十米处有亭，名一览亭，取一览无余之意境，亭始建于明嘉靖十年（1531）。湘湖、三江口、县城及远处青山绿水、近处村落农舍尽览无余，有湘湖八景之“览亭远眺”。“览亭远眺”亭柱上镌清朝进士王宗炎“立定脚跟，不怕石头路滑；放开眼界，且看江上峰青”和清周易藻“陟足千寻，山境佛场尘世外；凝眸四顾，江潮湖水画图中”的楹联。清初萧山文人陆成栋老人有诗云：“一览乾坤小，萋萋草满亭。危峰逼沙岸，远鸟走沧溟。地回云连岫，天空树列屏。相将临绝顶，举手摘明星。”

北干山 峰峦相连，连绵十里，西与西山对峙，东与长山相望。其巅玉顶峰，海拔115米。山巅旧有吴越两山亭，旧题“知稼亭”，为宋景德四年（1007）邑令杜守一建，元至正十五年（1355）尹性为县尹时重修，因钱塘江为吴越分界，遂改名“吴越两山亭”。数百年来，曾吸引无数文人墨客登亭吊古。明代“可闲老人”张昱曾作诗云：“吴越江山会此亭，暮春风景昼冥冥。长空孤鸟望中没，落日数峰烟外青。”嘉靖年间萧山筑县城时，山巅建防倭寇的四望台。山麓旧有交辉楼、怡怡山堂，分别为元末明初任原礼的旧宅和别墅，系当时学者聚会之处，明朝开国元勋刘基、宋濂，《元史》总裁官王祎，文学家高启，都曾是怡怡山堂的座上客。元末著名戏曲家高明，在怡怡山堂交辉楼写下了著名杂剧《琵琶记》，流传至今。玉顶峰东去三里，有一峰名去虎山。宋景德四年六月，有猛虎伤人，一夕虎负子渡江西去，故名。北干山旧时临江近海，烟云缥缈，岚光吞吐，故又有“北岭烟光”之称。又因山上长松参天，空翠满山，又有萧山八景之“北干松风”之誉。北干山风景秀丽，南邻县城，令许多名士争相筑室建寺。“萧条北干园”相传东晋名士许询凭林构室山南；山腰处的北岭将军庙（厉将军庙、武侯庙），宋代宣和年间为纪念秦末项羽部将厉狄而建，元时曾作重修，后改为松风古院。清康熙年间（1662—1722），萧山文人吴征吉还建有听松楼，邀南北文人组织诗会，有《听松楼文选》等闻名于世。改革开放后，开辟北干公园，建起了玉顶阁、望江亭、贺知章纪念亭和石雕像、半山亭、花架碑廊、盆景园等景点，建立了萧山革命历史纪念馆、革命烈士陵园和革命烈士纪念碑等。

越王城山 又名越王台，地处湘湖北岸，主峰海拔128米，为湘湖与白马湖的分水岭。明嘉靖《萧山县志》（卷一）“地理志·山川”曰：“其山中卑四高，宛若城堞。”春秋末期，越王句践与吴国交战，曾屯兵于此，故名。李白诗“东海横秦望，西陵绕越台”即咏此。此地为“湘湖八景”之“城山怀古”所在。越王城，周长1091.2米，是利用山脊的自然走向取城堡内土夯筑而成，面积约20000平方米，为浙江省重点文物保护单位。其西南是大望坞，东北为水漾坞。明代建石阶500余级，自山下盘曲而上。山麓立石表，题曰“城山古道”。山上两峰对峙如门，呼“马门”，西峰形似青螺，俗称“仰天田螺山”；旧有“金城玉宇”摩崖。马门内为越王城，山椒有墙，蜿蜒如沿盂，形似船，称船坳。有清水一泓，名洗马池，池中产嘉鱼。“越拒吴，吴意越必乏水，以盐鱼为馈，越取双鱼答之，遂解围去。”（明嘉靖《萧山县志》）后为纪念越王句践，建城山寺（句践寺），鼎盛之时有寺屋99间，僧侣500余人。城中有佛眼泉，出于石穴，“围不逾杯，深不盈尺，冬夏不竭”（明嘉靖《萧山县志》）。

老虎洞山 又名青山，曾名连山，位于越王城山以西，主峰海拔218米。山腰有一寺，名莲华寺，初名莲花庵，重建于清道光年间。远远望去，青山之中，峰际崖边，一座金碧辉煌的佛寺临空而起，因此又名悬空寺。寺后有一石洞，名曰“老虎洞”，洞东有一亭，名“尝胆亭”，明朝学者刘宗周有诗题曰："此地曾传尝胆事，我来犹忆卧薪人。"

扳罾山 位于越王城山东北，三面临水，渔家在此设罾捕鱼，故名。今呼桥头山。扳罾山海拔93米，东北为王家坞，西南为水漾坞。东麓有村，名下孙。村南有新石器时代文化遗址——下孙遗址。扳罾山东为至湖岭山，海拔65米，旧有复兴庵，为明嘉靖礼部郎中孙学思所建，清光绪乙亥（1875）僧觉亮重修，中楹为土谷寺，俗称至湖岭庙。

蒙山 又名晾网山，位于湘湖东北，海拔21米。山上有东岳庙，原名徽宗庙，坐南朝北，始建于南宋初。据《萧山市志》（简本）："当时从中原迁来萧山的赵宋宗室赵不衰等为了纪念被金兵所俘、后驾崩于五国城（原苏联哈巴罗夫斯克境内）的宋徽宗而发起建造，原是'徽宗庙'，山上还有宋徽宗赵佶的衣冠冢。"清同治八年（1869）僧振法募资建复，十三年落成。光绪二十五年（1899）僧性道重修。民国时期，东岳庙香火独盛。"乌篷艇子离南浦，去拜蒙山东岳庙"（清沈堡《湘湖竹枝词》）。民间有"灵隐寺管下三府，东岳庙管上八府"之说。

塔山 绝顶旧有塔，故名。又名木尖山，目尖山。位于湘湖南，主峰海拔257米。塔山西与虎爪山、峡山、赵家岭，东南与花皮山、大山头，东北与双顶山、石湖尖等连成一体。据清康熙《萧山县志》："其峰称文笔峰。南面山岙如舟，名石船坞。其东南支峰高峦耸起，为木尖山，又名雾楼峰，以山高多雾而得名。""萧山八景"有"文峰拱秀"一景，"湘湖八景"有古"尖峰积雪"一景。"尖峰渐见雪澌澌，顷刻堆成白玉脂"（孙启山《尖峰积雪》诗）。文笔峰北麓有始建于宋朝乾德二年（964）的崇福院，治平三年（1066）改名显教寺，因村到寺有百余级石阶，俗呼"百步寺"。寺前有水一潭，清澈明净。古代文人常聚于寺，对酒当歌，吟诗作画。寺不远有寺下黄村，村以寺名，村以寺荣。

杨岐山 位于湘湖南钱塘江、富春江、浦阳江三江口，北有小砾山，南为古渔浦湖。周易藻《萧山湘湖志》曰："杨岐岭在杨岐山，杨齐王、杨冀王之墓在焉。"齐、冀谐读而成"岐"。杨齐王、杨冀王父子为南宋杨皇后国戚，死后葬于东、西两坞，南宋嘉定二年（1209）立崇福杨寺祭祀，其庙后改称杨岐寺，山为杨岐山。清咸丰十年（1860）毁于太平军兵火，同治年间重修。今闻堰镇有杨家湾村。杨岐寺建筑（东方文化园）为中强集团重建。杨岐山，《萧山地名志》（1984）载为营盘山和龙马山。杨岐山另名戚家山，因山坞中葬有南宋高宗皇帝的护卫将军戚俊升而称，今山南有戚家山下村，村中原有戚氏宗祠。杨岐山前原有湖，经杨岐穴与湘湖相通，船可直达寺前。"碧树两峰开石镜，澄湖万顷到山门"（清毛远公《杨寺》诗）。此处风光独特，山不高，树茂盛，鸟相戏，寺临湖，登妙高楼可观三江景色，步杨岐山可览湘湖景色，明、清时游人如织，杨岐寺香火旺盛，文人墨客留下了众多诗词。

碛堰山 旧称积衍山、七贤山，位于湘湖南浦阳江下游的义桥、临浦、戴村三镇交接处，主峰元宝山海拔160米，次峰84米。鞍部有堰坝，鞍部不到海拔20米，宋嘉靖年间时兴时废，明天顺、成化间碛堰山口几经凿深、拓宽，山被分割为江南江北两半。碛堰，宋《嘉泰会稽志》有载："碛堰，在（萧山）县南三十里。"碛堰是萧绍平原有名的水利工程，事关萧山、山阴、绍兴、诸暨四地的防洪、泄洪和老百姓的生命财产安全，事关这一地区的粮食丰收。中华人民共和国成立前后两次对其拓宽疏深，碛堰陈迹已不可见。碛堰的开通，使湘湖自碛堰山来水失去，同时碛堰下游江道的开通，也分割了许贤，再不用开湘湖许贤穴加以灌溉。

五　湘湖与周围水域的关系

历史时期，湘湖由于受周边海江河湖泊的地理变化影响，由原始的后海（钱塘江）海湾变成天然湖泊，后又形成了人工湖泊。因此，湘湖与周围的钱塘江、浦阳江、萧绍运河及渔浦湖、临浦湖、白马湖等江河湖泊关系十分密切。

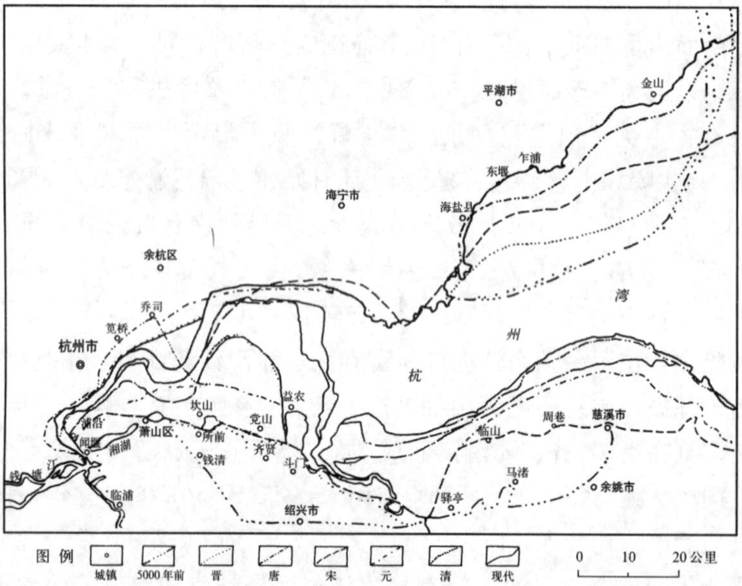

图3　湘湖与钱塘江的关系

现在的湘湖，南临钱塘江、富春江、浦阳江三江口，西濒钱塘江，西北通白马湖，北接萧绍运河。但在先秦时期，湘湖与渔浦湖还是钱塘江的一个海湾，浦阳江水经临浦湖散漫北流入钱塘江。到了春秋时期，由于受浦阳江上游泥沙的冲积和钱塘江江潮的影响，临浦湖逐渐淤塞，渔浦湖、西城湖（湘湖）逐渐形成，浦阳江下游河道逐渐发育；约在南北朝时期，临浦湖逐渐形成通济湖、卸湖、清霖湖、周家湖、厉市湖、女陂湖等，浦阳江水分四路入钱塘江[1]，其中有三路经渔浦湖入钱塘江。渔浦湖，位置约在今美女山、东山头、虎爪山以西，半爿山、回龙山、冠山以东，城山以北一带。首见于晋人记载。《文选注》卷二六引晋顾夷《吴郡记》："富春东三十里有渔浦"，即此。上承临浦湖，下注钱塘江。渔浦湖在六朝时已经存在，后逐渐缩小，明朝嘉靖时尚残留的有东湖、白马、净林、回龙庵、詹家诸湖。而东湖、白马湖至今犹存[2]。渔浦湖通西城湖。西城湖位于今虎爪山、木根山以北，东山头、美女山、城山以东，石岩山、西山以西，面积略大于古湘湖。约到唐朝时称湘湖，北宋筑湖后仍沿用湘湖旧名。湘湖筑湖前南纳浦阳江、木根山水，西出渔浦湖。筑湖后主要依靠周围山体自然雨水集聚，并以水穴的闸门起闭灌溉周围9乡14万余亩土地。至新湘湖建设前，成为将钱塘江淡水输送至北部南沙平原灌区的输水干线和航道。湘湖北接萧绍运河。萧绍运河北起钱塘江江南，经西兴镇到萧山城，又东出过衙前与钱清江交汇达绍兴。运河修于晋司徒贺循时，凿此以溉田。后逐渐成为东西交通运输主干线。湘湖修筑后，亦成为湖水灌溉之干流。古代名士大多坐船经萧绍运河到湘湖游玩览胜。湘湖经塘子堰通白马湖。白马湖，又名石姥湖，汉周举乘白马游而不出，时人以为地仙，故名。宋嘉泰《会稽志》（卷十）载："周二十五里，溉田百余顷。"白马湖有东、西两湖，面积约1720亩，盛产鱼、蚌，是湘湖渔场的淡水养殖基地。

[1] 陈志富：《萧山水利史》，方志出版社2006年版，第355—369页。

[2] 陈桥驿主编：《浙江古今地名词典》，浙江教育出版社1991年版，第602页。

第三节　湘湖的文化价值

湘湖从一开始的天然湖泊改造成人工湖泊，从水利作用为主慢慢演变成具有诸多人文内涵的湖泊，湘湖的形成发展经历了漫长的时期，其历史地位十分独特和重要。如今恢复湘湖历史文化内涵，开发建设新湘湖，对于杭州社会发展来说，无疑是造福子孙后代的工程，其人文价值同样也得到了社会的认同。

一　人文特质

湘湖的历史地位十分独特和重要，统治者视它为战略军事要地，百姓视它为水利命脉，佛家视它为建寺立庙的圣地，文人视它为吟诗作赋的佳园，而中外研究者视它为中国水利社会的缩影。

（一）在历朝统治者看来，湘湖是战略军事要地

春秋战国时期越王句践在这里屯兵打仗，建立起了"中卑四高"的越王城，其"查浦"、"固陵"、"萧然山"、"藩蓠"等古地名就是最有力

的证明，并且周围的水域、山体、码头等留下了吴越争战的故事；秦始皇曾在此造桥，有石井山、秦皇渡、华妃墓、驱山塞海等历史传说流传至今。在东汉时期，会稽太守王朗“拒孙策于固陵”，孙策分军夜投查渎道，袭高迁屯。吴越国时期，钱镠重修固陵城以备战时之需，并改固陵为西兴。南宋高宗赵构驻跸越州，视钱塘江为天堑，湘湖南北的渔浦、固陵为重要的军事码头等。

（二）在当地百姓看来，湘湖是水利命脉

自唐末宋初西城湖围垦湮废后，湘湖地区水旱不断，乡民殷庆等从萧山全局出发，提出了筑湖建议，得到了宋神宗的准奏，后因县内绅士意见不一未成。到了宋徽宗大观年间，县民复请筑湖，仍未实现。这说明，百姓有比较强的筑湖意愿。北宋政和二年（1112），杨时任萧山县令后，统一乡民意见，躬历其所，在县尉方从礼的鼎力相助下，废田37002亩，筑成相当于4个西湖那么大的蓄水湖，湖长约19里，周长82.5里。其沿岸设杨岐穴、柳塘、黄家湫等18个霪穴，灌溉周围9乡146868亩农田。可当天旱时，灌溉争水事件骤起，于是在南宋绍兴二十八年（1158）县丞赵善济定出《均水法》，按地势高低定放水灌溉顺序；到了南宋淳熙九年（1182），县令对《均水法》作了修订，并于两年后订立《湘湖均水约束记》。到了明代中期，碛堰山开通，浦阳江水由原北出钱塘江改为西出钱塘江，再加上三江闸建造，使原依靠湘湖灌溉的田亩大量减少，不到宋元时的一半，相关霪穴亦先后废弃。于是，明清时期垦湖、保湖相争不断，最终以保湖者获胜。综上分析，当地百姓把湘湖作为公共水利设施加以保护，并进行了奋勇的斗争，甚至付出了生命的代价。

（三）在佛家看来，湘湖是建寺立庙的圣地

湘湖南北两山相夹，湖面烟波浩渺，云光倒影；山间茂林修竹，百花争艳，秀色可餐。湘湖离城不远，闹中取静，湖光山色，环境清幽，喜欢清静雅致的僧人都将湘湖作为建寺立庙之首选。“斜日一僧归，缓入钟声里。”历朝历代吸引了许多僧人到此修炼身心。资料表明，从晋代开始已有隆兴寺等立于湘湖，历朝以来屡建屡颓，到了清末有庵庙近30座，其中较有规模的有城山寺、湘云寺、崇福杨寺、先照寺、净土寺、冠山寺、莲华寺等。清康熙年间萧山人、时任中书令的王先吉这样描述湘湖僧庐道院：“离郊多古刹，胜地独称幽。人烟出户晚，岩桂映门秋。野色阴晴变，湖光日夜浮。禅机何处是？白云满山头。”周易藻的《萧山湘湖志》（卷八）专门有“庵庙”目，收录的庵庙有24座之多。

（四）在历代文人看来，湘湖乃吟诗作赋之佳园

历朝文人好游山玩水，“景色不在西湖之下”的湘湖，当然成为众多

名人的游玩选择。清代乾隆年间，湘湖湖里孙村的《孙氏宗谱》有“湘湖八景”，为“龙井双涌、跨湖春涨、水漾鸣蛙、湘湖秋月、尖峰积雪、越城晚钟、柴岭樵歌、湖中落雁”。后又发现“湘湖八景”另外六个版本，有湘湖景点的“萧山八景”的六个版本。

湘湖成为文人骚客争相吟咏的景色。据《湘湖古诗五百首》，收集从春秋、南朝、唐、宋、元、明、清、民国的217位作者的508首诗词，其中不乏名人名作，文种的《固陵祝词》，宋之问的《登越王台》，贺知章的《回乡偶书》，李白的《越中览古》，温庭筠的《题萧山庙》，杨时的《新湖夜行》，华镇的《城山》，陆游的《渔浦》、《梦笔驿》、《长相思》，文天祥的《越王台》，萨都剌的《夜过白马湖》，张招的《萧山四咏》，刘基的《题湘湖图》，魏骥的《谒龟山杨文靖公祠》，王守仁的《曹林庵》，倪元璐的《泛湘湖》，来集之的《湘湖采莼歌》、《到杨岐寺》，毛奇龄的《西施庙》、《莲公还住净土寺》，乾隆帝的《萧山道中》等。湘湖是一处名副其实的诗人的会聚地，被誉为“湘湖诗巢”。

（五）在中外研究者看来，湘湖乃中国水利社会的缩影

钱杭用社会学的眼光研究历史上的湘湖，把湘湖水利兴衰与中国水利社会发展变化联系在一起，把湘湖利益集团间的形成、兴盛、衰落、解体、冲突等看做中国水利社会形成与发展的浓缩，写成了《库域型水利社会研究——萧山湘湖水利集团的兴与衰》一书。而美国萧邦齐则以一个外国人的眼光研究湘湖，把人与环境、土地与水的斗争作为切入口，分析了湘湖人口数量和需求与可耕地和水资源的关系，人类生存与生态环境的关系等，撰写了《湘湖——九个世纪的中国世事》一书，这些问题对于今天中国如何处理好人与自然，尤其是人与水资源之间的关系等，具有一定的借鉴作用。

二　人文价值

（一）湘湖是浙江文明的发祥地之一

国家级重点文物保护单位——“跨湖桥遗址”就坐落在湘湖。跨湖桥遗址出土文物丰富，有距今8000年的世界上现存最早的独木舟，有现存最早的木弓和石磨盘，跨湖桥人生产出了当时最为先进的彩陶和黑光陶器。其一，跨湖桥遗址是杭州湾南北河姆渡文化、马家浜文化、良渚文化重要文化遗址，其年代比河姆渡文化早1000年。其二，跨湖桥文化改变了习惯的以直线演进为认识模式的单一思路，打破了原有新石器时代早期的河姆渡文化、马家浜文化两分体系，建立起了中国东南沿海地区新石器时代文化由多个源流谱系组成的多元格局。其三，跨湖桥文化再次有力地证实了长江流域也是中华文明的发源地之一。跨湖桥文化第一次把长江中

下游地区的考古学问题直接联系起来了，为长江流域新石器时代文化研究整体观念的形成提供了一个新的坐标，对今后整体上研究长江流域的文化起到了重要的中介作用。其四，跨湖桥文化还以一种特殊的方式将中国东南沿海新石器时代文化传统与海洋文化的关系问题提了出来。跨湖桥文化对于研究新石器时代早期杭州湾地理环境与人类生存关系提供了实证，在距今7000年，亦即直接导致跨湖桥遗址湮灭的那次海侵之后，杭州湾地区人类生存环境发生了大的变化，宁绍平原、杭嘉湖平原终于开始了河姆渡文化、马家浜文化的延续发展的历史。跨湖桥文化的消亡表明，古跨湖桥人未能成功应对海侵的威胁，在迁徙、撤退过程中，文化作为一种完整的生命体可能遭到了毁灭性的破坏。跨湖桥文化是杭州悠久历史和深厚文化积淀的又一重要证据。

（二）湘湖是古越文明的发源地

2500多年前，越王句践在此屯兵打仗，在湘湖北越王城山之巅留下了越王城遗址，留下了越国大船军停泊的军港西城湖。湘湖，见证了句践“临水祖道”、“满目萧然”的悲壮场景，“卧薪尝胆”的历史风云，“馈鱼退敌”的传奇故事；大越先民不仅是稻作农业的先行者，而且是造船业、青铜铸剑术的领先者，更是中国瓷器（原始青瓷）的发明者，湘湖南的进化、浦阳、戴村、所前等地是古越印纹硬陶和原始青瓷的烧造地。越王城山之巅今存的浙江省级重点文物保护单位越王城遗址，是现存唯一保存完好的古越城墙遗址；山上还存有句践祠、洗马池、佛眼泉等遗迹。

（三）湘湖是历史文化孕育之地

唐代大诗人贺知章的故里就在湘湖南的知章村，村中还留有“贺家园”、“百步禁界”、“史家桥”等遗迹和传说，贺知章在这里度过了他的少儿时代；那流传千古的《回乡偶书》，便是贺学士晚年返乡的杰作。

湘湖为历代文人骚客所青睐和钟情，不仅相约结伴而游，留下了几百首诗词文赋，而且结庐，建藏书楼，开书院，营造了温文儒雅的雅士文化和深厚凝重的历史文化。湘湖北面的西兴和南面的渔浦，是浙东运河的西入口，西兴和渔浦是入浙东、浙南的通津码头，许多著名诗人从西兴和渔浦码头候船摆渡，外江内河，南来北往，观潮小憩，赋诗行吟，成就了“浙东唐诗之路源头”的佳名。“东海横秦望，西陵绕越台”（李白《送友人寻越中山水》）。李白、杜甫、宋之问、孟浩然、綦毋潜、陶翰、方干、温庭筠、丘丹等唐代诗人均留下佳作。自此后，各朝名人在游历湘湖和路经湘湖中，诗词喷涌而出，把湘湖的湖光山色、湖贤功臣、人文历史、名胜古迹、名优特产等，在借物抒情、物我相融中表现得淋漓尽致。

古今中外文人留下了《湘湖志略》、《湘湖水利志》、《湘湖考略》、《萧山湘湖志》、《萧山湘湖孙氏宗谱》、《湘湖——九个世纪的中国世事》、

《文脉湘湖》、《湘湖诗画邮票珍藏册》等著作，以及古人留下的关于湘湖、渔浦等的名人字画，尤其是“映雪堂”湘湖风景画，让后人感受到了浓浓的关于湘湖水利、湘湖人文、湘湖历史、湘湖意景等文化内涵。湘湖还是一个文化典故会聚之地，馈鱼退敌、临水祖道、卧薪尝胆、水仙伍郎、沉鱼西子、孙康映雪、江淹梦笔、莼羹鲈脍、金龟换酒、程门立雪等都出自湘湖或出自与湘湖有关的人。

湘湖是一处名副其实的古今文人诗词歌赋、字画创作、文献记载、诗画邮票酝酿创作的湖泊。

（四）湘湖是市民心中的文化丰碑

几十年来，湘湖泥沙淤积，水面渐湮，仅存三江口小砾山起东北流至城厢街道的一条长约11公里的湘河。近年来当地政府高度重视湘湖开发，投入资金，搬迁住户，拓展湖面，恢复景观，于2006年4月22日正式建成湘湖旅游度假区一期，并对外开放，再现了湘湖山环水抱、秀丽明媚的风采，重现了湘湖历史文化内涵。以湘湖为核心的“国家4A级旅游景区”——浙江湘湖旅游度假区，已逐步发展成为集生态观光、休闲度假、科普文化、健身购物、演艺会展于一身的国际化旅游综合体。“一湖秀水，十里美景。”湘湖景区已形成湘浦、湖上、城山、越楼、跨湖桥等五大景区，东方文化园、跨湖桥遗址公园、杭州世界休闲博览园、杭州乐园、下孙文化村、索菲特世外桃源、山里人家、儿童公园、极地海洋公园、城山广场、荷花庄等10余处文化公园，湘堤卧波、湘浦观渔、忆杨思贤、绿岛掬星、湖心云影、城山怀古、湖桥拾梦、越堤夕照、纤道古风、越楼品茗、跨湖问史等16大景点。

湘湖旅游度假区总规划面积51.7平方公里，一期4.64平方公里，二期5.95平方公里，其中湖西3.2平方公里，形成了罗家湖野外体验、陈家埠休闲度假、眉山岛科普休闲三大中心和老虎洞、狮子山、湖山、中湘湖、石岩山五大景区，还有象山青枫、乐丘魏墓等景点。湘湖还将建设三期，可以想见新湘湖将更加生态自然、风光怡人、文化丰富，湘湖这个饱蘸风墨、集聚圣贤萍踪的人文之湖，会更令世界瞩目，令世人驻足。新湘湖已成为供游人旅游休闲娱乐的处所，市民心中造福于后代的一座文化丰碑。

第四节　湘湖史研究

2006年4月，杭州世界休闲博览会召开，有一个名字进入了全国乃至世界媒体的视野，这就是杭州世界休闲博览会的举办地——湘湖。在这之前，“办好休博会，唱响西厢记”的口号已经为杭州市民所知晓。这

“西”是指西湖，家喻户晓；这“厢”是指湘湖，却不为外人所知。

湘湖，在北宋政和二年（1112）以前是一个自然湖泊；政和二年杨时任萧山县令，与县尉方从礼一起决策，围塘筑湖，形成人工湖泊，以所筑之湖灌溉周围9乡14万余亩土地。到了明朝嘉靖三十三年（1554）于湖中筑堤建跨湖桥，始分上湘湖、下湘湖。湘湖，四周被60余座山环抱，形成山抱水、水环山、山绕湖转、湖傍山走、山中藏湖、湖中有山、山水交融、湖山争辉的自然格局。

湘湖是个古迹众多、物产丰富的湖泊。距今8000多年的新石器时代跨湖桥文化遗址享誉中外，越王城、秦皇渡、徽宗寿域等帝王踪迹遍布，杨岐寺、莲华寺、先照寺、城山寺、东岳庙等寺庙林立；有县城、西兴、渔浦、长河、浦沿、临浦等古镇环绕四周，还有菊山、青山、蒙山、碑牌岭、萧然山、石岩山等名山胜迹，定山、眉山、荷山、压坞山等湖碧烟鬟小岛，湘湖旗枪、樱桃、杨梅、土步鱼、莼菜、湖蟹等山产水产；湖底的黏土，细腻而韧，沿湖居民便“抟泥弄瓦作生涯”。

湘湖，自北宋起历代诗人吟咏不止，杨时、华镇、陆游、苏泂、刘基、魏骥、张岱、毛奇龄……几十位名人在游历湘湖中，留下了几百首诗词，把湘湖的湖光山色、湖贤功臣、人文历史、名胜古迹、名优特产等，在借物抒情、物我相融中表现得淋漓尽致。

20世纪初以来，湘湖泥沙淤积，水面渐湮，仅存三江口小砾山起东北流至城厢街道的一条长约11公里的湘河。今杭州市萧山区委、区政府高度重视湘湖开发，建立了浙江湘湖旅游度假区管委会，搬迁住户，拓宽湖面，恢复景观，再现了湘湖山环水抱、秀丽明媚的风采，重现了湘湖历史文化内涵，并在湘湖举行了世界休闲博览会，新湘湖成为市民心中一座文化丰碑。

湘湖是一个变化的湖泊。经历了从海（江）湾—泻湖—人工湖—开垦湿地—新湘湖等过程。湘湖，其水利作用很大，曾经灌溉周边九乡，造福于当地百姓，是具有“生命”意义的湖泊，保护与开垦相争激烈，虽然到最后总以保护一方胜利而告终，但自从“三江闸”建造后，湘湖的水利作用已明显减弱，更多的是公共利益象征，其象征意义逐渐大于实际意义。而此时其文化意义逐渐放大，影响逐渐远播，超出了湘湖流域的范围。表现在从元、明、清、民国时期文人纷至沓来，或寻游山水，或访友寄怀，或访寺问僧，或渡江寄驿，或入越做官，或观潮叙怀，留下了数以百计的诗词、文赋，湘湖的文化意义走出浙东、越国……甚至远播吴、楚、晋广大地区。要写好湘湖史，必须了解湘湖的文化影响力，必须确定《湘湖史》的视野。

一　研究视野

从湘湖内容角度看，写湘湖史有三种视野：一种是水利学视野，一种是社会学视野，还有一种是文化学视野。从湘湖流域范围看，通常有两种视野，即一种是以历代志书为代表的以“湘湖湖体”为主的视野，一种是以现代出版图书为代表的“湘湖流域”视野。（清）毛奇龄的《湘湖水利志》、（清）於士达等的《湘湖考略》、（民国）周易藻的《萧山湘湖志》等著作主要以“湘湖湖体”和“水利学”视野来编撰，这些湘湖志书主要从湘湖本体出发，将湘湖历史沿革、湘湖水利文献、湘湖水利技术、湘湖碑记艺文、湘湖湖贤事迹、湘湖湖山村落庵庙等记录下来，为后人提供了较为详尽的历史资料。〔美〕萧邦齐的《湘湖——九个世纪的中国世事》、钱杭的《库域型水利社会研究——萧山湘湖水利集团的兴与衰》、方晨光的《文脉湘湖》等著作主要以“湘湖流域”视野来构思。这些著作主要从不同的角度研究湘湖的社会人文历史，共同的特点就是都以古代湘湖志书为基础资料，都以整个湘湖流域为视阈范围。所不同的是，萧邦齐的《湘湖——九个世纪的中国世事》是以外国人的视野与观点，分析人工湘湖历史时期的社会利益的纷争与结果，把湘湖利益集团之间的斗争看做是整个中国社会的一个缩影；钱杭的《库域型水利社会研究——萧山湘湖水利集团的兴与衰》，则是以湘湖水利集团的兴衰变迁为个案来研究中国库域型水利社会的形成与变化史。以上两部著作都是以“社会学”的角度来研究湘湖的。方晨光的《文脉湘湖》，则是从“历史文化学”的角度研究湘湖的人文历史，其主旨为大众深入了解湘湖人文历史提供帮助，为湘湖旅游开发提供历史文化上的支撑。湘湖旅游开发，更多的是需要挖掘湘湖历史文化内涵，将湘湖历史文化的底蕴充分展示出来。从这个意义上分析，《湘湖史》更应从历史文化学的角度入手，以史为经线、以文化为纬线进行构思立目，确定《湘湖史》的章节目。

综上分析，《湘湖史》应以历史文化为视角，反映从跨湖桥文化以来包括自然湘湖、人工湘湖的8000多年的历史，其区域范围为湘湖“文化辐射区”，以湘湖流域为基本范围，并超出湘湖流域。

二　湘湖史分期

《湘湖史》涉及的年代从8000多年前的新石器时代早期至2009年《湘湖史》立项研究止，跨8个世纪，历经原始社会、奴隶社会、封建社会、殖民地、半殖民地社会和社会主义社会。

其分期主要依据历史文化视角和湘湖形态变化两个方面。从历史文化发展的视角将湘湖史分为原始社会时期的跨湖桥文化、先秦至汉唐时期的古越文化、宋元时期的水利之湖、明清时期的人文之湖、20 世纪的湘湖开垦与湮废、新湘湖恢复与旅游开发等时期。从湘湖形态变化将湘湖分为海（江）湾期、初创期、发展期、开垦期和重新建设期等，除跨湖桥文化和先秦至汉唐时期同属海（江）湾期外，其余分别对应以上历史文化时期的分类。

海（江）湾期 从 8000 多年前的新石器时代早期、经秦汉到唐五代。时间跨度 7000 余年。这一时期，主要是跨湖桥文化时期与越文化形成与发展时期。跨湖桥文化，主要有跨湖桥和下孙两个遗址，出土文物发现于 20 世纪 50 年代，遗址挖掘于 1990 年、2001—2004 年。新石器时代早期，湘湖区域是海湾，直到春秋战国时期越王句践还称其为"溟海"，称今钱塘江区域为"后海"，并筑"固陵"（后称"越王城"）于"溟海"同"后海"之间的山上。大约到了秦朝，湘湖区域由海湾逐渐开始淤积成江湾，秦始皇南巡至大越，祭禹后返回至湘湖越王城西的连山渡（后人称为"秦皇渡"），命造桥渡江，无奈江面太宽无法坐车驾过江。三国时期，东吴孙策与王朗隔江而对，王朗守于固陵，孙策久攻不下，后孙策听其叔父言，绕道查浦到固陵东的井亭徐，从而断了王朗后路，王朗大败。唐朝，钱镠战刘汉宏于固陵，又战董昌于会稽，均渡钱塘江而战。到了五代十国时期，湘湖江湾约比秦汉时期的江面要窄得多了。

这一时期的湘湖区域历史文化，主要揭示跨湖桥遗址的文化面貌，新石器时代早期跨湖桥人的生活状况及跨湖桥遗址出土文物的内涵；揭示固陵与越王城、津渡与湘湖争战、萧绍运河与湘湖的关系等，以及与湘湖有关的西施、许询、江淹、贺知章等名人古迹。

初创期 从北宋时期到元朝末年，350 余年。湘湖由一个自然湖泊如何淤积，如何演变成人工湖泊，又如何加强湖泊的水利管理，消除各派禁垦分歧，逐渐趋向成熟。到了元朝，湘湖诗文逐渐多了起来，表明湘湖的人文因素有了进一步的增多。湘湖由此成为一个兼具水利与人文的湖泊。

这一时期湘湖的历史文化，主要揭示的是湘湖形成的历史背景，包括湘湖区域遭受的水灾与治水的功臣等；杨时筑湖的具体条件，筑湖的创议与决策、方文林的具体实施以及筑湖后湘湖的管理、禁垦之争与湘湖产生的效益等；湘湖在北宋后期和南宋时期，成为宋高宗避难地，宋徽宗衣冠入葬地，杨齐王、杨冀王和戚俊升将军的归葬地，客观上已成为当时的风水宝地；而沈辽、华镇、秦观、杨时、许景衡、王十朋、陆游、苏泂等人到访，无意间使湘湖成了名人游历之地。

发展期 明朝至清朝，时间 520 余年。这期间，湘湖水利经历了侵占与反侵占、私侵与还湖的残酷斗争，御史何舜宾竟为反侵占而献出了自己宝贵的生命，魏骥、毛奇龄也因反侵占、反私侵而留芳于世。明朝嘉靖十五年（1536）建造三江闸后，湘湖水利功能淡化，依赖湘湖水灌溉的农田面积已不到宋元时的半数。以此为界，水利湘湖逐渐向人文湘湖过渡，用以灌溉的霪穴先后废弃，而景观、寺庙、村落、宗祠、堤塘等相继建造，游人随之增多，吟咏湘湖的诗词亦丰富起来。

与此同时，湘湖人文随着县城、西兴、长河、闻堰、义桥、临浦等集镇的形成与发展，氏族人口的集聚，得到了迅速发展，对湘湖的依存度更高。表现在寺庙、书院、墓丘、牌坊、湖桥、亭子等的兴盛，莼菜、杨梅、樱桃等湘湖特产的丰收，魏骥、何舜宾、何竞、毛奇龄、於士达等湖贤的涌现，湘湖诗词文赋亦达到了空前的数量和质量，其中以《湘湖赋》为题赋的就有三篇，出现了《湘湖水利志》（毛奇龄）、《湘湖考略》（於士达）等为代表的湘湖专著。

开垦期　从民国初到20世纪末，时间80余年。20世纪初，已有多人动议开垦湘湖，终因乡绅反对而告终。民国4年（1915）浙江省第一测量队测得，湘湖周长为25公里，总面积22012亩。民国16年（1927），湘湖收回国有，上湘湖成立国立第三中山大学劳动学院（后改为浙江大学农学院农场，湘湖农场）。从此，湘湖进入全面开垦时期。其主要标志：之一，湘湖砖窑遍地。据民国19年（1930）统计，湘湖有大窑51座，中小窑9座，从事砖瓦制作者5200人，年产砖1250万块，瓦500万张。之二，在定山创立浙江省立乡村师范学校。之三，新中国成立后湘湖村农业、渔业、砖瓦业、林业的发展。

此时，孙氏、赵氏、周氏、韩氏、吴氏、黄氏、华氏等湘湖望族林立，及与望族相关的以宗谱记录为代表的湘湖八景、辛庐八景、石岩十景等湘湖景观的命名，以及以《萧山湘湖志》（周易藻）为代表的湘湖名著的问世，表明经历风风雨雨之后，湘湖的人文精神尚在，湘湖文化得到了新的呼唤。

重新建设期　21世纪前后的十几年及以后湘湖二期、三期建设等时期。1995年，浙江省人民政府正式批准成立湘湖旅游度假区，同年杭州乐园的始建，标志着湘湖开发的启动。到2006年，湘湖形成“一湖、两堤、五大景区、十六个景点”的新景象；同年4—10月，世界休闲博览会在萧山举办，“一湖三园”，即湘湖旅游度假区、杭州世界休闲博览园、杭州世界休闲风情园、杭州东方文化园为休闲博览会主园区。2008年4月，浙江湘湖旅游度假区在继2007年被评为“国家4A级旅游景区”后，又被评为“中国休闲旅游最佳目的地”。

为配合湘湖旅游开发的需要，跨湖桥遗址公园纳入湘湖旅游开发计划，形成了博物馆、遗址厅和服务区等三大功能区，并于2009年9月28日开馆。至此，湘湖已形成跨湖桥遗址公园、东方文化园、杭州乐园、杭州世界休闲博览园、杭州山里人家、索菲特世外桃源、极地海洋公园、儿童公园、下孙文化村、城山广场、燕尔园等文化公园。与此同时，《湘湖诗画邮票珍藏册》（方晨光等策划、设计、文字、摄影等）、《湘湖丛书·

湘湖文苑（三册）》（中共杭州市萧山区委宣传部、浙江湘湖旅游度假区管委会编）、《历史文化名湖——湘湖》（沈青松主编）、《文脉湘湖》（方晨光）、《湘湖——九个世纪的中国世事》（美・萧邦齐）、《库域型水利社会研究——萧山湘湖水利集团的兴与衰》（钱杭）等一大批湘湖著作问世。

三 研究意义

新湘湖建设更需要湘湖历史文化研究做铺垫。因此，研究《湘湖史》具有重要的现实意义。无论从了解吴越文化的影响与传播、丰富杭州的文化底蕴、提升杭州城市的文化品位、张扬杭州城市文化的亮点、提炼和提升杭州人的创业精神与精神境界等，都告诉我们研究《湘湖史》大有可为。

了解古代吴越文化相互之间影响与传播。湘湖地处萧山，民国以前隶属绍兴府管辖，是绍兴府最西面的属县。凡研究萧山或湘湖，多以绍兴府志和绍兴地方文献作为参考。新中国成立后，萧山一度划归宁波专区，后列入杭州市的属县。其主要原因是钱塘江一江之隔，杭州、萧山分属不同的区域，前者为吴方言区，后者为越方言区。吴和越在归属和文化上有许多不同，形成了许多不同的特色。除语言外，还有风俗、菜系、舟船、祭祀、衣冠等。萧山湘湖文化更接近与融合古越文化。《湘湖史》实际上是跨吴越文化的研究。通过湘湖历史的编写，可以窥见吴越地区文化是如何影响与传播的，可以了解是什么人在影响和传播这些文化，以及影响和传播的方式和内容。

丰富杭州的文化底蕴。杭州的城市发展已走在全国前列，杭州市的萧山区的经济发展已有目共睹，已有相当的知名度。然而，在一些外人眼里，仅与杭州一江之隔的萧山被认为是一个没有文化底蕴的城区。处在湘湖区域的跨湖桥遗址的发现与发掘，表明萧山不仅有发达的经济，同时也有灿烂的文化，萧山不仅现在发达，早在新石器时代早期，萧山湘湖的跨湖桥人曾经也走在时代前列。《湘湖史》的研究，丰富了杭州的历史文化底蕴。

提升杭州城市的文化品位。从萧山归属杭州到萧山融入杭州，成为杭州的城区，萧山已有的人文景观湘湖、浙东运河、钱塘江景观、西施古迹群、衙前农协旧址等景观和贺知章、毛奇龄、葛云飞、蔡东藩等名人，都已成为杭州城市文化的一部分。跨湖桥遗址的发现，无疑又增添了杭州城市文化的独特性，把杭州历史文化向前推到了8000多年前，早于河姆渡文化1000年。2007年杭州市哲学社会科学规划课题《杭州史》将《湘湖史》列入其中，本身就表明湘湖文化是杭州城市文化的组成部分。通过《湘湖史》的研究，不仅表明了《湘湖史》是《杭州史》的组成部分，更是张扬了杭州城市文化的独特个性。

为杭州发展注入一笔巨大的物质财富和精神财富。湘湖所蕴藏的文化价值是一笔极其珍贵的国有资产，是杭州的无价之宝，若用经济价值来衡量，则是一个天文数学；若传于子孙后代永续保存，再考虑到增值因素，将给子孙后代保存一大笔精神和物质财富。但湘湖这笔财富来之不易，是从古到今经过许多人的努力才得以保存下来的。更重要的是，湘湖这笔财富，还唤起了众多市民对湘湖开发的热情。湘湖开发给杭州经济社会发展创造了良好的文化环境，具有不可忽视的无形资产效应。湘湖文化具有本土化、个性化、直观化的特征，是最清晰、最深切地凝视这个地方的窗口，是足以使杭州人引以自豪的文化标志、文化形象。湘湖被评为“国家4A级旅游景区”、跨湖桥文化的命名、跨湖桥遗址被列入国家级文物保护单位、湘湖二期的开发及跨湖桥遗址博物馆、东方文化园、杭州乐园、杭州山里人家、索菲特世外桃源、杭州世界休闲博览园、城山广场、儿童公园、极地海洋公园、下孙文化村等文化公园的相继建成，所带来的文化影响力，使湘湖的文化知名度得到了极大的提高。依靠湘湖这一得天独厚的资源，可以大力开发旅游业。这种文化影响力所带来的无形资产是其他任何商品所不能比拟的，更是无法取代的。通过《湘湖史》，为湘湖旅游提供了一个了解湘湖历史的平台，从而为杭州的旅游业注入了一笔财富。

提炼和提升杭州人的创业精神与精神境界。杭州市萧山区在创业过程中闪耀着一个又一个的精神之光：艰苦创业，白手起家的“围垦精神”；“千山万水、千言万语、千辛万苦、千方百计”的“四千精神”；“抢上头班车、抢进快车道、抢抓潮头鱼、抢开逆风船”的“四抢精神”；还有在工业发展过程中形成的“敢与强的比、敢向高的攀、敢同勇的争、敢跟快的赛”的“四敢精神”；还有开展“钱江时代萧山人”的大讨论，倡导“实力萧山、活力萧山、魅力萧山”和“奔竞不息、勇力潮头”的萧山精神，其核心点就是要实现萧山经济社会发展新跨越，凝聚萧山人的创业精神，树立敢同世人争第一的雄心壮志。萧山精神是杭州创业精神的浓缩，是浙江创业精神的代表。追溯历史，这些创业精神，都可以从8000多年前的“跨湖桥人”和1000年前的“湘湖人”身上找到影子，他们为求生存发展，通过独木舟的制作和人工湘湖的开筑，创造了灿烂物质财富和精神财富。面对世人，完全可以理直气壮地说，这种创业精神完全是有悠久历史、浓厚文化传统和根基的。通过《湘湖史》，让人感受到了这种创业精神与精神境界的历程和内核，从客观上提升了杭州的人文精神。

张扬了杭州城市文化的亮点。湘湖蕴藏的文化信息量非常丰富，无论是古代保存下来的遗址、景点、独木舟、骨器、陶器、石器等，还是现在建设的湖面、公园、游乐场、宾馆等，都是人类文明的见证，反映人类文明进程的步伐，向后代和域外客人诉说“湘湖人”曾经创造的辉煌，讲述着湘湖文化之所以能引起人们兴趣的关键。尤其“跨湖桥人”的创造，透出丰富的文化信息，对后人来说是一种资源，一种不能用其他物品取代的不能再生的特殊的资源。湘湖文化和跨湖桥文化是杭州人引以自豪的文化资源，这种资源是萧山的宝贝，更是杭州的宝贝，全国仅此一家。这种不能被夺走、不能再生的珍贵资源，是体现杭州城市个性的重要因素。通过《湘湖史》，张扬了杭州城市文化的又一亮点。

第一章　原始社会时期：跨湖桥文化

跨湖桥遗址[1]，由于地处湘湖中心地段的跨湖桥附近，因而被命名为跨湖桥遗址。跨湖桥遗址共进行了1990年、2001年和2002年三次考古发掘；2003年又进行下孙遗址的考古发掘。在数次发掘中，有独木舟遗址、建筑遗迹、橡子窖藏遗迹、灰坑与柱坑遗迹等发现，出土了大量的石器、木器、陶器、骨器、玉器、编织物，以及极为丰富的野生动物遗骨和人工栽培的水稻等植物。尤其是独木舟的发现，震惊了世界，跨湖桥文化的名字响彻了世界。经对跨湖桥遗址出土文物样本的碳十四及日释光测定，遗址距今8000—7000年。这是湘湖核心区域在最早的原始社会时期有人类活动的见证。

[1] 本章大部分资料源自蒋乐平主编《浦阳江流域考古发掘报告之一：跨湖桥》，中国文物出版社2004年版。

第一节　跨湖桥遗址及遗存

跨湖桥文化遗址由跨湖桥遗址与下孙遗址组成。跨湖桥遗址位于湘湖跨湖桥西侧，下孙遗址位于湘湖下孙自然村。两处遗址，直线距离2000米，遗址上部的潮间带、潮上带为特征的海相沉积一致，均因海侵而遭废弃。跨湖桥遗址与下孙遗址的年代和文化遗存面貌基本相同，确认有密切的关系，属于同一个考古学文化的两处遗址。

一　跨湖桥遗址

跨湖桥遗址位于上湘湖跨湖桥西南约700米处，属于山前滨河（湖）型遗址。20世纪50年代，何天行在湘湖地区考古调查时曾采集到一些陶片，“萧山城西近湖山麓的地方，从盛家港后到沿山的路旁，一直到瓦窑

[1] 何天行：《萧山湖岸发现新石器时代陶片》，《考古通讯》1955 年第 4 期。

附近，发现不少新石器时代陶片”，有方格文灰陶片、压纹灰陶片、直纹灰陶片等[1]。60 年代初，杭州砖瓦厂厂医陈中缄，从看病工人处看到一些完整的石器和骨器，直觉告诉他，这与他在书上看到的新石器时代的石器很像，于是告诉工人以后捡到带来给他；他自己也经常到湘湖边砖瓦厂取土的地方转转，在土层里发现了残破的骨器和石器就捡回来。1970 年，他向当地文化馆报告，由于“文化大革命”的原因并没有下文。但陈中缄的兴趣并未因此减退，搜集到的石器、骨器等达百余件。2001 年 7 月，陈中缄的儿子陈切景将父亲所藏的留下来的石器、骨器等几十件捐赠给萧山博物馆，得到了文物管理委员会办公室和博物馆的奖证和奖励。

1990 年 5 月 30 日，萧山县文物管理委员会接到浙江广播电视大学萧山分校巫灵霄老师打来的电话，告知有位叫郑苗的学生在湘湖捡到了文物。文管会立即派员到电大，看了郑苗出示的一些石器、骨器，决定去湘湖现场踏勘；第二天下午，来到湘湖跨湖桥西的城厢砖瓦厂取土现场，在文化层堆积处到处可以见到陶片、兽骨。几天后，浙江省文物考古研究所专家到现场考察，确认为新石器时代遗址；在取得砖瓦厂的支持、配合后，当即决定进行发掘。

1990 年 10—12 月，浙江省文物考古研究所与萧山县文物管理委员会联合对跨湖桥遗址进行第一次抢救性考古发掘（见图 4），具体位置位于遗址的东部边缘，共开 5 米 ×5 米的探方 13 个，包括扩方在内，实际发掘面积 330 余平方米。发掘时依照土质土色将跨湖桥遗址依次划分为多外地层。上层系海相沉积，其他 10 个均为新石器时代文化堆积，底层海拔高度为 -1—0.5 米。遗址虽然经历了近 20 年的取土，遭受到了很大的破坏，但考古依然获得了一批有别于浙江已知河姆渡文化和马家浜文化序列的新石器时代的文化遗存，出土石器、木器、陶器、骨器、玉器等 130 余件，发现用火遗迹、六组建筑遗址、墓葬、多处房屋遗迹以及大量的房屋木结

图 4　跨湖桥遗址在湘湖中的位置[2]

[2] 引自《跨湖桥》，文物出版社 2004年版，第12页。本章除图10外，均引自《跨湖桥》。

构件，还发现了两座储藏窖，里面储满了橡子。据考古专家分析，这里显然是古跨湖桥人的居住区。从陶器的器形、纹饰、质地看，明显区别于河姆渡文化和马家浜文化，尤其是彩绘陶器独具特色。

考古队将跨湖桥遗址中采集的4个木质标本送往国家海洋局第二海洋研究所作了碳十四年代数据测定。结果显示，遗址距今在8000—7000年。一时间，考古界对遗址的年代问题引起了很大的争议，一些专家怀疑碳十四年代测定的准确性，还从陶器制作技术上的“成熟进步”（发现了彩陶和黑光陶）的先进性上判断跨湖桥遗址应当在河姆渡文化和马家浜文化之后，其文化类型也不像是二者的源头。于是，专家推测跨湖桥文化遗存是河姆渡文化的一个地方类型，并且年代与河姆渡文化晚期相当。因此，考古界对此保持谨慎、低调，遗址的首次发掘亦没能引起足够的重视。之后，由于种种原因，考古工作没有继续进行，客观上造成遗址长达10年的沉寂。而且，就在它受“冷落”的10年间，砖瓦厂的取土还在继续，跨湖桥遗址第一次发掘现场被挖掘殆尽。

2000年下半年，浙江省文物考古研究所进行浦阳江流域新石器时代遗址专题调查，萧山博物馆主动要求考古调查组到湘湖第一次考古区域的周围进行调查，选派王屹峰驻队结果在第一次考古发掘东南面约300米打探方，重新发现文化层，文化层厚达1.5米。此年底，城厢砖瓦厂正对此区域进行推土机作业，时任萧山市博物馆馆长方晨光带领专业人员到现场踏勘，发现黑黑的文化层裸露于地表，于是要求砖瓦厂立即停止推土，并马上书面报告萧山市政府和浙江省文物考古研究所；在得到萧山市政府的支持并召集财政、城建、文物等部门相关人员进行现场办公后，落实考古经费18万元，于是次年5—7月，进行了第二次抢救性考古发掘（见图5）。

图5　2001年跨湖桥遗址考古现场（北往南拍摄）

这次考古发掘，共布探方 5 个，其中 10 米 ×10 米的探方 3 个，7 米 ×10 米的探方两个，实际发掘面积近 400 平方米。此次考古发掘遗物极其丰富，有大量的陶器、石器、木器、骨器等文物，其中有带底足的木盘、桨形器、苇编的簸箕残片、精巧绝伦的骨针、纺织线、装有疑似中药材的陶釜以及使用插装法的骨耜、神秘的骨哨等不同于第一次考古发掘的珍贵的文物。这里还出土了许多野生动物遗骨和人工栽培的水稻以及菱角、橡子、毛桃、茶子、杏子、葫芦科等植物。其中，决定性成果是 150 余件可复原的陶器，出土器物形态及其组合迥异于河姆渡文化、罗家角文化等附近地区发现的早期文化遗址，由此明确为一个新的、独立的考古学文化类型。遗址区处于整个遗址的边缘，是一处跨湖桥人的临水湿地垃圾堆积场。出土的大批牛骨、鹿骨等是跨湖桥人吃剩的垃圾；大量的陶片是跨湖桥人陶器碎片的遗弃物；破碎的骨耜是跨湖桥人丢弃的已不能使用的生产工具……垃圾场的遗物传递着跨湖桥人生产、生活、文化、思想等重要的信息。

这次考古队共取了 6 个标本进行文物年代测定，北京大学文博院等权威机构进行碳十四年代数据测定，测出数据达 28 个之多，得出的结论与 1990 年第一次考古发掘的测定数据惊人一致，在距今 8050—6900 年。至此，跨湖桥遗址才真正浮出了水面，引起了社会各界的广泛关注，包括中央电视台、中国文化报、中国文物报在内的全国几十家新闻媒体进行了报道。这次考古发掘的成果表明，跨湖桥遗址是一种独立的文化类型。消息一经报道，引起国内专家的极大兴趣。2002 年 3 月，浙江省文物局、萧山区人民政府召开了“跨湖桥考古学术研讨会”，与会的国内知名专家学者一致肯定跨湖桥遗址的学术价值。2002 年 4 月，跨湖桥遗址被评为“2001 年度中国十大考古新发现”。

为了补充更多的资料，同时也是为了地下文物不受进一步破坏，2002 年 9 月底，浙江省文物考古研究所开始了对跨湖桥遗址的第三次发掘。由于遗址被破坏严重，第三次开挖的探方大多处在遗址的破坏边缘，大都不完整。此次考古发掘，共布探方 5 个，其中 10 米 ×10 米的 4 个，7.8 米 ×7 米的 1 个，实际发掘面积约 350 平方米。大大出乎考古人员意料的是，这里不仅又出土了大量的陶器、石器、木器、骨器以及水稻、茶子等植物标本，而且还发现了一条迄今为止国内发现的最古老的独木舟及其相关遗迹。

二　下孙遗址

考古工作者认为，跨湖桥遗址与周边的余姚河姆渡文化遗址、嘉兴马家浜文化遗址和余杭良渚文化遗址的面貌截然不同，这是一处具有独特文化类型的遗址。但是，按考古学惯例，一个遗址要冠以“文化”的命名须两个条件，一是具有一定的分布空间，二是在不同的分布点中有相同特征的器物。跨湖桥遗址要冠名为“文化遗址”，至少要有两个以上与其同时代、同类型的遗址。考古人员从发掘文物的数量和状貌分析，跨湖桥遗址所在范围的湘湖，应该不止一个跨湖桥人家族或部落活动居住。

自2002年暑期开始，萧山博物馆与浙江省文物考古研究所联合在萧山境内进行了为期一年的大规模考古调查，范围遍及古湘湖地域，还有现在的所前、石岩等地，方式采用问询与试掘相结合。

2003年5月，经杭州铁路公务段职工倪航祥提供线索，考古人员在湘湖村的下孙自然村进行了针对性的调查和试探性发掘，终于在杭州乐园以西150米处的湘湖半岛南坡的滨河地区，发现了同类型的遗址——下孙遗址，并于该年的11月下旬至2004年1月上旬，对遗址进行了考古发掘。下孙遗址文化堆积层较薄，但遗迹相当丰富。在不足60平方米的试掘范围内，共发现了60多个灰坑和柱洞。灰坑，是当时人们用来储存物品所挖的坑洞。灰坑积物中有较多的鱼类、贝壳类生物残骸，并发现了稻米遗存。遗址表层堆有厚薄不均的沙层，沙层中混杂着大量的海生贝壳类碎末和陶片、石器等人类文化遗物。这里出土了丰富的陶器、木器、石器、骨器等。陶器分圜底、圈足、平底器三种，主要包括釜、罐、豆、盘等，文化特征与跨湖桥遗址相比有明显共性。但下孙遗址出土的陶器更为粗朴，陶胎相对较厚重、器表光洁度较差，陶器群的组合上也有不同之处。石器有锛、斧、石磨盘。发现的石斧、石磨盘等的质地、形态与跨湖桥遗址的石器相同。与江南其他新石器时代不同的特殊器物——线轮，全国只有跨湖桥遗址才有，但在这里也找到了。下孙遗址发现的有两个纽扣大小的陶制线轮，上面有明显的线圈，是专供绕线时用的。下孙遗址出土的标本经碳十四年代数据测定，距今8000年左右。

线轮的发现，说明在8000年以前，这里的先民们已经不再是纯粹刀耕火种的生产生活方式，而是在某种程度上已经过上了男耕女织的生活。同时在灰坑里还发现有比较集中的鱼类残骸、稻米及苇席的纹路等，分析当时已经有了储存物品的地方，也说明当时的生产活动比较发达，物品已经有了一定的余存。和跨湖桥遗址不同的是，下孙遗址充满了劳动的气息，分析应该是中心遗址的特殊功能区，比如某种经济行为的作业区或作坊。下孙遗址的发现，是在跨湖桥遗址考古发掘基础上的一大突破，它不仅有助于对跨湖桥遗址的进一步认识，而且为跨湖桥文化的命名提供了基本条件。

通过对跨湖桥遗址、下孙遗址文化及环境特点的互相比较，专家们不约而同地将湘湖及附近地区作为“跨湖桥文化”的重要分布区，并进一步提出了“跨湖桥聚落”或“湘湖聚落”的考古学概念。

三　独木舟等遗迹

独木舟遗迹　考古工作人员以前就听村民说在这一带发现过木船，跨湖桥的发现者郑苗也曾报告发现过“小船”，但在前两次发掘中并没有发现木船。最早发现木船蛛丝马迹的是在2002年11月11日，当时考古人员正在探方里整修台阶，在地下第9文化层里，突然发现了一个木制品，形状看起来很像是木船的一个角。随着清理面积的扩大，独木舟的一个凹面显露出来。经过不断发掘，在相邻的三个探方里都发现了船身。独木舟的船头直到19日才被发现，由于当时船身中段还埋在一个隔梁里，而且船宽度不一，考古队员还以为是两条各长2米多的独木舟。21日，考古队员打掉了中间的隔梁，独木舟的真面目才完全地展现在人们面前。独木舟残长5.6米，宽0.53米，厚2.5—3厘米，用整根马尾松挖凿而成。独木舟两侧插着数根木桩，外围散落着几片木桨和若干木材。独木舟周边有船桨、木料、砺石、碳灰、石锛及湖泊遗迹等，表明这不是一处孤立现象，而是一处相互关联、密不可分的共存关系，是一处保存相对完整的遗迹。

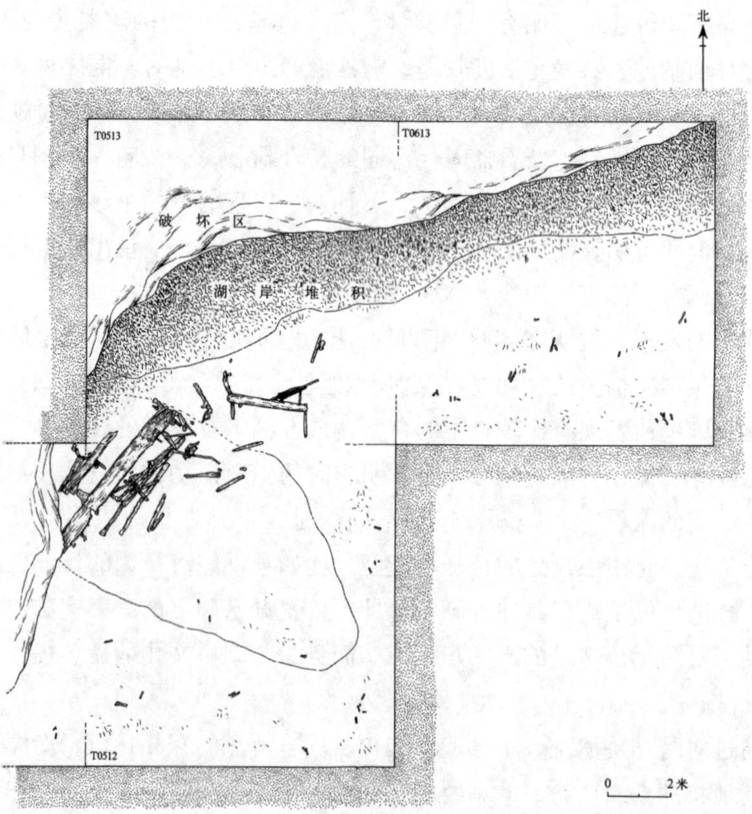

图6　跨湖桥文化独木舟遗址

考古队员推断，这是一处与独木舟生产或修理相关的作坊；独木舟当时处在湖水已经干涸，但未成陆的湖的岸边。

建筑遗迹 1990 年跨湖桥遗址第一次考古发掘时发现一些建筑遗迹，有 4 处房址遗迹和多处相关遗迹。房址遗迹，以成排木桩和柱坑为边界范围，表明为木构建筑，呈南北长方形，埋于土层中也长短不一，基面为黄色土，质地较为坚硬，堆积最厚处约 10 厘米。2002 年发掘区有“独木梯”发现，表明跨湖桥人已经在使用干栏式建筑[1]。有一处建筑遗址是以木桩立骨的土墙式建筑，分析为一种地面建筑形式。墙体内夹一列木桩，间距约 30 厘米，木桩横截面分半圆形、三角形、长方形几种，底端砍削成尖锥状。而河姆渡早期，架空式干栏建筑是唯一的房屋建筑形式。跨湖桥遗址证明，土墙式地面建筑在 8000 年前已经存在了。另外，还发现了一处残剩鹅卵石铺成的地面，说明跨湖桥人已经开始用鹅卵石铺设村落道路。从出土的少量榫卯残件及独木舟制造技术分析，跨湖桥人已具备了相应的木作技术；在一处残房址内，还出土了多经多纬的苇席残片，说明了跨湖桥先民的定居生活的特征。

[1] 干栏式建筑，是一种在沼泽环境中为防潮而抬高居住面的楼式木构建筑。在局部范围的木结构残址间，地面上松软杂乱的有机质堆积，极似考古学家描绘河姆渡人在干栏建筑中生活的情形：住在“楼”上，生活垃圾随便抛在“楼”下；底层很可能成为圈养动物的畜舍。但几座建筑残址中，缺乏大型的、垫有柱础的立柱，与河姆渡遗址比较，跨湖桥遗址带榫卯的建筑构件比较缺乏。

柱坑和灰坑遗迹 1990 年跨湖桥遗址发掘区和下孙遗址发掘区均有发现，而在下孙遗址有比较密集的发现。其中 1990 年发掘区有柱坑和灰坑各两个。柱坑为圆形，坑内埋设木桩，深 20—30 厘米不等，底为黑色填土。灰坑呈圆形，上面架“井”字形木构。下孙遗址有柱坑 6 个、灰坑 64 个，柱坑有椭圆状和圆筒状坑两种，坑内填灰褐色和灰色土；有个坑侧立一石块，为稳定柱子。灰坑以圆形为主，口径 80—130 厘米，深 45—65 厘米；也有少量方形，坑壁多规则，深浅不一，坑口数厘米几乎被沙土填充。坑内多为灰烬和木炭碎屑，有一坑出土线轮一枚，另一坑出土陶片及石锛一件。

橡子窖藏遗迹 发现于 1990 年的发掘区，有 3 处。分方形和圆形坑，坑口有“井”字形木框架，坑内有丰富的橡子，并有木板、树皮、木桩，当为保存橡子用。方形坑，边长 60 厘米，底部边长 70 厘米，深 50 厘米。圆形坑，剖面略呈袋形。

四　文化遗存

跨湖桥遗址文化层中有机物堆积非常丰富。由于跨湖桥遗址后被海水淹没，深埋于古泻湖底部，长期的浸水环境及三四米厚的湖床淤泥的隔绝作用，大量动植物遗骸及骨器、木器保存之完好令人吃惊。以弓箭和独木舟为代表的出土文物是古代跨湖桥人渔猎生活的真实写照，以骨耜和稻谷为代表的出土文物则是古代跨湖桥人从事当时先进的耜耕农业的典型器物，以药釜和釜中茎类植物为代表的出土文物是古代跨湖桥人抵御各种疾病的有效手段，以黑光陶、彩陶等为代表的出土文物是古代跨湖桥人先进制陶技术的集中反映，以太阳纹、火焰纹为代表彩陶纹饰和骨笛为代表吹奏器物则是古代跨湖桥人精神生活的生动体现。

（一）动植物遗存

在1990年的第一次抢救性发掘中发现了两座储藏窖，里面储满了橡子，这是古人储藏的食物。其中一个为直径约65厘米的袋形坑，上口位置设有两层长约70厘米的木材构成的“井”字形框架，四角交相叠压，形成边长30厘米的方形坑口。坑内存有大量形态完整的橡子。

2001年7月的第二次考古发掘的正是跨湖桥人的沿湖垃圾场，地层中遗物十分丰富，动物遗骸总是成堆出现，层位现象也符合从西向东的堆积机理。又发现大面积密集分布的橡子壳，橡子壳总是半瓣分开，数片叠合，有意思的是，橡子壳堆积的附近发现一件残破的簸箕，簸箕带边骨，篾编工艺相当成熟。簸箕与橡子壳——让人浮想起一个妇人站在湖边抛撒垃圾的田园生活剪影。

除了橡子，考古人员还发现了分布广、数量多的稻谷、稻米和稻谷壳等稻作遗存。在1000余粒稻作遗存中，稻谷196粒，占19%；稻米369粒，占35%；谷壳498粒，占47%。

跨湖桥遗址出土的稻谷平均长6.98毫米，宽2.58毫米，长宽比值为2.71；稻米平均长5.13毫米，宽1.99毫米，长宽比值为2.58。其中稻谷长变异范围为4.99—8.65毫米，宽为1.46—3.61毫米，粒长7.1以上占40.1%。据调查，栽培稻的祖先普通野生稻谷粒的粒长范围为7.1—10毫米，粒宽范围为1.9—3.4毫米。和野生稻比较，跨湖桥遗址古稻谷的粒型较短，50%以上稻谷明显不同于普通野生稻；粒宽变异范围增大，既有小于野生稻的，也有大于野生稻的。从粒型分析结果看，跨湖桥遗址的古稻明显区别于野生稻，是人类驯化后栽培稻。跨湖桥遗址出土稻谷和稻米中，籼稻粒型占62.57%，粳稻粒型占16.82%，中间型占18.98%。另外还有几粒可鉴定为野生稻粒型。通过对稻谷粒型分析，跨湖桥遗址古稻的粒型特征接近于现代栽培籼稻。

跨湖桥遗址出土的古稻是紧接浙江省浦江上山遗址（距今11000—9000年）、嵊州小黄山遗址（距今10000—8000年）发现稻作遗存之后长江下游最早的稻作遗存。但跨湖桥遗址的水稻遗存数量最多，保存最好。这为深入研究中国的稻作起源、进一步认识古稻的生物学特性及其演化方面具有非常重要的意义。

在遗址的局部地方还可见到大量的壳斗科植物种实的残骸，考古队员又通过浮选法进行了植物遗存调查，除人工栽培的水稻外，收集了数量较多的毛桃核、酸梅核、杏核、南酸枣（遗址出土植物遗存中数量最多）、芡实、菱角（乌菱和四角菱），以及壳斗科的麻栎果、栓皮栎、白栎果（都没见到壳斗）。除以上几种植物种实外，遗址中还发现了豆科、葫芦科和山茶科、蓼科的植物种子和果实。这些植物的种属以及在先民经济生活中的地位有待进一步研究。遗址还出土了世界上最早的“茶树种子”，这说明人类在8000年前就已可能与茶有了联系的确证。

下孙遗址也出土了稻米，经鉴定，属于栽培稻。还出土了大量的菱角和橡子。出土的植物遗存不仅表明跨湖桥遗址具有稻作农业，也宣告采集在当时萧山先民的食物生产中占有重要的地位，是获取食物的主要途径。

通过对文化层出土的树木遗存分析，在鉴定出的树木遗存10科18个树种中，最多的为松科，其中马尾松占33.2%，黄山松占15.9%；其次为壳斗科的树木，其中麻栎占11.7%，白栎占11.7%，还有一些槲栎，青冈属等树种；樟树在树木遗存中也比较多，占9.8%；另外，榆科的树木也不少，占5.9%，有榉树、糙叶树、朴树和黑榆。比例较小树种有柏树、核桃树、杉树、山桃、杨桐树、楸树、酸枣树和枫香树。遗址出土的树木遗存一方面反映了跨湖桥遗址先民对树木的利用情况，同时在一定程度上也反映出遗址周围的森林植被面貌。

跨湖桥遗址还出土了极为丰富的动物骨骼，总计5125块，保存状态较好。其中1292块骨骼过于破碎，缺乏明显的特征和形状，无法鉴定它们的种属或者部位，只能将其归入大型哺乳动物、中型哺乳动物或者小型哺乳动物。许多哺乳动物骨头有火烤遗留的黑焦面，肢骨端部砸断的现象也比较普遍，反映了烧烤食肉和吸食骨髓的行为，这充分说明了渔猎经济在当时的重要地位。通过对各期动物数量进行统计，归纳其特征，对于认识当时跨湖桥人获取肉食资源的种类和数量提供了科学的依据。

通过骨骼形态观察和种属统计，跨湖桥遗址出土动物有蟹1种；鱼3种，包括鲤鱼和乌鳢；爬行动物两种，龟和扬子鳄；鸟类有天鹅、雁、鹰、雕、丹顶鹤、灰鹤等11种；哺乳动物15种，有海豚（鲸）、鼠、貉、狗、獾、虎、豹猫、犀牛、猪、麋鹿、梅花鹿、水牛、苏门羚等，总计34种。

下孙遗址留下的动物遗骨不多，哺乳动物发现有水牛、狗、猪等，灰坑遗迹中，还发现鲤、黄颡鱼、锯缘青蟹及其数量较多的鱼类脊骨、鳍棘、肋骨及鳃盖骨等。

特别值得注意的是跨湖桥遗址和下孙遗址出土的鱼、龟、鳖、蟹、蚌、螺蛳等遗骸之多，不胜细数。由此看来，湖海捕捞在跨湖桥人的生活中占有很大的比重，而且收获更有保障。

从各类动物的可鉴定标本数看，早期爬行动物的数量相当多，达到43.92%，但中期则没有超过13%，而晚期则为20.06%。相反，哺乳动物早期仅占39.05%，到中期达到69.95%，晚期则达到70%以上。其他动物的种类比例除鸟类到晚期明显地减少以外，其他则没有太大的变化。由此推断，跨湖桥遗址从早期到晚期出现过人类获取动物的种类和数量明显的变化。

跨湖桥遗址共出土162件狗骨，242件猪骨，765件水牛骨。通过测量比对和分析证明遗址出土的狗属于家犬，猪是家猪，这可是我国南方地区最早的家猪啊。由于客观条件的限制，目前还不能鉴定出土的水牛是否属于家养动物。如此多的狗骨、猪骨和水牛骨的发现，对于我国家畜的起源研究具有十分重大的意义。

综合各种统计结果，虽然跨湖桥遗址已经有家猪，但跨湖桥人仍然“靠山吃山、靠海吃海”，以渔猎活动为主、家畜饲养为辅获取肉食。

而一些生态特征上具有典型意义的动物的存在说明跨湖桥遗址附近有较大的水域及沼泽地带，植被包括森林、灌木丛和草地。值得注意的是，下孙遗址出土的许多物种与海洋有密切联系。近江牡蛎、长牡蛎、团聚牡蛎发现于灰坑，为遗址废弃之前渔捞而得，证明遗址的近海特征。薄壳星藤壶、船蛆、缢蛏、中国绿螂为遗址毁弃后直接生长在遗址之上，反映遗址被海（潮）水淹没的状态。

（二）骨器

跨湖桥人并没有把吃剩的大批兽骨简单丢弃，而是利用动物不同部位的骨骼加工成功能各异的骨制品，并广泛应用于日常生产生活中。由于骨头具有一定的韧度和锐度，更适于制作锥、针、骨镖、投枪头等细小的工具，这是石器所无法替代的。

跨湖桥遗址和下孙遗址共出土了100余件骨器，计有耜、镖、镞、哨、针、匙、匕、锥、双尖叉形器及一些功能不明的复合工具等，包括农耕、渔猎、纺织、缝纫等生产用具和一些生活用具。这些骨器都是以动物肩胛骨、肢骨、肋骨、头骨和鱼骨、鹿角为原料，加工方法采取切、割、削、磨等方法制成。由于骨质材料来源于日常生活，取材方便，利于加工，使用起来较为顺手，所以它在当时社会生产活动中起着不可替代的作用。

骨耜出土4件，用大型哺乳动物的肩胛骨制成，肩臼部凿有圆形插孔用以装柄，从一件半成品观察，成孔方式是用火烫灼后再行挖凿；棘突部位均经修削，下端为刃，薄而宽，在使用过程中有折裂和磨损的痕迹。这种骨耜比较锐利，适于开发江南的沼泽地带。骨耜与稻谷颗粒的出土，说明跨湖桥人的生产中已经开始了耜耕农业。

锯齿形器出土两件，用肢骨的骨壁切、削、磨成，扁薄，一端削斜尖，削痕未经打磨，穿一小孔，另一端圆润带齿；两侧切割成均匀的锯齿状，齿尖圆钝。疑为纺织工具。

骨锥出土27件，为钻刻工具，用途广泛。或用肢骨片切而成，或利用动物、鱼骨的自然形态打磨成尖锐状。

骨质钉形器出土15件，形态独特的，是用骨壁较厚的肢骨锯切、精磨而成。造型圆润、规整，器壁光亮，肩部较钝。其表面还呈现出一种犹如玉器被长期把玩后的包浆状，可见它曾经被长期使用。考古学家们至今还无法解释它的具体用途。有人认为它是簪子，用来束发。

骨针出土了 13 件，为缝纫加工用具，形制和现代金属针基本相同。其中 10 件器形细小，一件骨针长 9 厘米，最大径不足 2 毫米，孔径不足 1 毫米；3 件器形较大，一件骨针长 18 厘米，径 1 厘米，孔径约 2 毫米。是用肢骨锯切磨制，形态圆润，或经抛光处理，尾端多有对穿孔。双面钻孔技术的采用，较之千年之后河姆渡文化的单面钻孔还技高一筹。用骨针穿上鹿筋或植物纤维制成的线，可将兽皮或原始纺织品连缀成衣，帮助先民御寒。骨针的出现，意味着跨湖桥人已结束了衣不遮体的生活。

骨镞出土 8 件，是狩猎和战争用具，是主要的生产工具之一。骨镞均有铤，是用骨、角锯切、磨制而成，锋、铤部位能见到细密的锉磨痕。骨镞按铤与锋是否分段分为两型，带铤的骨镞自然杀伤力强。

骨哨 3 件，是用肢骨截制，管状，壁薄腔大，两头相通，一侧挖有直径 6 毫米左右的圆孔。一件单孔，一件两孔，还有一件三孔，制作精美。骨哨既是模仿飞禽走兽鸣啼声，以诱捕猎物的捕猎工具，也是原始吹奏乐器。

骨镖出土 4 件，是用骨、角锯切、磨制而成，器形特点是两翼施倒钩。骨镖是一种十分有效的捕鱼工具，往往将其尾部装上木柄用来刺鱼。经验证，它不但在浅水中捉鱼效果良好，在深水中，也能有效地帮助古人类来猎捕到大鱼，甚至体型大到 65 厘米长的鱼。当鱼被刺中后，由于倒刺和水的阻力，将无法如陆上野兽被矛刺中后，还能到处奔窜逃命，只能以镖枪杆为中心，原地旋转。其中一件长 11.8 厘米，宽 2 厘米，自上而下，先是尖部（刺鱼的部分），左右各施两排倒钩，中间穿有一孔，最下方是尾部，逐渐收窄。根据民族学资料判断，这是一件脱柄鱼镖。脱柄鱼镖被活插在木柄的夹銎中，镖与柄之间用一段绳索相连。用时将镖刺入动物体内，猎物挣扎导致镖头与木柄分离，猎物越挣扎，倒钩刺得越深，猎物越难以挣脱。由于镖与柄之间有绳索相连，猎人可以通过挽引绳索把猎物捕获。世界上有许多民族把它作为捕鱼工具，因纽特人还用它猎取海豹、海象等海洋哺乳动物，我国台湾阿美族常用这种工具狩猎，由此看来脱柄鱼镖不仅仅是捕鱼的工具，还是重要的狩猎工具。

骨匕 10 件，是用肋骨精磨而成，形扁薄。分为两种类型，一种平面略呈长方形，共 7 件；一种平面呈长三角形，3 件。骨匕虽具有多种用途，但主要还是被当做纺织工具纬刀，其作用主要是“理丝”，还有可能用作“打纬”。

骨叉 1 件，完整，长 20 厘米，宽 2.4 厘米，系用肋骨切割、精磨，依自然形态而略弯曲，窄端切磨出两刺尖，宽端平整。根据以往的考古经验，这种较为扁宽、尾部带有勾刺的东西，也是一种纺织工具。

骨匙 2 件，系用动物肢骨剖挖而成，柄略窄磨制较精。一件匙部随关节的弧曲上翘，内有黏积物，一件匙部呈椭圆状，微凹。

复合器1件，长8.7厘米，圆径2.7厘米。系在一截动物肢骨的髓腔一端插入一截骨棒，通体磨制光亮，用途不明。

除此之外，跨湖桥遗址还出土了3件鹿角器和一件兽头器。

通过对动物骨骼的加工利用，不仅改变了骨骼的原始状态，而且改变了其功能。一件骨制品的完成，简单的加工工序都要经过削、割、切、磨、钻孔等工艺流程。特别是对一枚枚长短粗细各异的骨针来说，钻好针眼非一般技术可为。为了能提高骨针加工的成品率，除了选材的要求外，钻针眼是最难的一道工序。首先，要用对钻法在半成品上钻出针眼，然后再进行粗细长短的精细磨制，这样成品骨针才能完成。虽然在鹿角器上也发现了刻画装饰，但与河姆渡遗址比较，跨湖桥遗址骨器的装饰工艺显得比较单调。

骨制品的广泛使用，不仅丰富了跨湖桥人的社会生活，而且提高了跨湖桥人的生产力水平，扩大了对生产资料的攫取范围，在当时社会生产活动中起到了相当重要的作用。

（三）木（竹）器

跨湖桥遗址中出土了126件木器。木制工具易腐烂很少能被保存下来，这个数量已经相当多了。能在地下保存这样完好，与遗址长年处于水平面以下的地理因素有关。适应江南水乡的特点，跨湖桥人的木器制作在手工业经济中占有突出的地位，木器种类十分丰富，有独木舟、木桨、木插、木板、木盘、木锥、木弓、木镞、木柄、独木阶梯、“猪耳”型瓢、蔑编簸箕、带木骨的苇编织物等，涵盖了生产工具、渔猎工具、纺织工具和建筑用具。由此可见，跨湖桥人对木头的使用非常广泛。

令人惊奇的不仅仅是独木舟，跨湖桥遗址还出土了一件用桑木边材削制而成的弓，这被国外学者认为是“中国第一弓”。虽然早在2.8万年前的山西峙峪旧石器晚期遗址中，就发现过比较精细的小石镞，在国内其他许多万余年前的遗址中也都发现有石镞或骨镞，但弓的出土还是非常罕见。此弓尽管已经残缺，但作为弓的特征十分明显，残长121厘米、最宽约3.3厘米、厚2.2厘米，截面扁圆，两端略细。中段长17厘米，扁侧方向与弓身的其余部位相左，拟为柎（抓手）的位置，柎宽3.2厘米、宽2.2厘米。除柎部外其他部位均捆扎树皮，树皮仅见一层，多有脱落，连接严密。用韧性良好的桑木边材削制，外捆扎树皮增加其强度，说明当时的制作技术已比较成熟。如果再缚上用鹿筋或鱼鳔制成的弦，就是一张完整的弓。最难得的是，它的表面还涂有生漆，这在弓类文物中是较为罕见的，这张弓是“世界上最早的漆弓”。

与弓一同出土的还有4件造型规整、加工精制、截面浑圆的木镞。这正验证了《易传·系辞》中记载的“弦木为弓，单木为矢”最原始的弓箭。弓箭的出现，是原始社会技术显著进步的一个标志。它射程远，命中率高，携带方便。人类既可以从较远的距离猎获陆地野兽，又能上射空中飞鸟，下取水中游鱼，从而大大增强了同自然界作斗争的能力。

遗址出土了 3 件木矛，长约半米，圆径 2.6 厘米左右。两端略尖，较光润。尖头一般都有黑色的火焦痕。木矛是狩猎工具，我国古代文献中有许多使用木器狩猎的记载。如《商君书·画策·第十八》云：“昔者，昊英之世，以伐木杀兽。”

遗址出土了 4 件类似秤砣的砣型器，圆高台形，上端呈榫凸。最大的一件高 22.4 厘米，底径 14 厘米。砣型器的榫凸略为磨损，似为转轴，结合同期出土的通体磨光的黑光陶器，这被认为是木质陶轮底座。这充分证明跨湖桥人在生产、生活过程中已经使用了慢轮修整技术，这是中国迄今发现最早的慢轮制陶技术。

跨湖桥遗址出土数量最多的木器是木锥形器，有 51 件，尺寸近似筷子，中间稍粗，一端削（磨）尖平头，另一端平或钝尖；另一种木锥的一端削成扁舌形。木锥作为一种生产工具，用途十分广泛。出土的 6 件木钉形器，大小、形态与骨钉形器一致，用途也应该类似。另外还出土了 1 件木杵和 2 件木槌，既可用来捶打稻谷让其脱粒，也可用来夯土、捣打陶泥，功能多样。

跨湖桥遗址还出土了“中国最早的水平踞织机”。遗址出土的两件棒杆形器，两端刻有槽沟，称为卷纱棍，是用来卷纱卷布的。遗址出土了 6 件中段削成细圆状，两端呈三角形尖头的木双尖器，被认为是织布机上用来固定经纱的木经轴。上下两根卷纱棍，中间再加几根一端削成扁舌形的木锥用来把经纱单、双数分开的绞纱棒，再配上木骨质的纬刀、纺线的哑铃状器，就组合成了一台原始水平踞织机。

遗址出土的木柄较多，有锄型锛柄、环型抓手的复合式器柄 11 件。木柄捆绑在石器上，使石器更具劳动效率。还有一件“桨形器”的器物，专家们根据其受力及本身形状分析，基本上排除了用作木桨或木耜的可能，确定为木铲（插），是一种稻作生产用具。

遗址出土了两件短条形木管，一头凸出一圈，另一端微呈喇叭形，中空。功能应该类似骨哨，用来吹奏或模仿猎物叫声。

尖槽形器 3 件，截面呈三角形，中凿空，亦呈尖底状，斜壁、敞口，边壁均匀扁薄，端部呈实体。因无法平面摆放，判定为浮标，反映了与水相关的生活内容。

跨湖桥遗址还出土了用于盛装食物圈足的长方形木盘、“猪耳”形瓢等生活用具和用于房屋建筑的木板、独木梯、榫卯构件，其中 2002 年出土的独木梯残件是跨湖桥人建造干栏式建筑的间接证明。此外还出土一批木材原料和经过砍削的半成品。

以上这些木器大多用木料的边材加工而成，加工技术包括砍、削、凿、刻、磨等，许多尖锥形器利用火烤增加其硬度。大型木器都是由粗大的原木加工而成。从木材利用的特点看，跨湖桥遗址的多数木器是利用树木的心材仔细劈削而成，说明先民知道利用心材防止木器的开裂，能根据木材的性质进行加工。

在出土的木器中，已发现有榫卯迹象的物件，如带握柄的木插、带方孔的木桨、有底脚的木盘，还有有棱角的石锛柄等，尤其是带竖銎的骨耜，插上木柄使用，使人很容易联想到榫卯结构。跨湖桥遗址发现的榫卯构件，被业内视为河姆渡文化的榫卯技术的源头。

从带方孔的木桨看，其卯孔小而方，用石凿难以挖成，可能是用刃部较小的骨凿或角凿挖成的。在独木舟遗址，出土有许多木板。木板是原木纵向剖裂而成，难度较大。操作方法如同现代裁开石板，即在原木上顺纵向木质纤维的劈裂线上，每隔一定距离打入石楔，每楔嵌入原木中会产生一段胀裂形成通缝，然后再在通缝相对的一面以同样方法加楔，使之产生相对应的通缝，不断打深石楔，直到完全裂开。这种开裁木材的原始工艺，直到近代西藏、甘肃等偏僻地区，在没有锯的情况下仍在使用。

2009 年 10 月，跨湖桥遗址出土的独木舟和榫木构件被入选“中华文明之最”。

值得一提的是，在独木舟的附近还发现多处小块的席状编织物。其中一块保存较好。篾片的单根宽度约为 3. 8 厘米，从残处看，似有双层。编织物形状呈梯形，较宽一侧有“T”字相交的木质边骨，篾子交叉咬合着，经鉴定系禾科类植物编织而成的，材质似为竹，编织手法与现在江南地区篾类物品相似。这可是江南地区最早的席状编织物。在第二次抢救性发掘中也曾出土了一件篾编簸箕。手工相当精巧，边缘的捆扎方式与现代的一模一样，反映跨湖桥先民当时高超的编织水平。

（四）石器

磨制石器是跨湖桥人最主要的生产工具，分斧凿和砺石两大类。跨湖桥遗址出土有锛、斧、凿、镞、锤、磨棒、磨石、璜形饰件等 135 件，功能包括生产工具、加工工具、装饰品三大类。石器的石料采自附近山区，以沉积岩为主，少量火山岩。跨湖桥人因材施用，石料的选用与工具的用途紧密相关。石器加工主要采用打、琢、磨的方法。其磨制水平很高，大多通体磨光。

石器中石锛的数量最多，与遗址中发现的数件锛柄一起，成为跨湖桥人制作独木舟或其他木器加工工具的重要证据。石锛共三大类 28 件。石锛平面多呈长方形，或略成梯形，偏刃。器形有厚大的，也有薄小的，均为沉积岩中的泥岩，有沙质纹理，容易开裂，韧性好，质地较细腻。斧、锛之分在于锋刃的偏与正。遗址出土石斧 5 件，个别石斧用火山岩制作。截面多扁圆，边棱圆润，顶部不见锤击的瘢痕，也不见配套的斧柄，属于

“手斧”一类。凿 7 件，长条形，偏锋、两面刃，多为火山岩制成，刃部均有残痕。

遗址出土石镞 5 件，有柳叶形和三角形两类。石镞两面有明显的中脊。放大镜下观察到在箭镞上有一组平行磨痕，磨痕从中脊的一侧连续延伸到中脊的另一侧，可见当时磨制技艺十分精巧。

石锤为跨湖桥石器的特色之一，共 15 件，有三种类型，其中 6 件平面呈长方形，器形略似石锛，制作精制，磨制光滑，两头或单头有砸击痕迹，痕迹均较小，应该被用于石器、骨器的精加工。这证明石锤也有精心制作的需要，7 件为残石器的重复利用，琢击、砸击痕明显，破损严重，当为石器的加工工具。还有 11 件是直接利用自然形状的卵石，器身有摩擦或锤击痕迹，可能是用于敲砸坚果的食物加工工具。从石锤的制作工艺和敲砸痕迹、崩疤破损情况分析，跨湖桥人已经开始用不同石锤进行粗细加工之分。

石锉的出土说明了跨湖桥人磨制工具的丰富。石锉出土两件，石锉是利用特殊岩石多气孔、表明毛糙的性状，做锉磨工具，用于精加工。

跨湖桥遗址出土 25 件磨石，包括砺石和石磨盘。磨石中体量大、磨面平缓的一部分为“石磨盘”，一定数量的棒形、龟背形石器，应为相配套的磨棒。砺石均为沉积岩中的沙岩，磨棒则有基脉岩、沉积岩、火山岩 3 种。石磨盘和配套磨石是谷物加工工具，用来稻谷脱壳。

遗址出土了 3 件圆饼形石器，其中一件磨制光整，中部稍厚，直径 3. 7 厘米，中厚 0. 9 厘米。其也应该被用于精加工。

跨湖桥文化遗址出土的一件青砂岩石质的圆弧形的磨石残块，它厚 6. 6—7 厘米，二残圆面平整而粗糙，基本平行。轮面曲率半径约 13. 25 厘米，轮面剖面略呈弧形，如轮胎，轮面因使用被打磨得十分光滑。经清洗鉴定，它是由火山岩制成的。这引起一些专家的浓厚兴趣，认为这是一块圆形砂轮的残件，如果复原的话，直径有 25—30 厘米，中间有孔洞，它可以转动，用来磨制箭镞、石锛等工具；跨湖桥文化出土石器和骨器很多是用砂轮磨床打磨的，最典型的就是石箭镞。如果此结论是成立的，那这将是迄今发现的人类最早的磨床。跨湖桥遗址距今有 8000—7000 年，如果那时的人类就懂得了制造砂轮、轴承、支架、摇柄等复杂工艺，真是令人不可思议。

跨湖桥遗址还出土了两件装饰用的玉璜形饰，淡青色萤石质地。短环状，截面呈椭圆状。对钻穿孔，孔形呈漏斗状。一件长 2 厘米、截面长径 1. 2 厘米、短径 0. 6 厘米。一件为扁圆形弯管，有一弯曲贯通的穿孔，另一件为窄条弧形，两端有未完的牛鼻形孔。

虽然它是件小型装饰品，做工粗放原始，素面无纹，造型简单，玉质也差，但可以看出当时的玉器加工已经初具形态。这是中国南方迄今所见最早的玉器，与 8000 年前内蒙古兴隆洼出土的玉器南北遥相呼应，证明了中华古玉文化的起源。

（五）陶器

在跨湖桥遗址出土的文物当中，数量最多、制作最精、形态最为独特的就是陶器。跨湖桥遗址出土有数万件（片）陶器，经专家拼复的有200多件。大多器形规整，厚薄均匀，保持在0.5厘米以内，可以看出已非手工泥条盘筑，而普遍采用了慢轮修整制陶技术。小型器突出精制的器表装饰（彩陶、黑光陶），大型器则以规正、匀薄取胜。其制作的精致程度超出了人们对那个年代的习惯估计，甚至比其1000多年后的河姆渡文化时期还要高。

1. 陶器品种丰富，功能多样

从陶质上分，可分为夹砂陶、夹炭陶和泥性夹炭陶三类，另外还有少量的夹蚌陶，全部是就地取土并和以砂、炭和蚌壳等。跨湖桥人对陶质的选择具有针对性，不同功能的器物用不同的胎质。在陶土中掺有细砂或粗砂粒制作的，称为夹砂陶。夹砂陶多呈黑褐色，用于釜、甑类等炊器，约占出土总数的50%。这种夹砂陶的器皿因陶胎内有细孔，炊煮时水中的空气不断从细孔中逸出，使陶器不致破裂，同时也有耐火、传热快等特点，使陶器比较耐用，能经得住温度的急剧变化。用于贮水、汲水和盛放食物的多为泥质陶器。夹炭陶一般为黑色，含炭量高、胎质疏松、破裂面显得更粗糙些，用于制作器型较小的釜，约占出土总数的7.5%。泥性夹炭陶黑色，多施陶衣，胎质细腻，泥性成分更突出，则用于罐、豆、盘、钵类器物。

图7 跨湖桥文化典型陶器——折肩两耳罐

出土的陶器大部分为圜底器；圈足器占18%；平底器很少，只有3%，而且其中大部分所谓平底在形态上接近圜底，多见于罐类；不见三足器。跨湖桥陶器的群组合也十分新颖。按功能分类，主要为釜、罐、钵、盘、盆、豆，但形态完全是新的。如钵型釜、扁腹双耳罐、盅型钵、双腹豆等。甑、线轮、纺轮别具特色，另外还有器盖、支座及少量不明器物。

在跨湖桥遗址出土的饮食器具的釜、圈足盘、圈足盆、罐、豆、钵、甑等中，釜、甑、小罐为炊煮器，圈足盘、盆、豆和钵为饮食器，大罐为储藏器等。陶釜的碎片出土最多，占总数的52.6%，可见陶缶是跨湖桥人最主要的炊煮器具，煮是他们最主要的饮食方式之一。陶釜多呈卵状体，不同于河姆渡、罗家角的带脊釜与腰沿釜。与陶釜一起出土的还有釜支子。陶釜是放在釜支子上，下面点燃柴火，以煮熟釜内的食物。出土的陶器中，器底有黑斑痕的相当普遍，考古专家认为，这黑斑是陶器与燃烧的干柴接触后的渗碳现象，是陶器放在柴堆上烧的有力证明。有的在陶釜上还留有锅巴。这既说明了陶釜是炊煮器物，更说明了跨湖桥人已食用稻米了。从这些残留的锅巴分析，确实像《孟子·藤文公上》及《礼记·檀弓上》中“饘粥而食”的记载，即跨湖桥人既不是今天所吃的干饭，也不是稀粥，而是介于干饭和稀粥之间的一种呈黏糊状的稠粥类食物。

跨湖桥遗址中还有一个被称为“中药罐”的稍有残缺的绳纹小陶釜，口径11.3厘米，高8.8厘米。此陶釜出土时呈煎裂状，倾斜弃于泥中，器内有一捆形状相近的植物茎枝，茎枝间粘连在一起，长度5—8厘米，单根直径一般在0.3—0.8厘米，共30余根，纹理结节均很清晰，出土时头尾整齐地曲缩在釜底。这捆茎枝在丢弃过程中没发生散乱，比较符合茎枝被煮软后的特点。此外，陶釜外壁有烟熏火燎痕迹，考虑到这些茎枝不可能被直接食用，所以该器物当属因故（陶釜烧裂）丢弃的煎药罐。“神农尝百草”的传说表明，人类早在史前时期就已经认识到自然药材的药用价值。跨湖桥遗址出土的这个“中药罐”，为研究我国中草药的起源提供了重要线索。有意思的是，此还被奉为茶文化的祖先，陈列于中国茶文化博物馆的展览中。

跨湖桥遗址还发现了一件很有意思的炊煮器——陶甑。陶甑的出现，既表明跨湖桥人已懂得蒸汽的利用，还说明跨湖桥人对饮食提出了更高的要求。陶甑的形状有点像卵型釜，只是在釜的球状体上戳了许多蜂窝状的圆孔。陶甑一般不单独烧煮食物，须与陶釜一起配合使用。使用时要先在釜内加水，然后釜上放甑，甑上盖上器盖，最后在釜下架柴烧火，釜内水烧开后，大量的蒸汽透过甑底的圆孔就可以将食物蒸熟了，这与今天用的蒸笼十分相似。跨湖桥人发明的甑，是人类使用蒸汽能的最早实践，也是距今中国最早的甑器。

盘、盆、豆、钵是跨湖桥人常用的饮食器具，制作精，均为泥性夹炭陶。钵的形态最为独特，成为复原率最高的一种陶器。用钵盛放主食米饭，盘、豆则用来盛放其他副食，盆用来盛放采集来的野果或野菜等。可以想见，跨湖桥人的饮食习惯已与现代人非常接近，他们围坐在一起以钵盛饭，以盘盛菜，把足较高的豆放在盘中间盛放美味佳肴，这样每一个人都能够吃得到。

大釜、大罐是跨湖桥人的食物储藏器具。与炊煮器、饮食器相比，这些器物容量要大得多，又因为这些陶器只用于存放食物，因此大多制作粗糙，器型也不甚规整。跨湖桥人由于受季节、气候等诸多条件的影响，并不能够保证每天有足够的食物来源，在许多一无所获的日子，尤其到了冬天，食物更加显得匮乏，因此，保存和储藏食物成了跨湖桥人为了生存所必须进行的一项劳动。在 1990 年的考古发掘中，有两个储满橡子的灰坑；2003 年考古的下孙遗址，也发现了 10 多个藏有橡子的灰坑。遗址出土了数以千万计的陶片，庆幸的是，有两件大型的陶釜得到了复原，颈以下饰绳纹，尖圜底，器壁厚薄不均，通高不到 40 厘米，口径不到 25 厘米，器表外侧下方有多个椭圆形烧支印，色泽浅，从陶器本身陶色及烧印痕数量、位置观察，不排除是陶器烧制时支印的可能。专家们认为是储藏器。

跨湖桥遗址出土的线轮、纺轮别具特色。纺轮 103 件，均为陶片打制而成，边缘或略作打磨，形状多为不规则的圆形，也有呈方形的。中间对穿一孔，空的位置往往不在正中。直径多为 4—5 厘米，孔径大的有 3. 7 厘米，小的只有 0. 2 厘米。线轮有 32 件，圆扣状，一般中薄边厚，边缘有槽，槽间发现有缠绕的纤维质线圈，故名。纺轮是我国古代发明的最早的捻线工具，即在纺轮中间的小孔插一个杆，利用纺轮的旋转把纤维拧在一起，并用同样的方法把单股的纤维合成多股的更结实的“线”。纺轮是纺织手工业发展到一定阶段的产物，纺轮和线轮的大量出土，可见当时这种捻线工具已被跨湖桥人广泛使用，说明跨湖桥当时纺织已有相当规模，且技艺高超。不难想象，纺轮转动给当时的先民们带来了身心的愉悦及生产、生活的富足：在陶轮中心小孔中插一根两头尖的直杆，便有了一只纺锤，将野生麻等剥出的一层层纤维连续不断地添续到正在转动的纺轮上，一根根纱条便产生了，这种纱条合并捻制成的线可以制衣、结网、系罐乃至建房。

2. 陶器制作精良，技艺高超

跨湖桥遗址出土的陶器制作，是以泥条盘筑为主，辅以分段拼筑、贴筑。制作出来的陶器大多器壁匀薄、造型规正，部分双腹豆的内外壁、钵盆的内壁漆黑光亮，做工之精，令人惊叹，可见普遍采用了慢轮修整制陶技术。陶器的装饰手法多样，纹饰有条带纹、波折纹、环带纹、垂挂纹、太阳纹、火焰纹、十字或交叉纹等，装饰工艺包括印、戳、刻、镂、贴等手法。陶器的烧成温度在 750—850℃，总体上要低于河姆渡遗址早期的

800—850℃。这说明跨湖桥文化陶器的工艺成就是在原始的烧造条件下完成的。

陶器制作的精致程度，除器形规整匀薄外，主要指彩陶与黑光陶工艺。其彩陶、黑陶工艺更是让“后来者”难以望其项背。

彩陶是跨湖桥文化最重要的特征，其工艺水平足以代表当时的物质文化发展程度。在年代上看，跨湖桥文化是中国最早出现彩陶的遗址之一。在遗址中发现了目前为止东南沿海地区最为丰富的彩陶片，彩陶保存的鲜艳程度十分好，而且发现的完整器物较多，彩陶的分布位置及组合形态也十分清晰。彩陶占出土陶器的2%，纹饰多施于罐、圈足盘、豆等三种器形。跨湖桥文化用彩方式有软笔、分次烧、泥点等。彩的形态分为厚彩与薄彩两种，早期的主要形式为盘内彩，手法较为成熟；晚期薄彩、厚彩并存，彩纹丰富而规范。薄彩一般见于圈足盘（豆）的内壁，有红、黄、黑诸色，从口沿向内垂挂的环带纹、半月纹最为普遍；一些双腹盘从口沿到底心分层设组，各有题材，十分讲究，这类器物应当不再是实用器皿，具备了充任礼器、祭器的基本特征。最有特色的是厚彩，施于器物的外部，如罐的肩颈、圈足盘（豆）的圈足等位置。圈足部的彩纹一般为以圆形镂孔为中心的放射线；肩颈部位多以组合纹饰出现，“太阳”纹引人注目；在手法上，点彩别具个性，往往与条纹、波浪纹相配合；厚彩材质似为加有某种黏合剂的泥料，脱落后遗留乳白色痕迹，大都清晰可辨。

图8　跨湖桥遗址黑光陶

跨湖桥遗址彩陶的制作工艺已显示出非常娴熟的陶艺制作程序。从出土的彩陶片观察，多数为粗泥陶胎，其胎表有意识地被涂上了一层修饰层（陶衣或化妆土），红或白的底色涂在修饰层上，然后再在红底上绘白色花纹或白底上绘红彩图案，个别有黑彩，因此从陶片侧面观察，形成了多层颜色的堆积，用手抚摸表面，略呈凸感。这种陶胎的修饰方法，在距今6000—5000 年的郑州大河村一期遗址中也曾出现，但是跨湖桥遗址将此工艺的历史提前了将近 2000 年。从跨湖桥出土的彩陶来看，跨湖桥时期彩陶的制作工艺远比 1000 年后的河姆渡时期成熟先进。

跨湖桥遗址出土的“黑光陶”一直是人们关注的焦点。制作黑陶需要较高的窑温，技术难度大，在河姆渡文化中未曾发现。遗址中出土了许多不亚于良渚黑皮陶的漆黑光亮的黑光陶，而因黑陶而著称的良渚文化，比跨湖桥晚了整整 3000 年。初见很容易和良渚文化的泥质黑皮陶相混，其实两者胎质完全不同，外露的光泽也是不一样的，但这种混淆至少说明在陶艺效果上不分伯仲。跨湖桥黑光陶的特色在于与匀薄胎体的结合，精美的程度平添三分。黑光陶一般见于豆、罐两类器物，这种黑光的表面形态同样反映在一批外红内黑的器物上，如钵类器，内壁十分光亮，为江南其他考古学文化所不见，显然除了应用一般意义上的还原焰烧造技术外，还经过精心的打磨。

大量陶器上常见有周正的弦纹、棱纹，尤其是一件罐口的 7 条环状平行弦纹，分明使用了轮制技术。但以往的认识是在距今 6000 多年才有慢轮修正术，8000 年前跨湖桥人的制陶技艺会有那么先进吗？直到一个木质陶轮底座出现在考古学家的面前，才解开了这一谜团，更由此证实了跨湖桥人已经掌握了慢轮制陶的技术。

以往陶器制作都是用泥条盘筑，然后通过手工捏拍制作而成。这样制作出来的陶器不够圆，厚度不均匀。陶轮的出现是制陶业的一场革命。陶轮是一个装有直立转轴的圆盘，把和好的陶土或粗坯放在陶轮的中央，使陶轮转动，同时用手捏陶土或用工具使陶土成形，并使坯面光洁。慢轮制陶技术使得陶器形状更好，厚度均匀，大大提高生产率，弦纹则能大大增加陶器的美观。黑光陶器的弦纹就是用陶轮修整技术加工成的。制作黑光陶时，只要将未干的陶胎置于陶轮的转盘上，并仔细对正，用一手转动转盘，另一手用木器、骨器或石器接触要修整的胎体，经过多次转动后，就可以在胎体上留下所需的环状弦纹了。

陶轮的发明是人类科学技术史上的一件大事，它是人类早期使用的一种原始的加工机械，也是迄今一切旋转切削机具的始祖。据考古资料认定，世界最早的陶轮出现于西亚两河流域，距今 5700—5300 年。以往，在我国距今 7000 年左右的半坡遗址已经发现了陶轮加工特征，但没有发现陶轮。而此次跨湖桥文化遗址发现木质陶轮底座，也就证实了中国的陶轮技术先于西亚两河流域 2000 多年。

跨湖桥遗址陶器基本上都是夹炭陶，它们是由在白云母、石英等矿物构成的黏土中，有意识地掺和了事先燃烧炭化后的植物茎叶碎屑灰，经加水拌和后形成的混合物经成形烧制而成的。黑光陶由于含有的植物碎屑灰比较多，因此有机质和炭的含量也相应较多，所以呈黑色。

在研究跨湖桥“黑光陶”黑亮之谜时，专家发现8000多年前湘湖人已会海水制盐。考古学家在对40件黑光陶陶片的表面和内部化学成分进行测试时发现，被测陶片基本是夹碳陶，而且氧化钾和氯化钠的含量非常高。黑光陶中高含量的氧化钾并不完全来源于陶器的胎土，还来源于草木灰。同时，黑光陶表面氯化钠含量最高达1.83%。这些盐和氧化钾经过一系列化学反应后，形成钠钾铝硅酸盐玻璃相，从而使黑光陶又黑又亮。

但这些盐是从哪里的来的？实验数据表明，通常海水的食盐含量是大大低于黑光陶表面所测出的食盐含量的，由此可能推断，古人制黑光陶时应该是有意识地加入一些利用古老海水制盐法制作出来的原始食盐。同时，古人还在制陶实践中逐渐摸索出了利用草木灰、食盐和黄铁矿作泥釉的制陶工艺。

3. 陶器纹饰十分丰富成熟

跨湖桥遗址的精巧陶艺让人惊喜。且不说器形的丰富、制作的精良，出土陶器的纹饰更是多姿多彩，除彩绘外，还有镂空、戳印、拍印、刻画、泥点等。光是圈足底这个细小部位的镂空处理，就有三角形、方形、圆形、十字形、卜字形、工字形、扁方形、月牙形等多种变化；仅器皿身上的拍印纹，就有篦纹、指甲纹、戳印纹、绳纹、方格纹、菱格纹的竖向拍、斜向拍、交叉拍的图形变换。拍印的方格纹在浙江地区的新石器时代遗址中可以说从未发现过，但跨湖桥遗址出土了相当的数量，粗格者多呈菱形。绳纹除拍印，还应当采用了滚印等方法。

考古证明，在8000多年前的跨湖桥，艺术形态得到了较早的发展。就中国彩陶发展史的角度而言，与其他区域彩陶文化相对比，跨湖桥的彩陶工艺在三个方面体现了其优势和特点：第一，跨湖桥遗址彩陶的制作工艺已显示出非常娴熟的陶艺制作程序。陶胎的修饰方法，在距今6000—5000年的郑州大河村一期遗址中也曾出现，但是跨湖桥遗址将此工艺的历史提前了将近2000年。跨湖桥遗址与长江流域的湖南皂市下层新石器遗存相比较，在文化面貌上有一定的相似之处，反映了长江中下游地区考古学文化之间的联系性，但是在时间的纵坐标上跨湖桥文化显然早出了1000年左右。并且在器物纹饰上显示出相对的丰富性。第二，器物的彩绘装饰常常与刺、刻、划、透雕、贴塑等技法并用，达到纹饰与器物造型的有机结合和多种装饰手法融为一体的审美效果。由于彩绘本身比刻、划等手法更为流畅自由，所绘线条的宽窄、刚柔、缓急变化，增强或减弱了雕、塑手法所带来的造型上的因素，使器表彩绘的绚烂色彩和淳穆的器物造型相结合，体现出器物合理的比例感和秩序要求，同时色彩本身的刺激也丰富了审美主体的艺术感受。第三，就彩陶的纹饰特征而言，跨湖桥人在陶器的生产实践中，不断地丰富绘制技艺，并且在逐渐成熟的过程中，形成了一些图案布局的习惯和经验，形式法则的萌芽应运而生。例如，在彩陶的纹样中已表现出静动、疏密、虚实、繁简、曲直、正斜以及色彩上的对比手法，使相互对立的图案和颜色能互相映衬，互相制约，达到和谐的效果。而纹饰的对称则表现出单元图案的重复使用、位置对等，从而使纹样的布局达到等量等形的效果。

彩陶作彩于陶衣之上，陶衣为跨湖桥彩陶文化的构成元素。陶衣有褐黄色衣、灰白色衣、红色衣、黑衣等，其中黑衣十分光亮，与红衣、灰白衣比，附着力较强。红色陶衣是通过在陶胚表面涂一层氧化铁含量较高的细粒泥浆涂层烧制而成的。白色泥点纹装饰陶是用氧化铁含量较低的黏土泥料画在陶器表面烧成的。彩陶可能是用含铁量高的物质或红色矿物料磨成泥浆用作色料绘在陶器上，烧制后靠氧化铁的红色形成彩绘，起到装饰作用。黑光陶和外红内黑（光）陶器代表了跨湖桥遗址比较先进，又能被成熟运用的陶衣成就，体现了跨湖桥文化陶器制作的水准。令人惊讶的是，在一件外红内黑的陶器的口沿部位发现用黏合剂进行修补的证据，黏合剂呈暗黄色，用料成分尚是一个谜。

跨湖桥遗址以釜、钵、圈足盘、罐为代表的基本陶器组合，除了陶釜的某些特征与河姆渡文化同类器有可比性外，更多的器物形态均为江南其他遗址所未见，如线轮、跨接肩颈双耳罐、直腹圆底钵等；陶器上普遍发现的彩绘、刻画、镂空等装饰题材与装饰风格均具有十分明显的个性特征，都说明了跨湖桥文化类型的独特性。

第二节　跨湖桥人的生产生活

8000 多年前跨湖桥人用自己勤劳的双手，创造了灿烂夺目的跨湖桥文化。无论是在适应湘湖原始的自然条件，还是在构筑自己的生活环境；无论是在创造富有特色的生产工具，还是在为生存而采集、狩猎、制陶、建房、种稻、养猪……跨湖桥人均表现出了无穷的智慧和力量，更让现代人看到了跨湖桥人丰富多彩的物质和精神生活。

跨湖桥遗址发现了栽培稻和猪骨，已经出现稻作农业和畜牧业，但狩猎、采集依然是经济生活的重要组成部分。建筑出现干栏和土墙两种形式。彩陶中发现的太阳纹图案反映了太阳崇拜的宗教心理。

一　跨湖桥人

10000 年前，地球间歇性的降温事件，使得东亚低纬度地区呈现一种干旱的气候状态，海退发生，人类为了更好地生存，被迫向水源更为充沛的下游转移。发源于浙中山区的古人沿浦阳江顺流而下，带着已经萌芽的农业文化传统，来到更适宜人类生存的萧山浦阳江和钱塘江交汇的河口地带，在距今8000—7000年之际，迅速繁荣发展起来，创造出一种极具地域特色、熠熠生辉的史前文明。

末期冰期结束后，海平面随即抬升。从这一时期湘湖的地层剖面看，地形呈沼泽相，厚约2.32米，说明距今10000—8000年前这里是一片水域。随着冰期结束，温度增高，海平面逐渐上升，潮水逆钱塘江向陆地漫浸。8000多年前的湘湖地区已成为潮汐作用的主要地区，时常受到海潮的冲刷，湘湖南及长河东北则成为沼泽。

大约在8200年前，跨湖桥人生活在湘湖区域。他们在这里建造房屋、种植水稻、饲养家畜、制作陶器和独木舟等。到距今6900年左右，由于海平面又一次上升，跨湖桥区域沦为沼泽。其后，整个湘湖地区成为潮水活动最强的潮间带。于是跨湖桥人为了生存，再度由北面的滩途向南面的山区迁移，跨湖桥文化逐渐消失在历史的迷雾中。

跨湖桥人在古湘湖之滨不知生活了多少年，他们从事的种植、采集、渔猎等原始生产方式支撑着他们的基本生活。跨湖桥人已具备了丰富的知识，其生产、生活十分精彩。他们制造精美的骨器、木器、石器作为生产工具；他们运用泥条盘筑法和慢轮修整术制作精致陶器作为生活器皿；他们的木作技术也已经十分发达，能运用榫卯技术搭建干栏式的房子，用独木梯上下楼；用火烧锛刳独木舟更称得上是伟大的成就。跨湖桥人已用水平式踞织机进行原始的纺织，用细致油光的骨针缝制日常穿戴的麻布和兽皮；他们还懂得利用骨耜、木插耕种水稻，驯化野猪，用动、植物的胶汁来粘补陶器，用涂有生漆的木弓来狩猎；他们已能编织簸箕、竹席，用陶釜煎草药，用陶甑蒸饭；值得称道的是，在他们的精神世界里，已经出现拜火崇日的宗教观念。

二　生存环境

从浙江省地质调查院提供的瞬时岩相古地理图显示，跨湖桥遗址诞生期恰好处在一个短暂的水位下降期。距今9000—8000年前，跨湖桥一带地处古钱塘江入海口，是一个河口三角洲，地势平坦宽广，西、北面均是奔竞不息的钱塘江，潮汛期间，从东面杭州湾打来的海潮往往会倒灌冲上跨湖桥地区的岸滩。

当时的萧山处于亚热带——暖温带——亚热带过渡带，气候温暖湿润，年均气温介于15—23°C。由于雨量充沛，水源充足，植被丰富，溪水潺潺，洼地积水，沼泽大片出现。又因处于钱塘江流入杭州湾的交汇处，水文条件独特，海淡水交汇，离子作用促进泥沙的沉淀，形成了宽阔的泥滩（即湿地），土壤含氮量高，有机质含量丰富，浮游生物繁盛，还出现少量的咸水沼泽草本植物和耐盐硅藻，极适宜鸟类居集。以此为基础，吸引了大量过境和栖息繁殖的鸟类，同时，引来了许许多多伺机偷袭鸟类和偷取鸟蛋的哺乳动物在此繁衍，因而还招来了大批猎取小动物的猛禽。

这里土壤肥沃，周边森林茂密。丘陵山冈上生长着以栎、槭为主的高大乔木，胡桃、漆、栲、栗、枫香、木兰、水青冈、昆兰、紫树、榆等杂生其间。附近较高山顶，还生长着榆、榛、松、云衫、冷杉等林木。林下生长着以杜鹃为代表的灌木丛，再下则为蕨类植物生长，组成了一个“三层”结构的森林植被景观。平原区的水洼中，则生长着以香蒲为代表的大量水生植物以及人类栽培的“水稻”，岸边有蒿草等其他杂草和垂柳。

茂密的森林中栖息着虎、狼、豹猫、苏门羚、梅花鹿、獾、貉、野猪等动物，小鸟在林间自由飞翔。林边大片的草地上，麋鹿、水牛等在悠闲地食草，老鹰和大雕在高空盘旋。由于地处淡咸水交汇之处，渔业资源非常丰富。沼泽及河流中，鱼儿穿梭游弋，芦苇荡中水鸟憩息其间，天鹅、丹顶鹤、野鸭在觅食，扬子鳄埋伏在水里，时刻准备着偷袭来此喝水的小动物们。

从距今约 8200 年起，这一环境与地貌相对稳定，并延续了近千年之久，保证了跨湖桥文明的持续发展。

总之，跨湖桥一带的气候及泽被环境非常适合人类生存，这也成就了文化的稳定发展。山清清，水悠悠，8000 多年前的萧山先民在这个水草丰茂、森林茂密、动物繁盛的生态环境里，选择在远山近水的缓坡地带夯土垒墙，搭建干栏式住宅，伐木烧陶，上山采集狩猎，下海捕鱼捉鳖，用骨耜耕种水稻，过着粗犷而艰难的生活。

三　渔猎生活

跨湖桥遗址北面有广阔的水域，大江沼泽海洋为跨湖桥先民提供了充足的水生动物资源。南面有深山密林、灌木丛林和茵茵绿草，也为跨湖桥先民提供了丰富的陆生动物资源。总之，优越的自然环境为跨湖桥先民提供了充足的渔猎资源。

跨湖桥遗址 4 次考古发掘，出土了 34 个种属的动物骨骼共计 5125 块，各种大小型食肉类、食草类、鱼类、爬行类动物均有发现，保存状态较好。这一切为跨湖桥人提供了丰富的肉食资源，使人获得生长所必需的蛋白质、脂肪等营养。许多哺乳类动物骨头有火烤遗留的黑焦面，肢骨端部砸断的现象也比较普遍，说明有烧烤食肉和吸食骨髓的行为。相对而言，跨湖桥遗址骨头的残块比较大，说明当时的狩猎资源相对丰富。跨湖桥人来到这里，猎杀动物以肉食，以动物皮毛做衣服。但更重要的是，跨湖桥人用这些动物骨头制作各种生产、生活工具，以提高劳动生产率。显然，对动物的利用构成了古跨湖桥人经济生活的重要内容。

（一）狩猎

根据遗址4次考古发掘出土的文物，跨湖桥人常备的狩猎工具有：弓，各种骨、木、石质的箭镞，石斧，骨哨，木矛等。弓箭是跨湖桥人最常使用的狩猎工具之一。弓箭比起其他的原始工具具有射程远、射力强、速度快的优点，它的发明和使用，延长了人类的手臂，使远在几十米甚至上百米处的猎物变得可望而又可即。甚至跨湖桥人可以驾着独木舟，埋伏在水草丛里或顺流而下，射杀在水边喝水的大型野兽，一方面此时它们的警戒心最低，另一方面也可以防被其反噬。

聪明、智慧的跨湖桥人在长期的狩猎实践中，不但掌握了各种动物不同的生活习性和活动规律，还听懂并且学会了它们的“语言”。因为动物与动物之间为了相互交流也有各自独特的“语言”。失群的动物鸣叫着寻找自己的同伴；发情期的动物用“动人的歌喉”招诱配偶；它们还凭借自己灵敏的听觉来辨别其他动物的“语言”，或躲避自己的天敌或追杀自己的猎物……跨湖桥人充分认识了这一点，狩猎时为了引诱一些动物出来靠近自己，便使用骨哨模仿其叫声，一旦靠近，立即用弓箭射杀或木矛刺杀。

专家们在分析鉴定了遗址出土的动物骨骸标本后，得出结论，跨湖桥人的狩猎对象是老、弱、幼的兽类，靠集体协作来获取猎物。跨湖桥人首选性情温顺的鹿类作为捕猎对象，鹿是反抗力弱、数量多、行动成群的动物。跨湖桥周围湖沼密布，常有鹿群出没，而且追捕鹿群，弓箭、木矛易击中致伤，甚至徒手也能抓获，遗址出土的鹿类动物骨骸在哺乳动物数量上最多就说明了这一点。从早期的30.34%，到中期的33.01%，再到晚期的37.06%。有的动物（如老虎、熊、犀牛等）凶猛、善跑，而且躯体庞大，打击不易致命，要捕获它们着实不易。对付它们，跨湖桥人采取强中捕弱的策略。在袭击猛兽时则选择老弱病残者。专家们在鉴定中发现，水牛等动物的牙齿磨损度普遍较高，这是跨湖桥人肉食大多来自狩猎的证据，因为老迈的动物缺乏抵抗力，容易成为捕杀对象。从出土的动物标本来分析，犀、象、虎、熊一类大型动物骨骼标本数量很少，说明这些动物的确凶悍无比，不易捕杀。

跨湖桥人还通过驯养猎狗来辅助狩猎。尤其是制造独木舟渡过江河湖海的本领，扩大了跨湖桥人游猎、捕鱼的范围，改善了生活。

部落周围广阔的水域和湖沼是天然的陷阱，跨湖桥人利用地形的优势，集体团结协作围攻野兽，用火炬、叫喊声恐吓，放狗追踪，手持木矛、石器等工具追赶，把野兽赶入湖沼区，使其陷入淤泥，动弹不得，再用弓箭、棍棒、石头伺候。另外到了冬季，有些动物行动变得迟缓，有些进入冬眠，易于袭击，正是狩猎的最好时机。

由于狩猎活动有较大的危险性，且运动量大，流血也是常事，有时甚至需要付出生命的代价，所以一般都由成年男子担任。每当猎获归来，部落男女老幼如同欢迎凯旋的英雄，聚集在村口，然后共同分享劳动成果。立了大功的猎手在平均获得食物以外，还将得到动物身上的皮、毛或角或者其他具有纪念意义的物品，作为最高的褒奖。辛苦了一天甚至几天的猎手们，疲倦地躺在草垛旁、坐在屋檐下，幸福地看着老人、妇女，还有孩子们愉快地忙碌着，剥皮、去毛、剖膛……不一会儿，村落里便升起几处袅袅的炊烟，传来阵阵烤肉的香味，这是何等惬意的时光啊。猎手们抚摸着心爱的骨哨，情不自禁地将它移到唇边，一阵悠扬的哨声便悄然响起。

（二）捕捞

在跨湖桥遗址出土的早期动物残骸中，鱼类、龟、鳖类等水生动物的遗骸最多，占总数的43.92%，螺蛳、蚌壳更是成堆地被发现。中后期虽然所占比例有所下降，但仍占1/5左右。可见，在跨湖桥文化早期，捕捞在河姆渡先民的经济生活中占有相当大的比重，它比狩猎活动更加容易进行，收获也更有保障。

然而，遗址出土的工具中，捕捞工具与狩猎工具在数量上的比例与骨骸数量上的比例形成了很大的反差，即出土的野兽骨骸少而工具数量多；相反，水生动物的残骸多而专用的工具只有几件骨鱼镖和木浮标。

骨鱼镖长6—12厘米，取材于大、中兽类的管状骨片制作而成，叉厚、锋尖、两侧有倒钩，这是一种专用的渔具，绑在木柄上犹如今天使用的渔叉。由于有倒钩，一旦扎入鱼身上，鱼儿便很难逃脱，即使几斤、十几斤重的鱼也只得乖乖地俯首。但是，这种骨鱼镖在两次考古发掘中仅出土很少的几件，远不是当时人们常用的工具。

弓箭捕鱼也可能是当时主要的捕鱼手段。据说鄂伦春族、高山族和黎族等少数民族过去也常用此办法捕鱼，一般是在皓月当空，鱼儿浮出水面时，人们举弓射鱼。虽然没有发现渔网，但8000多年前的跨湖桥人已能用芦苇、竹篾编席子、打簸箕，且能用动物身上的绒毛或植物纤维“纺纱织布”，按理说，编结渔网是根本不成问题的。而浮标的发现，说明当时已经开始出现结网捕鱼的行为。渔猎经济在跨湖桥遗址中占有重要地位。

下水徒手捕捞应该是跨湖桥人最常用的捕鱼方法，况且大量的龟、鳖、河蚌、蟹等也只有徒手捕捞才最合适。由于跨湖桥地区常受海潮的侵袭，当潮水退去后，会有很多潮头鱼、海虾落在滩头的水洼中，海蟹这时也往往会在沙滩上横行霸道，捡拾十分方便。另外，跨湖桥附近多的是小溪、水塘、沼泽，水位不深，他们也有可能选择鱼儿较多的局部水域，围堰放水，待水放干以后，“竭泽而渔”，什么龟呀、鳖呀、鱼呀、虾呀统统一网打尽。

曾有资料介绍说，在日本绳纹时代的遗址中发现，原始人往往先去山上砍来很多树枝捆成束，放入水中，过不多久，柴束下面就钻了小鱼、小虾，人们毫不费劲就能捉到很多。跨湖桥人是否也用类似的方法捕鱼，还得有待于今后进一步的考古发掘来证实。

跨湖桥遗址中发现有鲸的骨骼残骸，这说明在长期的捕捞活动中，跨湖桥人也有交到好运的时候。由于当时跨湖桥地区东面就是海岸，生活在海洋里的体形庞大的鲸、鲨鱼有时候顺着潮水而来，退潮时又被搁浅在海滩上，人们发现后，使用石斧、骨刀等工具将它们切割开来，带回住处烹饪加工，然后就可大快朵颐了。

从出土的各类动物的可鉴定标本数看，早期鱼类和鱼鳖等爬行动物的数量相当多，达到 43. 92%，但中期则没有超过 13%，而晚期则为 20. 06%。相反，哺乳动物早期仅占 39. 05%，到中期达到 69. 95%，晚期则达到70%以上。而其他动物的比例除鸟类到晚期明显减少以外，没有太大的变化。在哺乳动物中，鹿科动物由早期的 30. 34%到中期的 33. 01%，再到晚期的 37. 06%。水牛由早期的 27. 86%到中期的 38. 97%，再到晚期的 42. 05%。由此可见，跨湖桥人通过渔猎获取的肉食种类和数量随着时间的发展有过明显的变化。这说明狩猎工具的发展和渔猎技术的提高使得猎捕大型动物变得越来越容易，跨湖桥人通过自己的聪明才智不断改善伙食。

成功的狩猎为跨湖桥人提供了丰富的蛋白质，促进了体质尤其是智力的快速发展。根据遗址出土的动物残骸分析，虽然跨湖桥遗址已经有家猪，但是当时的人仍然以狩猎为主获取肉食资源。而且这种获取肉食资源的习惯并没有随着时间的变化而出现饲养家猪的比例增加的趋势，而是猪的比例从早期到晚期不断减少，狩猎的习惯不但始终保持着，而且有所增加。这说明狩猎活动是全年进行的重要经济活动，也是一种日常普遍掌握的经济生产手段，而不是间歇的、闲暇的活动。

四 采集经济

采集是当时跨湖桥人重要的食物来源方式。这里树木茂盛，湖泊、沼泽水丰草盛，遍地都是野菜和块茎植物，跨湖桥人就采集植物的根、茎、叶、果实，也包括对昆虫及幼小动物的捕捉。实际上，妇女们在日常采集活动中，必然也把各种鸟卵、蜂蜜等作为重要的采集对象。另外，由于大量草本植物的子实难以留下遗迹，所以并不表明当时跨湖桥人很少采集草本植物的果实作为食物。跨湖桥遗址文化层中有机物堆积丰富，出土菱角、桃核、梅核、杏核、酸枣、芡实等多种可供食用的野生果物，特别是在局部地方可见到大量的壳斗科植物种实的残骸。

由于采集活动范围相对较小，体力消耗不大，因此，挖野菜、采蘑菇、摘野果、掘块茎等活，一般由妇女、儿童担任。根据民族学的材料推断，古代氏族先民在一年的各个季节里都有相应的采集活动。春季和夏季，妇女们多采摘植物中可食的嫩芽、嫩叶和花朵；秋季在收获较多果实时，也挖掘一些植物的块根和块茎。此外，她们还挖掘各种野菜和采集木耳、蘑菇等菌类。但橡子、板栗、菱角等野果几乎都在同一时期成熟，而且有的收获期很短，如菱角成熟以后只能在水中待十天左右，否则就会沉入水底；更何况还有许多动物与人类一起争夺成熟的果实。因此，在果实成熟之际，仅靠妇女和儿童的力量是不够的，必须发动全部落男女老少一起参加收获。他们手拿木矛，有的提着苇编的袋子，有的拎着穿上绳索的陶罐，有的上山，有的下湖，有的走向田野……

削尖的木棍，功能多多。当树枝上挂满桃子、梅子、杏子、核桃、板栗、橡子等野果时，举起这根棍子把它们打下来。用这个木矛在河边草丛里翻草，戳青蛙、刺草蛇，也是一件乐事，鸟被惊跑了，一下子出现几十只光灿灿的鸟蛋。当遇上马蜂窝的时候，就在棍子上面拴上火把，举着烧死窝里的马蜂，再敲它下来。如果是男女搭配，就更加干活不累，你在前边吸引马蜂的攻击，后边女孩就拎着棍子上去扎蜂窝。马蜂窝如果在树洞里，就用烟熏，熏死它们以后，拿木棍把它挑出来。蜂蜜，是非常好的煮肉调料，也是古代的婴儿的食品。

最主要的事情还是采集野菜，比如蕨菜、车前草、马兰头、鱼腥草、野葱、野韭菜，就用这根尖木棍把菜挖出来，木耳、香菇、芋艿也要挖。很多野菜当时吃是有毒的，要带回家，晒干才能吃，对于植物的块根，女孩们把它们晒干后用杵臼捣成粉末，积累好几十斤贮存起来，饥饿的时候，充水泡着吃。

由于当时的气温与现在相当，甚至还要略低。在这种自然条件下，最适合人们采集食物的是夏秋两季。如何解决冬春食物是居民维持最低生存需要所必须面对的问题，唯一的途径就是通过储藏秋季采集的食物来解决。跨湖桥先民选择栎属树木的果实、菱角、芡实等坚果作为采集对象，不仅仅是因为它们可以满足一时生活所需，而且更适合储藏。跨湖桥人把采集到的果实，放在自编的苇席上晾晒，待干燥后储存在较大的卵型陶罐中，或者选择在地势较高的地方挖坑，底下铺干草、苇席，藏入果实，再在上面覆盖苇席窖藏，以备冬春食用。在多次考古发掘中都发现橡子坑，里面存有大量形态完整的橡子，包括麻栎果、栓皮栎和槲栎等树木的果实。

橡子坑的制作相当考究，先挖出筒状或袋状的坑，口部乃至边壁搭成框架结构。另外一个现象是，许多橡子坑被二次利用，坑口形成焦积的锅底状灰烬烧土坑。说明橡子坑的使用不是长年的，而具有季节性。所以，它可能不是一般意义上的储藏坑，同时也是针对橡子食物的一种加工程序。因为橡子中包含的鞣酸味涩，只有通过在水里浸泡一段时间，才能将鞣酸消除，然后再加工成淀粉类食物。在浙江的史前遗址中，橡子坑的发现较为普遍。

可见采集在跨湖桥文化的食物生产中占有重要的地位，是获取食物的重要途径。反映采集经济特征在跨湖桥遗址中是一种稳定的文化现象。

不仅如此，跨湖桥遗址考古发掘现场出土大量的陶器、炭灰遗迹证明，跨湖桥人不但生吃采集来的果子，像菱角壳、桃核等，而且还对一些食物进行加热炊煮处理。经加热炊煮处理后的食物，不但好吃，而且还有助于消化吸收。

科研人员利用淀粉粒分析方法，对跨湖桥遗址出土陶釜内底残片上的残留物进行了研究，结果表明，陶片内壁附着的炭化锅巴内包含了种类丰富的植物淀粉粒，根据淀粉粒形态大小和表面特征，可划分为 7 类 8 种，包括来自禾本科稻属、薏苡属薏米、豆科小豆属、壳斗科栎属，以及很有可能是七叶树科七叶树属种子和果实的淀粉粒，而其余的淀粉粒由于现代淀粉粒形态数据的缺乏无法鉴定，除此之外，在残留物中还观察到针叶材具有具缘纹孔的管胞，这可能表明有些食物在加工过程中使用了针叶材制作的工具，陶片残留物中淀粉粒的多样性表明了陶釜所加工食物的多样性以及当时人类饮食结构的多样性。

虽然以橡子为代表的坚果类淀粉含量高、食物产量高、采集方便，成为先民首选的对象。但栎属果实、菱角、芡实等可食性和水分含量关系密切，过分失水后，就会失去食用价值，因此，储藏保质期十分有限，不能确保冬春两季的植物性食物供应，必须有更适合储藏的食物。在种实含水率低、淀粉含量高的食物中，除了木本植物的坚果外，还有禾本科植物的种子。禾本科植物种子淀粉含量高、口感好，储藏后也不影响食性，而且大部分为一年生或宿根多年生植物，栽培当年就有收获，具有栽培、驯化的价值。禾本科植物中野生稻的颗粒较大，是江南地区最具有采集价值的禾本科植物种子。通过无数次的选择比较，最后先民把选择耐久储藏食物的注意力集中到稻谷。为了保证充足的食物来源，先民开始栽培野生稻，从此拉开了稻驯化的序幕。

五　原始农耕

水稻是一年生的禾本科草本作物，喜温暖、潮湿，是我国长江流域及其以南的最主要粮食作物。栽培稻是从野生稻驯化来的，驯化的时间在 10000 多年前。关于稻作的起源，很多学者都倾向于人口压力说：长江流域夏季炎热，植物生长茂盛；冬季寒冷干燥，除某些地下块茎植物外，很难找到方便的植物性食物，而狩猎也难以保证稳定的食物供应。在人口随着史前文化的发展而逐渐增多的情况下，这个矛盾定会尖锐化，迫使人们去寻找那种能够增产又便于储存的食物。一旦人们发现了野生稻的食用价值和易于长期储藏的特点，必定会着意培养繁殖。

考古学家在江西省万年县仙人洞和吊桶环遗址旧石器时代晚期或新石器时代初期的文化层中，发现了12000年前的野生稻植物蛋白石，但已具有人工干预的痕迹，说明当时人们不但已经采集野生稻作为食物，而且可能已尝试人工种植。在湖南省道县玉蟾岩遗址也发现了3粒半10000年前的稻粒，其中一粒是野生稻，其余属古栽培稻。在广东英德市牛栏洞遗址也发现了10000年前的水稻植硅石。浙江省浦江县上山遗址也发现了9000年前稻作遗存。这就证明我国栽培水稻的历史已有万年之久。

8000多年前的跨湖桥一带地理条件得天独厚，既可保证狩猎与采集，获得主要的生活来源，又可在水系边缘开垦种植水稻。为了深入了解跨湖桥是否开始种植水稻的问题，研究人员对跨湖桥遗址进行了植物硅酸体分析和植物遗存调查。植物硅酸体分析结果显示，除第11层外，其他各层都有来自稻叶片运动细胞的遗存，并且形状较大，与现代栽培粳稻的相似。同时利用从地层中采集的花粉、藻类、真菌孢子和炭灰等微型化石进行研究。研究表明遗址当时所处的环境是滨海低地沼泽，多生长湿地灌木和野生禾本科。在古人类活动的地层中，学者发现：灌木花粉含量明显下降，出现大量木炭碎屑；野生禾本科花粉的含量明显增加，并出现大颗粒禾本科花粉。因而证实，在跨湖桥存在人类水稻种植活动。出土的1000多颗稻谷、稻米和稻壳，从粒型分析结果看，跨湖桥遗址中古稻谷的粒型，有50%以上的稻谷明显短于普通野生稻，为没有完全分化的原始栽培稻。并且，栽培稻标本在跨湖桥遗址早期文化层中已经发现，说明跨湖桥人从最初就开始了稻作生产实践；中期地层中发现集束状带茎秆的稻禾标本，所存均为秕谷，说明栽培稻处于原始的低产量阶段。遗址中还发现了农业生产工具骨耜，为插装方式的骨耜，有平头和双刺两种。这不但将长江下游种植水稻的历史（在7000年前河姆渡文化的基础上）提前了千年，而且证明江南先祖当时已经摆脱了“刀耕火种”的原始阶段，进入耜耕农业时期。

结合一些民族学资料，研究者认为原始农业一般经历了“刀耕火种”和“锄耕”两个阶段。刀耕火种是完全模仿野生谷物的生长过程，先用磨制的石斧砍倒树丛，再用火烧光，最后将采集的野生谷物撒在地上，让它生长，到成熟时用手摘取，这是最原始的农业生产方式。考古学家在湖南省道县玉蟾岩、江西省万年县吊桶环遗址和广东英德市牛栏洞遗址的10000年前的地层中发现稻作遗存和水稻植硅石，可能就是属于这一阶段。这3处遗址都没有发现典型的农业工具，可见当时种植水稻的方式与云南独龙族类似。

大约到了8000年前，原始农业进入了一个新阶段，突出的标志是出现了农业工具，反映了耕作方式有了明显的进步。跨湖桥先民的稻作农业就是这一时期的典型代表。

跨湖桥先民经常用火焚烧地面上的野草杂树，并用石斧、石锛砍伐荒地上的树木和刨掘树根，使长满了桦树、柳树的淡水沼泽地变成适合种植水稻的农田；用骨耜、木插平整地面，这两类工具的形状和功能都近似现代的铁锹，需捆附木柄和脚踏横木，使用时，先以手扶柄，脚踏横木、推耜入土，然后下压木柄启出，这是当时较为有效的翻土工具；用工具翻土，能使土质疏松，改良土壤的结构，提高了单位面积的产量，延长土地的使用年限，并扩大耕地面积。这对提高农作物的产量有重要意义。水稻成熟后，再用石刀、石镰收割，用石磨盘、石磨棒脱壳加工。于是农业生产进入了锄耕农业阶段，或称耜耕农业阶段。

与此同时，经过长期的栽培驯化，野生的谷物逐步进化，品质得到改良，初步脱离了野生状态，产量相应提高。农业也就在当时经济生活中日益占据了主导地位。

原始农耕发展到这个阶段，农作物的收获相对有了保证。跨湖桥人因此可以在此定居千年之久，在几块土地上轮流倒换种植农作物，不必经常为开垦新荒地而迁徙流动。

跨湖桥遗址出土的古稻是长江下游地区发现的最早稻作遗存之一，仅次于距今11000—9000年的浦江上山遗址，但其遗存远比上山遗址丰富得多。因此，其对深入研究稻作农业的起源、进一步认识古稻的生物学特征及其演化方面具有重要的意义。

六　家畜饲养

畜牧业与农业一样是人类社会发展到一定时期的产物。它只有在人们的生产技术与经验积累到一定水平的时候，家畜的饲养才能产生。原始人类最初的食物来源主要靠狩猎和采集，动物的驯养则是狩猎经济发展的结果。弓箭出现以后，提高了狩猎的效果。网罟、陷阱、栏栅等在狩猎中的使用，使人们能够捉到活的动物。人们捕获的动物时多时少。当捕获的动物数量较多的时候，人们没有立即将它们全部屠宰，而用绳索捆绑或用圈栏圈养起来，作为“储备粮”储存，待食用时再去屠宰。特别是捕获的幼仔，食用又嫌肉少，它本身又不伤人，圈养以后还日见长大，这或许是引发人类去驯养动物的始因。

在对出土的34种动物骨骸的鉴定中发现，狗、猪、水牛等家畜动物在跨湖桥文化时期已经被人工饲养。

（一）狗

狗的野生祖先是狼，由于它具有易驯养、行动敏捷等特点，而且嗅觉灵敏，经过驯化，在狩猎活动中常能做到人类无法做到的事情，是人类狩猎中的好帮手，所以狗最早被驯化。

考古学上，依据狗的齿列长短来判断其是否为家养。跨湖桥遗址中狗的骨骸共出土262块。经测量，其齿列平均值66毫米左右，明显小于距今9000年前河南舞阳贾湖遗址的狗的齿列尺寸。贾湖遗址狗的齿列为72.7毫米。贾湖遗址出土的狗是迄今为止最早的家养动物。经统计，在遗址中狗的个体数占哺乳动物个数的比例，由早期的6.46%到中期的17.07%，再到晚期的14.67%。这种在同一遗址里狗在全部动物中所占的比例明显由少到多的现象在新石器时代里是十分少见的。

（二）猪

跨湖桥遗址中出土猪的骨骸242块。由于跨湖桥的最早年代已经明确在8200年前，那么，判定其猪骨到底是家养还是野生对于家猪的起源就具有了十分重要的意义。

考古学上判断家猪的依据一般有4条：一是颌骨形态，长度变短，齿列不整齐；二是牙齿尺寸，家猪上颌第三臼齿的平均长度的最大值为35毫米、平均宽度为20毫米，下颌第三臼齿平均长度的最大值为40毫米、平均宽度为17毫米；三是猪的年龄结构年轻化；四是其在全部哺乳动物中所占的比例较高等。

野猪在被人类驯化为家猪的过程中，由于不再需要掘地拱食和攻击其他野兽，颌骨就慢慢进化缩短，牙槽也开始变短，但牙齿不会很快变小，要在变短的牙槽里把这些牙齿全部长出来，就会出现乱齿。因此，在动物考古学中，乱齿是判定家猪骨骼很重要的一个证据。

跨湖桥遗址中出土猪的上颌中第三臼齿长度平均值为35.53毫米，其宽度平均值为22.37毫米；下颌第三臼齿长度平均值为38.1毫米，宽度平均值为17.24毫米。从其牙齿尺寸的变化趋势看，家畜化的过程表现得更为明显。

从跨湖桥遗址猪的年龄结构统计可以看出，从早期到晚期有一个明显的逐步年轻化的过程，如2.5岁以上的猪由早期的87.5%降低到中晚期的45%左右，其平均年龄也由早期的4.6岁降低到中期的3.5岁，再降低到晚期的2.9岁。其年龄结构从早期到晚期的变化过程使人很容易推测其为家猪。

按照可鉴定标本数的统计结果，猪在全部哺乳动物中的比例分别为：早期占27.24%，中期占10.34%，晚期占8.96%；按照最小个体数的统计结果，猪在全部哺乳动物中的比例分别为早期占22.58%，中期占12.2%，晚期占8%。两种统计方法的结果尽管不完全相同，但其大致趋势是一致的，明显有一个从早到晚不断减少的过程。

综上所述，跨湖桥遗址自早期开始就存在家猪。虽然，跨湖桥遗址的居民获取肉食资源的生存方式以渔猎为主，但是饲养家猪的行为已经形成。猪具有相当强的繁殖能力，饲养猪能经常性地补充食物的不足，真正起到“储备粮”的作用。

跨湖桥遗址有家猪是迄今为止发现的南方地区最早的家猪，无论从头骨还是牙齿尺寸来看，跨湖桥遗址的家猪特征都已经相当典型，而绝非驯化之初的状态。中国社科院考古研究所的专家们对之研究后认为：“这个遗址已经存在家猪，这是中国饲养家猪的起源时间肯定早于距今8000年以前的极为可贵的线索。”

（三）水牛

水牛体形庞大，却性情温顺。跨湖桥遗址出土的水牛骨骸是所有哺乳动物中最多的，共有765块。但目前还不能鉴定这些水牛是否属于家养动物。但要强调的是，无论是从可鉴定标本数还是从最小个体数看，跨湖桥遗址出土的水牛在全部动物中所占的比例都是早期较少，到中晚期明显增多。这和鹿科在各期中的比例呈大体相同的发展趋势。

追溯人类自身的发展历史，狩猎一直是早期人类获取肉食最为重要的途径。从狩猎到驯化，是人类文明起源中重要的一步，这就意味着，人类可以按照自己的意志，对动物资源进行主动和有效的管理，生存能力有了大幅度的提升。

七　原始纺织

为了御寒，人类最初直接利用树叶和兽皮蔽体，由此发展编结、裁切、缝缀的技术。连缀树叶要用绳子；缝缀兽皮起初先用锥子钻孔，再穿入细绳，后来演化出针线缝合的技术。在北京周口店旧石器时代遗物中，发现了石锥。山顶洞人遗物中存有公元前1.6万年的骨针。骨针是引纬器的前身，是最原始的纺具。随着骨针的使用，古代的中国人开始制作缝纫线。自旧石器时代晚期人类制作骨针以后，人们就懂得了用针缝制衣服。但当时也还“未有麻丝，衣其羽皮”（《礼记·礼运》）。人们用针缝制皮毛衣服时，所用的原料可能是动物的筋条或野生的植物或其纤维。

人们根据搓绳的经验，创造出绩和纺的技术。绩是先将葛、麻等具有韧性纤维的植物茎皮劈成极细长缕，然后逐根拈接。先把纤维松解，再把多根拈合成纱，称为纺。开始是用手搓合，后来人们发现，利用圆饼状物体转动时产生的力使纤维抱合和续接，比用手搓拈又快又匀。这种回转体由石片或陶片做成扁圆形，称为纺轮，中间插一短杆，称为锭杆或专杆，用以卷绕拈制纱线。纺轮和专杆合起来称为纺专。

最原始的纺织，不用工具，而是“手经指挂”，完全徒手排好直的经纱，然后一根隔一根挑起经纱穿入横的纬纱。织物的长度和宽度都极其有限。人们在实践中逐步学会使用工具，先在单数和双数经纱之间穿入一根棒，称为分绞棒。在棒的上下两层经纱之间便形成一个可以穿入纬纱的

"织口"。再用一根棒，从上层经纱的上面用线垂直穿过上层经纱而把下层经纱一根根牵吊起来。这样，把棒向上一提便可把下层经纱一起吊到上层经纱的上面，从而形成一个新的"织口"，穿入另外一根纬纱而免去逐根挑起经纱的麻烦。这根棒就称为综杆（木制）或综竿（竹制）。纬纱穿入织口后，还要用纬刀打紧定位。经纱的一端，有的缚在树上或柱子上，有的则绕在木板上，用双脚顶住。另一端连织好的织物则卷在木棒上，棒两端缚于人的腰间。由于这种织机的操作者是坐在地上或竹榻上进行制造的，故人们称它为"踞织机"。

萧山跨湖桥人是原始纺织技术的传承与创造者。跨湖桥遗址出土的"篾编簸箕"和许多苇纺残片等，充分说明了跨湖桥人已具有比较发达的编织技术，并广泛使用于房间分隔、房屋草扇承托、座卧用具和窖藏铺垫物。跨湖桥遗址出土了一大批与纺织有关的器物：缝纫工具骨针，纺纱工具线轮和纺轮，木质的双头尖状器、哑铃状器、两端刻槽的条型器等。根据民族学资料推论它们很可能就是原始织机的组件。木质的双头尖状器被认为是引纬工具；其中的骨匕的功能定为用来打纬的纬刀；遗址出土的陶线轮，发现有纤维质线圈。哑铃形器的中段留下的浅痕表明是绳线牵引留下的痕迹，被认为是木制定经杆；条型器两端有槽额，是用来捆绑绳索的，有可能是卷纱棒；特别是骨针，其制作精巧细致，后端还有孔径不超过1毫米的针眼，推测当时用的线已很细，且软而坚，体现出当时已具有较发达的纺织水平。这是距今8000多年前已有最早的原始水平式踞织机的佐证，也是到目前为止所发现的世界上最早的原始织布工具。这些纺织相关文物的出土表明，在距今8000—7000年前，跨湖桥人已进行原始的纺织，用细致油光的骨针缝制日常穿戴的麻布和兽皮。布已成为人们衣着的重要原料。

勤劳的跨湖桥妇女们，先把大麻、葛藤的皮剥掉，泡上几天，这些植物的皮就松散了。槌击几下，麻丝就出来了，再放进一些矿物质配方，使其脱胶，麻丝变得更麻利。接着把丝捏出来，这些长长的麻线先挂在脖子上。再利用陶制纺轮、线轮在悬坠状态的旋转时候的重力和扭力，把一绺绺麻线拧成结实的一根根长线。然后再设法把一根根纱线依次系在一根木棍上，另一端也以同样的方法系在另一根木棍上，并把这两根木棍固定了的纱线绷紧。再将其一端固定在立桩上，另一端系在腰间，席地而织。她们用足踩织机经线木棍，把经纱的单、复分开，左手借助梭子引纬一上一下在经线上穿梭编织，为了使经、纬交织紧密，右手再用一把打纬骨刀把纬线打紧。当经纱组成的经面被纬纱交织完毕，一块布就织成了。

八 精神文化

劳动不仅创造了人，创造了石器工具，而且创造了人类最原始的精神文化。旧石器时代晚期的原始人类已经开始有意识地用符号、记号、图案来表达他们的思想感情和文化创造了。到了新石器时代，人类已经开始定居并从事农业生产，积累了劳动经验，创造了语言，进一步发展了脑的思维能力和审美意识。在这个基础上，随着精神生活的需要，创造了各种艺术。一些劳动产品也逐渐从满足人的物质需要变为满足人的精神需要。跨湖桥遗址出土的大量的原始艺术品、人体装饰品和采用刻画、彩绘、镂空等方式的陶器装饰，不仅证明了当时的艺术已经得到了较好的发展，还生动地反映了跨湖桥人积极向上、乐于创业的精神世界。

在遗址中发现了目前为止浙江地区最为丰富的彩陶片，其工艺水平足以代表当时的物质文化发展程度。在这些陶片上普遍发现精美的彩绘、刻画、镂空、戳印、拍印等装饰，无不反映了跨湖桥先民审美情趣和艺术成就。这为管窥这一时期萧山先民的精神文化生活提供了非常好的图景。

跨湖桥彩陶在器物纹饰上显示出相对的丰富性，较多地使用条纹、曲线纹、十字纹、太阳纹、几何纹、菱形纹、植物花纹等。从这些纹饰中发现跨湖桥遗址的彩陶纹饰中存在着模仿造型的象形观念和抽象几何造型意识，同时存在和交错出现的状态。彩陶几何纹的发生绝不是一个偶然的历史过程，而是人类审美意识在新的文化条件下顺应规律的发展。原始人对自然力朦胧而神秘的认识，并把他们这种力量的崇拜意识反映在他们的生活中。原始人根据大量纷繁的自然形象和劳动过程的印痕抽象出几何纹的形式结构，导致了几何纹的发生。而太阳纹和植物花纹则证明跨湖桥人已具备了模仿造型的象形观念和构形能力，他们已能在感悟自然意象时产生具有明确轮廓的“心理视象”。由于彩陶时期原始人的精神欲求和物质性功能的需要，使原始人的“心理视象”和这种欲求碰合，在创作中转化为象形纹饰。对图腾、巫术、物候历法参照物的创造欲求成为彩陶象形纹饰发生的外在动力。

远古时代，太阳的升落及由此产生的冷暖效应，都会对人类的生产、生活乃至生命产生巨大影响，因此，人类便产生了最原始的宗教——太阳崇拜。跨湖桥遗址彩陶器上的圆圈、放射线图案，包括镂空、刻画放射线图案，都是以太阳为模仿题材；施于豆盘内底的红彩大圆圈，同样可能指代太阳，体现了跨湖桥古人的太阳崇拜心理。火焰纹的特征也十分明确，反映出跨湖桥古人的拜火心理。太阳与火在光热上存在统一性，因此，太阳崇拜的核心是对光与热的祈祷。但相对于河姆渡、良渚文化时期抽象繁复的太阳崇拜，跨湖桥文化在表现形式上显得更为直接质朴，这也是我国东南地区最早的太阳崇拜形式。

跨湖桥遗址中还发现了一个分层的台形建筑及其相关遗迹。建筑平面略呈圆形，共分 19 层之多。每层都发现了一个烧土面，是一种烧火的痕迹。烧土面一般都有固定的形状。筑台的过程，实质上表现为烧土面的递增过程。考古工作者认为，土台是伴随周围的地层堆积逐渐形成的。较难

图9　跨湖桥遗址出土陶器上的太阳纹饰

从实用的功能角度理解烧土面的意义，屋外炊煮场所也不太可能形成如此稳定、独立的台形结构，很有可能是一种与太阳崇拜有关的祭祀场所。

考古发掘中，出土有多件骨哨和木管，这是跨湖桥人的吹奏器。骨哨和木管不光是跨湖桥人常用的狩猎工具，还是跨湖桥人表达感情，进行娱乐的工具，是中国民族乐器管乐器的始祖。

跨湖桥人已懂得用磨制、刻画的方法制作饰物。出土的玉石器璜，骨角器骨钉、簪、骨匕等。除璜是用来挂在胸前的饰物外，那些骨角器一般都是用来束发的用具（多用途），像跨湖桥遗址独有的器物——骨钉，除用来盘头发外，还想不出有别的用途。

跨湖桥先民还在部分陶、木器、鹿角器上刻上原始符号。比如，在一件扁腹罐的器耳上出现一个“田”字符号。在一类“笄”形的木器上，发现端部正反两面的“元”和疑为刻画符号的细线刻画装饰。特别是在鹿角器上刻有的有数组线条、角线组成的刻画装饰，与八卦中的某些符号类似。跨湖桥遗址出土的符号是目前所见到的最早的可能与数字卦有关的符号类型，这对更进一步认识我国传统文化的起源与发展，具有重要意义。

第三节　跨湖桥文化的保护与展示

跨湖桥文化的保护、研究、展示关系到考古成果的应用和宣传。内容包括跨湖桥文化的命名、遗址的保护、与其他考古学文化的比较研究、遗址的文化影响、遗址公园的规划与建设、跨湖桥文化的展示等诸多方面。

一　文化命名

按考古学惯例，一个遗址要冠以“文化”的命名需两个条件，一是具有一定的分布空间、范围和人类活动，二是在不同的分布点中有特征相同的器物。跨湖桥文化以其遗址发现地跨湖桥而得名，以其多个中国乃至世界第一而闻名，然而对它的命名，史学界有一个长期的认识过程。

跨湖桥遗址位于杭州市萧山区城厢镇西南约4公里的湘湖村。1990年10—12月浙江省考古研究所和萧山博物馆组成的联合考古队对遗址第一次发掘，除发现建筑遗迹、房屋遗迹外，还发现了一批陶器、石器、木器、骨器等。遗址出土的炊器拍印绳纹，虽然大多为交叉绳纹，但还是马上与河姆渡文化联系起来，因为杭嘉湖地区的马家浜文化系统极少发现绳纹。关于年代，发现许多外红内黑的陶片，因此认为可能相当于马家浜文化阶段。这些文物让考古学家们兴奋不已，为弄清遗址年代，考古工作者将出土的木块送到国家海洋局第二海洋研究所进行年代测定，经测定得知跨湖桥遗址的年代为距今8000—7000年。

这一结果是突破性的，如果成立，跨湖桥遗址就成为我国东南沿海地区迄今发现的年代最早的新石器时代遗址，这比著名的河姆渡文化遗址要早1000年。一时间，考古界对遗址的年代问题引起了很大的争议，很多人怀疑碳十四年代测定的准确性。许多学者将跨湖桥遗址与河姆渡文化晚期比较发现：两者文化因素相似性、文化发展阶段的同步性非常突出。因而认为：跨湖桥遗址是河姆渡文化发展旁支，是河姆渡文化在宁绍平原西部的一个地域类型，曹娥江以北的萧（山）绍（兴）平原也许就是跨湖桥类型的分布范围，“8000多年的碳十四测年数据明显早于（跨湖桥）遗址真实年代”，其年代约相当于河姆渡文化第三期。不过，许多学者也不得不承认，从总体文化面貌观察跨湖桥遗址具有自身的风格、特征和发展源流。因此，遗址的首次发掘没能引起足够的重视。之后，由于种种原因，考古工作没有持续进行，客观上造成遗址长达10年的沉寂。

2001年5—7月跨湖桥遗址进行了第二次发掘，出土了一大批陶器、石器、骨器、木器等文物，还有许多野生动物遗骨和人工栽培的水稻以及菱角、橡子、毛桃、茶子、杏子、葫芦科等植物。其中决定性成果是一大批可复原的陶器，器物形态及其组合迥异于余姚河姆渡、桐乡罗家角等附近地区发现的早期文化遗址。跨湖桥遗址的特殊文化更有说服力地呈现了出来。为再次验证遗址的年代，考古队特请国内考古界最为权威的北京大学文博院对标本进行碳十四年代数据测定，结果再次证明遗址距今约8000—7000年。2002年3月27—28日浙江省文物局、萧山区人民政府召开了“跨湖桥遗址学术研讨会”，北京大学、故宫博物院、中国社会科学院考古研究所、中国民族大学、中国文物报、上海博物馆、南京博物院、安徽省文物考古研究所、江苏省南京市文化局等单位的专家学者，会聚萧山，为跨湖桥遗址把脉。与会的国内知名专家学者代表认为，跨湖桥遗址的文化面貌十分新颖独特。拍印交叉绳纹的卵形釜，宽矮的镂空圈足盘，跨连肩颈的双耳罐，彩陶以及体现相当火候、匀薄精致的制陶工艺等特征，与周边的余姚河姆渡文化遗址、嘉兴马家浜文化遗址和余杭良渚文化遗址的面貌截然不同，这是一个具有独特文化类型的遗址，很难纳入浙江乃至整个东南沿海地区史前考古学文化的发展谱系。它自成体系，是浙江史前考古的崭新发现。不过，“限于目前取得的成果和认识仅属阶段性，特别是还不清楚这类遗存分布的基本范围，所以，现在尚不急于给予其一种考古学文化的单独命名”。为了补充更多的考古材料，2002 年 9—12 月，对遗址的残余部分进行了第三次发掘，出土了独木舟及相关遗存。

图 10　跨湖桥遗址博物馆

跨湖桥遗址要冠名为“文化遗址”，至少要有两个与其同时代、同类型的遗址。为此，自 2002 年暑期开始，萧山博物馆与浙江省文物考古研究所联合在萧山境内进行了为期一年的大规模考古调查。2003 年 5 月，经市民倪航祥提供线索，终于在湘湖区域的下孙村发现了同类型的遗址——下孙遗址。下孙遗址出土了一批石器、骨器、木器、陶器等遗物。石器有锛、斧、石磨盘。石斧、石磨盘等的质地、形态与跨湖桥遗址的石器相同，陶器分圜底、圈足、平底器三种，主要包括釜、罐、豆、盘和支座等，未见三足器，器形也和跨湖桥遗址出土的一致，并都发现了与江南其他新石器文化不同的特殊器物——线轮。由此可以推定，下孙遗址与跨湖桥遗址碳十四之间有共存关系，这种共存关系，便构成了史前考古学上的

“文化”，即“考古学文化”。下孙遗址的发现，使原本“孤单”的跨湖桥遗址找到了“兄弟”。下孙遗址出土的标本经碳十四年代数据测定，距今8000年左右。这使得跨湖桥文化的命名具备了基本条件。

2004年12月16—17日，浙江省文物局和杭州市萧山区人民政府在萧山举办了“跨湖桥遗址学术研讨会暨《跨湖桥》报告首发式”。来自北京大学、浙江大学、南京师范大学、香港中文大学、中国社会科学院考古研究所、故宫博物院、上海博物馆、安徽省考古研究所、浙江省社会科学院、浙江省博物馆、杭州市文物考古所、河姆渡遗址博物馆及中国文物报社、文物出版社等单位的专家学者出席了会议。经过反复讨论，大家一致认为：根据跨湖桥遗址的考古发现和发掘范围，跨湖桥遗址已经具备了作为一种独立的考古文化的命名条件，并按照以首次发现的典型遗址所在地的小地名作为命名一个新考古学文化名称的习惯做法命名了“跨湖桥文化”。

12月17日北京大学文博学院教授、中国考古学会副理事长、国家文物局专家组成员严文明代表参加会议的所有专家学者郑重宣布“跨湖桥文化”的命名：即位于今湘湖境内的跨湖桥遗址，是我国东南沿海地区一种独立的考古学文化类型——“跨湖桥文化”。跨湖桥文化是存在于距今8200—7000年，集中于湘湖及其周围地区，有一定地方性特征（如器物群基本组合、制陶技术、彩陶风格等）的遗迹和遗物的共同体，是面向海洋，最后为海洋所颠覆的考古学文化。

跨湖桥文化作为一个全新的概念，成了中国考古界的一个共识，与河姆渡文化、马家浜文化、良渚文化等全国数十个考古文化概念并驾齐驱。浙江文明史因此前移了1000年，杭州成为中华文明的发祥地之一。

二　遗址保护

从2002年开始到2007年，专家组就独木舟和跨湖桥遗址的保护多次召开论证会议，保护方案几经修改，逐渐成熟。

（一）选择原址“就地保护”

独木舟属于不可移动文物，埋在地下已近8000年，其船体已炭化，稍不留神就会散架。即使不去动它，也会因空气、阳光、温度、湿度及其他自然原因而损毁。独木舟与遗址是两个不可分割的整体，保存了大量考古信息。据此，萧山博物馆提出独木舟和相关遗址“就地保护”的意见，这一意见在2003年1月的第一次保护方案论证会上被基本确定。

（二）多学科综合保护

跨湖桥遗址保护重点是实施原址保护的独木舟和与此相关的遗址的保

护。在博物馆没有建馆前分别采用了临时保护措施和临时保护棚保护，并先后进行三次论证，分别就“疏干排水地质工程”、“土遗址加固工程”、“独木舟及其他木质文物脱水定型加固工程”、“防霉杀菌工程”等进行了研讨。

鉴于木质文物保护的特殊性，专家组制定了包括防水、土遗址加固和木质文物化学保护三方面结合的综合保护方案。如保湿定型方面，原先采用在所有木质文物附上湿棉花，喷洒化学药水丙二醇用以加固，后鉴于独木舟舟体颜色变深而改用化学药水 PEG（聚乙二醇）。在脱盐防水方面，采取了纯净水浸泡脱盐和脱水加固定型的方法，降低其干燥变形的速度，以防船体龟裂。

在土遗址加固方面，对遗址岩土体加固方法进行了研究。在木质文物化学保护方面，分析了地下水及地表水对独木舟及相关木构件的侵蚀以及独木舟及相关木构件受自然环境影响而产生腐蚀和霉变现象。

（三）确定保护级别，提高保护力度

2005 年 3 月，跨湖桥遗址被公布为第五批省级文物保护单位，2006 年 5 月，国务院公布跨湖桥遗址为第六批全国重点文物保护单位。这就为遗址保护提供了依据，确定了保护范围和建设控制地带，有了保护的经费保障。

（四）划定保护区，明确保护范围

跨湖桥遗址保护区分为文物保护区和建设控制地带两类，具体又分为重点保护区、一般保护区、一级建设控制地带和二级建设控制地带四级。其中重点保护区的保护范围是独木舟及其相关遗迹范围，面积约 570 平方米，以原跨湖桥遗址临时保护棚为边界，这里不得进行影响遗址安全以及环境的活动。一般保护区为跨湖桥遗址规划岛屿范围。跨湖桥遗址一级建设控制地带是原跨湖桥聚落遗址范围，二级控制地带是与遗址密切相关的湘湖水域及两岸自然生态环境区域。

（五）控制开放容量

规定跨湖桥遗址保护展示厅日最大游客容量控制在 2000 人左右，整个跨湖桥遗址日最大游客容量控制在 5600 人左右。下孙遗址日最大游客容量控制在 850 人左右。

三　比较研究

2002 年 3 月 27 日，在“跨湖桥遗址学术研讨会”上，来自北京大学、故宫博物院、中国社会科学院考古研究所、中国民族大学、中国文物

报、上海博物馆、南京博物院、安徽省文物考古研究所、江苏省南京市文化局等单位的专家学者，针对跨湖桥文化类型进行深入探讨和研究。由于跨湖桥遗址文化地层“前无古人，后无来者”，显得“跨湖桥人”格外孤独。跨湖桥文化中最神秘的一点，就是它作为文化的独特性。面对着疑团重重的跨湖桥文化，许多在场的专家学者禁不住发出了“太意外”、“看不懂”的感叹。

（一）从文化继承来看，跨湖桥文化遗存的“来无踪，去无影”，跨湖桥人究竟来自何方

距今8000多年的跨湖桥文化，遗址结构完整，文化面貌独特，器物群组合、制陶技术等，自成一体。萧山跨湖桥文化的来源，是困扰考古界多年的重大学术问题。

2006年11月被命名的浦江“上山文化”，根据碳十四测年数据，年代距今14000—8600年。考古研究表明，迄今为止发现的浙江最早的上山遗址以及早期属于上山文化的小黄山遗址，都发现了上山文化和跨湖桥文化的叠压关系，这对于梳理浙江整个新石器时代的发展源流，是个重要的探索方向。

在跨湖桥文化之前，人们一直认为带镂空圈足器是在新石器的偏晚期开始流行起来的。因此，萧山跨湖桥遗址中发现的类似高脚杯的圈足陶器，曾让大家对跨湖桥遗址的年代产生质疑。而如今，比跨湖桥文化早2000年左右的上山文化，也出现了圈足器，上部与大口盆相似，底部装上圈足，有的还有镂空装饰。这不禁让人们追问：跨湖桥文化是否从上山文化延续而来？

但浦江上山遗址、萧山跨湖桥遗址，这两处浙江省早期新石器时代遗址，无论是年代差距还是文化内涵，都难以跨过一条2000年的“代沟”。而距今10000—8000年的嵊州小黄山遗址发掘成果，修复了这条代沟，“盘活”了浙江省早期新石器时代遗址分布格局。小黄山遗址为此提供了全新的视角和崭新的资料。

小黄山遗址三个阶段遗存地层叠压关系清楚。从器物群的面貌看，第一阶段文化内涵与浦江上山遗址相近，上山遗存毫无疑问可以接上。第二阶段存在不少萧山跨湖桥文化因素，文化面貌总体上较跨湖桥更为原始和古老。特别是其红陶系的东西是第一阶段一脉相承发展下来的，但黑陶系的遗存明显不是小黄山本地发生的遗存，它应该是来源于跨湖桥或受到跨湖桥的影响。第三阶段遗存和跨湖桥文化也有相当多的可比性。考古工作人员认为小黄山遗存呈现的是上山文化类型与跨湖桥文化类型的叠压关系。这是两个文化系列的遗存，两种文化在这里交汇，然后共同发展，才导致了后来河姆渡、马家浜文化的蓬勃发展。

与此同时，考古人员在浦江上山遗址北区最晚地层中也发现了跨湖桥文化因素的陶器。两种文化遗存的叠压关系出现在仅有的两个遗址中，不应该是一种偶然。或许可以作这样的判断，上山文化类型和跨湖桥文化类型在年代上可能是衔接的。

跨湖桥文化是否是上山文化类型的继承与发展呢？回答是，有联系、但发生了质的变化。联系突出体现在圈足器的使用上，变化是跨湖桥文化已经完全进入釜炊文化阶段，而上山文化类型至今未能指认主要的炊器形态。

上山文化出土的文物十分粗犷，陶器类型原始、单调，石器以打制石器为主，体现出由旧石器时代向新石器时代文化过渡的某些特征。而跨湖桥文化打磨精制的石器，制作精美的骨器、木器和匀薄陶胎、彩陶装饰以及更为复杂的陶器制品，更是上山文化不能企及的。

"跨湖桥文化"以面向海洋，处于沼泽河口为特点。"上山文化"是一种分布于浙西南山区向浙东平原过渡的丘陵、河谷地带的一种原始的考古学文化。距今约 8000 年的萧山跨湖桥遗存和距今约 10000 年的上山遗存两个年代跨度相距 2000 多年，文化内涵难以比较的萧山跨湖桥遗存和上山遗存有机地联系了起来，它们究竟有着怎样的传承关系，又给考古界提出了新的课题。

很明显，跨湖桥文化由上山文化发展而来，但这个质变发生在何时何地？一般来说，文明的发展是逐步的，先有量的积累，才会有质的变化。而这种量变到质变的升级在上山遗址和小黄山遗址并没有明显体现。考古发现，小黄山一二段之间的衔接显得有些跳动，联系似乎不甚紧密。但两段都有的细颈壶、大敞口斜壁盆、圈足碗等，又显示它们之间确有承袭演变的关系。

跨湖桥遗址一个山前滨河（海）型遗址，与江南地区新石器时代更普遍的山前坡地型遗址有较大的区别。可以这么认为，上山文化只是跨湖桥文化的部分渊源。在距今 10000—9000 年前的全新世偏早期曾发生过一次间歇性的降温事件，东亚低纬度地区呈现一种干旱的气候状态，温度进一步下降，海平面大幅度后退，为了更好地生存，上山先民中的一部分被迫离开浙中山区，沿浦阳江顺流而下，向水源更为充沛的下游转移，带着已经萌芽的农业文化传统，逐步来到更适宜人类生存的萧山浦阳江和钱塘江交汇的河口地带。为适应滨海生活，他们建造干栏式住房，发展出了榫卯木构技术；为了能更快更好地伐木建房，他们把打制的石斧刃口磨得更锋利，进而发展出了专为木作的石锛；弓箭是他们最重要的狩猎武器，为此不断改进弓的制作技巧，并用漆来涂饰，给它配上木、骨、石三种质地的箭镞，以射杀不同种类的飞鸟走兽；细腻的湘湖淤泥让他们烧制出了比前辈更轻薄顺溜的陶器；沼泽湿地更适合种植水稻，并有助于提高水稻的产量；他们发明了独木舟，使用骨镖、渔网打鱼；丰沛的动植物资源和不断进步的狩猎技巧让他们暂无衣食之忧，因此有更多的闲暇时间进行精工细作和艺术加工，逐步制作出了彩陶和黑光陶……总之，这一质变，就发生在湘湖区域。

在跨湖桥遗址之前，应该还有能反映这一从量变到质变过程的遗址，有待进一步发现。物竞天择，适者生存。地域、环境的改变推动了先民的进化，这是上山文化质变为跨湖桥文化的最重要的外部原因，与时俱进，勇立潮头、奔竞不息的精神是推动萧山先民由上山人转变为跨湖桥人的内在动力。

（二）跨湖桥文化遭遇海侵后又去了哪里？其中又经历了什么？它和紧接其后的河姆渡文化有什么关系吗

当跨湖桥文化在湘湖区域繁荣昌盛起来后，势必向周围扩张，不断影响着周边文明。跨湖桥遗址处于古钱塘江边，跨湖桥人已经会制造独木舟，也一定会沿溪流、钱塘江、浦阳江等顺流而下或逆流而上，也可沿杭州湾放舟东进，去寻找新乐园。

这就带来了一个新的问题，跨湖桥文化的影响范围有多广？现在的考古发现至少说明他们影响到了浙中的浦江和嵊州。他们中的一部分人又逆浦阳江而上，回到久远的家乡，取代了那里的上山文明。在交通极为不便的原始社会，不同文明交往的范围究竟有多广？因为跨湖桥遗存有较多接近长江中游地区文化的特征。

距今 7000 年之际，跨湖桥地区的环境明显恶化了。根据浙江地质调查院对湘湖一带的地质勘探表明：叠压在跨湖桥、下孙遗址之上的数米厚的淤泥均为海相沉积。这两处均低于海平面的遗址表明，下孙遗址废弃之后变成了一片海面或者是海边地区，这一点与跨湖桥遗址是相同的。而叠压在二者之上数米厚的淤泥都是海水带来的沉积，说明遗址曾遭水淹，并因此而被毁弃。据地质水文资料载，全新世初期开始，东海大陆架发生了一次大规模的海侵，8000 多年前，海面上升至 −5 米，而跨湖桥遗址依托的原始地面低于海平面约 0.5 米，这一状态维持千年之久后，海侵在距今 7000—6000 年达到高峰，钱塘江、浦阳江泛滥加速了这一带环境的恶化，海浪直拍会稽山麓，湘湖一带与宁绍平原一起成了一片海洋。从时间与事件两方面看，这次大规模的水淹对跨湖桥文化的前途带来了根本性的影响。这足以说明海侵之时，生活于湘湖一带的先民们不得不退居高地或迁徙他乡，跨湖桥文化则随之衰落与迁移，消失在历史的迷雾中。

河姆渡文化与跨湖桥文化的陶器风格大异其趣，但骨、木器没有大变化。从河姆渡遗址出土的陶器、骨器、木器上能找到跨湖桥人的文化因子。尤其是陶釜、线轮、骨针、漆器、榫卯木构件、石锛木柄等，都能找到太多的相似之处。那么，跨湖桥文化后来是否发展为河姆渡文化呢？

小黄山二期遗存文化内涵中存在不少萧山跨湖桥文化因素；三期遗存绳纹圆底釜、双鼻平底罐与河姆渡文化同类陶器具有内在的联系。这些出土文物与河姆渡文化的代表性陶器具有某种传承发展的内在联系。小黄山遗址的发掘，对于探讨河姆渡和萧山跨湖桥文化的来源及两者之间的相互关系，提供了新的资料，无疑也提出了新的思考；对于重新认识江南地区新石器时代的文化谱系和文化序列，提供了十分珍贵的考古资料。因此，可以大胆推断小黄山类型文化遗存是河姆渡文化重要的来源之一。

从中可以看出，任何人类的发展史都不是孤立的，它符合人类发展的一般规律。从出土的遗物来看，它提供了可供与跨湖桥遗址和河姆渡遗址相比较的器物，因此小黄山遗址有些器物似曾相识，表明它们之间应有联系，但是这种联系是属何种性质的联系，能否称先河姆渡文化，有待进一步深入分析。

跨湖桥文化与河姆渡文化的关系明显要远于河姆渡文化与马家浜文化的关系，而在地理位置上，前者反而要近得多。在跨湖桥遗址和上山遗址所在的浦阳江流域已经发现了不止一处的带有河姆渡文化早期因素的遗址，如诸暨楼家桥遗址、萧山乌龟山遗址等，这说明在河姆渡文化的繁荣期，它的文化势力范围已经扩展到了上山、跨湖桥文化分布区，并取代了跨湖桥文化，在事实上已经构成了早晚关系。

小黄山遗址发掘盘活了浙江省新石器时代文化的分布格局。小黄山遗址的发现，找到了河姆渡文化的源流，将其与前后相距2000多年的上山遗址和萧山跨湖桥遗址有机联系了起来。小黄山遗址兼有上山、跨湖桥、河姆渡三支文化因素，那么怎样解释上山与跨湖桥、跨湖桥与河姆渡之间年代上衔接、文化上变异的现象呢？

跨湖桥文化与皂市下层文化之间的联系也受到考古界的关注，如双耳罐、指甲纹、彩陶等。但这种关系不可能是单向的，长江下游的一些文化因素是否也传播到了长江中游呢？彭头山文化与皂市下层文化不能直接衔接，皂市下层的圈足器，彭头山就没有，跨湖桥文化的圈足倒是在本地区找到了流行的根据，那么跨湖桥人在海侵之后是否有可能向长江中游迁徙进而影响了皂市下层文化呢？

跨湖桥遗址的陶器和水稻遗存，其实在中国南方的很多地方几乎同时代出现，究竟是一地出现后四处传播，还是各地大致相同的发展阶段都在朝自己的方向发展？如果他们是单一的文化因素发展，那么必定有一套伴随的知识系统。早期人类的迁徙能力、文化因素大范围的同步性等文化现象应重新认识。对于越民族文化、聚落的起源与发展，又有新的思考，有待深入研究。

（三）高超的彩陶制作技术如何发展而来

以年代划分，跨湖桥文化是一个属于新石器时代早期的文化，然而从许多文物的成熟度观察，它应该进入了新石器时代的中期。它的稻作农具骨耜，在制作上十分粗糙，远不及河姆渡骨耜精细，出土的大量兽骨也表明古跨湖桥人还是以狩猎为主。但是，7000 年前的跨湖桥人掌握了高超的陶器制作技术，陶器普遍制作精良，彩陶多姿多彩，黑光陶器堪称一绝，可以看出使用慢轮修整技术的痕迹，这些特征似乎放到距今 7000—6300 年已属勉强，似乎与距今四五千年的良渚文化中的黑皮陶器有着某种联系。在上山文化向跨湖桥文化的发展过程中，这一技术进步是如何实现的？难怪当初有专家认为跨湖桥文化是河姆渡文化的后辈，至今专家们也无法解释跨湖桥文化遗存中的这种“青春色彩”。

（四）骨针和蚕丝线是否有联系

在跨湖桥遗址的第二次考古发掘中，还出土了不少负载重要信息的宝贵物品，其中就有一枚精巧的骨针。这枚骨针针眼相当细小，即使采用今天的棉纱线或涤纶线，要穿过这个小针眼也不容易。遗址出土的陶线轮，也发现有纤维质线圈。那么，古人究竟用的是什么线？当时不可能有棉纱线或涤纶线，要穿过这么细小的针眼，只能想到了蚕丝线。难道距今七八千年的跨湖桥人已经在接触桑蚕了？考古学家至今也不能得出答案。

（五）是否是中医中药的祖先

在跨湖桥遗址中出土一个稍有残缺的绳纹小陶釜，口径 11.3 厘米，高 8.8 厘米，底部有烟火熏烧的痕迹，釜内有一捆植物茎枝粘连在一起，长度在 5—8 厘米，单根直径一般在 0.3—0.8 厘米，共 30 余根，纹理结节均很清晰，出土时头尾整齐地曲缩在釜底。这捆茎枝在丢弃过程中没发生散乱，比较符合茎枝被煮软后的特点。由于陶釜已烧裂，古人将其丢弃了。陶釜内的植物成了考古工作者关注的重点，考虑到这些茎枝不可能被直接食用，他们推测这捆植物是远古的中草药，遂将标本送往药品检验所进行检测。但由于标本的有机质不足，难以确定其具体的药性和名称，只能定为“茎枝类”。虽然至今也无法确定是什么中草药，但这一考古新发现对研究我国中草药的起源，尤其是煎药的起源具有重要的参考价值。

遗址中出土了大量骨钉、骨锥、木钉、木锥，考古学家一直不能证明其具体用途。浙江大学地球科学系教授柳志青研究后认为它们和后世的砭石、针灸用针很相似，推断它是针灸用具。这也为研究针灸的起源提供了重要的思路和参考价值。

（六）是否有黏合剂

细心的考古工作者在清理陶片时，还意外地发现一块黑光陶片上有修补的痕迹，但是，目前还不清楚古人是用什么黏合剂来修补陶器的。

（七）跨湖桥人的创造源于哪里

跨湖桥先民无疑是创新弄潮儿，他们创造了太多的文明之最：世界上最早的独木舟、世界上最早的漆弓（也是世界上最早的漆器）、中国最早的慢轮制陶技术、中国最早的黑光陶、南中国地区最早的彩陶、中国最早的“草药罐”、中国最早的水平踞织机、中国最早的甑、中国最早的榫卯木构件，南中国地区最早的家猪、江南地区最早的席状编织物……这一个个文化创新，是如何产生发展的?

跨湖桥文化的难解谜团给东南沿海一带的考古科研提出了一个个新的课题。随着田野考古工作的进一步展开，更多相关遗址的发现，更多文物的出土，以及考古学、古动物学、古植物学、古地质学、历史学诸多学科工作者们的积极参与合作，将田野考古与多学科研究有机结合，交叉联合攻关，对跨湖桥文化的内涵乃至浙江新石器时代文化发展脉络的认识必将得到更合理、更科学的阐释。

四　文化影响

跨湖桥文化作为一个全新的概念，其文化内涵十分丰富，具有相当高的学术价值，意义不同凡响。这是萧山文物考古史上所取得的一项巨大成就，也是中国考古领域一项新的突破。它的发现与发掘对浙江及至长江下游的文明起源问题，有着极其重要的考古研究价值，对浙江的史前考古学研究将产生深远的影响，起到浙江考古工作里程碑的作用。

（一）跨湖桥文化体现了8000多年前人类文明的高度成就，精彩夺目，是同时代最耀眼的史前遗址之一

跨湖桥先民以自己的勤劳勇敢和聪明才智为中华文明乃至人类文明的发展作出了重要贡献，创造了灿烂辉煌的史前文明。这一系列文明之最高成就，都在不同领域的中国文明史乃至人类文明史中占据重要地位。

跨湖桥遗址在探索稻作起源上有着十分重要的地位。跨湖桥遗址出土的古稻是长江下游地区发现的最早稻作遗存之一，其遗存远比其他早期遗址丰富得多。这对深入研究稻作农业的起源、进一步认识古稻的生物学特征及其演化方面具有十分重要的意义。农业起源不是一种发明，而是一种缓慢的过程。它普遍产生于一种“广谱经济”之中。人类在利用各种野生物种过程中，由不同原因造成对某些物种偏爱而导致的“偏差放大”，逐渐加大对某些物种的依赖，最终导致栽培作物的出现。因此，不应满足于寻找最古老的稻谷，或把眼光放在分辨野生稻还是栽培稻上，还应该探索造成经济转型过程中的选择因素，这是农业起源研究最具挑战性的课题之一。跨湖桥遗址在探索这个战略性课题上具有的重大科学价值。

跨湖桥文化为研究当地新石器时代农耕、畜牧、建筑、纺织、艺术等方面和中国文明的起源提供了珍贵的实物资料，在探寻长江下游稻作农业与陶器起源及新石器时代文化传统的渊源方面又迈进了一大步。有力地证明了长江流域同黄河流域一样，都是中华民族远古文明的摇篮。

跨湖桥文化逼近更新世和全新世之交，对认识这个阶段聚落选址和人类生产、生活的阶段性特征很有启发性。因此，对研究人类在这一过渡阶段的适应和经济转变具有重大意义。将跨湖桥遗址放在全球背景中来研究人类经济、技术和社会在全新世初期的转变，意义十分深远。

（二）打破了浙江新石器时代的河姆渡文化、马家浜文化两分体系，建立起区域文化的多元格局，为长江流域新石器时代文化研究中整体观念的形成树立了新坐标

以罗家角4层为代表的马家浜文化早期遗址和以河姆渡4层为代表的河姆渡文化早期遗址，分别属于钱塘江南北两岸并行发展的两支浙江境内最古老的新石器时代文化，这已成为考古学界的共识。跨湖桥遗址的发现与跨湖桥文化的命名彻底打破了原来所认识的浙江史前文化的基本脉络与格局，表明浙江境内新石器时代文化类型，绝非以前认识的那么简单，而应该是有多个源流谱系。

“跨湖桥文化”是继“河姆渡文化”、“马家浜文化”和“良渚文化”之后，浙江省境内又一个新石器时期文化，而且是当时发现的时代最早的新石器时期文化，它把浙江的文明史又向前推移了整整1000年。

跨湖桥遗址发现之后，浙江省考古工作者又在浦江县发现了距今10000—8000年的上山遗址。新发现的上山遗址北区最晚地层中也发现了跨湖桥文化因素的陶器。2005年发现的距今10000—7500年的嵊州小黄山遗址地层，揭示出上山文化和跨湖桥文化存在先后叠压关系。两种文化遗存的叠压关系出现在仅有的两个遗址中，不应该是一种偶然。或许可以作这样的判断，上山文化类型和跨湖桥文化类型在年代上可能是衔接的。这三个遗址尤其是小黄山的涵盖了上山—跨湖桥—河姆渡三个阶段的完整地层序列，为研究上山文化发展到河姆渡文化提供了一个比较完整的文化演进过程。

所以跨湖桥文化及其之后上山文化和小黄山遗址的发现，使浙江新石器时代文化发展序列分布格局逐渐清晰：上山文化，距今11400—8000年；跨湖桥文化，距今8000—7000年；河姆渡文化（马家浜文化），距今7000—5800年；崧泽文化，距今5700—5300年；良渚文化，距今5200—4300年。

这六颗浙江新石器时代文化的璀璨的明星，是浙江文化源远流长的历史实证。马家浜文化是河姆渡文化与北方文化冲突、溶融的产物，现在上山文化、跨湖桥文化的分布区又在杭嘉湖、宁绍平原的西南部，看来浙江史前文化的中心是从更南边向北移动的。

跨湖桥文化以其新颖独特的文化内涵与极具个性的文化特征，对完整浙江乃至长江下游新石器时代文化发展序列、认识长江下游新石器文化区系类型都具有重要意义。这对整体上推进中国东南沿海地区史前考古与研究，将起到积极的作用。

（三）为长江流域新石器时代文化研究中的整体观念的形成提供了新的坐标

长江流域新石器时代文化中，与跨湖桥文化年代相近的有以湖南石门皂市遗址下层命名的“皂市下层文化”，绝对年代在距今8000—7000年。跨湖桥遗址的发现，把长江中下游地区的考古学问题直接联系起来了，对日后整体上研究长江流域的文化起到了重要的中介作用。

发掘者们在第一次分析研究跨湖桥遗存文化内涵之时，就比较明显地观察到它与皂市下层文化之间在文化面貌上有一定的相似性。如两者多使用贴塑法制陶，夹砂陶中含有一定量的炭化植物体，陶器器形有圜底器、平底器、圈足器，不见三足器，釜、罐、圈足盘为主要器类，圈足盘圈足部分多见镂空彩绘装饰，罐类口沿多见盘口形态，尤其在罐类中双耳在沿肩部连接的特征颇为相似。这些现象在一定程度上反映了这一时期长江中下游地区考古学文化之间存在着一定的联系，为探讨两地的文化关系提供了重要线索，也为研究当时整个长江流域文化格局以及此后的变迁提供了重要线索。至于两地的联系是文化传播、迁移，抑或相互间文化上传承或接触所致，尚待进一步探讨。

由于跨湖桥文化与皂市下层文化有较密切的联系，又与浙江境内的本地文化——上山文化、河姆渡文化和马家浜文化也有共性，因此，跨湖桥文化的发现第一次将长江中下游地区的考古学问题直接联系起来了，而且对认识中国文明起源的多元性并逐渐走向一体的过程有着不可低估的作用。

（四）跨湖桥文化是杭州的金名片

跨湖桥文化是8000多年前杭州先民留给后人的非常宝贵的财富，它显示出杭州悠久的历史与深厚的文化底蕴。跨湖桥文化确定了萧山8000多年的文明史，丰富了萧山的文化底蕴，提升了萧山的文化品位。跨湖桥文化是萧山乃至杭州一笔难得的无形资产和极具开发利用的宝贵资源。跨湖桥文化类型具有本土化、个性化、直观化的特征，是最清晰、最深切地凝视这个地方的窗口，是足以引萧山人自豪的文化标志、文化形象。跨湖桥文化为湘湖的开发和建设增添了浓厚的文化色彩，也提供了极其宝贵的旅游资源。跨湖桥文化是开展历史教育、乡土史教育的良好教材。也将对萧山和杭州市开展对外文化交流、促进文博事业发展起到积极的推动作用。

总之，跨湖桥文化是东南沿海地区新石器时代文化早期的典型代表，它把东南沿海地区的新石器时代文化追溯到了距今8000多年前，比著名的河姆渡文化整整早了1000年，进一步说明了该地区是华夏文明最早的发源地之一。

五　遗址公园

2003年3月，跨湖桥遗址公园规划座谈会召开，基本确定了跨湖桥遗址公园建设的规划范围、公园特色、建筑风格等。

（一）遗址公园建设规划范围

跨湖桥遗址公园为湘湖规划的核心区块，是整个湘湖开发的亮点，既要融合在湘湖开发的大环境中，又要充分张扬其独特的文化魅力和个性，不要被周围的建筑和景观所湮没。为此，遗址公园范围应考虑这样几个因素：几次已考古发掘的遗址地块范围；根据古人生活习性及有可能居住生活的需要进一步发掘的地域；跨湖桥遗址公园陈列建设区域（避开主要遗址）；遗址公园特色定位的仿古休闲娱乐区；根据文物法所要求的文保单位的保护范围和建设控制地带范围。因此，遗址公园地域面积需要有一定的规模，应以现考古地点为中心的0.5平方公里左右。

（二）遗址公园的特色

确立遗址公园应以遗址保护、遗址发掘、遗址复原等为前提，强调跨湖桥遗址公园应以展示遗址内涵为主要特色，并进一步明确了独木舟就地保护的重要性，强调了独木舟及相关遗迹在遗址公园中的重要地位。遗址公园的功能区块分为室内展区、室外展区和休闲娱乐三大块。室内展区主要包括跨湖桥遗址出土文物展示区和独木舟及相关遗迹展示区，以独木舟及相关遗迹展示区为遗址公园的核心区块。室外展区陈列的内容主要是跨湖桥人当时生活场景和生存环境的复原陈列，其内容还需作进一步的考古发掘后才能确定；室外陈列还可参考湘湖八景之一的“跨湖夜月”和历代名人咏湘湖的诗词内容加以组合构思。休闲娱乐区包括：独木舟探险、仿古作坊、船舫等，以体现遗址公园的特性。

（三）遗址公园建筑风格

遗址公园建筑风格以古朴为上，要让游客一眼就能感受到这是跨湖桥遗址公园，而不是别的。古朴建筑的内涵可从遗址及遗址出土的文物中寻找依据。遗址公园的入口可用跨湖桥遗址出土文物中具有代表性的器物或文饰作为大型的雕塑，增添遗址公园的特色标志。

2005年5月，萧山博物馆委托西安建筑科技大学建筑设计研究院编制跨湖桥遗址保护规划、跨湖桥遗址博物馆（遗址公园）设计方案。2005年12月和2007年10月，遗址保护方案与博物馆设计方案先后经省文物局和国家文物局评审通过[1]。

整个工程以跨湖桥遗址为中心展开，大致分为三个阶段：2007年5月—2008年1月，跨湖桥遗址博物馆开始动工，完成遗址保护工程、垒岛工程的建设；2008年启动博物馆的土建工程，包括博物馆建设以及围绕跨湖桥遗址的环艺工程；2009年5月开始进行博物馆的内部装修，于9月底顺利完工。

[1]杭州市萧山区政府地方志办公室编：《萧山市志》第1册（试印本），浙江人民出版社2011年版，第72页。

六 博物馆展示

跨湖桥遗址博物馆有跨湖桥遗址临时陈列馆和跨湖桥遗址博物馆前后两个馆。

（一）跨湖桥遗址临时陈列馆

为配合2006年第一届世界休闲博览会在湘湖举行，于2005年10月在跨湖桥遗址现场建造“跨湖桥遗址临时陈列馆”。陈列馆由萧山园林建筑所设计，外观为仿明清民居式样，面积为731平方米，内设两个展厅、一个录像放映厅及贵宾接待室。陈列馆建设历时5个多月，于2006年4月20日建成开放。跨湖桥遗址临时陈列馆在开放期间，接待了国内外许多宾客，发挥了很好的作用。但由于新馆建设需要，至2007年10月闭馆，随后拆除。

（二）跨湖桥遗址博物馆

2009年9月28日，由萧山区政府投资1亿元的跨湖桥遗址博物馆，历经两年多的建设，在新中国成立60周年前夕正式建成并免费对外开放。这是一座综合反映跨湖桥遗址考古发掘和研究成果的专题类博物馆。博物馆占地83亩，建筑面积6800平方米。由中国美术学院风景建筑设计研究院设计的跨湖桥遗址公园，是一座注满湖水和跌宕起伏的人工环形岛屿，核心建筑博物馆整体以船为造型，造型形态从发掘的世界上最早的“独木舟”中获得启发，从平面形态到立体面造型都采用“舟”形形态组织。仿佛沉湎历史的一叶小舟正欲划向远方，体现了跨湖桥文化的精髓——人与自然的互动关系。外墙面采用充满历史沧桑感的锈蚀质感的材料，充分展现8000多年文化的厚重和沧桑。展览区域由“八千年回首”主题陈列厅和遗址保护厅组成，建筑总体以船尾造型。

陈列厅 以“八千年回首”为主题的陈列厅又分为“序厅”、“跨湖桥文明的诞生”、“跨湖桥人的活动”、“农业起源的探索”、“聚焦跨湖桥”等五个部分。序厅：观众一走进大厅，即可见一幅100平方米的跨湖桥遗址独木舟出土大型浮雕，该浮雕高 8 米、宽 12.5 米，气势恢弘，独具匠心。序厅采用3D 动画投影设计，还原远古跨湖桥人的生活场景，把观众带回到 8000 多年前的农耕渔猎时代。跨湖桥文明的诞生：文明的诞生消亡是一个长期的演变过程，展厅采用全景式壁画描绘了跨湖桥文化从诞生到被海潮冲溃的模拟景象。跨湖桥人的活动：进入展厅，首先映入观众眼帘的便是干栏式建筑和跨湖桥人制作独木梯的场景。2002 年遗址出土的独木梯残件是干栏式建筑的间接证明，而纺织技术的出现是跨湖桥人类活动的一大亮点。遗址不仅出土了木制定经杆和骨质纬刀，还发现了陶纺轮、线轮等纺织工具。农业起源的探索：跨湖桥文化时期，人类的生存形态已从单纯依赖自然资源的狩猎采集向食物生产过渡。展出的水稻、芡实、菱角、橡子等植物碳化颗粒证明了这一点。跨湖桥遗址的稻作遗存分布范围较广，且一半以上的稻谷明显不同于普通的野生稻，属于人类栽培稻。聚焦跨湖桥：主要集中展示了跨湖桥遗址的发现、发掘、研究及文化命名历程。展厅采用文字、图版、多媒体等形式，图文并茂地反映了国内外著名专家开展实地考察，跨湖桥遗址荣获 2001 年“全国十大考古新发现”，“跨湖桥文化”被正式命名等情景，也记录了中央电视台等国内外各大媒体的宣传、报道，还通过模拟发掘现场、三次考古发掘的灯箱片展示等，展现了当年考古队员的风采。

遗址保护厅 展出 2002 年发掘出土的独木舟及相关桩架结构、木桨、石锛、编织物等大量相关遗迹和遗物，遗址周围基本还原了出土原貌。跨湖桥遗址博物馆是继河姆渡、良渚之后的浙江又一家史前遗址博物馆。它的建成开放，是文博事业发展史上的一件大事，也是加强文化建设、发展文博事业、保护利用文化资源的具体举措，对于弘扬地方文化、提升城市文化品位都将产生积极的推动作用[1]。

[1] 吴健、李萍：《回首八千年——跨湖桥遗址博物馆基本陈列简介》，2009 年11月9日。

第二章　先秦至汉唐时期：古越争战与文化多元

春秋晚期，吴国建都姑苏（今江苏苏州），越国建都会稽（今浙江绍兴），两国之间连绵不断的争霸战争，使吴越文化进一步融合。越地气候温和，土地肥沃，水网密布，雨量丰沛。“春种八谷，夏长面养，秋成而聚，冬畜而藏”，“留意省察，谨除苗秽，秽除苗盛”[1]，可见越地水稻已种植的品种之多，田间管理之细，农业生产已达到相当的水平。瓷器的始祖釉陶也已出现，“在萧山的席家、欢潭和绍兴的富盛都发现了这一时期印纹陶和原始瓷同窑合烧的手工业窑场，这些窑场规模较大，遗物堆积丰富”。[2]越王句践自吴归国，“使国中男女入山采葛”，由女工织成“黄丝之布”十万匹献于吴王。越国青铜戈剑铸造术堪称绝技，“肉试则断牛马，金试则截盘匜”。其风俗习惯，越人俗鬼，以臣妾为殉，断发文身，裸以为饰。语言文字上，越国自成系统，以“余”为“盐”，书“鸟虫书”。

[1]（东汉）赵晔：《吴越春秋·句践阴谋外传》。

[2]文物编辑委员会编：《文物考古工作三十年》，文物出版社1979年版。

杭州湘湖地区乃吴越争霸的主战场，富有“冒险开拓、刚强尚武”精神的越人在越王城山建固陵城。而西陵和渔浦为钱塘江入越之要津、山阴古道之入口；西陵又是浙东运河之起始。历代帝王视湘湖及周边地域为要塞和风水宝地，故争战不断。从吴越对阵于白马湖、范蠡拒吴于越王城、秦始皇欲置石桥渡于浙江、东汉孙策跨江击王朗于西陵、吴越钱镠在西兴战董昌等，无不发生在湘湖区域。钱塘江北移后，固陵码头逐渐远离越王城山（固陵），随着浙东运河的开掘，西陵遂成为隋、唐、五代、宋、元、明、清、民国沟通钱江南北的交通要塞。

第一节　越王城与固陵港

越王城，初名西城，又名固陵，位于今湘湖北岸越王城山，春秋战国时越国筑城于山巅，今为浙江省文物保护单位。初建时，钱塘江水直拍越王城山，固陵城与固陵码头相近，故两者名称不分。秦汉时期，固陵城北钱塘江江道北移，码头亦北趋，人们习惯称码头为固陵；而真正的城堡固陵逐渐冷落，以至于后来历史上固陵成为西陵或西兴的代称。由于战争的需要，汉朝将士在码头筑城以拒江北之敌，城在越之最西，遂称西陵城。三国时，孙策战王朗于西陵。五代十国时，钱镠先后战刘汉宏和董昌于西陵，并改西陵为西兴，重建西兴城，并派重兵把守。固陵港乃春秋战国时期固陵（越王城）南的大港，越之大船军聚于此，操练于此，位于今湘湖区域。越王峥是绍兴县与萧山区的界山，主峰位于绍兴县夏履镇，西坡位于萧山区的所前镇，是吴越争战越国军队栖兵处。

历史上的固陵、西陵、固陵港、越王城、越王峥等均为越之地名，有联系，也有分别，交织在一起，给后人分清这些地名带来了一定的困难。

一　屯兵越王城

春秋末期，吴越争霸。吴越两军对垒于钱塘江南北，战争频发。此时的湘湖已经由海湾退化为江湾，是浦阳江漫流北出的最重要河口。湘湖四面环山，湖面呈狭长形。但总体看去，主要为东北至西南的两列，而湘湖被夹于其中。东南岸一带山脉，自东北西山起，逶迤经柴岭山、碑牌岭山，至石岩山；西北岸的山脉，从东北龟山起，蜿蜒经至坞岭山、王家坞山、扳罾山（桥头山）、越王城山、万罗伞山、狮子山、美女山、青山（连山），至老虎洞山。两列山脉遥遥相对，形若“八”字，两端形成缺口。可缺口也并非全缺，其东北小口有菊花山、蒙山阻挡；西南大口，自西北至东南有历山、杨岐山、糠金山、瓜藤山、木尖山等守卫。在这些大小山岭的夹持中，湘湖很像一个长颈葫芦。四周群山，虽不很高，但连绵起伏，山水相依。

当时浙江（钱塘江）江口在右岸半爿山、左岸狮子山一带，浦沿以下为海湾，以上至袁浦东江嘴为浙江。半爿山北侧至回龙山、冠山北侧，即今浦沿至长河一线已形成陆地条带。其时，浙江的南北渡口在今浦沿鸡鸣山附近。

发源于浦江县的浦阳江一路南来经临浦湖、通济湖、渔浦湖，七成江水出闻堰小砾山和老虎洞山之间的峡口（今浦沿一带）与东来的浙江（钱塘江）汇合，三成江水经城山、菊花山、蒙山、北干山一带峡口注入杭州湾或往东漫流北注杭州湾。故《重修浙江通志稿》载：昔萧山县北浩浩沙地“当为大海，故历史记载浦阳、曹娥等江，皆曰入海，不曰入钱塘江也”。

此时城山一带北连杭州湾，南连浦阳江，西接钱塘江，往东则是泥沙淤积的河口沼泽地带，湘湖西南石岩山与箬山之间有水道通城南、城厢等片沼泽地河网。《越绝书·内传陈成恒第九》载：越王句践自叹保栖城山时“上栖会稽山，下守溟海，唯鱼鳖是见”。城山及其相连的四周，完全被湖水包围，山北一片汪洋，烟波浩瀚。城山巍立其中，山屹于水，水环着山。

允常在位时越国的疆域，大致东西以浙江（钱塘江）为横轴，南北以浦阳江为纵轴，南至句无，今诸暨与义乌交界处；北至槜李，今嘉兴城南；东至于鄞，今鄞州；西至姑蔑，今衢州一带，都城在埤中（公元前490年句践建都会稽，大致在今萧山进化与诸暨交界处）。而萧山正是当时越国的中心地带。在水网纵横的越国，驾舟行船是越人的最主要交通方式。钱塘江、浦阳江和杭州湾的海路是越国的三条交通大动脉，维系着越国的经济和统治，而这三条交通命脉的汇合点就是湘湖的固陵港，此地就如同越国的心脏。钱塘江—湘湖—浦阳江一线水道是越国的交通要道和生命线，其军事价值不言而喻。一旦敌方突破湘湖水道隘口，控制了固陵港，就掐住了越国的咽喉，捏住了越国的心脏，缩小了越国的回旋余地，进而可沿浦阳江上溯直达越国都城埤中。

而湘湖众山的中心就是如今的越王城山。越王城山，周围众山之间皆有水道，扼钱塘江、杭州湾入越之咽喉，历来是吴进越、越入吴的咽喉要津，乃兵家必争之地。经过固陵向东可入会稽，并可延伸至句章（今宁波），向南可延伸至姑蔑（今龙游）。（《浙江古代陆上交通简史》）在军事地理上占有重要地位。城山上的越王城以天然山冈作屏障，依山势夯土垒石所筑，易守难攻；越王城和其下的固陵港，是越王顺应天时地利所建的钱塘江南岸的第一线军事工程，越国在此置船军（水军基地）屯兵抗吴，是吴越交战时越地上的第一关隘。

周敬王十四年（前506年），越王命大夫范蠡在此山巅立城。《越绝书》记载：“浙江南路西城者，范蠡敦兵城也。其陵固可守，故谓之固陵。所以然者，以其大船军所置也。”《水经注》记载：“浙江又经固陵城北，昔范蠡筑城于浙江之滨，竟可以固守，谓之固陵也。”南朝夏候曾先《会稽地志》云：“吴王伐越，次查浦，越立城以守……越山顶有井，深不可测，广二丈余，中多鱼……其山四旁皆高隐然有城堑遗址，其中坦平，井泉湛然。”《名胜志》云：“在县西九里，其中卑四高，宛若城堞。”明嘉靖《萧山县志》载：“城山，去县西九里。其山中卑四高，宛如城堞。吴伐越，次查浦，句践保此拒吴，名越王城，又名越王台。”

浙江省人民政府于1989年12月批准、公布萧山越王城山为第三批省

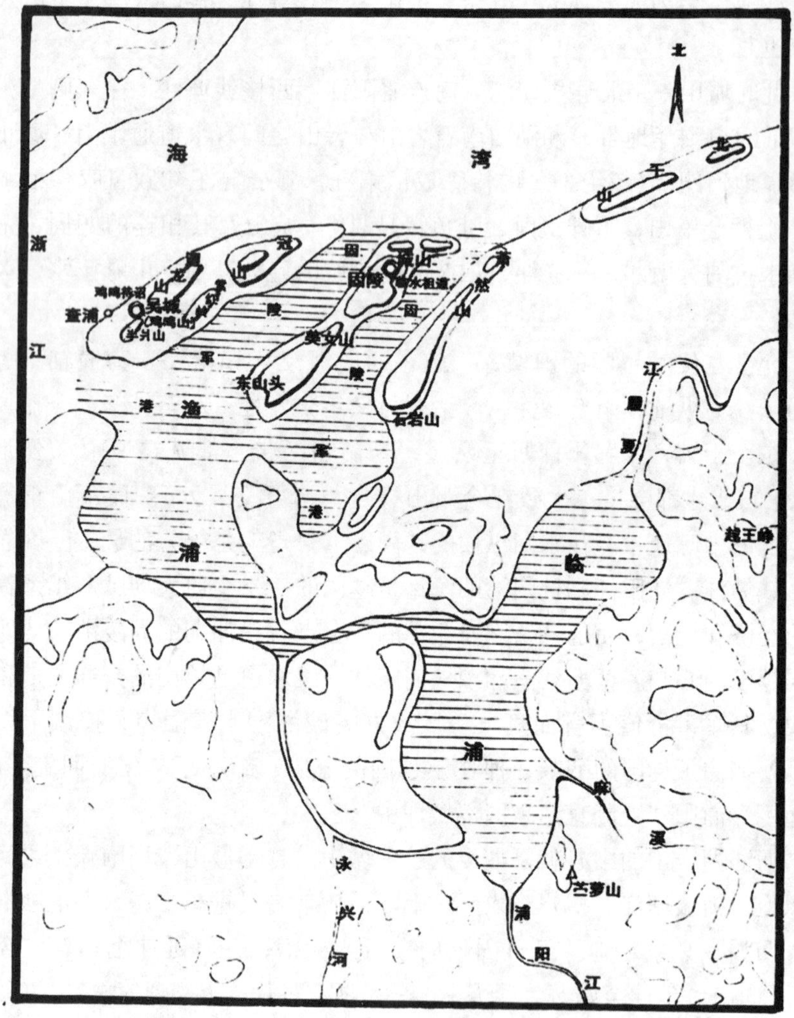

图 11　春秋时期吴越交战水势图（楼沛然供图）

级重点文物保护单位。1990 年 8 月，在杭州参加国际百越文化学术研讨会的 120 多位中外代表，曾登山调研，一致认为这里是春秋末期越国屯兵拒吴的城堡，其夯土城基是目前发现的保存得最好、最完整的越国城基。

城堡内，现有句践祠（越王庙），位于城山寺遗址北侧，于 1992 年由萧山市人民政府出资建成。祠为五间二进的单檐歇山顶式建筑，砖木水泥结构。正殿门上高悬“句践祠”大匾。两侧各有小殿。正殿内供三尊塑像：越王坐中，文种、范蠡站立左右。殿前平地上有一个高 5 米的铸铁香炉；殿右侧墙根立有《重建句践祠碑记》。据民国时期周易藻的《萧山湘湖志》记载：“句践寺，在城山寺右偏，今废。”宋代时人建有句践的纪念性建筑，至明清演化为城山寺，殿宇三重，巍峨壮观。惜清咸丰辛酉（1861）毁于太平军之手。

在句践祠南面，“广二丈，中多鱼，乃取鲤一双以报吴”的洗马池尚在，洗马池呈长方形，池周用石块砌岸，长18米、宽13米、深1—2米，水清冽。据传，吴军进攻时，将固陵城围困了几天几夜。伍子胥以为山上乏水，派使者送上咸鱼以讥之。句践明白其用意，即以两条鲜鱼回赠。吴军方知山上有粮有水，易守难攻，遂撤兵。这就是“馈鱼退敌”的典故。宋代诗人华镇《城山》诗曰：“兵家制胜旧多门，赠答雍容亦解纷；缓报一双文锦鲤，坐归十万水犀军”，即咏此。

在西北城墙下十余米处的大岩石上，有一泉，名“佛眼泉”，形状近似圆形，口径0.35米，深约0.4厘米。水质清澈，冬夏不竭，旱年不枯。据说这佛眼泉，容积虽不大，刚可盛满一小桶水，但终年取之不竭。当年有一个小和尚把水舀满一小桶后，泉即干，提回寺中倒入水缸，待他回来取，泉又满。无人取时，保持原水位，从不溢出。僧人认为佛在显灵，故曰“佛眼泉”。

二　军阵固陵港

越国，濒海襟江，制船业发达。越人“习于水斗，便于用舟”，“以船为车，以楫为马”。

公元前11世纪，越国向周成王（姬诵）进贡大船，且国防力量以水军为主，水上军事活动较多发生。周景王（姬贵）七年（前538年）楚灵王伐吴，越君允常命大夫常寿率舟师渡浙江北上攻吴；周敬王十年（前510年），吴王阖闾起兵伐越，越兵渡浙江应战，不敌，吴破携李；周敬王十四年（前506年）吴王阖闾伐楚，其弟夫概叛，遣使由三江通越，越军渡浙江北上，行不久兵退。在这样的历史背景下，越国开始加紧军港的建设，越王允常在周敬王十四年（前506年）率越军渡浙江北上又退兵回来后，命大夫范蠡在浙江口筑固陵军港，以屯大船军。

固陵港是与固陵城相配套的一项军事港口工程。固陵港是由范蠡主持兴建的，因而又名范港。固陵是越国屯兵的军事城堡，山下固陵港则是水军基地，越国水师在此驻守。

作为可同时驶出数百海船、出兵上万的大海港，固陵港并不局限于城山一地。当年城山及其周边的湘湖诸山濒临后海（今钱塘江，当时为海湾），四面环水，以东北至西南方向的为两列，各山前伸后缩，错落有致，山随水转，水随山绕，山水相依，形成了大大小小数十个江湾、海湾（城山、老虎洞山、蒙山、菊花山北是海湾）。且湾中有湾，盘亘幽深。浦阳江和钱塘江在此汇合后，形成临浦、渔浦、西城湖等较大湖泊。一个个蜿蜒曲折的峡湾，正是天然的避风良港和海防要地。钱塘江大潮来时，船只可入西城湖躲避汹涌澎湃的潮水侵袭。独特的地理条件，促使固陵港成为春秋战国时代首屈一指的远东大港。

固陵港在浙江（钱塘江）南岸，是浙东首要门户，越国重要军事工程，水上交通枢纽。出固陵港，往东可以经杭州湾，北上沿长江入吴楚或达齐鲁之地，南下可至于鄞，甚至闽台粤之地；往西沿钱塘江、富春江、兰溪江达姑蔑；往北，可沿苕溪经太湖入吴，往南沿浦阳江上溯可达越国腹地。越王允常选择在西城北麓兴建军港是别具匠心的，进攻则可渡浙江进太湖水系与吴国争战，退却则可凭浙江天堑、守固陵城以确保浦阳江中游的越国腹地不失。

固陵港是越国第一大军港，也是我国最早的军港之一，在历史上发挥了很大的作用。固陵军港建成后不久，允常主动出水师伐吴，湘湖成为吴越交锋的重要战场。越王句践的多次水上军事行动，都是从这里出发。留下了“馈鱼退敌”、“卧薪尝胆”等历史故事。周敬王二十四年（前496年），允常之子句践起兵拒吴。周敬王二十六年（前494年），句践再次出兵拒吴。周敬王三十六年（前484年），越出兵助吴攻齐。周敬王三十八年（前482年），越兴兵伐吴。至周元王三年（前473年），越3次兴兵北上争霸。以上允常1次、句践7次，共先后8次大的水上军事活动，均是从固陵港出发的。

固陵港工程规模浩大，承运能力惊人，从以下几次场面壮观的航运活动可见一斑。周敬王二十六年，句践亲率越国水军3万人，数百艘船，浩浩荡荡驶出固陵港，经钱唐（塘）入苕溪迎战吴军。周敬王三十五年（前485年），越国水灾，吴国水运稻种万石至越。周敬王三十六年，越国丰收，以蒸过的稻种万石水运还吴。句践使大夫诸稽郢率兵3000人渡浙江，助吴伐齐。句践率众渡江，经杭州朝吴。周敬王三十八年（前482年），吴王夫差倾国举军，争霸黄池，国中空虚，越国从固陵港出发水手2000人、水师官兵4.7万人，战舰数百艘，一路出海入长江，另一路经钱唐（塘）直趋苏州，吴国被迫讲和。周元王三年（前473年）“于越灭吴”，以后越国北上争霸，攻占琅琊（今山东胶南），从固陵港发生的海船（戈船）到达琅琊港的就有300艘。固陵港建造之早、规模之大、活动之多，在中国古代海港史上占有重要地位。

这里是吴越争霸的古战场，历史上最让人可歌可泣的就是越王句践在此“保栖固陵，转死为霸”，因而发生了诸多史籍可鉴的相关事件。

当时，吴国势力虽强于越国，但新兴的越国对吴国威胁很大，成为吴国的心腹之患。按照吴国宰相伍子胥的说法是：“吴越为邻，同俗并土；西州大江，东绝大海；两邦同城，相亚门户；忧在于斯，必将为咎。”春秋时期，强国用兵，常胁迫附近小国出人。阖闾五年（前510年），吴国既为显示自己的强大，也为试探越国对自己的尊重程度，要求越国出兵伐楚，却遭到越国的拒绝，吴王便出兵伐越，破槜李，败越军，这是吴越两国的首次战争。自此之后，战事频繁。公元前496年，阖闾闻讯越王句践即位，乘机伐越。越王句践迎战于槜李，并使死士挑战。他们前进到吴阵前面，大喊一声，然而一起用剑自杀。吴军将士看得目瞪口呆。正在此时，越军一齐猛攻，大败吴师。吴王阖闾被越大夫灵姑浮以戈击中脚大指，创伤发作，卒于离槜李 7 里之陉。临终之前，立太子夫差为王。夫差发誓要报仇雪耻，两国仇恨更深。

据《越绝书·外传记地传第十》载：东周敬王二十六年（前 494 年），越王闻吴王夫差日夜练兵将以报越，便不听上将军范蠡的劝告，先兴师数万往伐。吴王夫差任伍子胥为大将，悉发精兵迎战。越军迎战于太湖椒山一带，被吴军击败，遂退守钱塘江，驻守固陵城。一路沿苕溪出钱唐（塘）追杀而来的吴王夫差，携相国伍子胥、太宰伯嚭等率十万大军船队，在老虎洞山西侧的浦阳江口之北江面上停泊扎营。两军对阵，势不两立。

句践准备调集兵力与吴再作决战。战前，句践不听“耆老、壮长进谏”劝阻，任命唯利是图、刚愎自用的石买为将。他大敌当前“斩杀无罪，欲专威服军中，动摇将率，独专其权”使军中矛盾四起，军心涣散。其结果，为吴军提供了“可夺之证”。一天，吴军“或北或南，夜举火击鼓，画阵诈兵”。越军大乱，在固陵城西鸡鸣墟、查浦附近的浦阳江口又一次大败。吴军趁机夺下了扼守浦阳江、钱塘江的要地鸡鸣渡、查浦渡，断了越国残部西撤或南入浦阳江退守越国腹地整军再战的后路。“浦阳者，句践军败失众，懑于此。”越王怒杀石买，并亲自向官兵道歉。越国官兵欢呼雷动之声使吴王闻之恐惧。吴将伍子胥暗喜曰：“越军败矣!”“君王安意，越易兼也。”吴国“使人入问之，越师请降”，甘愿称臣，了胥曰：“越未战而服，天以赐吴，称臣而不死，逆天意，必兼之。”

《越绝书·外传记地传第十》载：“会稽山上城者，句践与吴战，大败，栖其中。因以下是目（木）鱼池，其利不租。”句践请降不成，只得东退保栖于城山之巅的越工城。这是句践军队继太湖败绩之后的又 次大败仗。

城山，坐江背海，江海相通相连，东海潮汐频仍，江水似同海水，不堪饮用。吴军水师追赶到此，面对山高坡陡，无法弃船登陆攻城。伍子胥以为，句践山上缺水，无法持久，宜以智取，不可强攻。故以“不战而屈人之兵”之策，“退而围之”。布控周边，把守要地，占据浙江南岸要津查浦（今浦沿鸡鸣山西），“作城”于查浦之东（今浦沿鸡鸣山），屯兵镇守固陵港西出浙江和南下浦阳的鸡鸣墟渡口，断了越军还都的退路。吴王夫差与伍子胥、伯嚭等共驻其中，只待句践前来投降。

吴王夫差等候句践投降已有时日，却始终未见动静，遂按子胥计谋，赠句践以盐鱼，逼其就范。文种和范蠡深知赠物之含义，“礼尚往来，来而不往非礼也”。“越山顶有井，深不可测，广二丈余，中多鱼。”句践用种蠡缓兵之计，取井中嘉鱼一双，予以馈赠。吴军携“礼”报吴王，子胥眼见活鱼，知道山上有水，自知此战不可速取，遂改行长困久围之策，守株待兔。

句践以“馈鱼退敌”拖延了吴军进攻，使越军得以喘息，为“求降保越”争得了时间。

五千越甲据守在固陵周围的群山上，受吴军围困，身陷囹圄，如同守在孤岛，句践叹“上栖会稽之山，下守溟海，唯鱼鳖是见”。《吕氏春秋》曰：“越王之栖于会稽也，有酒投江，民饮其流，而战气自倍。所投即浙江也。”

然而，固陵城（面积为20000平方米）毕竟是个小地方，此时已成孤岛，除了打鱼捕鸟挖野菜，别无其他生产可能，而外又无强援突破吴军封锁送来粮食，城内不可能有那么多的粮食养活五千越甲而坚持两年之久。越王城山不高不大，山上柴草也不可能保障这么多越军两年之久的生活，而冬无御寒的被褥棉衣，阻挡吴军攻城的弓箭、檑木、巨石等守城武器亦有限。因此任何一个有军事常识的人都不可能面对数倍于己之敌，在没有外援的情况下甘愿率大军在此险地困守两年。

就地理、潮汐条件来说，突围还是非常有机会的。

钱塘江涌潮春秋时期就有。当时南岸萧绍平原和北岸杭嘉湖平原初步形成，杭州湾初具雏形，河口平而变迁呈喇叭形，河口纵向，水下沙坎逐渐隆起。涌潮产生的地理条件已具备了。远古时期钱塘江河口的漫涨慢退的潮汐，至春秋时期开始演变为波涛汹涌的大潮。《越绝书·计倪第十一》载：周敬王三十七年（前483年）“浩浩之水，朝夕既有时，动作若雷霆，波涛援而起，船失不能救，未知命之所维”，这是对钱塘江潮汐较为完整的最早记述。由此证明，至周敬王三十七年，钱塘江的涌潮规模已经比较大了。

慑于钱塘江大潮的威力，吴军水师不可能长期用战船将固陵城时时刻刻团团围住，而往往是退守要道。据陈志富《萧山水利史》记载，当时西山之东，北干山以南至所前越王峥所在之会稽山余脉之间泥沙已经淤积成浅滩，是一条横亘东西的沼泽地带——萧绍平原。此处河汊水网密布，萧山南部的“三十六源之水”，沿西小江自南向北径流漫溢平原，沿途构成众多自然河、湖，再由此分别注入杭州湾。河网水汊平时可行小船东达越王峥，而越军水师主力大船不能进；然沼泽之地大军徒步行走也甚为艰难。因此吴军防御重点必然在越王城山的西面、北面和南面三个方向，而疏于对东面的防守，只会派少量船只在东面河汊之口布控。

萧绍平原上承山洪侵袭，下纳海潮吞吐。每当洪水和钱江大潮并发之时，水流激荡，大量的泥沙被滚滚洪水冲走，则平原河湖泛滥，成为一片泽国，水深可行大船。特别是逢每月的天文大潮，汹涌澎湃的钱塘江大潮可在顷刻间让淤积成陆的江滩坍塌，这种现象曾在中华人民共和国成立前的萧山沙地频繁上演。土生土长的越人对此规律必然烂熟于心，而作为外来者的吴军则未必知晓得那么详尽。因此对于句践来说，每逢钱塘江天文大潮和上游洪水泛滥交汇之机，驻守城山之西吴军水师必然西撤避潮，围困松懈。潮水一过，避在固陵港内的越国水师即可迅速出困往东突围，虽逆水行舟，却可抢到先机，一旦到了退潮之时，就可顺水放舟，凭经验专挑水深之处前行，直插东之会稽山余脉。常年驻守在固陵港的越军水师必知晓这一水情，可静待突围之机。

《越绝·内传陈成恒第九》载：越王句践曰："昔者……与吴人战，军败身辱，遗先人耻。遁逃出去，上栖会稽山，下守溟海，唯鱼鳖是见。"《诸暨县志》引《紫岩外史》云："盖浣江即浦阳江之故道，越王栖会稽，即今越王峥也。"清朝周之道的《越王峥记》（清鲁燮光《萧山丛书》）中载："昔越王栖于峥故名马峥，昔越王亡越时所有者也。峥即史所载谓越王败于夫椒率五千余人栖于会稽之山是也。其上广数千顷，高出群峰，人谓行远其峥……夫差数十万之师势能吞袤延数千里之越而不取此山，句践畜智谋数十辈之臣而终不失此……峥未失，越未亡。"

当吴军围困越王城山一段时间后，没有发现固陵城中的越军有突围的迹象，就开始松懈。句践乘洪水泛滥之时，算准钱塘江天文大潮涨潮时间，在某天凌晨天未亮之际，率五千残部驾船往东南方向突围。而此时吴军即使发现句践率军突围，也不可能追上越军船只。加之水情不熟，大船追击有搁浅之险，吴军只能望船兴叹。当越国水师大船沿西小江水道上溯到会稽山余脉之越王峥（在萧山所前镇与绍兴县夏履镇相交之处）附近时，船只搁浅不能进，就弃船上山，筑城以守，像鸟一样栖息在"会稽山中"。现越王峥下有小山名潮山，旁有潮沟、潮滩之地名。可见，那时钱塘江大潮可达越王峥下。

越王峥为会稽山余脉。句践保栖固陵是短栖，而保栖会稽山是长栖。

据晚清陈德明《绍兴县天乐乡富家墩村志》记载，吴军进犯此山时，范蠡率士兵在山顶用巨石将其击退。《越绝书》多处记载了句践率残部"鸟栖于会稽山"。"鸟栖"的特点一是群居于树上休息，二是一旦来敌出现或受到骚扰，立即飞起四散逃命，一旦敌踪消失，再飞回来。越军当然不会像鸟那样住在树上，那么，"鸟栖"一词应作后一层意思解释。按现在的意思来讲就是句践率五千越甲在会稽山上"打游击"，那时还没有游击一词，就用"鸟栖"表达这个意思。而越王峥山高林密，两边山脉绵延不断。当吴军来犯时，势小越军就据城坚守，势大不能敌时，越军就分散而退入山林，和吴军捉迷藏，兜圈子，"敌进我退，敌驻我扰，敌疲我打，敌退我追"，从而保存了实力。

《越绝·内传陈成恒第九》载，句践自固陵突围，"在会稽山中保栖"之后，吴王夫差全歼句践残部计划落空，因此大怒，"分其人民之众"在越各地"屠百姓、夷宗庙"，占领越之都城，使越"邦为空棘，身为鱼鳖饵"。

在这样的情况下，越国没有实力重整旗鼓击退吴军，而吴军亦不可能在短期内歼灭句践残部，灭掉越国。在公元前 494 年 3 月经受两年多围困的艰难岁月里，越王句践忍辱负重，采纳了范蠡和文种的计谋，前后多次派大夫文种面见吴王夫差，请求投降称臣。经再三乞求，方得吴王准许，句践遂于公元前 492 年 5 月应诏，率夫人、范蠡等 300 余人，入吴为奴，自为人质，效忠吴王，以换取越国的继续存在。

公元前 492 年 5 月某夜，句践遵吴王夫差旨，必须与大夫文种、范蠡等于次日拂晓前到查浦东面的吴城（吴军大营），候诏入吴。《康熙萧山志》“浙江固陵”载：行前，群臣皆送，“临水祖道（出行前祭祀路神并饮宴饯行），军陈固陵，大夫文种为词祝曰：‘皇天祐助，前沈后扬。祸为德根，忧为福堂。威人者灭，服从者昌。王离牵致，其后无殃。君臣生离，感动上皇’”。群臣在感伤中为越王敬酒饯行，句践“仰天叹息，举杯垂涕，默无所言。种复祝之曰：‘大王德寿无疆，无敌乾坤，受灵神祇，辅翼我正，厚之祉祐在侧，德消百映，利受其福，去彼吴庭，来归越国’”。“祖道”毕，君臣告别，句践一行的大船列队，起程西去，在吴国水犀军船只监护下，浮舟浙江，直达查浦，上岸守候于吴城外，只等鸡鸣接诏。接诏毕，天已大亮，句践船队在吴国水犀军监护下，向吴国进发。

句践“行成于吴”后，吴王夫差弃城撤军“引兵而去”，从而使越国得以继续存在。

《越绝书》载：后人为纪念越王句践在此“待诏入吴”，将当年吴军大营所在地的土丘取名“鸡鸣墟”（今浦沿鸡鸣山）。

句践臣事吴王，三年后，获赦归国。赦归越国后，时刻不忘会稽之耻，置自己于勤劳受苦、忧心苦思之中，睡柴堆、尝苦胆，“置胆于座，坐卧则仰胆，饮食亦尝胆”，时常反躬自问：“汝忘会稽之耻耶?”相传句践常到城山西面的老虎洞“卧薪尝胆”。他安抚百姓，“去百姓之所恶，补民之不足”，悼念死者，慰问病者，奖励生者，救济穷人，和百姓同劳苦。自己亲自耕种，夫人亲自纺织。谦恭对待贤德之人，优厚接待宾客。他重用范蠡、文种等贤人，励精图治。一方面发展生产，增强国力；一方面秘密整顿军备，谋划复仇。经过“十年生聚，十年教训”，使越之国力渐渐恢复、强盛起来。

与此同时，句践派人在国中选择美女，公元前 488 年范蠡在苎萝山找到民家女西施，带入会稽，特地造起一座美人宫，周围 590 步，设陆门二，水门一，让西施在宫中学习唱歌跳舞和许多礼仪。为挽救危亡的祖国，西施甘愿牺牲自己的青春年华，去消磨夫差的斗志，成为越王灭吴计谋的一个环节。经三年学舞、习礼后，与另一美人郑旦一起由文种献给吴王夫差。公元前 485 年，由范蠡护送去吴宫。范蠡用船只载了西施和陪送的礼物沿鉴湖、山阴故水道、西小江、浦阳江到固陵港。西施在此停留一晚，梳洗打扮后，坐大船到吴宫，后人在江边建“妆亭”纪念。

公元前 482 年，句践乘吴王夫差率军北上会诸侯于黄池，国内空虚，在固陵港集中了水手 2000 人，水师官兵 4.7 万人，战船数百艘，一路由范蠡率领自海道入淮，断绝吴军归路，一路亲自率大军经钱塘江直趋苏州，攻入吴都，斩吴太子。夫差闻讯后急忙回国与越军求和。吴王回江南还想与越兵斗一场，但士无斗志，民穷兵疲，打了败仗，于是反过来派伯嚭向越国求和，愿赔偿战费。范蠡认为吴国一时还不可灭，反正他们从此强大不起来了，建议越王答应讲和。越国把当年的失地收回，又从吴国得到赔偿，人心振奋，国家益发强大了。到公元前 478 年 3 月，越王句践了解到吴国逢荒年，老百姓到海边拾贝类充饥，他又在固陵调集三军，命范蠡率右军，文种率左军，句践自将中军 6000 人，渡钱塘江北上伐吴。吴军大败。公元前 476 年，越王再一次统兵北上，包围了吴国都城姑苏，围了三年，前 473 年，夫差求和不成，自刎而死，吴亡。句践终于复仇雪耻。

几年后，越国庞大的水军船队，由固陵港出发，经浙江，绕东海北上，攻占琅琊（今山东胶南），与齐、晋等诸侯会于徐州。从此，越国称霸中原，句践遂成为春秋末期最后一位霸主。

三　地名辨析

（一）固陵与越王城

《越魂》载：“固陵遗址是越国建在浙江南岸沿线的重要军事城堡。吴越战争中，为加强防御，越王句践命范蠡在浙江（钱塘江）之滨（今萧山区城厢镇）建筑‘屯兵城’，利用浙江天堑优势，抵抗吴军，可以固守，所以称为‘固陵’，后又称为‘越王城’。”

越王城位于湘湖北城山之上，即越王城山上。越王城山海拔 128 米，由东南面仰天田螺山与西北面马山组成。南临湘湖，西离闻堰三江口 5000 米，北距滨江区西兴镇和钱塘江 1500 米。山顶中间低、四周高，其南面的马山“两峰对峙如门，称‘马门’”，唯此“门”与外界通。四周可见残存城墙遗址，1991 年，浙江省文物考古研究所和萧山文物管理委员会，共同对城垣进行了试掘，“证实城墙是利用山脊的自然走向，取城堡内土夯筑而成。总长度为 1091. 2 米”。北城墙建在马山峰脊上长 250 米左右；南墙沿仰天田螺山脊而建，长 280 米左右；西墙长 60 多米，东墙长 120 米左右。城垣呈梯形状，底宽 6—8 米，上残宽 1—2 米，残高 3—5 米不等。城墙系泥土夯筑，却北城垣中段低洼处为块石垒筑。城墙壁外峭内缓，城四角均有高于城墙的宽大台地隆起，可能是城堡瞭望或指挥楼台。越王城四周高起，城内低洼平坦，宛如盆地，面积为 27 万平方米，即 0. 02 平方公里。城墙外是垂直几十米的峭壁，靠钱塘江一侧的西北、北部城垣外壁及山体非常陡峭，部分坡度超过 80°，有的山体明显经过人为劈削，易守难攻。城堡内先后出土了印纹硬陶、原始瓷碎片等文化遗存。其中印纹硬陶的纹饰有米字纹、席纹等多种，米字纹的出现大致在春秋晚

图 12　越王城——马门

期阶段。

自 1979 年 5 月以来，省、市文物部门曾对越王城山及周边作过多次调查、考察。无论是从地理位置还是从遗址现状及其所发挥的作用来看，越王城与史书典籍中记载的固陵城都十分吻合。今湖头陈村，有一条横穿全村的小河，叫固陵河，当地村民祖祖辈辈这么称呼而留传下来。

固陵城，因城位于越西尽处。故越时又名西城。吴王夫差在吞并越国疆域以后赐还给越王句践的封地，据《吴越春秋》（卷八）记载："吴封地百里于越，东至炭渎，西止周宗，南造于山，北薄于海。"炭渎，在会稽东 60 里处，今绍兴县上蒋乡一带；周宗，大约在浦阳江沿岸；山，即会稽山；海，即后海，为今钱塘江所在位置，但江面要宽得多。对于此时的越国疆域，东汉王充在《论衡 · 虚书篇》中也有记述："余暨以南属越，钱塘江以北属吴，钱塘江两国界也。"

历代诗词、方志中，固陵、西陵、西兴的地名有太多的纠葛，而且从地理上来说又有密不可分的联系。需要阐明，越王城山上的固陵虽与山下的西陵有渊源，但并非后之西陵。

《越绝书》载："浙江南路西城者，范蠡屯兵城也，其陵固可守，谓之固陵"。北魏郦道元《水经注》载："浙江又经固陵城北，昔范蠡筑城于浙江之滨，言可以固守，谓之固陵，今之西陵也。"《晋书 · 王舒》、《宋书 · 孔觊》、《齐书 · 沈文季》、《梁书 · 也胤》等传，也并称固陵为西陵。《通鉴》注："西陵在今越州萧山县西十二里，西兴渡是也。"

钱塘江随着江边沙滩不断淤涨成陆而主干道不断北移后，作为港口的固陵也随钱塘江主航道而北迁，离越王城山越来越远。越王城山上的固陵城（西城）因逐步丧失了地理之便和军事优势，而逐渐废弃。三国之前，西兴一带是尚未发育定型的钱塘江滩涂，时隐时现，潮进潮出。三国时期成陆之后，固陵港随钱塘江移动，其码头逐渐演变为一个过钱塘江的繁华渡口，并筑城以固守。到晋朝贺遁在此开萧绍运河后，设立西陵埭。西陵成为“浙东运河之源头”，沟通了钱塘江和浙东运河（萧绍运河），集镇愈加兴隆。而范蠡长期以来一直被当地民间尊为固陵城的守护神——城隍，并建庙奉祀。固陵（西城）之名因此而袭。东汉建安二年（197），孙策引军渡浙江，会稽“太守王朗拒策于固陵，数度水战不能克……至昏暮……便分军夜投查渎道，袭高迁屯”。高迁屯在今萧山区北干街道。有高迁桥，桥虽被拆，但桥梁石犹存，所镌的“高迁桥”三字依然清晰。三国吴时，武陵太守钟离牧之弟钟离徇拜偏将军戍守固陵。晋代，固陵易名西陵，南朝宋彭城王刘义康的法曹参军谢惠连（397—433）有《西陵遇风献康乐（谢灵运）》诗：“临津不得济，伫楫阻风波。”可知固陵城滨江而筑，城外即钱塘古渡。东晋开凿西陵段运河后，西陵成为浙东平原的重要港埠。唐代诗人李白、杜甫、白居易等先后到过西陵，留有大量诗篇。李白经西陵时，还登樟亭观潮：“挂席凌蓬邱，观潮憩樟楼。”他以自身的亲历，说明西陵和越王台是永兴（萧山古称之一）的两处古迹：“东海横秦望，西陵绕越台。”越王台在山顶，西陵在山下。五代后梁乾化二年（914），吴越国王钱为加强江防，增建旧城；又因“陵”非吉语，改称西兴，沿用迄今。历史上，西兴是“浙东首地，宁、绍、台之襟喉”，“浙江水路，自杭州东渡钱塘江至萧山县的西兴镇”，西兴镇正是依托运河源头而发展形成的商贸古镇。“青山断处塔层层，隔岸人家唤欲应；江上秋风晚来急，为传钟鼓到西兴。”苏轼的这首《望海楼晚景之一》，写的就是当年的西兴。南宋学者徐天枯注《吴越春秋》，明白地指出固陵“即今西兴”。当代著名水利学家陈桥驿教授也说：“固陵，在晋代称为西陵，以后长期称为西兴。”[1]

[1] 陈桥驿：《绍兴史话》，上海人民出版社 1982 年版。

总之，“浙江又东径固陵城北，筑城于浙江之滨。”（《水经注》）固陵城（港）位于钱塘江南岸。初越国范蠡筑城于越王城山，固陵城与固陵港不分；后随着钱塘江主干道北移，固陵港亦北迁；三国时，钱塘江主十道基本固定，固陵港成为钱塘江重要码头；到了晋代，贺遁开萧绍运河，使外江内河沟通，固陵依港而逐渐成城；南北朝时称西陵，设置的西陵埭著称江南，唐代闻名遐迩，吴越国时改称西兴。因此，一般来说，文献上所记载的固陵港当指今滨江区西兴镇；而固陵城有两处，一为越王城，一为西兴，但在时间上明显不同。

（二）越王城山与越王峥

越王城山，位于今萧山城西湘湖与白马湖之间，海拔 140 米，因形似仰天田螺而被称为“仰天螺”。2500 多年前，越王句践于此屯兵拒吴，之后，遂有“越王城山”这个纪念性的地名。山顶盆地四周，据考证有越国大夫范蠡所筑的固陵城城垣，基本保存完好，为夯土筑城，是利用原山脊走向依次而建，为越王句践屯兵拒吴的军事要堡。古城址平面布局呈东西走向的梯形，据测周长约 1091. 2 米，占地面积为 0. 02 平方公里。其中面向湘湖一山谷为“马门”，石筑城垣，是当时自湘湖而上，进入城中的唯一通道，形势十分险要，大有“一夫当关，万夫莫敌”之势。中有句践祠、城山禅寺、洗马池、佛眼泉诸胜。“吴王伐越，次查浦。越立城以守查。吴作城于浦东，以守越。以越在山绝水，乃赠送之以盐。越山顶有井，深不可测，广二丈余，中多鱼。乃取鲤一双以报吴。吴知城中有水，遂解军而去。”（南朝陈夏侯曾先《会稽地志》）这是最早记述萧山越王城山的史料，后辑入南宋《嘉泰会稽志》。

越王峥，又名栖山、越王城，村民则唤“峥顶山”。主峰海拔 354 米，今为杭州市萧山区所前镇与绍兴县夏履镇界山，现东属绍兴，西归萧山。属会稽山脉。吴越交锋，句践战败，栖兵于此。山顶曾有“走马岗”、“伏兵路”、“支更楼”、“逍遥天”等故址，故迹周围经常可以发现印纹陶和原始瓷等春秋晚期越国的遗物，可以证明这里曾是越国的堡垒，是越军在此山中保栖的遗迹。《诸暨县志》引《紫岩外史》云：“盖浣江即浦阳江之故道，越王栖会稽，即今越王峥也。”之后，范蠡曾在山顶用巨石击败吴国水师（民国《天乐乡富家墩村志》）。越王峥西侧的金鸡山、豕山，据《越绝书》载，是句践养鸡、养猪的地方。越王峥为会稽山余脉。与《越绝书》多处地方所载之“越栖于会稽之山”相符合。张宗祥校《越绝书》注：“吴越之争，首在嘉兴，次则萧山。萧山城山，即以越人立城以守得名可证。自浦阳（当时的湘湖是浦阳江入海口）越军再退，栖于会稽矣。”明来宏振《春日登越王峥》诗云：“青山滚滚树层层，句践当年此困兵。山色隐含倾国恨，溪流似带请成声。西施古土犹延庙，范蠡扁舟尚著名。徒倚竹堂伤往事，花枝好鸟向人鸣。”

登山有 9 条道路，俗称“九龙缠顶”。山顶有“走马岗”、“伏兵路”、“支更楼”、“逍遥天”等遗迹，印纹陶和原始瓷等春秋晚期越国之遗物时有所见。还有南宋南康（今属江西）高士葛庆隆静修处“仙人洞”和始建于元至元元年（1264）的深云庵（今称深云禅寺）等。现为绍兴县重点文物保护单位。

由于越国时期留下的历史资料几无可寻，现存最早的相关典籍是东汉时期袁康、吴平辑录《越绝书》。对越王城山和越王峥相关记录语焉不详。

《越绝・地传第十》载：“句践与吴战于浙江之上，石买为将。”结果，越不战自败，“越师请降，子胥不听，越栖于会稽之山，吴退而围之”。此处会稽之山当指越王城山，而非越王峥。盖因越王峥乃会稽山之余脉，两边山峦相连，从所前镇绵延至进化镇几十里还看不到尽头。

《越绝·内传陈成恒第九》载：越王句践曰："昔者……与吴人战，军败身辱，遗先人耻。遁逃出去，上栖会稽山，下守溟海，唯鱼鳖是见。"此载"会稽山"是指越王峥吗？笔者认为极有可能。越王峥之东，即为西小江，当世之时，西小江水在此漫流北出，与杭州湾相接。上栖会稽山，是指守越王峥，越王峥地势远高于固陵城。下守溟海，是指守固陵城，固陵城与越王峥之间正是白茫茫一片水域沼泽地，有潮山、潮沟、潮滩之地名。可见春秋之际，钱塘江大潮可达越王峥下的沼泽地。"下守溟海，唯鱼鳖是见"也不是空穴来风。

《越绝·计倪第十一》载："越乃兴师，与战西江。子胥知时变……句践大恐，振旅服降。进兵围越会稽填山。"清周之道在《越王峥记》（清鲁燮光《萧山丛书》）中写道："昔越王栖于峥故名马峥，昔越王亡越时所有者也。峥即史所载谓越王败于夫椒率五千余人栖于会稽之山是也。其上广数千顷，高出群峰，人谓行远其峥……夫差数十万之师势能吞袤延数千里之越而不取此山，句践畜智谋数十辈之臣而终不失此峥……峥未失，越未亡。"

从地理上看，越军凭险据守钱塘江的阵地只能是老虎洞山、越王城山、菊花山、蒙山一线，只能从固陵港登船出兵与吴军战于附近之浙江。越军失利，退守固陵城，被吴军团团围困。固陵城因自身条件所限，不可能维持五千越甲固守两年之久。句践率部乘洪水及大潮交汇之时和吴军围困松懈之机，遁逃而出，乘船来到越王峥下，上山筑垒，栖守于此，坚持两年之久。最后在"存越"等条件下体面而降。

总之，越王城山和越王峥是两个不同地域的春秋战国时代的城堡。周敬王二十六年越王句践在夫椒战败，率5000名将士坚守于湘湖越王城山，后退守于所前越王峥。

第二节　湘湖争战

湘湖区域乃越之军事要地，其区域内的查浦、鸡鸣渡、渔浦渡、固陵渡等为重要的津度，兵家必争。三国时期，孙策战王朗于西陵；五代十国时期，钱镠先后战刘汉宏与董昌于西兴等战役均发生在这里。

一　东汉末年孙策取越

东汉末年，经过黄巾起义、董卓作乱，又到了"乱世英雄起四方"的年头。吴郡富春（今杭州市富阳）人孙坚（157—193）在下邳（在今江苏北部）做小官，随中郎将朱儁破黄巾、讨董卓有功，封乌程侯。后来从属于袁术，在作战中阵亡。孙策是孙坚长子，少居江淮间。孙坚初兴义兵，孙策将母徙居舒，与周瑜相友，收合士大夫，颇有声望，江、淮间人咸向之。

东汉献帝兴平元年（194），孙策转而率领父亲旧部投靠寿春的袁术。其本身的才干、军令的严谨，得到袁术部将的倾心敬重，也使得袁术又重视又忌讳，曾说："使有子如孙郎，夫复何恨!"但始终不敢重用。其后孙策请求袁术让他前往协助吴景去击破刘繇，以求平定江东。江表传记载袁术认为刘繇、王朗分别在曲阿、会稽，认为孙策不能成功，而答应了他的请求。于是袁术就将其父亲孙坚的旧部1000多人、马几十匹、旧随从几百人交给孙策，表举他为折冲校尉、行殄寇将军，正式领兵渡江。此时是兴平二年（195）腊月。

东汉献帝建安元年（196），孙坚旧部朱治使人从刘繇属地内的曲阿护送吴夫人及孙权兄弟，供奉辅护一路到达历阳，后来再迁移至阜陵。而无后顾之忧的孙策领兵进往刘繇，军纪严明，得到百姓的支持，沿途众所投奔而往，到历阳（今安徽和县）兵力已扩充到五六千之众。又写信告知其至交周瑜使其率兵来迎，随即攻下横江、当利，屯兵牛渚，再渡江击破奉刘繇为主的笮融、薛礼在秣陵的军队，再转斗海陵、南下小丹杨、湖孰、江乘，进入曲阿，追击刘繇，刘繇协同许劭出奔往豫章，许劭亡。孙策军纪严明，善待俘虏，民众归顺，旬日之间，得兵二万余，马千余匹，威震江东。为稳定后方，孙策遣周瑜还丹阳镇守。不久，袁术召周瑜回寿春，欲以为将，周瑜知袁术将一事无成，自请为居巢长，以相机还江东。

建安元年，驻钱唐（今杭州西）的吴郡都尉朱治率军北上，击败太守许贡于由拳（今浙江嘉兴南），进占郡城（今江苏苏州），迎接孙策。吴郡的严白虎自称"东吴德王"，与弟严舆各有兵万余，还有乌程（今湖州）的邹佗，嘉兴的王晟，一致抵御孙策。孙策令弟孙权为阳羡（今宜兴）长后，挥师绕过吴郡南部豪强严白虎等，直指会稽（今浙江绍兴）。当时，会稽太守是王朗（？—228）。

王朗字景兴，东海郡郯（今山东郯城北）人。早年师从杨赐（汉灵帝时曾任太尉）学习经学，后一度为官。杨赐死去那年，他为老师举哀行服而弃官。后受徐州刺史陶谦的援引，又因劝说陶谦勤王有功，被任命为会稽太守。

在会稽太守任上，王朗经历了其人生的大磨难。当时孙策渡江略地势如破竹，部下功曹虞翻向王朗进言："孙策善于用兵，不如暂避其锋。"身为汉吏的王朗，守固陵。王朗自以身为汉吏，虽明知不敌，但理应保守城邑，岂能不战先逃，遂率故丹阳（今安徽宣城）太守周昕、功曹虞翻等人发兵屯于入越之要津——固陵，挺身迎战孙策大军。孙策数次渡江与王朗水战，皆不能克，不得不焦急起来，于是派人到富阳龙门老家把他的小叔孙静请到杭州，商量对策。孙静熟悉固陵一带地形，献上一计："王朗据险固守，难以攻下来。从固陵往南几十里有条水路叫查渎，也是要道。往那边进攻，攻其不备。我替你带兵由查渎攻过来，你攻正面，前后夹击，定能拿下固陵。”孙策用其“声东击西”之计，天黑后一面擂鼓呐喊，高举火把，佯攻西陵，吸引了王朗之军主力，一面派军队主力悄悄去查渎（闻堰潭头）渡江。孙静领军迂回高迁屯，（在今西兴之东）突出奇兵，切断王朗退路。王朗发觉后院起火，急派周昕前去应战。周昕兵败被杀。兵围西陵数日而破。及败，王朗携老母、家口出固陵港由海路一直逃到东冶（今福建福州市），最终被穷追不舍的孙策部众逼降，孙策命人将其留置曲阿（今江苏丹阳）。曹操于建安元年（196）奉献帝于许昌；建安三年，曹操以朝廷名义征辟王朗。孙策遂派人遣送；王朗辗转江海，积年方至。孙策乘胜夺取了会稽郡，扫清了东南后方。并将夫人大乔安家于余暨高迁屯（今萧山城厢井亭徐）。会稽“太守王朗拒策于固陵，度数水战不能克……至昏暮……便分军夜投查渎道，袭高迁屯”。

《三国演义》第九十三回：“姜伯约归降孔明，武乡侯骂死王朗”，使读者对王朗留下了印象。其实，历史上的王朗并不是被骂死的。

查《三国志·魏书·明帝纪》：“（太和）二年（228）春正月……蜀大将诸葛亮寇边，大水、南安、安定三郡吏民叛应亮。遣大将军曹真都督关右，并进兵。右将军张颌击亮于街亭，大破之。亮败走，三郡平”，而未如《三国演义》所云，有以王朗为军师随军出征之事。且又载：同年“十一月，司徒王朗薨”（《资治通鉴》同），可见王郎之死，距此战的结束已有大半年了。

《三国志·魏书·王朗传》裴松之注引《魏略》记载了这么一件事：曹操请王朗赴宴，曹操开玩笑说：“不能效君昔在会稽折，米饭也。”意思是说不能学你当年在会稽丢了好饭碗啊。朗仰而叹曰：“宜适难值!”意思是，言行举止要表现得恰如其分真是太难了。又解释说，像我那样，当年既为汉吏，不能保境安民，所以“未可折而折”，而您在这个场合，原本当尽地主之谊，体现恭敬好客、折节求贤的气度，想不到却如此对待新来的客人。这就是“可折而不折”了。妙用“折”字的一字多义，回答得机敏、得体，既不失嘲戏之旨，又避免触怒对方，可谓不卑不亢。王朗之才学与应对能力，由此可见一斑。

《三国志·魏书·王朗传》裴注又引《王朗家传》说，王朗自小和沛国名士、莒县令刘阳交友。当初，刘阳认为曹操将不利于汉室，想除掉他。刘阳死后，曹操要杀他儿子报仇。其子恐慌，无处逃遁。刘阳故旧虽多，无敢藏者。王朗接纳、隐藏他多年。及从会稽回许昌，又多次在曹操面前开解，曹操才不予追究。刘阳的门户因此得以保全。

以上所举，都可说明王朗是个饱学笃行的儒者。于忠孝不亏；与朋友交，能笃信而敢于铤险担当。他又是一个治学严谨的学者。《三国志·魏书·王朗传》载录其有“《易》《春秋》《孝经》《周官》传，以及奏议论记”诸作，并称“咸传于世”，在晋代犹置于学官。裴松之《三国志注》

还引《魏略》所载，称曰：“朗高才博雅，而性严整慷慨，多威仪，恭俭节约，自婚姻中表礼贽无所受。常讥世俗有好施之名，而不恤穷贱，故用财以周急为先”，确是一个以德立世、才器兼备，不肯媚俗求名的廉吏。

建安三年（198），曹操又表孙策为讨虏将军，进封吴侯。而袁术遣使向祖郎等封官，唆使其抗拒孙策。孙策率军进至陵阳（今黄山北），击败祖郎，又攻太史慈于勇里（泾县境），均收降为官，平定泾西六县之地，还师吴郡。周瑜亦至。至此，孙策据江东三郡，接着，又袭得皖城（今潜山），进击沙羡，置庐江、豫章、庐陵太守。孙策避开争战剧烈的中原，攻取富庶的江东之地，战略决策正确。且出兵时机得当，进军重点明确，善纳良策，注重军纪，宽待降将，终获全胜。

建安五年（200），孙策被吴郡太守许贡的部下左丹徒刺杀。

孙策击败王朗后，屡战屡胜，为后来其弟孙权建立吴国打下了坚实的基础。孙权称帝后，追谥孙策为长沙桓王。孙权于黄武元年（222）称帝，改余暨县为永兴县，意为跨江击败王朗得“永兴”。其时，县城设于西陵。

二　吴越钱镠大战西陵

五代十国时吴越国建立者——武肃王钱镠（852—932），字具美，小字婆留，杭州临安人，生于唐宣宗大中六年（852）二月十六日，家庭出身贫贱，世代以田渔为业。年轻时好拳勇，喜任侠，不喜事生业，以贩盐谋生。善骑马射箭，好吟咏，通图纬学，喜作正书。他的发迹，是靠唐末以乡兵讨平刘汉宏、董昌，期间发生在西陵（今西兴白马湖、城山、闻堰、长河、浦沿）的两次大战。在这两次大战中，他发挥非凡的军事指挥能力，青云直上，奄有13州，建国称王。谥武肃。

唐僖宗乾符二年（875），浙西镇遏使王郢起兵反抗朝廷，临安石镜镇将董昌招募乡兵讨伐，钱镠投充，以为偏将，时年24岁，击败了王郢。六年，黄巢领导的农民起义军南下到临安，他领兵狙击。钱镠分析形势后采用伏击战，以少胜多打败黄巢的先头部队，然后又设计使黄巢不敢进攻杭州。当时淮南（今江苏扬州北）节度使高骈得知后，把董昌和钱镠召到扬州予以鼓励。后来表请任命董昌为杭州刺史，董昌把所属各县的乡兵整顿组成八都，以钱镠为都知兵马使。

这时另有一位草莽英雄刘汉宏，在山东兖州做小官时随大军攻击王仙芝的起义军，抢到了部分军械财物，便脱离领导自立山头。朝廷派王铎调遣部将崔锴讨伐他，他投降崔锴，崔锴表举他为宿州刺史。广明元年（880）十一月，刘汉宏从宿州调来担任越州刺史。是年十二月，僖宗奔蜀，黄巢在长安即皇帝位。这时的刘汉宏野心膨胀，中和二年（882）八月，派他的弟弟刘汉宥及步马都虞侯辛约带兵二万屯驻浙江东岸要地西陵，并在沿江富阳、渔浦一带烧杀，想要并吞浙西。

钱镠奉董昌令率八都兵抵御刘汉宥。钱镠于八月十三日夜间乘钱塘江上雾大，偷渡过江袭击西陵刘汉宏军，火烧其营寨，大败浙东兵，刘汉宥、辛约败走，部下被杀殆尽。

冬十月，刘汉宏遣登高镇将王镇率兵七万再屯西陵。钱镠又一次渡江袭击，大败王镇，斩获以万计，王镇逃奔诸暨。

中和三年（883）三月至五月间，刘汉宏再出兵诸暨，分驻在黄岭、岩下、贞女3镇63所，准备大举进犯。钱镠率兵自富阳黄岭、岩下及山洞3镇30余所，四月破诸暨古剥岭、弯山、龟山等寨，活捉岩下镇将史弁、贞女镇将杨元宗，刘汉宏逃走。

刘汉宏还不甘心失败，是年十月，会集浙南等州的兵十余万，在西陵摆列战舰，要攻杭州。二十五日，钱镠从新河（今浦沿）、渔浦（今义桥）渡江迎战，钱镠与刘汉宏从中午开始连续打了五个时辰，大破其军，刘汉宏与乱军之中换上便衣手拿菜刀扮成厨师混出逃命。后刘汉宏整军反攻，又被钱镠打败。钱镠共缴获战舰500余艘，战马4000余匹，兵甲数以百计，俘虏1000多人，刘汉宏乘夜逃回越州。

僖宗在蜀，刘汉宏仍将应交的贡赋送到四川，所以朝廷还喜欢他，十一月，封他为浙东义胜军节度使。

至此之后，直到僖宗光启二年（886）十月，整整三年间，两浙双方相安无事，处于暂时休战阶段。四场战役，主要在西陵一线展开，有三场直接在西陵进行。宏观上是渡江与反渡江的战争。

中和四年（884），钱镠对董昌说："除恶务去根本，不尔当为后患。"董昌对钱镠说："你如果能拿下越州，我把杭州给你。"钱镠说："不消灭刘汉宏，总是个后患。"十月，钱镠亲率大军从诸暨开山路直扑越州后院。只花了两天时间，钱镠攻下越州城。刘汉宏在战败后逃到台州，被台州刺史林雄诱捉，献给钱镠，于十二月斩首于会稽街市。

因破刘有功，光启三年（887），唐廷任命董昌为越州观察使（今浙江绍兴）自杭州移镇浙东。钱镠被封为武卫大将军、杭州刺史，开始独据一方。自此，董昌和钱镠分据浙东、西。昭宗景福二年（893）闰五月，朝廷命钱镠为苏杭观察使，九月，又封他为镇海节度使（今江苏镇江），驻杭州。

董昌在浙东，对老百姓捐税极重，对朝廷的贡赋却很积极，为天下之最。朝廷因此认为他忠，封其官至司徒，同平章事，晋爵陇西郡王。但这些官职都是虚衔。他要求朝廷封他为越王，越王是实职，朝廷未批准，董昌很不高兴。乾宁二年（895）二月，董昌在越州自立为皇帝，称大越罗平国，年号改顺天，下诏封钱镠为两浙都指挥使。钱镠不接受他的伪封号，并写信劝他不要自称皇帝。董昌不听。于是钱镠带兵三万经西陵到越州城下，逼董昌去帝号。董昌知道钱镠的厉害，口头答应改过，并以钱200万犒军。

钱镠引兵回杭州，立即写奏章申报朝廷，说董昌罪不可赦，请以自己的兵力去讨伐他。朝廷认为董昌平时贡赋很勤，此番突然称帝，大约是得了精神病，下诏赦免其罪，罢归田里。但董昌缺乏主动表态。乾宁三年（896）五月，昭宗诏令革除董昌的官职爵位，委派钱镠征讨董昌。六月，朝廷正式任命钱镠为浙江东道招讨使，发兵击董昌。

钱镠有了皇帝的诏令，加以自身利害关系，自然要全力去打董昌，西陵遂被攻下。董昌不得已求救于淮南节度使杨行密（852—905），杨行密一方面向朝廷上表，说董昌已经认识错误，愿意照常奉贡赋，请恢复他的职位；一方面写信给钱镠，说董昌是突发精神病自称了皇帝。意思是你兵谏之后他已自去帝号，你不该再去讨伐他。杨行密还用硬的一手，派将军安仁义从润州到湖州，想从湖州入柳浦以攻西陵。钱镠派顾全武守住西陵，安仁义无法进军。五月，杨行密攻占钱镠的领土苏州，想牵制钱镠的兵力。顾全武说："我们不上敌人的当，先拿下越州再去收复苏州!"顾全武从西陵率领精兵于五月十四日猛攻越州，第二天就攻下越州外城。十八日，捉住董昌。次日，把董昌载上船沿萧绍运河往西陵方向来，船到西小江，董昌说："我和钱镠一同从家乡起事，我曾经做大将，是他的上司。现在有什么面目去做他的阶下囚!"随即大叫一声，跳江自杀。顾全武叫人把董昌尸体打捞上来，割下头颅，送到长安[1]。顾全武转身从西陵渡江北上，收复苏州，还占领了松江、无锡、常熟。

[1] 上面所叙董昌的死是《新五代史》的说法。《新唐书》说董昌被杀，弃尸江中，传首京师。

朝廷喜其功，八月，昭宗皇帝加封钱镠为中书令，兼镇海和镇东（威胜改名）两镇节度使，董昌原先的领土皆归钱镠所有。钱镠既兼两镇，有精兵三万，占据杭、越等11个州，其子孙又占福州（今属福建），置秀州（今浙江嘉兴），共13州，形成了割据势力。天复二年（902）唐封钱镠为越王。天祐元年（904）又封他为吴王。公元907年，唐朝灭亡，朱温登位称帝后，封钱镠为吴越王。后梁龙德三年（923）三月十二日又封为吴越国王，正式建国，用皇帝仪仗，王府称朝廷，设丞相等官职，以杭州为首府，统治两浙86年。钱镠本人据两浙41年。长兴三年（932）三月病卒，终年81岁，是五代十国中享年最久的君主。

吴越国王钱镠发迹于西陵（今滨江区西兴街道），在位后也不忘记西陵。钱镠在位期间，一直关心西兴的建设，在西兴做了不少好事。首先是把西陵改名为西兴，钱镠认为陵字常被称为帝王的坟墓，作为地方名不吉利，遂改西陵为西兴，1000多年以来，西兴名字一直沿用至今。其次是重修了西兴城，钱镠成为吴越王后，于后梁乾化二年（912）重修了西兴城，并派重兵把守，使西兴成为吴越国重要的屯兵之地。钱镠在重修西兴城时也重修了铁岭关，即西兴城的西门，明代萧山县令刘会重修，称镇海楼，但民间仍叫它铁岭关，中华人民共和国建立初尚在，"四清"时拆除。同时，扩建了西兴街道，整修了北海塘和西江塘，维修了龙口堰和后河堰，疏通了不少内河河道。这些不仅恢复而且发展了农业生产，促进了西兴经济的繁荣发展。

第三节　湘湖津渡

湘湖地处越西，为水网地带，在古代出行全赖舟楫。因此，钱塘江南岸湘湖周边的津渡显得非常重要。鸡鸣渡、查浦、渔浦渡、固陵渡等，这些津渡在争战时是通津要塞，兵家必争之地；在平时是交通枢纽，起着沟通钱塘江南北、东西的交通的重要作用。通过湘湖独特地理位置上的津渡，东可达浙东，南可到浙南。

一　鸡鸣渡

鸡鸣渡，也称句践去吴渡。《越绝书·外传记地传第十》载："句践将降，西至浙江，待诏入吴，故有鸡鸣墟。"这是说，句践"入臣于吴"的待诏地在浙江岸边的"鸡鸣墟"，且"鸡鸣"时，句践在此听候传唤，前往奉接吴王诏书，并"行成于吴"。"墟"，古时著书、说文称"大丘"、"大土山"为"墟"。故"鸡鸣墟"当为今浦沿鸡鸣山。鸡鸣山，海拔28.1米，离萧山城区30里，其西不远处就是钱塘江，东南数里乃闻堰的半爿山。目前，该山山顶驻有解放军，禁止闲杂人等靠近，可见其如今之军事价值仍在。因此此山于名、于地、于形（大土山）均与《越绝书》所载相符合。先秦时期钱塘江水直抵鸡鸣山，鸡鸣渡在越国时是钱塘江上一处重要渡口。

夏候曾先《会稽地志》载："吴王伐越，次查浦。越立城以守查。吴作城于浦东，以守越。"由此可见，吴城在查浦的东面，扼越入浦阳江和钱塘江的咽喉，而鸡鸣墟正拥有这样的地理条件。春秋战国时期，宽阔浙江以"之"字形曲折东来，遭到小砾山的阻挡，只得北行从连山东面的淀山拐了个弯向东流去，水流较缓；而南出渔浦湖的浦阳江（现在浦阳江口是明朝开碛堰山后形成的）也南来出淀山北行，水流较急，两江交汇，浙江之水受浦阳江水之激，不再东行，而是共同折向东北而行，经浦沿的鸡鸣墟入杭州湾。而鸡鸣墟与江北龙山支脉月轮山（即杭州六和塔之地）遥遥相对，出此之地，就是宽阔的杭州湾，水流变缓。鸡鸣墟是江海交汇点，是江中一孤岛。淀山至鸡鸣墟一线因两江江水交汇而激，多旋涡，船不能从此过，只能绕鸡鸣墟出入浦阳江和钱塘江。盖因鸡鸣墟只是一个小岛，各方面条件比不上城山，只能作为中转渡口。从查浦经鸡鸣墟到月轮山是当时最短的渡江路线。

春秋末期吴越相争之时，吴军水师在鸡鸣墟以东江面大败越国水师，占领了鸡鸣墟，并在其上筑吴城，扼住了句践残部入浦阳江南退或沿浙江西撤的退路。迫使句践水军东撤城山，困守固陵城，陷入绝地。因此战在浙江和浦阳江交汇之处，所以《越绝书》对这一战有“战于浙江之上和越军大败浦阳”之说。

《越绝书·地传第十》载：句践待诏入吴，“其入辞曰：‘亡臣孤句践，故将士众，入为臣虏，民可使得，地可得有。’吴王许之。子胥大怒……吴不听，遂许之浙江是也”。此“入辞”和“吴王许之”、“子胥大怒”等，已充分表明，句践的接诏地在吴王驻地吴城吴王帷帐内。不然，吴王夫差也不可能带着伍子胥等众大臣，专程到“待诏地”为臣虏句践颁发诏书。又由于“鸡鸣待诏”是吴王对句践“授诏”时间的规定，所以句践“待诏”于鸡鸣墟，从“闻鸡”入吴城，到开始“授诏”，其时间应在“闻鸡”后不久。亦即，“待诏地”应该在吴城近旁乃至吴城大门外，距吴王帷帐不会太远。因而，这就说明了吴城与鸡鸣墟只能同在一地。

吴王“次查浦”，“立吴城”，既控制了“越西尽处”之咽喉要津，又扼守了西入浙江和南下浦阳的两处隘口。加之吴军以“退而围之”，把守城山四周水面、要道，使固陵军港成为死港，使城山成了孤岛，以“不战而屈人之兵”之策，逼使越王句践就范。

吴城，在“退而围之”的两年间，吴王夫差在此率军指挥；越大夫文种受越王句践之托，多次到此叩见吴王“求降保越”；在吴城帷帐内，吴王不顾伍子胥再三争谏，允纳了句践“入辞”，“许之浙江”，并为其颁发了诏书；句践“行成于吴”后，吴王弃城撤军，“引兵而去”，从而使越国得以继续存在。

西汉时，鸡鸣渡又称金鸡渡，此后，查浦至鸡鸣墟一线以东的沙滩不断淤涨成陆，致使湘湖江湾与钱塘江逐渐隔离开来，浦阳江原先在此入江口，同时也逐渐湮废而不通。鸡鸣墟由以前横渡钱塘江口、浦阳江口的中转站正式转变为钱塘江南岸的重要渡口，逐步演变为重要集镇，称为浦沿。

集镇的繁华，以至三国吴黄武年间（222—229）至隋开皇九年（589）间，成为了永兴县治所在地。北宋太平兴国三年（978），浦沿为萧山县“古邑瓜分十五乡”之一，称长兴乡。清嘉庆《重修一统志·绍兴府志》记：“永兴县旧治在县西长兴乡。”

二 查浦

查浦，又作查渎。在湘湖周边的渡口中，最有争议的就是“查浦”在何处。孔晔《会稽记》注曰：“查浦，即查渎。故址在今萧山市境，确址无考。”现代著名历史地理学家陈桥驿考证后认为：“查渎，古聚落名。又称查浦，也即《水经注·浙江水注》所称之柤渎、柤塘。”（《浙江古今

地名词典》）

查浦即城山。最早见于南朝陈（577—589）夏候曾先《会稽地志》载："吴王伐越，次查浦。越立城以守查。吴作城于浦东，以守越。以越在山绝水，乃赠之以盐。越山顶有井，深不可测，广二丈余，中多鱼。乃取鲤一双以报吴。吴知城中有水，遂解军而去。"清初，著名地理学家顾祖禹在翻阅历代古籍考证后认为查浦即查渎，其地当在今湘湖之西至闻堰镇潭头一带。在其所撰的《读史方舆纪要卷九十二·浙江四》中载有："查渎，在县西南九里。《水经注》：浙江东经查塘，谓之查渎，孙策攻固陵，不克，叔父静说策曰，查渎南去此数十里，宜从彼据其内，所谓攻其无备，出其不意者也。策遂分军投查渎，道袭高迁屯，王朗败走。夏侯曾先曰，查渎亦曰查浦，春秋吴伐越，次查浦，即此。"

查《现代汉语词典》悉，渎为沟渠、水道、沟渎。查渎应是一条可通舟楫的水道。《初学记》："大水又小口别通曰浦。"也就是说，浦即小河入江的地方或江河的入海口。同时，在古代，"浦"与"步"、"埠"相通，也意为码头、渡口。唐朝柳宗元《铁炉步志》云："江之浒凡舟可縻而上下者曰步。"（《文苑英华》卷三七四）说得非常清楚。明朝张自烈《正字通》也说"吴楚间谓'浦'名'步'"。萧山境内"浦"字地名很多，大都与浦阳江有关。顾名思义，它就是在浦阳江入海口附近。江北曰阳，《越绝书》中载越国水师大败于浦阳，指的就是在查浦北面的浦阳江口。也许浦阳江之名也就是由此得来。春秋时期，钱塘江入海口已移至东岸半爿山，西岸狮子山一带。鸡鸣墟在半爿山西北，地处浙江江口南沿地带，查浦就在鸡鸣墟往西不远的浙江南岸边。查浦当在浦阳江和浙江汇流后折向东北往鸡鸣墟而去的南岸起点，而符合这一条件的就是现在闻堰镇的黄山。吴军夺得鸡鸣墟后，自然也会占领近在咫尺的南岸查浦。

黄山村就在距闻堰镇镇治北面 3 里的地方，又叫潭头，三国时称查渎、柤渎、柤塘。这里曾有孙策跨江击王朗的故事。郦道元《水经注》（卷四十）《浙江水注》节录："浙江又东迳柤塘，谓之柤渎。昔太守王朗拒孙策，数战不利，孙静果说策曰：朗负阻城守，难可卒拔，柤渎去此数十里，是要道也，若从此出，攻其无备，破之必矣。策从之，破朗于固陵。"《三国志·吴书宗室传》孙静条曰："是时太守王朗拒策于固陵，策数渡水战，不能克。静说策曰：'朗负阻城守，难可卒拔。查渎南去此数十里，而道之要径也。宜从彼据其内，所谓攻其无备，出其不意也……'即此。"

潭头古为沿江十八坝之一，是内河船只主要出江之码头，在以船为交通工具的古代，这里位置之险要是可想而知的。清初，潭头是杭州到萧山两条马路的主要道路。前一条是杭州渡江至西兴，入县城，出小南门至临浦，马路较窄，马匹难以并行。另一条，便是杭州闸口渡至闻堰潭头，再沿塘向东南行进至临浦，内河外江，不仅风光秀丽，而且路面宽平，且可五马并行。康熙六十年（1721），清朝军队就是循此路进入福建，渡海入台湾镇压朱一贵领导的三合会起义的。

三　渔浦渡

渔浦渡，在今义桥镇，故址在富春江、浦阳江汇入钱塘江处，为六朝以来重要的交通要津，又称范浦、浦口、渔浦口、渔浦渡。清顾祖禹在《读史方舆纪要》中说："西兴、渔浦最为通道。"

在唐朝以前这里有渔浦湖。渔浦，又称渔浦湖（见顾野王《舆地志》），别称南浦、渔浦潭、渔潭、范浦、鲇鱼口。南浦是渔浦潭的简称，浦阳南津所在地。

春秋以前，渔浦是一片海湾，春秋战国时期演变为江湾，与现湘湖故地的西城湖、西陵湖连成一片，直接通浙江、浦阳江。两汉时期，随着萧绍平原的不断发育完善，钱塘江西南岸逐渐扩涨淤积，上游临浦（湖）、通济（湖）进一步湮废，引发了其下游浦阳江出江河道及滨海平原湖泊的发育，渔浦湖开始形成，以后随着钱塘江江道的变窄，渔浦轮廓逐渐明显起来。但湖口仍与钱塘江相通。到晋代，顾夷纂《吴郡记》有"富春东三十里有渔浦"的明确记载。南朝梁的顾野王在《舆地志》中则有"渔浦湖"的记述。南北朝起，渔浦成为濒江傍湖的渡口船埠，为浙江的重要津渡，但开始出现淤积。渔浦全盛时期，渔浦南接峡山头水道，承纳经临浦、通济的浦阳江水，东接石岩山与目尖山之间水道，沟通城厢片沼泽地河浜，北连西城湖、西陵湖，西襟钱塘江、富春江。

渔浦地处萧绍平原的上游，富春江的尽端，钱塘江的起点，依山涉水，通江连原，地理位置独特。渔浦是浦阳江的出水口之一，通钱塘江，为重要交通要道。正如《水经注·渐江水注》所载："湖水上通浦阳江，下注浙江，名曰东江，行旅所从，以出浙江也。"毛奇龄曾指出古代"临浦一水，尾可从渔浦以出浙江，首可经峡口（尖山）以通浦阳"。也就是说，它沟通钱塘江、富春江、西小江、浦阳江，连接杭州、富阳、桐庐、绍兴、诸暨和婺原地区，因此成为浙江的重要津渡，乃兵家必争之地。如《宋书》孔觊之变，将军吴喜遣部从定山进军渔浦。又如《南齐书》富阳农民唐寓之起义，渡江自渔浦溯浦阳南进。

至唐时，杭州"咽喉吴越，势雄江海，骈樯二十里，开肆三万室"，与外界往来，人流、物流几乎全靠舟楫。杭州城南之柳浦与钱江南岸的渔浦、西陵（西兴），形成了一个水运三角的枢纽，渔浦因此成为当时萧山境内仅次于西陵的重要"活水码头"。渔浦风光秀丽，景色迷离，享有"渔浦江山天下稀"的美誉。历代诗人游历驻足于此，并留下诸多诗篇。名人大家如谢灵运的"宵济渔浦潭，旦及富春郭"，丘迟的"渔浦雾未

图 13　渔浦南津牛埭遗址

开，赤亭风已扬”，孟浩然的“定山既早发，渔浦亦宵济”，常建的“碧水月自闲，安流静而平”，韩翃的“漠漠烟光渔浦晚，青青草色定山春”，以及苏轼的“西兴渡口帆初落，渔浦山头日未欹”，陆游的“桐庐处处是新诗，渔浦江山天下稀”……唐代渔浦是浙东唐诗之路的起点之一。

但此时渔浦淤积渐趋严重。有唐代诗人孟浩然“卧闻渔浦口，桡声暗相拨”一句为证，南北朝时的渔浦潭成为渔浦口。唐末，渔浦是浦阳江注入钱塘江的出口仍无改变。五代吴越工钱镠注重水利，筑西江塘以稳定江道，渔浦相对稳定。

唐代晚期，钱塘江下游（西兴以下）为灌溉而兴筑海塘，导致上游富春江泥沙淤积、滩涂陡涨，袁浦滩大体形成，渔浦一带淤积严重，多处汀洲显现，航道不畅。唐代皇甫冉《送李万州赴饶州觐省》中“人稀渔浦外，滩浅定山西”即为客观反映。从唐韩翃《送友人游江南》诗可以看出，渔浦、定山一带汀洲显现，草色青青，于是发出“远别悠悠白发新，江潭何处是通津”的感慨。中和二年（882），浙东观察使刘汉宏之变，兵自诸暨、会稽、萧山等地由渔浦渡江至富春江，而次年，钱镠击刘汉宏，兵自新沙渡渔浦，并会浦阳镇将蒋环南攻婺州，说明浦阳江至渔浦仍是当时交通要道。

五代吴越王钱镠注重水利，修筑钱塘江两岸江海塘，在萧山岸兴建西兴海塘和半爿山至渔浦西江塘，以防江水冲入内畈。西江塘建成后，为进一步开发渔浦与西城湖提供了必要的水利保障，渔浦不再受洪潮侵害，始平野住人、村落散布。渔浦段西江塘筑成后，原在横筑塘的渡口已经湮塞成为陆地河埠。新的渔浦渡向西外移至江湾底的杨家浜附近，仍为重要津渡。

明天顺、成化年间，开凿碛堰山，疏新江，浦阳江下游始由西小江入海改为与富春江、钱塘江交汇。尽管当时“渔浦内外沟港抵塘之处，甃以巨石，辅之木桩，树之榆柳”，后又“大兴塘役，山（阴）会（稽）二邑协力筑之”，堤塘抗潮御洪的能力大为增强，但由于处三江之水交汇之地，钱塘江大潮和从上游下泄而来的山洪冲击力很大，堤塘决口时有发生。建成后不久的渔浦新桥及桥南的渔浦镇竟被滔滔江水冲垮而沉陷在浦阳江内。后只得在新堤之东，易地复建新的渔浦街。至此，渔浦逐渐失去了千百年来“活水码头”的功能。至清乾隆初，渔浦终因交通变迁而将繁忙的渡口任务让给离它不远的南面的临浦和北面的西兴。但明成化年间重建并传至今日的渔浦街，作为古渔浦的继续，一直存在于西江塘畔，它像一位饱经风霜、屡立战功的老兵，守望着滔滔江水，怀念着昔日的辉煌。

四　固陵渡

西兴，古称西陵、固陵，乃越之浙江渡发展而来。在越王允常之前，城山下的渡口就是越国重要津渡，时称浙江渡。它是越国三大干道之一——从会稽向北至吴国都城姑苏的干道，经过固陵，并且向东延伸至句章（今宁波），向南延伸至姑蔑（今龙游）的咽喉（《浙江古代陆上交通简史》）。后允常命范蠡在此筑城建港。《水经注》曰：“浙江东经固陵城北，昔范蠡筑城于浙江之滨，言可固守，因名固陵。勾践入臣于吴，群臣祖之，军陈固陵。”即此。固陵城下固陵港是当时首屈一指的东方大港。

钱塘江和浦阳江在城山以东交汇入海，水流减缓，又受山岗阻挡水流更加趋缓，从上游夹杂而来的大量泥沙在这里不断淤积，海岸线退移，钱塘江下游向东发育，滩涂向北扩展，江道趋北缩狭。秦汉以后，淤积的泥沙阻塞了港口。固陵港深水大港的优势逐渐消失，规模越来越小，只能随着不断向北延伸的沙洲北迁。

湘湖北侧和西侧的沙滩不断淤涨成陆，终把湘湖江湾与钱塘江逐渐隔离开来，湘湖成为泻湖，而固陵港虽有水道与湘湖通，但规模已大不如前，沦为摆渡钱塘江的一个渡口，史称固陵渡。固陵渡虽不再是通达三江的大码头，但仍是由钱塘入越的咽喉要津。

秦汉以降，固陵渡一直是沟通南北、连接两浙的交通要津。朝廷官吏、商贾文士往来不绝。

三国时期，西兴一带原本时隐时现、潮进潮出的钱塘江滩涂，终于发育定型成陆。固陵渡也稳定下来。固陵城随即迁到了渡口边开始新的发展。西陵渡乃兵家必争之关隘，南北通津之要地。平时，为行旅辏集之地，有事则为战争之冲。东汉建安初，孙策将取会稽，引兵渡浙江，会稽守王朗发兵拒策于固陵，策攻之，不克。后采孙静之策，绕查渎迂回攻固陵，终拔之。

晋贺循主持开掘了以西兴到曹娥江的浙东运河（又名萧绍运河，西兴运河）。浙东运河是浙江境内最重要的客货运输、漕运和水驿的“黄金水道”。西陵据钱塘要冲，又是浙东运河之头，因此这里是南来北往的要津，为渡江换船去浙东的必经之地，“通南北之商”，“候往来之使”[1]，异常繁忙，为商旅往来通衢，谓“东南第一都会也”[2]。南朝谢灵运有诗述此“临津不得济，伫楫阻风波”。南北朝时在西陵渡并设戍主与税官。齐永明六年，西陵戍主杜元懿言：吴兴无秋，会稽丰登，商旅往来，倍多常岁，西陵牛埭税官格日三千五百。

[1]（元）赵子渐：《萧山赋》。

[2]（明·嘉靖）《西兴茶亭碑记》。

西陵渡在唐代成为官渡。吴越时钱镠以陵非吉语，改曰西兴。西陵渡遂称西兴渡。在西兴，曾经有铁岭关、樟亭驿、镇海楼、驿前码头、大埠头、日船埠头、资福桥、望海楼、运河源头等古迹。现存六朝牛埭，唐代石塘、石砌河埠、堤岸、码头等遗迹。古渡船埠头处，船闸石条横陈，柱上闸门板槽清晰可辨，古河道上的石砌河坎、河埠依旧存在。

“西陵遇风处，自古是通津”（唐代皇甫冉）。在唐宋时，西兴就是两浙门户，临安（杭州）到越州（绍兴）从这里走，路最近、最方便。军事上西兴是钱塘江边的军事要地与重镇；政治上为浙东入境首站，凡京外各省发宁、绍、台三府属公文，向由仁和县（杭州）武林驿递至西兴驿接收；交通上是浙东交通枢纽，越国之门户，沟通浙东与钱塘江乃至中原的水上快捷通道；经济上是浙东水运货物的重要集散地，浙东地区的粮食、棉花、丝绸、盐酒和山货在西兴过塘，转运到中原各地；文化上西兴的地域文化独特，不仅是吴越文化的交汇处，还是“浙东唐诗之路”的起点，“西陵待兴潮，落日满孤舟”，历代诗人在此留下了不朽的诗篇。李白、杜甫、王安石、苏轼、陆游等，几乎中国古代史上最著名的几大诗人都曾经在西兴驻足，将固陵涌潮、江风、驿站、关楼、茶亭、塔林尽入诗句；将句践、西施、文种、伍子胥之悲壮往事，咏叹不绝。

第四节　萧绍运河

萧绍运河，又名西兴运河、官河，流经萧山城区的一段，亦称城河，是浙东大运河（杭甬运河）的东段。它是浙东地区最长、开掘时间最早的一条人工运河。萧绍运河西起西兴铁岭关外的钱塘江边，北过钱塘江接江南运河，流经北干、城厢、新塘、衙前等镇街，然后进入绍兴境内，入钱清，经柯桥入绍兴城西郭门，出五云门迤东，于陶堰泾口进入上虞，抵达曹娥江。流域面积1640平方公里，萧山到绍兴段总长78.5公里，其中萧山境内21.6公里。萧绍运河途经萧山、绍兴，向西过曹娥江，经上虞

（丰惠镇），折东北至余姚城，接姚江，入慈溪、宁波，会奉化江后，东入宁波甬江，再向北，最后在镇海城入东海，统称浙东运河，或称杭甬运河，是京杭大运河在浙东的延伸，全长约250公里。其中曹娥江以西的萧绍运河系古代人工疏浚、开凿而成，曹娥江以东则借助自然河道。

萧绍运河萧山段，河床宽30米左右，水深1.5—2米，在西兴通过船闸与钱塘江相接，西与湘湖、白马湖、小砾山输水河道相连，北与北塘河相交，南与南门江、西小江相通。河面上拱桥叠架，柔橹声声，加上两岸沃野青山，白墙灰瓦，竹影荷香，组成了一幅绝妙的水乡美景。

萧绍运河的始建时间，最早可追溯到春秋战国时期。《越绝书》卷八载："山阴故水道，出东部，从郡阳春亭，去县五十里。"西晋怀帝时期（307—312），会稽内史贺循（山阴人）在春秋时期越国开凿的"山阴故水道"的基础上，主持疏凿了一条全长50公里的运河，用以灌溉农田。后人又将其延伸西至西陵，东与上虞曹娥江合流。从会稽郡城西郭向西，经柯桥、钱清、萧山至固陵，固陵晋称西陵，后又称西兴，故称西兴运河。运河向东，通过郡城都泗堰进入鉴湖而可直达曹娥。随梁湖疏通，自运河越曹娥江而达明州（今宁波）。所以后通称浙东运河。它的开凿，不仅在交通运输方面发挥了很大的作用，更为重要的是使萧绍平原上的排洪和灌溉得到了很大的改善。从贺遁开萧绍运河到如今已有1700多年的历史了。

南北朝时，为满足舟楫过往钱塘江与内河之需，西陵设牛埭，大大提高通航能力。至唐代，浙东观察使孟简主持修建运道塘（纤道），供行船拉纤。运河的渡、河、塘、站四项工程均纳入官办范畴。北宋政和二年（1112），萧山县令杨时主持修筑湘湖，其湖北之湫口穴（闸名）与萧绍运河相通，湖河相济，泄溉两宜，使附近9乡14万多亩农田直接得益。为便于排涝灌溉，运河两岸建起许多节制水闸。与无数河、港、湾、塘相通，滋润着一方水土。南宋迁都临安（今杭州）后，政治经济重心移到江南，运河运输更为繁忙，为漕运需要，曾多次整治、疏浚西兴至萧山县城段河道，其中以嘉定十四年（1221）绍兴府太守汪纲组织民工开浚为最具规模。经过历代整治，古运河已延伸至100多公里，蜿蜒至甬江入海。至明时，古运河上"舟行如梭"、"不舍昼夜"。其行洪排涝、沟通南北的功能惠及宁绍平原，架起了浙东各城的水上生命线。萧绍运河因此嬗变为浙东运河（杭甬运河），成为中国大运河南端重要的一环。

萧绍运河是一条横贯东西、网布整个浙东地区的水上交通线，舟楫往返顺畅，水上航运便捷，被誉为"黄金水道"。它不仅是北方地区文化与浙东地区文化交融、结合的渠道，也是中外文化交流和交融的渠道。

千百年来，萧绍运河承载着时代的舟舸，背负着历史的责任，促进了萧绍平原经济文化的发展和社会的进步，孕育出灿烂辉煌的萧绍文明。它是一条文化长廊，交融吴越文化，酿造水乡文明。在古代，凡到越中为官、经商、运货、访友或寻迹等，无不从渔浦、西兴过渡，然后登舟入越，反之亦然，沿途自然景观和人文古迹，亦成为历代诗人争相咏唱的题材，被誉为“浙东唐诗之路的起点”。其中李白、杜甫、孟浩然、李绅、白居易、王昌龄等40多位著名诗人，写下吟唱萧山的诗作80余篇。

迄今，萧绍运河仍然是萧绍平原排灌和水运的骨干河道。进入21世纪，萧绍运河经大规模整治后，旧貌换新颜，通航能力大为增加，古运河在它骄人的经历中又烙上了今天的辉煌。

一 萧绍运河与湘湖

沟通湘湖与鉴湖水系的萧绍运河至今有1700年历史了，湘湖也有近千年历史了。萧绍运河的开凿和湘湖围筑，是萧山古代规模最大的两个水利工程。

水利是农业的命脉，古今通理。萧绍自古都是著名的江南水乡之地，降雨丰富，水网纵横，河道密布。萧山属典型的亚热带季风气候，又经常遭台风侵袭，降水季节分配不匀，在古时，萧山缺乏大型蓄水之池，迅速泄洪之道，所以“水多未必能御旱，涝了又怨水太多”，以致旱涝频仍。萧绍一带的先民企盼着能有一条与萧绍平原上众多湖泊沟洫相通、能泄能灌的主河道。

晋代怀帝时期（307—312），在时任会稽内史贺循的力倡并主持下，一条以钱塘江边西兴为起点，穿经萧绍平原直通会稽城的萧绍运河开通了。后人又将萧绍运河延伸，至钱清与西小江汇合，到曹娥江，再与曹娥江以东运河连接，直达明州（今宁波），成为著名的浙东运河。并与绍兴鉴湖水系相连，进而形成了一个以运河为东西主干、沟通大小湖泊与众多河渠为南北网络的运河水系。

南宋《嘉泰会稽志》载，贺循当年“凿此以溉田”，排洪、灌溉，排除萧绍平原的内涝旱情。萧绍运河东连曹娥江、西接钱塘江的内河，并以此为干渠将渔浦湖、西城湖（湘湖前身）、临浦湖、鉴湖之水沟通，进而形成了一个以萧绍运河为东西主干、沟通大小湖泊与众多河渠为南北网络的运河水，使大片沼泽之地，逐渐形成了锦绣阡陌。《绍兴县志》“水利”编“浙东运河”条叙，运河萧山段“自西达东横穿县境而过，为各溪河之干流，沿途闸坝甚众，其通塞关于本邑之水利，亦极钜（巨）也”。

湘湖距萧山城西约1000米，原为一个天然湖泊，同渔浦湖相连。后来逐渐淤积，湖面日益缩小。到北宋时期，大部分已成了芦苇丛生的沼泽地，于是地方豪绅纷纷圈地开垦，占为己有。

杨时开湘湖，通过湖北的湫口穴（闸名）与萧绍运河相通，湖河相济，泄溉两宜。后来湘湖通过曹河、盛家港与萧绍运河相连。曹河入口，东起望湖桥，西至湫口坝；盛家港入口，北起盛家桥（今称杨家桥），南

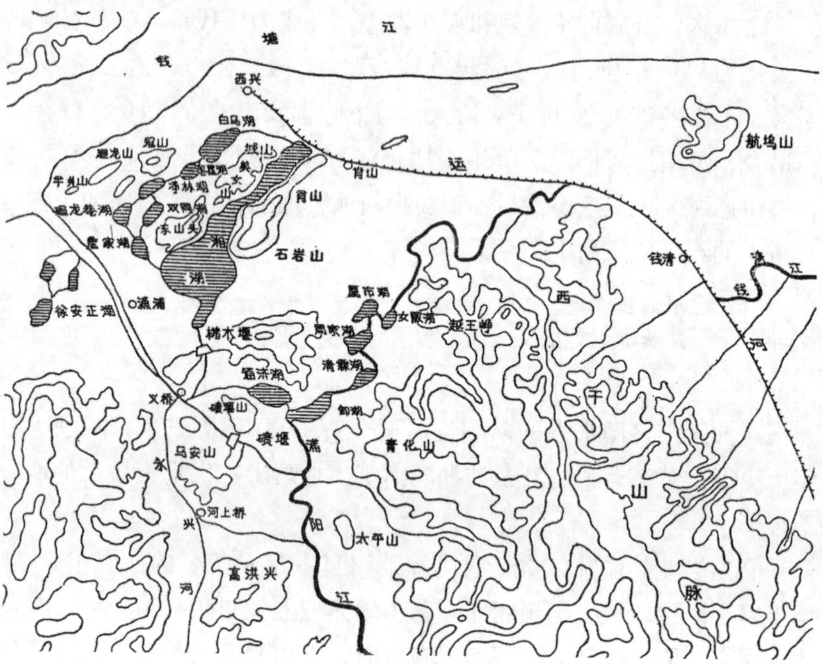

图14 明嘉靖时期萧绍运河与湘湖示意图

至湖贯坝[1]。《清史稿·浙江》记载："运河自西兴渡引浙江水，径望湖桥，湘湖汇西南诸山水贯之，又东南入山阴。"

萧绍运河横贯萧绍平原，沟通了鉴湖与湘湖水系，涝以排水，旱以溉田，使萧山数十万亩良田得益。

萧山地形，西高东低，南高北低，低洼之处甚多。境内之水，发源于西南，流泻于东北。遇到黄梅天或暴雨时，山水陡发，易于泛滥，素称泽国，全赖各处河港，分流宣泄。西北湘湖白马湖诸山而来之水，由盛家港金鸡桥分流会与新坝，经萧绍运河直抵钱清镇（今属绍兴县），入西小江，出三江闸注入杭州湾。乾隆二十五年县民黄云上呈萧山县府的《公吁堪详永禁官河筑簖呈文》[2]载："窃唯萧邑，低洼素称泽国，全赖官河水道畅流，出西小江至山阴三江口闸宣泄，田禾始无淹没之患。"县令胡粤生受理此案后，调查得出"伏查通县之水，发源之处，一自正西来，发源于排马湖湘湖诸山，一自横筑塘而来之水，一自白露塘而来之水，周流河道，经络四方，分入运河并西小江，东达山阴，出三江大闸，而归于海"（《禁筑鱼簖申府详文节略》）。

北宋顾冲在《萧山水利事迹》中记载，北宋岁旱年间，运河常引湘湖水灌田而筑坝，筑坝时断航，舟楫不得畅行，水足后即拆坝。

民国《萧山县志稿》又叙："萧山自西兴闸至钱清堰计四十五里，中有运河。河之南，有湘湖；河之北，为由化、夏孝二乡。每遇岁旱，各得湘湖水利。如欲取水，先于运河两头作坝，方决望湖桥下坝，引入运河；

[1] 现曹河、盛家港二河均已填塞，今城河与湘湖连通，走的是老火车站以西的新盛家港。

[2]（民国）来裕恂：《萧山县志》，天津古籍出版社1991年版。

复开郑河口坝，流入二乡。望湖桥，乃水之所自出；郑河口，乃水之所自入。其水已足，然后去两坝，复塞望湖、郑河口二坝。”

湘湖和萧绍运河及沿运河附近白马湖、南门江、西小江等南来北往交汇于运河的诸河流，还有永兴、清水、凤堰、陈公诸闸和转坝，以及霪头、涝湖、吟龙闸与横筑塘等25座闸坝，构成了一个横贯萧山的循环水系，形成河网蓄泄格局。这是滋润哺育一方百姓的甘露，使得萧山自此以后“水灾不涝，旱季不干”，成为闻名遐迩的“鱼米之乡”。

萧绍运河和湘湖，作为萧山历史上两个最大规模的水利工程，开掘千百年来，在灌溉农田、抗御水旱灾害、保障农业丰收上，发挥了极大的作用。

二　萧绍运河历史沿革

萧绍越地，河湖纵横，水网发达，为航运提供了方便。萧绍运河最古老的一段，史称“山阴故水道”，始凿于春秋晚期，即公元前493年至前473年，西起会稽都城东廓门，东至今上虞市东关镇练塘村，全长20.7公里，为先秦时期中国三条古运河之一。这是越王句践因战备和富国强兵所需，动员全国军民挖掘的。“山阴故水道”上越人“以船为车，以楫为马”往来频繁，在振兴越国经济、实现富国强兵的伟业中起了重要的作用。《越绝书》载：“山阴故水道，出东郭，从郡阳春亭，去县五十里。”

疏通“山阴故水道”，连接部分自然河浜，开凿横贯萧绍平原的人工水道，则创始于西晋。东汉永和五年（140）马臻筑鉴湖已实际开通从钱清江到曹娥江的127里水道。西晋怀帝时期（307—312），会稽内史贺循出于水利排灌的需要，于永嘉元年（307）规划，考察地形，发动民众，主持开凿西起西陵（今西兴），经萧山、钱清、柯桥到郡城的一条人工运河。后又组织民众修治与此相连接的其他河道，形成了纵横交织的水网，使原来各河道能互相流通，调节水位，保证了农田灌溉之需要。不仅改善了会稽郡的水环境，提高了鉴湖的水利功能，给人以灌溉、舟楫、养殖、渔业之利，且对整个浙东具有交通、物宜、军事之便。功在一代，泽被千秋。嘉庆《山阴县志》卷四载：“城外之河，日运河，自西兴来，东人山阴，经府城至小江桥而东人会稽，宋绍兴年间运漕之河也。去县西一十里，西通萧山，东通曹娥，横亘二百余里。旧经云：晋司徒贺循临郡凿此。”

1995年出版的《绍兴县志》“人物”篇评价贺循的功绩：“贺循出任会稽内史期司，主持开凿西兴运河（今浙东运河前身）。初名漕渠，由郡城西经柯桥、钱清至萧山北固陵镇，与钱塘江合，由郡城东经都泗堰，溯鉴湖与曹娥江连接，直达明州（今宁波），对当时灌溉、交通运输和促进浙东经济繁荣有积极作用。”

[1]《嘉泰会稽志》记载为西晋惠帝时期永熙至光熙年间（290—306），1987年版《萧山县志》记载为永康年间（300—301），姚汉源撰《浙东运河史考略》认为可能在永嘉元年（307），运河或始开于此时。

贺循开凿西兴运河时间众说纷纭[1]。史载贺循在晋永嘉元年（307）二月至九月任会稽内史，因此，在晋怀帝永嘉元年（307）始开运河是正确的。宋《嘉泰会稽志》引用《旧经》（北宋《越州图经》）云："晋司徒贺循临郡，凿此以溉田"，说明西兴运河起先是鉴湖的灌溉配套河道。鉴湖兴建后，北部平原尽为南北向作排灌用的河道，而没有东西向供调节用的河道。鉴湖运行100多年后，如何提高鉴湖的灌溉效率，整理北部平原的内河系统，成为当政者需要解决的水利问题。

但是，需要指出，由于贺循内史任职期仅为半年多，所以，贺循当时所凿运河不是现在所说的西兴运河的全部，只是其中的一段。绍兴境内运河，正如《嘉泰会稽志》所载："运河在府西一里，属山阴县，自会稽东来经县界五十余里入萧山县。"从钱清到郡城的运河，紧邻鉴湖西段湖堤并基本平行，运河南与鉴湖的诸涵闸沟通，即河湖相通，运河北与山会平原南北向诸河道连接，即河河相连。这样，这段运河在鉴湖与平原河流之间起了贯连调节的纽带作用，既有利于鉴湖向北排水，又有利于平原南北向河流间的横向调节水量，为萧绍平原的排涝灌溉发挥了积极作用。

[2] 陈志富在《萧山水利史》一书中推测。

西晋时运河仅开凿至南门江[2]。时南门江经北干山与西山间的牛脚湾向北与东北出流，运河也能通达钱塘江，是后人将运河延伸至西陵。西陵，五代时改称西兴。从南朝齐时运河西有西陵埭推断，将运河从萧山延伸至西兴的时间当在东晋的可能性很大。有的史料记东晋挖运河，恐是指西兴段运河挖于东晋。绍兴段运河始挖于西晋。当时河道窄小，尚不能通大舟。

在交通不发达的古代，水运是最主要的运输方式。海运安全系数小，成本又高，且钱江水道泥沙淤塞，而萧绍运河系内河航运，既方便，又安全。《萧山县乡土志》（民国20年）对此评价甚高，运河"经过县城、转坝、新林周、衙前，至钱清接西小江（即钱清江）……为绍萧水路交通唯一要道"。

西晋从304年起发生"五胡乱华"，怀帝、愍帝相继被匈奴人所灭，司马睿和大批官员纷纷南逃，避难江东，在建业（今南京）建立东晋政权。贺循凿西兴运河开发浙东，为西晋的难民难官们创设了安身立命的空间，北人南迁，沿萧绍运河徙居浙东。由于北方连年争战，大量士人南迁浙东。他们带来了北方先进的生产技术，也带来了黄河流域发达的中原文化，他们不仅在政治上握有势倾朝野之权，而且在思想文化上也是公认的领袖。萧绍运河的开凿，大大促进了萧绍地方经济、文化的发展和繁荣，孕育了多姿多彩的南朝文化，使之成为闻名遐迩的文物之邦与人文荟萃之地。

河道水利不仅在于"兴"，同样重要的在于"修"。为保证运河的灌溉、运输等功能，历朝历代地方行政长官组织劳力进行了大规模的开凿、维修和疏浚。

南北朝时，会稽郡是江南经济要区，工商业发展日益繁荣。“吴兴岁俭，会稽年登，商旅往来倍多”（《南史·顾宪之传》），此河开始发挥其通航的功能，水路行旅繁忙，运河略具规模。南朝（齐）永明年间，为满足舟楫过往钱塘江与内河之需，西陵设牛埭，用牛力拖船，沟通了钱塘江和萧绍运河，使运河初具蓄水、排水和灌溉的功能，大大提高通航能力，漕河作用已显示。漕运，是指主要粮产区通过水道把粮食运往京城或接济军输。浙江是中国旧时历代征漕粮最多的重点地区之一。此后，浙东大批漕粮源源不断自东而西经由这条运河运至西兴，然后经与钱塘江相通的闸门或牛埭（用牛力拖船翻过两边坡度平缓的坝埭），折北越江转入京杭运河北运。

萧绍一带为水网纵横，百姓出行、运货多用船载，加之萧绍运河又是浙东要径，河中各种商船、货船、客船往来不断，非常繁忙。沿萧绍运河两岸，古有多处老街、集市。萧绍运河的开掘对萧山以至整个浙东地区的经济发展起到了无法估量的作用。

另外，萧绍一带的自然环境、气候条件、物产资源和风土人情，特别是山水风光等，其独具魅力的特色也渐为人所知，所以南北朝时期，众多文人接踵而至，并且用最美的语言讴歌这里的山光水色，从而扩大了萧绍在全国的影响。

据《世说新语·言语》篇载，著名画家顾恺之等人就曾对萧绍地区的山水青华、一派胜景作出过评价：“顾长康从会稽还，人问山川之美，顾云：千岩竞秀，万壑争流。草木蒙笼其，若云兴霞蔚。”又载王子敬云：“从山阴道上行，山川自相映发，使人应接不暇，若秋冬之际，尤难为怀。”王羲之云：“山阴道上行，如在镜中游。”他们所见的萧绍山水是在北方的黄河流域所不多见的旖旎风光。

隋时，为迅速转运江南财物，大业六年（610），炀帝开凿了纵贯南北的京杭大运河。此后，出西陵渡，可沿大运河北上达京都，“西陵古江口，远是东扬州”（释皎然《送契上人游扬州》）。凡从北方南下，从黄河、淮河、长江而东的游人商贾、达官显贵，走的都是这条水路而直达杭州和浙东。

由于有浙东运河这条“黄金水道”，浙东这个幽闭的“桃花源”才为人们所认识，并且越来越成为一块宝地而受人青睐，并得到开发。

隋炀帝在开凿京杭运河时，对它也作了整治，使它与京杭运河沟通更畅，漕运更为频繁。当时曾屡议开通南运河，但因钱塘江涌潮和曹娥江之隔而未成。中国旧时历代各级官员视征运漕粮为皇命要务，漕运滞阻罪在不赦，由此在漕河建设上不敢懈怠。因漕运需要，官府经常疏浚和修缮运河，故俗称官河。

唐代，沿运河设固陵驿、梦笔驿、钱清驿。随着萧绍运河的日臻完善与发展，其航运、灌溉、防洪、排涝、环境、生态、旅游诸效益更加显著。众多谷物、丝绸、布帛、青瓷、盐酒、山货及其他名特产，通过这里，运往中原各地。《旧唐书·韦坚传》："天宝元年（742），擢韦坚为陕郡太守、水陆转运使……取小斛底船三二百只置于潭侧，其船皆署牌表之会稽郡，船罗吴绫绛纱。"

与杭州隔江相望的萧山，占钱塘江天堑之利，仗浙东运河首埠之便，济渡浙江，沟通两浙。在唐代，萧绍运河成为浙东唐诗之路中的重要路线。诗人们由杭入越，或从浙西经富春水路入浙东。总是登岸西兴（或另一古渡渔浦）而进入萧山境。在尽可能登堤观潮一饱眼福后乘舟顺运河东行，一路上，或小泊登岸赏景，或逗留县城游憩，或赋新抒怀，或画舫听雨……桨声中，帆影里，一路吟咏一路诗，向东逶迤前行，极一时之盛。据统计，在《全唐诗》收载的2200余位诗人中，有312位诗人走过萧绍运河、镜湖、曹娥江而至剡溪再溯源而至石桥（石梁）登天台山这样一条被后人称为"唐诗之路"的旅游风景线，并留下许多至今尚能熟记不忘的动人诗篇。萧山（含西陵即西兴，以及渔浦）是"浙东唐诗之路"的起点。

由于沿河岸的浙东古道年久失修，风雨浪拍，导致古道坍塌，淤塞航道，唐中叶，曾多次对杭甬运河进行疏通、深挖和修筑，并对两岸平原河渠作了整治，便利了灌溉和航运。唐朝元和十年（815）越州刺史、浙东观察使孟简为了有利于船舶的纤行，筑运河官塘（又称纤路），在运河两岸砌以条石成直立河坎，并在南岸用石板铺成了一条宽约1米的纤道。并整修沿塘涵闸，自萧山到山阴迎恩门（西郭门）凡百里，运河流域数十万亩农田均受其利。至此，其渡、河、塘、站四项系列工程均明确纳入官办范畴，渡为官渡（浙江渡）、河为官河（运河）、塘为官塘（纤道）、站为官站（驿站），成为名副其实的朝廷重点工程。此时的萧绍运河，规模浩大，设施完备，使运河河道保持了相对的稳定，因此运输繁忙，进入了发展时期的巅峰阶段。

唐明大和七年（833），萧山中部一度"霪雨不止，田亩浸溢，水不及穗者数寸"，因为有了运河的注泄，遂使涝渍早退，灾情减轻，年成仍然是"祥农万庾盈"。

唐末五代吴越国也发展海运，频频与日本交流，当时的杭州、越州和明州，是中日商船的出入之地，这中间萧绍运河起着重要的作用。

北宋始有"运河"之称。《宋史·食货志》："太平兴国初，两浙既献地，岁运米四百万石。"宋代（包括北宋和南宋）的对日、对朝和对南洋诸国的贸易和文化交流，极大比例就循此路往来。《嘉泰会稽志》（卷六）载："萧山县……宁济庙，在县西南一十三里西兴镇，政和三年赐今额，六年（1116）高丽入贡，使者将至，而潮不应，有司请祷，潮即大至。"《宋史·河渠志》亦载："越州……都泗堰，因高丽使往来，宣和间（1119—1125）方置牐。"由此可见，在北宋中朝关系特别密切的时代，确实是每年都有高丽使者前来进贡，而且差不多每年都是从浙东运河入境（所谓“三韩岁使”），然后再经杭州北上的水系到达都城汴梁的。与此相应，宋代朝廷派员出使高丽，走的大多也是这条水路。如元延祐七年（1320）袁桷纂修《延祐四明志》卷四载：“姚孳，字舜徒，慈溪人也……以应元符（1098—1100）之诏……易使浙部……朝廷遣使三韩，渡曹娥江，非潮时行舟，胶，公适董其事，祷于神女，潮应祷而迈。”

宋政和二年（1112），萧山县令杨时主持修筑湘湖，其湖北之湫口穴（闸名）与萧绍运河相通，湖河相济，泄溉两宜，使附近9乡14万多亩农田直接得益。至明清，运河已建成较为完备的闸坝节制系统，在萧山段有永兴、清水、凤堰、陈公桥、转坝、霪头、塝湖、吟龙闸等25座闸（坝），逐步形成河网蓄泄格局。据北宋顾冲《萧山水利事迹》悉，北宋岁旱年间，运河常需引湘湖水灌田而筑坝，筑坝时断航，舟楫不得畅行，水足后即拆坝。

南宋迁都杭州后，城市人口迅速发展，政治经济重心移到江南，萧绍运河位处京畿，运输更为频繁，为京城命脉所系，属于中央政府直接管理。为运送浙东糟米和贡品，对运河多次整治，疏浚河道。南宋对运河管理、维修投入较多力量，是萧绍运河，也是西兴运河的黄金时代。

最初西兴在江边，后因泥沙的淤积，渐离江岸20余里，故南宋时又开凿新河至江边。还开挖了西兴铁岭关外新涨沙地至江边的一段新河（见《宋史·河渠》），并在南岸砌石铺板为纤道，运河规模日渐完备，运输能力显著提高。并沟通甬江，担负起浙东物资运输之要务，始名浙东运河。《嘉泰会稽志》载，运河在萧山境内可通200石舟，山阴境内可通500石舟，上虞境内可通200石舟，姚江可通500石舟。

清《嘉庆一统志·绍兴府一·山川》载：“运河，自萧山县西兴镇，东流经萧山县治北，又东接钱清江，凡五十里。又东北至府城西，长五十五里。复自城西，东南出，经会稽县界，东流入上虞县界，接曹娥江，长一百里，皆南宋时漕渠故道也。”至南宋时，西兴运河成为运输漕粮的重要漕河。明万历《绍兴府志》记载：“运河自西兴抵曹娥二百余里，历三县，自萧山至钱清长五十里，东入山阴经府城至小江桥长五十五里，又东入会稽长一百里。”

当时，杭州与绍兴的联系、杭州与海外的联系都是通过浙东运河。富庶的宁绍平原上的稻米、食盐和其他各种物产，都是通过这条运河，在西兴过渡口进入钱塘江径直运往京都临安。来自日本、高丽、中东和东南亚诸国的使臣、商贾和货物，从宁波上岸，改乘内河船只，从浙东运河入钱塘江去晋谒南宋皇帝的。如《宝庆四明志》卷六所载：“宁宗皇帝更化（1194）之后……凡中国之贾高丽与日本，诸蕃之至中国者，惟庆元得受而遣焉。”

南宋乾道年间（1165—1173），鉴湖湮废。乾道三年（1167），对萧绍运河进行了一次大规模的疏浚。西兴镇通江两闸被江沙壅塞，地方官募人疏西兴至大江浚沙河 20 里，又浚闸内运河 30 里。又恐潮水再填淤，"且通江六堰，纲运至多"，差官吏 1 人，专管开捞西兴沙河，拨捍江兵士 50 名专浚沙浦，仍建营房居住。据《嘉泰会稽志》记，西兴营房有 200 人，包括特拨 50 人捞沙。自此，"通便纲运，民旅皆利"。

乾隆《萧山县志》记述："或云古驿道，由渔浦渡入浦阳江口，宋南渡攒宫于会稽，乃取便道绝流渡江，抵西陵，发舟，因通此河。"[1] 宋淳熙十四年（1187）南宋第一位皇帝高宗赵构驾崩。次年（1188）正月初十动工修建陵墓，至三月十二日毕工，历两个月零两天。三月十八日梓宫（棺）船从新开门（杭州清河坊与望江门之间）出发渡钱塘江抵西兴，由马车送行两三里至运河埠头，108 只大船开道，104 只押后，浩浩荡荡地穿越西兴运河，历时 5 天经城厢、衙前、钱清、柯桥后抵达会稽宝山（在绍兴市区东南 18 公里上皇山麓），再次年（1189）完葬。

嘉定十四年（1221），疏浚西兴到钱清河段。

嘉定十七年（1224）萧山县令汪纲（后任绍兴知府、浙东按抚司公事兼提点刑狱）以萧山运河沙涨 30 余里，碍航行，主持了一次清除西兴通江段江潮带来淤沙的大规模疏浚工程，开浚 8000 余丈，并驳砌了城区至西兴段河坎。同时在通江口建了节制闸，控制泥沙入河又在萧山西门外"创庐一所，名曰施水"。经过这次整治，"导疏甚便，纲运民旅皆利"，从而使县城与临安间"舟车水陆，不问昼夜寒暑，意利行涉，欢欣忘勋"，极大地促进了城区的繁荣与发展。此后，这条工程浩大的人工运河又多次"再为疏浚，且比前加宽"（据康熙《萧山县志》）。

元代以后，西兴运河以及浙东运河远不如南宋时重视，但仍长期维持不衰。《元史 · 文宗纪》载："天历二年，命江浙行省明年漕运粮二百八十万石赴京师。"

到了明代，宁波更成为对外开放的重要口岸，许多海外商客都是通过浙东运河深入内地，至少对日本的朝贡贸易仍然是从宁波市舶司上下岸，经过浙东运河，往来于南北大运河京杭段的。需要补充说明的是，即使到由于海禁和倭寇侵扰，对日贸易基本上停止的明代中晚期，浙东运河作为南北大运河的组成部分，还一直为政府漕运、盐运和民间贸易、士人旅游出行发挥着重要作用。明时萧绍平原自然环境变迁，萧绍运河性质也有变化。明代浦阳江正流改出临浦碛堰山，西入钱塘江，西小江、钱清江成为内河、小河，无复以前险阻，萧绍运河成为坦途。明朝弘治年间（1488—1505），山阴知县李良以"运河土塘，骤雨辄颓，水溢害稼，且病行李"（清悔堂老人《越中杂记》上卷《名宦》），遂发起修筑沿河石坎，使河道更趋稳固，同时在土质纤塘上铺砌青石板，使岸上石板路面与岸坎浑然一体，遇水面则架筑桥梁，使河岸、纤道浑然一体。明嘉靖十五年（1536），为排山阴、会稽、萧山三县的内涝和防御海潮倒灌，绍兴知府汤绍恩主持

[1] "因通此河"其含义不是开凿、开挖西兴运河，而是疏通、开通西兴运河，清除运河内的挡水堤坝、涨沙等阻水障碍物，拆除涵闸、桥梁、民居等碍航建筑物，使舟楫通行畅通的意思。

兴建三江闸，使运河水下泄更为通畅。

清康熙年间，山阴秀才余国瑞同僧人集忠，捐资倡议修缮运河堤塘，一些地方乡贤及善男信女多愿资助，共得银万余两，在萧绍运河上大规模修筑运道和河堤，历时8年，工始竣。形成了较为完整的纤道，方便了运河沿线彰显历史价值的水路交通。

至明清，萧绍运河已建成较为完备的闸坝节制系统，在萧山段有永兴、清水、凤堰、陈公桥、转坝、霪头、涝湖、吟龙闸等25座闸（坝），逐步形成河网蓄泄格局。萧绍运河为东西骨干，大小湖泊与众多河道为南北网络，形成运河水系，河湖水体分散，船只水运四通八达。唯运河的重要程度相对受到影响。

明清之际，运河上设夜航船、快埠船，商旅往来如织。鸦片战争后，萧绍运河成为宁波港对外通商口岸的重要通道。据民国19年（1930）《浙江航政概况》载，“曹娥至西兴线经……全长78.5公里，西兴至道墟线经……全长66.24公里”，“宁、绍、余（姚）的盐酒鱼鲞（西运、北运）、金、衢、严的竹木山货（东运）。无不需在县境西兴等地盘船过坝。当时的萧绍运河、西小江等主要内河航道上，舟楫如梭”。迄于近代，在浙东未通公路、铁路前，它的交通功能别无替代。《鲁迅日记》记录了他于民国2年（1913）6至7月、民国5年（1916）腊月至次年正月先后两次从北京到绍兴老家的经历，都记述着他到杭州后，从南星桥渡江，随即从西兴（俞五房）雇舟经萧绍运河到绍兴老家，返程仍雇舟由原水路到西兴后渡江北上。民国5年（1916）10月孙中山偕随行胡汉民、周佩箴、陈佩忍等人到绍兴，也是从杭州南星桥渡江至西兴，然后在西兴水运码头搭乘开业不久的越安公司内河轮船，经萧绍运河抵达绍兴的（据《萧山交通志》）。一句话，千百年来，客、货由杭入越或由越入杭，萧绍运河几乎是唯一主水道。

但清中期之后200多年里，国力日渐衰弱，民生凋敝，未有人发起系统治理，加之战乱，使两岸河坎大部坍落，河底污泥淤积，“乡民屡议疏浚而未果”。直到民国18年7月，因运河与南北两岸数十万亩农作之丰歉关系实在太大，国民党县政府才成立整治河渠道路委员会，募捐疏浚，对“自西兴闸至钱清堰计四十五里”运河进行护岸整治和利用。通过投标招商，由肇基记承揽工程，于是年10月开工，次年1月竣工，疏浚干河4955尺，支流8612尺，河床平均挖深1尺5寸。

江南漫长的“舟楫时代”，是随着交通逐步实现现代化而渐渐落幕的。这有一个渐变过程。民国14年（1925）萧绍公路建成后，由于当时一则投入运营汽车还很少，二则公路无支线延伸，运河两岸众多传统傍水而建的村庄离公路较远等种种原因，运河及与之相通的江河客、货运输仍相当繁忙。新中国成立后，在萧甬铁路未修复前，浙东绍兴、上虞等地的物资外运，多先走运河水路至萧山，而后经浙赣铁路萧山站转运发往全国各地。所以，建在萧绍运河上的萧山港，成为当时一个重要的货物中转集散地。至迟在20世纪50年代末，运河的中短程水运业还是一派繁荣景象。当时，非机动船和机动船在这条运河上穿梭往返，昼夜不停。非机动船以摇橹、扳桨、撑篙、背纤为动力（并非每种船都有此四招），有客货两用木帆船，内河货运船，起航定时、夕发朝至的夜航船，埠快船，信班船（亦称邮政包封船），踏桨、划桨或摇橹并用的无篷农用船，乌篷船，木驳船，水泥船，钢质驳船，稻区农家用以捻泥、装运农副产品的小型罾柤船，还有船篷上嵌有明瓦（牡蛎片）、用以运载香客或节庆、迎娶等用途的花郎船（又称明瓦船），以及撑行于沙地河道、萧绍运河上的牛拖船等。机动船除了航程长短不同的定时客轮外，还有客货轮、货轮、拖轮、机帆船、挂桨机船等等。那时，萧绍运河上舟楫往来，络绎不绝，桨声、机声、激浪声，组成了一曲曲江南水乡喧闹的水上航运协奏曲。

中华人民共和国成立后，萧山县人民政府为保持县城的环境卫生和市容的整洁，多次发动群众疏浚和整治河坎。1950年冬疏浚了西门万寿桥至江寺桥河段。1955年夏再次疏浚从西门到东阳桥的河道。1958年大年初一，政府又次发动群众进行疏浚。为提高运河的排灌效能，沿运河建成了一大批抽水机站和固定机埠，实现了引灌排泄的机泵化和电气化。闻堰小砾山翻水站建成，取富春江淡水入萧绍运河，并经运河而北与方千溇河道相通，使中部和南沙地区抗旱水源得到了充分保障，萧绍运河出现了以往历史上从未有过的“久雨泄水快，旱时水更满”的局面。随着铁路、公路的发展，萧绍运河航运的萎缩，对内河航道建设和维护的投入日益减少，致使航道设施落后，淤积严重，河床变浅，航道变窄，船舶航行困难。

进入21世纪，由于战备和经济的需要，萧绍运河重新列入建设和疏通日程。由于改建、疏浚后的运河直达宁波入东海，所以被称为杭甬运河。2003年9月，杭甬运河萧山段改造工程开工建设。杭甬运河萧山段按四级航道标准改造，航道底宽40米，面宽60米，保证500吨级船舶通行。2007年12月，义桥镇新坝船闸建成，实现了钱塘江、浦阳江与杭甬运河连通。自杭州三堡经钱塘江上溯至三江口入浦阳江，在萧山区义桥镇南侧之新坝位置新辟航道1.5公里进入萧绍内河，穿浙赣铁路线后进入西小江，终点在杭州与绍兴的界点瓦泥池。杭州段航道全长56.5公里，大大减轻杭绍甬地区的公路、铁路运输压力。从历史上的“南粮北运”、“盐运”通道到现在的“北煤南运”干线以及防洪灌溉干流，这条古老的运河至今仍在浙江的经济发展中发挥着巨大的作用。

三　运河人文古迹

古老的萧绍运河，它至今还在焕发着青春活力，似一条缎带，蜿蜒缠绕在萧绍平原，如一条血脉，搏动奔流在被誉为“江南明珠”的萧山、绍兴间。它的确是名不虚传的农业命脉、黄金水道，不愧是滋润和哺育一方百姓的一脉盈盈活水、长流之水、生命之水。它蕴涵着悠久的历史文明，是沟通地域联系、发展社会经济、弘扬民族文化的不可替代的重要渠道和人文景观。

作为浙东运河的西段，素有“黄金水道之称”的萧绍运河两岸，散落着诸多的文物古迹。这些古迹，主要是堰埭、水门、闸、纤道、堤岸、桥梁、码头、驿站等建筑，见证了萧绍运河的发展与繁荣。它们有的至今尚在发挥功能，并成为著名的旅游景观。如今，随着文物资源的发掘，更多文化设施的兴建、完善，运河两岸美景如画，也让更多的市民在充满浓浓文化味的运河两旁翩翩起舞，使其生活更加丰富多彩。

（一）埭

萧绍运河沟通了钱塘江、浦阳江、西小江（钱清江）、曹娥江、姚江、甬江等内河外江诸水系，河汉交流，自然落差大，因此自古以来在运河上修筑了不少堰埭、水门、闸等水利设施，从而保证了河流的畅通。其中最为著名的就是坐落在萧山之北的西陵埭。

晋代萧绍运河通航初期，西陵（西兴）设埭。西陵埭为浙东运河第一埭，位于钱塘江与浙东运河交汇处。埭是拦河坝，堵水的土堤，“蓄水谓之埭”，用以平水，蓄水通航。埭边坡一般较缓，用草泥作润滑物，以便牵拖船只越过埭坝。

当初的西陵埭，很可能是用人工牵拖船只的，只能拖一些小船。用人力拖船过埭的办法，费力费时，还造成埭内外船只积压，事半功倍。

南北朝时，浙东运河包括西兴运河的河道特征已经形成，原人力拖船的埭改为了牛拉挽舟过堰以入江。用牛力拖船翻过两边坡度平缓的坝埭叫牛埭。

南朝齐时（479—502），商旅过牛埭都要交纳过埭税，《南史·顾宪之传》载：齐永明六年（488），“西陵戍主杜元懿以吴兴岁俭，会稽年登，商旅往来倍岁。西陵牛埭接税官格，日三千五百，求加至一倍，计年长百万。浦阳南、北津及柳浦四埭，乞为官领摄，一年格外长四百许万”。由此可见，每埭官家收税金额是每天三千五百，实际可多收一倍，每埭每年收过埭税百余万，为政府的一大笔收入。其中西陵埭（后来之西兴堰，在萧山城厢街道西 10 公里）与柳浦埭（在钱塘江北岸，江岸柳浦埭至杭州候潮门旧有运河名里河，长 3.5 公里）为浙东水运要道上的一组渡口；浦阳南北津埭为另一组渡口。经浙江大学陈桥驿教授考辨，浦阳南津埭位于浦阳江口的渔浦，浦阳北津埭位于渔浦对江的定山。浦阳南、北津埭古来和西陵埭、柳浦埭齐名，即清顾祖禹所说：“西兴、渔浦最为通道。”

南齐杜元懿的增税主张，遭到会稽郡事顾宪之的反对。顾宪之认为，利用会稽与吴兴丰歉差异而增税，都会加重两地民众负担，与“顾恤民艰，赈饥救灾”相悖。顾宪之引用《大学》“与其有聚敛之臣，宁有盗臣”之话，致使杜元懿无以言对，回心转意，齐武帝也听信折服，遂罢诏增税。

西陵埭，南朝陈时又名奉公埭，废于唐时，唐末已不见记载。这恐怕与唐代大规模兴建海塘有关。唐代兴建海塘时，废埭坝筑堤塘，此堤塘即为北海塘，因位于萧绍平原之北而名。堤塘比埭坝高大，防洪潮能力相应提高。埭坝废，海塘屹，西兴运河与钱塘江隔离，避免了外江洪潮干扰，确保了内河航运安全。

（二）堰

唐代兴建捍海塘，后称为后海塘、北海塘。在唐代兴建海塘时，废埭改堰，西陵埭则名西陵堰。

堰，壅高水流，“雍水谓之堰”，“堰即坎，亦即他方所谓埭，雍水为埭日堰”，是一种较低的挡水建筑物，平原的堰埭不容许溢流，因为是用土筑的。横截水流的堰叫正堰，修在河渠侧面，分泄河渠水量的堰叫侧堰。

从堰的概念来看，堰低于埭（埭通常高出水面），可见也是为了拖船的方便。同时堰壅高水流，使内河保持一定的通航水位，使外江减少相应的进潮流量。

历史上，浙东运河全段设有西兴、钱清北、钱清南、都泗、曹娥、梁湖、通明等七处堰坝。船舶小者，可候潮水上涨水位升高时牵挽而过；大者，必须装卸盘驳，甚费周折。

据萧山城厢觉苑寺前唐咸通十五年（887）平胜经幢铭文记录，西陵堰和西陵镇分别设置了“西陵堰专知官”与“西陵镇遏使”专职官员，足以证明当时西陵堰、镇重要的地位及作用。北宋蔡肇记他从杭州—越州—明州的运河行程是“三江重复，百怪垂涎，七堰相望，万牛回首”（三江之首是钱江，七堰排头是西兴），可见当时西陵堰、镇繁华之至。

钱清堰，是北宋西兴至明州（宁波）的七堰之一，地处萧山与山阴的交界处，在萧绍运河与西小江的汇合处，各距萧山、山阴县城50里。北宋熙宁五年（1072）日本僧人成寻记录过钱清时用牛4头（左右各2头），及绞盘绳索，拖船过堰。人则自上游浮桥过江。南宋时商旅拥挤，遇潮汛西下，常堵塞不通。嘉泰元年（1201）提举浙东茶盐叶甄别建新堰，距萧山、山阴各51里，为南北套堰。堰旁建住房及牛棚，新旧两堰并用，水路始畅通。《嘉泰会稽志》记两堰设堰营，有堰兵50人戍守车坝。南宋以后，钱清江成为内河，鉴湖亦湮废，钱清南、北堰和都泗堰随即拆除，进一步便利了运河运输。

（三）水门

水门是跨水的城门，水门也可以看做城上的廊桥。水城门是圆拱形的，水门也可以说是一种特殊的拱桥。在内河水道上筑城设置水门，可追溯至春秋时期的越国。《越绝书》记："山阴大城者，范蠡所筑治也，今俗谓之蠡城。陆门三、水门三。""句践小城，山阴城也，周二里二百二十三步，陆门四，水门一。""阳城里者，范蠡城也。西至水路，水门一，陆门二。""美人宫，周五百九十步，水门一。"在城墙上设置水门，则是城池内外水运通航之需。

在萧绍运河与钱塘江运道口筑城置水门，是五代钱镠之所为。据载后梁乾化二年（912年）八月钱镠于西陵建城，设有水门。西陵，钱镠以为不吉，遂改为西兴。西兴城设有水门，内连运河外通钱塘江，是江河之间的航道门户。西兴城是水利史上滨江城市防洪御潮的典范。

水门与闸实有区别，闸有门可启闭通舟船，水门为木制或铁制棂窗，可上下启闭通船。水门通水，是仅控制船只通行的设施，闸既控制水又控制船只通行的设施。

萧山城厢旧时有城垣，《嘉庆一统志》记有"周一里二百步，高一丈八尺，厚一丈一尺"。因城河穿城而过，应该也有水门。至南宋嘉泰年间，已隳废不存。明嘉靖三十二年（1553）知县施尧臣重筑县城，开陆门5座（东门叫达台，南门叫拱秀，西门叫连山，北门叫靖海，小南门开辟较迟，叫文明），水门3座（东门叫派人三江，南门叫清比朗宫，西门叫越台重镇）。水门通运河、南门江，行舟楫。南门江上的水城门，曾设吊桥，守卒拉索启关。

（四）闸

西兴城置水门后，钱塘江潮水涌入运河"无复遮捍"。咸潮自外江倒灌内河，带来大量泥沙和咸水，致使河道淤涨，农作物灌溉受损，且退潮后内河水外溢流失，水位降低，影响航运。以此为鉴，后人便将水门改为水闸，这就是西兴闸的来历。

闸是一种用门控制水流的水工建筑物，由堰埭改进而来。过闸时，船舶小者，可候潮水上涨水位升高时牵挽而过；大者，必须装卸盘驳，甚费周折。旧时闸门用木板做的，操作较困难，启闭不便，但可免除开掘堰埭和修复堰埭的麻烦而因此引起的水利纠纷。

唐元和十年（815），越州刺史、浙东观察使孟简修整运河沿塘涵闸，自萧山到山阴迎恩门（西郭门）凡百里，运河流域数十万亩农田均受其利。

为阻截钱塘江洪潮继续趋内，北宋在西兴与城厢镇的运河之内相继建成两座水闸。《嘉泰会稽志》载萧山县西10里200步有清水闸，县西12

里有浑水闸，均为北宋景德三年（1006）越州知府王砺所建，这是西兴建闸的第一次记载。闸名是据所处地段运河水色而命名的，浑水闸离江口近，受江水致浑，清水闸距江口远，又在浑水闸之内，水色自然清澈。民国按来裕恂《萧山县志稿》，清水闸亦名村口闸，在县西 5 里，浑水闸又名资福闸，在县西 10 里。

北宋熙宁五年（1072）日本僧人成寻途经萧绍运河，所记情况摘引如下："五月六日卯时（从西兴）东航，过十里入运河，过定清水门，又十五里过第二水门，五云门，至萧山。又五十里未时至钱清堰，系牛埭。人从浮桥过，江宽约合今百米。过三里入山阴县境，二里至钱清镇，再五十里戌时至越州迎恩门（西门），有水门。"这一天共航行 130 里。

宋政和二年（1112），萧山县令杨时主持修筑湘湖，其湖北之湫口穴（闸名）与萧绍运河相通。

《宋史·河渠志》记西兴有通江两闸（许指定清水门、五云水门），为江沙壅，舟楫不通。乾道三年（1167）疏浚西兴至大江沙河 20 里，并浚闸里运河 30 里，通便纲运。后闸又废，亦似淤积之果。至嘉定十七年（1224）汪纲重建闸。《宋史·汪纲传》："南宋嘉定末年（1224）汪纲知绍兴府，主管浙东按抚司公事，以萧山有古运河，西通钱塘，东至台、明，沙涨 30 余里，阻碍舟船，乃开浚 8000 余丈，又于江口建闸使淤泥不能入，河水不得泄。陆路则铺砌自西兴至萧山等城市的路面。每 10 里建一施水房舍，以道士管理。于是舟车水陆，不问昼夜寒暑均可畅通无阻。"这是重建西兴闸的一次记载。

重建于南宋的这座西兴闸，毁于元明，后再改建为堰，名大堰，明代记载谓县治西 10 里有大堰。万历十五年（1587）县令刘会修西兴石塘，把修西兴塘积余的银子用来改大堰为为永兴闸，以泄诸乡之水。永兴是萧山旧名，闸称永兴，谨此纪念。闸较大堰稍向里，因位于西兴运河之首，故又名龙口闸[1]。万历《绍兴府志》谓："闸基故大堰，外障江潮，内节运渠二百里之水道。"刘会修建永兴闸时谓西兴大堰昔曾有闸，该闸当是南宋汪纲主建的西兴闸。

[1]（清·雍正）《浙江通志》。

位于浙江省绍兴市斗门镇三江村东北三江口的三江闸，是我国古代最大的御潮排涝闸，调节整个山阴、会稽、萧山平原的河网水位。明代嘉靖十五年（1536），为排山阴、会稽、萧山三县的内涝和防御海潮倒灌，绍兴知府汤绍恩主持兴建此闸。全闸设 28 孔，用 28 星宿之名编号故又名应宿闸。闸长 103. 15 米，最大泄流量每秒 384 立方米。其桥墩亦即闸墩全是两头尖的梭子墩，每一墩由每块约千余斤大石砌成，自下而上筑成，底层与岩基相卯，再灌注生铁，每层块石之间，用榫卯衔接，并以秫灰胶注。每隔五墩设置一个大梭墩，关键地段，仅隔三墩。梭墩深浅视岩基高低而定，最深达 5. 4 米，最浅亦有 3. 4 米，每一闸洞下的基石上，置内外两槛，以承闸门。设金、木、水、火、土五字水则碑，闸夫按则启闭，根据水情及时蓄泄。三江闸为浙江保存较为完整的古代水利枢纽工程。泄水流域面积达1520平方公里，400余年来，对解除萧绍平原的洪、旱、潮灾害起过十分重要的作用。

明清时，萧绍运河已建成较为完备的闸坝节制系统，在萧山段有永兴、清水、凤堰、陈公桥、转坝、霪头、涝湖、吟龙闸等25座闸坝，逐步形成河网蓄泄格局。清康熙四十四年（1705），毛奇龄等48人还具名"启闭永兴闸，开浚河碑记"。

（五）渡

萧绍运河旧古有钱塘江渡、曹娥江渡、姚江渡等。

渡，这里指渡口，是船只摆渡的地方。钱塘江渡越国时称浙江渡。位于越王城下的范港渡口，是越西之重要津渡，史称固陵港（渡）。后随钱塘江主航道北移而迁至现西兴镇所在地，名西陵渡，钱塘江渡唐代成为官渡。五代钱镠改西陵为西兴后，又称西兴渡。

西兴，曾经有铁岭关、樟亭驿、镇海楼、驿前码头、大埠头、日船埠头、资福桥、望海楼、运河源头等古迹。现存六朝牛埭，唐代石塘、石砌河埠、堤岸、码头等遗迹。古渡船埠头处，船闸石条横陈，柱上闸门板槽清晰可辨，古河道上的石砌河坎、河埠依旧存在。街西旧城隍庙前，竖立着市级文保单位"浙东运河之头"的文物标志碑，下有涵洞，曰"龙口闸"，额镌"福泽长流"，石狮、护栏依旧。宋时渡口有专官监察。西兴渡是由中央专差。武职官一员，任期一年。至嘉泰二年（1202）改武职官为文官，开禧三年（1207）仍改为武官。旅过渡购牌上船，牌钱一成由政府作修船用，九成归官库及船工开支。

明万历《绍兴府志》载，西兴渡为钱塘江东岸主要渡口，有官舟，水工24人。私船主姓名亦在官登记，有漂溺事故，依法处理。万历十四年（1586）县令刘会以无赖恶少或抢劫客货，或中流讹诈，事故频出，申准严立船规，限定每舟人数；江岸立标杆，潮将至，即杆上扬旗警告，停渡。北岸以仁和、钱塘典史监督，南岸由萧山典史监督。每年考察其有无事故，定典史赏罚。

清代渡口管理仍为严格。据康熙《萧山县志》载：总督刘兆麟，因渡夫不法，立碑禁约。大船一只许载30人，中船一只20人，小船一只10人，每人船钱5文，货一担8文。渡口有钟亭，遇风潮鸣钟停渡。雍正七年（1729）前后于杭州、萧山两岸设救生船7只，常在江边瞭望救覆舟，并有官立条规。乾隆中又有增设，萧山岸共5只，每只水手8名。

（六）桥

"悠悠古桥韵，浓浓运河情"，横跨在萧绍运河上的一座座古桥，默默地见证了萧绍运河的漫漫历史，留着岁月沧桑的印痕。运河上的古桥众多，形态各异，结构巧妙，工艺精湛，或挺拔秀丽，或雄伟屹立，或长虹卧波，或桥桥相连；有单孔的、有多孔的，有半圆孔的、有椭圆孔的，也有长方孔的。运河萧山段的古桥名字也富有韵味，每一座古桥都牵萦着人们的心，都诉说着萧山千百年来的古老文化。在运河西兴段有太平桥、屋子桥、资福桥、会馆桥、板桥、小岳桥等。运河城厢段（又称城河）上现存万寿桥、市心桥、仓桥、梦笔桥、东旸桥、陈公桥、凤堰桥、回澜桥。在新塘境内有姑娘桥，衙前境内，有明弘治七年（1494）就已存在的新林周桥和建于清朝的八字桥。

（七）纤道

纤道，又名官塘、运道塘，俗称纤塘路，是萧绍运河南畔的行船背纤的通道。古人誉其为“白玉长堤”，今人誉为“水上长城”。古纤道是萧绍劳动人民独创的一种桥路组合的道路，绵延近 75 公里，至今保存最完整的在柯桥至钱清一带的运河上。它卧伏于萧绍运河之上，是我国特长型的桥梁之最，路、桥、水、船浑然一体，形成一幅绝妙的风景画图，堪称江南一绝。

晋贺遁开萧绍运河，两旁初多为泥塘，后经历代整治，才形成后来大河泱泱的面貌，并建成了便利纤夫背纤运舟的纤道。古代在浙东征运漕粮，是经萧绍运河由东向西运至西兴，然后经与钱塘江相通的闸门或牛埭，折北越钱塘江转入京杭大运河。唐代中叶以后，绍兴瓷器、丝绸、茶叶、黄酒成为大宗商品被大量运销外地。运漕粮和大宗商品用大船，逆水行船摇橹划舟很慢，需要有许多人背纤拉船才快，因此沿河要修筑河塘。因为是官修的，所以也称官塘。历史上有记载的官塘，称运道塘，是唐宪宗元和十年（815），越州刺史、浙东观察使孟简主持创筑于运河南岸，自山阴西郭门起至萧山共 150 余里，其中萧山境内 43 里。纤道绵延 100 余里，水岸交杂相衔，或一面临水一面依岸，或两面临水，路、桥、水、船浑然一体，似玉带飘逸，如长虹卧波。有了纤道，萧绍运河就成了黄金水道，唐宋元明清各朝均非常繁忙，凡官民往来、货物流通，无不经过运河。

1000 多年来，无数肩背纤绳的劳动人民在这条纤道上艰难地拉船行进，铺就了萧绍沉重的历史。但纤道受风浪冲蚀，屡圮屡修。明朝弘治间，山阴知县李良重修官塘，改土塘纤道为青石板砌筑，使河岸、纤道浑然一体。康熙《绍兴府志》记载：“官塘，即运道塘，在府城西十里，自（山阴）迎恩门起至萧山，唐观察使孟简所筑，明弘治中知县李良重修甃以石。”近半个世纪以来，萧山境内的古纤道被毁坏得相当严重。如今，在滨江的西兴，萧山的转坝、涝湖、行头、和平桥、新发王、新林周、衙前等河段，尚能看到古纤道旧迹。其中，新塘和平桥附近仍保留着一段相对完整的，处于河道中间的双连石驳坎与纤桥结合的 3 公里左右的古纤道，这是萧山境内保存较好的唯一一段“水官塘”。但其中的一座官塘桥坍塌了，在衙前镇还有沈家堰桥、沙湖桥等运河纤道桥。

纤道修缮，清以前是官办，清始为民办。萧绍民间自古有造桥铺路修凉亭传统，清康熙年间，山阴秀才余国瑞同僧人集忠，捐资倡议修缮，一些地方乡贤及善男信女多愿资助，共得银万余两，历8年，工始竣。在萧山，旧时就有“修三尺官塘，一生一世弗走人家的路”（萧山乡谚）的说法；而在三四十年前，也有着“哥哥拉纤绳，妹妹坐船头挑花”的民俗。萧山衙前境内塘石上现存还刻有“会稽×××氏捐修十丈”、“山阴×××捐修六丈”和“诒燕堂王捐修”等字样，仍清晰可辨，可供佐证。此后，咸丰、光绪各朝均有修建。民国36年（1947），为了加强水陆交通建设，曾成立“绍兴县修筑官塘委员会”，对古纤道作了较大整修。经过几代人的努力，始成今貌。

现存的古纤道，全部以青石铺设，或单面临水，依河平铺砌石；或双面临水，贴河临空铺石。两面临水的古纤道，多在水深河宽处，其路基是用石条砌成的一个个石礅，高出水面0.5米左右，礅间用三块长约3米、宽约0.5米的石板平铺而成桥面，故有“白玉长堤”的美誉。纤道石板长1.5—2米，宽0.5米，临水面大多用双连石砌起，两面临水而砌起的则称为“水官道”。古纤道每隔2.36米至2.75米设一桥墩，桥墩用条石平砌，墩与墩之间用三根石梁搁架，通宽在1.5米左右。为便于船只躲避风浪和东来西往，纤道每隔里许，建一高低错落的拱桥或梁桥，为减少波浪对纤道的撞击，使塘路富于变化，增加美感，纤道和纤桥建筑，呈“S”形变化。纤道上多置石桥、凉亭。放眼远望，“白玉长堤路，乌篷小画船”。

（八）水驿

驿站是传达政令，飞报军情，指挥战争，联系国家与国家、中央与地方、地方与地方之间关系的重要工具，是古代邮政的职能单位，是历代政府机构的重要组成部门。因此驿站亦称邮驿、邮传。驿站设驿丞、驿卒，招待过往使客，供给食宿与车、船马等交通工具。水驿，就是以船为主要交通工具的驿站，其转递手段为“代马船”。

驿站始于春秋时期。春秋时期萧山无驿站，唐代有西陵驿、渔浦驿（义桥）、梦笔驿（城厢）三个驿站。据《唐六典》载，唐朝开元、天宝时“钱塘江已有水驿之役”。越州至杭州设浙江渡，有驿船。唐朝杜甫《解闷十二首》有“商胡离别下扬州，忆上西陵古驿楼”的诗句。白居易有“夜半樟亭驿，愁人起望乡”，“烟波尽处一点白，应是西陵古驿台”的诗句。唐诗中可知，西兴古有樟亭驿。宋代除西兴驿、渔浦驿、梦笔驿、钱清驿4个驿站外，还增加了候春亭（东门）、临川亭（县西北90步）、萧山馆（县西北120步）、驻旌亭（县西12里）4个亭馆，共8处。南宋《嘉泰会稽志》载：“萧山县有梦笔驿，在县东北三十步；渔浦驿，在县南六十里；钱清驿，在县东北五十里；日边驿（后即西兴驿），在县西十里。”明清时期，驿站与递铺并存。明嘉靖十八年（1539），萧山有递铺（同驿站）6个，即总铺、十里铺、新林铺、白鹤铺、凤堰铺、沙岸铺。递铺沿萧绍运河而设，经水路可直达明州。至明万历年间，递铺均废。至清康熙年间仅存西兴驿，直至清朝末年。光绪三十二年（1906），大清邮政开办，各地纷纷建立邮局，驿站的历史使命完成。宣统三年（1911）清朝覆灭，驿站全部撤销，萧绍运河1000多年的水驿使命终告结束。但在1925年萧绍公路建成前，萧绍运河及其支流上“信班船”来往频繁，仍是当时邮递的一条重要水路。清光绪十余年萧山城中始设邮政局，至宣统三年驿站全裁，文报民信均由邮局递送。

西兴驿 位于县西12里，浙东运河尽头，今西兴街屋子桥和古仓桥之间的浙东运河南岸，为萧山存在时间最长的驿站。担负着邮政、公文传递和官员中转等职责的驿站，在唐朝以前就已经设立。“西兴驿为浙东入境首站……凡京外各省发宁、绍、台三府属公文，向由仁和县（杭州）武林驿递至西兴驿接收。”唐以前名固陵驿、西陵驿。驿前有庄亭（现已坍，而今尚存四根石柱）。此处原是春秋时越国美女西施入吴整妆、待诏入吴之处。后人在这里建亭以资纪念，名妆亭，也称樟亭、庄亭。故明朝弘治九年（1496）监察御史邹鲁莅政萧山，在樟亭之绰楔上题“妆亭古迹”，后人刻石立碑。明嘉靖《萧山县志》云：“西兴驿前有庄亭古迹坊。”明来集之《樵书初编》曰：樟亭“谓西施至此梳妆渡江也”。清康熙《萧山县志》载：“相传以为西子于此斋沐妆整而入吴。”唐时因此称樟亭或庄亭驿，五代改西兴驿，宋代亦称日边驿，明代驿谓馆。这里古代曾是主要交通点和信息传递处，康熙皇帝曾驻跸于此。明朝萧山知县邹鲁曾题“庄亭古迹”额其上。

明朝嘉靖《萧山县志》记载，元至正二十五年（1365），萧山县主簿海牙重建西兴驿，有正厅3间，厢房6间，后轩3间，厨房3间，谯楼3间，还有轿房、茶房、穿堂各1间；官廨11间位于正厅西北处。明朝嘉靖三十五年（1556），萧山县令魏堂重修西兴驿，时设驿丞1人，撰典1人，统领水夫98人，岸夫96人，馆夫12人；有站船11艘，正副铺陈（床位）42个。清初西兴驿设有站船7只，红船4只，中河船4只；必要时还雇用民船。清毛奇龄有诗“钱塘西路固陵船，十里平沙官渡遥”描述西陵驿。民国《浙江通志记载》驿站附记：“西兴驿为浙东入境首站，西连省城，中隔钱江，计程三十里；东达绍兴郡，计程一百一十五里；离山阴县蓬莱驿，计程九十里，中无腰站。凡京外各省发宁、绍、台三府公文，由仁和县武林驿递至西兴驿接收挂号，拨夫转递山阴县蓬莱驿收转；宁、绍、台三府发省城及萧山县属公文，由蓬莱驿递至西兴驿接收，拨夫赴省并分投萧山县城内外各镇；省城以外公文也由西兴驿驰送武林驿接收，转递下站。”清宣统三年（1911），西兴驿最后一个被裁撤。

渔浦驿 位于县南36里义桥渔浦潭（湖），富春江、浦阳江、钱塘江汇合的三江口东岸，自古以来就是萧山重要津渡。风光秀丽，景色迷离。大致在南宋后期，渔浦始设邮亭，表明邮政事业新里程碑的开启。有宋末进士真山民《渔浦晚秋旅怀》"邮亭冷雨孤夜灯，渔市斜阳一笛秋"诗句为证。

历代诗人驻足于此，留下了丰富的诗篇。南朝宋谢灵运："宵宿渔浦潭，旦及富务郭。"明代浦阳江改道，渔浦成陆，驿站废弃。唐崔国辅："路转定山绕，塘连范浦横。"唐孟浩然："卧闻渔浦口，桡声暗相拨。"宋陆游的"渔浦江天山水稀"，"随潮人县伴潮归"。元代王冕："十八里河船不行，江头日日问潮生。"明朝丁师虞："春在山巅与水涯，江流曲处有人家。"

梦笔驿 位于城厢镇江寺旁。驿名出自南朝齐、梁间大文豪江淹"梦笔生花，文思大进"这一典故。唐天宝元年（742）永兴县改名萧山县，县治由长兴乡（现滨江浦沿镇）迁至城厢。梦笔驿位于县治所在地，成为萧山的中心驿站，人来客往频繁，又称萧山县驿。

南宋爱国诗人陆游赴夔州（今四川奉节）任通判（州、府副长官），曾多次路过萧山县，憩梦笔驿，并写下了"千年未息灵胥怒，卷地潮声枕边和"，"晚笛随风来倦枕，春潮还雨送孤舟"的佳句。梦笔驿的潮，来自绍兴三江口，经萧绍运河，逆流而至，看来潮水还真不小。

钱清驿 《嘉泰会稽志》载："钱清驿在县东北五十里。"时为萧山属地，位西小江畔。

明万历间，梦笔、渔浦、钱清三驿俱废，仅存西兴驿。

四 浙东唐诗之路起点

翻开厚厚的《全唐诗》，就可看见诗人们经京杭大运河，过钱塘江，"潮落江平未有风，扁舟共济与君同。时时引颈望天末，何处青山是越中？"泛舟进入萧绍运河，"渔浦浪花摇素壁，西陵树色入秋窗"，一路风光一路诗，"我行适诸越，梦寐怀所欢。久负独往愿，今来恣游盘"。欣赏"千岩泉洒落，万壑树萦回"，"湖清霜镜晓，涛白雪山来"的美景；弃舟登山，领略"竹涧入山多，松崖向天近。云从海天去，日就江村陨"的野趣。感叹"越州都在浙河湾，尘土消沉景象闲。百里油盆镜湖水，千峰钿朵会稽山。军城楼阁随高下，禹庙烟霞自往还。想得玉郎乘画舸，几回明月坠云间"。

浙东大地气候温润，沃野千里，北临杭州湾，南连会稽山、四明山区，萧绍运河自西向东、曹娥江自南向北十字交联，把宁绍平原和两大山脉有机连成一片；在广阔的宁绍平原上，河湖交错，江流纵横，水乡村落互相接连，风景如画；萧山运河和曹娥江两岸古木参天，庙宇连绵，人文荟萃、名胜古迹不计其数。境内菱荷满湖，稻田连片，物产丰盈，经济繁荣；唐时的浙东，盛产“越绫”、“越罗”，品质优良，花色繁多；越州青瓷似玉如冰，名闻天下；浙东的“绍兴老酒”已名传全国，“日铸茶”已为江南茗茶之冠；浙东政治稳定，无兵灾之乱人口繁密，士庶耀富；尤其是谢灵运山水诗的出现更吸引人们对各种游历生活的热衷和向往。物华天宝、风景如画、交通便利的浙东，吸引了诗人们竞相前来一览胜境，形成了一条“浙东唐诗之路”。其实，这条“路”的主体就是浙东运河。古时陆行则车马，水行则舟楫。他们来到浙东，大多是坐船，一叶扁舟泛游在萧绍运河、曹娥江上，青山看不尽，莺声啭悠悠。碧水诗情凝漕魂，“浙东唐诗之路”，始自钱塘江上西兴萧绍运河（浙东运河）入口，沿萧绍运河经萧山到绍兴鉴湖，过上虞到曹娥江，然后南折入剡溪，溯源而上，经新昌沃洲湖、天姥山抵天台山石梁飞瀑，全程长190公里。

唐代诗人慕名而游浙东，极一时之盛。据统计，唐代2200余位著名诗人中，有400多人游览到此。王勃、骆宾王、贺知章、孟浩然、王维、李白、杜甫、元稹、白居易、杜牧等400余位唐代诗人或顺流而下，或逆流而上，或单骑仗剑壮游，或任职、贬黜宦游，或淡泊红尘、投闲山水隐游，还有爱而未到的神游，一路游走一路吟，流传至今达1500余首诗。

唐朝诗人们由杭入越，或从浙西经富春江入浙东，总是通过西兴渡（或渔浦渡）进入萧山境内。在登堤观潮览胜后乘舟顺萧绍运河东下，“两岸画山相对出，一脉秀水迤逦来”。一路上，或小泊登岸赏景，或逗留县城游憩，或赋诗抒怀，或画舫听雨……桨声中，帆影里，一路吟咏一路诗，向东逶迤前行。萧山是“浙东唐诗之路”的亮丽起点，而萧绍运河则是诗人们的必经之路，是“浙东唐诗之路”的西段。李嘉祐的《送弟永任饶州录事参军》，首联就写到萧山的渔浦：“一官万里向千溪，水宿山行渔浦西。”《送朱中舍游江东》尾联写到西陵：“若到西陵征战处，不堪秋草自伤魂。”

据不完全统计，“浙东唐诗之路”，共收集到相关唐诗600余首，其中“按景点选诗”共收集到207首。而写于萧山或与萧山有关的唐诗总数达80多首，诗作者有李白、杜甫、贺知章、王维、王昌龄、吴融、孟浩然、白居易、元稹、宋之问、常建、李绅、刘禹锡、綦毋潜、罗隐、戴叔伦、刘长卿、皇甫冉、钱起、方干等41人。可以说，有关萧山（含西兴）的唐诗，在整条浙东唐诗之路中，所占比重不可谓之小。“北人归欲尽，犹自住萧山。闭门不曾出，诗名满世间。”[1]

[1]（唐）戴叔伦（732—789）：《题秦隐君（秦系）丽句亭》。

西兴，当年的西陵渡，渡前设西陵驿，是这条浙东唐诗之路入越第一站，“西陵遇风处，自古是通津”，是唐代诗人魂牵梦萦之地。后来人说起浙东唐诗之路，总会不约而同地从西陵打开话题。李白有“东海横秦望，西陵绕越台”的地理诗；杜甫有“商胡离别下扬州，忆上西陵古驿楼”的怀古诗；刘长卿有“西陵潮信满，岛屿入中流”和“南渡无来客，西陵自落潮”的观潮诗；罗隐有“狂抛巨浸疑倾底，猛过西陵似有头”的咏潮诗；钱起有“带舟维古岸，还似阻西陵”的船渡诗；皇甫冉有“西陵犹隔水，北岸已春山”、“北固潮当阔，西陵路稍斜”和“樟亭待潮处，已是越人烟”的风景诗；郎士元有“西陵待潮处，落日满孤舟”的观日诗；李嘉佑有“若到西陵征战处，不堪秋草自伤魂”的忆战诗；张乔有“别离吟断西陵渡，杨柳秋风两岸蝉”的送别诗；释皎然有“几日西陵路，应逢谢法曹”的答谢诗；姚合有“楼有樟亭号，涛来自古今”的登亭看潮诗；陶翰有“樟台忽已隐，界峰莫及睹”的船离诗；崔国辅有“月暗潮又落，西陵渡暂停”的感伤诗；储光羲有过送友时在“落潮洗渔浦”之后“倾荷枕驿楼”的经历叙事诗。许多诗人过西陵时都写诗赠答、送别、酬谢、感慨、寄情、颂景，凡诗意能表达得无所遗漏。唐朝薛据有《西陵口观海》，严维有《酬王侍御西陵渡见寄》，释灵一有《酬皇甫冉西陵见寄》，皇甫冉有《西陵寄灵一上人》，灵一有《酬皇甫冉西陵渡见寄》，李绅有《渡西陵十六韵》、《却渡西陵别越中父老》、《欲到西陵寄王行周》，刘长卿有《西陵寄灵一上人》，周匡物有《应举题钱塘公馆》，元稹有《与乐天别后西陵远眺》，白居易有《答微之泊西陵驿见寄》，吴融有《西陵夜居》，张史南有《西陵怀灵一上人兼寄朱放》。山东聊城人孙逖（约696—761），做过“山阴尉”。他一到浙江便写了《夜宿浙江》诗，有“烟水茫茫多苦辛，更闻江上越人吟”句。在他离任时，留下了《春日留别》诗，表达了对浙东山水的无限眷恋之情：“春路逶迤花柳前，孤舟晚泊就人烟。东山白云不可见，西陵江月夜娟娟。春江夜尽潮声度，征帆遥从此中去。越国山川看渐无，可怜愁思江南树。”唐大和七年（833）李绅被任命为浙东观察使、越州刺史。他渡钱塘江一入西陵，就举行了一个“东望拜大禹庙”的祭禹祈晴仪式，写了《渡西陵十六韵》以志其事，后来他去职离越时，又写下了《却渡西陵别越中父老》的七律诗。刘长卿在《送朱山人放越州贼退后归山阴别业》诗中，描述了战后西陵的寂寥景象：“越州初罢战，江上送归桡。南渡无来客，西陵自落潮。”晚唐诗人作品中涉及浙东的、最有名的一首是周匡物的《应举题钱塘公馆》：“万里茫茫天堑遥，秦皇底事不安桥？钱塘江口无钱过，又阻西陵两信潮。”周匡物是福建漳州人，他因家贫徒步应举，到西陵，乏资，久不得济，乃题诗于西陵馆。

诗人们不只是对西陵的碧水、雪涛、樟亭等情有独钟，多有吟咏，而且还游览湘湖区域其他地方，还描绘了诗人们在湘湖区域流连忘返的图景。陶翰（730年进士），留下了《乘潮至渔浦作》。常建（727年进士）的《渔浦》诗则记述了他在渔浦“碧水月自闲，安流静而平”月夜泛舟的情景。钱起的《送友人游江南》联写：“漠漠烟光渔浦晚，青青草色定山春。”可见他对渔浦风光非常熟悉。“萧山八景”之一的“渔浦烟光”，就是从这句诗而来。楼颖有《西施石》诗，诗云：“西施昔日浣纱津，石上青台思杀人。一去姑苏不复返，岸边桃李为谁春。”表达对西施的怀念与同情。朱放有《题竹林寺》诗：“岁月人间促，烟霞此地多。殷勤竹林寺，能得几回过。”孟浩然、綦毋潜、丘丹、方干等诗人，在祇园寺、隆兴寺及“县楼”等处，都留下了他们的踪迹和诗篇。

宋之问（约656—712）是初唐时期的著名诗人。由于他倾附安乐公主，遭太平公主忌恨，进言中宗。于景龙三年（709）将他下贬越州（今浙江绍兴市）长史。唐中宗年间的政治动荡及个人宠辱无常的经历，使宋之问感触良深，而由朽烂陈腐的宫廷来到清新秀丽的水乡，也使他开始涤净心灵，境界升华。因此，他在越州登山涉险，访察民生，“颇自力为政”诗歌创作也开始转入了健康清新的轨道。《新唐书》说他：“穷历剡溪山，置酒赋诗，流布京师，人人传讽。”有《宿云门寺》、《游禹穴回出若耶》、《浣纱篇赠陆上人》、《泛镇湖南溪》等等。他描绘越中景色，也歌颂西施的功业，如《浣纱篇》：“越女颜如花，越王闻浣纱。国微不自宠，献作吴宫娃。”

贺知章年轻时离开家乡进京赶考，就是经萧绍运河到西陵渡江北上的。在离乡之际，写下了五律《晓发》一诗：“江皋闻曙钟，轻枻理还舼。海潮夜约约，川露晨溶溶。始见沙上鸟，犹埋云外峰。故乡杳无际，明发怀朋从。”这是西陵渡的一个典型的风景画面。许多年后，当他“少小离家老大回，乡音未改鬓毛衰”告老还乡，走的还是这条路。在永兴（萧山）老家稍事逗留后，与其子贺曾（会稽司马）到绍兴镜湖畔定居，又写了《回乡偶书》的续篇。

孟浩然是盛唐山水田园诗派的主要代表之一，诗与王维齐名，号王孟。40岁那年他到长安应进士举未能及第，于是在开元十八年（730）夏秋之交，开始了其“山水寻吴越，风尘厌洛京。扁舟泛湖海，长揖谢公卿”的漫游生活，他自洛阳沿汴水、邗沟南下，自镇江对岸渡长江，到达杭州，渡江到西陵。他一路行来一路诗。在杭州时，诗人有句道“今日观溟涨”，可见渡浙江前曾遇潮涨。一旦潮退，舟路已通，诗人便迫不及待登舟续行。“潮落江平未有风，扁舟共济与君同。时时引颈望天末，何处青山是越中？”（《渡浙江问舟中人》）“八月观潮罢，三江越海寻。回瞻魏阙路，无复子牟心。”（《初下浙江舟中口号》）他在西陵写到樟亭的诗两首。《与杭州薛司户登樟亭驿》中有“山藏伯禹穴，城压伍胥涛”句，点明樟亭在越州，樟亭驿就是西陵驿。庄、樟、妆音同，都可用。《与颜钱塘登樟亭望潮作》中有“百里雷声震，鸣弦暂辍弹。府中连骑出，江上待潮观。照日秋云迴，浮天渤澥宽。惊涛来似雪，一坐凛生寒”。樟楼观潮，使他眼界大开。观潮后游兴未尽，后又与白明府泛舟畅游钱塘江，饱览两岸风光，游兴正浓乃作《游江》。到达张明府海亭，还依依不舍望着这奇妙的钱塘江，觉得潮好看，江好游，甚至远望也弯弯曲曲，煞是好看，乃作《秋登张明府海亭》诗。他又去了西城湖以及湖东的隆兴寺、湖西的渔浦潭，写下了《早发渔浦潭》、《登隆兴寺阁》。诗变得清逸壮丽，“日出气象分，始知江路阔”，“骤雨一阳散，引舟四海来”。已完全忘却了应试不第的烦恼。后人称其诗“精力浑健，俯视一切，不可徒以清言目之”。在这么多浙东之游的佳句中，最有气势、最抒胸臆、最情景交融的当为“惊涛来似雪，一坐凛生寒”的咏潮一句诗。可以说是湘湖山水滋润和陶冶了孟浩然的性情，钱塘江的汹涌，西城湖的清丽，淳朴的萧然民风，使他寄情于大自然的怀抱，乐以忘忧。其诗无意求工而清超越俗，正复出人意表，清闲浅淡中，自有泉流石上，风来松下之音。

李白（701—762）出生于盛唐时期，但他的一生，绝大部分在漫游中度过。他游历了大半个中国，其诗大多以描写山水和抒发内心的情感为主。李白曾经萧绍运河三入浙东。天宝元年（742）李白第一次南游吴越。他过西陵，登憩樟楼，“览云测变化，弄水穷清幽。迭樟隔遥海，当轩写归流”（《憩樟楼》）。他在这里饮酒观潮，诗兴大发，挥毫书就《横江词》，“海神东过恶风回，浪打天门石壁开。浙江八月何如此，涛似连山喷雪来。”雄奇豪放，韵律铿锵，是盛唐咏潮诗的代表之作。他坐船沿萧绍运河到越州，一路风光一路诗，写下了“东海横秦望，西陵绕越台。湖清霜镜晓，涛白雪山来”，并告诉他的友人，以表示以兹而始，向东南尽情游赏。“此中多逸兴，早晚向天台。”到了越中，访古探幽，赋《越中览古》诗：“越王句践破吴归，义士还家尽锦衣。宫女如花满春殿，只今惟有鹧鸪飞。”隐约寓意西施没有在胜利后回故乡。他曾经去过浦阳江畔的西子祠，上苎萝山，荡浣纱溪、洗脚潭，看红粉石后，写下了《送祝八之江东，赋得浣纱石》和《西施》，写明了“西施越溪女，出自苎萝山”。之后又送杨山人乘船至浦阳江，作《送杨山人归天台》诗。他三次访越还留下了《采莲曲》、《越女词》、《王右军》、《对酒忆贺监二首》等许多诗篇。贺监即贺知章，李白在长安和贺知章结为忘年交。天宝三年正月，贺知章度为道士告老还乡。约在天宝六年（747），李白再次到越中，贺知章已羽化。李白写了《对酒忆贺监二首》，末两联诗：“人亡余故宅，空有荷花生。念此杳如梦，凄然伤我情。”表达了对贺知章的沉痛悼念。

杜甫比李白小 11 岁，却比李白早 10 年游吴越。唐玄宗开元十九年（731）刚满 20 岁的他，以探望在常熟的姑母和在武康的叔父为由，开始了他历时四年的吴越之游。在游览了苏州后，他南渡钱塘江，登上西陵驿楼，在西陵下船经萧绍运河、鉴湖到越中和新昌天姥山。到了晚年，诗人想起吴越的山水，依然情有独钟。杜甫 55 岁客居夔州时所写的《北游》诗回忆这段旅游经历：“枕戈忆句践，渡浙想秦皇。蒸鱼闻匕首，除道哂腰章。越女天下白，鉴湖五月凉。剡溪蕴秀异，欲罢不能忘。归帆拂天姥，中岁贡旧乡。”他赞美越女，描写鉴湖、剡溪，都充满感请。同一时期写的《解闷十二首》之二：“商胡离别下扬州，忆上西陵故驿楼。为问淮南米贵贱，老夫乘兴欲东游。”他对浙东之游感受之深，而那时越州社会安定，米价稳定，这对已经贫困潦倒的杜甫来说，具有很大吸引力。因而在30多年后滞留三峡之际，还有“老夫乘兴欲东游”的感叹。

白居易从13岁到17岁避乱在越州（今绍兴），他的处女作就成于浙东。穆宗长庆二年（822），白居易自中书舍人任杭州刺史开始，多次到过西陵，留下《樟亭双樱树》、《樟亭》、《别后西陵晚眺》、《答微之泊西陵驿见寄》四首诗。时元稹为越州刺史，兼御史大夫、浙东观察使，越杭仅一水之隔，相邻为官，往来便捷，于是两位大诗人行竹筒传韵之雅事，以竹筒贮诗，派人通过萧绍运河传递，唱和来去，陈协律美而成篇。酬唱之作除抒身世之慨、致慰藉之意外，多为歌咏越杭佳山秀水之美。《全唐诗》中有白居易《元微之除浙东观察使喜得杭越邻州先赠长句》、《答微之泊西陵驿见寄》、《与微之唱和来去常以竹筒贮诗陈协律美而成篇因以此答》等17首赠和，“我住浙江西，君去浙江东”、“合眼先应到越州”、“并床三宿话平生”、“禹庙未胜天竺寺”、“江界平分两岸春”；元稹则有20余首吟咏古越山水寄白乐天的诗作，诸如《酬乐天喜邻郡》、《赠乐天》、《别后西陵远眺》、《以州宅夸于乐天》作为酬答，“莫言邻境易经过”、“与君后会如何日”、“天下风光数会稽”、“镜水稽山满眼来”。

方干（809—873），字雄飞，桐庐人，历宪、穆、敬、文、武、宣、懿、僖八朝，是晚唐时期著名诗人。他满腹经纶、才华横溢，宣宗大中（847—859）考中进士，却因兔唇受鄙，没有给他功名。方干愤而出走，遂遁于会稽，渔于鉴湖，萧然山水，以诗自放。方干的诗当时就闻名遐迩，受人称颂，在1000多年的文学史上，也一直受人青睐，世人对其诗评价很高。《四库全书总目提要》评曰：“干为诗炼句，字字无失，咏系风雅，体绝物理……盖其气格清隽，意度闲远，于晚唐纤靡俚俗之中，独能自振，故盛为一时所推。”方干多次游历萧山，流连于萧然山水，广交朋友，写下了不少绝妙好诗。《同萧山陈长官县楼登望》：“坐看南北与西东，远近无非礼义中。一县繁花香送雨，五株垂柳绿牵风。寒涛背海喧还静，驿路穿林断复通。仲叔受恩多感恋，裴回却怕酒壶空。”《游竹林寺》：“得路到深寺，幽虚曾识名。藓浓阴砌古，烟起暮香生。曙月落松翠，石泉流梵声。闻僧说真理，烦恼自然轻。”《叙钱塘异胜》：“暖景融融寒景清，越台风送晓钟声。四郊远火烧烟月，一道惊波撼郡城。夜雪未知东岸绿，春风犹放半江晴。谢公吟处依稀在，千古无人继盛名。”他写《赠萧山彭少府》诗赞朋友为官还不忘苦读求知，朋友进京赶考，他把他们送到西陵渡口，“北阙上书冲雪早，西陵中酒趁潮迟”。（《送王霖赴举》）“西陵柳路摇鞭尽，北固潮程挂席飞”（《送吴彦融赴举》）更是成为千古佳句。

温庭筠（约812—870），晚唐诗人、词人，诗词兼工，诗与李商隐齐名，并称“温李”；词与韦庄齐名，并称“温韦”。晚唐考试律赋，八韵一篇。据说他叉手一吟便成一韵，八叉八韵即告完稿，时人亦称为“温八叉”、“温八吟”。温庭筠晚年官场失意时东游吴越，于秋季到达萧山，随即拜访贺知章故居，并作《题贺知章故居叠韵作》和《过贺监旧宅》，并畅游萧山，留下了《萧山庙》一诗：“故道木阴浓，荒祠山影东。杉松一庭雨，幡盖满堂风。客奠晓莎湿，马嘶秋庙空。夜深池上歇，龙入古潭中。”在西兴，他写下了著名的咏茶佳作《西陵道士茶歌》，描述西陵的道士煎茶和饮茶情景：“乳窦溅溅通石脉，绿尘愁草春江色。涧花入井水味香，山月当人松影直。仙翁白扇霜鸟翎，拂坛夜读黄庭经。疏香皓齿有余味，更觉鹤心通杳冥。”淡淡的流水，高远的山月，在这样宁静的夜晚，连井水都透着一股幽淡的香气。仙翁道士一边读经，一边煎茶、品茶，只觉齿颊生香，心入杳冥。

第五节　名士遗迹

从春秋到汉唐，湘湖区域涌现出不少名人，西施美艳名天下，许询舍宅为祇园寺，江淹梦笔生花天下才，贺知章少小离家诗名扬等，今存西施、许询、江淹、贺知章等众多遗迹。

一　西施与西施古迹

西施是我国历史上的著名美女，为中国古代四大美女之首，家喻户晓，妇孺皆知。西施，春秋末期越国人，姓施，名夷光，一作先施，又称西子。公元前503年西施出生于湘湖东南10余公里处的苎萝山下苎萝村，村子被穿村而过的浣纱溪分成东、西二村，夷光居西，故人称西施。东村一丑女，则被称为东施。西施出身贫寒，相传西施“父鬻薪，母浣纱”。西施自幼随母溪边浣纱，故又称浣纱女。西施天生丽质，有“沉鱼”之貌。相传西施在溪边浣纱时，水中的鱼儿被她的美丽吸引，看得发呆，都忘了划水，以至于沉入水底，所以后世便用“沉鱼”来形容女子的美貌。西施，不唯容颜美丽，事迹更为感人，在国难当头之际，她忍辱负重，以身许国，帮助越王句践完成了复国大业，因而历来为人们所称道。西施更是成为美的代名词。

《史记》逸文载：“西施越之美女，越王句践以献吴王夫差，大幸之。”先秦著作《庄子》、《慎子》、《韩非子》以及汉初的《淮南子》、《战国策》、《说苑》等，都将毛嫱西施并提为“天下美人”。但先秦诸子中言西施事者，仅为片段。至成书于东汉的《越绝书》、《吴越春秋》对西施才有更为详尽的记载。

公元前494年，吴越交战，越王句践首败于夫椒，溃败于浙江，被迫率残部栖守于会稽山上，最终还是向吴王夫差称臣求和，并被迫携妻带臣入吴为奴。三年之后，受尽屈辱的句践，设计被释回国。归国后，他不仅采用大夫计倪等富国强民、养精蓄锐的策略，还采纳了大夫范蠡沼吴复国的“九术”，励精图治、卧薪尝胆、养精蓄锐、图谋灭吴。“九术”之一就是针对吴王淫而好色的特点，往献美女，惑乱其心，从而使他放松对越国的警惕。范蠡遍访越国，终于在苎萝山下浣纱溪畔找到了倾国倾城的美女——西施。年仅14周岁的西施深明大义，愿以身许国，忍辱负重伴吴王。为了让她的言行举止符合宫廷的礼仪规范，句践专门在越国都城附近建造了一座美人宫，让她居住其中，穿以绫罗绸缎，教以歌舞、步履、礼仪等。西施发愤苦练，在悠扬的乐曲中，蹁跹起舞，婀娜迷人，进而训练礼节，从一位浣纱女成长为修养有素的美女，一举手、一投足，均显出体态美，待人接物，十分得体。然后，又给她制作华丽适体的宫装，三年后进献于吴王。西施的绝世容颜和柔言媚语果然让吴王神魂颠倒，夫差大为高兴：“这是句践对我尽心啊！”遂不听伍子胥之谏而受纳为妃子，夫差在姑苏为西施建造春宵宫，筑大池，池中设青龙舟，日与西施为水戏，又为西施建造了表演歌舞和欢宴的馆娃阁、灵馆等，西施擅长跳“响屐舞”，夫差又专门为她筑“响屐廊”，用数以百计的大缸，上铺木板，西施穿木屐起舞，裙系小铃，舞动起来，铃声和大缸的回响声，“铮铮嗒嗒”交织在一起，使夫差如醉如痴。夫差沉湎女色，怠于朝政，因而放松了对越国的警惕，让越王句践获得了励精图治、厉兵秣马的机会，而他终于走向亡国丧身之途。

图15　浣纱溪与西施庙

公元前476年，句践乘夫差北上争霸之机，进军吴都姑苏，只用三年时间，就把称霸一时的吴国给灭了，夫差自刎而死。这中间西施忍辱负重，巧于周旋，对兴越灭吴起了不可或缺的作用。

西施的出生地在苎萝山自是无疑。《越绝书》、《吴越春秋》“是把美人计主角西施说得来历分明的最早资料”（《茅盾关于历史和历史剧》）。但两书都没有说清苎萝山在哪里。这给后世留下了西施故里之谜。苎萝山地处萧山南部，在萧山区临浦镇东北，但由于历史上行政区划的多次变更，苎萝山也因此曾经几次被划入诸暨境内。

春秋战国期间，萧山、诸暨均为越国所属。

秦始皇统一全国后，于二十五年（前222）在钱塘江南岸设置诸暨、山阴两县，当时萧山未置县，其地分属于诸暨、山阴两县。苎萝山当时在诸暨境内。

西汉景帝前元三年（前154）时期，“汉分诸暨、山阴地为下诸暨，后更名余暨”。（《汉书》应劭注，引自《太平寰宇记》一百九十三卷）。在分置地域的大小上，诸暨为主，山阴为次。苎萝山所在地域被划入新置的余暨县（萧山旧称）。

隋开皇九年（589）将永兴县（公元222年，孙权改余暨为永兴）废入会稽，其地分置于山阴、诸暨两县，唐仪凤二年（677）又恢复永兴县建制，其间88年萧山无县建置。苎萝山所在地域又被划入诸暨。成书于这一时期的《北堂书抄》、《白孔六帖》、《艺文类聚》、《十道志》等类书、地志自然而然就把西施故里写为诸暨，这影响到后人据此编辑的类书，如《太平御览》等书未经严肃考证就把西施故里归到诸暨，忽视了此时苎萝山当属已经恢复建制的萧山县。

苎萝山所在的临浦镇就在萧山与诸暨的边界附近，除了上述归属的变更，历史上其管辖权也曾多次在两县之间变动。因此西施出诸暨的最早说法中，曰诸暨北界萝山，西施之所出，现曰苎萝山，并不是妄言，其实就是指现在临浦苎萝村的苎萝山。然不论当时它属萧山（永兴）还是属诸暨，西施故里之苎萝山，即为今萧山县城西南25里之苎萝山。

正因为萧山和诸暨在古代行政区划多有纠葛，加上历史久远导致相关资料的湮灭，以致自南朝至民国，学者们根据各自掌握的资料，著文立说，求证苎萝山的位置。然而都各执一词，或曰萧山，或云诸暨，均坚持己见。萧山作为西施故里，不仅有14处确凿可据的西施古迹和历代相传的西施传说，也有大量的文献史料可以佐证。

萧山旧属越国西境，临浦东北的苎萝山下，浣纱溪两岸，分布着红粉石、西施庙、苎萝亭、范蠡庵、起埠庙、浴美施闸等14处西施遗迹，数量之多，年代之久远，系列性之强，是别地不可比拟的。

（一）自然遗迹

苎萝山 位于临浦镇东北之浣纱溪东岸，海拔127米，属会稽山余脉，在浣纱溪东岸，郁郁葱葱，一峰独秀，别具风采。历史上曾属苎萝乡（都），今属临浦镇。为萧山西施故里标志之一。山顶有天然石面盆，传说是西施净面处。

红纷石　苎萝山山脚有红粉石，据说手在石上一抹，会抹下些许红粉来。相传西施沼吴时，路过家乡，曾在这里停泊下船，对着如镜的溪水梳妆打扮，妆罢将胭脂水泼于石上并泣血滴石，遂成红色，也叫胭脂石。也有人说这是西施告别故乡时，依依不舍，泣血所致。每当夕阳斜照山岗，犹如璀璨明珠，晶莹似榴珠，映入湖面熠熠生辉。清山诗人单隆周《苎萝山》诗云："万仞胥召今在无，苎萝犹见一峰孤。石留红粉延朝旭，江带春纱绕绿芜。"

浣纱溪　苎萝山西麓有一条浣纱溪，上流通麻溪，下流入西小江，长约2.5公里。西施未入越都前常在此溪浣纱。春秋时期，溪两岸多植苎麻，乡人收获后，浸于溪中沤烂、漂洗，然后再进行纺织。唐朝诗人常建有"沤纻为缊袍，折麻为长缨"句。"纻"同"苎"，即西施所浣之纱。唐、宋词牌"浣溪沙"典出西施浣纱溪。唐代范摅《云溪友议》载："王轩游西小江，泊舟苎萝山际，感国色埋尘，怆然题西施石，曰：'岭上青峰秀，江边细草青，今逢浣纱石，不见浣纱人。'"明崇祯庚辰进士、兵部主事、萧山来集之有《题苎萝西子祠》诗云："泉石流素香，昔年浣纱处。"

洗脚潭　在苎萝山西麓。相传西施未离故里之时，常在此洗脚，现已淤积为农田，为苎萝畈之一部分，也称西施畈。

田螺山　在苎萝湖中，形似两颗田螺相依状。相传西施随范蠡入越都时，把家中所养的两颗田螺倒入湖中，乡人为了纪念西施，在西施投田螺处垒土成山。

（二）建筑古迹

西施庙　位于浣纱溪西岸，在施家渡北，坐西朝东，面对苎萝山。此处原先是西施的住宅，西施亡后，乡人念其功德，在其住过的草舍中供奉一双西施曾经穿过的绣鞋，后改草舍为西子祠。毛奇龄《九怀词·苎萝小姑》云："西施住萧山之苎萝村，山下有红粉石，斜傍溪流，相传西施居其间……施亡后，立祠溪旁。"南宋淳熙年间（1174—1189），宋孝宗赵昚敕封西施为苎萝48村土地神，称苎萝土地西施娘娘。聚居于此的屠族绅士邀集乡贤筹金，改祠为庙，当地人称之为"娘娘庙"，南宋《嘉泰会稽志》载："苎萝山，在县南三十里，有西施庙。"大殿于清康熙年间重修，咸丰年间被太平军焚毁，光绪二年（1876）四月重建。民国《萧山县志稿》称该庙"殿五楹，余屋三楹，有演台"。庙内原设有两尊西施神像，一坐尊，一行尊。从明朝万历十二年（1584）起，每年农历九月迎神赛会，请来秀丽的女子扮西施，抬着行宫在苎萝48村游行，并在每年农历三月初一至初三（传说三月初三为西施的生日），举行庙会，请绍兴大班演戏三天，来自萧山各地、绍兴等地的香客来西施庙进香，络绎不绝，一直到“文化大革命”。“文革”期间“破四旧”，将庙内各种佛像都捣毁，但西施像被当地农民保护起来，把它移至瓦窑金茅草庙，后又偷藏于青山帐一农户草舍内，可惜后来还是焚于火灾。“破四旧”后大殿被拆除改建为9间教室，1993年4月西施庙及周围古迹群被列为萧山市重点文物保护单位。

西施庙由前殿、后殿、厢房、苎萝亭组成。前殿3间，北厢房4间及苎萝亭，为清代建筑，后殿系2001年重建，整座庙占地面积近1000平方米。庙内塑有西施像，殿前香炉底下的覆盆状石础，便是南宋遗物。庙门额刻阳文“西施庙”，落款“光绪二年四月吉立”、“合社重建”，石刻阳文，两侧边门额“山回”、“水绕”、“戴贻润堂敬助”，此系清光绪二年四月重修时所刻。戏台尚存，名同春台，为清康熙年间所建，今亦整修。现西施庙北端墙壁嵌有清光绪十三年（1887）萧山县正堂关于不许在西施庙周围河塘筑箔捕鱼的禁示碑。

苎萝亭 在西施庙前，东濒浣纱溪，为过路临浦、所前之间的休憩点。亭梁上“清嘉庆二十三年重修”镌书，依然清晰可辨。

后江庙 又称“起埠庙”，在西施庙之南，浣纱溪西侧。悬山单檐，石柱青瓦，古色古香。相传越灭吴后，西施与范蠡归越隐居，在此起埠上岸。明兵部主事来集之《题苎萝西子祠》中诗句“还顾旧时伴，布裙招暗语”，即指此处。

范蠡庵 在施家渡柴湾浣纱溪畔，俗称“日思庵”。相传越大夫范蠡于此访得西施，加上范蠡作为越国的重臣，为兴越灭吴立下了不可磨灭的功勋，所以乡人日日思念他。范蠡庵又称“娘家庙”、“梳头庵”，相传西施入越都时在此梳头换装，告别乡亲。今存戏台及北厢僧房。民国来裕恂《萧山县志稿》曰：“范少伯祠在苎萝乡施家渡，祀范蠡，为十四庵社庙。”

浴美施闸 又称“中美”，在施家渡村西北约1公里的两河交汇处，因位于苎萝湖之南，也叫“南湖”。相传当年西施入吴时，由范蠡陪同，舟从越国会稽出发，顺西小江而行，过苎萝山来到这里。此时已近黄昏，西施望着夕阳西下的家乡，想着自家背井离乡，前往吴国，将委身于吴王，便泪流不止。范蠡深知西施的心情，于是决定在此停泊一宿。当时正值夏末秋初，江南天气依然炎热。西施为了洁身自爽，欲留清白于此，便在两水交汇的潭中沐浴。此地就留下了“浴美施”的美名。毛奇龄诗云：“西施湔裙处，行人唤美施；山花鸦子髻，浦竹女儿词；教舞宫城艳，吹箫思社里；至今山下水，流出似胭脂。”据《苎萝屠氏宗谱》记载：明万历年间，开拓河道，屠姓出金数百，在浴美施处建闸。清道光间，闸西建有永宁桥，桥边立有“西施亭”。浴美施闸，今“古浴美施闸”石碑犹存，闸旁西施亭已圮。

妆亭　在湘湖北的西兴。公元前485年一个秋风凄凄的早晨，固陵港内停泊了一队官船凤舟，西施面对着前来送别的父老乡亲，想着此行任务的艰巨，也许再也不能回来，两行热泪流了下来，眼泪湿了粉脸。但为了越国的复兴大业，西施强忍着满腔的离愁别恨，毅然在江边用清水洗掉泪痕，重施脂粉，梳妆打扮，登船入吴。后人因此筑妆亭，纪念为国忍辱负重、甘于献身的西施。万历《萧山县志》载："妆亭，今改为西兴驿。""明弘治间，萧山县令邹鲁觅迹至此，在该驿亭上题'妆亭古迹'四字，谓西施至此梳妆渡江也。"由于妆亭离湘湖很近，而湘湖边上的越王城山又使人联想到沼吴复越的英雄人物，清代诗人钱霍在歌咏湘湖的时候，也自然而然地想到西施，他的《城山》诗云："西施明艳世间稀，此地曾经换舞衣；春色不随流水尽，暮山犹见彩云飞。"

西施古迹群已被列为杭州市文物保护单位，包括西施庙、苎萝亭、浣纱溪、苎萝山浴美施潭等。

二　许询与祇园寺

许询是东晋著名文学家，祖籍河南高阳，出身世家，才华超群，与孙绰并为东晋玄言诗的代表人物。许询好游山玩水，终身不仕，常与谢安等人游宴、吟咏，曾参与王羲之主持召开的兰亭雅会。他善析玄理，是当时清谈家的领袖之一，"能清言，于时士人皆钦慕仰爱之"（《世说新语·棲逸篇》）。许询长期寓居萧山，流连于萧然山水之间，许多古迹因他而闻名。他是南迁许氏家族的祖先，萧山许姓人都尊称他为玄度公。

许询是西晋琅琊太守许皈次子，字玄度，儿时"总角秀惠，众称神童"[1]。西晋灭亡后，许皈举家随司马睿（晋元帝）南渡，迁会稽内史，家于山阴。许询长而"风情简素，有才藻，善属文，与王羲之、孙绰、支遁等皆以文义冠世"。

[1]《世说新语》，以下引文未注明者均为《世说新语》。

许询好道，喜欢研究黄老之学问；后又崇禅，经常和高僧支遁接席讲经。许询鄙视西晋士人的追名逐利，崇尚"玄淡"，清心寡欲，不慕世利，无意功名。许询重性情，热爱山水，崇尚自然，喜在山水游弋中体悟人生，"出则鱼弋山水，入则言咏属文，无处世意"。他有一副好体魄，能爬山，时人谓之"许非有胜情，实有济胜之具"。

许询是东晋玄言诗人的代表，著有文集三卷，《隋书·经籍志》、《唐书·经籍志》皆有著录。宋以后不再流传。他的诗歌质朴淡远、清新自然，和孙绰齐名。晋简文帝称"玄度五言诗，可谓妙绝时人"（《世说新语·文学》）。但历经1000多年岁月淘洗，许询诗文今存不多，多系残篇，仅《答庾僧渊诗》、《竹扇诗》两首和《白尘尾铭》一文完整。其《竹扇诗》清雅质朴，别有情致："良工眇芳林，妙思触物骋；篾疑秋蝉翼，团

图 16　祇园寺

取望舒景。”

魏晋时期朝廷选拔官吏沿用西汉以来的征辟制度，亦称辟举，是由皇帝或地方长官直接征召名望显赫的人士出来做官。征，是指皇帝下诏指名征聘，有时也称为特诏或特征。辟，是指公卿或州郡征调某人为掾属，也称为辟召、辟除。公卿以能招致贤才为高，而俊才名士也以有所依凭为重。许询出身世族，品德高尚、学识才干出众，“时人士皆钦爱之”，名望极佳。因此朝廷多次征辟他入朝为官，可他坚决不受。在他寓居会稽时，司徒蔡谟就辟召其入朝为官，许询推辞了；晋元帝司马睿闻其才，征召他做议郎，许询婉辞不就。许询为避免不必要的麻烦，索性举家迁到永兴（萧山旧名）。可是到了永兴，朝廷还是一次次地征辟他为官，中郎王坦之辟举许玄为吏部郎，许询没去，肃宗（晋明帝）连征许询为司徒掾，许询又婉拒了。接二连三的征辟，让许询不厌其烦，于是他决心隐居，“乃策杖披裘，隐于永兴西山。凭树构堂，萧然自致。至今此地，名曰萧山”。

除了西山，许询还在萧山其他地方隐居过，如皋屯、究山、北干之阳。皋屯在楼塔，今楼塔镇的百药山、仙人洞和山下的玄度岩，都曾是许询当年隐居之所。究山在义桥镇许贤，许询幼子许珪就在那里生活。原许贤乡之名，据《萧山县志》记载，唐代时这里出了个大孝子许伯会，乃许询后裔，事迹感人，后人为纪念他称其为“许贤相公”，许贤乡因此得名。唐代大诗人王勃《山亭序》曰：“永兴新郊许元度之风月”，谓此也。在北干山下，有许询园，《图经》云：“询家此山之阳，故其诗曰‘萧条北干园景也’。”《太平寰宇记》又载：“县西南八十里有许询幽居之所，元朝诗人徐天祐《题许询旧园诗》云：‘高栖不受鹤书招，北干家园久寂寥，明月室怀人姓许，故山犹是岫名萧。’”

许询“好游山水，而体便登陟”、“好泉石，清风朗月，举酒永杯”、“好神游，乐隐遁之事”。许询身处萧山的秀美山水，在其中陶冶情性，体悟玄理，将萧山作为颐养身心之所。

许询虽然一直拒绝做官，但他有很多朋友在朝为官。“许玄度隐于永兴南幽穴中，每致四方诸侯之遗。”他隐居萧山楼塔山洞里的时候经常接受地方高官的馈赠，于是有人讥讽他：“上古隐居箕山的许由不是你这个样子的。”许询回答道：“可他们送我这些东西也比不上尧送天子宝座啊!”由此可见他的机锋便利。

许询与王羲之、谢安、刘惔、孙绰、郗愔、郗昙、王濛、王脩、王坦之、司马昱（晋简文帝）、支遁等相交游，这些都是当时的著名人物。许询隐居后，仍旧与这些朋友相往来。许询能言善辩，长于说理。晋简文帝司马昱未登位前[1]，有一天夜晚，风静月明，许询前去拜访，两个人一起在室内清谈玄理。那一夜，许询每句话都直抒胸臆，言辞特别清新婉约，有逾平日，司马昱听得如痴如醉，如置身于淡淡雨露之中，两人执手共语，直到天亮。事后，司马昱回味说：“许询才华横溢，别人很难企及他清谈的高度。”

[1] 司马昱，未登位前曾封琅琊王、会稽王、抚军大将军、丞相。

许询与王羲之友谊很深。永和九年（353）三月初三，王羲之宦游山阴，与谢安等在会稽山阴的兰亭聚会，饮酒赋诗，修祓禊之礼，行“曲水流觞”之雅。许询是参与王羲之的兰亭修禊的41人之一。这次集会共辑诗37首，王羲之既是召集者，诗集序就由他来写。这就是他的书法名篇《兰亭集序》。王羲之晚年隐居剡县（嵊州）金庭，许询特地从萧山赶过去与王羲之为邻。李白有诗云：“此中久延伫，入剡寻王许”（《送王屋山人魏万还王屋》）。诗中所指“王许”，就是指王羲之与许询。

许询和刘惔交情也很好。刘惔任丹阳郡守时，许询去看望，刘惔招待得十分周到：“床帷新丽，饮食甘丰。”许询感慨，“如果能够长久地保住这个地方，绝胜我粗茶淡饭住在东山呢!”刘惔回答说：“你如果知道凶吉都是由人自己造成的，那我怎么会不保住它呢?”那天晚上，正好王羲之也在座，听后忍不住插了句嘴：“假如巢父、许由[2]遇见周稷和商契，大概是不会以如此尘俗的东西作为谈论的题材的。”当时许询是临场发挥调侃，刘惔却是骨子里的潜意识回答，凡事都认真的王羲之却说得许询、刘惔二人脸上都有了愧色。许询曾在都城建康住了一个月，刘惔天天去看望，还时时想念他：“清风朗月，辄思玄度。”

[2] 巢父、许由，为上古隐居不仕的名人。

随着许询的名望越来越大，皇帝的聘召不断下来，特别是其好友晋简文帝登基后，多次邀请其出山。为了回避朝廷的再三征召，同时也为了陪伴在四明山区的嵊县金庭的剡溪深谷隐居的好友王羲之，许询从萧山搬过去与王羲之为邻。许询离开萧山时，他的故宅就捐作寺院。《建康实录》曰：晋许询舍永兴、山阴二宅为寺，家财珍异，悉皆是给。既成，启奏孝宗（晋穆帝）。诏曰：“山阴旧为衹洹寺，永兴居为崇化寺。”这样一来，皇帝也知道他为了隐居，连住宅家产都不要了，可见去意坚决，从此就再也不来征召他了。

许询在剡溪度过了他的晚年，他死在王羲之之前，活了40多岁。许询逝世后埋骨于剡县（今嵊州）孝嘉乡济度村。

许氏故居即今萧山境内祇园寺，在今城区西河路东侧，体育路西端北面。祇园寺是萧山最具规模，也是佛教禅宗中较为规范的一座寺观，是古代萧山乃至整个浙东地区颇有影响的佛教圣地。东晋咸和六年（331），许询舍宅建寺，孝宗时赐名崇化寺。据南宋《嘉泰会稽志》载：唐会昌（841—846）时寺废，北宋建隆元年（960）重建。宋治平三年（1066）改名“祇园寺”沿称至今。元至正三年（1343），寺僧道拳建佛殿，寺广36亩。明朝时祇园寺进入鼎盛时期，有“江南第一山”之称。清初寺院中的藏经阁、大殿倒塌，雍正六年寺僧集议重修，但未达目的。后僧侣缺粮，各奔东西，旧址破败，举目萧然。但仅过几十年后的乾隆二十一年和嘉庆二十四年，就由一位名叫岳宗的大和尚不遗余力地募捐重修，使之重现旧貌。咸丰十一年（1861），被信奉拜上帝教的太平军焚毁。光绪五年（1879）重修，至十六年（1890）落成，规模为全县寺宇之冠。

祇园寺的建筑布局严密，纵轴线上为山门、天王殿、大雄宝殿、藏经阁、钟鼓楼、砖塔，横轴线上有斋堂、圆通殿、放生池、厢房和菜地等。大雄宝殿高大壮观，气势雄伟，殿内的所有佛像全部镀金，时至20世纪50年代仍是金光闪闪。殿前有钟楼、鼓楼，大钟重有3000斤，高2米多，系青铜铸造，上铸有经文和许多佛像，是一件珍贵的艺术品，因钟楼兼报全城火警，故又名太平钟。天王殿前有山门及两庑。前后有感应塔4座。大雄宝殿前的两座方塔是后梁岳阳王萧詧所建。塔上佛像雕琢精美，端庄肃穆。天王殿前的东西两座圆塔，是吴越监军节度使渤海公所建。塔由砖石砌成，高7层。两塔内的舍利铜塔是后周时铸造的。大雄宝殿的后面便是藏经阁，据传藏经阁的佛经典籍十分丰富，历代僧侣千辛万苦地从全国各地寻找搜集，据说曾藏过宋仁宗的手书，但早已不知去向，现尚有少量残卷存世。大殿以西有一间十分宽敞的斋堂，厨房内有直径近两米的大铁锅10只。据传祇园寺兴盛时有僧侣300多人，民国初年成立的萧山佛教协会就设在该寺。20世纪50年代初，西圆塔和东圆塔相继倒塌和拆除，寺院被蚕食，殿宇改作他用。“文革”时期“破四旧”，寺内佛像捣毁，两座方塔与鼓楼均毁，仅存天王殿、大雄宝殿与钟楼，寺内空空如也。1983年5月，萧山县政府将祇园寺列为县级重点文物保护单位。20世纪80年代和90年代，多次拨款修缮。现寺宇占地面积2000多平方米，三进二院，主体系清代遗存，具典型的清代江南建筑风格。天王殿、大雄宝殿歇山重檐，飞檐翘角，翼角置龙吻兽，正脊饰瓦神宝镜，分别额书“国泰民安”、“佛日增辉”。正殿构制恢弘，梁枋饰彩绘，大门裙板雕刻“三英战吕布”、“岳母刺字”等《三国演义》、《说岳全传》故事，人物呼之欲出。钟楼碑廊存历代碑刻11块，有“祇园禅寺大钟原义”碑、“祇园禅寺钟规碑”和捐田碑记等。寺内出土五代纪年舍利铜塔2座；塔砖正面刻佛像，背面铭记9行，系显德五年（958）十月记，具有较高文物价值。寺内原有古樟4棵，荫蔽塔尖，每当浓荫蔽日之昼或皎月清辉之夜，微风轻拂，树影浮动，塔影随之闪动。“祇园塔影”旧为城区十景之一。

三　江淹与江寺

（一）江淹生平

在中国的成语词典里，能一人独享两个成语的人少之又少，而江淹即是一个，“江淹梦笔”和“江郎才尽”皆与他有关。前者让少年才俊的江淹成为中国历史上的一代文豪，后者却让这位一心廉政为官的闻达之人背上了一桩千古难雪的“文学冤案”。

江淹（444—505），字文通，济阳考城（今河南省兰考县东）人，南朝文学家。父亲江康之，刘宋时任南沙县令，雅有才思。江淹自幼聪颖，6岁能诗，少志以汉时司马相如为榜样，勤学上进。在江淹13岁时父亲去世，家境一下子陷入贫寒之中，不得不采薪养母，孝闻乡里，在如此困境之下，江淹仍好学苦读，“博览群书，不事章句之学，颇留情于文章”[1]。

[1]江淹：《自序传》。

传说江淹年幼时虽有壮志，文章却也平平，常常举笔难书下文。某日夜间，梦见一白胡子老者赠送他五彩神笔一支，醒来果有神笔一支在床头，据史料记载此老者是西晋大文豪郭璞。说也奇怪，江淹自得神笔后文思大进，仿如满腹经纶，才华横溢，题词作诗信口吟咏，撰写文章洋洋洒洒，故有江淹江才子“江淹梦笔”的故事，时称“南朝文豪”。

青年时代江淹才华出众，20岁左右教宋始安王刘子真读“五经”，并一度在新安王刘子鸾幕下任职。泰始二年（466），江淹转入建平王刘景素幕下，刘景素对他很重视，待以布衣之礼，但由于江淹“少年尝倜傥不俗，或为世士所嫉”（《自序传》），因广陵令郭彦文一案，被诬受贿入狱。在狱中，他写了一篇《诣建平王书》上书陈情，尽展才华把自己无限的哀叹诉诸笔端，以其文采飞扬、不卑不亢，以及恳切而诚挚的情感陈述自己的冤情，生花妙笔令人拍案叫绝，深深打动了建平王刘景素，因而豁免。此后，他曾举南徐州秀才，对策上第，转巴陵王国左常侍。不久，又回到刘景素幕下，任主簿、参军等职。泰豫元年（472），宋明帝死后，刘景素密谋叛乱，江淹谏劝，并写了15首诗以讽劝，刘景素不听，反而将其贬为建安吴兴（今属福建）县令。这一时期，任上的事务不多，颇为清闲，而闽地山水秀丽，江淹便流连山水，著文章自娱，其许多代表作品写于此时。宋顺帝升明元年（477），萧道成执政，慕江淹之名，把江淹自吴兴召回，并任为尚书驾部郎、骠骑参军事，从此，江淹即成了萧道成幕府中掌笔翰的主要人物，萧道成上顺帝之章、表及所发之教、令等应用文字，基本上都出自江淹之手。

昇明元年季冬，荆州刺史沈攸之不满萧道成的专权，举兵反对萧道成。沈攸之握有重兵，实力强大，再加上当时朝中忠于王室的大臣袁粲、刘秉等人因感到萧道成对刘宋王朝的威胁，也欲响应沈攸之。在这严峻的形势之下，萧道成曾向江淹征求看法。江淹以历史上以弱胜强的具体事例为证，以坚定萧道成必胜的信心，同时他还进一步分析了萧道成的五大有利条件及沈攸之五大不利的因素，得出萧必胜而沈必败的结论，力劝萧道成以武力平定叛乱。后来事态的发展果真如江淹所料，沈攸之于昇明二年（478）的正月即兵败被杀。叛乱的迅速平定，也更加深了萧道成对他的信任。从此，江淹的政治前途一片光明。

昇明三年（即齐高帝建元元年，479），萧道成废宋顺帝自立，国号齐，是为齐高帝。江淹自此又进入了萧道成的次子豫章王萧嶷的幕府，为萧嶷相府的记室参军，同时参掌诏册，国家当时的诏书等重要文件，仍然基本由他起草。建元二年（480），他又领东武令，同时还兼管国史的编撰。与他素所尊敬的檀超一同修《齐史》。不久，江淹又先后升任正员散骑侍郎、中书郎，成了掌管国家机密的核心人员。建元四年（482）三月，萧道成病卒，江淹作《齐太祖高皇帝诔》以赞美萧道成的功绩，并将萧道成的遗文编次成集。而他最为后世所称道的《杂体诗三十首》在这年之前也已经全部完成。此30首诗模拟汉无名氏古诗至南朝汤惠休为止的古今凡30名家的五言诗，每人拟作一首，乃其竭尽心力之作。此30首并非单纯的模拟之作，其真正的目的乃是要力图通过这些拟作表达自己的创作观点，批评当时各迷所滞、贵远贱近、重耳轻目等不良倾向，表现了他对创作风格多样化的文学主张的提倡，以及对不同时代、不同创作风格作家的尊重。在这一组诗完成之后，再也不见他有佳作问世，诗人蒙受“才尽”之讥的时间，大约就在这一时期前后。虽然在次年他还作有《铜剑赞》，永明六年（488）也有《灵丘竹赋》之作，但都显得较为板滞，艺术上已经没有多少可称之处了。

齐武帝萧赜永明元年（483），江淹迁职骁骑将军，掌国史，取代檀超成了《齐史》的主纂。以后又历任建武将军、庐陵（治所在今江西南昌）内史、骁骑将军、兼尚书左丞、领国子博士等职。永明十一年（493）七月，齐武帝萧赜死后，江淹又以骁骑将军代理御史中丞，主管对官员的纠察弹劾。他到任以后，先后弹劾了中书监谢朏、司徒左长史王缋、护军长史庾弘远、益州刺史刘悛、梁州刺史阴智伯等众多大臣。这些人中，大多是著名的世家大族，地位也较江淹为高，所以朝中一时为之肃然，以致当时执政的宰相西昌侯萧鸾称赞说：“宋世以来，不复有严明中丞，君今日可谓近世独步。”他这种不惧权贵，也不依附于任何政治集团的行为，正是他在当时极其混乱、充满了杀戮的险恶时代中，一直未受到重大打击的根本原因。

建武元年（494），西昌侯萧鸾先后废杀了郁林王萧昭文与海陵王萧昭业两个小皇帝而自立为帝，江淹升任廷尉卿，加给事中。但这年发生了一件对江淹颇为不利的事情，在明帝萧鸾篡位的过程中起到关键作用的领军将军、南徐州刺史萧谌及其弟司州刺史萧诞因为功高震主，受到猜忌而先后被杀。而江淹之女才君则是萧诞的儿媳，并在萧诞被杀后恸哭而死。这自然就引起了明帝萧鸾的不满，于是江淹被贬出京都，任辅国将军、宣城太守。直到明帝死后，才被继位的东昏侯萧宝卷召回，任黄门侍郎，领步兵校尉，不久又升任为秘书监、侍中，成了齐王朝的高级官员之一。永元二年（500）春，在平西将军崔慧景的叛乱事件中，57岁的江淹再次表现出过人的见识。崔慧景当时已经攻破京都建康城，东昏侯仅仅凭借宫城据守。在这一形势之下，朝中绝大多数官员皆以为东昏侯必败的大局已定，为求自保而纷纷向崔慧景示好。但江淹料定崔慧景必败，因而称病不往，随后崔慧景兵败被杀，众皆服江淹有远见。而在随后萧衍起兵进攻建康时，兼任卫尉而负责保卫京都的江淹却采取了与此前截然相反的态度和举动，微服逃离京都投奔了萧衍，从而深得萧衍的信任和器重，当即被任冠军将军、秘书监，不久又转为萧衍的相国右常侍。对两次近似的事变所采取的完全不同的态度，正是他作为一个杰出的政治家的极好体现。天监元年（502）四月，萧衍废齐和帝萧宝融自立，国号梁，江淹被任为散骑常侍、左卫将军，封临沮县伯。随后又因病被任为金紫光禄大夫这一相当荣耀的闲职，并改封醴陵伯。此后安享尊荣，直至天监四年（505）他62岁时因病去世。江淹死后，梁武帝萧衍深为痛惜，亲自为他服丧举哀。在同时代成功的政治家与文学家中，能得到这种荣耀的，仅江淹一人而已。江淹为官智慧，富有远见。

江淹作为南朝辞赋大家，一生著作丰富。据其《自序传》说有10卷，这是江淹在齐代时的记录。而据《梁书·江淹传》记载："凡所著述百余篇，自撰为前后集。"可知他后来又有新的作品，自己辑录为前后两集。《隋书·经籍志》记载："《江淹集》（九卷），《江淹后集》（十卷）。"《旧唐书》记载："《江淹前集》（十卷），《江淹后集》（十卷）。"唐朝之后，大多记载为10卷。明人胡之骥著有《江文通集汇注》。《梁书》记载他还著有《齐史·十志》，今佚失了。

江淹突出的文学成就表现在他的辞赋方面。他是南朝辞赋大家，与鲍照并称。南朝辞赋发展到"江鲍"，达到了一个高峰。江淹的《恨赋》、《别赋》与鲍照的《芜城赋》、《舞鹤赋》，可以说是南朝辞赋的佳作。江淹的《别赋》描写了富贵之别、剑客之别、征夫之别、绝国之别、夫妻之别、求仙遐登之别、恋人之别，将种种惜别之情、离别之痛写得淋漓尽致。江淹笔下那种"使人意夺神骇，心折骨惊"的离情别绪，令人读之动容，为他那"黯然销魂者，唯别而已矣"感慨与伤痛，并深深地感动。其《恨赋》则分别描写了秦王、赵王、李陵、昭君、冯衍、嵇康等不同时代、不同际遇人物的遗恨。无论是削平天下的秦王、金舆玉乘的赵王，还是名辱身冤的李陵、芜绝异域的昭君；无论是塞门不仕的冯衍，还是身陷囹圄的嵇康……当“烟断火绝，闭骨泉里”时，他们都会有遗恨，他们“莫不饮恨而吞声”。“春草暮兮秋风惊，秋风罢兮春草生。”自古人皆有生死，而生生死死，如春草秋风般循环往复，但人的遗恨是免不了的。江淹以抒情的笔墨描绘了人间的离情别恨，哀婉而苍凉。他的《倡妇自悲赋》、《哀千里赋》、《待罪江南思北归赋》等都以抒情见长，展现了江淹善于状物达情的文思才华。

《中国文学史》称江淹为南朝时最优秀的诗人。他的诗作成就虽不及他的辞赋和骈文，但也不乏优秀之作，其特点是意趣深远，在齐梁诸家中尤为突出。善于拟古是江淹诗歌方面的突出特色，面貌酷似，几可乱真。南朝文学批评家钟嵘在《诗品》中就说江淹“善于摹拟”。江淹努力学习古人的作品，确使他摆脱了一些绮丽之风，写出了不少在流丽中带有峭拔苍劲之气的诗篇。在江淹的诗歌中，有一部分为乐府歌辞。江淹的乐府歌辞在南朝虽不能技压群雄，也算得是上乘之作。

文人自古以才情留名，而让江淹名垂千古的是“江郎才尽”。江淹在仕途通达时，他的诗文辞赋渐少，时人谓之“江郎才尽”。这不能不深令世人惋惜或不解。“江郎”缘何“才尽”？作为一个文化问题，自古以来所引起的争论和思考就一直没有停止过。这里的“才”，指的是江淹文学创作之才，而非江淹的全部才华。

关于江淹“才尽”的原因，古人认为与其梦失“锦缎”、“五色笔”有关。钟嵘《诗品》论“齐光禄江淹诗”有以下的一段记载说：“初，淹罢宣城郡，遂宿冶亭，梦一美丈夫，自称郭璞。谓淹曰：‘吾有笔在卿处多年矣，可以见还。’淹探怀中，得五色笔以授之，尔后为诗，不复成语，故世传江淹才尽。”《南史》江淹本传除以上这一逸事以外，还记载了张协索锦事，说：“淹少以文章显，晚节才思微退，云为宣城太守时罢归，始泊禅灵寺渚，夜梦一人自称张景阳，谓曰：‘前以一匹锦相寄，今可见还。’淹探怀中得数尺与之，此人大恚曰：‘那得割截都尽。’顾见丘迟谓曰：‘余此数尺既无所用，以遗君。’自尔淹文章踬矣。”这一说法，要么是好事者所杜撰的维护之辞，要么是江淹自己所杜撰的梦中索锦还笔之说，以为自我解嘲耳。今人大多认为“江郎才尽”主要是由于生活环境改变，江淹晚年官居高位以后，忙于官场“公务”和应酬，怠于学习、疏于创作所致。也有人认为江淹对当时流行的“永明体”文风不满，但无力与之抗衡，只能搁笔表示抗议。其实，原因并非完全如此，一个“梦笔生花”的著名才子，又怎会一下子“江郎才尽”？

江淹在《自序传》中说自己有“深沉有远识”。齐武帝萧颐之后，政局动荡，政变、篡位阴谋不断，朝代更迭频繁，充满了杀戮，而此时作为当朝“一支笔”的江淹，妙笔生花，负责为当政者起草诏书等重要文件，是决策中枢的重要成员。而江淹为官清正、不避权贵、直言敢谏，在杀机四伏的环境下，稍有不慎，就可能带来杀身之祸。因此江淹藏锋敛颖，编出郭璞梦中赠笔后又收笔的故事，以“才尽”为由，推脱掉诏书起草这个烫手山芋，退出决策圈，避险就吉，远离政治旋涡当是明哲之举。这也与其不依附于任何政治集团的行为一致。即使不得已而写，也是“皇齐启运从瑶玑”之类的华丽篇章。为了博得君王欢欣，苟全性命于乱世，他渊博的知识和睿智才华全部转化成生存智慧，使他在仕途上获得了极大的成功。在这一张一弛之间，江淹显现出了成熟的政治修养和过人的聪明才智。“江郎才尽”实则是江淹托梦罢笔韬光养晦之举。

（二）江寺和梦笔桥

江寺曾名昭玄寺、觉苑寺，位于城厢街道文化路。据南宋《嘉泰会稽志》载：系南朝齐著名文人江淹故宅，齐建元二年（480）江淹之子昭玄舍宅改建为寺；唐会昌元年（841）时废；唐大中二年（848）重建，取名“昭玄寺”；北宋大中祥符元年（1008）时，因避讳改名“觉苑寺”；北宋熙宁元年（1068），建大悲阁，塑千手千眼大慈悲菩萨，并由当时著名文人沈辽（即沈睿达）书寺额，为寺内的大悲阁作记，请戚舜臣画山水于大悲阁后壁，此额书、阁文、壁画，时称“三绝”，一时壮丽为杭越往来之伟观。后壁画漫灭。宋书法家张即之以该寺系江氏舍宅改建，题“江寺”二字，匾于山门，遂称江寺。熙宁初，元代元统二年，大悲阁毁，至元三年大悲阁旧址改建圆通阁。明嘉靖十三年寺毁于风雨，越八年重修。万历七年重建圆通阁。至清咸丰十一年寺又毁于太平军之手，光绪十五年至二十一年再次重修。现山门匾额“江寺”两个遒劲魏体大字，乃清光绪丙申（1896）十月绍兴书法名家陶浚宣所书。新中国成立后，前、中两殿改建为“萧山县人民会堂”，其两殿屋顶仍保持原状。前殿屋顶重檐飞拱，巍峨壮观，惜上面的雕塑在1967年“文革”期间被毁。寺前有唐代“唐陀罗尼经幢”两座，东西各一。居东者，系唐咸通二年（861）王镕题字；居西者，系同时代的处士胡季良题字。此二经幢均于“文革”期间被捣毁。至20世纪80年代才得以拆堂复寺。如今江寺重修一新，复名江寺，又名萧山民俗文化园，正在为萧山的文化事业作出重要贡献。

寺前有梦笔桥，建于南朝齐建元二年（480），取“江淹梦笔”事名。但民间一直叫江寺桥。北宋著名进士叶清臣于天圣二年撰的《萧山昭庆寺梦笔桥碑记》记载：“梦笔桥者，乃直寺门绝河流而建之也。初，齐建元中，左卫江公，皈依法乘，脱略尘境，舍所居宅为大福田，则斯桥之兴，与寺偕始。”清雍正《浙江通志》载：“梦笔桥以江寺而名，文通舍宅为寺，故桥谓之梦笔耳。”梦笔桥现桥为清代重修，为单孔石拱桥，南北走向，以平整条石并列砌筑，跨于江寺前城河（萧绍运河）上。桥长14.5米，面宽2.5米。桥孔跨径5米。拱圈以纵联分节并列砌置。桥上设栏板、望柱，南北各3个台阶，共6级台阶。桥上清风拂垂柳，桥下清波向东流。北宋进士华镇对此桥有诗云：“绿波照日情无奈，碧草连天恨未消。欲向梦中传彩笔，柳丝低拂曲栏桥。”

宋时，这里设有梦笔驿，是当时萧山的中心驿站，人来客往频繁，又称萧山县驿。南宋《嘉泰会稽志》载：“萧山县有梦笔驿。”南宋开禧元年（1205），诗人陆游泊舟于此桥之东，写下了《雨中泊舟萧山县驿》：“梦笔桥东夜系船，残灯耿耿不成眠。千年未息灵胥怒，卷地潮声到枕边。”抒发了诗人对国事的忧愤之情。宋人曾极有诗《梦笔驿》：“晋尚空谈笔力衰，文章高下亦随时。景纯不作文通死，五色毛锥付与谁。”

江寺和梦笔桥现已列为市级重点文物保护单位，桥南西侧临河处辟有梦笔园，园中筑有梦笔亭，整座小园花木扶疏，槐树参天，幽雅朴素，与修葺一新的江寺相映成趣，乃市民休憩的好地方。

南宋，爱国诗人陆游多次到萧，下榻“梦笔驿”，写下了“梦笔桥边拥鼻吟，壮图蹭蹬老侵寻；不眠数尽鸡三唱，自叹当年起舞心”的诗句。明代著名诗人江应轸诗云：“滨江十里文通宅，江上潮声日夜哀。彩笔已随春蝶化，遗文空对野花开。山川秀色应谁主，宇宙闲身我亦来。莫怪风流怜宋玉，夕阳千古一荒台。”明代最著名的学者王阳明，也曾题诗：“独自澄江滨，双刹青汉表。揽衣试登陟，深林宿惊鸟。老僧邱壑癯，古颜冰雪好。霏霏出幽渎，落落见孤抱。雨霁江气改，天虚月色皓。夜静卧禅关，吾笔梦生草。”在清初钱塘举人厉鹗，写有《舟过觉苑寺》诗：“江郎有故居，斜日市渠抱，作舟试来寻，鸦鹊闹浩浩。”乾隆年间学者陶元藻，也有《江寺》诗曰：“江总才华叹寂寥，台城肠断纸鸢飘。一铃常响浮图顶，犹是声声语六朝。”

四　贺知章与知章故里

（一）贺知章

贺知章（659—744），字季真，一字维摩，号石窗，晚年更号“四明狂客”。越州永兴（今浙江萧山）人。

贺知章家境贫寒，但他幼小聪颖懂事，勤奋好学，几年苦读，就能工诗文、善书法，其草隶尤为精绝。37 岁之前，他读书、游历，以文词俊秀的才子之名著称于世，为他以后的仕宦生涯做好了准备。

唐证圣元年（695）的一天拂晓，一条小船载着贺知章，沿运河来到西陵，在西陵渡换上大船，过钱塘江，转京杭大运河北上长安赶考。37 岁的贺知章，望着渐渐远去故乡，山川欲曙，景色清新，遂吟成五律《晓发》一首：“江皋闻曙钟，轻枻理还舼。海潮夜约约，川露晨溶溶。始见沙上鸟，犹埋云外峰。故乡杳无际，明发怀朋从。”

到长安后，贺知章考中进士，经殿试得三鼎甲中第一名，武则天亲赐状元，这可是萧山历史文官应考之最。初授国子四门博士，后升任太常博士。开元十年（722），入丽证书院，参加《六典》等修撰。开元十三年（725），迁礼部侍郎，加集贤院学士，俄而迁太子右庶子，又充皇太子侍读，后转任检校工部侍郎。开元二十六年（738）六月，唐玄宗李隆基降诏任命为太子宾客（即肃宗的老师）、银青光禄大夫兼正授秘书监，官阶为正三品，因而人称“贺监”，后左补阙薛令之兼侍读。贺知章在朝为官50年，一生中“清廉自律，不附权贵，风流儒雅，广交朋友，才高学富，德高望重”。

图17　贺知章像

贺知章学识渊博为当世称重，并以诗文闻名，神龙年间（705—707）已名扬京城。开元初年与吴越人包融、张旭、张若虚以诗文齐名，世称“吴中四士”，亦称“吴中四友”、“吴中四杰”。贺知章邕容省闼，高逸豁达，为一代清鉴风流之士。《唐代文学史》认为，贺知章是“得盛唐七绝风气之先的作家”。他的诗以绝句见长，其写景、抒怀之作风格独特，不尚藻彩，不避俗语，似无意求工，却时有新意，清新潇洒，自成一格。他一生创作的诗很多，但生性洒脱，不喜收存，故大多散失。《全唐诗》仅存其诗1卷19首，除郊庙乐章和“奉和圣制”外不过9首，其中6首是绝句。这些诗的代表作《咏柳》诗云：“碧玉妆成一树高，万条垂下绿丝绦。不知细叶谁裁出，二月春风似剪刀。”想象奇妙，意境高远。既描绘了柳叶的美和它的勃勃生机，又写出了和煦春风给万物带来的希冀。文有《龙瑞宫记》、《会稽洞记》各1卷。今存《龙瑞宫记》摩崖，留存于宛委山南坡飞来石上，为难得之古代题刻。《新唐书》、《旧唐书》有传。

贺知章不仅以诗文闻名，书法亦冠绝一时，尤善书草隶，龙飞凤舞，翰墨如金。他的草书，不但开创了盛唐草书浪漫风气的先河，也是他那风流倜傥、狂放不羁个性的真实书写。《述书赋》中赞其草书“落笔精绝”，“与造化相争，非人工即到”；吕总《续书评》则以为“纵笔如飞，奔而不竭”。李白在《送贺宾客归越》诗中将其比作王羲之，有言“镜湖流水漾清波，狂客归舟逸兴多。山阴道士如相见，应写《黄庭》换白鹅”。卢象《送贺监归会稽应制》诗云：“青门抗行谢客儿，健笔违羁王献之。长安素娟书欲偏，工人爱惜常保持。”则将其比作王献之。当时人们还将其草书与秘书省的落星石、薛稷画的鹤、郎馀令绘的凤，合称为秘书省“四绝”。宋代朱长文在《续书断・下》中把贺知章归入“能品六十六人”之中。刘禹锡在洛阳洛中寺北楼，看到贺老壁上的笔迹，赞叹不已，并题诗一首：“高楼贺监昔曾临，壁上笔踪龙虎腾。中国书流尚皇象，北朝文士重徐陵。偶因独见空惊目，恨不同时便服膺。唯恐尘埃转磨灭，再三珍重嘱山僧。”毛泽东评价他是绝代的草书家。然而贺知章的书法传世极少，现可见的草书作品只有《孝经》，此卷在江户时代中期传至日本，其用笔酣畅淋漓，点画激越，粗细相间，虚实相伴；结体左俯右仰，随势而就；章法犹如潺潺流水一贯直下，充分地体现了他那风流倜傥、狂放不羁的浪漫情怀。贺知章的草书，拉开了盛中唐草书浪漫风气的序幕。此外贺知章也擅楷书，今浙江绍兴城东南苑委山南坡飞来石上有贺公书写《龙瑞宫记》石刻传世。

贺知章性嗜酒，人称“酒仙”。步入官场后他与李白、苏晋、张旭、李琎、焦遂、李适之、崔宗之时常饮酒赋诗，号称“醉八仙”。贺老所作的五绝《春兴》自述了饮酒的快乐：“泉喷横琴膝，花黏漉酒巾。杯中不觉老，林下更逢春。”杜甫曾作过一首《饮中八仙歌》，他把贺知章列为酒中八仙之首，起句就是：“知章骑马似乘船，眼花落井水底眠。”从杜甫的感慨里我们看到了贺知章的好酒，直逼刘伶式的“但得饮酒，何论生死”的豪迈。贺知章尤喜好在饮酒中乘兴书写诗文，往往笔不停书，文不加点，直到纸尽方止。《海录碎事》亦将其与陈子昂、宋之问、孟浩然等人并称为“仙宗十友”。贺知章还与张旭情投意合，交往甚密，又为姻亲，故时人也常以“贺张”称之。两人也经常同游，“凡人家厅馆好墙壁及屏障，忽忘机兴发，落笔数行，如虫篆飞走，虽古之张（芝）、索（靖）不如也。好事者供其笺翰，共传宝之”。

贺知章生性旷达豪放，谈吐诙谐，不慕名利，好饮酒，又风流潇洒，为时人所倾慕。其姑表兄弟工部尚书陆象先曾说：“一日不见，则鄙吝生矣。”天宝元年（742），李白以布衣到长安，他第一次见到李白时，李白拿出《蜀道难》一诗讨教，贺老未看完就赞叹不已，深感文学无量，称李白为“谪仙人”。两人一见如故，坐下来对饮畅谈，当时李白身上未带银钱，贺老毫不犹豫地解下了佩戴在身上以显示官品级别的“金龟”，换取酒菜，两人痛饮，这就是历史上“金龟换酒”的趣事。接着，贺知章就在皇帝面前推荐了李白，唐玄宗把李白召进宫中，任为供奉翰林。从此，李白声名鹊起。贺知章晚年更是放荡不羁，嬉游里巷，无复规检，自号“四明狂客”，又因其诗豪放旷放，人称“诗狂”。

唐天宝三年（744）正月，贺知章因病恍惚，上疏请度为道士，求还乡里，舍本乡宅为观，求周宫湖数顷为放生池。玄宗诏许之，赐鉴湖一曲为放生池，并以其子贺曾为会稽郡司马，以便侍养。由于贺公是“五车学富”（德、才、廉、书、诗），“四代元老”（武则天、中宗、睿宗、玄宗），德高望重，荣归故里。离京回乡时，受到唐玄宗最高待遇，皇帝、太子及文武百官在长安东门外长乐殿设宴饯行，并作诗和敕赐其镜湖一曲（一块地）。唐玄宗赠诗：“遗荣期入道，辞老竟抽簪。岂不惜贤达，其如高尚心。寰中得秘要，方外散幽襟。独有青门饯，群英怅别深。”又诗：“筵开百壶饯，诏许二疏归。仙记题金箓，朝章换羽衣。悄然承睿藻，行路满光辉。”朝臣应制和诗者36人，如此隆重，有史以来，实属罕见，就连奸相李林甫在这场面上也只得随流顺势地祝贺老“入道求真侣，辞恩访列仙”。

经过近半个世纪的宦游生涯，年迈的诗人终于回到了故里，见到家乡的山山水水，感慨万千。脍炙人口的《回乡偶书二首》即属此时所作：“少小离家老大回，乡音未改鬓毛衰。儿童相见不相识，笑问客从何处来。”“离别家乡岁月多，近来人事半消磨。惟有门前镜湖水，春风不改旧时波。”这两首诗表达了诗人眷恋故土强烈而又复杂的思乡情怀：岁月流逝，春风依旧；两鬓早白，乡音不改。在诗人眼里，家乡的风物既陌生又熟悉，那种喜悦又不无伤感的情绪，油然而生。这种人之常情，经过诗人妙笔生花的艺术提炼，读后使人回味无穷，成为千古传诵的名篇。

唐天宝三年二月，贺知章回到山阴五云门外“道士庄”颐养天年，住“千秋观”，建“一曲亭”自娱，繁纸不过数十字。由于年迈体弱多病，同年他走完了人生的最后旅程，终年86岁。天宝五年（746），贺知章去世第二年，李白再次到会稽，面对“千秋观”，想起“长安一相见，呼我谪仙人。昔好杯中物，今为松下尘。金龟换酒处，却忆泪沾巾。人亡馀故宅，空有荷花生。念此杳如梦，凄然伤我情”。诗人挥泪抒情，触景伤感，可见贺李情义之深，情节实在动人。肃宗登基后，以侍读之旧，于乾元元年（758）十一月诏曰：“故越州千秋观道士贺知章，神清志逸，学富才雄；挺会稽之美箭，蕴昆冈之良玉。故飞名仙省，待诏龙楼；愿追二老之奇踪，克遂四明之狂客。允协初志，脱落朝衣；驾青牛而不还，狎白鸥而长往。舟壑靡息，人琴两亡；惟旧之怀，有深追悼。宜加缛礼，式展哀荣，可赠礼部尚书者也。”

（二）知章故里

贺知章为越州永兴（今浙江萧山）人，历代志书均有此载，并无疑义。然在永兴何处？历史上没有发现记载，今书各说不一，亦不知何所依据。

1. 位于文笔峰南周家湖畔

贺知章，“唐越州永兴（今萧山）人，早年迁居山阴（今绍兴）。少年时就以诗人扬名”。唐“天宝三年（744），贺知章因精神恍惚，上疏请度为道士，求还乡里，舍本乡宅为观，求周宫湖（周家湖）数顷为放生池。皇上批准了他的要求，并赐给他鉴湖一曲”[1]。

[1] 萧山区档案局（馆）编：《萧山历史名人》2010年版。

“唐天宝三年（744），贺知章已八十五岁，在京为官近五十年。唐玄宗批准这位德高望重的大臣告老还乡，并成全他的道士之梦，准许他以家乡西城湖畔文笔峰南麓的数顷周官湖（讹称‘周宫湖’，后称‘周家湖’）作为放生池，还赐他‘镜湖一曲’，让这位笃信道教的老人在鉴湖之畔的千秋观里颐养天年……到会稽城之前，贺老一行顺道在萧山（此时永兴县在两年前改称萧山县）故里稍事逗留。文笔峰下的故宅仍然保留着，但贺氏家族后裔四出从事士商……”在贺知章去世百年之后，晚唐诗人温庭筠来到萧山。他在县城旅游作了五律《题萧山庙》，终于在西城湖南岸的文笔峰下找到了贺知章故居。温庭筠即景作成《题贺知章故居叠韵作》一诗：“废砌翳薜荔，枯湖无菰蒲。老媪宝藁草，愚儒输逋租。”

清初大家毛奇龄根据贺知章晚年向皇上乞赐周宫湖（周官湖）作为放生池之事，将贺知章故里认定在文笔峰南麓的周家湖村[2]。

[2] 沈青松主编：《历史文化名湖——湘湖》，方志出版社2006年版，第164—168页。

2. 位于“贺监湖”边

贺监，是贺知章任秘书监的称呼。宋吏部尚书、文学家楼钥有《贺监湖上》诗：“狂客归来终好夸，越王城下占烟霞。”元代诗人郑洪有《萧山秋兴二首》诗云：“越王台上青山小，贺监湖头绿水深。”与明吏部尚书、萧山人魏骥有厚交的贡性之有诗云：“贺监湖头秋水清，越王台上秋月明。偶因把钓忘归去，不是来沽隐士名。”（贡性之《钓鱼图》）明代诗人张山的《和南斋乐丘诗》曰：“菊山晚色陶潜业，湖岸春风贺监船。”清张文端《归厚庄即事》诗曰：“湖亦有名邻贺监，村因不俗近西施。扠鱼桥下堪垂钓，文笔峰前好赋诗。”张文端的诗亦表明贺知章故居在文笔峰前的意思。以上诗文表达了“贺监湖”为湘湖别名含义，亦是对湘湖

图 18 贺知章故里——思家桥

边有贺知章故居的联想。

3. 位于文笔峰北史家桥村

知章故里位于湘湖南蜀山街道西南角的知章村，由华汇、史家桥、沿山三个自然村合并而成。据相关专家考证，蜀山街道知章村史家桥自然村（古称思家桥）是贺知章的故里，知章村也因此得名。道书《花枷序》二十四桥联中所载的“皇都得意归故里，奉旨还乡思家桥”，便是对贺知章祖籍为蜀山史家桥人的见证。村里至今还留存着与贺知章相关的文物古迹，其中有思家桥、文笔峰、百步禁界、贺家园遗址，还有思家坞、思家池、仪方桥、上马石等等。史家桥村南立有“甲科济美坊”，明清两代涌现出了黄九皋等 29 位进士、举人，可见知章村耕读传家的本色。

思家桥 单孔梁式石板桥，高约 5 米，宽 2 米，为东西走向，跨于思家河之上，中铺三块条形石板。两边为八字形石台阶，各有 10 余级。南边的石梁板上刻有“思家桥”三个大字，取贺知章虽在朝为官，但念念不忘家乡的思乡之意；北边的石梁板上刻有“仪方桥”三个大字，贺知章做过礼部侍郎（唐代礼部称大仪），所以又有此名，现一桥两名。该桥由明代嘉靖年工部主事黄九皋重建。思家桥旁还有两块保存完好的上马石。20 世纪末，萧山县石岩乡的“思家桥及河岸”被定为县文物保护点。据《萧山县志稿》载，思家桥又名“史家桥、仪方桥”，在城南“埭上”，今为蜀山街道知章村所辖。

思家桥的桥石墩上有三处镌刻。“贺学士创始，族长相继懿修”，“□□弦孙九皋重建”，“□孙振廿三年重修”。这说明至明嘉靖年时，该桥重修重建至少已达三次。最后一次重建，至今已有400多年，桥体基本完好。贺知章曾任集贤院学士，人称贺学士，“贺学士创始”中的“贺学士”正与此相符，说的是此桥的创始人就是贺知章。“族长相继懿修”，意思是族长们要以美好的德行，一代代负责修缮下去。这样的修桥族规，在萧山从未所见。至今民间还流传着花轿不准抬过思家桥的传统习俗。

贺家园 在史家桥村南1里的文笔峰下，占地10多亩。现留有一个占地约5亩的古代石砌墙基，平面呈“凹”字形构筑。晚唐温庭筠到萧山游历，他见到的贺知章故居已成“废砌”，意即破落的残墙，墙上面长满了木莲花，作《贺知章故居叠韵》一首：“废砌翳薜荔，枯湖无菰蒲。老媪宝藁草，愚儒输逋租。”

百步禁界 位于贺家园前，长约百步。民间传说，过此路“文官下轿，武官下马”，百步之内必须步行，称为“百步禁界”。

文笔峰 在知章村南，东西各有数峰相连，远看犹如笔架，得名文笔峰，是文笔山的最高处，海拔257米。峰顶旧有塔，又名塔山。因山势高耸，常有云雾，也称雾楼峰，被称为“文峰拱秀”，是古时萧山八景之一。传说此峰主“文运”，在它的庇护下子孙能科甲鼎盛。春夏季节，文笔峰秀色可餐，在湘湖诸峰中最为抢眼。隆冬时节，此峰积雪难化，皑皑白雪，银装素裹，湘湖景色更加妖娆。“尖峰渐见雪澌澌，倾刻堆成白玉脂。仰望云霄频射眼，且烧热火莫敲棋。”“尖峰积雪”为湘湖八景中唯一的冬季景象。从贺家园上山至半腰，就到了百步寺。百步寺建于宋乾德二年（964），建号崇福院，治平三年（1066）改名显教寺。元至元年间毁，明洪武年间重修，“文革”期间被夷为平地。现有寺宇为1993年新建，山门朝东。

第三章　宋元时期：从自然走向人文之湖

北宋杨时筑湖前，湘湖故地经历了一个由海湾到湖泊再到湮废的过程。由于当时自然地理条件不够优越，最大的问题是春夏易涝，秋天易旱，农田抗旱灌溉和排涝问题陷入危机，严重地影响了农民的生产和生活，国家的财政收入也相应受影响，手工业发展原料也受到影响，社会存在着不稳定的因素，人工湖泊的修筑则有助于自然降水的平衡。

北宋政和二年（1112），杨时补萧山县令。县民诉求湘湖筑湖问题，他从百姓的利益考虑，处事果断，上任第三天开始，就下乡间，察民情，听民声，走遍有关各乡，决定筑湖以解决百姓之苦。筑湖一事，上得朝廷支持，下应人心所向，百姓支持，众心一致，上下协力，加上方从礼方法得当，有条不紊地推进，终于筑起南北两堤，放水成湖，筑湖工程竣工。湘湖呈西南、东北走向，中间狭窄，南端浑圆，北端稍开，形似葫芦，长约 19 里，宽 1—6 里，周长 82 里，面积 37002 亩；其蓄水可灌崇化、昭明、来苏、安养、许贤、长兴、新义、夏孝、由化 9 乡农田 146868 亩。

杨时为了确保在国家既定税粮收入不受影响的前提下推动湘湖的形成，对因围建湘湖而被淹占土地原缴税粮作了重新安排，即将湖底土地原缴税粮由周围 9 乡受益农田均摊，具体地说，就是被水淹的田地 37002 亩的原粮负担 1000 石 7 升 5 合，由受到水利益处的由化乡以下 9 个乡的田户均摊，每一亩均摊 7 合 5 勺，即“均包湖米”制度。湘湖周边 9 乡居民以“均包湖米”的方式承担了被湘湖淹没的土地的原定税粮，对湘湖的建成作出了重大贡献。但是“均包湖米”一制存在的最大漏洞，就是沿湖各乡所处位置原有高低之分，受益程度并不均等，而对湖米的“均包”数量无区别，这也为后世的争水、废湖、保湖等事件的发生埋下了隐患。

距湘湖建成仅 7 年，即北宋宣和元年（1119），部分地方豪绅提出罢湖为田，而众多乡民反对。是年适逢大旱，秋后河涸，农田赖湖水救济，

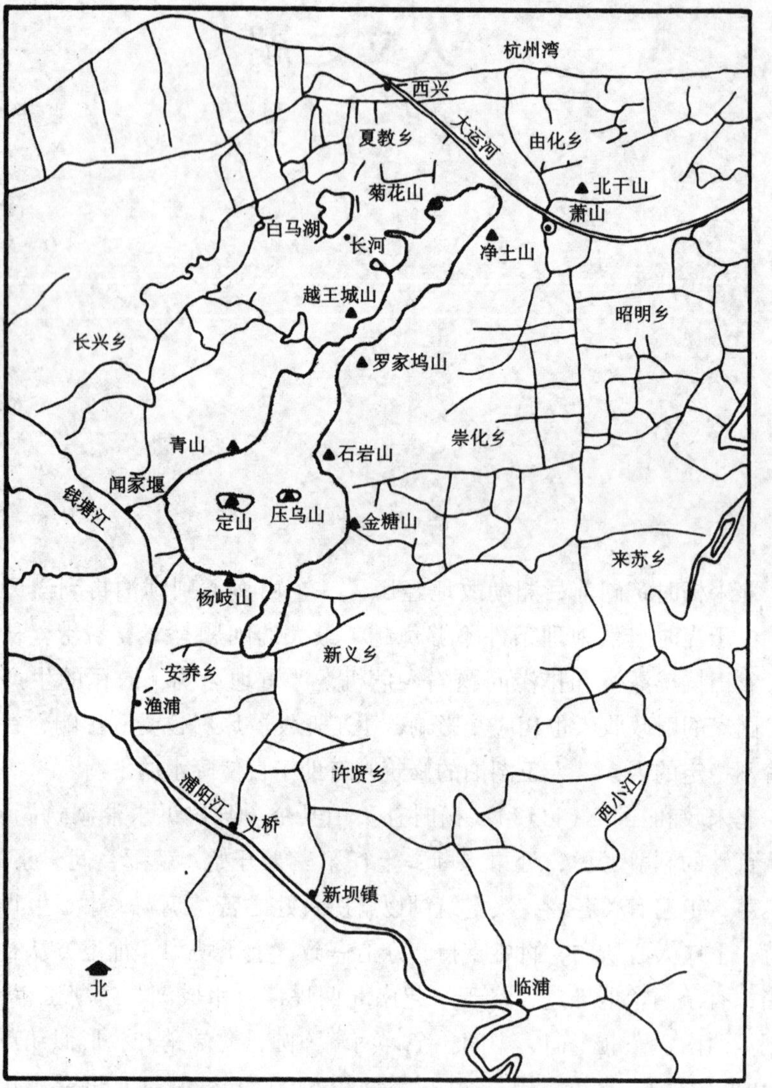

图19　北宋湘湖地区地貌与政区

百姓免于饥荒，湘湖得以保存下来。

南宋绍兴二十八年（1158）在利用湘湖水的9个乡的农民之间，发生了争水事件，县丞赵善济提出《萧山县湘湖均水利约束记》，约束用水，力求均平，以防纷争。乡民对均水法没有异议，并作为定制永久遵守。赵善济用法律方式理清湘湖水利共同体内部规则，从而使湘湖得利者开始拥有社会强势地位。

南宋淳熙九年（1182），县令顾冲到任后，发现有人私占湘湖为田，顾冲下令再次清出全部侵占之田还湖，并分别对私占湘湖作了处治，淳熙十一年（1184）十月十二日顾冲取赵善济均水旧法重新修订均水约束，定名为《湘湖均水利约束记》，严格规定了放水顺序、被灌农田、水量指数和放水时间。这一《湘湖均水利约束记》在湘湖一带旱涝灾害频繁，百姓流离失所的背景下推出，其社会意义显而易见。但是，也因为《湘湖均水利约束记》严格规定了放水顺序、被灌农田、水量指数和放水时间，并以刻石形式公之于众，因而无法再作任何修正，也难以容纳或增加新的受益者，这是它最大的缺点。

南宋嘉定六年（1213），有湖民私占湘湖造屋，由于湖水涨落边界线标记难定，故是否占湖，争议不决。县令郭渊明定出湘湖东西两岸以“金线”为界，妥善地解决了湖民私占湘湖之事。

湘湖自北宋杨时筑湖以来使一部分农田得到有效保护，也使政府获得了稳定的税赋，同时它具有调节径流、发展航运、蓄养水产等功能，成为代表该区人民生活的经济中心，为萧山社会进步、经济发展、人民安居、生态改善、环境美化起到了积极的作用，取得了显著的社会效益、经济效益与生态效益。

第一节　江湖灾异与百姓治水意愿

湘湖位于三江交汇之处，上有钱塘江、浦阳江两江之水下泄，下有钱塘江大潮的顶托，独特的地理环境，使西城湖成为下泄与上溯的贮水处；而当下泄与上溯同时进行时，湘湖周围就会水灾不断。而遇干旱时，由于两江水位下降，湘湖周围亦没有灌溉的水源，湘湖便成为灾害频发的区域。处在湘湖区域的农民，连年遭灾，生活无着，急切盼望治水，黄山、西南、张夏等地方官勇于承担责任，每当遇到水灾或江塘险情时，为求脱险，号召百姓共同保卫江堤，抵御海潮，起到了很好的作用和效果。黄山、西南和张夏也由此成为镇水之神，死后立庙永祀，受到历代百姓的供奉。

一　江河与湘湖的关系

湘湖在三江口，其独特的地理位置形成了与钱塘江、富春江、浦阳江之间密切的关系，湘湖因江道变化而发生变化。

（一）湘湖与钱塘江

钱塘江，英文作 Ch'ien-t'ang Chiang 或 Qiantang River，自源头始，全称浙江，又名渐江、淛江、罗刹江、曲江、之江，亦名南江（对杭州言）、西江（对萧山言），是浙江的第一条大河。主流发源于安徽省休宁县南部的青芝埭尖北坡，干流自西向东贯穿皖南、浙北，至杭州湾注入东海。流域横跨浙、皖、赣、闽、沪五省（市），水系纵横分布呈树枝状，主要支流有马金溪、江山港、乌溪江、金华江、新安江、分水江、浦阳江等，干流自上而下分段有马金溪（常山县以上）、常山港（常山县至衢州市）、衢江（衢州市至兰溪市）、兰江（兰溪市至建德县梅城镇）、桐江（梅城镇至桐庐县）、富春江（桐庐县至袁浦东江嘴）、钱塘江（东江嘴以下）[1]。

钱塘江古入海河道是在第三纪中新世喜马拉雅造山运动之后形成的。早、中更新世（距今约一二百万年），古钱塘江大致沿斜桥—嘉兴—金山—奉贤—川沙一带向东北注入古长江汉道。晚更新世（距今18万年）和更新世晚期受海进影响，河口上溯至嘉兴、七堡。最后到富阳汤家埠一线。距今2.5万年前海退发生，至1.5万年前，海面达－155米处。岸线退至距今600千米以远，钱塘江两岸台地上呈现深切河谷地貌，杭嘉湖和萧绍宁一带为起伏和缓的古台地，标高大致在－5米。距今6000—7000年，海进再次发生，海水直拍富阳汤家埠上，钱塘江入海口（河口）即在汤家埠以上。

嗣后海退，钱塘江河口下移，在很长一段时间内钱塘江河口在杭州袁浦东江嘴下至萧山闻堰小砾山之间，在此期间，富阳皇天畈（钱塘江左岸）和钱塘江河道内一些沙洲相继形成，河口特征显著。即在现代地理位置角度，属于富春江河道内的一些沙洲相继形成。位于小砾山（历山）南北的渔浦湖、湘湖（西城湖）仍是海湾，江海水流回绕，水势平缓，泥沙促淤，湖相明显[2]。

夏商周时期，钱塘江一带还处在一种完全自然状态，山会平原正在形成。至春秋战国时期，钱塘江水势尚且平稳，越王允常、句践以钱塘江为天堑，在钱塘江南岸建造如固陵港、杭坞、石塘、防坞、舟室等系列军事水利工程。钱塘江河口已移至右岸半爿山、左岸狮子山一带。半爿山北侧钱塘江河道开始淤涨沙洲，沙洲后来演变即为浦沿故地。

秦代钱塘江与湘湖故地的江湾相通，8世纪70年代在杭州附近已修筑有土质海塘御潮。10世纪初，杭州附近筑捍海塘，为石砌海塘的开始。钱塘江冠山（今属滨江区）段江道有趋北变化，致北岸将台山（今杭州海月桥附近）南支山已沦入江中，史称“罗刹石”，钱塘江别名“罗刹江”亦由此而来。至五代，钱镠王开辟海运，凿掉“罗刹石”。此时西城湖已经湮废。

北宋时期，钱塘江从桐庐经富阳入萧山境内的一段，河床开阔，水流缓慢。浦阳江上游河床陡峻，水流湍急，中下游河道狭窄曲折，流速减缓。钱塘江、浦阳江汛期，大量的山洪径流凭借地势迅速涌进萧山境内，遇河口潮流顶托，水位大增，湘湖一带首当其冲，严重地威胁当地农田和百姓人身安全，所以蓄洪防涝极为重要[3]，钱塘江沿岸试筑挑水突体，以分杀水势，保护堤防。

[1]陈志富：《萧山水利史》，方志出版社2006年版，第117页。

[2]陈志富：《萧山水利史》，方志出版社2006年版，第118页。

[3]侯慧粦：《湘湖的形成演变及其发展前景》，《地理研究》第7卷第4期，1988年，第33页。

（二）湘湖与浦阳江

浦阳江，素有“浙江小黄河”之称，位于浙江省中部，东南三江之一，王勃《滕王阁赋》中写道“襟三江而带五湖”，这里的“三江”指的就是吴淞江、钱塘江、浦阳江。浦阳江原为独北流入海的河流，明朝之后筑坝强行将其上游导入钱塘江，目前为钱塘江一级支流。

相传大禹治水在涂川，娶涂川女，开新江，导洪流，保坞湖，治水见成效，江泄海退，浦阳江河口下移至临浦（湖）[1]。

至南北朝以前的浦阳江发源自浦江县，经浦江县城、黄宅，东北流经诸暨县句无城南后折入诸暨盆地，先后纳开化江、枫桥江、五泄江、凰桐江后至萧山、山阴两县交界的临浦镇，自此折向东至钱清镇分为二，左支继续向东于今老三江闸处入杭州湾，后淤塞，右支折向东南接今小舜江与舜江（今曹娥江）汇合后继续向东纳余姚江、奉化江，顺今日甬江河道，于镇海县浃口入东海，干流长约450千米，集水面积约1.5万平方公里。

唐朝以前浦阳江从峡山（今尖山）以北，流出高洪尖和太平山所构成的谷地，从此直到其注入钱塘江为止，其间除了零星分布的会稽山尾闾残丘外，是一片冲积平原。平原上河港交错，湖泊棋布。并且由于潮汐的影响，地下水位很高，河湖以外的大部分地区，也成为一片沼泽地。在这个地区的许多古代湖泊中，最重要的有临浦、西城湖和渔浦三个大湖[2]。

唐末至五代初，后海塘、北海塘及局部西江塘的兴建与完备，原出口河道淤塞受阻，迫使浦阳江加大了东流经西小江出水。南宋初年，浦阳江主流往东借道西小江即钱清江于绍兴三江口注入钱塘江，而其次流仍出萧山，经临江堰、周老堰、汪家堰、张家堰、西兴堰、殷堰、长山闸、坎山闸、山西闸等工程泄洪。西小江成为浦阳江的引洪通道后，山会平原洪涝频繁[3]，湘湖故地一带自然也不例外。

[1] 陈志富：《萧山水利史》，方志出版社2006年版，第104页。

[2] 陈桥驿：《论历史时期浦阳江下游的河道变迁》，《历史地理》（创刊号）1981年11月。

[3] 陈志富：《萧山水利史》，方志出版社2006年版，第8页。

二　江湖灾异与百姓生活

湘湖区域由于地势原因，经常有江潮灾异的侵袭和干旱发生，一旦遇灾，颗粒无收，百姓生活穷困潦倒。

（一）灾异记载

萧山地处浙东山（阴）会（稽）平原北端，属浦阳江三角洲的一部分，自然地理条件并不优越，最大的问题是春夏易涝，秋天易旱。毛奇龄的《湘湖水利志》记述得最为详细。按照他的记述，萧山县在宋朝以前，由于地形、水文条件恶劣，是一个洪水经常泛滥，易受旱灾侵袭的不稳定地区，具体来说在西城湖湖床的后方，周围九乡经常有受旱之忧，而县城以北两个地势低洼的乡，最担忧的则是从地势高处不时倾注下来的洪水[4]。《湘湖水利志》中是这样表述的：萧山土碗而水渫，雨则暴涨，稍干叹则渠港皆坼。县西二里许有高阜，在西山之阴，距隔阜、菊花诸山相去越二里，而东西夹东如胡同。然每春夏多雨，山水流离，漫无所潴[5]。

[4] 〔美〕萧邦齐，《湘湖——九个世纪的中国世事》，叶光庭、张环宙、王芳、李娟合译，陈桥驿校，杭州出版社2005年版，第8页。

[5] 毛奇龄：《湘湖水利志》（卷一）“宋熙宁年县民殷庆等请开湖之始”，《四库全书存目丛书》史部第224册，齐鲁书社1996年版，据清康熙刻《西河合集》本影印，第612—640页。

南宋孝宗淳熙九年（1182）任萧山知县的顾冲，在湘湖形成70年后还这样描绘萧山遇到旱涝时的场景：绍兴府萧山县濒海枕江，地皆斥卤，厥田惟下下。有湖蓄水以救旱，有堰泄水以防潦，历年稍深，强有力者悉据为田。一过旱潦，无不东手以待枯腐，不知其害何时而可去耶？淳熙七年大旱、八年大水，百里之内，为江湖鱼鳖之乡[1]。

在北宋杨时筑湖前，湘湖故地一带的旱涝自然灾害是比较严重的，分析原因主要有以下几个方面。

1. 在距今10000年前，杭州湾及其附近沿海地区海面升到现今海平面的-40米左右时，发生了卷转虫期海侵。到了距今7000年前，海面即已达到最高海平面。以后海面虽有若干波动，但基本上稳定在现今海平面的高度上[2]。海平面的上升，会使潮位和水深加大，潮流和波浪作用加强。国家海洋局发布的《2003年中国海平面公报》显示，潮位每上升1厘米，潮差将增加0.34厘米至0.69厘米，水深增加1倍，海浪作用就增加5.6倍[3]，沿海地区风暴潮灾害和海岸侵蚀程度有所加重[4]。

2. 由于人类活动增大，土地垦殖，森林开伐，水面减少，自然环境的改变，降低了调节气候的功能，失去了夏季能降温、冬季可升温的效应。从而出现部分地区调蓄能力削弱，水土流失增多，洪涝灾害加剧，自然生态失调的状况。气候的变化对农作物生长和兴修水利诸如农田抗旱灌溉或防洪排涝、御潮以及水运等问题，产生直接的主要影响[5]。

3. 钱塘江、浦阳江汛期尤其是钱塘江逆潮的影响（前文已经有所分析）。

4. 萧山属亚热带季风气候，平均年降水量1346.5毫米。雨量从南部丘陵山地向北部平原递减。湘湖一带年降水量1350—1450毫米。降水的季节分配不均引起萧山水旱灾害频繁。旱涝灾害分为春涝4—5月、夏涝6—7月、秋涝8月下旬—9月和伏旱7月下旬—8月，严重地影响农业生产[6]。

5. 西城湖在湮废的过程中慢慢被开垦，成了一片旱地，先前的湖床是一片天然低地，常常遭受洪涝[7]。

（二）百姓生活

我国封建社会的经济基础是自给自足的自然经济，农业是主要部门，农业生产的好坏直接关系到国家的兴衰和人民的生计，历代封建统治者往往重农抑商、以农立国。但是农业受自然因素的影响极大，在当时科学技术不发达、人们抵御自然灾害能力低下的情况下更是如此。

在北宋杨时筑湖以前，湘湖故地一带经常遭受旱涝灾害的影响，农田抗旱灌溉和排涝问题陷入危机。4—5月的春涝、6—7月的夏涝、8月下旬—9月的秋涝，淹没大量农田，导致农作物受淹致死，或因长期积水造成缺氧，破坏了植物正常的生理机能导致减产。同时使农田土壤肥力流失严

[1] 富玹：《萧山水利》，《四库全书存目丛书》史部第225册，齐鲁书社1996年版，据清康熙五十七年（1718）初刻卷上，第277页。

[2] 严钦尚、黄山：《杭嘉湖平原全新世沉积环境的演变》，《地理学报》1987年第1期。

[3] 孙自鸣：《浙江海平面年年往上涨》，《都市快报》（杭州），2004年6月16日第2版。

[4] 王心喜：《试论“跨湖桥文化”》，《萧山历史文化研究》，方志出版社2006年版，第76页。

[5] 陈志富：《萧山水利史》，方志出版社2006年版，第24页。

[6] 侯慧粦：《湘湖的形成演变及其发展前景》，《地理研究》第7卷第4期，1988年，第33页。

[7] 〔美〕萧邦齐：《湘湖——九个世纪的中国世事》，叶光庭、张环宙、王芳、李娟合译，陈桥驿校，杭州出版社2005年版，第8页。

重，严重影响秋收作物的苗期生长，而且造成田间杂草滋生，“既不可以艺植，而一当秋叹则申高外脊，望如篙芦，真芜田也”[1]，病虫害有蔓延流行趋势。7月下旬—8月的伏旱期农作物受旱，会出现人畜饮水困难，农业灌溉用水紧张，农作物的成熟受到影响，甚至出现大范围的农作物欠收和饥荒，疾病蔓延，使得当时的人们陷入恐慌和动荡。在这个过程中，人们不得不放弃家园，举家举族迁徙流散别处，“壮者流移四方，弱者转死沟壑，民之憔悴，莫甚此时！”[2]

长年的旱涝灾害严重地影响了农民的生产和生活，国家的财政收入也相应受影响，手工业发展原料也受到影响，社会存在着不稳定的因素，人工湖泊的修筑则有助于自然降水的平衡。

三 治水神祇与殿庙

唐代末期，战乱纷起，水利失修，钱塘江两岸洪潮成灾，百姓深受其害。吴越王钱镠亲理塘政，制定和指挥捍海塘工程，专门建立了“都水营使”的机构负责水利事务，亲自起草《筑塘疏》：“民为社稷之本，土为百姓所生。圣人曰，有土斯有财，此塘不可不筑也。”并在筑塘技术原板桩塘基础上创制篓石塘，为海塘建设作出了杰出的贡献。钱王筑塘最为有名的是候潮门至通江门的海塘，对于筑西兴海塘鲜为人知。西兴塘，东连北海塘，西接西江塘，以西兴龙口闸（永兴闸）为中心的西兴境内。五代梁开平四年（910），吴越王钱镠修筑。西兴塘的修筑，保证了西兴码头的稳固，在军事通津和保境安民上起到了极其重要的作用。“无塘无镇，无镇无越，为塘而庶几其有越乎！”[3]西兴乃军事重镇，钱镠战刘汉宏、战董昌均发生在这里。钱镠筑塘之后，视西陵之名不吉，遂改名西兴。“筑塘射潮，非此一时之保安，实有千万年之功德。”[4]今黄山庙有钱武肃王殿，供奉钱王菩萨，祠边墙上绘有钱王射潮制塘图。钱镠由此成为萧山治水首位被民间供奉的神祇。宋元时期，黄山、西南、张夏等是湘湖区域治理江塘的神祇，民间立庙以祀。

（一）黄山西南殿

位于闻堰镇黄山岭的黄山西南殿是两座庙宇，一是西殿宁邦保庆王庙，二是南殿保国资化威胜王庙，供奉的保国资化威胜王，民间传称李大夫。西殿约始建于隋末唐初，是隋代将领孔逸平东阳贼乱，因功立庙而建，地点在莽山东侧，今之钱塘江边半爿山。据民国24年（1935）的《萧山县志》记载：“西殿宁邦保庆王庙，在县西三十五里。隋大业中，有孔大夫者，为陈果仁裨将，讨东阳贼娄世幹降之，立庙黄山。唐光化二年，钱王镠，上其事，封惠人侯，复封今额。（乾隆志引万历志）今改为黄山西南殿，要黄山半里许之莽山。清道光二十五年重修……当吴越王

[1] 毛奇龄：《湘湖水利志》（卷一）“宋熙宁年县民殷庆等请开湖之始”，《四库全书存目丛书》史部第224册，齐鲁书社1996年版，据清康熙刻《西河合集》本影印，第612—640页。

[2] 富玹：《萧山水利》，《四库全书存目丛书》史部第225册，齐鲁书社1996年版，据清康熙五十七年（1718）初刻卷上，第277页。

[3] （明）浙江巡抚温纯：《重筑西兴塘碑记》。

[4] 文天祥：《评五代史书武肃王事》。

时，并筑西江、捍海二塘，曾叨神护，得庆安澜”，民间免遭钱塘江水患。

南殿建于孝悌乡（今萧山戴村镇），始建于后汉乾祐元年（948），为钱王之子吴越王钱元瓘所建，其意与西殿相同。后均因年久失修而毁。道光二十五年（1845），当地人将黄山西殿与南殿合建于今黄山村安山南侧，但因殿前匾额为唐皇所赐，仍为黄山西殿，形制规格规模较大，其殿占地2000余平方米，建筑面积约1400平方米，有大殿3间，坐北朝南，东西各有偏殿3间；大殿雕梁画栋，斗拱飞檐，古色古香，建筑工艺十分精致。“文化大革命”时期黄山西南殿被毁。今天的黄山西南殿在黄山岭侧，为1993年起重建，主建筑三进。前进为“黄山水利工程纪念堂”，陈列西江塘、北海塘、湘湖、萧绍运河等萧山历史上著名水利工程的图片；二进供奉原西殿、南殿二神；三进供奉吴越王钱镠，殿额“钱武肃王”由钱王36代孙、书法家钱法成所书。殿门内立有《道光二十五年重建黄山西殿碑记》石碑。

宁邦保庆王和保国资化威胜王在人们的心目中是保一方平安的守护神。当地还流传着这样一个民间故事：原先的钱塘江东涨西塌，浦阳江下游十年九灾，老百姓日子非常难过。有一年，来了一个叫“黄山”的地方官，他看了一下地形，打算在浦阳江下游至钱塘江造一条西江塘，拦住上游的山洪和下游的海潮。这条塘很难造，“黄山”动煞脑筋，却想不出一个办法来。有一天，来了一个叫“西南”的人，他撑了一船砻糠，请黄山上了船，西南把砻糠一箩一箩倒入江里，砻糠顺水而氽，于是江水边出现了一条砻糠搁岸的线，黄山看着看着，一下子明白了顺砻糠印造堤坝的道理。但是，造一条上到临浦、下至长山的海塘要很多银子，黄山与西南商量，采取动用皇粮库银，发动百姓挑塘以免交皇粮。后来，西江塘造好了，原来十年九无收的旱涝田变成了米桶田，粮食丰收，老百姓日子也就好过了。可是，黄山、西南因不交皇粮、动用库银犯了大罪，皇帝派人来捉拿，他们俩跳进了钱塘江自尽了。后来，老百姓把多收的粮食补缴了皇粮，并向皇帝请命，讲了黄山、西南千辛万苦建造西江塘的功绩。皇帝才晓得黄山、西南的真实情况，于是就封他们为神。当地百姓为纪念黄山、西南造塘保平安的功绩，就造了庙，立了殿，加以祭祀[1]，萧绍一带在每年除夕都加以供奉，称为“祝福”或称“请年菩萨”。每年农历二月初七到初九，黄山西南殿便有盛大的庙会。

[1] 方晨光：《文脉湘湖》，方志出版社2007年版，第142页。

（二）张老相公殿

张夏，北宋时期萧山人，出生于萧山长山乡[2]，排行六五，人称十一郎官，其父张亮，曾为五代吴越国刑部尚书，北宋时，张夏以父荫被皇上授予郎官，后来到泗州[3]任知州。张夏到任后，遇到大水，田宅被淹，灾害严重，于是，他招集百姓修筑堤塘，疏通河渠，安排生产，减轻了灾害所带来的损失，受到了当地百姓的拥护。

[2] 长山乡，今楼塔、河上一带。

[3] 泗州，今属江苏盱眙。

到了北宋景祐年间（1034—1037），张夏因有功于朝廷，被授予工部郎中任两浙转运使。当时，浙江钱塘江两岸海塘年久失修，洪水泛滥频繁，严重威胁黎民百姓生命财产，还时有商船沉没。张夏到任后，体察民情，察看西江塘和北海塘[1]，见堤塘颓败不堪，便派人采办石料，及时加固堤塘，并派人分段护守。

由于钱塘江潮急浪高，堤塘时有冲垮，张夏亲临一线，在船上指挥抛石堵塞决口，狂潮打来，将船倾覆沉没，张夏落水后，被潮水卷走而牺牲。张夏死后，葬在萧山县北五里的去虎山（在北干山东），称宋宁江侯张夏墓。朝廷为嘉奖其治水功绩，追封为宁江侯，后历朝皇帝都有追封，宋朝嘉祐八年（1063）赠太常少卿，淳祐十一年（1251）封显应侯；咸淳四年（1268）敕封护塘堤侯；元朝封显应侯；明朝封护堤侯；清朝雍正三年（1725）敕封静安公[2]。

萧山人民为纪念张夏的治水功绩，敬他为萧山的“大禹”，尊为张老相公，纷纷建庙祭祀，长山、新林周、坎山、赭山、河庄、义盛、靖江、甘露、党湾、长河以及螺山、闻堰潭头、进化泥桥头、义桥横筑塘等地都有张神殿与张老相公庙，奉名为“靖安绥佑公”或“绥利佑大帝”[3]。民间还有“沿江十八庙，庙庙供张公”之说，意思是，只要有江有河有庙的地方都供张老相公。此外，萧山附近的诸暨、绍兴等地也有相公庙。

相传三月六日是张夏的生日，每年这个时候，沿江一带百姓，纷纷到庙里来举行纪念性的活动。清朝诗人毛万龄在《登茌山祠》诗中说：“最是春风寒食后，千村赛社乐渔樵。”写出了当时的热闹场面和人们的喜悦心情[4]。张夏还被萧山百姓神化了，在出门做生意之前，都要去祠庙拜过张老相公，以求一帆风顺，生意兴隆。

第二节　湘湖形成与水利效益

唐朝末年，“湘湖”名称就见记载。当时湘湖已经淤塞成一个间歇性的湖泊，即雨季为湖泊，旱季为沼泽。即使在湘湖湖床开垦种植，由于田地低洼，也是少有收成。一边没有收成，一边官粮照交，于是在湘湖核心区域一部分有田地的人，如殷庆等人，向官府提议筑堤围湖，愿意将湘湖自己的田地无偿地捐出来作为湖区（事实是有补偿的）。还有，湘湖周围大片的土地，由于没有水源灌溉，也没有粮食收成。由于影响到了官府的利益，再加上百姓要求筑堤围湖的呼声越来越大，于是想在任上有作为的父母官杨时、方从礼等走访民间，察看地形，召开会议，力排众议，在保证皇粮不少的前提下，得到了朝廷同意，终于下决心围筑湘湖。

[1] 北海塘位于今萧山区北，是古代萧山的北线海堤。西起西兴永兴闸，与西江堤相接，向东经西兴、城北、长山、新街、衙前、坎山、瓜沥、党山、益农等镇街道。据《萧山县志》记载，因塘在萧山县北，故曰北海塘，又曰捍海塘，全长41.44公里。

[2] 方晨光：《文脉湘湖》，方志出版社2007年版，第75页。

[3] 沈青松：《沙地风情》，方志出版社2005年版。

[4] 王炜常：《越山湘水识萧然》，萧山市档案局（馆）、萧山市档案学会编印2001年版，第153页。

随着人工湘湖形成后，被淹土地的税粮如何承担？九乡灌溉如何实施？湘湖水利设施维修由谁来承担？经费如何落实？湘湖管理问题已逐步凸显出来。为解决这些问题，各时期县令集思广益，采取了一些切实可行的办法。

一　湘湖形成

湘湖的形成经历了一个持久的过程，从殷庆等奏请到杨时等的开湖，前后经过了大约半个世纪。

（一）殷庆等奏请

北宋熙宁年间（1068—1077），萧山洪涝、干旱频发，县民殷庆（又作殷度）[1]等人，首次向政府倡议，提出因地筑堤造湖计划，地点在城西2里的小台地上。计划提出：度通县之地此为颇高，可以下注，而东、西两山蜿蜒如长堤，天然捍蔽，唯北、南山尽处横亘以塘，即钜浸也。春夏山雨下可以蓄水，而秋噗即可泄灌之。以数万亩易涝之田，救十余万亩跷裂不镃之地，似乎较便。因具状奏闻，请筑为湖[2]。殷庆等人主要是为应对旱涝寻求解决之道，而西山之阴，恰有一片高阜之地，北有越王城山、青山等夹峙，状如胡同，面积数万亩，此处春夏多雨之际，山水流离，漫无所潴，而秋旱一来，中高外瘠，一望尽是蒿芦，种植庄稼极为困难。若能依据地形，增庳补狭，在两列山脉的端口各筑一堤，则千顷湖泊可成。如此，不仅可蓄山水于湖中，更可在干旱之际泄湖放水，灌溉周围九乡的农田，成为造福于民的一大型水利设施。

宋神宗“准其奏”，下诏征求各方意见，但是萧山部分“富民”虽承认本地水利条件不甚理想，然而一旦造湖，势必要淹田迁居，所以“富民多游移，不能画一；而令其地者又惮于任事，遂不决而罢”[3]。

洪武初知县张懋撰《萧山湘湖志略》有记载说：徽宗大观年间（1107—1110），又有县民吴氏等乞筑为湖，仍未实现。

北宋政和二年（1112）前，方从礼考察民情，集中乡民意见，“湘湖湮废久，民田无以溉，从礼亟以浚治”（引宋许景衡《方文林墓志铭》），并对湘湖进行实地考察，掌握了第一手资料，形成了复湖主张。

（二）杨时决策筑湖

北宋政和二年（1112），时年60岁的杨时补萧山县令。到任后，他首先碰到的县民诉求便是湘湖筑湖问题，他从百姓的利益考虑，处事果断，没有丝毫懈怠，上任第三天，就下乡间，察民情，听民声。连续十多天，走遍有关各乡，耳闻目见，对百姓迭遭旱魅之苦，期盼筑湖之心感触良深。回到县衙，他决定筑湖以解决百姓之苦。

[1] 又有称吴氏。康熙十年（1671）《县志》（卷一一）《水利志·诸湖水利》概述湘湖沿革，“宋神宗朝，居民吴氏等奏……乞筑为湖”。据民国《县志稿》（卷三）《水利门·湖沼》记载，明万历十七年（1589）刘会修、戴文明等纂《萧山县志》也有此说。

[2] （清）毛奇龄：《湘湖水利志》（卷一）“宋熙宁年县民殷庆等请开湖之始”，《四库全书存目丛书》史部第224册，齐鲁书社1996年版，据清康熙刻《西河合集》本影印，第612—640页。

[3] （清）毛奇龄：《湘湖水利志》（卷一）“宋熙宁年县民殷庆等请开湖之始”，《四库全书存目丛书》史部第224册，齐鲁书社1996年版，据清康熙刻《西河合集》本影印，第612—640页。

实地考察民情决定筑湖之后的第二步就是选择筑堤的地点，杨时亲自实地勘察了解情况，掌握了实情后，在原西城湖湮废之地“视山可依，度地可圩，以山为界，筑土为塘”。

当时湘湖已经湮废，但是周围地势稍高，中心呈现为凹陷的洼地，海拔仅4.2—4.8米，比平原上一般地区低40—70厘米[1]，周围约2平方千米的范围，仍具有泄湖的鲜明特征，可利用自流灌溉，有筑湖的先决条件。

[1]侯慧粦：《湘湖的自然地理及其兴废过程》，《杭州大学学报》第16卷第1期，1989年，第91页。

从四面的地形来看，湘湖故地一带一面被西江塘阻隔了钱塘江，三面被若继若续的群山环抱。这些山属天目山、龙门山余脉的尾闾，海拔100—200米，分布成四组平行的岗丘。西北侧为一组岗丘，有黄家坞山、越王城山（包括井山、狮子山、美女山）、老虎洞山（包括青山）；东南侧为二组岗丘，西北侧与东南侧两条山脉，中间是一片狭长洼地，长轴是呈北东走向，如若胡同。在八字形的北口处为三组岗丘，有菊花山、龟山；南口处为四组岗丘，有历山（砾山）、杨家湾山、大湾山、杨岐山，其东还有糠金山、瓜藤山[2]。

[2]陈志富：《萧山水利史》，方志出版社2006年版，第244页。

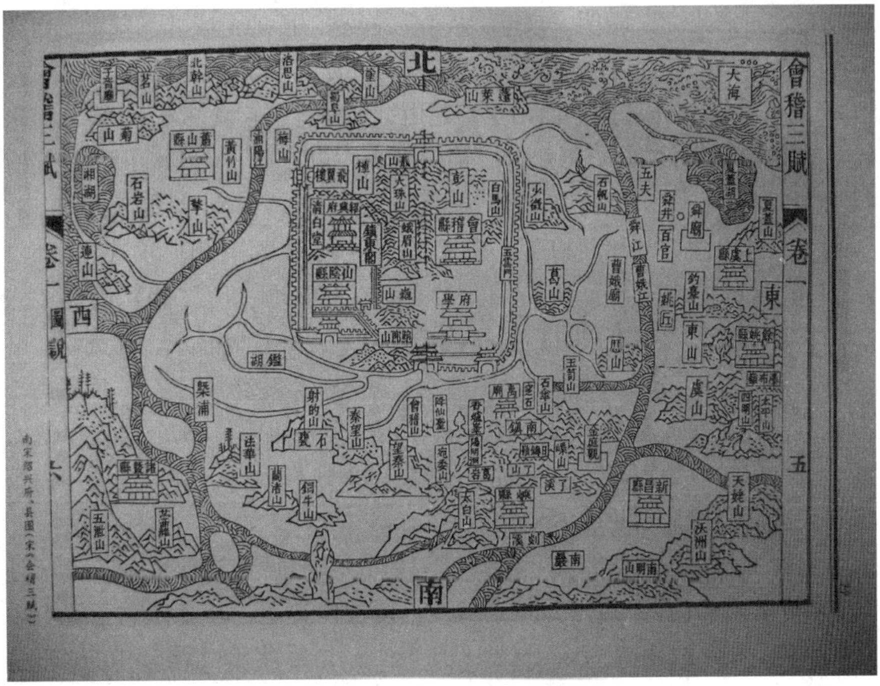

图20　南宋湘湖在绍兴府县中的位置

从附近河道分布的情况看，湘湖一带地势低平夕河流纵横，素来是受浸内涝的地区，南有水道和浦阳江入富春江汇合为钱塘江的三江口沟通，北连西小江、浙东运河，钱塘江在萧山闻堰纳浦阳江后，至杭州闸口一段的河床宽且水浅，河道曲折形如反写“之”字，呈半圆形从西北、西、西南三面环绕湘湖故地一带[3]。

[3]侯慧粦：《湘湖的自然地理及其兴废过程》，《杭州大学学报》第16卷第1期，1989年，第91页。

综合上述，由于湘湖故地一带地势低洼，环顾四周，如果废田筑湖，有山岗可依，旱地可圩，地形地貌非常适合修筑人工湖。

（三）方从礼督造湘湖

杨时出任萧山县令并作出筑湖决策时，方从礼[1]（1070—1116）时任萧山尉，已在萧山工作多年，有较好的人缘，年方42岁。在湘湖的建设上，方从礼认为“亟以浚治，请于有司，而躬督其役”，在杨岐山至亭子头达糠金山，糠金山过小湖庙、岭头田至石岩，县城西石家湫至菊花山，各筑一条塘堤，改作蓄水湖。在筑湖的过程中还涉及拆迁、补偿、维护管理等问题，方从礼借湘湖建设极力推行“均包湖米”，使湘湖修筑工程顺利进行。

湘湖筑湖，上得朝廷支持，下应人心所向，百姓支持，众心一致，上下协力，加上方从礼方法得当，有条不紊地推进，终于在政和二年（1112）筑起南北两堤，放水成湖，筑湖工程全部竣工。

湖西南宽，东北狭，长约19里，宽1—6里，周长82里[2]，面积37002亩，南宽、中狭、北稍开，形似葫芦，北端狭窄，南端浑圆。当时湘湖蓄水可灌崇化、昭明、来苏、安养、许贤、长兴、新义、夏孝、由化9乡[3]农田146868亩[4]。

沿岸筑有18个霪穴：西山至菊花山，其间有石家湫（石湫口）、盛家港（东斗门）、金二穴、划船港、周婆湫5穴口；菊花山至龟山，其间有横塘穴1穴口；龟山至黄家坞山，其间有黄家湫1穴口；井山至青山，有一湖，名井山湖，与湘湖相通，其南为三善桥，其北有柳塘穴（塘子堰）1穴口；老虎洞山至历（砾）山，其间北有河墅堰、历（砾）山北2穴口，其间南有历山南1穴口；杨岐山至糠山，其间有杨岐穴、许贤霪、亭子头、凤林穴4穴口；糠金山至瓜藤山，其间有童家湫1穴口；瓜藤山至石岩山，其间有黄家霪、石岩穴（石斗门）2穴口[5]。18个霪穴以泄水灌田。石岩穴地势较高，灌田时需临时筑12处拦水堰，费工费时，由黄家霪代泄灌，故从未开放。

堤坝工程共筑湖塘1500余丈（合10里）：自西山迤西至菊花山（计1千米许的距离内），筑塘350余丈；自杨岐山迤南，转东而北至糠金山（计2.5千米许的距离内），筑塘810余丈；自瓜藤山（糠金山折东北）至石岩山（计1千米许的距离内），筑塘340余丈。

因建设湘湖有功，方从礼受到朝廷重用，“差杭州方田指教官，充点检杭、越、温州均税，又点检两浙路方田”（引许景衡《方文林墓志铭》），用他的人又推举他任“文林郎大平州司兵曹事”，可惜“未赴而卒”，年仅47岁。

[1] 方从礼的资料目前比较少见，本文所阐述的内容主要依据《四库全书·集部·别集类》“南宋建炎至德祐”《横塘集》（卷十九）北宋许景衡的《方文林墓志铭》。

[2] 一说83里。斯波义信：《〈湘湖水利志〉与〈湘湖考略〉》，《萧山历史文化研究》，方志出版社2006年版，第18页。

[3] 根据南宋沈作宾等修、施宿纂嘉泰《会稽志》（卷十）介绍湘湖：湘湖在县西二里……初，崇化、由化、夏孝、昭明、长兴、安养、新义、来苏八乡皆仰食湖利。乾道中（即1165—1173），知县顾冲以许贤一乡距湖水虽差邈，亦可溉及。乃合以旧约，益以许贤为九乡。

[4] 根据钱杭对9乡39个村落中63份受益土地的精确统计，由湘湖所灌农田的总量应为147898.7亩，比一向认定的数字多1030.7亩。见钱杭《库域型水利社会研究》，上海人民出版社2009年版，第45页。

[5] 陈志富：《萧山水利史》，方志出版社2006年版，第247—248页。

二　方田均税与均包湖米

“方田均税法”为北宋王安石变法实行的政策之一。宋神宗熙宁五年（1072）八月由司农寺制定《方田均税条约》，分“方田”与“均税”两个部分。“方田”是每年九月由县长举办土地丈量，按土塙肥瘠定为五等；“均税”是以“方田”丈量的结果为依据，制定税数。王安石为谋富国强兵，克服财政困难，实施新法，重定方田，以解决田赋不均问题，故称为“方田均税”。“方田均税法”自宋神宗熙宁五年（1072）实施，于宣和二年（1120）完全废除，共实行了48年。

“方田均税法”实施的基础。其一，由于农民起义，辽和西夏的入侵，以及政治腐败，北宋中期面临严重的财政危机。宋神宗任用王安石变法。在财政方面有均输法、青苗法、市易法、免役法、方田均税法、农田水利法；在军事方面有保甲法、保马法等，使财政有所好转，军事力量也有所加强。“于是议者请用元丰法。方田均税事下”。王安石变法，使《方文林墓志铭》中提到的“方田均税”得以继续在全国推行。湘湖筑湖主要是借助了国家农田水利法的方田均税法等政策法令实施的。其二，湘湖筑湖前半个世纪，萧山县时有灾害发生，洪涝、干旱频发。因此，为提高抗灾防灾能力，县民不断奏请复湖，尤其是湘湖及周边的百姓迫切心愿。甚至于像殷庆等这样在湘湖有大片土地的人等，都主动提出要求复湖。其三，北宋理学是当时占主导地位的哲学思想，特别受到朝廷重视和推崇，而理学核心人物之一的杨时时任萧山令，其以儒家思想为基础、吸收佛教和道家思想而形成的新儒学——理学，这为60岁的杨时筑湘湖创造了民心基础。建设湘湖“民乐从之”（明嘉靖《萧山县令》“水利”），成为当时的民心所向。

（一）均包湖米政策的效用

县令杨时等借“方田均税法”政策，将湘湖所淹湖田之税粮分摊到周边受益家田中称为“均包湖米”。“均包湖米”是支撑湘湖水利系统的基本制度，是杨时主持县政时在确保国家既定税粮（常赋）收入不受影响的前提下，为推动湘湖的形成而与方从礼一起商定和实施的一项制度，对因围建湘湖而被淹占土地原缴税粮所作的重新安排[1]，即将湖底土地原缴税粮由周围九乡受益农田均摊，具体地说就是被水淹的田地37002亩的原粮负担1000石7升5合[2]由受到水利益处的由化乡以下九个乡的田户均摊，每一亩均摊7合5勺。

毛奇龄的《湘湖水利志》（卷一）“政和年开湖”概述“均包湖米”制：周围80余里，通计其田有37002亩，统以为湖，用以溉由化等乡诸田得146868亩有奇。即以湖田原粮1000石7升5合加派之由化等得水之

[1] 钱杭：《利、害博弈与历史恩怨——萧山湘湖社会史的变迁轨迹》，《历史人类学学刊》2007年4月。

[2] 市制容积单位，1石等于10斗，1斗等于10升，1升等于10合，1合等于10勺。

田，每田一亩派7合5勺，以代为上纳，谓之“均包湖米”。

富玹的《萧山水利》（卷下）引《尚书魏文靖公萧山水利事述》概述“均包湖米”制：（湘湖）为湖之地，系民输纳田土。（龟山）先生除其所纳之税，加于得水利之田，照依等则，每亩增科7合5勺之数，曰“均包湖米”。

上文提供的数据，每亩受益农田所均摊湖米应为2.7合，而不是7.5合。如果这些土地本为官有，那么按官田税额每亩5斗7升计算，“湖田原粮”就不是1000.75石，而是21091石了，相差太大，几无可能。钱杭在《库域型水利社会研究》分析，湘湖能在杨时手里建成，是因为他用“除其所纳之税”的办法，对萧山部分农民“输纳田土”进行补偿，从而取得了“为湖之地”。

湘湖周边九乡居民以“均包湖米”的方式承担了被湘湖淹没的土地的原定税粮，对湘湖的建成作出了重大贡献。“均包湖米”，是湘湖水利共同体最基本的制度，并由此奠定了湘湖地区占主导地位的意识形态和价值取向的基础。但这种意识形态中包含了相当大的虚幻成分，例如九乡居民对湘湖所拥有的权利的权界不清晰，“均包湖米”的具体数额模糊，被淹土地性质不明等。对支付每亩受益农田所均摊湖米，湘湖水利的直接受益者九乡居民一向认可，魏骥对此解释最为明快：“民乐从之，以湖之水有利于己之田也。”他们的认可是基于对得湘湖水利的农田有较高的收入预期[1]，但实际效果如何要等待历史的回答。

[1] 钱杭：《“均包湖米”：湘湖水利共同体的制度基础》，《萧山历史文化研究》，方志出版社2006年版，第33—38页。

（二）“均包湖米”的决策与实施者

根据《方文林墓志铭》和相关资料研究，“均包湖米”的决策者是杨时与方从礼，具体实施者实为方从礼。他们俩把“均包湖米”融入“方田均税法”的国家政策，从而实现了湘湖这一计划。“方田均税法”到后期困难重重，《方文林墓志铭》曰：“国家承平日久，田野滋辟，下民售易不常，奸弊百出。于是议者请用元丰法。方田均税事下。有司而部使者差，择习民事，悉心办公者，莫如从礼，从礼亦慨然任其责。奔走数州，不惮深阻，其考核钩深，洞见民隐，凡高下、肥瘠、广狭、盈缩，黑白判然，而关键笼络胥吏，无所肆其奸。”方从礼了解民情，洞察利益相关的官吏，公正地判定，全身心地投入其中，使“方田均税法”得以有效推行，方从礼因此而成为“方田均税”工作中脱颖而出的佼佼者。

民国24年《萧山县志稿》（卷三）引《万历志》云：“政和二年杨龟山来莅政，视山可依，度地可圩，以山为界，筑土为塘，均税于得利田内，民乐从之，名曰湘湖。”由此可见，说明“方田均税法”与湘湖建设同时进行。湘湖“均包湖米”正是杨时与方从礼借“方田均税法”的国家政策而实施的；而具体实施者方从礼本人也因湘湖“均包湖米”之事实施顺利，被上级官员重用，走出萧山，先后任杭州、杭越温、两浙路的方田均税的官员。后又推举他为“文林郎大平州司兵曹事”，可惜没有赴任而离逝，年仅47岁。“今方田之法行于天下，使人人如从礼者，民有不受其实利者乎?”许景衡写的《方文林墓志铭》给予方文林以高度的评价。

（三）“均包湖米”政策的隐患

“均包湖米”制度存在的最大漏洞，就是沿湖各乡所处位置原有高低之分，受益程度并不均等，而对湖米的“均包”数量又无区别，这也为后世的争水、废湖、保湖等事件的发生埋下了隐患。

钱杭在《库域型水利社会研究》一书中指出，如果真对“所溉田验其远近高低”，湖米就不应该是“均包”，而要适当拉开距离。可以断定，杨时为湘湖初创的制度远未到“本极详密”的程度，当时几乎没有意识到“均包湖米”存在一些制度上或情理上的漏洞，而某些漏洞确实存在。赵善济为之完善，视溉田远近高低而作出相应配套政策，对“均包湖米”之漏洞加以弥补。

“均包湖米”另一个制度性隐患是，它奠定了湘湖地方意识形态的价值基础，确定了湘湖为九乡共有，“湘湖乃九乡衣食之原，亦九乡性命之本。利则九乡独沾，责亦九乡独任”[1]。不允许外人对湘湖范围、湖底、水量、流速和配水方式的改变。用现代的思维分析，湘湖产权为九乡共有，是14万余亩受益土地“均包”、“湖米”所致。尽管到明代三江闸建立后，对湘湖水源的依赖不及原来一半时，这一价值理念亦得到九乡之民的捍卫，“九乡之湖当与九乡共之”“湘湖之属九乡，以有湖耗之负担也”[2]。

湘湖因“均包湖米”，提高了粮食产量，增加了国家税粮，于情于理其产权当属全民公有。这与中国传统社会的水资源属于公共资源范畴的理念相一致。到明清时期，湘湖的水利作用大为减小时，而湘湖储水严重不足时，湘湖出现了大量高埠，自然而然地吸引湖民开发，此时的矛盾已不再是湘湖与九乡之外人之间的矛盾，而是九乡公共利益与九乡内个人或小集团（如孙氏）之间的矛盾，虽然公共利益方始终占优势，但还是引发了大量冲突，甚至于流血冲突。

三　争水与均水法则

均水法，为县丞赵善济首创。赵善济，四明人，南宋高宗绍兴年间，来宰萧邑。绍兴二十八年（1158）在利用湘湖水的九个乡[3]的农民之间发生了争水事件，有的嫌供水太少，有的嫌供水太晚等等。起初，互相殴打，后来发展到刑事诉讼，打起官司来了，此时，县丞赵善济提出分水方案，即所谓“均水规划”。赵善济提出的方案正确叫法是《萧山县湘湖均

[1]（清）富玹、张文瑞：《萧山水利》三刻卷下《湘湖纪事》。

[2] 前引於士达《湘湖考略》，后引周易藻《萧山湘湖志》（外编）。

[3] 一说八个乡。陈志富：《萧山水利史》，方志出版社2006年版，第2538页。

水利约束记》[1]。

《萧山县湘湖均水利约束记》从名称中的“均”字可以看出赵善济的均水法的目的是约束用水，力求均平，以防纷争。其要义是“相高低以分先后，计毫厘以酌多寡，限尺寸以制泄放”[2]，即按地势高低决定放水先后次序，据田亩面积分配用水量的多少，调节斗门启开高度来控制泄放时间的快慢。乡民对均水法没有异议，并作为定制永久遵守。赵善济用法律方式理清湘湖水利共同体内部规则，从而使湘湖得利者开始拥有社会强势地位[3]。

淳熙七年（1180）萧山大旱，淳熙八年（1181）大水，淳熙九年（1182）又大旱，百姓流离失所。同年，顾冲来萧山任县令。顾冲，钱塘人，官循吏。他一到萧山就进行调查研究，“备讯湘湖利弊，以防水旱”。顾冲通过调查发现，八乡配水均平，唯另许贤乡不预得水，虽后有人上告，同意增开1穴，以取水通利，但赵善济的均水法未予更改，且旧法时隔20余年，“其法多湮失”，效用衰减，致使隐占湖为田、暗置私穴盗水的现象发生甚多。

淳熙十一年（1184）十月十二日顾冲取赵善济均水旧法重新修订均水约束，定名为《湘湖均水利约束记》，万历《府志》卷一六《水利志一·湖》关于此事有详细的记录：“九乡管田一十四万六千八百六十八亩二角，水以十分为准，每亩各得六丝八忽一秒，积而计之。以地势有高低之异，故放水有先后之次，分为六等。柳塘最高放先，黄家霪最低故后，其间高低相若同等者同放，此先后之序，不可易者。去水穴一十有八，每穴阔五尺，自水面掘深三尺，并乐尺。其旁柱以石，底亦如之。非石则冲洗深阔，去水无限矣。（水）已放，畎浍皆盈，方得取之，先者有罚，私置穴、中夜盗水者，其罚宜倍。昔召信臣居南阳，作均水约束，刻石立于田畔，以防纷争，后人敬慕之。兹以放水穴次时刻开列于后。”

顾冲重定的放水顺序、被灌农田、水量指数、放水时间在毛奇龄的《湘湖水利志》中有详细的记载。

顾冲的《湘湖均水利约束记》最大的特点是严格规定了放水顺序、被灌农田、水量指数和放水时间。其基本原则是将湘湖的总水量设定为100或1000分，需要配水的土地总额为146868亩，每亩分别配水6丝8忽1秒，也就是0.000681分，配水总额指数为99.7472342%，相当于100%的全容量。放水由沿湖18个闸门（霪穴）控制，各闸门按统一规格建造，分别为宽5尺、水下深3尺，闸门侧柱和底部刻有标志，以便认定放水量[4]。按水力学观点评析，顾冲制定的均水约束，从实际出发，科学地运用断面、流速、流量诸概念及其相互关系，定序定时定量，使湘湖用水管理更趋完善、合理和实用。当然，不足的是，在确定穴口的启闭时间时，未曾考虑湘湖水位的高低变化对泄流量大小的影响[5]，第一放的历山南穴与北穴、第二放的金二穴与第三放的划船港、第二放的羊骑（杨岐）山穴

[1] [日] 斯波义信：《〈湘湖水利志〉与〈湘湖考略〉》，《萧山历史文化研究》，方志出版社2006年版，第19页。

[2] （清）毛奇龄：《湘湖水利志》（卷一）南宋绍兴年定均水则例，《四库全书存目丛书》史部第224册，齐鲁书社1996年版，据清康熙刻《西河合集》本影印，第614页。

[3] 钱杭：《利、害博弈与历史恩怨——萧山湘湖社会史的变迁轨迹》，《历史人类学学刊》2007年4月。

[4] 同上。

[5] 陈志富：《萧山水利史》，方志出版社2006年版，第257页。

与第三放的亭子头穴等，所溉村落田亩数、得水量、放水时刻，或一字不差，或仅差毫厘，存在很多疑点。均水顺序靠前的湖西、湖东北、湖南部，其放水量和灌田面积均是小规模的。而相反，均水顺序靠后的湖东、湖南部，其放水量和灌田面积均是大规模的，也就是说，主要的受惠地区是在湖的东面和东南面，在萧山县城周围的平原，夏末秋初所进行的放水，从地形上，水利上不利的边缘部开始。广大供水容易的中部农田，大概是最后分给的[1]。

湘湖放水时间的规定是因湘湖专为秋旱溉田需要而确定的，每年立秋前三日放水，白露后三日闭闸，此规定自宋至清四朝不变。春夏遇旱的灌溉问题，当时是利用落星湖、梓湖、白马湖、詹家湖、瓜沥湖等诸湖补济解决。顾冲"遍扩萧山水利，自湘湖外请开落星湖、梓湖以及白马湖、詹家湖、瓜沥湖、二堰暨郑河口，水利无不兴复"。春夏秋旱，湘湖及其他湖泊各尽功用，以满足因时因地、轻重缓急的农田需水[2]。

顾冲的《湘湖均水利约束记》在湘湖一带旱涝灾害频繁，百姓流离失所的背景下推出，其社会意义显而易见。这一配水体系打破了行政上的乡、村编制，另成系统，产生了由"近邻性"和"经济利害"所决定的"地区"，而且，逐渐固定下来。但是，也因为《湘湖均水利约束记》严格规定了放水顺序、被灌农田、水量指数和放水时间，并以刻石形式公之于众，因而无法再作任何修正，也难以容纳或增加新的受益者[3]，这是它最大的缺点。

四　水利设施维修

湘湖管理，主体是用水管理，历史上官府、民间都非常重视。从府到县、乡有完整的工程与用水管理体系，有科学的均水分配办法和相配套的水利管理法规、维修养护制度及丰富的资治史籍、碑刻。其中，湘湖水利维修也是一个不可或缺的部分。

宋代高度重视水利政策的系统贯彻，各路由提举常平使负责，各州由通判负责，各县由县丞负责，"如陂塘可修、灌溉可复、积潦可泄、圩堤可兴之类……县并置丞一员，以掌其事"[4]，"诸道每于农隙，专令通判严督所属县丞，躬行阡陌，博访父老，应旧系沟洫及陂塘去处，稍有堙，趣使修缮，务要深阔。或有水利广袤，工费浩瀚，即申监司，别委官相视，量给钱米。如法疏治，毋致灭裂。"[5]可见，宋朝的县丞不仅要协助县令处理一般县政，更要具体负责全县范围内的水利行政事务。在湘湖史上占有重要地位的人物之一就是南宋孝宗乾道年间出任萧山县丞的赵善济[6]。

赵善济在制定《萧山县湘湖均水利约束记》前，曾经"集塘长暨诸上户与之定议"[7]，其中的塘长是指维护湘湖堤塘安全的日常负责人，地

[1]［日］斯波义信：《〈湘湖水利志〉与〈湘湖考略〉》，《萧山历史文化研究》，方志出版社2006年版，第22页。

[2]陈志富：《萧山水利史》，方志出版社2006年，第255页。

[3]钱杭：《利、害博弈与历史恩怨——萧山湘湖社会史的变迁轨迹》，《历史人类学学刊》2007年4月。

[4]《宋会要·职官四八·县丞》，续修四库全书本史部第779册，上海古籍出版社2002年版，第621页。

[5]《宋会要·食货八·水利下》史部第782册，第81—82页。

[6]钱杭：《共同体理论视野下的湘湖水利集团——兼论"库域型"水利社会》，《中国社会科学》2008年第2期。

[7]（清）毛奇龄：《湘湖水利志》（卷一）"南宋绍兴年定均水则例"，《四库全书存目丛书》史部第224册，齐鲁书社1996年版，据清康熙刻《西河合集》本影印，第614页。

位不高，是朝廷承认的“杂泛役”的一种。宋代淮南、江南诸路下辖各县所建陂塘堨坝的数量极大，为了统一管理这些设施，自北宋初年起，各县官府普遍设“陂塘册”，将分布在本辖区内的各类官私陂塘逐一登记，并由县府专门负责水利的县丞从各水利集团所在的受益村落中挑选富有、能干的上户，充任陂头、陂主、团头、陂长、塘长、知首等职。王安石变法期间，此制又得到进一步完善。南宋以后，陂塘管理系统愈加严密，甚至出现了“陂泽湖塘池泺正副长”和“湖长”一类的职务[1]。

湘湖水利维修除了有一整套严密的管理系统以外，湘湖工程维修，所需劳力、经费负担，采取了“坐地修筑”和“征派塘捐”的办法，体现“谁受益、谁负担”的原则。岁修的劳力征派，由受益乡各自落实，分乡“坐地修筑”乡辖地段的塘坝穴口，“并不轮派通县”；岁修的经费来源，主要取自塘捐[2]，是湘湖工程维修经费的固定来源[3]。此外，还有以下几种经费筹措办法：

1. 对侵占湖利情节较轻者，一般采取经济制裁措施，以罚代刑，处罚之款用作修筑湖塘和荒年赈济。

2. 政府预算中有“岁修银”一项，每年 500 两左右。此项经费亦按得利田亩均摊。如元至正年间，杭州推官於善任萧山县尹，到任后大兴水利，“时山贼四起，饥民多乘间窃发，田亩荒秽，湘湖俱芜塞乏水，善以官帑发饥民疏濬，兼捍筑西江诸塘，民受利焉”[4]。

3. 捐资集款，主要由湘湖一带的乡绅自行捐资，弥补官银的不足，用于湘湖的水利维修。

五　湘湖的效益

湘湖筑成，其经济效益和社会影响明显。

（一）经济效益

湘湖从筑湖初衷开始，主要的功能就是防洪抗旱、农田灌溉。旧时萧山，艺植晚熟稻作，直至霜降之后方是收成之期，自立秋至冬初尚有百日不可脱水。一年四季，湘湖蓄水三季（冬蓄雪水、春蓄春水、夏蓄梅水），而放水一季（仅立秋前三日放水，白露后三日闭闸）。此蓄放水则，自宋至清，四朝不变。湘湖水的蓄放，起着防洪蓄洪、调节径流的重要作用，缓解了周边九乡的洪、涝、旱灾情，湖水流经 18 穴口，灌溉九乡 9791.2 公顷，146868 亩农田。可谓利及九乡、溉田万顷，取得经济与社会效益双赢[5]，享有“九乡水仓”的美誉。

湘湖以部分低洼农田受淹来换取周围 9 乡 14 万余亩土地的保收，其经济效益显而易见。它使湘湖周边农田得到有效灌溉，也使朝廷获得了稳定的税赋，是一举多得的深受百姓喜爱的大好事。

[1] 钱杭：《共同体理论视野下的湘湖水利集团——兼论“库域型”水利社会》，《中国社会科学》2008 年第 2 期。

[2] 湘湖西端与西江（钱塘江）相近，湖塘与江塘为一，修塘经费称作江塘捐，后沿用未改。

[3] 陈志富：《萧山水利史》，方志出版社 2006 年版，第 262 页。

[4]（清）毛奇龄：《湘湖水利志》（卷一）“元至正年修湖”，《四库全书存目丛书》史部第 224 册，齐鲁书社 1996 年版，据清康熙刻《西河合集》本影印，第 618 页。

[5] 陈志富：《萧山水利史》，方志出版社 2006 年版，第 280 页。

湘湖还具有调节径流、发展航运、蓄养水产等功能。湘湖通过放水入萧绍运河，使运河水位得以保持，客观上保证了航运的畅通。湘湖筑成，使湘湖水产得以较快发展和丰收，出产了湘湖莼菜、鲈鱼、紫蟹、鲫鱼、杜父鱼等名特水产。与此同时，湘湖的砖瓦业也逐渐发展起来，后来成为支撑居民生活的支柱产业。湘湖杨梅、樱桃、茶叶等也发展得很好。民间有"元宝湖"之称。

（二）社会影响

湘湖的筑湖计划，早在北宋熙宁年间（1068—1077）由殷庆等人的奏请，到徽宗大观年间（1107—1110）县民吴氏等乞筑为湖，再到政和二年（1112）杨时决策筑湖，几上几下，历经千辛万苦，最终得到了朝廷的批准，可以说是一项惊动天子的大工程，是经国家批准的大工程，这在当时社会影响已经很大。

筑湖成功后，湘湖逐渐成为文人学士的旅游胜地。南宋诗人陆游多次往来萧山，多次兴致勃勃地"小艇湘湖自采莼"，或"携友共采湘湖莼"；同时期苏洞也到湘湖游玩，留下"湘湖梦不到，今日到湘湖"的诗句；元代诗人萨都剌几乎游遍萧山山水[1]。文人学士们游湘湖，恋湘湖，咏湘湖，留下了许多脍炙人口的诗文，使湖山增秀添色；他们还将湘湖具有独特气质的风景佳处冠以雅致的名号，作为风雅韵事。人们根据其诗文意境，结合湖光山色，着意品题，形成了"湘湖八景"等诸多名胜古迹。

杨时和方从礼将"方田均税"运用于湘湖实践的"均包湖米"的开创，赵善济的《萧山县湘湖均水利约束记》的创举，承前启后的顾冲《湘湖均水利约束记》，充满智慧与才气的郭渊明的"金线"方案，这些都为水利建设提供了借鉴，轰动全国，称为学习的楷模。

湘湖为社会进步、经济发展、人民安居、生态改善、环境美化起到了积极的作用，取得了显著的社会效益、经济效益与生态效益。对于萧山百姓来说，湘湖很重要，是经济的象征，亦是百姓的保护神，并且已成为四方九乡的生聚养护之源。从更大范畴来说，湘湖是一种中国传统文明的象征[2]。

[1] 陈志根：《萧山古今谈》，西泠印社2001年版，第28页。

[2] 〔美〕萧邦齐：《湘湖——九个世纪的中国世事》，叶光庭、张环宙、王芳、李娟合译，陈桥驿校，杭州出版社2005年版，第5—10页。

第三节 《方文林墓志铭》及人物

《四库全书·集部·别集类》（南宋建炎至德祐）载有北宋许景衡的《横塘集》（卷十九），《横塘集》中收有《方文林墓志铭》。加强对《方文林墓志铭》的研究，对于研究湘湖，还湘湖以历史真实，提高与湘湖有关的志书、史书编纂质量，促进湘湖新城和湘湖旅游综合体的建设和开发具有重要意义。

一　《方文林墓志铭》引文

方氏子讳某者，字从礼，故新定（后为遂安县，今淳安县）人。远祖干有诗名。五代之乱，有家于台州临海（浙江）者，以强勇捍贼，乡人德之，血食至今，子孙滋衍。然业儒，多举进士。自皇祖讳某，饶州安仁（今江西余江）县令，累赠金紫光禄大夫。皇考讳某，有政事才，善论议，知名士大夫间，卒赠朝奉大夫。

从礼天姿开爽，文思清婉。自儿时已能习其家世，饬以莅官之大略，有所拨置，辄从容以办。故方其未出而处也，识者皆以能吏许之。以大夫恩补郊社斋郎，选于吏部。易阶将仕，调信州玉山（江西玉山）尉。八宝恩进登仕郎，再调越州萧山尉，差杭州方田指教官，充点检杭、越、温州均税，又点检两浙路方田。用举者，升文林郎，大平州（今安徽当涂）司兵曹事，未赴而卒。

……

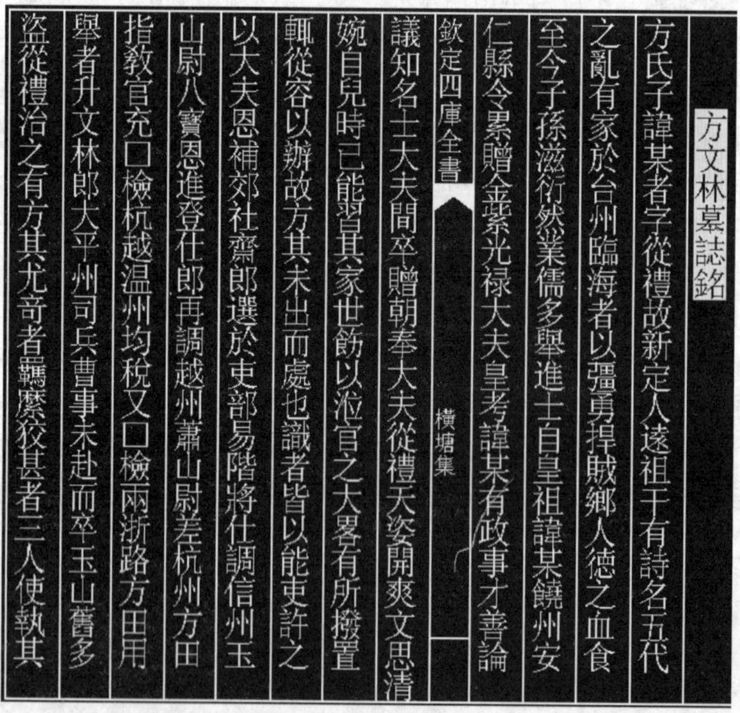
方文林墓誌銘
方氏子諱某者字從禮故新定人遠祖干有詩名五代
之亂有家於台州臨海者以彊勇捍賊鄉人德之血食
至今子孫滋衍然業儒多舉進士自皇祖諱某饒州安
仁縣令累贈金紫光禄大夫皇考諱某有政事才善論
欽定四庫全書　横塘集
議知名士大夫間卒贈朝奉大夫從禮天姿開爽文思清
婉自兒時已能習其家世飭以涖官之大畧有所撥置
輒從容以辦故方其未出而處也識者皆以能吏許之
以大夫恩補郊社齋郎選於吏部易階將仕調信州玉
山尉八寶恩進登仕郎再調越州蕭山尉差杭州方田
指教官充□檢杭越温州均稅又□檢兩浙路方田用
舉者升文林郎大平州司兵曹事未赴而卒玉山舊多
盜從禮治之有方其尤奇者覊縻狡甚者三人使執其

图21　载于电子版《四库全书》中的宋许景衡《方文林墓志铭》

萧山湘湖湮废久，民田无以溉。从礼亟以浚治请于有司，而躬督其役。未几湖复，邑人赖其利。国家承平日久，田野滋辟，下民售易不常，奸弊百出。于是议者请用元丰法，方田均税。事下有司，而部使者差择习民事悉心办公者，莫如从礼。从礼亦慨然任其责，奔走数州，不惮深阻。

其考核钩深，洞见民隐。凡高下、肥瘠、广狭、盈缩，黑白判然，而关键笼络，胥吏无所肆其奸。

其在温州平阳，课督官吏，定税置籍，方隆冬，夜常达旦。因感寒气，得疾。比至杭，寝剧，遂卒于僧舍。

其始得疾也，或告之曰："乡版浩若烟海，公能尽瞩之乎？徒自苦耳。"从礼不听，力疾检察愈谨。呜呼，其可谓不苟也已。朝廷建立法度，凡以为民，为有司者或非其人，则反被其害者有矣。今方田之法行于天下，使人人如从礼者，民有不受其实利者乎？惜乎未究其所长而不幸短命死矣！悲夫！

……

从礼年四十六，卒于政和六年四月二十六日。其弟以重和二年某月葬于天台县太平乡鸡头奥先茔之次。两娶陈氏，前室同郡奉议郎贻序之女，其继永康人朝请郎惕之女，后从礼十四日卒。子曰茂。三女，长适进士刘之珍，二未行。葬有日，其仲从道自台抵福，曰："吾兄游（游旧：旧交）最旧且厚，惟子。敢请铭。"余谢以非其人。然尝闻诸杨先生中立（杨时字）曰："仕于州县，诚心爱民，若吾从礼者，无几。"从礼小官，又卒不得年，未为当世所知，而独见称于有道者如此。则为从礼家若其朋游，皆无可憾也。故余录其语而铭之，铭曰：呜呼！从礼敏于为吏而死于勤事，盖食人之禄而无愧者也。凡墓有文以告后人，我铭从礼以劝当世。

二　萧山县尉——方从礼

查各方资料，除《方文林墓志铭》外未见另有记载。好在有这墓志铭，主要事迹均有所记述了。《方文林墓志铭》中录杨时语写道：方从礼"小官又卒不得年，未为当世所知，而独见称于有道者"。方从礼（文林）未能被后人所识，以至当世人不知道有其人，更不知其有功于湘湖，而且是湘湖建设的亲历之人。

方从礼的姓名、官名、官职　《方文林墓志铭》中记："方氏子讳某者，字从礼"。此为墓志铭，因避讳而未写其名，"文林"为官职。可见，方从礼的"文林"谓"文林郎"，不是其名，是官名，在宋代只是"从八品"的小官；"越州萧山尉"，即古越州（今浙江绍兴）萧山官职，比杨时的萧山令小一级，主管地方治安。

方从礼的祖籍与籍贯　《方文林墓志铭》记："从礼，故新定人。远祖干有诗名，五代之乱有家于台州临海者，以强勇捍贼，乡人德之。"新定，乃后来的浙江省遂安县，遂安县在20世纪50年代建新安江大坝时并入淳安县，现沉于千岛湖底，今为淳安县境域。远祖乃唐朝著名诗人方干，五代时祖上避乱迁浙江台州临海，并"强勇捍贼，乡人德之"，有功于临海，在临海站稳脚跟。方从礼籍贯为天台县，死后葬于"天台县太平乡鸡头奥先茔之次”，与自己的先祖葬在一起。

方从礼生卒年限 《方文林墓志铭》曰：“从礼年四十六，卒于政和六年四月二十六日”。从“卒于政和六年”，即公元1116年向上推46年，方从礼生于宋熙宁三年（1070）。方从礼生于公元1070年，卒于1116年。湘湖筑于北宋政和二年（1112），方从礼“卒于政和六年”，即湘湖成湖后的第四年。

方文林的人品 考《方文林墓志铭》得，方从礼“能承其意，大夫疎财好义，而恬于进”，“信州玉山”（江西省玉山县）治盗有方，并力阻“衢（今浙江衢州）、信（江西上饶信州）境上”，二溪“议凿以通漕”，以减轻百姓负担。特别是在湘湖建设上，“从礼亟以浚治请于有司，而躬督其役”，并借王安石变法之一的“方田均税法”在湘湖推行“均包湖米”制度。因建设湘湖有功，而受到朝廷重用，到杭州当了“方田指教官”。

方从礼是个工作起来不要命的人。“其在温州平阳，课督官吏，定税置籍，方隆冬，夜常达旦。因感寒气，得疾。”“其始得疾也，或告之曰：乡版浩若烟海，公能尽瞩之乎？徒自苦耳。从礼不听，力疾检察愈谨。”他在隆冬夜，常通宵达旦，因感寒气得病也照常工作。而且当有人劝他，那么“浩若烟海”的地方，你都能听上级安排吗？他还是继续工作。于是，作者许景衡发出感叹：“呜呼！其可谓不苟也已。朝廷建立法度，凡以为民，为有司者或非其人，则反被其害者有矣。今方田之法行于天下，使人人如从礼者，民有不受其实利者乎？”方从礼的忘我工作之精神感动了朝廷，有人推举他“升文林郎大平州司兵曹事”，但“未赴而卒”。方从礼乃北宋“方田均税”事业的发扬光大者和尽忠者，“从礼敏于为吏而死于勤事，盖食人之禄而无愧者也”，在任上以身殉职，终年46足岁。

方从礼是个孝子。“从礼事亲，能承其意。大夫疎财好义，而恬于进，年未五十致其仕而归，生事萧然。从礼受命十年不敢调，极力营其家。”从礼对待父亲如此，对待弟妹亦尽其心。“弟妹婚嫁，不失其时；而亲旧劳问馈遗，纤悉毕举，大夫一无所问。”“常告其弟曰：我所以不惮麄剧政，恐若等废学也，勉之。故其弟试可、行可皆自励，相继贡于乡，而以学行见称于师友云。”乡人评价“非从礼无以全其父之高，非大夫无以致其子之孝也”。

方从礼与杭州 方从礼任于杭州。“调越州萧山尉，差杭州方田指教官，充点检杭越温州均税，又点检两浙路方田。”方从礼因有功于越州萧山（原属绍兴，今属杭州）湘湖，于北宋政和二年（1112）后到杭州任职，官职名称为“杭州方田指教官”，今虽不知这官有多大，但从其职责看，不仅对土地“方田”（丈量土地），而且指导“均税”；管辖的范围也很广，包括杭州、越州、温州，还包括“两浙路”，包括14个州：苏州、常州、润州、杭州、湖州、秀州（嘉兴）、越州（绍兴）、明州（宁波）、台州（临海）、婺州（金华）、衢州、睦州（建德梅城）、温州和处州（丽水），大致包括今天的浙江省全境，江苏省的苏锡常地区和上海市（不含崇明岛）。可见，对湘湖“方田均税”后，方从礼被北宋朝廷委以重任。

方从礼不仅任于杭州，还死于杭州。“比至杭，寖剧，遂卒于僧舍。”方从礼从温州平阳“课督官吏，定税置籍”完成任务后返回杭州，本想可以好好休息养养身体了，未曾想“寖剧”，病死于僧舍了。方从礼家在天台，到杭州做官，当时的僧舍（寺庙）也是接待官员往来的住所，有旅馆之功能。只是《方文林墓志铭》未写明什么僧舍，乃又一大遗憾。

三 尚书右承——许景衡

《方文林墓志铭》是从许景衡的著作《横塘集》中析出的，这是一篇写得感人肺腑的悼念文章，从行文中可知，许景衡对方从礼不是一般的了解，而是了解颇深的。

许景衡（1072—1128）[1]，字少伊，人称横塘先生，瑞安白门人。生平奉公廉洁，刚直不阿，嫉恶如仇，忧国忧民。北宋元祐八年（1093），21岁时即中进士。步入仕途后，先后在浙江及河北乐寿、河间等地当过地方官，居官清廉，关心民疾，得到当地百姓交口称赞，其政绩和才能为朝廷所赏识。从宣和六年（1124）被召到东京（开封），授监察御史至南宋高宗升为尚书右承参与国家大事决策，三起三落，是朝廷内主战派代表人物之一，上书高宗，使高宗打消了罢免宗泽之议。宗泽闻讯后感慨地说：“许尚书可谓诚臣”。1128年在被贬提举杭州洞霄官，南下京口的途中病亡，享年57岁。高宗建都临安后，念许景衡“执政忠直，遇事敢言”，追谥“忠简”，并抚恤其家属。许景衡不仅是一代名臣和杰出的政治家，还是位学识渊博、精通古今的学者和诗人。他的著作《横塘集》，诗文并茂，后人赞其文“坦白光明，粹然一出于正”，称其诗“吐谈清拔，不露伉厉之气”。

[1] 许景衡，百度百科，http://baike.baidu.com/view/120917.htm。

许景衡写《方文林墓志铭》的时间。搞清楚许景衡写《方文林墓志铭》的时间很重要，这不仅可以了解许景衡与方从礼之间的关系，有利于杨时、许景衡、方从礼三人关系的分析，而且可以考证《方文林墓志铭》的文献价值。其一，《墓志铭》是与死者的灵柩葬在一起的。据《方文林墓志铭》分析，方从礼于“重和二年某月葬于天台县太平乡鸡头奥先茔之次”，因此，《方文林墓志铭》当为宋重和二年（1119）前写成的。其二，据《方文林墓志铭》：“从礼……卒于政和六年四月二十六日”。由此可见，《方文林墓志铭》是许景衡于宋政和六年（1116）至宋重和二年（1119）间写成的。这是迄今发现的关于记录杭州湘湖的最早的历史文献。

四　萧山县令——杨时

许景衡在《方文林墓志铭》中提到“仲从道自台抵福，曰：‘吾兄游（游旧：旧交）最旧且厚，惟子。也请铭。’余谢以非其人。然尝闻诸杨先生中立（杨时字）曰：‘仕于州县，诚心爱民，若吾从礼者，无几。’从礼官小，又卒不得年，未为当世所知，而独见称于有道者如此。若为从礼家若其朋游，皆无可憾也”。杨时与方从礼同在萧山为官，从文中可以看出，杨时对方从礼赞赏有加。

[1] 杨时，百度百科，http://baike.baidu.com/view/220757.htm。

杨时其人及对湘湖的贡献[1]　杨时（1053—1135），字行可，后改字中立，号龟山，宋代将乐县（福建）人，我国著名的理学家。北宋熙宁九年（1076）登徐铎榜进士。杨时少年时，聪颖好学，善诗文，人称“神童”。29岁那年，前往河南颍昌，拜程颢为师，勤奋好问，学习成绩优异，被称为“程门高弟”。后又拜程颢弟程颐为师，成语“程门立雪”讲的就是杨时这种好学精神和尊师重道的故事。杨时一生精研理学，特别是他“倡道东南”，被后人尊为“闽学鼻祖”。他的著述颇多，主要的都收录在《杨龟山先生文集》中，其哲学思想继承了二程的思想体系，被后人称之为“程氏正宗”。他的哲学思想流传到国外，在南朝鲜、日本的影响很大。

杨时不仅是一位著名的理学家，还是位很有影响的政治家，他在担任地方官吏时，所到之处“皆有惠政、民思不忘”。在虔州（江西）任司法时（1098），秉公办案，刚正不阿；在浏阳任知县时（1093），积极上书朝廷，反映实情，赈济灾民；在余杭任知县时（1106），顶住奸相蔡京借口“便民”实为其母筑坟的害民之举；杨时在朝廷任职时，不畏权势，据理直言，所言多卓有见识，所行不乏爱国之举。

尤其是政和二年（1112）调任萧山县令，县城周围的崇化、新义、由化、夏孝等乡农田易涝易旱，连年遭灾。熙宁和大观年间，县民曾两次奏请在低田处筑堤蓄水为湖，以浇灌周围农田，均未实现。杨时到任后，实地勘察地形，会集各方意见，尤其是听取了已在萧山多年任职的方从礼的意见，决定“筑两塘于南北，一在羊骑山（杨岐山）、历山（小砾山）之南；一在菊花山、西山之足，两相拦筑，而其潴已成”[2]。废低洼田3万余亩，周长80余里，蓄水成湖，用以灌溉周围9乡农田，受益面积达14万余亩。

[2]（清）毛奇龄：《湘湖水利志》，杭州市萧山区地方志办公室翻印本。

杨时离开萧山后，又历任秘书郎、著作郎、右谏议大夫、国子监祭酒等职，南宋高宗时任工部侍郎、龙图阁直学士。晚年，告老还乡，在家乡龟山讲学。南宋绍兴五年（1135），杨时辞世，终年83岁，葬于福建将乐水南乌石山麓，宋高宗赐“左大中大夫”，又赠“太师、大中大夫”等封号，谥“文靖”，并在将乐龟山麓建有“道南祠”，宋高宗赵

图22　北宋政和萧山县令——杨时

构为“龟山书院”题名。后清圣祖玄烨亦题匾龟山书院“程氏正宗”。至今，每年拜谒杨时陵墓的游人仍络绎不绝。有《礼记解义》、《列子解》、《史论》、《周易解义》、《三经义辨》、《解字说》、《二程粹言》、《龟山集》等著作。

志载杨时之功与疏漏　明嘉靖《萧山县志》“水利”中记载：“宋神宗朝，居民吴氏等以崇化等乡有田高阜，两岸皆山，连雨则水散漫下流，上可其奏。政和二年，杨龟山来莅，视山可依，度地可圩，以山为止，筑土为塘。”又《列传》中记载：“杨时，字中立，福建将乐人，政和二年为邑令，经理庶务，裁决如流，以邑民岁苦旱，开筑湘湖，以灌九乡，至今民赖其利。"[1]

清康熙毛奇龄《湘湖水利志》（卷一）"政和年开湖"："徽宗大观间县民复有以筑湖请者，至政和二年将乐杨时补萧山县令，集耆老会议躬历其所，相山之可依，与地之可圩者，增庳补狭，但筑两塘于北南。"

民国周易藻《萧山湘湖志》（卷六）"湖贤事迹"："宋邑令杨文靖公时，公字中立，号龟山、南剑，将乐人，政和二年补萧山县令，相度地势，开辟为湖，初熙宁、大观间，县民多有以筑湖请者，均不决。至公，而湘湖始成，均税于得利田亩，民到于今受其赐焉。"[2]

以上各志，均载县令杨时之功，这与其后来成为南宋大官和其理学的影响是分不开的。后人为纪念杨时开筑湘湖的业绩，于明成化元年（1465）在萧山城厢镇西门外净土山麓建造德惠祠，以颂其功德；还在湘湖建"道南书院"取程颢"吾道南矣"之意，培养古代萧山学子，至今为人所称道。明嘉靖年间，又奉旨筑杨时牌坊于大弄口，"石檐飞轩，斗拱龙栋"，三隔双层，横额镌"敕建宋萧山县令龙图阁直学士谥文靖杨时之坊"[3]。

然志书亦有疏漏，这就是杨时于政和二年（1112）莅任萧山，又在政和二年筑湘湖，殊不知太快了点吗？然这是事实。但又为什么能"裁决如流"？《方文林墓志铭》的发现，正好回答了这一问题。那就是有已在萧山任职多年的县尉方从礼相助。

[1]（明）嘉靖《萧山县志》，杭州市萧山区地方志办公室翻印本。

[2]（民国）周易藻：《萧山湘湖志》，杭州市萧山区地方志办公室翻印本。

[3]《萧山城厢镇志》，浙江大学出版社1989年版。

五　《方文林墓志铭》的人物关系

通过以上对《方文林墓志铭》相关人物的考证，已基本了解了许景衡为方从礼的好友，并为方从礼写了《方文林墓志铭》；杨时与方从礼同县为官，共同决策并参与了北宋湘湖的开发。然从《方文林墓志铭》中方从礼、许景衡、杨时三人间的关系如何？

《方文林墓志铭》中方从礼之弟方从道请铭于许景衡，许景衡"谢以非其人"，但许景衡曾经听杨时说，方从礼"仕于州县，诚心爱民，若吾从礼者无几"之言，转而又心甘情愿地为方从礼写《方文林墓志铭》。从中可以看出，杨时与许景衡也是见过面说过话的，而且赞许过方从礼。

从年龄上分析，方从礼生活在北宋熙宁三年至政和六年（1070—1116）四月间，享年46岁；杨时生活在北宋皇祐五年至南宋绍兴五年（1053—1135）间，享年83岁；许景衡生活在北宋熙宁至南宋建炎年（1072—1128）间，享年57岁。方从礼与许景衡出生年相近，是同辈；而杨时与方从礼、许景衡比，长20岁左右，是长辈；虽然早出生20年左右，但比他们都去世得晚，经历了他们所经历的，是长寿之人，而且历史影响远远超过他们。

从政治上分析，许景衡在北宋末就已是京城大官，授监察御史，后又升殿中侍御史，虽然三起三落，但到南宋时当上“尚书右承”的大官，参与决策朝廷大事，但壮志未酬，在第二年遭贬途中便去世了。杨时做官亦多起伏，北宋时只做了地方官，到南宋时宋高宗才任命他为工部侍郎，后为朝请大夫、龙图阁直学士。三人中除方从礼外，杨时、许景衡均生活在北宋与南宋改朝换代的动荡之际，而且两人都反对奸相蔡京等人聚敛“花石纲”运输的劳役，主张减轻赋税；两人都力主对“弃军而归”、“帅臣失败”且贪生怕死的童贯以“明正典刑”；在对金政策上反对议和，主张坚决抵抗，都是主战派。

从交情上分析，方从礼的弟方从道专门“自台抵福”，到福州请许景衡写《方文林墓志铭》，“曰：吾兄游最旧且厚，惟子敢请铭”。游，即游旧，旧交。说明，方从礼与许景衡是旧交，关系非同一般。《方文林墓志铭》记载：“从礼受命十年不敢调”。可见，方从礼在萧山工作了多年，对萧山的事是再熟悉不过了；他在政和二年（1112）竭力主张并帮助新任萧山令的杨时，完成了“筑塘为湖”的事关萧山百姓种粮与生机的大事；他俩是上下级，又是配合默契的搭档。许景衡与杨时同朝为官，同为越地（瑞安县与将乐县相近）人，又有共同的政见，原来许景衡婉言谢绝为方从礼写墓志铭，但曾闻杨时“仕于州县，诚心爱民，若吾从礼者无几”之言，为方从礼的敬业精神所感动。许景衡说：“从礼小官又卒不得年，未为当世所知，而独见称于有道者（指杨时）如此。”虽官小为世人所不知，但业内影响较大。有感于此，许景衡欣然命笔，完成了《方文林墓志铭》。方从礼、杨时、许景衡三人处同一时代，虽年龄相异，但志趣相同，尽忠尽孝，诚心爱民，三人相交且深亦厚，关系非同一般。

从《方文林墓志铭》分析，方从礼亦是一位有功于湘湖的人，是杨时的得力助手和先行官。他对宋代湘湖建设是有两大功绩：一是亲临一线督造湘湖；二是实施“均包湖米”之政策。杨时与方从礼密不可分，一位是湘湖建设的决策者，一位是湘湖建设具体实施者。而写《方文林墓志铭》的许景衡，亦功不可没，使我们今天还能比较详细地了解北宋湘湖建设真实而具体的情况。

第四节　南宋皇室的风水宝地

南宋第一代皇帝为宋高宗赵构。宋高宗赵构（1107—1187），字德基，宋徽宗赵佶第九子，宋钦宗赵桓之弟，南宋第一代皇帝，1127—1162 年在位，年号先后为建炎、绍兴。赵构于宣和三年（1121）封为康王。靖康元年（1126）春，金兵第一次包围开封时，他曾以亲王身份在金营中短期为人质。当年冬，金兵再次南侵，他奉命出使金营求和，在河北磁州（今属河北）被守臣宗泽劝阻留下，得以免遭金兵俘虏。金兵再次包围开封时，受命为河北兵马大元帅，宋廷令其率河北宋兵救援京师，但他移屯大名府（今属河北），继又转移到东平府（今属山东），以避敌锋。宋徽宗和宋钦宗为金兵俘虏北去，他于次年五月初一在南京应天府（今河南商丘）即位，改元建炎。

建炎元年（1127），宋高宗赵构南逃扬州，金人于次年兵锋指向扬州。三年，自扬州至镇江，再至杭州，又北上建康府（今南京）致书金人，表示愿意削去宋朝国号称臣。金人拒绝高宗投降，再次南进。高宗则自建康而镇江、临安。在临安又遭遇苗傅、刘正彦发动的“苗刘之变”。赵构一方面向金朝求和，一方面欲在临安建行都。哪知金兀术不理赵构乞和，迅速突破长江防线，企图一举消灭南宋。建炎三年（1129）七月，金人攻占扬州，直取临安。宋高宗赵构在大将戚骏升保护下匆匆南逃，在渡钱江、历冠山[1]到湘湖后，隐藏在现今的义桥戚家山下的一个山坞的农舍中。戚家山西为钱塘江，只有半里之地，听得见钱塘江潮声，夜晚避于农舍中的赵构听到“哗……”的响声，疑是金兵追来，于是再匆匆逃往越州、明州、定海，直至乘船逃入大海，金军因遇大风雨只得作罢。金兵孤军深入，又遇韩世忠、岳飞等名将率领的宋军抗击，宋高宗赵构才在越州（今绍兴）暂住下来。绍兴[2]二年（1132）正月初十，宋高宗君臣一行从绍兴出发，经钱清、萧山，沿湘湖北达西兴，从西兴渡过江，丙午抵临安府。至此，宋高宗驻跸越州一年零八个月[3]。萧山至今流传有“泥马渡康王”的传说。南宋定行都临安后，视钱塘江为天堑，钱塘江的码头为战略要塞，派重兵镇守西兴、渔浦等地。

宋朝是个很奇特的朝代，其丧葬风俗十分独特，人死后实行火葬，并葬于“风水宝地”，皇帝也不例外。关于“风水宝地”，宋朝理学大师程颐著有《葬说》，讲究下葬要“卜其地之美恶”，强调“地之美者，则其神灵安，其子孙盛”。程颐认为，风水上佳者为土色光润、草木茂盛。宋朝另一位理学大师又进行发扬光大，补墓地地形应“拱揖环抱”。钱塘江南的萧绍一带符合这一风水标准，因此多有南宋墓葬，最大的如南宋选“攒宫”于绍兴城东宝山（一名上皋山，葬宋六陵）。湘湖周边区域亦是南宋墓葬的“风水宝地”首选地，主要有蒙山、戚家山（杨岐山）、笔峰尖等地。

一　蒙山徽宗庙

北宋靖康二年（1127）四月金军攻破东京（今河南开封），在城内搜刮数日，掳徽宗，钦宗二帝和后妃、皇子、宗室、贵卿等数千人后北撤，东京城中公私积蓄为之一空，北宋灭亡，史称“靖康之耻”或“靖康之变”。宋徽宗被掳到金后被关押于韩州（今辽宁省昌图县），后又被迁到

[1] 乳泉，又名“冠山泉”，位于湘湖北冠山东麓山脚下，长约 2.4 米，宽约 1.2 米，四周石板铺筑，顶端立一牌，上镌“乳泉”两字。相传小康王赵构遭金兵追杀，南逃至冠山脚下，掬乳泉之水解渴，饮后，元气陡增，赞之曰：“天下泉水之香甜，莫过于此。”后偏安临安后，又命汲取，却怎么也喝不出当年的味道。

[2] 据《绍兴市志》载：绍兴二年(1131) 宋高宗在越州，大赦改元，敕曰：“绍奕世之宏休，兴百年之丕绪……肇易嘉名……为绍兴元年。”

[3] 方晨光：《文脉湘湖》，方志出版社 2007 年版，第 62 页。

五国城（今黑龙江省依兰县）[1]囚禁。囚禁期间，宋徽宗赵佶受尽精神折磨。同年七月，宋徽宗在宋高宗的特使曹勋临行前交给他一件自己穿的背心，背心上写着“你（宋高宗）快来援救父母”。宋徽宗叮咛曹勋，切记要转告高宗“不要忘了我北行的痛苦”，说着取出白纱手帕拭泪，而后将手帕也交给曹勋说：“让皇上（高宗）深知我思念故国而哀痛泪下的情景。”

宋高宗命宗室赵不衰从中原迁来，于湘湖东蒙山立庙守孝。在蒙山上建徽宗庙，供宋徽宗“背心”和“手帕”焚烧的衣冠冢于庙中骨灰堂，后葬于庙侧水池。有庙额曰：“东南寿域”，柱联曰：“南宋衣冠存古墓，二帝庙貌建蒙山。”由于北宋与女真族有灭国之仇，南宋时从前线俘获的女真族首领，俗称胡人，均解到庙前正法祭祖，于是有了“屠胡村”名，现称“杜湖村”。今湘湖东杜湖村赵氏便是。

宋徽宗被囚禁了 9 年。绍兴五年（1135）四月甲子日，终因不堪精神折磨而死于五国城，享年 54 岁。金熙宗将他葬于河南广宁（今河南省洛阳市附近）。绍兴十二年（1142）八月乙酉日，根据宋金两国达成的协议，才将赵佶遗骸运回临安，而后葬于绍兴攒宫，庙号为徽宗。

1276 年蒙古攻陷临安，1279 年南宋最后一个皇帝投海，南宋灭亡。萧山当地居民为了避元人耳目，去掉了徽宗庙的匾额，毁掉了叙述建庙缘起而又文字激烈的碑记。不久，因为元朝皇帝信奉道教，诏告天下，封泰山神为“东岳大帝”，于是，趁此机会，改“徽宗庙”为“东岳庙”，把清明祭祀也成泰山神的香期，为三月二十八日。

徽宗庙与别的庙宇不同，非坐北朝南，而是坐南朝北，意为光复大宋江山，庙正殿额书“东南寿域”，庙中供奉的是宋徽宗像。《萧山名胜纪略》载，东岳庙“正殿上颜额曰‘东南寿域’……蒙山系宋陵所在，故有此额”。

民国《萧山县志稿》记载：“案东岳庙所在多有，而萧山香火独盛。以三月二十八日、七月十三日为香期，远近咸集，住僧香资所入，颇有羡余。”旧时每逢春秋两次香期，本地和附近县人纷纷前来进香，异常热闹，水陆交通为之阻塞，萧绍运河上船满为患。民间至今留有“灵隐寺管下三府，东岳庙管上八府”[2]之说。

[1] 古地名。亦称五国头城。宋徽宗被金兵所俘，囚死于此。所在地说法不一：一说在今黑龙江省依兰县一带，见清曹廷杰《东三省舆地图说·五国城考》、清魏源《圣武记》；一说在今黑龙江省宁安县东北，见清《嘉庆一统志》（卷六八）；一说在今吉林省扶余县境，见清昭梿《啸亭杂录·五国城》；一说在苏联境内。

[2] 下三府为：杭州府、湖州府、嘉兴府。上八府为：绍兴府、严州府、宁波府、台州府、温州府、衢州府、处州府、金华府。

图23　湘湖蒙山徽宗庙

二　戚家山的由来

湘湖的西南处的杨岐山，又称戚家山。宋高宗赵构在南宋初年的逃亡生涯中，大将戚骏升护驾忠心耿耿、尽职尽守，经杭州、渡钱江、历冠山、涉湘湖后，隐藏在现今的义桥戚家山下的一个山坞农舍中。戚将军严阵以待、日夜巡视，自己却露宿在山湾里，保住大宋这一孤脉。至绍兴五年（1135）正月十四日正式定都临安（今杭州），方复在临安登基，政权基本稳定下来。

宋高宗赵构复登基后为答谢戚骏升护驾有功，封其为太尉。后随高宗游浙东保驾随行，但当时戚骏升年事已高，不幸在渡钱塘江时适逢潮汛，船倾身亡。于是他儿子戚思孝把其遗体埋葬在父亲救驾的山坞中，以表其功，自己筑庐守孝，渐渐地子孙繁衍开来，传千余年。今义桥有戚家山下自然村，百姓称村边之山为“王坟山”。

戚家山下原有戚氏宗祠，内塑戚骏升像：“峨冠博带，白面长须，其貌伟然。”明朝天启年间，其祠与塑像尚在，在史书上尤有记载，至清道光时“栋宇摧残”已不复存在了。

现《萧山戚氏宗谱》尊戚骏升为第一世，戚思孝为第二世。一直传至第九世，因人口日渐增多，便分迁于城厢、义桥、大路张和富阳里山等地，至1995年戚家山下戚姓人已传至27世，共340人。

三　齐冀二王归葬地

在湘湖的西南处，有一座山叫杨岐山，山中有一座寺庙叫杨岐禅寺，始建于南宋嘉定二年（1209），初名“崇福寺”，因奉祀杨忠杨齐王，又称“崇福杨寺”。杨岐山的东西两坞，埋着两座王坟。东坞北深处为王坟坞，埋着南宋国戚杨齐王的墓。西坞又有一墓为南宋国戚杨冀王墓。“岐”由冀、齐谐读而成，也可为齐、冀合二作“岐”。

据《中国名人大辞典》、《宋史·外戚传》和《萧山杨氏宗谱》等书记载：杨冀王，名次山。河南人，护驾南渡后移家上虞。南宋宁宗赵扩之妻杨氏与次山联宗，认他为兄（宗谱称杨次山是杨皇后胞兄），所以称“国戚”。

《越中杂识》有“宋宁宗杨皇后”的条目：“时有杨次山者，亦会稽人，后自谓其兄也，遂姓杨氏。”杨皇后为南宋宁宗皇后（1162—1233，会稽人），幼时因美貌而入宫，出身贫寒，少时连自己的姓氏都弄不清，庆元六年（1200）封贵妃，嘉泰二年（1202）韩皇后去世，被立为后。时大将韩侂胄不赞成她立后，她恨之入骨，与相史弥元内外勾结，将韩侂胄杀死于玉津园。后又与弥远废皇子竑，而立宗室子昀为帝，是为理宗。尊杨为皇太后，次年崩，谥恭圣仁烈太后。

据《萧山杨氏宗谱》说，杨齐王叫杨忠[1]，为杨次山之父。杨忠、杨次山死后，均葬于此山，后人称“杨岐山”。两墓旧有守护人，经800年生息繁衍，其子孙已成村落，名闻家堰杨家湾自然村。杨家湾有杨姓人氏100多人，至今已传33世。

[1]《萧山杨氏宗谱》载：墓碑及寺内牌位均作“杨番”。

四　石柱头村与泥马庙

湘湖南十几公里的进化镇有一村，名石柱头村，村口竖两根华表，当地人唤作石柱，村因此得名。其实村西的笔峰尖山腹中葬有南宋理宗赵昀生母明懿夫人全氏，当地人称笔峰尖为辅孤尖或皇坟尖。理宗命堂侄赵孟洽自临安迁居皇坟尖东麓守墓，今子孙繁延到25代300余人。

据传，全氏墓室的安全，当年被招建造墓室的张达观、石察迩、娄将军等工匠与监工均遭杀害。当地百姓为纪念这三位冤枉的工匠，在凤山和象山的山坞中，集资建造了“泥王庙”。有“忠昭南宋”匾为证。

第五节 名人游历与“诗巢”初成

唐末宋初时，湘湖未筑，渔浦湖与湘湖连通，渔浦湖东有西施故里，西有钱塘江渡，南接桐庐，北达临安（杭州），渔浦码头是重要的津渡，凡来皖、衢、婺、严、杭等地的船舶都经此入越、甬。而湘湖北的西兴，与临安隔江相望，江北临安的柳浦码头与江南的西兴、渔浦码头形成了三角水运枢纽。湘湖独特的地理位置，形成了宋元独有的湘湖文化内涵，文人墨客、达官贵人一路乘船而至，走走停停，或入越做官，或寻踪觅古，或访寺问僧，或见朋送友，或江渡寄驿，或观潮叙怀，写下了让后人感慨万千的诗词篇章。这一时期，有多达百余位名人在游历湘湖后写下了近200余首诗词，湘湖由此开始成为名人游历的“诗巢”。

一 船渡寄驿，观潮叙怀

渔浦和西兴作为古代钱塘江重要渡江码头，均设有驿站。古代的“邮驿”，习惯称呼为“驿站”或“邮传”，是古代在驿路上为投递文书、转运官物及供往来官员食宿的处所。中国古代邮驿的传统模式是一种三位一体的组织形式，既是官方邮政通信机构，又包括了交通设施和驿舍。驿舍同现在的旅馆基本相同，但不是任何人都可以入住的，按照朝廷的规定，一般分等级接待朝廷命官、外国使者和重要商人等。邮驿始于春秋时期，是古代政府机构的重要组成部分。平时，邮驿职司传达政令，沟通中央与地方、地方与地方之间的联系；战时，靠它飞报军情，传达命令；遇到重大灾异和事变，它又是政府采取特殊措施、处理非常事故的重要工具。据南宋《嘉泰会稽志》记载，萧山境内自东向西、向南设有8处邮驿：钱清驿（县东北50里）、候春亭（东门）、梦笔驿（县东北30步）、临川亭（县西北90步）、萧山馆（县西北120步）、驻旌亭（县西12里）、日边驿（县西12里）和渔浦驿（县南36里）。越州至杭州设浙江渡，有驿船往来。

船过渔浦 有孟郊、贾岛之风的北宋狂放名士潘阆（？—1009），在一个岁暮，由桐庐县归钱塘县，晚泊渔浦：“渔浦风水急，龙山烟火微。”龙山，位于今滨江区浦沿镇的钱塘江边。潘阆看到了渔浦“新月无朗照，落日有余辉”的美丽景色，顿生客居他乡而生华发的思乡之情。而与范仲淹、苏试为好友的越州知府刁约（？—1082），却从杭州沿钱塘江、富春江上溯至富阳县，当船过渔浦时，看到“一水相望越与杭，渡头人物见微茫。翩翩商楫来溪口，隐隐耕犁入富阳”（《过渔浦作》）的景象，渔浦这三江口的码头南来北往的船只如梭，商旅繁忙。几十年后的一个冬天，南宋主战派代表人物李纲（1083—1140）渡浙江去桐庐，大概此时已为御史所劾，罢为观文殿大学士，满腔的热血无处挥洒，心境自愁，可当他在看到急速的江流，听到滚滚江潮所鼓之声后，思绪万千，写下了深沉而又愁畅的《渡浙江》："理棹适桐江，随潮过渔浦。山寒雪犹积，江迥月初吐。御气凌烟霄，乘槎渡星渚。空濛老龙吟，仿佛翠蛟舞。境清人自愁，夜静气尤古。独坐不成眠，霜晴听津鼓。"可在爱国诗人陆游（1125—1210）的笔下，渔浦景色却是另一番景象："桐庐处处是新诗，渔浦江山天下稀。安得移家常住此，随潮入县伴潮归。"在此，渔浦却是一处清新自然、风光无限之地。

寄驿西兴 南宋参知政事李光（1078—1159）因面斥秦桧"怀奸误国"而贬提举洞霄宫，在一个秋月十八日的晚上，他罢政东归，抵达西兴，内河船只已停航，他只能等天明坐船去上虞老家，李光在西兴驿馆写下了《水调歌头》词："晚渡呼舟疾，寒日正苍茫。西兴浦口云树，真个是吾乡。"他放下"金章"，换上蓑衣，回家收拾桑榆，无奈已经过"十年人间忧患"，只"赢得萧萧华发"，喝酒吧，"醉倒休扶我，身世永相忘"，想在一醉方休中忘记过去，忘记身世，满腔悲观情绪跃然词中。另有一位亦在忤逆秦桧中而被弹劾的滁州通判王之道（1093—1169），亦在一个秋天，滞江游西兴临川亭，坐看亭壁间有题留，细细研读，慢慢品味，乘兴和之："西兴十里秋晚潮，坐数扁舟带月还。"表达了他"倦游无梦到云间"的心境。元朝诗人镏涣亦如李光，夜居西兴，写下《西兴夜居》诗："雁阵惊寒过驿楼，江声月色暗生愁。扁舟此夜西陵渡，顿使行人易白头。"镏涣爬在驿楼栏杆上，看着"雁阵"、"月色"、"扁舟"、"西陵渡"，听着江声、舟声、风声，感到岁月如梭，好像行人被月色染过"白头"，老死将至矣。

西兴观潮 宋元之时，最佳观潮的去处当然亦是西兴和渔浦。以西兴观潮为例。宋元时西兴滨江，留有驿楼、樟亭、望海楼、镇海楼、慧济寺、西陵渡等观潮胜迹。早在晋孝武帝时，北中郎参军苏彦就到过西兴："洪涛奔逸势，骇浪驾丘山。訇隐振宇宙，漰磕津云连。"（苏彦《西陵观涛》）唐朝著名诗人罗隐亦有《钱塘江潮》："任抛巨浸疑倾底，猛过西陵似有头。"到了宋朝，现存的西兴观潮诗有几十首。北宋政治家范仲淹（989—1052）特意前来观潮，"何处潮偏盛，钱塘无与俦。谁能问天意，独此见涛头。海浦吞未尽，江城打欲浮。势雄驱岛屿，声怒战貔貅"。"把酒问东溟，潮从何代生……暴怒中秋势，雄豪半夜声……破浪功难敌，驱山力可并。"见到"北客观犹惧，吴儿弄弗忧"的情景，和范仲淹一起前来观潮的"北客"运使舍人不知会作何感想？编著《资治通鉴》的司马光（1019—1086）来了："平江欲上潮，古木自萧萧。两岸饶葭苇，寒波浸寂寥。""淋淋出海门，百里雪花喷。坐看东归去，平沙空有痕。"这两首《潮水》诗，说尽了潮来潮去的形态变化，道尽了自己的著述如"平

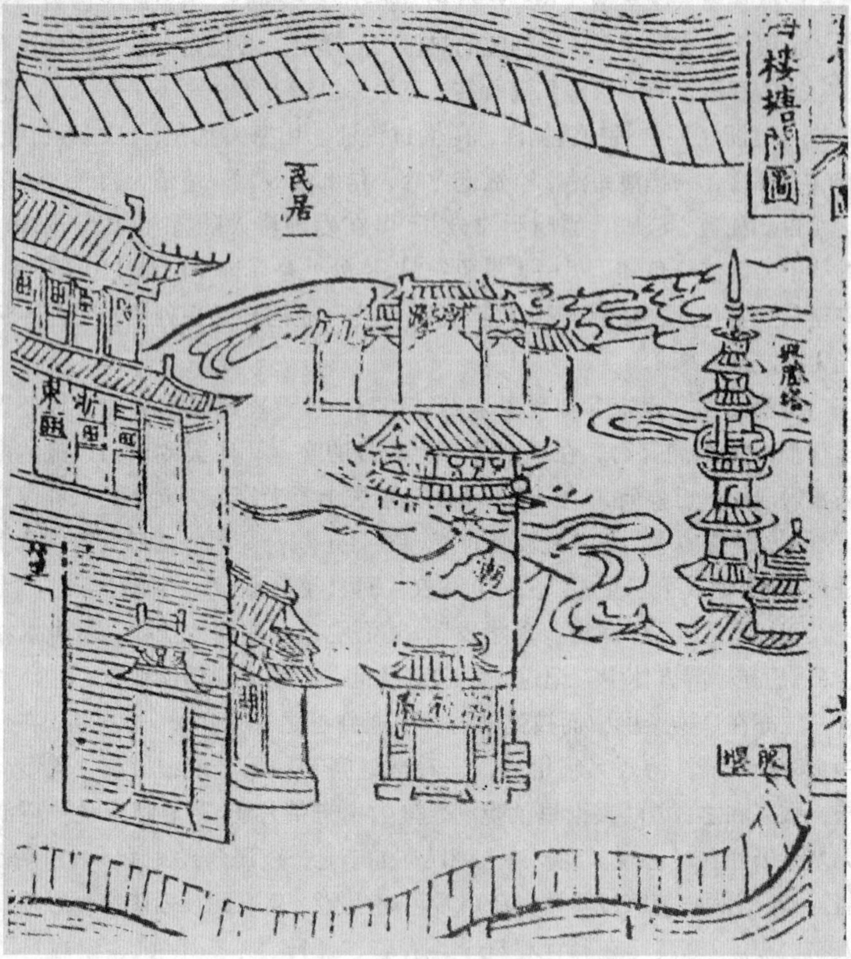

图24 西兴镇海楼塘闸图

沙”一般，既寂寞又无人赏识。“唐宋八大家”之一的苏轼（1037—1101）却用词曲《瑞鹧鸪》表达了观潮时豪迈的情怀：“碧山影里小红旗，侬是江南踏浪儿。拍手欲嘲山简醉，齐声争唱浪婆词。西兴渡口帆初落，渔浦山头日未移。侬欲送潮歌底曲，尊前还唱使君诗。”歌词唱出了“踏浪儿”在潮水中不怕艰险娱人娱己的场面。而潘阆的《酒泉子》词，却把“踏浪儿”换作了“弄潮儿”，把“弄潮儿”大无畏的精神表现得淋漓尽致，“弄潮儿向涛头立，手把红旗旗不湿，别来几向梦中看，梦觉尚心寒”。大画家米芾（1051—1107）于绍圣二年（1095）八月十八日到浙江亭观潮：“怒势豪声迸海门，州人传是子胥魂……吴越争战成何事，一曲渔歌过远村。”世事皆如潮水，总是一扫而过。总之，宋元时期到钱塘江观潮的名家无法胜数，名作多有留存，且待后人仔细品味。

二　寻踪觅古，访寺问僧

宋元诗人过钱塘江而来，乘萧绍运河之舟而去，所慕的是吴越遗风、人文遗迹。

寻访吴越古迹　萧然山、越王城、西施等古迹存留至今。“野性配云泉，诗情属风景。爱作烂漫游，闲寻东路水。何山最好望，须上萧然岭。”这是唐朝僧人释皎然《送王居士游越》诗。“萧然岭”乃越王句践兵败后残兵退守之山，所见之景为“满目萧然”，一片萧瑟之景，后人将句践所立之山名“萧然山”。又说东晋名士许询筑室隐居于城西山下，一个清晨起来，见满山郁郁葱葱，心情随之忽然开朗，萧然自适，因名萧然山。城以山名，到了唐朝天宝元年（742），永兴县名改为萧山县。“何山最好望，须上萧然岭。”为什么最好望？这要了解“萧然山”四周的风景：它东倚县城，观日出之象；北望大江，看江潮东来；西瞻湘湖（西城湖），水云深处青山绵绵；南凭峻林，山峦起伏不断。这样的山水谁人不爱？这样的山水当然“最好望”了。南宋诗人陆游《萧山》诗云：“素衣已免染京尘，一笑江边整幅巾。入港绿潮深蘸岸，披云白塔远招人。”南宋音乐家姜夔亦有《萧山》诗：“归心已逐晚云轻，又见越中长短亭。十里水边山下路，桃花无数麦青青。”元末诗人张招有《萧山四咏》，其中有“名山何处认萧然，图志源流岂浪传。古市直通南北路，官河不断利民船”。萧山景色“白塔”、“长短亭”、“官河”等古建筑在诗人们的笔下变得鲜活起来，令无数名家流连忘返。

《萧山古诗五百首》宋元诗人写越王城的诗不少，仅华镇《城山》、柴望《越山》、文天祥《越王台》、王沂《越王台》、黄镇成《越王台》、贡性之《登越王台次任一初韵》等。其中华镇的《城山》最为有名：“兵家制胜旧多门，赠答雍容亦解纷。缓报一双文锦鲤，坐归十万水犀军。”诗中讲述了吴越争战时，越国凭借固陵港边越王城的有利地形，以送“文锦鲤”的方式，智退了吴国十万水犀军而化险为夷的故事。而以《过零丁洋》、《正气歌》诗为后人传诵的文天祥，以《越王台》明志：“登临我向乱离来，落落千年一越台……莫作楚囚愁绝看，上家歌舞此衔杯。”与越王城有关的诗词不下数十首。“秦山对楼自绿，怕越王故垒，时下樵苏，到今倚栏一笑，然则非欤。”（南宋姜夔《汉宫春》）“越台西去路茫茫，日暮风吹百草长。草际牧儿时隐现，去寻台上未归羊”（元王沂《越王台》）。“越王台上青山小，贺监湖头绿水深”（元郑洪《萧山秋兴》）。“贺监湖头秋水清，越王台上秋月明”（元贡性之《钓鱼图》）。“伤心莫问前朝事，重上越王台。鹧鸪啼处，东风草绿，残照花开”（元倪瓒《人月圆》）。

拜访古寺名僧 东晋衣冠南渡，偏安江南，使得越中一时名士雅集。寻访萧山祇园寺、竹林寺、觉苑寺、句丽亭、广惠禅院、净土寺、吴越两山亭、北干园、白龙寺等吴越遗迹成为一种时尚。

祇园寺为东晋名士许询于咸和六年（331）舍宅而设，传说原为孝敬母亲而建的“小皇宫似”的住宅，后被皇上知道派人追查，遂不得已改为寺院。祇园寺这地方甚了得，“祇园”乃佛教中的清静之地，引得宋元诗人多有驻足。请看南宋诗人施枢《祇园寺许询旧宅有戚公水》诗：“应天曾建塔，又此结精庐。释氏缘何熟，诗人念总疏。壁荒遗画水，僧老学医书。笑我重来者，经年不定居。”

竹林寺又是一处先朝留下的佛家僧地，是悟真和尚创立于南齐年间的寺庙，到了五代后晋天福八年（943）才始兴妇科医业。初名古崇寺，又名惠济寺。因隐于竹林丛中，俗称竹林寺，其真名反倒不怎么说起了，就连宋朝前的诗人们亦只知其竹林寺不知古崇寺、惠济寺了。竹林寺曾是唐朝诗人们牵挂之地，因为有个叫灵澈的和尚，讲经出神入化，结交了很多名家。诗人“缺唇先生”方干、自称善“五言长城”刘长卿、学东晋遗风的朱放、睦州（今淳安）刺史许浑等先后到竹林寺造访，写下了许多有关竹林寺的诗，其中方干《游竹林寺》很有名：“曙月落松翠，石泉流梵声。闻僧说真理，烦恼自然轻。”

到了元代，客居武林（杭州）的诗人萨都剌，在西陵筑了面江听涛的江声草堂，很是悠闲，一逛便逛到竹林寺，写下《游竹林寺》诗：“野人一过竹林寺，无数竹林生白烟。江左玉龙埋碧草，月明黄鹤下青田。树衔宿雨藏山鹧，花落春风老杜鹃。何日来分云半榻，故人不用买山钱。”看样子萨都剌只是从竹林寺边的运河经过，看到的只是竹林寺外的景色，由于赶路匆忙，并没有进竹林寺，于是想到以后一定要在竹林寺住一宿的愿望。诗给人留下了许多想象的空间，让人读来回味无穷。

江寺（觉苑寺）为县驿，在宋朝非常有名，大凡路经萧山的名人多住于此。江寺坐北面南，门前萧绍运河，寺后北干山，有梦笔桥横于运河之上，因而驿名为梦笔驿，取“江淹梦笔”之义。从梦笔驿过桥东行200步就到了县衙后门，旧时县令、县尉可适时看望和接待过往官员和名人。关于江寺的建造年代，元朝赵篔翁《萧山觉苑寺兴造记》云：“南齐建元二年文通（江淹）之子昭玄（元）舍宅为寺”。南宋《嘉泰会稽志》记载，江寺建于南朝齐建元二年（480）。唐会昌废，大中二年（848）重建，名“昭玄寺”。后又有史料证明，南宋书法家张即之以该寺为江氏舍宅改建，题“江寺”匾于山门。宋诗人施枢沿运河而来，在梦笔桥头上岸：“此是词人宅，名因后世传。驿中存废井，桥下驻归船。一梦空法迹，行年尚福田。笔灵应剩馥，试为酌清泉。”（施枢《觉苑寺》）江淹为南朝辞赋大家，一生著作丰富，《恨赋》、《别赋》特别有名，所以称“词人宅”，而传后世。大词人陆游不知多少次路过或宿于梦笔驿。在一个秋后，陆游到蜀地上任，久病初愈，又加旅途劳累，憩于梦笔驿："短灯照孤愁，寒衾推残醉。明日临大江，一洒壮士泪。"（陆游《梦笔驿》）后在礼部郎中任上回乡，又宿于梦笔驿，此时他已晚年，看到东轩海棠已谢，触景生情："星星两鬓怯年华，幽官无人江月斜。惆怅过江留一夕，晓风吹尽海棠花。"他退居家乡后又一次来到梦笔驿，这次是一个雨天，为游而来，但心境完全是一个行将就木者的心态："店家菰饭香初熟，市担莼丝滑欲流。自笑劳生成底事，黄尘陌上雪蒙头。"陆游关于梦笔驿的诗词有六七首，此选三首，从诗中可见词人心境随年龄与时事之变而变。宋朝奉大夫、萧山人华镇，他坐船路过梦笔桥，不知心中何怨恨和无奈，在《梦笔桥》诗中表露无遗："绿波照日睛无奈，碧草连天恨未消。欲向梦中传彩笔，柳丝低拂曲栏桥。"

净土寺，亦名善明寺、弥陀寺。坐落在西山支脉净土山北麓。建于宋开宝五年（972），在善明寺遗址上建弥陀寺。宋太平兴国七年（982），改名净土寺。净土寺以茂密山林和湘湖清纯湖水为背景。明朝徐渭在其廊柱上写下了"千家廓外西天竺，万顷湖边小普陀"楹联。寺后山上建有白塔。南宋陆游在《萧山》诗中写道："入港绿潮深蘸岸，披云白塔远招人。"寺侧有金泉古井，大旱不竭，甘洌不亚于虎跑泉。元朝末年诗人宋禧，在游净土寺后写下《萧山净土寺》诗："早年频过萧山县，暮景新知净土师。梦笔江淹留胜迹，讲经支遁喜文辞。钟声曾听孤舟夜，诗卷今题落叶时。何日相随朱太师，百花深院话前朝。"这朱太师想必就是到过湘湖的朱元璋的太师刘伯温先生，刘伯温曾多次在萧山任氏怡怡山堂寓居，反映了宋禧比刘伯温更复杂的心情。

三　唱和题留，抒发情感

宋元时期，湘湖唱和题留、抒发情感的诗人和诗词不少，据不完全统计有20多人30余首，他们或见朋送友，或赠寄题留，或和韵互唱，表达了浓浓的情意，亦为湘湖增加了无穷的情趣。

见朋送友，依依不舍　有"梅妻鹤子"之称的北宋杭州人林逋（967—1028）送僧圣皎师归越州云门寺，他们从林逋居所出来，走过了长长的林间小道，看到了江对岸西陵忽隐忽现。当来到江边，扣响船渡小屋时，船夫说渡江的船刚刚离开；只见"野烟含树色，春浪叠沙棱"，"幸谢云门路，同寻苦未能"（林逋《送皎师归越》）。去云门寺的路比较难走，但与僧人皎然一起，边走边听经说法，倒也没有感觉苦。曾与苏轼、黄庭坚多酬唱、在北宋熙宁元年（1068）书"觉苑寺"额和撰"大悲阁记"的北宋大家沈辽[1]，在渔浦躬送先生（不知其名），对恩师的崇敬和谦卑跃然诗中："江东江西多旧游，十载归来蓬鬓秋。多愧老师观自在，殷勤渡口送归舟。"（沈辽《渔浦躬师》）以变法称著后世、"唐宋八大家"

[1] 沈辽（1032—1085），字睿达，钱塘人，北宋诗画大家。

之一的王安石很重兄弟情义，张宣义、钱著均是他的好友。张宣义、钱著虽位卑言轻，被差小官，但他写诗《送张宣义之官越幕》、《送萧山钱著作》相赠，“今君诚暂屈，他日恐难忘”，“好去弦歌聊自慰，郡人谁敢慢陶潜”，尽情地安慰和祝福。其弟王安国为崇文院秘阁校理，他在越中《送客西陵》，在若耶溪畔酒楼招待客人，并送客上了插有红旗的大船，寄语“后夜钱塘酒楼上，梦魂应绕浙江东”，应该梦到我这位在浙江东边的朋友了。元朝大画家王冕，把教官章德远从湘湖送归慈湖，写了一首长长的《送章德远教官自湘湖归慈湖》的诗，安慰他“君归莫虑铁研穿，且力古道希圣贤”，也自我安慰“我归不用君致言，门前自有梅花田”，把自己隐居“梅花屋”、“我生不想图凌烟”的心态表露无遗。

赠寄诗词，用作题留 南宋大词人陆游，好用时间，坐船途中也不得闲，写了一首三绝送同船的太傅相公：“梦笔亭边拥鼻吟，壮图蹭蹬老侵寻。不眠数尽鸡三唱，自笑当年起舞心。”（陆游《舟中感怀三绝句呈太傅相公兼岳大用郎中》）曾从陆游学诗，并与辛弃疾、姜夔有文字交往的苏泂，与邢刍父在湘湖平远亭喝酒，过口占写诗一首：“我屐欲行山路远，我舟欲泛湖水深。湘湖湘湖在何许，不在天上终可寻。君才未减邢居实，药品之中贵参术。君归芹省我湘湖，夜看月明朝日出。”（苏泂《湘湖饮平远亭，口占呈邢刍父》）诗呈邢刍父，诗中醉意跃然纸上。元朝书画家、曾题“萧山县学大成殿记”的赵孟頫，去造访隐逸于萧山的诗人何宗矩，但久扣柴扉不开，无奈留诗一首相赠：“君辞名利卧萧然，我愧名牵早着鞭。三扣柴扉浑不启，想应分席意弥坚。”（赵孟頫《留赠何宗矩》）他对何宗矩不为名利所动而大隐于乡表示敬意。元避居山阴的贡性之，久不出门，不闻世事，忽听父老在议刘县丞，自从刘昆来到本县做县丞，老百姓连催租敲门的官吏都不认识了，“夜灯机杼声连屋，春雨桑麻绿遍村。他日循良应有传，肯将名节让刘昆？”（贡性之《赠萧山刘县丞》）只有连屋的机杼之声和遍村的绿树桑麻。贡性之没有从正面，而从侧面“机杼声连屋”、“桑麻绿遍村”等事例，把刘昆这个父母官称赞了个遍，从而衬托出志书定会记载、老百姓定会记功美好形象。

和韵互唱，寄情于诗 西陵临川亭有不知什么时候的壁留，北宋朝奉大夫王之道（1093—1169）因雨而滞留于亭，见壁留后，深有感触，应而和之：“山外峰峦碧四环，雨多门径藓苔斑。滞留又及炊新粟，欢喜何当见旧山。招隐有书来雪上，倦游无梦到云间。西兴十里秋潮晚，坐数扁舟带月还。”王之道坐于亭间，吃着新粟，坐数南来北往的扁舟，直到月亮出来才有机会乘船。表现出了诗人无奈而悠闲、无聊而不甘清闲的生动画面，王之道坐亭待渡的情态，在诗中历历在目，情趣无限。有“儒林四杰”之一之称的元朝翰林待制柳贯（1270—1342），与鲁参政一起在西陵观潮，鲁参政先赋诗一首，柳贯因而贺之：“怒涛卷雪过樟亭，人立西风酒旆青……望海楼头追胜赏，坐中宾客弁如星。”（柳贯《次韵鲁参政观潮》）元至正进士、迁平阳知州未赴而卒的卢琦，他送好友朱仲纲赴杭任职，在西陵渡两人依依不舍，其情谊如和氏美玉纯洁无瑕，其眷恋如季鹰思脍莼鲈情有独钟，于是相互勉励写诗赠和："客中送子西陵渡，落日寒烟满翠微。美玉无瑕和氏泣，莼鲈有兴季鹰归。东城雁过秋生树，野店鸡鸣月在衣。壮岁功名须努力，只今搜士到柴扉。"（卢琦《和朱仲纲赴杭韵》）无论是滞亭寄韵、观潮互唱，还是两两相送、情意绵绵，都把诗歌作为最珍贵的礼物赠给了对方。

四　邀请名家，歌和山亭

元朝至正年间，发生了一件很有影响力的文人雅集之事，虽不如兰亭修禊，但也名人会聚，留下了许多诗篇。萧山令尹本中重修吴越两山亭，邀请当时名家僧圣雅集，共同唱和新亭——吴越两山亭。

吴越两山亭，位于北干山玉顶峰，此亭于北宋景德四年（1007）县令杜守一始建，初名知稼亭。元朝县尹尹性（本中）重修，并易名"吴越两山亭"。明朝嘉靖三十二年（1553）知县施尧臣筑县城，在亭址建"望台"，以观察倭寇敌情。今原址建玉顶阁。北干山下有东晋名士许询的"北干园"、纪念项羽部将、山阴县令厉狄的"北岭将军庙"等。宋白石道人姜夔："归心已爱晚云轻，又见越中长短亭。"宋景定三年（1262）进士徐天祐《题北干园》诗："高楼不受鹤书招，北干家园久寂寥。明月空杯人姓许，故山犹自岫名萧。"元代诗人萨都剌有《吴越两山亭》诗："干山孤亭据磐石，老我凭高兴无极……四海混一车书同，形胜何须限南北。吁嗟霸业今谁在，吴山越水长不改。"无论是吴越争战，还是秦朝徐福东渡，无论是峰排剑戟，还是鞭石土赤，都成往日烟云，唯有"吴山越水长不改"。作《琵琶记》的元朝戏曲大家高明，在陪青田诸公宴萧然山堂时，曾作诗一首："北干山前舣船处，一篙新水涨溪云……清歌且乐芳年景，回首关河日未曛。"表达了人生短暂须及时行乐的消极悲观思想。此为吴越两山亭历史沿革。

这"吴越两山亭"在元朝至正年间由县尹尹性（本中）重修，而将原来知稼亭易名"吴越两山亭"，尹性很是兴奋与自豪，特地请元代著名诗人杨维桢作《吴越两山亭志》，盛情邀请当时名家僧圣为亭题留，"可闲老人"张昱，山阴名士张宪，杨维桢友人、西溪先生"鲍恂"，"西江先生"镏绩，明初诗人中成就最高、被朱元璋腰斩的名士高启，"吴中四杰"之一、明初十才子之一的杨基，僧圣释至仁等均在受邀之列。"马头曾为使君回，北望新亭道路开。於越地形缘海尽，句吴山色过江来。"（张昱《两山亭留题》）"断鳌不补天柱倾，炼石难填海门缺。乡人秉笔固有情，令尹作亭岂无说。"（张宪《吴越两山亭》）"新亭卓绝倚云端，两岸青山绕画栏。泉岫西来弛万马，数峰东去跨群鸾。"（鲍恂《题吴越两山亭》）“危亭面势瞰雄都，词客登临兴倍孤。地拱会稽开古越，江吞罗刹限全吴。”（镏绩《吴越两山亭》）“闻君作亭压此境，坐获众胜非穷搜。江长不隔飞鸟渡，峰多欲障斜阳留。”（高启《萧山君明府吴越两山亭》）“两山之间江水清，中有翼然孤草亭。吴王越王不可见，东山西山相对青。”（杨基《吴越两山亭》）“萧然大夫新作亭，吴山越山相地青。天目云霞耀西浙，石帆风雨来东溟。王霸英雄何足数，句践吴差两杯土。喜君乱后苏苍生，白昼弹琴如单父。”（释至仁《吴越两山亭为尹本中县尹赋》）高启等七人极尽歌颂之能事，从歌颂吴越两山亭的位置、奇险、风景、历史等，而赞美造亭人的远见及文人相聚的快乐。

五　寄情寓地，称颂湘湖

北宋庆历著名的政治家、诗人、学者刘敞之弟刘和当时在萧山做县令，他“清酒肥鱼宴宾客，时时骑马临湘湖”，把县令当得春风得意，就连在任上生的儿子亦以城西的湘湖命名，取名刘湘。刘敞得到其弟刘和充满喜悦之情的信后，亦赋诗一首：“吾家千里驹，气与齿俱壮。去年射策雄东堂，今年调官在越上。指挥小吏遣簿书，笑语不废才有余。清酒肥鱼宴宾客，时时骑马临湘湖。湖波无风百里平，人道官心如此清。居民爱尹氏为字，令尹生儿湖作名。家家祝君多男子，越中更有余山水。”（刘敞诗文集《公是集》卷十六，《得萧山书言吏民颇相信又言湘湖之奇及生子名湘戏作此诗》）刘敞还先后写了《送萧山和弟》（卷二八）、《寄题萧山岁寒堂》（卷十四）、《萧山舍弟将发南都以诗候之》（卷二一）等诗文。当然，那时湘湖还未筑，但湖名已有。

另一位父母官杨时（福建将乐人），于北宋政和二年（1112）决策开湖，喜悦之情难以言表，筑湖完工后当夜游湘湖，并宿于湖边山地，赋《新湖夜行》诗一首：“平湖净无澜，天容水中焕。浮舟跨云行，冉冉蹑星汉。烟昏山光淡，桅动林鸦散。夜深宿荒陂，独与雁为伴。”这样的水利工程在他任上完成，深得皇上赞赏和百姓喜爱，于是常常独自去湖上夜游，留连其中，并登湖边《望湖楼》：“斜日侵帘上玉钩，檐花飞动锦纹浮。湖光写出千峰秀，天影融成十里秋。翠鹬翻风窥浅水，片云随意入沧洲。留连更待东窗月，注目晴空独倚楼。”县令杨时还程门学子，不仅建湘湖，还传道授业，他将程门理学“洛学”在湘湖一带的传播，开江浙“洛学”之风的先河，对湘湖文化起到潜移默化的作用。与杨时同时期在萧山讲学的还有曾做过萧山县尉的游酢。杨时与游酢一起造访恩师程颐，演绎了“程门立雪”的成语故事。“自先生官萧山，道日盛，学日彰，时从游千余人，讲论不缀，四方志士尊重先生也至矣。”（清朝张伯行《龟山集序》）杨时的弟子陈渊被杨时称“深识圣贤旨趣，且妻以女”，官至中正少卿。因杨时筑湘湖、开学风等有功于萧山，宋代百姓建“杨长官祠”于净土山麓，以四时祭祀。明景泰初，魏骥复建。祠成，成化元年(1465)宪宗皇帝赐额“德惠”，取“民感其惠”之意。左侧设“道南书院”。

南宋爱国词人陆游对湘湖情有独钟，表现在他的“莼鲈之思”上。在《萧山古诗五百首》收录的17首诗词中，有五首诗词写到莼菜。其中专写莼菜的是《稽山行》：“湘湖莼菜出，卖者环三乡。何以共烹煮，鲈鱼三尺长。芳鲜初上市，羊酪何足当。”他将宋代就有的湘湖名菜“莼羹鲈鱼汤”与北方羊酪作了比较，羊酪怎比得上莼菜？“看潮生，看潮平，小住西陵莫较程。莼丝初可烹。”（《长相思》）“湘湖烟雨长莼丝，菰米新炊滑上匙。”（《渔父》）“店家菰饭香初熟，市担莼丝滑欲流。”（《雨中泊舟萧山县驿》）“此生安得常强健，小艇湘湖自采莼。”（《新晴马上》）分析“莼鲈之思”的深层原因，当是陆游痛感壮志未酬和老之将至后的一种排解、寄托，在“端居无策散闲愁”的背后，却是“明当临大江，一洒壮士泪”的为国家奉献的豪迈情怀。

第四章　明清时期：湘湖禁垦之争与人文发展

湘湖的禁垦之争，早已有之。北宋罢湖不许、南宋清占清穴、元朝清占治湖，翻看湘湖历史，不难看出争论的焦点在于对湘湖的利用，然每每以保湖者胜利为终结，湘湖作为九乡百姓共同利益得到了当局的保护，而私垦私占虽有各种理由，甚至于得到官吏的庇护，虽可逞一时之能，但最终只能以失败而告终。

在此同时，与湘湖有关的社会形态和文化要素得到了迅速发展。集镇依托湘湖发展，并形成了各自的特色。湘湖的经济功能亦得到了进一步发挥，沿湖村民大多以捕鱼为业、砖瓦为生；莼菜、杨梅、樱桃等湘湖特产其产量有了较大地提高。经过宋元几百年的发展，湘湖逐步集聚人气，其人文景观如寺庙、书院、牌坊及井泉池墩闸桥亭等遍布湘湖，湘湖已然成为皇亲国戚、才子佳人休闲娱乐之处所。由此，湘湖成为诗词、著作的写作内容，成就了湘湖人文发展的高峰。

第一节　禁垦之争

湘湖禁垦之争，宋元已有，明清续之，虽有差异，但核心归一，即湘湖效益归谁所有，是九乡共有还是某族某人所有，此关乎皇粮税赋和九乡利益的大事，有的甚至为此付出了生命的代价。

一　禁垦之争的历史

距湘湖建成仅7年，即北宋宣和元年（1119），部分地方豪绅提出罢湖为田，而众多乡民反对。经县合议审讨，保湖、罢湖意见不一。叩见县令时，有10位老人跪请保湖，并提请视当年旱涝灌溉与否而决断，旱则留，否则听罢。是年适逢大旱，秋后河涸，农田赖湖水救济，百姓免于饥荒，湘湖得以保存下来。对此，毛奇龄的《湘湖水利志》有具体的记载：

> 宣和改元，豪民即有请罢湖复田者，下本县会议。时梅雨初过，湖岸淫溢，守者皆撤防待涸，而议不划一，且议罢者少，议筑者多。主客不敌，遂迟久未决。入夏顿晴，而运河水浅，民甚虞之。值乡官有主罢议者召入汴，里老十人诣其家，跪请勿罢。会县令送者亦在坐，助里老言。各咨嗟间，里老请视今年旱涝果须溉与否以定行止，旱则留之，否则听罢之可耳。许之。是年适大旱，秋后河涸，赖湖水救济得不饥。于是议罢不许。时民谣曰："民有天，湖不田，脱未信，视此年。"[1]

保湖和罢湖中有潜伏的利害冲突，其中关系错综复杂，最终以提出复田建议的地方豪绅的失败而告终。

北宋灭亡后，宋高宗赵构于绍兴二年（1132）驻跸临安，杭州成为南宋的都城。杭州城性质的改变，使与都城只有一江之隔的萧山成为具有重要战略意义的地区，而湘湖区域又处萧山之西，是浙东、浙南去都城的必经之地。钱塘江南岸的西兴和渔浦等地是战略要塞，在湘湖区域驻防卫队与兵士的人数，比先前任何时候都要多。"湘湖不到三十里就有高官显宦，于是湘湖及其周边的一些湖泊，就成为形形色色侵占和开垦湖田的人的一块肥肉。"[2]

南宋乾道二年（1166），湖民徐彦明私下将湘湖作为农田献给恩平郡王使（璩），并请废湖为田。招讨使李显忠在湘湖建造别墅，大节使周仁也想从湖中得到若干亩土地，他们合谋废湖为田[3]，社会舆论哗然。当时宁绍平原物产富足超过中原的一个重要原因是，地处山麓的陂湖对解除或缓解滨江农田的旱涝问题起着显著作用。为此，《宋史食货志》和《文献通考》均有重要论述，严禁侵湖为田，坚持退田还湖，痛斥盗湖者[4]。县丞赵善济在得知上述事件后，晓以利害，力争维护湖面，奏准皇上，才得免废，并立榜禁止废湖为田。

淳熙九年（1182），县令顾冲到任后，发现有人私占湘湖为田，而张提举是侵占黑势力后台，有数案与张提举关联[5]，顾冲下令再次清出全部侵占之田还湖，并分别对私占湘湖作了处治[6]，诸百六、李四二、周十四3人，各从杖100断罪。查处汪宁、赵七、吴五、徐荣祖、周信厚、吴文荣或占为田，或占养鱼，或占种荷，或暗置私穴盗水以溉己田，重即解府断罪追偿，轻即就县行遣，张提举受到查处，被旨发凿白马诸湖。

嘉定六年（1213），有湖民私占湘湖造屋，由于湖水涨落边界线标记难定，故是否占湖，争议不决。县令郭渊明感到难以处理，他的十五岁的

[1]（清）毛奇龄：《湘湖水利志》（卷一）"宣和年议罢湖不许"，《四库全书存目丛书》史部第224册，齐鲁书社1996年版，据清康熙刻《西河合集》本影印，第612—640页。

[2]〔美〕萧邦齐：《湘湖——九个世纪的中国世事》，叶光庭、张环宙、王芳、李娟合译，陈桥驿校，杭州出版社2005年版，第14页。

[3]萧山县志编纂委员会编：《萧山县志》，浙江人民出版社1987年版，第1072页。

[4]《宋史》（卷一七三），《食货志上》记载了两宋名臣李光对这一问题的分析：明、越之境，皆有陂湖，大抵湖高于田，田又高于江、海。旱则放湖水溉田，涝则决田水入海，故无水旱之灾。本朝庆历、嘉祐间，始有盗湖为田者，其禁甚严。政和以来，创为应奉，始废湖为田。自足两州之民，岁被水旱之患。余姚、上虞每县收租不过数千斛，而所失民田常赋，动以万计。莫若先罢两邑湖田，其会稽之鉴湖、鄞之广德湖、萧山之湘湖等处尚多。望诏漕臣尽废之。其江东、西圩田，苏、秀围田，令监司守令条上。

[5]陈志富：《萧山水利史》，方志出版社2006年版，第270—271页。

[6]同注释［3］。

儿子建议：分清山地、湖地并不困难，黄色的是山土，青黎的是湖土。郭渊明接纳了儿子的建议，定出湘湖东西两岸以“金线”为界，即自山脚黄土尽处为湖身；凡发现在青土上建屋者，拆屋还湖，治罪充军。

宋末元初，北方人口为躲避战乱，大量南下。湘湖周围适于耕种的土地早就为原先的居民圈占完毕，新来者为求生存，只能不择手段，或依附为佃农，或挖土为窑户，或直接蚕食湖底公田，湘湖遂出现成片淤塞。毛奇龄在《湘湖水利志》中称之为：时山贼四起，饥民多乘间窃发，田亩荒秽，湘湖俱芜塞乏水[1]。湘湖一些较浅的湖区长满了杂草，总的说来，水已不足了[2]。

监县亦马丁见湘湖湖水减少，周围湖民不断侵占湖田，就提出了废湖复田的建议。元至正初（1341），县尹崔嘉纳力驳罢湖的建议，并请出侵占之田还湖。

至正八年（1348），于善由杭州推官改任县尹，大兴水利，以官帑发饥民，疏濬湘湖，兼捍筑西江诸塘，民受利。

对这些损害九乡利益的行为，除少数人支持废湖复田的建议外，多数乡民和乡官坚决反对，视之为湖霸、湖患与山贼。县官亦动用公权，一方面以公款组织流民疏浚湘湖，一方面又依据长期以来形成的习惯做法，对以各种形式侵占蚕食湘湖水利的行为严格处罚，强行维持原制，但新移民的人口会增长，势力会膨胀，对生存权的简单要求会上升为对发展权的争取，对原有共同体规则（包括目标和宗旨）的隐性挑战也会激化为公开叫板。而受传统公私伦理熏陶、支撑的湘湖共同体成员及其代言人——地方乡绅、乡官，则基本不具备开放的胸怀和智慧，只知从既定的道德、道义立场以及历史的合理性出发来维护既得的公共利益，看不到当下的利益区分、调整和兼顾对重建地方社会秩序的重要性[3]。

二　明朝侵占与反侵占

明朝洪武十年（1377），县令张懋找到了宋朝顾冲的《萧山水利事迹》、《湘湖均水约束记》等旧书，重新刻印出版，同时，重新刻制淳熙以来保存在县公署的《湘湖水利图记》的碑文，所以《图记》和《图跋》均流传给后世。这样，与明初的重农政策相呼应，复活了湖规、水则，湘湖水利进入了守成期[4]。

明洪武末年（1398），湖民苏原九，由于新种官田地塌入江内，借口垦湖以弥补所坍官田，把湘湖南半部的近江湖田拓干之后，充当所失的官田，上交秋粮每亩五斗七升。后来，永乐（1403—1424）初年，县民韩望等效仿此法，拓干若干湖田，同样，成为官田，以后还有人把湖中台地陆续变成湖田，从此，水利受到侵害。

明景泰四年（1453）[5]，县丞李孟淳将苏原九等人所开垦的湖田全部

[1]（清）毛奇龄：《湘湖水利志》（卷一）“元至正年修湖”，《四库全书存目丛书》史部第224册，齐鲁书社1996年版，据清康熙刻《西河合集》本影印，第618页。

[2]〔美〕萧邦齐：《湘湖——九个世纪的中国世事》，叶光庭、张环宙、王芳、李娟合译，陈桥驿校，杭州出版社2005年版，第37页。

[3]钱杭：《利害博弈与历史恩怨——萧山湘湖社会史的变迁轨迹》，《历史人类学学刊》2007年4月。

[4]〔日〕斯波义信：《〈湘湖水利志〉与〈湘湖考略〉》，《萧山历史文化研究》，方志出版社2006年版，第25页。

[5]一说景泰七年（1456）年。斯波义信：《〈湘湖水利志〉与〈湘湖考略〉》，《萧山历史文化研究》，方志出版社2006年版，第25页。

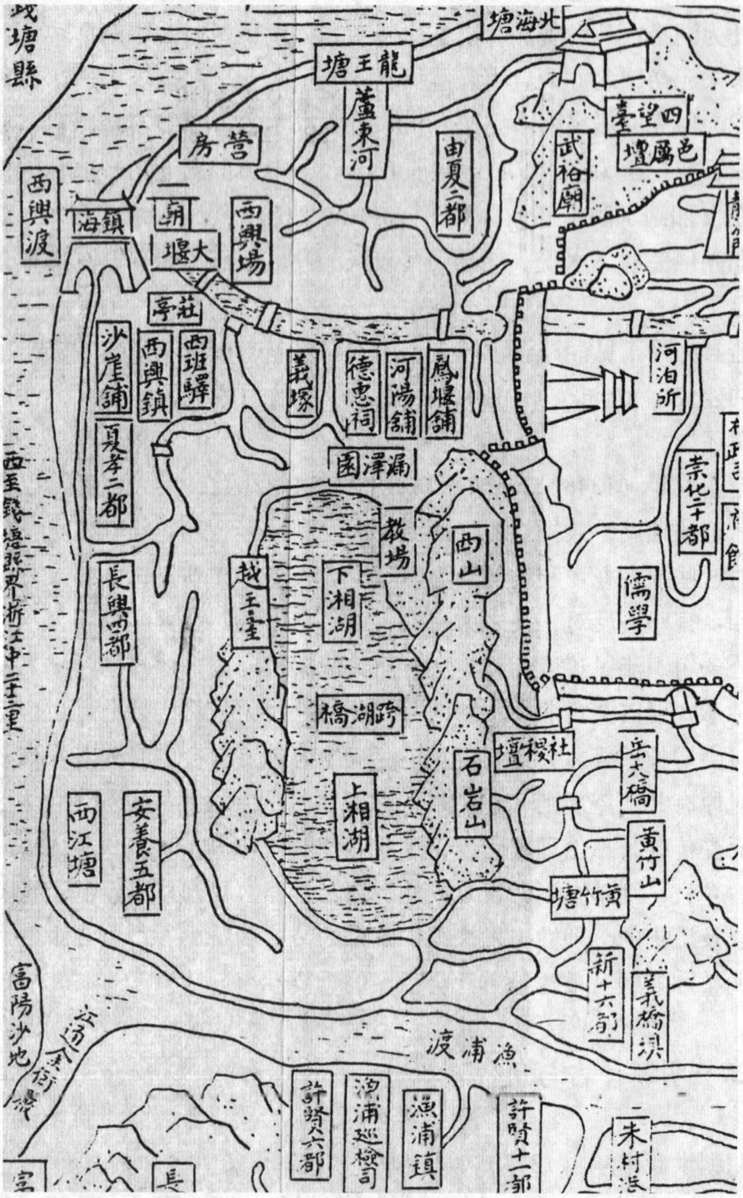

图 25　明朝湘湖图

清出，罚谷 1600 余石，充实管库，并晓示禁垦湖中高地[1]。然而，趁着湘湖不断自然淤浅，私占湘湖台地的事件也就不断发生。水灾、旱灾不断增加，湘湖的水利功能也就日益明显减退。

私占湘湖的中心人物是元末明初之交迁住在湘湖西岸的有陶瓦窑的孙姓大家族。孙氏迁居湘湖时，可耕田已非常有限，只能住在位于上、下湘湖瓶颈处的西北岸桥头山和城山脚下，主要聚居村落有上孙村（50 余家）、中孙村（60 余家）、下孙村（30 余家）、湖里孙村（40 余家）等[2]，取土烧砖，世代为陶瓦窑户[3]。

[1] 萧山县志编纂委员会编《萧山县志》，浙江人民出版社 1987 年版，第 1072 页。

[2] 各村的家户数，见周易藻《萧山湘湖志》（卷八），《村落》，第 4—7 页。

[3] 据周易藻《萧山湘湖志》记载，上孙村有 8 窑，中孙村有 7 窑，下孙村有 11 窑，跨湖桥村有 6 窑，山前吴村有 3 窑，大窑里吴村有 5 窑，小窑里吴村有 4 窑。见卷八，《窑所》，第 15—17 页。

外来户要融入本地主流社会的有效途径之一是联姻。孙氏同样如此。与孙氏联姻的主要是吴氏。吴氏世代所居位置在湖东柴岭山、掘狗洞山、莲蓬山的湖边山脚下，发展空间相当有限，因而只能以烧窑为主业，所居村落名大窑里吴、小窑里吴。

湖民孙氏和吴氏结为亲家，在湖边建成荷花池、养鱼池、笋园，进而又造水田和盖房屋。这对湘湖水利共同体大多数成员来说是不能容忍的，孙氏公然靠湖吃湖，永久性地破坏湖体，改变湘湖水利现有自然基础[1]。

萧山县人、永乐的副榜进士魏骥出面制止，把吴氏的私占湖地又还原给湘湖用地。明正统五年（1440）七月初一，英宗皇帝接了他的上奏状子，降下圣旨，发布了全国的水利禁令，称为《英宗敕谕》。从此以后，回到乡里的魏骥，修整了麻溪坝、西江塘、白露塘和湘湖诸塘，调查了萧山县的水利状况，著了《萧山水利事述》，记下了水利的来龙去脉[2]。天顺年间（1457—1464），魏骥得知孙全和吴子信侵占湘湖，制止和清出吴氏全部侵占湘湖的土地，又避免了孙姓的无理责问，并将孙全侵占未退完之事交由弟子何舜宾继续办理，以完成魏骥未完成的遗愿。之后，何舜宾遇害，其子何竞为父复仇，湘湖侵占以何氏父子的故事而告一段落（见本章“湖贤事迹”）。

明弘治十四年（1501）七月，萧山出身的福建分巡道按察司佥事富弦纂修了顾冲撰写的《萧山水利事迹》、《湘湖均水约束记》、《湘湖勒石图记》，张懋撰写的《萧山湘湖志略》、《湘湖水利图记》、《水利图跋》，魏骥撰写的《萧山水利事述》等先贤的记录之后，又撰写了《萧山水利志》，以志书、制度及“勒石”等形式，记录和规约私侵、私占等行为，防止湘湖再被侵占。

明正德十四年（1519），湖民孙肇五、徐学告等，又私占湖田，工部尚书张嵿、按察司佥事富弦说服御史中丞许庭光和分巡副史丁沂，清出孙、徐私占之田。正德十五年（1520）三月，又帖出《禁革侵占湘湖榜例》的布告。在这个禁例中规定，由沿湖九个乡，每乡公正地选出有资产的壮丁两名，充任湖长（任期两年），分段负责湖岸的监视和维修，由县政府监督执行。

这一时期，由于复湖派的胜利而终于把湘湖保全了下来。然而，值得注目的事件又发生了。一方面孙氏和吴氏，以及控制湖边要害部位的大姓，已成长壮大起来，用通婚和重贿的办法，笼络官吏，向公权挑战的实力日益显示出来；另一方面，与他们相抗衡的，死守湘湖公有的一派，是中、小规模的农民层和领导他们的萧山出身的官僚和乡绅，以及一些极富幻想的学士[3]。

明朝嘉靖年间，孙姓中孙学思荣升中书舍人。嘉靖三十三年（1664），他为了便于湖西的孙氏与湖东的吴氏两姓往来，在湖中狭腰处造了一座横

[1] 钱杭：《利、害博弈与历史恩怨——萧山湘湖社会史的变迁轨迹》，《历史人类学学刊》2007年4月。

[2] 钱杭认为，毛奇龄《湘湖水利志》、富玹《水利初刻》（2卷）等文献：“对敕谕所作增、改，在性质上颇为近似，均集中在将官筑湖泊侵夺为私塘、故意湮塞湖面、破坏水利等方面。毛奇龄更对‘敕禁’所针对的违规行为作了一系列具体的细化。《英宗敕谕》在整体上是一个内容广泛的备荒纲领，它的起草、颁布过程及目标设定，与魏骥及萧山湘湖无直接关系。”毛奇龄通过修改《英宗敕谕》文本，虚构了魏骥与敕谕、湘湖文献与敕谕的关系，把康熙年间的湘湖与历史上的湘湖连接在一起，这是界于真实与虚假之间的编造。钱杭：《真实与虚构之间的历史授权——萧山湘湖史上的（英宗敕谕）》，《萧山史志》2005年第2期。

[3] 斯波义信：《〈湘湖水利志〉与〈湘湖考略〉》，《萧山历史文化研究》，方志出版社2006年版，第27页。

穿湖面的跨湖桥。从此，湘湖被分为上湖（南湖）、下湖（北湖）。孙学思的建桥行动，从水利功用来讲，具有不利的影响，堤桥的建造，阻碍了湖水的畅通，从此湘湖更容易阻塞了，并且拉开了私筑堤防、私占湖田的序幕。孙氏、吴氏特别是孙氏的目标，要在上湘湖（南湖）的西岸造一个陶瓦窑的地基和一个土瓦的制作场，孙氏这时已在湘湖边造了鱼池、荷花池、家禽池、水田、佛堂和墓地等。官府和民众对孙氏的行为的默认，这也就意味着禁止私筑堤坝的法令也就名存实亡了。

三 清朝私侵与还湖

自明代开通碛堰山和建成三江闸等水利设施后，依靠湘湖之水灌溉的田亩比宋、元时期已减少一半以上，因此关于湘湖的私侵与还湖相争出现了一个高潮。

清康熙二十八年（1689）八月，因大旱露出了湖底，湖民孙凯臣、孙茂洲、孙广、孙俊等人率领数千人，假借僧人萃弘名色，以便商旅往来为称，不遵先制[1]，“不鸣官，不暴众，筑堤数里，自湖西至东，两山之间横跨湖面而拦截之”。[2]这条从湖西的至湖岭（湖里孙）到湖东的柴岭山（窑里吴）之间长达110余丈的塘路，阻断了湖水的流动。下湘湖段很窄，当灌溉用水排干以后，上湘湖段的水流过来时，就受到阻滞了。年长月久之后，沿着桥边长满了杂草，下湘湖变浅了，湖也被水草堵塞了；留下来的需水灌溉的农民，就不是人人都能得到他们本来有权使用的水了[3]。

萧山县府对此是非似乎把握不定，不能遽断，遂要求官民公议。不料，“隶不散帖，里不知会，阴阳生不到门，乡官不及议”[4]应者寥寥，几乎无人参加。据毛奇龄事后分析，概因孙氏人多势众，且为豪民，故仗势欺人，阻挠父老与会。亏得绍兴知府直接上告巡按御史，方才作出撤塘裁决。但乡官和里老仍慑于孙氏权势，皆坐视不动。故毛氏愤怒指出：“今乡人委蛇，动多退诿，筑堤变制，无一人为之争执；而一二州县守令，倘惑于豪强而动多变法，此则生斯土者之一大患事也。”

但是，此案并没有结束。因湘湖蓄水面积大减，受害其深的涝湖村，以蒋邦瑞、陈大绩两家为代表上诉，经毛奇龄上告，扶病捉笔，痛陈筑堤之四害五不可，并呈《请毁私筑湖堤揭子》、《湘湖私筑跨水横塘补议》至府。知府采纳了他的意见，并批文到县，决定撤去私塘，惩办主谋[5]。“九乡百姓各耒耜，同职亲诣塘所，拔去桥桩，削堤大半，即有未尽塘基，自当水冲，以复旧制。”事后，毛奇龄又撰《湘湖水利永禁私筑勒石记》，总结了事件的原委、经过和法禁的历史，以作为后世保湖的根据。然而，虽经毛奇龄的力争，但塘堤、湖桥最后仍渐次恢复，说明共同体缺乏必要的管制力量，缺乏当地舆论的一致，县府的官员也很难下手处理。而且舆论产生了分歧，对于站在自治和行政指导的焦点上的地方官来说，他们能

[1] 陈志富：《萧山水利史》，方志出版社2006年版，第275页。

[2] （清）毛奇龄：《湘湖水利志》（卷二）“本朝康熙年清占勒石始末”，《四库全书存目丛书》史部第224册，齐鲁书社1996年版，据清康熙刻《西河合集》本影印，第624页。

[3] 〔美〕萧邦齐：《湘湖——九个世纪的中国世事》，叶光庭、张环宙、王芳、李娟合译，陈桥驿校，杭州出版社2005年版，第77页。

[4] （清）毛奇龄：《湘湖水利志》（卷二）“请毁私筑湖堤揭子节略”，《四库全书存目丛书》史部第224册，齐鲁书社1996年版，据清康熙刻《西河合集》本影印，第627页。

[5] （清）毛奇龄：《湘湖水利志》（卷二）“本府申请藩臬二宪司覆文看语节略”，《四库全书存目丛书》史部第224册，齐鲁书社1996年版，据清康熙刻《西河合集》本影印，第626页。

够行使的权力，在广大的地方社会面前，反倒无力可使了[1]。当然，另一方面也说明，堤、桥的存在并非如毛氏所刻意诋毁的那样，而确有其客观基础[2]。

康熙五十八年（1719），县丞贾克昌召集地方乡绅调查湘湖水利设施时，发现沿湖有33处私霪，40余处车水基址，而原先18个放水口大多已被废弃[3]。

乾隆二十三年（1758）末的日子里，在四川当了一辈子县令的黄云结合了其他18个在湖区有着中等影响力的家族（孙、吴、何、蔡、赵、王等），一起反对一个叫丁保衡的人（此人已经雇了几百人开始在山顶采石）。理由是丁保衡“黑心寻求私利”，“不知死活”，他的行为“利一户而损万户”。另一个论据与20世纪开发者和环境主义者之间的斗争的焦点引起了共鸣，丁保衡的采石行为会摧毁或影响该县的天然风水。递请愿书的人描述了一条由几座主要山脉形成的曲线链，从浦阳江南面开始，穿过义桥镇，到湖南边的杨岐山，到湖中的压乌山，最后到石岩山和罗家坞山，山坡向该县城逐渐倾斜。罗家坞山在直抵该县政权所在地的那条风水线上处于关键位置，在这山上采石引起的干扰会给整个县带来消极的破坏性的影响。这种对风水平衡的关注和西方启蒙中首先主张的生态平衡概念大约在同一时期得到了表达[4]。因为理由充分，结果丁保衡和一个姓袁（颍川）的采石合伙人受到了惩罚，并被责令永远停止采石活动。

乾隆三十三年（1768），萧山乡绅黄云等联名向浙江省府控告湘湖沿岸部分居民，说他们以砖瓦为业，挖泥取土，湖山不分，必将对水利形成威胁，故要官府出面取缔。控状由省转发绍兴府处理。知府明禄接案后经细勘，认为控状所诉内容情有可原，其行为未构成对湘湖的恶意侵占，后果并不严重；而且举报人的考虑不够周到，对性质的判断也有夸大之处。

此案后来又经过一些周折，至乾隆三十八年（1773）三月，浙江布政司王亶望上奏：萧山之湘湖，系宋时开成湖，周围80余里，灌溉田14万余亩。湖之周围俱有小山，沿山沿湖一带山侧地角，旧有居民盖屋居住、烧窑生业者三百八户[5]。乾隆三十三年间，查明屋宇积祖相承，或转辗售卖，不知始自何年，且系陆地筑室，与湖身无碍，而挖土烧砖，湖面日阔，与蓄有益，当据府县详禀，毋庸拆迁在案。今钦遵谕旨，再行申禁，嗣后但许住居岸上，不得占垦湖身，有妨水利……乾隆三十八年三月九日，奉到朱批：“知道了，钦此。”[6]可见，此案最后的处理方案是认定哪些地块真正阻碍湖的功能，哪些处于湖岸的外围地带或说是“角落”，不会对湖造成真正的危害。这个决定要把60—90户人家及两座窑场从湖泊地区移走，并指示“庄保”（村长）更严格地强制维持好湖界，报告任何继续侵害的行为。经过皇帝的批准，于是严禁侵犯湘湖的条令就被刻在了石碑上。这段情节反映了18世纪末官员对湘湖及其居民采取的务实（避

[1]〔日〕斯波义信：《〈湘湖水利志〉与〈湘湖考略〉》，《萧山历史文化研究》，方志出版社2006年版，第30页。

[2]钱杭：《利、害博弈与历史恩怨——萧山湘湖社会史的变迁轨迹》，《历史人类学学刊》2007年4月。

[3]（清）富玹：《萧山水利》，《四库全书存目丛书》史部第225册，齐鲁书社1996年版，据清康熙五十七年（1718）三刻卷下，第341—349页。

[4]〔美〕萧邦齐：《湘湖——九个世纪的中国世事》，叶光庭、张环宙、王芳、李娟合译，陈桥驿校，杭州出版社2005年版，第126页。

[5]乾隆三十八年（1773），清出侵占湘湖湖田共308户，其中仅湖里孙一村，就有81户（其中孙姓79户、吴姓2户），占总数26%。见周易藻编《萧山湘湖志》（卷八），第28—40页。

[6]（民国）《县志稿》（卷三）《水利门·湖沼》，第314—315页。

免当地的动荡而维护了安宁）而人道（保护了百分之七八十家庭的财产）的做法。这是当地官员仁慈的家长式作风的例证，他们把县令的传统称号即“父母官”变成了现实。简单地说，这提供了帝制下地方政府最佳的一幅画面[1]。

乾隆四十八年（1783），库书傅学明、武举曹声煌、革书吴士达、革役周登山等，嘱坝夫王良千等，在湖心定山北面筑围塘3里余，占田1000余亩。经乡绅揭发，铲平围塘，惩治有关人员，并树碑永禁[2]。

嘉庆元年（1796），由南湖（上湘湖）王融谷发起，於士达、王煦呈请假五年岁修银1000两大治湖堤。於士达利用毛奇龄及其他人关于湘湖的资料作为湘湖原始状态的证据，以便了解后来的变化，并恢复湘湖的效能。他是作为历史学家、测量员、现场调查员、社会学的采访者、地理学家及工程师来研究湘湖的。他专心于实证研究，看来要比毛奇龄及之前的调查人更接近“现代”人。有了正式批准文书和经费后，於士达开始尽心尽责地整顿湖上的设施，统塘加固，于上、下湖险要之处更筑坦水，以护塘身。四月初八兴工，五月完工，塘高8尺，底阔2丈，面阔1丈。但不数年，坦水被冲激殆尽，前功几将废弃。嘉庆八年（1803）王煦复呈邑，发岁修钱250千文，纠工购料，改筑石塘。下用块石密排作脚，上用石板侧竖作墙，旁用厚板起槽合椖作钉，中间以土堵实，名日仓堵式。共计278丈，高厚坚固。前后越时8年。新义乡风林穴放水，以溦堰、天闾二处设闸为界。由于年久损坏，闸底空虚，每于交秋放湖，必须另筑土坝截水。义桥牙行韩瑾等借怨筑坝影响商旅来往、不能牟利为由，经常阻挠筑坝，尤嘉庆十二年（1807），毁坝滋事，致湖水流失，田禾歉收。该乡18户居民为之不平，各愿按田损谷，加修闸座，时又被韩瑾等多方阻抑。为此，县人王煦于嘉庆十四年（1809）六月上书阮中丞。中丞得书后，断令修复如旧，并规定秋前三日下板堵筑放湖，商船离闸左右100步停泊，不准近闸致损闸座；白露后三日开闸[3]。

清道光至同治年间，湘湖西南岸堤塘两次决口，江涂淤入湖内，自定山至青山张一带，逐渐隆起，高出水面，成为绿洲。这片土地约有5华里长，面积达4600余亩（300余公顷）。于是，禁、垦两派就此又展开了激烈的争论。

道光二十九年（1849）、道光三十年（1850）连遭大水，湖塘塌坍尤甚。

咸丰元年（1851），修筑堤坝，建史家池石坝，严禁堆积湖草。

同治二年（1863），修堤禁垦。同治四年（1865）江塘溃决，沙泥灌及湖中。

新编《萧山县志》载：“清道光和同治间，湘湖西南附近江塘，两次大水决口，沙涂淤进湖内，自定山前后起至青山张地方，逐渐淤成高地；有五六里长，一面倚山，面积达4500余亩。清末至民国，该高地成了垦、

[1]〔美〕萧邦齐：《湘湖——九个世纪的中国世事》，叶光庭、张环宙、王芳、李娟合译，陈桥驿校，杭州出版社2005年版，第129、132页。

[2] 萧山县志编纂委员会编：《萧山县志》，浙江人民出版社1987年版，第1073页。

[3] 陈志富：《萧山水利史》，方志出版社2006年版，第250页。

禁之争之焦点。”

光绪六年（1880），修秦家堰等塘坝。

光绪十三年（1887）四月，西江塘四都段决口3处，水由白马湖直灌湘湖，建瓴之势，迅不可遏，闸坝均多被冲坍。

光绪十四年（1888）仲春至光绪十五年（1889）春，重修湫口、横塘、河墅堰3坝，塘子堰闸坝等处，及培高加厚，计465丈。

光绪二十九年（1903）十月，黄元寿拟集资3万银元组织“厚正公司”，以“缴价领地”的办法开垦湘湖荒地，但因主禁者反对而未能实现。7年后，黄元寿认为形势有所变化，再次呈文抚宪，提出了“沧桑改变，明明于古有害而今无害，古宜止而今宜行”的理由，拟集九乡代表合资组织“厚正公司”开垦湘湖荒地，被核准，但随之掀起了轩然大波：先是部分绅士、农民两次上书，阐述开垦之害；继则650余名绅士、农民联合上书40多件，请求禁垦。抚宪怕生事端，批文缓垦。

开创于北宋政和二年（1112）的湘湖，经历了宋、元、明朝后，至清代末，已成为强弩之末，湖周长及湖面积大为缩小，蓄水量和灌溉面积衰减，水利效益岌岌可危，湘湖奄奄一息，迫近湮废。

第二节　傍湖集镇

湘湖四周有七座集镇相围，北面有西兴、长河，西北有浦沿，西面有闻堰，西南有义桥，东南有临浦，正东有萧山县城，而在湖中却镶嵌着最为独特的越王城。有这七大集镇环绕四周，八座城池定位五方，湘湖便显得分外妖娆。而此七大集镇大多是宋代筑湖时14万余亩土地所在的乡，这些集镇与湘湖有着千丝万缕的联系，是依托湘湖而生存的傍湖集镇[1]。

[1] 以下集镇资料多引自方晨光《文脉湘湖》，方志出版社2007年版。

一　水城萧山

萧山县城位于萧然山（西山）以东，北干山以南，“汉时属会稽郡余稽县（新莽时余稽一度改名余衍）。三国吴黄武初，改余稽为永兴县，为县治所在地。隋开皇九年（589），永兴县废，改属会稽县。唐风仪二年（677）复制永兴县，为县治所在地。天宝元年（742）改名萧山县[2]”。据南宋《嘉泰会稽志》载：“古城周一里二百步，高一丈八尺，厚一丈八尺，久废。”明朝嘉靖三十二年（1553），知县施尧臣为御倭寇侵扰，奉命重筑县城。城墙一律用条石砌成，内填乱石泥土，基下均用松桩，城墙甚为坚固。规模较大，城周长九里，高二丈五尺，宽二丈二尺，上设城垛二千五百八十五个，以利战事之用。城墙靠山跨河，东临板桥，南包黉校，西靠西山，北倚北山，呈“口”字形城。有陆门四座，城楼四座，它

[2] 萧山城厢镇志编纂委员会编：《萧山城厢镇志·建置》，浙江大学出版社1989年版。

们分别为东曰“达台门”、“近日楼”；南曰“拱秀门”（今有拱秀路）、“掘政楼”；西曰“连山门”（湘湖有连山）、“听潮楼”；北曰“静海门”、“修文楼”。城门外设有月城，以作屏蔽。又有水门三座，其名东曰“派入三江”；南曰“清比郎官”；西曰“越台重镇”。城周均有护城河，深一丈五尺，宽三丈，周长一千五百九十一丈五尺，河上设吊桥四座。明嘉靖四十三年（1564）知县赵睿增建“文明门”，俗称“小南门”。

萧山是一个古老的水城。萧绍运河横穿东西，西河纵贯南北，护城河环抱全城。萧绍运河从东到西穿城而过，西出水门“越台重镇”而去湘湖，有曹河、盛家港等入口与湘湖相通。曹河入口，东起望湖桥，西至湫口坝；盛家港入口，北起盛家桥（今称杨家桥），南至湖贯坝。现二河均已填塞，今城河与湘湖连通，走的是老火车站以西的新盛家港。运河在凌家桥与西河相会。西河由北而南流入潘水，经南门江而与湘湖南史家河相连。自从在小砾山建翻水站以来，湘湖水经古运河润泽萧山县城，千百年来哺育、滋润着两岸萧山百姓，灌溉着萧绍大地大片肥沃的良田。运河、西河的船运由湘湖水调节，即使绍兴遭遇干旱，也要与萧山协商，借湘湖水救旱。

水是古城的命脉，这不仅是因为靠水的滋润，更因为有水的承载而显出了城市的生机，城市的繁忙。因为要运输，所以河水一定要保持相应的水位，湘湖的水除灌溉外，很重要的一个功能就是调节西河和城河的水位。越人以舟为车，以楫为马。船是古代萧山人最主要的交通工具，出行、运货都离不开船。久而久之，便在城河边形成了集市。宋时“人徒之众，甍宇之壮，舟车之杂，集大成矣哉”。元代更是“市井周匝”，“东西之桥，盘贩云集”。明末清初，商号向城外东、西两端延伸，已成五里商业长街。故有“东西开水市，高下筑山城”之说。东门外洄澜桥联曰：“半市七桥，足证东土人烟聚；一河六巷，汇使南流地利兴。”当时，著名的商号有公济号药店，大昌酱园，衡大、久大南货店，德号棉百店，安仁当铺等。至民国初年，成大仁、老震大、老成大南货店和新号、裕号、振丰、义顺棉布杂货店等相继开业，其他如米业、花布、嫁妆、铜锡、菜饭诸业，亦相当规模。当时，商业运输多赖水道，因东门水路四通，故商业闹市在东门。元代张招《萧山四咏》诗“古市直通南北路，官河不断利民船”，写的就是萧山繁华的集市贸易[1]。

多少年来，湘湖水经古运河润泽萧山古城，哺育、滋润、养育着古城百姓，浇灌着运河沿岸萧绍大地大片肥沃的良田。

萧山县衙，始建于北宋天圣四年（1026）。其址在旧大草场即今新世纪广场处。为独立的建筑群，不与民居相连。县衙坐北朝南，南为县前街，北为衙后弄，东为大弄，西为南街。据《明嘉靖萧山县志·县治之图》，整个建筑分为3个纵轴线，由楼、门、堂、厅、廊、舍、库、狱等50余处房屋组成；衙内保留有“杨文靖公旧治”；衙西隙地还有园，园中

[1] 方晨光：《文脉湘湖》，方志出版社2007年版，第156—159、160—165页。

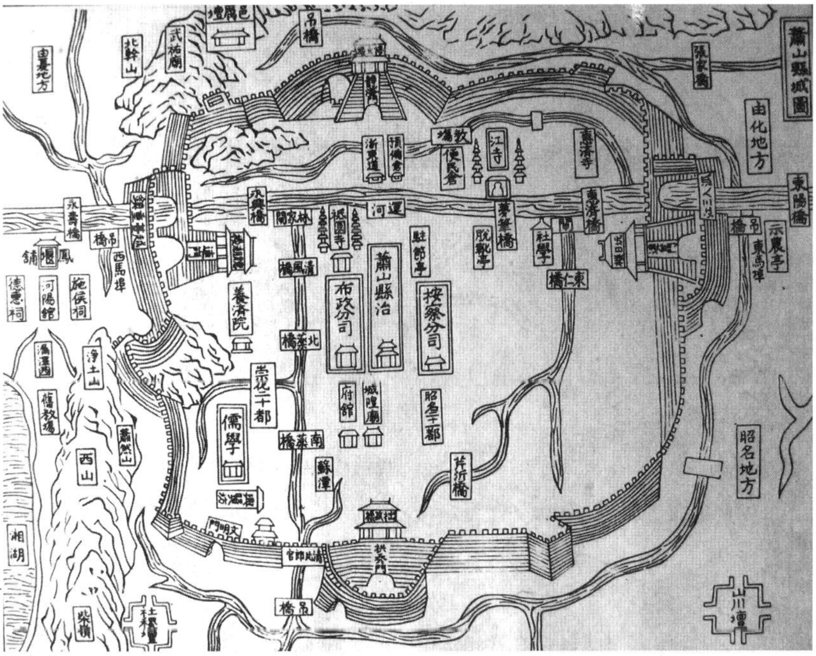

图26 乾隆时期萧山县城图

有亭、池、土山、平桥、船厅等。其中大堂“忠爱堂”与仪门间的“戒石碑”道出了县官的责任，正面镌“公生明”三个斗方大字，背面横额铭文曰“尔俸尔禄，民脂民膏，下民易虐，上天难欺”，两边石柱联曰：“眼前百姓即儿孙，留我儿孙地步；堂上一官称父母，还他父母心肠”。可惜，如此宏大的建筑群在抗日战争中被日机炸毁。

古城内有大的寺庙三座，分别是祇园寺、江寺、竹林寺三大寺庙。祇园寺在西门萧绍运河南岸，是萧山最早、最大的寺庙。初名“崇化寺”。据南宋《嘉泰会稽志》载，系东晋咸和六年（331）许洵舍宅而建。后经多次毁建，至光绪五年（1879）寺僧普勤重建，至十六年落成，其规模为全县寺宇之冠。现存建筑为清光绪十年（1884）重建，包括天王殿、大雄宝殿、钟楼、西厢房、藏经阁、僧房等。江寺位于县城中间萧绍运河北岸。曾名昭玄寺、昭庆寺、觉苑寺。南宋《嘉泰会稽志》载：南朝齐建元二年（480），江淹子昭玄舍宅建寺。唐会昌废，大中二年（848）重建，名“昭玄寺”；北宋祥符中改为“昭庆寺”，治平三年（1066）易名“觉苑寺”。北宋熙宁元年（1068），沈辽（沈睿达）书寺额“觉苑寺”，撰大悲阁记；画家胡舜臣画山水于阁后壁。寺额、阁文、壁画，时称江寺“三绝”，后毁。南宋书法家张即之以该寺为江氏舍宅改建，题“江寺”两字，匾于山门，遂称“江寺”。历经多次毁建，现存建筑系清光绪十五年（1889）募建。竹林寺位于萧绍运河上的惠济桥北。初名古崇寺，又名惠济寺。初建于南齐（479—502），由悟真和尚创立。至后晋天福八年

(943)，寺僧高云始兴医业，专治妇科，扩建寺宇，更名为资国看经院，医业代代相传。南宋绍定六年（1233），寺僧静暹（晓庵）治愈皇后谢道清的重病，因“有功掖庭”，宋理宗赵昀封他为“十世医王”（从静暹上溯四代，下延五代），并御书“惠济寺”额，又赐“晓庵”、“药室”两匾，竹林寺从此名声大振。至清代107世僧绪辉，开始还俗行医。寺周紫竹成林而名“竹林寺”，虽多次易名，但世代乡人仍以竹林寺相称。现无存。

横跨城河（即萧绍运河）的有回澜桥、东旸桥、凤堰桥、惠济桥、梦笔桥、老仓桥、市心桥、永兴桥、永寿桥（万寿桥）等；跨西河（现在的西河路）有凌家桥（凌家闸）、清风桥、寺先桥、金带桥、北药桥、南药桥、三碰桥等。

历朝出了一名状元、一名榜眼、三名探花。这状元为史家桥村的贺知章，唐朝证圣初进士及第，殿试后钦点状元，官至礼部侍郎，书法当世称重。榜眼为朱家坛村的朱凤标，清道光十二年（1832）进士，殿试御批为第二名榜眼，曾任工、户、刑、兵、吏等五部尚书，太子太保，时称萧山相国。这三名探花为城区大弄的赵文壁，康熙十二年（1673）中武探花；居市心桥下街大夫第的张百揆，道光二十二年（1842）中探花；居西河路郁家弄探花府的郁崑，同治十年（1871）中探花。至于进士，萧山有300多名，分别是唐朝1名、宋朝67名、元朝4名、明朝76名、清朝180多名。因此，望族集中，其中县城有声望的世家大族以王、单、汤三家最为著名。

二　要津西兴

西兴（今属滨江区）古称西陵，是越之最古老的城池之一。明《统一志》记载，系“五代乾化初，吴越王筑”。西兴城名，因东晋谢灵运的《西陵遇风献康王》“西望兴游叹”的诗而命名。西兴城处钱江古渡口，又是浙东运河之头，因此这里南来北往的要津，异常繁忙，古有“浙东一大都会”和“铁岭关”之称。因为湘湖与西陵湖分布在越王城山的南北，并且有井山湖相连，而西陵城就在西陵湖的东北处；据《水经注》记载：西兴亦名固陵。西兴西面的铁岭关，即固陵遗址。在2400多年以前，春秋战国时，越国大夫范蠡，在浙江之滨，西兴铁岭关筑城屯兵，言可以固守，故谓之固陵。因筑城屯兵，故又名屯兵城。后来，因固陵是越国最西面的城镇，改名西陵。到了五代末，吴越钱武肃王认为陵字不吉利，又改西陵为西兴。唐朝，西兴称西陵，是两浙门户，为浙东萧绍运河之头。到了宋时，西兴为设兵戍守处，元时为西兴场，明、清设盐课司，驿站等[1]。西兴位于钱塘江边的渡船埠头的有利地理位置是观钱江涌潮的名胜之处，赏大江风光的绝佳处所，历代文人墨客的骚游之地，尤其是在唐

[1] 蒋毅：《古镇西兴》，《珍珠蚌的故事·风物传说》，萧山县文化馆编。

朝，诗人们不停地诵唱，西兴便自然地成了浙东“唐诗之路”的源头。

西兴还有一条著名的西兴老街。老街自板桥至铁岭关，今称西兴街，长约1500米，宽1.6—2.5米。店铺以二层楼屋为主，也有部分平房。西兴地处钱塘江南岸，浙东运河之头，又位于省城与县城之间，历来交通便利，商贾云集。至清末民国初，街市坊肆栉比，集散两旺。西兴街市商贸特点之一是“过塘行”多，鼎盛时期达72家。从业务性质分，有过客人的赵永利过塘行等8家过塘行，过货物的又分为专过茶叶、烟叶、药材的，有过棉花绸缎的，有过百杂货的等等。今官河路110号原为“钟大椿过塘行”，则专过牛羊猪禽畚的。特点之二是茶店多达32家，这与“活水码头”有关，可以说是商贸拉动了“第三产业”，随之而兴的还有饭店8家，旅馆多家。特点之三是灯笼业特盛，专营灯器的有王文盛等6家，居民以制作灯笼谋生的不下数百，这是因为官宦、客商过往频繁，投宿者夜间需照明用具，沿江多风，灯笼业便成了西兴一大特色产业，闻名遐迩。占卦亦是旧时西兴特色，颇为兴盛。此外，棉花、大米、烟叶、地货等大宗农产品亦很有市面，烟行最多时有田记成等共16家。南货店有赵顺昌、悦昌等12家，棉百店有杨永和诸家，油烛店有裕丰、徐锦昌等9家，药店有延春堂、万寿山两家，宁波人开设的悦昌黄鱼行货源充足，生意兴隆。西兴老街旧时以屋子桥至仓桥段最为闹猛，有潘增大南货店、顺祥肉店、裕康米店、关福豆腐店、庆记酒店、老木鱼茶店、徐锦昌油烛店、汪德义酒酱店（坊）、沈福泰盐店、林荣昌烟行、公济药店、傅合兴饭店、徐寿均木匠店、杨永和布店、尧根竹器店等数十家店铺[1]。

图27　民国时期西兴铁岭关

[1] 李维松：《萧山古迹钩沉》，方志出版社2004年版，第137—138页。

三 官厅长河

长河镇（今属滨江区）的名称来源于境内的一条河，河名叫槐河，相传是百姓为镇北龙潭之恶龙而开凿的，其河身很长，穿镇而过，东通白马湖。到清末民初时，镇因河名而叫长河。长河古时濒临钱塘江，有残存的石塘古渡为证。

早在五代吴越国时期（907—978）就有村落，南宋始形成自然镇，明代形成了今长河泽街和槐街的格局。泽街，南北走向，又称直街，长300多米。槐街，东西走向，又称横街，长200多米，两街相交呈“丁”字。街宽2米多，店面基本上二层砖木结构，有的檐下饰以“牛腿”木雕，不乏明代遗存。清道光年间，泽街上有来源远杂货店、仁号盐行等店铺。清末民初，店铺毗连，商贾云集。南货店有七八家，周源源南货店双开店面，资金雄厚，南北货品档次齐全，物美价廉。咸春堂药店、养元和药店、亦仁堂药店享誉四邻。茶店有龙泉园、第一楼、金乐园等。酱园知名的有大昌分号、宋文盛分号。酒店、点心店有十来家，以王大娘酒店最有名。油烛店有茂兴和周振兴。锡箔店有仁泰、信号等数家，还有出租结婚时用的花轿和新娘子穿戴服饰的老永盛花轿行等。至1949年，长河街市有大小商店120多家。

长河四周农村盛产烟叶、棉花等，其烟叶色泽黄亮熬火，名“四都烟叶”，颇受沪杭等地烟厂（坊）的欢迎。清同治年间有来锡茂开设的源泰烟行。清末民国初有广盛、恒康、孔生茂等以收购烟叶为主的地货行。1918年在巴拿马世界烟叶赛会上，萧山“四都烟叶”荣获一等奖[1]。

[1] 李维松：《萧山古迹钩沉》，方志出版社2004年版，第135—136页。

长河世代居住来姓人氏，始祖来廷绍，随南宋宗室从河南鄢陵迁入，曾祖父是北宋刑部侍郎来之邵。来廷绍于绍熙四年（1193）与力主抗金的哲学家文学家陈亮（1143—1194）同中进士。但不幸的是，陈亮未及上任而卒。庆元五年（1200），来廷绍出任朝散郎龙图阁直学士，不幸的是未到任而卒于萧山祇园寺僧舍。来氏后裔从儿子师安、师周起便世居长河，子孙居繁衍生息。到明清两代，来氏后裔家族兴望，当官者甚多。明代来斯行的《经史典奥》、《槎庵小乘》被收入了《四库全书》；明代来汝贤（兵部、礼部主事）、来宗道（太子太保、东阁大学士、文渊阁大学士，时称“清客宰相”）、来斯行（福建右布政）、来集之（太常少卿、兵科左给事，著有著述9部和戏曲杂剧3部）和清代来蕃诸人的小传，被收在臧励和等编辑的《中国人名大辞典》中。在《萧山市志》（简本）收录的79位人物中，就有来氏3人。值得一提的是，长河在近代出了两位名人，一位是金石书画家来楚生，一位是方志学家来裕恂。

长河来氏，明清两朝科举鼎盛，产生过387名官员。这些官吏荣归故里，大多建有官邸府第，著名的“九厅十三堂”便是长河人的荣耀。这些建筑大多临街而建，槐河两岸，泽街两旁，古宅深深，前堂后室，宅院相贯，粉墙嵯峨，阁楼回廊，砖雕祥瑞，堪称江浙水乡民居的翘楚之作。“九厅”为：阁老厅、起凤厅、腾蛟厅、亚甲厅、石厅、大厅、慎俭厅、陈家厅、花厅等；“十三堂”为：咸毕堂、承裕堂、会宗堂、光裕堂、世馨堂、百顺堂、绪昌堂、肯构堂、南川堂、慎俭堂、务本堂、绍恩堂、中宪堂等。其中“光裕堂”为明礼部尚书、内阁大学士来宗道的尚书第，“慎俭堂”为明太常少卿来集之的大夫第，“绪昌堂”为明山东布政使来端操府第，“会宗堂”为云南嵩明州同知来端蒙府第，“百顺堂”为贵州坐营游击将军来燕禧的府第，等等。有的一人就建了许多个厅堂，如来宗道就建了“光裕堂”、“阁老厅”、“腾蛟厅”、“起凤厅”、“大厅”等。

四　鸡鸣浦沿

浦沿（今属滨江区）是一个古老而又年轻的城镇。据《浦沿镇志》，浦沿地名与水相关，古代“浦”与“步”、“埠”相通，意为码头、渡口。唐柳宗元的《铁炉步志》有云。沿，在浦沿道光年的蒋氏家谱中作“堰”。

《越绝书·越绝外传记地传》说：“句践将降，西至浙江，待诏入吴，故有鸡鸣墟。”鸡鸣墟即今浦沿镇境内的鸡鸣山。别看它只有海拔 28.1 米，但在 2400 多年前，却是钱塘江南岸的一处重要渡口的标志。

清代嘉庆《重修一统志·绍兴府志》说：“永兴县旧治在县西长兴乡。”永兴是萧山历史上继余暨、余衔之后的第三个县名，始于三国吴。黄武年间（222—229），终于隋开皇九年（589），历时 360 多年。

“古邑瓜分十五乡”，北宋太平兴国三年（978），浦沿为萧山县所辖的 15 个建置乡之一，称长兴乡[1]。形成街市在清初，当时大浦河西开设几爿家酿酒和炒货店，随着店铺增多渐成街道。清道光朝赐进士、兵部主政司於灿文，在浦沿《虞氏宗谱·传》中写道：“萧邑之西有浦堰（沿）焉，山环水绕，层峦叠叠，曲涧潺潺，其秀丽洵为东南之胜地。”[2]清同治年间，街上有陆顺盛米店、芦正兴铁铺、汪达顺丝店、林诺子酒酱店、胡阿祥棺材店等。清末民初，街道自东南至西北有 150 多米，因街面较窄，俗称“泥鳅街”，但街市已有一定规模。1949 年，街上有大小店铺 30 多家。南货、广货店有悦大、叶关生、来永才等，百货店有金荣林，药店有颐寿春药店、养生堂药店，豆腐店有张茂兴等 4 家，茶店有虞福林等 4 家，米店有东盛米店等 4 家，油烛店有金荣根等 4 家，烟糖杂货店有许宝生等 4 家，剃头店有马骥剃头店等 2 家，鞋店有孙庆巨等 2 家。此外有曹水根裁缝店、韩柏林水果店、华祖堂棺材店、曹顺心糕饼店、任相生豆腐店、汪立源肉店、曹惠昌布店等。现存老街约 100 米，店面平房和楼房参半，住着几十户老人，基本上已无商店了[3]。

[1] 王炜常：《越山湘水识萧然》，萧山市档案局（馆）、萧山市档案学会编印 2001 年版，第 129 页。

[2] 方晨光：《文脉湘湖》，方志出版社 2007 年版，第 138—139 页。

[3] 李维松：《萧山古迹钩沉》，方志出版社 2004 年版，第 139 页。

五　旧渡闻堰

闻堰又名闻家堰，相传有一闻氏家族始在初建成的西江塘堰定居，故名。镇名又以驻地在闻家堰自然镇而名。1951 年今镇域为长安乡、闻堰乡、湘湖乡、黄山乡、山河乡和山后乡的部分。1956 年除山河乡及山后乡部分外，其余乡合并为闻堰乡，1958 年为长河公社闻堰管理区，1961 年改为闻堰公社后再设闻堰镇，1969 年撤区并社时把闻堰镇原山河公社的部分大队划入闻堰公社，1984 年为闻堰乡，1985 年 6 月改为闻堰镇至今。

险要的地理位置，便捷的水陆交通，是古代闻堰潭头（今黄山村）繁荣的重要因素。闻堰镇潭头，古为沿江十八坝之一，是内河船只主要出江之码头，在以船为交通工具的古代，这里位置之险要是可想而知的。潭头，三国时称查渎、相渎、相塘。这里曾有孙策跨江击王朗的故事。郦道元《水经注》卷四十《渐江水》节录："浙江又东迳相塘，谓之相渎。昔太守王朗拒孙策，数战不利，孙静果说策曰：朗负阻城守，难可卒拔，相渎去此数十里，是要道也，若从此出，攻其无备，破之必矣。策从之，破朗于固陵。"《三国志·吴书宗室传》"孙静"条曰："是时太守王朗拒策于固陵，策数渡水战，不能克。静说策曰：'朗负阻城守，难可卒拔。查渎南去此数十里，而道之要径也。宜从彼据其内，所谓攻其无备，出其不意也……。'即此。"

清初，潭头是杭州到萧山两条马路的主要通道。前一条是杭州渡江至西兴，入县城，出小南门至临浦，马路较窄，马匹难以并行。另一条，便是杭州闸口渡至闻堰潭头，再沿塘向东南行进至临浦，内河外江，不仅风光秀丽，而且路面宽平，且可五马并行。康熙六十年（1721），清朝军队就是循此路进入福建，渡海入台湾镇压朱一贵领导的三合会起义。

萧山旧有"傍水成市"之说。潭头便为这傍水成市之一，舟船挤挤，商贾云集。潭头的烟市是萧山最早之市。萧山在清初就开始种烟，到了清末产区已达三、四、五都，年产数百万斤，以闻堰、浦沿四都的烟叶最好，其"红筋白面"，柔软多油，延燃力强，色香俱佳。每年烟叶产销旺季，潭头烟市林立，绍兴、上海、诸暨、镇江、丹阳等地的烟商云集竞购。潭头烟叶成市后，向长河、闻堰扩散，到 20 世纪二三十年代，形成了萧山三大烟市。当然，闻堰旧时的竹木市也是比较兴旺的，住在钱塘江上游富春江、浦阳江、新安江及支流边上的百姓，采竹伐木，放排而下，到闻堰转销各地。

19 世纪中叶到 20 世纪初，这里的商贸活动就十分活跃，是南来北往商贸的云集地，境内名胜古迹颇多，有距今近千年的莲华古寺、延庆寺，有古湘湖遗址，有钱王水利纪念堂等。

六　古浦义桥

萧绍平原是在冰后期海进和海退过程中最后形成的，由洪、海冲积平原构成，拥有大量的湖泊。这些湖泊原是海湾或江湾，随着海退而演变成为泻湖或内陆湖泊。湖泊间有水道相互沟通，有的直接通江接海。萧绍平原西部这些湖泊的变迁，直接牵涉或影响义桥生态环境的变迁。与此相关的有渔浦变迁、浦阳江下游河道变迁以及20世纪下半叶环境变化等，这些变迁和变化使义桥由湖泊沼泽之地最终演变成为阡陌富庶之乡。

义桥的历史与渔浦的演变密不可分。渔浦，又称渔浦湖，别称南浦、渔浦潭、渔潭、范浦、鲇鱼口。地处湘湖南缘，属湘湖范畴之内。渔浦经历和见证了湘湖一带的沧桑巨变，留下了一串串文化积淀。

上古时期，渔浦这地方是一片浅海，后来逐渐形成泻湖，但湖口仍与钱塘江、富春江相通。至汉代，随着萧绍平原的不断发育完善，钱塘江西南岸逐渐扩涨淤积，上游临浦（湖）、通济（湖）进一步湮废，引发了其下游浦阳江出江河道及滨海平原湖泊的发育，进而形成了西城、西陵湖（白马湖）和渔浦湖等湖[1]。

[1] 陈志富：《萧山水利史》，方志出版社2006年版，第399—400页。

西城湖与西陵湖均是内陆湖泊，而渔浦则是泻湖，湖底在东南侧的横筑塘（近峡山头）附近，湖口在西北侧与钱塘江、富春江相通。渔浦全盛时期，与西城湖、西陵湖连成一片，直接与钱塘江、富春江贯通。以后随着钱塘江江道的变小，渔浦轮廓逐渐明显起来。渔浦南接峡山头水道，承纳经临浦、通济的浦阳江水，东接石岩山与目尖山之间水道，沟通城厢片沼泽地河浜，北连西城湖、西陵湖，西襟钱塘江、富春江。

相传渔浦是虞舜渔猎之处，其临江的历山（今小砾山，距闻堰镇南2.5千米），又传说是舜耕耘之地。唐《十道志》载："渔浦，虞舜渔处也。"《三抚》云："舜所渔所游处也。"《会稽三赋》曰："水则有渔浦。"[2]按此，萧山境内的渔浦、历山，抑或舜氏后人在此既渔又耕而得名。

[2] 一说舜的原始发生地在上虞境内，其他地方的渔浦、历山与虞舜氏族迁徙有关。《大禹研究》，浙江人民出版社1995年版。

晋代，顾夷纂《吴郡记》，已有"富春东三十里有渔浦"的明确记载。南朝梁的顾野王在《舆地志》中则有"渔浦湖"的记述。据考，当时泻湖基本上已封口而与江海分离，渔浦已形成村落，并成为濒江傍湖的渡口船埠，为皖省和严州、富阳等地船舶入越、甬的必经之口岸。

至唐时，杭州"咽喉吴越，势雄江海，骈樯二十里，开肆三万室"，与外界往来，人流、物流几乎全靠舟楫。杭州城南之柳浦与钱江南岸的渔浦、西陵（西兴），形成了一个水运三角的枢纽，渔浦因此成为当时萧山境内仅次于西陵的重要"活水码头"。唐末，渔浦一带淤积严重，多处汀洲显现，航道不畅。五代吴越王钱镠注重水利，筑西江塘以稳定江道，渔浦相对稳定。

宋代，渔浦作为重要官渡，设专官监察，配备转运司船。渔浦内畈渔浦街、孔家埠、下坟头（山后）、建新、亭子头等自然村落逐渐形成，宋时有渔浦里之称。北宋政和二年（1112）县令杨时为灌溉 9 乡 146868 亩农田，创立人工蓄水湖——湘湖。新义乡（今为义桥镇）地势较高，河道浅狭，即不甚旱，便行干涸，禾苗灌水全赖湘湖，相较他乡尤为切要。新义乡内有凤林、杨岐山、亭子头、许贤四穴口放水，以潋堰、天昌两处为界设闸蓄水。新义乡与许贤乡在北宋与南宋年间或在此以前是连成一块的。元末，浦阳江渔浦段江道开挖后，受江流阻隔，湘湖水不再灌溉许贤乡农田。

《嘉泰会稽志》记载："新义乡在县南三十里，管里五：前濠里、莫浦里、峡下里、冗里、河由里"；在渔浦渡口附近，逐步形成闹市，初设渔浦寨，为县内四寨之一（余为西兴、坎山、新林周三寨），"渔浦寨属萧山县，额四十八人"，"渔浦驿南三十六里"；后寨改为镇制，"渔浦镇在县南三十五里。"

明代，设渔浦巡检司，负责沿江防务和接送往来官员。弘治年间（1488—1505）改为渔浦镇，设使臣廨、税场。天顺年间（1457—1464），开凿碛堰山，疏新江，浦阳江下游始由西小江入海改为与富春江、钱塘江交汇。其时，尽管"渔浦内外沟港抵塘之处，甃以巨石，辅之木桩，树之榆柳"，后又"大兴塘役，山（阴）会（稽）二邑协力筑之"，使堤塘增加了抗潮御洪的能力，但由于三江之水交汇，潮水、洪水之冲击力很大，堤塘决口时有发生。明成化年间（1465—1487），建成不久的渔浦新桥及桥南的渔浦镇竟被冲垮而沉陷在浦阳江内。后只得在新堤之东，易地复建新的渔浦街。至此，渔浦逐渐失去了千百年来"活水码头"的功能。

至清乾隆初，渔浦终因交通变迁而将繁忙的渡口任务让给离它不远的南面的临浦和北面的西兴。但明成化年间重建并传至今日的渔浦街，作为古渔浦的继续，一直存在于西江塘畔。

作为古渡口，渔浦蕴涵着极为深厚的历史文化积淀。它和离它不远的西兴一样，同样是浙东唐诗之路的起点。自五代至有清前叶的 1500 多年间，历代骚人墨客笔下有关渔浦的诗文，有籍可查的，竟多达近百篇（首）。名人大家如谢灵运的"宵济渔浦潭，旦及富春郭"，丘迟的"渔浦雾未开，赤亭风已扬"，孟浩然的"定山既早发，渔浦亦宵济"，常建《渔浦》诗中的"碧水月自闲，安流静而平"，韩翃的"漠漠烟光渔浦晚，青青草色定山春"，苏轼的"西兴渡口帆初落，渔浦山头日未欹"，以及陆游的"桐庐处处是新诗，渔浦江山天下稀"等唐宋名家诗词中的"渔浦"，指的就是这里。还有王维、陶翰、储光羲、钱起、皇甫冉、李嘉佑、独孤及、权德舆、崔国辅、释皎然、潘阆、李纲、喻良能、王冕、马臻、来集之、高启、蔡仲光、毛万龄、查慎行、赵执信、陈至言、厉鹗等几十人。诗词以外的其他文体，如元赵子渐和清郭伦的同题异文《萧山赋》，以及元扬维桢《渔浦新桥记》等赋、记，对渔浦都有赞颂之词。

渔浦脚下的三江口，又因江流交汇，水激浪涌，河床深浅不等，加之钱塘江咸淡水在此交替，气温适度，水生植物丰茂，是鱼蟹栖息繁衍的好地方。清王端履有诗："吴越中分水一方，纤鳞潜处灿瑶光。""纤鳞"指鲥鱼。它是鱼中珍品，每年端午前后由海洋入钱塘江上溯至富春江，因此渔浦也可网到。渔浦为鱼区，渔浦街自然成了鱼市。宋朝陆游《渔浦》诗中有"渔翁持鱼入船卖"；宋真山民《渔浦旅怀》诗中有"鱼市斜阳一笛秋"，都真实地写出了当年渔浦的风情[1]。萧山八景中有"渔浦烟光"一景。

[1] 王炜常：《越山湘水识萧然》，萧山市档案局（馆）、萧山市档案学会编印 2001 年版，第 103 页，原载 1991 年 12 月 1 日《浙江水报》。

义桥老街，紧傍浦阳江，南北走向，分上埠（上街）、大庙前（中街）、下埠（下街），抗日战争前，义桥老街商店主要有：公泰南货店、元春南货店、鼎隆油烛店、泉寿生堂药店、义大布店、恒逸布店、倪祥泰米店、永丰米店、恒大杂货店、三阳楼茶店、老安惠酒店、李泉源酒店、王长明饭店、阿明大妈客栈、黄元泰酱园、卢振兴铜匠店、小钟大妈铜匠店、胡义兴铁匠店、边永茂石灰行、王文玉羊肉摊、宏达水果行、钱源兴金器店、济泰当、宁泰当等。

老街位于浦阳江、钱塘江、富春江三江口西南，旧时设有浦阳江义桥大码头和内河里坎斗码头，交通比较发达。浙东的食盐、海货，浙西南的竹木山货，经义桥集散。独特的地理环境，培育了义桥兴旺的竹木行和过塘行，清末至民国时期，木行作为义桥第一主业，著名的木行有鼎记、萃昌泰、萃享等几家[2]。

[2] 李维松：《萧山古迹钩沉》，方志出版社 2001 年版，第 121 页。

七　水市临浦

浦阳江下游经萧山临浦镇，北出钱塘江。浦阳江从峡山（今尖山）以北，流出高洪尖和太平山所构成的谷地，从此直到其注入钱塘江为止，其间除了零星分布的会稽山尾闾残丘外，是一片冲积平原。平原上河港交错，湖泊棋布，最重要的有临浦、湘湖（西城湖）和渔浦三处。

临浦又称临湖，是三个湖泊中最偏东南的一个。临浦与浦阳江的关系，首先为后魏的郦驹所提出，即"浙江自临平湖南通浦阳江"。这里的临平湖是临浦之误，早为明王袆、张元忭及清毛奇龄、阮元等所指出。阮元说得最明确，他说："临平湖乃临湖之误，临湖即今临浦，横亘于浦浙之间。"这里还需要提及的是，由于这一带河湖杂出，因此古人的所谓临浦，有时往往泛指这一带的所有湖泊而言，阮元之所以只说临浦"横亘于浦浙之间"，而没有提到湘湖和渔浦，恐怕也是这个意思。清李慈铭说："西城湖盖即今之临浦，六朝所谓渔浦也。"这就是古人习惯上把这些湖泊混为一谈的又一例子[1]。

从汉至唐末，浦阳江经古湖泊临浦、渔浦出钱塘江。北宋初，在碛堰山口筑堰后到明朝后期，浦阳江主流时东流借西小江出海；时又复归故道注钱塘江。在浦阳江的左右摇摆中，临浦湖淤塞渐小，遂成江道。由于越地交通以水路为主，商舟往来频繁，百姓临河而居，商家临河设市，到了宋代形成集市，明朝有了临浦市。清代的来鸿瑨在《自闻堰雨后买舟夜归临浦》的诗中写道“巷口冢眠双户键，街心人静四乡萧。峙山遥望禅关寂，隐隐钟声出石棱”。

到了清末民国初，临浦已形成数十条街巷的集镇，商业繁华，有“小上海”之称。由于浦阳江从东往西，西小江从南往北，两条江呈“丁”字状流经临浦。往浦阳江上游可至诸暨、浦江、义乌，往浦阳江下游溯富春江可至富阳、桐庐、建德，直至兰溪、衢州。西小江则与浙东运河相连，直达绍兴、宁波。当时的交通主要靠水路，临浦得天独厚的地理条件便无可争议地享有活水码头之誉，临浦船运业也非常繁忙，逐渐成为浙东、浙南、浙北南北货物集散转动中心，时有各种行业30种，商店500余家。米业、盐业、竹木业等成为当时临浦商业的三大支柱，其米业为浙江六大米市之一。当时的《民国日报》报道，“临浦商务繁盛，年交易额不下百万金”。

临浦老街由于纵纵横横，形似饭架，俗称饭架街。山阴直街、山阴横街、扇面街、萧山直街、萧山中街、中沙街、西市街等都是有名的石板路铺就的商业街，加起来足有2000余米长。山阴街地理位置特殊，处于山阴、会稽两县交界地段，素有“山阴不管，会稽不收”之说。沿街商肆栉比，米店、药店、茶店、绸庄、当铺、南货店、剃头店、小吃店、过塘行等，建筑风格古朴，前店后宅格局，往来行人如梭。

临浦是吴越文化的发祥地之一，文化积淀深厚，名人辈出，曾经孕育了美女西施、历史演义作家蔡东藩、廉吏张賓等。

第三节　湘湖特产

湘湖特产丰富，宋朝贡品有莼菜、明朝贡品有樱桃，还有湘湖杨梅、湘湖龙井等，其土步鱼、湖蟹、西施藕等亦小有名气。

一　贡品莼菜

莼菜，又名水葵，属睡莲科多年水生宿根草本植物。长江以南大多数沼泽池塘都有野生，也有少量栽培。它的叶片呈椭圆形，浮在水面，碧绿可爱。叶背和茎部附着一层琼脂似的黏液，夏月开黄白色细小花朵，结青紫色的子实。春夏之际，可采食其未出水面的卷叶新芽，传统的吃法是做

[1] 陈桥驿：《论历史时期浦阳江下游的河道变迁》，《历史地理》（创刊号），1981年11月。

羹作汤料，具有润滑不腻，清香爽口等特色，宋时为贡品。据南宋《嘉泰会稽志》载：“萧山湘湖之莼菜特珍，柔滑而腴。”莼菜营养丰富，每百克湘湖鲜莼中，含有蛋白质 745 毫克，糖分 290 毫克，还有多种氨基酸、维生素 C、铁等多种营养成分，而且莼菜还有止吐止泻、消炎解毒的药用价值。明代大药物学家李时珍在《本草纲目》中写道，莼菜有“消渴热痹，补大小肠虚气，冶热疽，厚肠胃，安下焦，逐水，解百毒并益气”。清朝康熙皇帝写有《莼赋》诗：“维此细物，生于清流，出泥不淄，浸水不浮，翳纤茎而内蕴，簇小颖以中抽，濯寒影于冰壶，含精光于玉瑶。夫其当春乃茁，春暖渐稠，藻荇讵匹，菰蒋奚侔。”

萧山湘湖莼菜具有悠久的栽培历史和相当的知名度，宋代诗人陆游（1125—1210）有四十余首描写莼菜的诗作，诗中详尽描述了莼菜的采摘、上市、烹煮等情景。“携友共采湘湖莼”、“小艇湘湖自采莼”二句诗，深刻体现了诗人兴致勃勃地采摘莼菜的情景。

南宋《会稽志》载：“萧山湘湖之莼特珍。”南宋山阴（今绍兴）人苏泂（字召叟，著有《冷然斋诗集》），为湘湖这采莼之景，写下了一首五言律诗《湖中》：“湘湖梦不到，今日到湘湖。草木尽春色，山川如画图。两悭莼摘后，花发燕飞初。张翰生平意，扁舟未可无。”

元朝镏涣（字彦亨，号石田），迁山阴定居，经过湘湖，正遇湘湖莼采摘时节，突听一曲竹枝歌，诗兴大发，写下了朗朗上口的《湘湖》诗：“湘湖莼叶大如钱，千顷鸥波可放船。一曲竹枝歌未了，水禽飞散夕阳天。”

明万历《萧山县志》云：“莼出湘湖至美较胜他产”，烹调“西湖莼菜汤”盛名之后，其所用莼菜亦多产自湘湖。《萧山县志稿》（1935）记载：“杭州盛行莼菜，西湖所产无多，皆由萧山贩往。”来集之干脆写了一首《湘湖采莼歌》，歌词为“我欲采荷叶，荷叶成衣裁剪劣。我欲采芦花，芦花飞雪走天涯。乘舟直入湘浦里，四顾千山万山紫。中有瑶草异众芳，龙耕烟兮种水底。譬如佳人处深闺，天寒翠袖立不倚。一面玻璃对影看，晶晶寒玉成肌体。卷叶蒙茸心未舒，柔肠百转思彼美。参差采撷碧天宽，玉釜温温满滴残。山中自有调羹手，莫作寻常盐豉看”。来集之在这首词中歌颂了莼菜清纯的品质。清朝康熙皇帝在《莼赋》的序中说：“朕南巡浙江，爱尝其羹。”“调和是谋，冒以紫姜，杂以芳修。惊流匙之鲜莹，快入口之脆柔。味虽标于冲淡，意可符于麟虬，固堪同于抱德之士，自保其洁素。”清朝汪继培也有诗：“采得莼丝滑欲流，恰同樱笋卖街头。若教张翰移家住，那数西风八月秋。”

在萧山湘湖烹调莼菜是每家新妇必备的基本功。可还有一种烹饪却鲜为人知，那就是“鲈鱼烹莼菜”。陆游《稽山行》诗：“湘湖莼菜出，卖者环三乡。何以共烹煮，鲈鱼三尺长。芳鲜初上市，羊酪何足当。”清王瑞履有“莼鲈何予秋风事”的诗句。

图28 湘湖采莼

暮春、仲秋是莼菜采摘的最好季节。这时湘湖女子荡舟湖面，纤纤素手采莼忙，悠悠歌声扬湖上。采摘莼菜，季节性较强。暮春初夏，其未出水的嫩茎新叶称“稚莼”，是上品；如叶稍舒长，其茎如丝，称“丝莼”，品质较差；而到秋天叶老，则称“猪莼”，只能喂猪了。故春末是采莼的忙季。对此，南宋嘉泰《会稽志》载：“萧山湘湖……方春，采莼者满湖中。”毛奇龄诗云：“荡桨女儿独归晚，前湖新约采莼去。”莼农家女子采莼回来已晚，可是还要约几个同伴再去采一趟，可见采莼之忙。莼菜杂于蘋藻之间，只有当地有经验的人能辨认。莼菜采摘后，需要在湖水中浸泡一宿再加工。湘湖水质不仅清冽，而且含有多种矿物质，这为优质莼菜的生长创造了独特的条件。即使产自其他地方的莼菜，只要在湘湖浸泡一宿，其质量也会提高。明袁宏道在《越中杂记》中说：“莼采自西湖，浸湘湖一宿，然后佳。若浸他湖，便无味。”西湖莼菜在湘湖浸泡之后，由湘湖莼农加工后上市，故民间有“西湖莼菜出湘湖”之说。当时，湘湖不仅是远近闻名的莼菜生产和加工基地，还是莼菜的集散地。南宋陆游有诗云“湘湖莼菜出，卖者环三乡”，明末李流芳《煮莼歌》说：“西湖莼菜萧山卖，千担万担湘湖滨。”

湘湖莼菜原属野生，历史上几次濒于绝迹。民国23年（1934）夏秋间的大旱，几告绝种，仅湖西残存寥寥几株。20世纪60年代后，由于湘湖被大面积围垦，烧制砖瓦，湖中天然生长的莼菜几乎绝迹。1980年3月，闻堰镇老虎洞村在附近水池中寻得几株天然莼菜，又从西湖引进几百斤带泥莼菜种，使失传多年的湘湖莼菜得以恢复，并建立起莼菜加工厂，采用瓶装罐头提供给杭州楼外楼、天外天等著名菜馆和远销日本。从1982年起莼菜产量年年递增，1994年达到600多吨，为国家换取外汇60多万美元，成为闻堰创汇农业的重头戏。至2000年，湘湖莼菜种植面积达300

亩，年产量150吨，出口140吨。

二　免贡樱桃

樱桃，又名“莺桃”、“中国樱桃”。叶广卵形至长卵形，先端渐尖，边缘有粗锯齿。樱桃春初开花，繁英如雪。暮春三月，樱桃领百果之先而成熟，有“早春第一果”之美誉。果实小，球形，若珍珠，灿然艳丽，肉质细软，鲜红色，稍甜而带酸，初夏成熟，果柄长。其状晶莹可爱，其味鲜甜爽口，满口生津，且营养丰富，含碳水化合物、蛋白质，也含有钙、磷、铁和多种维生素。樱桃全身均可入药，鲜果有益气和祛风湿、调中益脾、活血美容的功效，可治腰酸腿痛。叶子也有温胃、止血、解毒之功能。所以一直视为果中珍品。樱桃成熟季节，众鸟纷纷争啄，即使悉心守护园圃，仍难以丰产，故而价格较高，更为珍贵。

南宋《宝庆会稽续志》载，樱桃出萧山夏孝乡，又名樱珠。《浙江通志》载：樱桃“出萧山夏孝乡”最佳。据周易藻《萧山湘湖志》，夏孝乡：一半在城里，为由夏乡、市心桥下、东阳桥、梅花楼、西门外、后塘一带；一半在湘湖，为夏孝乡、瓦窑头、西兴、杜湖、只庙庄、跨湖桥、孔家庄等。樱桃所产之地显然是指湘湖的一半。夏孝乡地处钱江南岸，湘湖北与中，气候温和，土壤肥沃，适合樱桃喜光、有一定的大气湿度和砂壤土或壤土生长的条件。湘湖原居民从宋朝开始一直在这里栽种樱桃，世代相传，用分株、嫁接等方法繁殖，培育出了湘湖樱桃这一绝世佳品。南宋时期，宫廷在每年初夏都要举行一次樱桃宴，君臣后妃一起品尝佳果。当时的供奉官董清说：“越州樱桃美矣，然萧山更胜他邑。”

樱桃正式被列为朝廷贡品，是在明朝洪武元年（1368），当时都城在南京。到了永乐十九年（1421）迁都北京后，旧例未改。明正统八年（1443），山东蒙阴人苏琳出任萧山知县。他中进士后当过监察御史，秉性耿直，敢言敢做，是一位体恤百姓的清官。有一年，鸟害严重，湘湖樱桃无收，可朝廷太监又到萧山催贡，这下激怒了知县苏琳，他怒斥太监，并押解进京。到了京城，苏琳向英宗朱祁镇力诉宦官劣迹，陈述萧山百姓培育樱桃之苦楚：“朝廷以口腹戕民，但使樱桃复贡，萧民死过半矣！”苏琳陈述有理有节，英宗听了很受感动，称其是“直臣”。命他仍回萧山理事，并准许萧山樱桃免贡。苏琳回萧后，即把此消息告诉湘湖百姓，百姓非常高兴。为免生枝节，索性把樱桃树砍伐殆尽。此后，湘湖樱桃减少。清代王同高有诗云：“领得春风骚，朱樱压众芳。独先桃李树，写艳入春光。”

三　湘湖杨梅

湘湖一带四周青山蜿蜒，气候温和，雨水充沛，土壤是黄色偏酸性，土质肥沃疏松。各坞傍山依水，绿树浓荫，朝雾暮霭，自然条件得天独厚，适宜栽培杨梅。

杨梅树常绿，树冠整齐优美。叶倒披呈针形或倒卵状椭圆形。雌雄异株。雄花序圆柱形，红黄色；雌花序卵状长椭圆形，穗状花序。果实呈球形，李时珍在《本草纲目》中说，“因其形如水杨子而味似梅，故名杨梅”。初夏果熟，有红、白、紫三种。湘湖产的杨梅大都是红种，颗大核细，色艳汁多，酸甜适中，鲜美而爽口，既有糖类、氨基酸、维生素等营养，又有清火、醒酒、治痢等药效，故民间有“桃子致病，李子致命，杨梅治病”的说法。

新编《萧山县志》载：“杨梅主要产区在所前镇和湘湖附近山坡，已有800余年栽培历史。”其实，唐朝上元年间宋之问（约656—712）《登越王台》诗已有反映：“地湿烟常起，山晴雨半来。冬花采庐桔，夏果摘杨梅。”这样算来，湘湖杨梅至少已有1300年的历史，比原先的记载，提前了500年。

唐朝太和寺丞郑虔说：“越州萧山出白熟杨梅。”此白熟杨梅就是湘湖杨梅——白水团。白水团，色白晶莹，甜如冰糖，是杨梅中的珍品。周易藻在《萧山湘湖志·山产物品》曰：“杨梅，湖中各山均有之，以徐家坞为最佳，种分两类，草种颗小而味酸，接种颗大而味甜线梅（鲜美），今已罕见，唯白水团，则间有之。”

明嘉靖《萧山县志》亦载：“杨梅出湘湖诸坞者为胜。”

清朝黄元寿有杨梅诗云：“千林红绽火含珠，熟到杨梅夏至初。风味品评何处好？南山数过是湘湖。”“熟到君家果，千林暖日烘。有赉桑椹紫，无壳荔枝红。玛瑙堆盘艳，珠玑溅齿融。莼羹兼二美，味冠浙西东。”康熙《萧山县志》载：杨梅“有接种，大而味佳；有草种，细而味酸。色深紫，出湘湖诸坞者为胜”。汪继培《湘湖竹枝词》：“红似樱桃酸似梅，筠篮分送摘犹才。天生唤作杨家果，只合杨蕲山上栽。”说这杨家果栽在湘湖南面杨蕲山上。据《浙江通志》载：“萧山湘湖杨梅之名独著。”沈堡的《湘湖竹枝词》云：“杨梅初熟烂湖干，接种甘香草种酸，采得金婆最佳果，火齐颗颗写晶盘。”从诗中可知原先徐家坞出产的优质杨梅品种叫“金婆果”，现已消失。王端履直到晚年还在回忆少年之时吃杨梅的情景：“梭笠芒鞋小暑初，梅风如翦碎菰蒲，少年邀吃杨梅去，行过头湖到二湖。”张文瑞诗云：“萧山风物都堪爱，一味杨梅压岭南。”

民国23年（1934）湘湖师范学生自治会刊物《锄声》第1卷第3期李醒愚《湘湖杨梅》云：“杨梅为湘湖两大名产之一（另一类是莼

菜）……杨梅在浙江的产地，只有镇海、慈溪、上虞、萧山四区。湘湖乃是萧山区的中心点，沿湖农民凡有山地者，皆栽培杨梅，多依杨梅生产为正常收入之一，影响于农村经济者极大。……湘湖杨梅出产最多的是徐家坞、罗家坞、湖北青山庄（青山张）各村……”

杨梅起产时间集中，先后约半个月，所以夏至前后，环湖乡民忙于采摘杨梅。杨梅娇贵，外无果壳，采摘时不能重捏，更不能用竹竿敲打，否则果破汁沥，采摘者常需攀爬于树干枝丫之间，一手提篮，一手轻轻取之。盛杨梅的篮，是一种特制的鼓形竹篮，叫“杨梅篮”。先在篮底垫一层狼鸡蕨，摘满一篮（约5公斤），上面再覆盖一层狼鸡蕨，以免碰伤。采摘下的杨梅不能存放过久，一般过一夜就会出水变质，因而种植者多在清晨采摘，然后在篮环上系以绳子，六篮八篮串成一担，挑至城镇及环湖四乡售卖。

杨梅果可鲜食，也可盐藏、酒浸、蜜渍、糖收、晒干，制成各种加工品，还可用以酿酒，称“烧酒杨梅”、“杨梅烧酒”，“烧酒杨梅”就是用高粱酒浸泡杨梅，杨梅没有了酸味。这“杨梅烧酒”，就是用杨梅浸过的烧酒，其酒如干红，味甜，更适合江浙人的口味；从医学上讲，还有驱风湿、解痧气之功效。老年人常常劝孩子们吞几粒杨梅核。因为孩子吃猪肉时很容易把肉皮上没拨去的毛连着咽下，杨梅核则能把留在肠胃里的猪毛带出[1]。民国《萧山县志稿》卷一中的“物产”杨梅还有多种吃法，“或渍以糖，或傅以盐，或贮以酒，或以火炙之，味皆美而可久”。杨梅又有广泛的药用价值。树皮及根解砒毒，止牙痛，治恶疮疥癣等。杨梅林又可供人观赏游憩。每当杨梅时节，夏风吹绿，湘湖沿岸千树红绽，硕果争艳，为湘湖山水增添秀色。

[1] 王炜常：《越山湘水识萧然》，萧山市档案局（馆）、萧山市档案学会编印2001年版，第180页，原载1990年6月28日《中国纺织报》。

四　湘湖龙井

湘湖龙井，乃称云雾茶、湘湖旗枪。湘湖气候温和，四季分明，雨水充沛，加上湖面辽阔，水分充足。湘湖四周的山地，土质不黏不松，恰到好处，加上茶农施有机质肥料，土质黑色和而肥沃，适宜茶叶生长。春茶吐芽时，沿湖细雨濛濛，云雾滋润，春风和煦，翠绿欲滴。

宋朝王安石在《送张宣义之官越暮》中就有“土润箭萌美，水甘茶串香”的诗句。元至正萧山教谕赵子渐在《萧山赋》中写道：“谷雨采茗山之芽，端阳劚仙岩之药。”

云雾茶是湘湖一宝。此茶的出名据传说还与明太祖朱元璋有关。那一年，朱元璋在国师刘伯温的扶持下南征北战已打下了大半个江山，已经称王。一日，朱元璋与国师刘伯温来到湘湖狮山顶，两人坐在鹅鼻石上一边欣赏湘湖风光，一边讨论治国治军的大事，说话间，朱元璋感到口干舌燥，刘伯温顺手摘了几瓣鲜茶，让他嚼了止渴。朱元璋将鲜茶放进口内，霎时感到满口生津，清爽无比。谈着，谈着，忽见一阵雾气从山脚下升起，顿时湘湖在雾中忽隐忽现，娇美中有一种神圣之感。赏完景，谈完事，君臣两人便一前一后走下鹅鼻石。忽然，一阵清香迎面扑来，低头一看，是几株茶树，朱元璋顺手采了一瓣放入口中，觉得与刚才刘伯温递给他的味道一样，刚要开口问，刘伯温就说："皇上尝出来了吧，此茶即是那茶，怎么样，是宝吧？"朱元璋说："此茶生在雾气之中，可称云雾茶算作一宝。"云雾茶由此而得名。后来，还被列为贡品。

清乾隆《萧山县志》引《名胜志》也曰："萧山县茗山产佳茗。"清朝王瑞履的《湘湖竹枝词》，其中有一首："里湖深处即山家，山骨玲珑一径斜，竹笳插腰垂似橐，满山儿女采新茶。"清代蔡惟慧写道："长塘十里柳生芽，来往儿童唱采茶（歌）。岩岫初经寒食雨，平湖开满水仙花。"生于雍正十一年，卒于乾隆四十七年的萧山郎家浜（现属新塘街道）人郎敬斋，他生前写下了723字的《湘湖赋》，赋中写道："餐菊山之落英，不羡篱头旧植；煮茗山之新甲，何须饮瓮里香醪。"民国《萧山县志稿》，亦有"湘湖诸山俱产茶"的记载。

据民国23年（1934）7月，浙江省湘湖师范学校校刊《锄声》第1卷第3期张履薄《湘湖茶叶》一文载："湘湖的茶叶，为真正的中国种，然而因长久的关系，有各种的变种，阔叶种、细叶种和高种、短种之别。以高短适宜的阔叶种茶品种为最好，一产量丰，二茶质厚，三气味幽香……湘湖茶叶里的成分，与杭州之龙井，绍兴之平水差不多，如若对中耕、排水、施肥、驱除病虫害多肯讲求，当能与龙井、平水等名茶互相媲美。"

《中国实业志》也收录有："民国22年（1933），萧山茶园面积1200亩，年产量297担；三十四年增至697担。以后茶叶生产逐渐衰落，1949年产量下降至150担。"

茶叶的采摘也很有讲究。不同的时期，采摘不同鲜叶，清明前，一芽一叶，俗名雨前，又名旗枪；小满前，一芽两叶，俗名明先，又名明前；夏至前，嫩芽叶，俗名木山，又名三叶；夏至后端午前，大芽粗叶，俗名粗茶；连有大叶者，俗名叶茶。然后将采摘的鲜叶经过炒青、揉搓、凉摊、炒制，使茶叶略带白霜（细毛）则炒制才算完毕。雨前、明前、三叶茶主要用来销售或送礼。湘湖一带有童谣云："清明后，摘斤茶叶送舅舅，舅舅送给阿母廿个大馒头。清明过，摘斤茶叶送姑夫，姑夫给我一条土布裤，送我阿爹十个泥土步。"

"湘湖旗枪"产于湘湖附近的老虎洞山、凌家坞、黄山、冠山一带。系当地茶农用手工炒制，功夫精细。湘湖山明水秀，气候湿润，是产佳茶的好地方。新中国成立初以炒青为主。20世纪50年代中期以后以旗枪为主。当时，湘湖茶农每逢采茶季节，过江参与西湖龙井茶的采制。曾有"西湖龙井，萧山手艺"之说。随着萧山茶农的手艺愈渐精湛，湘湖旗枪大量进入市场。1960 年，“湘湖旗枪”改名“湘湖龙井”。1980 年正式命名为“浙江龙井”，1981 年被评为浙江省名茶之一。1982 年以来，市场对龙井茶需求量大增，生产“浙江龙井”已由原来的 4 乡、22 村扩大到 15 个乡、57 个村，1983 年收购 83 担，居全省名茶商品量的第二位。1984 年产制“浙江龙井”215 担。2000 年产制“浙江龙井”346 吨。

浙江龙井，采摘于清明前后，最迟到谷雨。叶片经加工后成扁平形，色泽翠绿、光润，具清香，茶汤清澈鲜绿。以形美、色翠、香郁、味醇和报新早，被称为“五绝”。因产于钱塘江以南的湘湖，一般比西湖龙井早 7—10 天，其明前茶味醇而香，价格不菲。常常饮用，能提神、益思、明目、消食、利尿、解酒，为名贵的传统饮料和馈赠亲友之佳品。

旧时，湘湖有茶亭，对过往行人免费施茶，颇受过往行人欢迎。来裕恂《萧山县志稿》载，旧时县治及近效有近 20 座茶亭。其中蒙山茶亭、西门茶亭、南门茶亭、东门茶亭、陈公桥茶亭较为有名。蒙山茶亭位于萧山西门外 6 里处的萧绍运河边，是县城到西兴去的必经之地，也是上蒙山赶庙会的热闹场所。蒙山茶亭建于清朝康熙十一年（1672），由邑人张迪祥自输钱粮，僧觉林、一乘等募缘捐资鼎建，同治十三年（1874）僧振法募捐重修。西陵为江边集镇，西北有渡船埠头，渡钱塘江去杭州；镇内有运河码头，乘船入萧绍腹地。旧时，西陵设茶亭于右沙岸铺，明朝嘉靖年间有一个叫道能的和尚兴建的，名慧济禅院，冬夏施茶不绝。明朝萧山诗人来集之多次途经西兴，在西陵茶亭息脚，并先后写下《坐西陵茶亭》和《西陵茶亭》两首诗，录其一而欣赏之。“古寺禅灯驿路边，秋花作意动人怜。一杯茶里言成语，半灶香中坐亦缘。带叶爨（cuàn 灶）柴留过客，糊窗剩隙看渔船。晚来大有悠然趣，刚送残阳月满川”（《西陵茶亭》）。

湘湖寺庙里的僧人，也专拿湘湖茶招待郊游的文人墨客，为此还引发了许多诗人的吟诵之情。在石岩山寺，明朝诗人来三聘享受了如此待遇，他在《雪后登石岩山寺，僧设缸面酒》诗中云：“坐移夕照禅关静，一坞（壶）茶烟伴翠筠。”

有茶必有店。茶店最多的要数湘湖西边的县城，解放前萧山从东门到西门狭窄的长街上，少说也有十几家茶店，所卖的大多为湘湖茶。每爿茶店由于所处位置不同，天长日久形成了相对固定的老茶客。

五　其他特产

周易藻《萧山湘湖志》记载，湘湖特产除以上莼菜、杨梅、樱桃和茶叶外，尚有菱、芡实（鸡头米）、菰米、杜父鱼、鲫鱼、嘉鱼、稻蟹、葑草等。

（一）鱼类

湘湖鱼类主要有鲫鱼、稻蟹、土步鱼和嘉鱼。

湘湖鲫鱼　色青味鲜美。南宋嘉泰《会稽志》载：“萧山湘湖之鲫，珍美为越中冠。”湘湖旧时湖面宽广，水草丛生。湖中的水草嫩叶，浮游生物，都是鲫鱼的好食料。由于食料充足，鲫鱼生长快，长得体高背宽，俗称“老斑鲫鱼”，大的每尾重一斤半左右。

湘湖鲫鱼，不仅肉质细嫩，味道鲜美，还有较高的营养价值。清蒸“老斑鲫鱼”健脾开胃，可滋补身体。产妇食鲫鱼汤后，能增加乳汁。昔日的湘湖已成河，鲫鱼产量也大为减少。

湖蟹　又叫稻蟹。据周易藻《萧山湘湖志》云：“蟹，稻蟹即河蟹，出湘湖者尤美。”民国《萧山县志稿》载：“稻蟹，即河蟹，味最胜，出湘湖者尤美。”这是由湘湖的地理环境和水质决定的。旧时湘湖水域宽阔，水草丰美，水质甜润。又地处钱塘江南岸，周围河流纵横。湘湖有水道西南接富春江，东南连浦阳江，西北通钱塘江，北接浙东运河，东连南门江，西小江。这样适宜淡水生物的栖息、繁衍和生物的回游。3—5 月，蟹苗孵化，幼蟹沿钱塘江溯流而上，进入湘湖，从夏季起幼蟹逐渐成长，一旦入秋到了肥熟期。这时的湖蟹铁甲长戈，壳凸脂红，螯封嫩玉，非常肥美。

白天蟹都蛰伏于洞穴中，一到夜晚就出来活动。“秋风响，蟹脚痒。”金秋是捕蟹的最好时节。捕蟹的方法有多种，或用蟹罾网，或用蟹笼捕，或用蟹簖拦。吃蟹也有讲究，俗话说“七尖八团”，七月吃长脐，八月吃团脐。每年晚稻收割季节，河蟹最为肥壮，捉来煮之，用食醋和酱油蘸蘸，肉味异常鲜美，乡人争相食之。清朝沈岸登《忆湘湖》诗曰：“秋来更有牵情处，紫蟹黄鸡恣意尝。”今人用捕捞蟹苗，进行放养，收到了显著增产的效果。

土步鱼　头部宽扁，口宽大，牙细小，味鲜美，它与著名的松江鲈鱼同属杜父鱼科。据《萧山县志》载：“杜父鱼，亦称土步鱼，出湘湖者为最，桃花水涨时尤美。”

土步鱼属底层鱼类，喜栖息于沙石相混、杂草丛生的浅水滩。主食幼虾、小鱼和水生昆虫，为肉食性鱼类。肉嘟嘟的身子，呆头呆脑的神态，鳞片粗糙呈黑褐色。相传湘湖土步鱼的来历与吕纯阳有关。有一年秋天，八仙之一的吕纯阳来到湘湖边游览，抬眼四望时，看到几位姑娘在湖边浅滩处采摘什么。出于好奇，便问姑娘，为何如此辛苦地采摘？一个姑娘回答：“这是莼菜，湘湖恶霸张大人要办寿宴，需要几十斤，可现在已是莼菜败蓬季节，从天刚亮开始采摘已有三个时辰了，莼菜还不足一把。”说完眼中闪着泪花。说话间一伙如狼似虎的富户家丁迎面而来，责问姑娘为何过了时辰还不交莼菜，并一阵拳打脚踢，还淫笑道：“莼菜不够姑娘凑，湘湖姑娘比莼菜还鲜美，拉回去交给张大人定会重赏。”吕纯阳看了这情景气坏了，长袖一挥，那伙恶棍个个摇晃不停，跌落到湖中。吕纯阳说：“你们作恶多端，让你们永远生活在水滩中，这就是恶人的下场。”说完长袖一挥，恶棍们不见了，姑娘们走近一看，水草中游动着一群黑不溜秋的小鱼，因为这些颜色似土，就把它们叫做土步鱼。

土步鱼游弋能力差。4—6 月产卵，以石际蚌壳及破瓦罐为产卵巢穴，雄鱼有守巢护卵的习性。土步鱼容易捕捞，故民间有“呆土步”之说。捕捞土步鱼的方法简便而有趣。《萧山湘湖志》有生动的记述：“滨湖之家以瓦为阱，或有破舟沉水中，隔宿起视则鱼已穴处焉。”沿湖农家，都有捕捞习惯，一清早就有人叫卖土步鱼。清代黄元寿《湘湖杂咏》：“瓦盆重叠漾清波，赚得潜鳞杜父名；几日桃花春水涨，满村听唤卖鱼声。”清代王瑞履的《湘湖竹枝词》录有一首：“湖镜如揩浸碧虚，一枝柔橹荡芙蕖，竹篙轻傍渔舟插，要买新鲜杜父鱼。”

自 20 世纪 60 年代起，由于围湖造田和水域环境污染等原因，破坏了土步鱼产卵的场所，产量大为减少。近几年来，有关部门和产区农民开始人工繁殖，土步鱼上市量有所增加。

嘉鱼 原名文锦鲤，产于越王城山泉中。嘉，意为善、美。因有功于越国作战，所以称嘉鱼。周易藻《萧山湘湖志》云：“越拒吴时，吴意越必乏水，以盐鱼为馈，越取双鱼报之。”宋朝华镇《城山》诗：“兵家制胜旧多门，赠答雍容亦解纷。缓报一双文锦鲤，坐归十万水犀军。”在清光绪时举考的萧山大庄人王燮阳，亦有以《城山鱼》为名的诗：“高山天作越王居，引得泉流水到渠。铁骑围环洗万马，嘉淆式燕咏多鱼。千军镇守劳句践，双鲤遥颁遁阖闾。指点岩腰谁举纲，逍遥欢饮共樵渔。”清代林国柱专门以《城山鱼》为题写了一首诗：“河鲤河鲂久擅名，小鲜又说越州城。疏林幽火波初静，荒渚寒罾月半明。秋老苹洲宵斫鲙，酒倾桑落夜飞觥。何须丙穴夸殊产，贯柳携来亦大烹。”

（二）菱、藕、芡

菱 是湘湖较多的湖生作物。清乾隆《萧山县志》载：“菱，大名老菱，小为刺菱，出湘湖。”周易藻《萧山湘湖志》记述：“菱，大名老菱，小名刺菱，今仅有刺菱一种。”《辞海》曰：“菱，一名芰，俗称菱角。叶两型，水上叶菱形，叶柄上有浮囊；沉浸叶羽状细裂。夏末秋初开花，花单生于叶腋，白色或淡红色。花受精后，没入水中，长成果实，即一般所称之菱。果实供食用及制淀粉，鲜嫩者可作水果。”

菱，俗称“大菱”，其色青，又名“青菱”，多为二角，呈元宝形，壳薄肉厚。老菱煮熟而食，香似栗肉，是一种上好的风味小吃。如把老菱酱于坛中，加盖密封，俗称“酱老菱”，经冬不坏，别具风味。湘湖人家常把酱老菱储藏至春节，作为招待亲朋的冷盘小菜。菱中含有丰富的淀粉、葡萄糖和蛋白质，嫩的可“消暑解热，除烦止渴”，老的能“益气、健脾”，医学界还发现菱有抗癌作用。

刺菱，四角，较小，野生。此外还有叶柄、叶脉及果皮均呈水红色的水红菱。水红菱味甜，四角，菱肉含水量多，含淀粉量少。

清朝诗人周琰“买棹湘湖五日游，鸡头菱角满汀洲。”厉鹗在《萧山》诗中赞美唱菱歌的越女：“卖桔山家贱，歌菱越女能。”蔡惟慧作《湘湖泛艇夜归》：“一棹菱歌起，泠泠溯碧流。岸花迷小燕，小荇宿浮鸥。物我忘机久，岭峦入望秋。扣舷吟未已，初月濯银钩。”黄巽《湘湖采菱曲》：“吴江女儿采莲花，凌波绰约如朝霞。越江女儿采菱角，隔水轻盈笼芍药。儿家生小湘湖边，只种秋菱不种莲。种莲莲子心中苦，剥菱菱实心中甜。湘湖一夜西风紧，三五鸦鬟荡双艇。戏牵菱叶钩竿系，笑指菱花镜奁影。采菱菱角红，颊晕双满浓，采菱菱角绿，眉痕两峰蹙。菱根丛杂菱刺多，纤纤素手临清波。鲤鱼风起芙蓉外，蝉鬓生寒可奈何。春风吹莼莼欲小，秋风吹菱菱渐老。年年春去又秋来，不及儿家颜色好。采菱复采菱，菱船四面来，前汀湖水净，逾碧湖山瘦且清，双桨只在波中停。菱歌静后不知处，欲问湖头浣纱去。”

藕 《辞海》云：“荷的肥大根茎。由莲鞭先端膨大而成，横生于泥土中，外皮呈黄褐色。肉肥厚，白色，微甜而质脆。根茎中有管状小孔，折断处有藕丝相连。可食用及制淀粉。藕节入药。”藕、荷实际是一种水生植物的茎和叶，两者互为依存。

湘湖藕又名“西施藕”。相传，西施离开故土前往吴国时，正是鲜藕上市的季节。湘湖百姓得知西施赴吴肩负着复国雪耻的重任，而此去凶吉未卜，所以大家都前往送行，并挖了一筐湘湖鲜藕送给她。湘湖鲜藕蕴藏着家乡的水，外裹着家乡的土，人们希望西施不要忘记家乡。当同行的范蠡将湘湖鲜藕交给西施时，西施将藕节、藕苗切下，泣涕涟涟地说：“将此带回越国，交给湘湖百姓，说西施虽然身离家乡，但心却像藕丝一样与家乡山水相连。我是难回家乡了，就让这些藕节、藕苗重新回到故土生长吧。它们绽开的花朵，就是西施洁白的心。”湘湖百姓将这些藕节、藕苗栽入湘湖，来年都发了芽，开了花，长了藕。湘湖藕自从沾了西施的灵气后，也变得更白、更嫩、更脆、更香，从此湘湖藕也叫做西施藕。

“上湖水与下湖连，只种荷花不种田。”明嘉靖三十三年（1554）孙学思建跨湖桥后，阻碍了湖水的畅通，加速了湘湖淤涨，尤其是定山前后的上湘湖更为突出，南北两面多山地，大量泥土经年累月泻入湖中，加之西面小砾山一带堤塘经常被江潮冲垮，淤积现象更为突出，不仅水域较浅，而且涨起了一块块水洲沙渚。既浅且宽的湖面，成为人们种荷植藕的理想环境。盛夏，莲叶接天，荷花满湖。历代文人对此写下了大量的诗作。

在明朝释如兰的《湘湖》中有“藕花风起晚凉多，高据胡床听棹歌”

的诗句。藕与菱都是水生植物，往往杂生其间。因此，诗人们的诗中也往往把藕与菱（芰）连在一起。明朝蔡友在《望湖亭》中有“芰荷香里莲舟小，杨柳阴中钓艇过”的诗句。在清代萧山人毛奇龄《入湘湖书事二首》中还有“隔浦鸡鹊惊棹起，藕荷深处又成行”的诗句。在清代蔡仲光《七月雨晴湘湖即事》中有“水上云霞敛，舟间荷芰香。生平宴乐少，半醉已徜徉”。包启祯《从湖中携得荷花归》云：“冉冉成群乱镜天，绿云映水碧痕涟。香连细草藏深浦，影动晴波掉画船。分笑风前彩袖薄，争妆月下镜屏联。湖光十里明如绣，携得红衣相对眠。”

芡 俗称“鸡头”，睡莲科，多年生水生草本，茎叶花果均生锐刺。叶圆而大，呈盾形，浮于水面，绿色叶面凹凸不平，状若钉齿；背面紫色，叶脉隆起甚高，呈不规则的凹格。夏月，花茎伸出水面，顶端生着一花，内面紫色，外面绿色。日中开花，日暮即萎。所结果实为黑色的刺球，内藏种子十数粒，大如指头，名曰“芡实”，亦称“鸡头米”或“鸡头子”。去壳取仁，可食用或酿酒。亦入药，性温，味甘涩，可治脾虚泄泻、遗精及带下等症。《萧山湘湖志》载：“芡实，下湖最多，秋闲由妇女采之。”

芡实浑身长刺，外观丑陋。它那副吓人的样子，谁也不敢碰它，一直在湘湖浅滩中自生自灭。相传，湘湖人本不知它可供食用。有一年秋天湘湖发大水，沿湖居民纷纷外出逃荒，但美女山下有个叫纤纤的寡妇，床上躺着个病婆婆，怀中抱着个小儿郎，走脱不了，只得留在湘湖边挖野菜、捡田螺度荒。儿子瘦得皮包骨头，婆婆病得奄奄一息。一天，纤纤正提着篮子到湖滩去转悠觅食，忽然窜出来一只兔子，两眼发出祈求的光，示意纤纤跟它走。纤纤跟随兔子来到一个洞穴中，看到两只饿得气息奄奄的小兔子。纤纤伸手将它们揣入怀中，对大兔子说：“走吧，让我们一起挨过饥荒吧！”自此，纤纤不仅要照料婆婆和儿子，还要养三只兔子，日子过得更艰难。她终于支持不住微弱的身子，病倒了。迷糊中，她听到了窸窸窣窣的声音，睁眼一看，大兔子正在咬开几颗带刺的黑色果子，嘴上被扎得鲜血直流，它又将白色的果肉分给小兔吃，小兔吃得津津有味。纤纤看得稀奇，也伸手拿起一块果肉放入嘴中，那味道竟是甜甜的，还有一股淡淡的清香。纤纤精神一振，挣扎着起了身，让大兔子带路来到湖滩，捞了一篮子回来，想不到这种外观丑陋的果子，去刺剥皮煮熟后是上好的食物，儿子吃了会满地跑了，婆婆吃了也精神好转。于是，一家三口和三只兔子以此为主食，熬过了长长的饥荒期。

春天里，外出逃荒的人们陆续回来了，他们看到纤纤一家不但没有饿死，而且气色极好，连那个病婆婆也起了床，还养了三只兔子，都惊奇不已。纤纤拿出刺果回答了大家的疑问，刺果一时成了抢手的食物。因为它是纤纤发现的，人们便叫它为“芡（纤）实”。

（三）野鸭

野鸭，即凫，肉味极鲜，素为佳肴。以往秋冬时节，从北方飞来越冬的大批野鸭，纷纷栖息于湘湖各处。这时，站在湖东岸的柴岭山上，用竹竿来回敲打，也能打下野鸭来。常见的野鸭有绿头鸭、花脸鸭、罗纹鸭、潜鸭、鹊鸭等，尤以颈绿毛丽的绿头鸭最多，成为湘湖一大特产。沿湖居民捕捉野鸭的办法多以"媒头鸭"引诱入网生擒。对此，顾士江1931年著述、1932年再版的《萧山乡土志》记载较详："湘湖和南乡田畈里的人民，每年冬天寒冷的日子，张网捕野鸭的很多。因野鸭性喜栖水，用家鸭两只做媒头（须经训练），在水中游息，以为引诱；两旁张网两顶，可以活动。野鸭见同类游水，也群集水中，媒头引入两网之间；捕的人扳动机关，两网从上覆下，真能够一网打尽。"民国《萧山县志稿》对此也有类似的记载："于秋冬间，设潭张网。择雄而善鸣者为媒，放潭中鸣以相引，待其入网而收之。"沿湖居民把捕到的野鸭在市上出卖，称"湘湖野鸭"。

野鸭原是湖上一大特产，肉味极鲜，为肴馔中佳品之一。羽可制鸭绒。后因围湖造田，水面缩小，野鸭逐渐减少，如今已不多见。

（四）菊

菊花，多年生草本植物，叶卵圆形，边缘具粗大锯齿或深裂。秋季开花，头状花序顶生或腋生，花序的大小、颜色和形状因品种而异，久经栽培，品种很多，为著名的观赏植物。

宋朝王十朋《会稽风俗赋并序》云："菊山黄华（山在萧山县西，山多甘菊），茗山斗好（山在萧山西，多奇茗）。"唐朝刘沧在《江城晚望萧山》诗中有"青山经雨菊花尽，白鸟下滩芦叶疏"的诗句。湘湖之菊，漫山遍野，唯有一处开得独胜，那就是王十朋提到的"菊花"。

明嘉靖《萧山县志》云："菊山，去县西三里，属复孝乡。山多菊。邵志云：唐永泰中，令李蕚，尉丘舟登此而名。三赋云菊山黄华。"明朝邑令吴淑《游湘湖记》曰："时湖水新涨，沿山小路半已漫没，于舍舆从湫口下舟，循湖之北岸至湫口之西，所谓菊花山者在焉，山多佳菊而修篁老桂掩映左右，乃泊舟岸侧举酒徜徉，有不忍舍去意。"菊花山在湘湖北岸，离县城七里地。古人常去菊花山赏菊，通常去的是水路，在城内一河埠下船，坐船出水城门"越台重镇"，经永寿桥、过湖头陈，从横塘穴上岸东面便是。

清朝汪继培《湘湖竹枝词》中"侬在菊花山下住，将花作饭不知香"的诗句。周易藻《萧山湘湖志·湖山》云："菊山，在湖之北，山多甘菊，故名，今无。"菊花山的东首划船港和湖头庙。划船港乃一小湖，古人称之为溇，只在南面与湘湖通。湖头庙，在盛家港，建时未详。

第四节　湘湖古迹

古迹乃湘湖历史文化之根本，主要有寺、祠、宗祠、墓丘、牌坊、亭子、桥梁等。

一　寺庙、祠庙

（一）寺庙

湘湖湖光山色环境清幽，是文人墨客吟诗作赋之佳境，以至于喜欢清静、雅致的僧人、道士都选择此处为宗教殿堂的所在，吸引了历朝历代众多僧人和道士在这里建寺立庙，修炼身心。从晋代开始有隆兴寺等立于湘湖，到了清末有庵庙23座。据民国周易藻《萧山湘湖志》记载：有湖头庙、止水庵、复兴庵、永平庵、城山寺、句践寺、寨岭庵、柳塘庵、湘云寺、莲花庵、后黄寺、张神殿、关帝庙、甘乐庵、崇福杨寺、红庙、金山庙、先照寺、慧照庵等。其中冠山寺、湘云寺、崇福杨寺、先照寺等较有影响。

冠山寺　位于冠山燕子窝。民国《萧山县志稿》记载："冠山寺在冠山下，宋咸淳中建，旧名云岩寺，又名西隐庵。寺西有西方殿，今名送子殿，祈嗣甚灵，其前为雪心池。旧有雪心亭、三友轩。"南宋咸淳元年（1265）的一个夏天，开山鼻祖净法禅师化缘在冠山燕子窝结庐，开庭授经，化缘造了一座简易的庵庙，取名为"西隐庵"，以示自己隐居于越西。三年后，始筑佛殿，改名"云岩寺"，后以山名，改称"冠山寺"。冠山在唐乾宁年间是镇东军刑葬"囚犯"的地方。北宋时有蓬莱阁存在；诗词大家秦观（秦少游）曾经攀着"丹梯"上到冠山顶上，并写《蓬莱阁》诗一首。冠山寺的规模，据清来禹志《冠山志》称，旧时冠山寺有天王殿、大雄宝殿、三圣殿，还有藏经阁、蓬莱阁、天凤阁、议法部、鼓楼、钟楼、普济亭、白云堂、客堂等建筑。尤其是经过宋、元、明、清历代修缮，这里更是殿阁宏伟，僧侣云集，香火，游客不绝。冠山寺在清晚期达到鼎盛，有僧人300余人。寺区内古木参天，松翠竹秀，山清水秀，风景秀丽。还有乳泉、龙头滴水、雪心池、三友轩、涵虚亭、分翠亭、净山茶庄等名胜古迹，寺周围的岩壁上有历代精刻的"鹅"、"洗心池"、"洞天一品"、"清可"和肖道人像等摩崖石刻多处，为佛教十三法相地之一。冠山寺毁于20世纪60年代。1984年10月，被萧山市人民政府公布为萧山市文物点。1988年，在方丈觉和禅师的主持化缘下，重建了三圣宝殿、大雄宝殿、观音殿、地藏殿、药师殿、蓬莱阁等殿宇，又复建了雪心池、半洞桥、别有洞天、龙头滴水、白马亭、分翠亭、广远亭、乳泉、僧楼等建筑。现在已形成具有建筑面积1200平方米和430级登山台阶的开放寺院，成为一处吸引众多游客观光的浏览胜地。

先照寺 位于石岩山顶，始建于南宋绍兴年间，历经南宋、元、明、清各朝。其名称多有变化，初名光昭寺，元代称光照寺，明代初叫光照庵，明中后期称石岩寺，到清朝中期后称先照寺，并一直沿用至今。《萧山城厢镇志》记载："石岩山巅北部有先照寺，一名光照庵，宋绍兴中建，清光绪间僧福云修，在此可观东海日出。清晨，薄雾笼罩，旭日东升，光照山寺，紫烟缭绕。明代魏骥有诗道：'兰若岩石巅，凌虚依寥穴。阳乌忽东升，流光每先得。熟知照无私，须臾遍寰极。'近寺有'香泉'，水色似乳汁，舀入碗内，却又异常清澈。"此为湘湖十景之"先照晨曦"所在。先照寺经多年修建，现已成规模，除广照大殿、金刚宝塔、大雄宝殿外，还有天王殿、药师殿、厢房、经堂、僧房、斋堂等，已成为萧山著名的开放寺庙，游客众多。广照大殿坐西向东，匾额高悬，站在殿前月台之上，遥望东海日出，殿内楹联"三江水合流，万舟临面来朝，向东入海永长存；佛法传娑婆，众生虔诚信仰，誓渡九品登极乐"，点出了先照寺迎三江来客、接万舟来朝之佛事兴盛香火不断的景象。寺中有一"香泉"，多边形，方四尺，深尺许。虽位于山巅，但终年不涸。掬水品尝，甘冽清香。明嘉靖中，郡守洪珠书"香泉"两字镌于池畔石上，今已剥蚀。

杨岐寺 位于钱塘、富春、浦阳三江口的杨岐山西坞，北与古湘湖相连。全名崇福杨寺，先后有崇福寺、岐王寺（蕲王寺）、冀王寺、齐王寺。始建于南宋嘉定二年（1209），有国戚杨氏齐王、冀王父子分别葬于杨岐山东西两坞，族人便结庐守墓，现闻堰杨家湾村便是。初名为"崇福杨寺"，由宋宁崇御锡题额。"前朝旧事拜岐王"（明朝来集之），"岐"由冀、齐谐读而成，其实拜的就是冀、齐二王。周易藻民国《萧山湘湖志》云："杨岐岭在杨岐山，杨齐王、杨冀王之墓在焉。""崇福杨寺在杨岐山，栗主书敕封崇福侯王宋国戚晋封齐王杨讳藩公之位；咸丰辛酉匪扰被毁，同治间杨氏后裔建复数楹，懋唐等董其事；民国甲子（1924）杨炳熹等重修，旧有大悲阁及妙高楼，今俱废。""元代泰定二年（1325）赐崇福杨寺额。"明清之际，连年干戈，唯杨岐寺远离尘嚣，古刹丛林，景色清幽，人称世外桃源，寺中建有妙高楼、大悲阁，梵宇琳琅，香火独盛。僧人修持习定，弘扬临济宗杨岐教义。寺名也正好与佛教临济宗第十三代祖师方会所创杨岐派契合，为中华禅宗"五家七宗"之一。由于临济宗的另一派黄龙派已日暂衰微，而杨岐派盛传江南，甚至远播海外，故香火盛极一时，许多文人墨客前后接踵，留下无数诗文。杨岐寺于清咸丰十年（1860）毁于太平军兵火；同治年间由杨华者捐资重建。建有天王殿、大雄宝殿、圆通宝殿、藏经楼、钟楼、鼓楼。后几经战火，仅留下城隍殿、观音大殿等。1956年，主殿又被强台风吹倒。1998 年由中强建工集团等予以修复，2000 年恢复开放。“借问霜天何处钟，船娘遥指杨岐寺。”[1] 杨岐寺为湘湖八景之一“杨岐钟声”的所在。建在杨岐山东西两坞间的山腿上“杨岐钟声”亭子内置有中国佛教协会赠送的“世纪宝钟”，重达 12.8 吨大钟，被称为“江南钟王”。“钟声鼓声磬声声声如在，山色水色景色色色皆空”（杨岐寺牌坊楹联）重现了绝迹已久的“杨岐钟声”之景。

[1]（清）王勉《湘滨秋泛》诗。

莲华寺 位于青山南山腰的悬崖峭壁上，原名“莲花庵”，亦名莲华禅院。《萧山市志》载：莲华寺，旧称莲花庵，又名老虎洞，位于闻堰镇老虎洞山。据史料记载，该寺重建于清道光年间，时称莲花庵，有屋 15 间，尼姑 8 人。抗日战争期间，日本军队筑堡占据，尼姑逃尽。20 世纪 50 年代，仅存观音殿、元帅殿尚有人照看。“文化大革命”中被毁。后该寺逐年修复，有大雄宝殿、圆通殿、三圣殿、天王殿、钟楼、宿舍数十间，还建有三江宝塔。古时莲华寺后有一石洞，名曰老虎洞，上下贯通，弯弯绕绕，有 10 余米，只能容一人猫腰进出。从下往上爬出洞口，只见奇石突兀，松竹摇曳，回首小看，石洞之上的石壁上有浅浅的“老虎洞山”四字，边上有一石虎，形如猛虎下山，怒目咧嘴。相传，双峰尖下石洞内栖息有凶猛的老虎，常出来伤害人畜。一天观音大士经过此地，才知百姓深受虎患之苦，于是打开佛宝，收虎于仙界紫竹林中，从此当地百姓安居乐业。为纪念观世音菩萨好生之德，人们在老虎洞前建造了观音洞，取名为莲花庵。故青山俗呼“老虎洞山”。明朝刘宗周（蕺山先生）在辞官回乡周游群山时，在老虎洞山莲花庵东的尝胆亭中，留下“此地曾传尝胆事；我来犹忆卧薪人”的柱联，说的是越王句践从姑苏返越后在此洞卧薪尝胆的故事。这样看来，莲华寺，当在明末就已经存在。

隆兴寺 位于下湘湖东、西山北麓，与净土寺相邻。晋将军降吉建，题额“隆兴”。后改名接待院，南宋乾道五年（1169），寺僧乞得旧额归，复称隆兴寺。元代至正年间毁，明永乐初年重建，后废。清康熙年间，海明法师提议复建隆兴寺，得在隆兴寺地基建墅的丁武夷许之，丁慨然捐墅捐钱，于康熙七年（1668）建成。道光五年（1825），汤金钊、丁昌运等又集资修葺。咸丰十一年（1861）焚于太平军。清同治初年，寺僧法定、长庆募建观音殿、库房等。光绪七年寺僧连溪建禅堂，八年建眠云堂，十年复建大殿、山门、斋堂，十七年建藏经阁，连溪赴京示得经籍藏于此阁。隆兴寺至民国已具相当规模，沿中轴线依山而上有山门、金刚殿、大雄宝殿、斋堂、报本堂、藏经阁等，气势壮观。山门内有池，积水不涸。方丈室左为报本堂，堂后崖壁雕有石龙头，水自龙头流出，终年滴沥，下凿方池承之。后年久失修，寺宇多处坍塌。中华人民共和国成立后改设粮仓，1955 年拆大殿。今遗迹尚存。清汤纪尚《隆兴寺新造经藏碑记》云：“寺故晋刹，于邑寺为尊。”唐朝孟浩然、綦毋潜等曾游此寺，留《登隆兴寺阁》和《宿隆兴寺》诗。明清诗人有更多吟作。

百步寺 位于湘湖南文笔峰下。始建于北宋乾德二年（964），初名“崇福院”。北宋治平三年（1066）改赐“显教寺”，铸铁佛金身如来。历朝寺僧尚文崇武，久有传统。元至正年间寺毁，明洪武年间修复。清道光年间里人黄春寅发起重修，同治间僧人惠灵募建斋堂五间，光绪间重建山门，额书“显教禅寺”，上有“龙蟠”图案和“圣旨”二字。至中华人民共和国成立初，已有三进殿宇。1958 年，两吨重的铸铁金佛被砸炼钢，拆寺砖木用于建乡中心小学。1992 年，百步寺重建，现已形成天王殿、大雄宝殿、弥陀殿、祖先堂、斋堂等建筑。门联曰：“百步阳和大雄晔晔中近，一峰清正国泽盈盈上来。”[1]

[1] 沈青松主编：《历史文化名湖——湘湖》，方志出版社 2006 年版，第 109—110 页。

净土寺 位于湘湖南岸，西山支脉净土山北麓，离西城门一里。北宋开宝五年（972），在善明寺遗址上建弥陀寺。宋太平兴国七年（982）改名净土寺。明永乐初年（1403）寺毁，明天启年间，蔡三乐在捐建湘湖湫口闸时重建，时有殿宇六楹，并招募僧人管理寺院兼司湫口闸启闭。后寺院毁，到清光绪初年重建，有三门、大殿各三楹。今废。净土山后明永乐前有塔，行善者募油钱在塔上点灯至拂晓，江海道途之人，望以为号；南宋陆游有“入港绿潮深蘸岸，披云白塔远招人”诗诵此。净土寺侧有“金泉井”。“千家廓外西天竺，万项湖边小普陀。”明朝徐渭的楹联道出了净土寺背山面湖的景色。

曹林庵 位于湘湖北岸的萧绍运河边。南宋咸淳年间建，清同治年间废。从城里来到此，已有热汗，剥衣而息，民间称“剥衣亭”。明朝理学家、教育家王阳明及好友洪钟、徐洪曾宴游于此，留有《曹林庵》的唱和诗。庵今不存。

湘云寺 位于湘湖压乌山南侧，始建年代不详，明末清初已存在。湘云寺名，原自于“湘湖云影”诗句，由此成“萧山八景”之景名。周易藻《萧山湘湖志》载：清咸丰十一年毁，同治年间重建，民国 12 年（1923）重修。湘云寺是文人聚会之所，清嘉庆年间，湘云寺设“湖贤会”，专祀有功于湘湖的先贤。清光绪二十七年（1901）秋，黄元寿等人在此成立“湘湖吟社”，留下一批吟唱诗篇。民国时期，曾借作筹建湘湖师范学校。

后王寺 位于闻堰镇青山张，面南临河，3 间 2 进，有演台。清光绪二十四年重修。今圮，仅余寺前 2 棵古樟。明朝长河人来康顺有《游后王寺》诗云：“芒鞋款款步苍苔，无限尘襟一笑开。云气千峰建梵苑，雨华双树落经台。鹤驯自识巢边树，僧老浑忘世上埃。徒倚栏干诗兴远，不须岩雨更频催。”

（二）祠庙

越地名人或有功于湘湖的人，百姓常设祠庙以祭祀，像句践、杨时、魏骥等。但百姓祭祀还不限于此，因湘湖区域古代常遭钱塘江海潮侵袭，灾害不断，百姓为祈求平安，亦建庙立祠，以期神灵保佑。主要有镇海殿、潮神庙、江公祠、黄山西南殿等。

句践祠 一作“句践寺”，位于越王城山顶的春秋末期越王句践屯兵拒吴的城堡内。始建年月不祥。民国《萧山县志稿》载：“句践祠在湘湖城山寺右偏。”可见句践祠与城山寺是同在山顶的两座不同的祠（寺）庙[1]。清毛奇龄《城山大拙禅师语录序》云：“城山向为比丘所居，筑椽盖茅而祠，句践寺（祠）在其中，不知几年月矣！”周易藻的《萧山湘湖志》记载：“城山寺，在城山岭，一名越王城寺，今废。”明代建石蹬五百级，自山下直达寺门；清乾嘉间，寺极兴盛；道光初汤元裕修；咸丰辛酉寺毁；今仅存破屋数间。句践寺，在城山寺右偏，今废。明清时期，城山寺殿宇壮观，香火兴旺，而句践祠趋于寥落。清咸丰辛酉年（1861），城山寺毁于战乱，后仅存破屋数间，句践祠则不见踪迹。20世纪80年代，越王城山被史学界和考古界鉴定为目前保存得最为完整的春秋时期的城堡遗址，引起世人再度重视。1990年，萧山市人大常委会作出关于保护和修复越王城遗址的决定。次年，市政府拨款重建句践祠于城山寺遗址北侧。新建的句践祠，殿宇五楹，两旁有厢房，正殿单檐歇山，翼角飞翘。殿内居中塑句践坐像，左范蠡，右文种，仪态威严，令人肃然。祠边有春秋战国时期越国城垣、洗马池、佛眼泉、马门等古迹，从山脚到山上分别建有城山古道坊、古越亭、望江亭等。随着句践祠的重建，登越王城山者络绎不绝，句践祠又成了湘湖著名的人文景观。探访越王城遗址及句践祠，由山南而上。穿过山麓的城山怀古坊，沿明代砌成的石阶，经半山腰的古越亭，快到山顶处可见一豁口，两边双峰对峙，称“马门”，此即越王城的出入口。在入口的两侧山脊，依稀可见一条隆起的土城垣，下宽上窄，里缓外陡，曲折盘绕地把山顶围成一个堡垒，这就是有名的越王城。城堡中央绿树翠竹丛中，坐落着句践祠。祠旁有洗马池、古井，城堡西南角岩石上有佛眼泉，水皆清澈。站在马门远眺，湘湖美景尽收眼底。清毛万龄有诗云：“山殿何年绝顶开，人传曾驻越王来。越王不比湘湖水，日上寒光竹里台。”

[1] 一说句践祠与越王祠是同一个祠。句践祠在湘湖越王城山。春秋战国时期，越王句践在此屯兵抗吴，建立城堡，世称越王城。宋代，时人在城山建有纪念性建筑，至明清衍化为城山寺。李维松：《萧山古迹钩沉》，方志出版社2004年版，第278页。

德惠祠 位于湘湖东南岸的净土山麓，始建于宋代。后几经毁建，明时最为兴盛。现已圮。该祠最初称“杨长官祠”，供奉的是杨时。杨时修筑湘湖，解除了萧山腹地的水旱之患，四周九乡得湖水灌溉之利，加之湖中物产丰富，惠泽万民。他去世后，湘湖民众对其功绩念念不忘，不仅家中张挂他的画像，每逢初一、十五供奉，而且在湖边设立杨长官祠，四时祭祀。到明景泰元年（1450），杨长官祠因年久失修而毁废。当时南京吏部尚书魏骥告老还乡回到萧山，认为湘湖是一个使萧山受益无穷的湖泊，于是一方面为治理湘湖奔波出力，会同绅民疏浚湘湖，修整涵洞堤闸，清理被强占的湖田7318亩，受益农田大为增加；一方面又与县令、县丞谋划在净土山麓的一处废寺遗址上复建杨长官祠。魏骥的儿子魏完秉承父亲意图，率领本邑尚义者捐资兴建。复祠既成，魏骥又听取乡民张文、何贤等建议，根据杨时道学正传、惠泽万民的声望，提请绍兴郡守彭宜上奏朝廷，将该祠列入祀典。成化元年（1465），宪宗皇帝“命学士刘定之，议法应祀”，因“民感其惠”，赐额“德惠”，并命地方官按相应的规格春秋祭祀。赐额下达后，第二年元月，绍兴郡守彭宜就来德惠祠谒祭，看了祠宇之后，觉得狭窄卑陋，与皇帝赐额很不相称，便与萧山官僚谋划扩建更新，得到普遍的认同和支持。于是招募匠作，大兴土木，扩建祠宇，“民之趋事者恐后”，新任郡守吉公又“捐俸禄以助……力纲维其事”，至次年夏季，工程顺利告竣。扩建后的德惠祠，呈四合院式，规制一新，恢弘壮观。它依山而建，面西向湖。正殿三间，小屋两厢。前为仪门，仪门前有池，左设道南书院，以彰当时四方学者从游之迹，右为庖湢之所。仪门右前方为外门，白墙黑瓦，硬山式屋顶，四周青砖围墙。殿前有旷地一片，广十亩许。祠宇环境幽雅，庄严肃穆。明成化七年（1471），为湘湖水利事业作出巨大贡献的魏骥去世。第二年，萧山百姓深感魏公生前之德，县民沈安等1540人合章上奏，“乞请降敕，为报公之祀”。宪宗皇帝降敕云：“卿以醇笃之资，正大之学，历事累朝，官登八座……及闻家居，亦以杨龟山湖堤遗迹闸堰塘沥，倡率修筑，著《水利切要》以发明之。德惠昭昭，宜从所请。礼部拟宜作主入于德惠，列于杨时之右，合祠祀之。”从此，德惠祠内魏骥与杨时并列而祀，祭礼规格与太守祠相同。祭词云：惟神道德并降，功业显著。开湖溉田，御灾捍患。阖邑之民，永沾惠泽。时维仲春（秋），祗修祀事。灵爽如在，尚祈享之！德惠祠除了祀奉杨、魏二文靖公外，后来还祀奉为清田还湖而遭陷害的御史何舜宾和为父申冤的何孝子何竞。故《越中杂识》载：“德惠祠，在西门外净土寺山麓。宋县令杨时开湘湖，民感其惠，立祠祀之。明邑人尚书魏骥，亦有功于湖，有司请于朝以配享。后又祔邑人御史何舜宾、孝子何竞于左楹，春秋致祭。”

江公祠　位于西兴沙岸浦。为越中百姓纪念廉吏会稽郡丞江革而建，初名取石亭。初建简陋石亭，后圮。江革离郡时，官民相送，各有赠礼，江革一无所受，只雇了一只小船，载著书册、行李，由浙东运河西下西陵，待转入钱塘江时，风大浪高，舟轻易荡，于是在西陵岸边取石十余块，压稳小船，继续航渡。北宋政和二年（1112），理学名臣杨时出任萧山县令时，在取石亭旧址上建江公祠，左廊壁间有石刻“取石”二字。江公祠遗址，今为西兴中心幼儿园园址，现仅存祠基。

黄山西南殿　位于闻堰镇黄山岭。唐朝在莽山东侧，今之钱塘江边半爿山。清朝道光在安山南侧，离黄山南一里许。供奉对钱塘江江塘保护作出杰出贡献的吴越国钱武肃王和隋朝平乱有功之人宁邦保庆王、保国资化威胜王等人。西殿为唐光化二年（899）钱镠奏建。供奉的宁邦保庆王，姓孔名逸。民国24年（1935）的《萧山县志》：“西殿宁邦保庆王庙，在县西三十五里。隋大业中，有孔大夫者，为陈果仁裨将，讨东阳贼娄世干降之，立庙黄山。唐光化二年，钱王镠，上其事，封惠人侯，复封今额。（乾隆《萧山县志》引万历《萧山县志》）今改为黄山西南殿，在黄山半里许之莽山。清道光二十五年重修。”后梁开平四年（910），吴越国王钱镠征集军民20万，抢筑加固钱塘江两岸堤塘；不仅如此，为免遭洪涝之灾，还祈求神灵保护，封神西殿，新建南殿。南殿在孝悌乡（今戴村）。据明嘉靖《萧山县志》记载，为后汉乾祐元年（948）吴越王钱元瓘建，供奉的保国资化威胜王，民间传称李大夫。明万历、清康熙《萧山县志》亦有记载。民国24年（1935）的《萧山县志》：“南殿保国资化威胜王庙，在县南五十里孝悌乡，汉乾祐元年，吴越王建。（乾隆《萧山县志》引康熙《萧山县志》）久废。”清道光二十五年（1845），两殿年久失修俱毁，在重建黄山西殿时，将宁邦保庆王、保国资化威胜王二圣帝王供在一起，时称黄山西南殿，但因殿前匾额为唐皇所赐，仍为黄山西殿。黄山西南殿的庙址已三易其地。唐朝在莽山东侧，今之钱塘江边半爿山。清朝道光在安山南侧，离黄山南一里许。今天的黄山西南殿在黄山岭侧，为1993年起重建，亦称黄山西南水利纪念堂，供奉钱武肃王像和宁邦保庆王、保国资化威胜王二圣像。黄山西殿历史上的三次重建，形制规格规模当以清道光二十五年（1845）重建的黄山西殿为最。其殿占地2000余平方米，建筑面积约1400平方米，有大殿3间，坐北朝南，东西各有偏殿3间；大殿雕梁画栋，斗拱飞檐，古色古香，建筑工艺十分精致；大殿上悬挂有公祭二王的祭文祀匾，石柱上刻有名人书法楹联多副，大殿内陈二王出巡之用的“肃静”、“回避”、“宁邦保庆王”、“保国资化威胜王”硬脚牌和“罗伞”、“十八般兵器”、“铜锣”等全副执事。目的为在钱塘江西江塘危难之时，以二神像唤起民众保护江塘，以防塌塘遭洪灾。大殿南有很开阔的广场，再南有高大的照屋九间，其间建有坐南朝北的万年戏台一座，常有绍兴大班等民间职业戏班前来演出。1993年，经闻堰镇人民政府批准设立黄山水利纪念堂，以民间集资的方式兴修，逐年建成。在纵轴线有牌坊、山门、宁邦保庆王和保国资化威胜王纪念大厅、钱武肃王纪念大厅等建筑，另有亭子两座和厢房若干。碑亭中保存有清道光年间重修黄山西殿时的碑记。

潮神庙　亦称宁济庙，位于西兴沙岸铺。始建时间失考。南宋嘉泰《会稽志》有北宋政和三年（1113）赐额宁济庙等记载。清朝咸丰间毁，光绪间重建。正殿向东，祀春秋时期吴国名将伍子胥。伍子胥死后被封为浙江潮神。庙门外有钟楼，若遇大雾，钱塘江上渡船方向难辨，则鸣钟引渡。清朝道光十三年（1833）高作霖募建，后圮；同治间又有义渡局重建。现为西兴初中校舍。

二 宗祠、书院

（一）宗祠

宗祠，俗称祠堂，旧时供奉祖宗牌位和祭祀祖宗的地方，也是宗族议事、修谱、庆典娱乐的场所。湘湖区域，宗族兴旺，宗祠林立，尤其是曾经有族人做过大官的宗族，更是保护和修缮宗祠的典范。

戚氏宗祠 位于义桥镇戚家山下。戚骏升为南宋康王赵构的护卫将军，官至太尉。据戚氏宗谱记载，为守护戚将军之墓，戚骏升将军的后裔，世代居住戚家山下，至今已传29世，有近800年的历史。戚骏升死后葬于杨岐山麓。戚家山下原有戚氏宗祠，内塑戚骏升像：峨冠博带，白面长须，其貌伟然。明朝天启年间（1621—1627），其祠与塑像尚在，在史书上尤有记载；至清道光时，“栋宇摧残”。

孙氏宗祠 位于湘湖湖里孙自然村。宋元间，湘湖孙氏曾五公为避兵燹，从富阳龙门迁居湘湖，号湖里孙。明嘉靖年间（1522—1567），湘湖孙氏十世在礼部任职的春溪公，建宗祠于越王城畔。后圮。孙氏十二世裔孙谋嘉，于乾隆癸酉（1753）春，发起宗人集资建祠，是年十月始建，于次年十一月祠宇落成，并置有祠产。据民国17年（1928）《萧山湘湖孙氏宗谱·孙氏宗祠图》，孙氏宗祠坐北朝南，有头门、二门，共3进，堂名“映雪堂”，西有义塾两间，并有小园。楹联曰：“湘水长抱越山高环介其间筑室栖神以妥先祖，孝子种瓜忠臣植梓顾后昆读书励节勿坠家风。”今在下孙文化村另建新祠。

韩氏宗祠 又名昼锦堂。位于义桥镇峡山头村。元时，由韩氏始祖膺胄公故居改建为宗祠。民国丁卯年（1927）翻建，有三进7间，20世纪60年代一、二进被拆除。今存第三进7间，内有碑刻1通及吴昌硕、周易藻书石刻柱联3副，祠前残存“道光甲申恩”、“道光戊子”、“咸丰壬子年科”、“咸丰乙卯”等9通旗杆石。

金氏宗祠 又名合莫堂、合睦堂、北坞祠堂。位于义桥镇北坞村，坐北朝南。经调查，该祠堂始建于明万历至天启年间（1573—1627），清乾隆年间重修。整体布局清晰，由门厅、前天井、中厅、后天井、后厅组成，南北共三进。中厅即是合莫堂，面阔3间，进深9檩，明间抬梁式，五架梁，前后廊，其中后廊牛腿分别雕成“渔、樵、耕、读”。前廊牛腿为鹿，狮等。后厅前有卷蓬顶月廊，廊柱上有对“承祖训克勤克俭教尔曹只读唯耕”，明间有对“六和塔畔旧家□，七业堂前新□□”。

赵氏宗祠 位于义桥赵一村。清代建筑，三进3间，从南至北依次升高，门额匾“赵氏家庙”，左右边门额“入孝”、“出悌”，大门内置戏台，后厅额“孝思堂”，柱脚均为石柱，明门圆柱，两壁及戏台为方柱，祠内存清道光六年（1826）“赵氏祠堂田亩碑记”和清光绪十六年（1890）

“杭州派梦祥公舍田于云林寺碑记”。

（二）书院

书院是古人读书和治学的处所，由私人或官府创办，选址于山林名胜之地。其名始见于唐玄宗时，置学士，掌校刊经籍、征集遗书、辨明典章等。萧山书院始于明朝，为研修儒学经典的场所。有道南书院、笔花书院、石淙书院、清惠书院和西山书院等[1]。

[1] 王炜常：《越山湘水识萧然》，萧山市档案局（馆）、萧山市档案学会编印2001年版，第165页。

道南书院 位于萧然山支脉净土山北麓湫口处。明成化二年（1466）由萧山县知县窦昱创建。道南书院名出自杨时任萧山县令时在治区内传播程氏理学，程颢得悉后高兴地说：“吾道南矣。”书院以北宋理学大师程颢、程颐的学说授人。明朝正德间修的《萧山县志》“萧山八景”中有“书院遗香”一景。书院门对湘湖，原有正厅3间、门厅3间、左右夹堂各1间，周有围墙，自成院落。今圮。

笔花书院 位于江寺之北，名起于南朝文学家江淹“梦笔生花，文思大进”之意。创建于清乾隆十五年（1750），由陆巡舍家塾“笔花居”扩建。书院的山长，始由学官胡屏山兼，后由本县举人丁海林、蔡以珍、蔡以莹、汤鼎熺继任。其规模有讲堂3间，书室7间，奎星堂1间，门厅3间。有学田49亩，其收入除维修院舍和支付山长、讲席、门子等薪水外，对于成绩好的学子予以奖励纸笔，贫穷学子则每月发一份口粮。书院在清咸丰十一年（1861）九月被占领萧山的太平军烧了。尤其是汤鼎熺中年与其弟同举于乡，署秀水教谕，晚年执教笔花书院十余年，年74卒。著有《伴蟫吟草》、《求知居全集》。

石淙书院 在明代隆庆年间（1567—1573）已有。据民国《萧山湘湖志》记载，“在连山黄竹山公墓前，匾题隆庆戊辰长至立。仅存门楼三间，东偏侧屋三间”。今圮。

清惠书院 位于西山北麓，创建于清康熙三十二年（1693）。存世不长。

西山书院 位于今市心南路小汪家弄东口，创建于清康熙五十年（1711）。存世不长。

三 亭子、牌坊、墓丘

（一）亭子

据民国周易藻《萧山湘湖志》记载，有江湖一览亭、一览亭、湫口亭、三湖亭、憩息亭、跨湖亭、跃鲤亭、湖山第一亭、小湖亭等。

蒙山茶亭 亦名少憩亭。位于蒙山萧绍运河边。清乾隆《绍兴府志》引南宋《会稽志》及明万历《萧山县志》：“在县西三里蒙山，前有蒙山茶亭。”为五楹建筑，明嘉靖间县令欧阳一敬建造于萧绍运河南岸。今无存。

一览亭及遗址 位于蜀山金西村石岩山巅。明朝建筑。嘉靖十年(1531)，绍兴郡守洪珠建。“览亭远眺”曾为湘湖八景之一。清乾隆时，文人多相聚于此，把酒临风，指点江山，吟诗作赋，留下了大量的诗文。清代萧邑名人、“东南硕师”王宗炎有联镌于亭上：“立定脚跟，不怕石头路滑；放开眼界，且看江上峰青。”民国初期，有个叫黄本仑的青年文人也一览亭集了一联：“岭树湖云沉足底，江潮海日上眉端。”周易藻（璐琴）亦有联：“陟足千里，仙境佛场尘世外；凝眸四顾，江潮湖水画图中。”民国6年（1917）亭毁，僧戒穗募建，民国11年被风刮倒，民国14年来贾氏重建。1940年日军侵占萧山，毁亭建碉堡。遗址残存高约1米的圆石柱5根，亭联尚留半截，萧山市文管委为此在遗址立碑记事，以昭后人。1995年，在遗址近旁重建了一览亭。新亭仿照旧亭式样，飞檐翘角，石质六柱，柱上重镌王宗炎联。1997年1月，萧山市人民政府公布为文物保护单位。

跨湖亭 位于跨湖桥堤北端，清嘉庆十二年（1807）六月，邑人任己任改建环洞桥之时建，是一座过路凉亭。亭本无名，因在跨湖桥畔，周易藻《萧山湘湖志》便称它为“跨湖亭”。湘湖新、老湘湖八景中的“跨湖春涨”、“跨湖夜月”、“湘湖秋月”，它都得天独厚地沾了光，同时景点也因有了它而更富情趣。今重建于石岩山麓。

江湖一览亭 位于老虎洞山一带。据南宋蔡攀龙《江湖一览亭》记载：该亭为“枢密韩公服政之日所肇建也”。枢密韩公，即因定策立宋宁宗有功而被封为枢密都承旨、位居左右丞相之上的南宋名臣韩侂胄，其后裔寓居峡山下（今萧山义桥镇）。该亭初建之时，无确定名称，不过是“韩氏宗人以通冠盖以便往来而已”，乡人称之为“著戴亭”。后来韩公的孙子韩德麟题额为“江湖一览亭”，并于亭内立碑，记述建亭始末。明代黄琮《江湖一览亭》诗云：“亭子废已久，一览名犹存；湖水漾天碧，江声隔浒奔。”说明该亭在明代已圮。据周易藻《萧山湘湖志》记载：“今废。藻按，亭为韩枢公所建，初称著戴亭。公之孙孙德麟始匾其上，曰‘江湖一览亭’。蔡攀龙有记。”今重建于老虎洞山。

憩息亭 据周易藻《萧山湘湖志》记载：“在老虎洞山下莲花庵。登岸处近年陈康氏新建半山路，旁亦有一亭，本无名，壁间绘有一虎，土人呼为半路虎亭。”今无存。

湖山第一亭 据周易藻《萧山湘湖志》记载：“在横筑塘之东关帝庙外，旧有是额，今已剥蚀。”今无存。

（二）牌坊

甲科济美坊 位于文笔峰北麓，横河南岸。明嘉靖四十年（1561），乡人为纪念黄九皋、黄琮等学子中举而建造。此坊为四柱三门三重檐，顶呈“品”字形，高约8.5米，明间宽3.5米，次间宽1.9米。镂雕象鼻昂斗栱、双龙戏珠及动植物图案，风格独特，气势恢弘，南北横额各镌孙学思所书“甲科济美”四个遒劲楷书大字。中间突出部分及两侧分别由八组和四组象鼻斗拱组合，横梁镌有13位举人姓名事迹，饰以镂雕双龙戏珠、蝙蝠狮子、卷草祥云，雕工精湛，栩栩如生。虽经数百年风雨剥蚀，依然气势宏伟，是萧山现存唯一较为完整的科举功名坊。文笔峰下，向来有耕读传家之风。谚云：“十里埭上黄，旗杆多如讨饭棒。”明清两朝，这一带出过29位举人名，其中10位又中进士。他们离乡别土在外做官，妻子多在家中独守空房，苦等团聚。传说甲科济美坊最初造在横河北岸，有一次来了一位风水先生，说若要外出做官的丈夫回家，除非将牌坊抬到横河南岸去。偌大的石牌坊怎能抬过河去？她们想啊想，终于想出办法，在牌坊北面新挖了一条新河，将原来的河道填塞，牌坊真的“抬”过了河，于是她们日夜思念的丈夫终于回家团聚。这一传说，反映了湘湖女性不慕功名利禄，追求家庭幸福的智慧和品德。

图29　甲科济美坊

杨令牌坊　宋邑令龙图阁直学士杨时石牌坊，在大弄内（今城厢街道体育路与大弄口交界处），建于明嘉靖间。据1989年《萧山城厢镇志》记载，“石檐飞轩，斗拱龙栋”，三隔双层，中隔上层正中镌“圣旨”二字，下层横额镌“敕建宋萧山县令龙图阁直学士谥文靖杨时之坊”。中华人民共和国成立时，石柱上楹联字迹已不清，不久因道路拓宽，恐其坍塌，遂拆除。

节孝承恩坊　亦称节孝承恩石牌楼。清代古建筑。位于义桥镇上埠村的西江塘北侧，占地面积95.5平方米。该坊为石质仿木建筑，采用四柱、三门、三重檐结构。造型美观，雕刻精细。建于清雍正八年（1730）七月，乃“奉旨旌表已故儒士倪润妻金氏”所建。面阔8.3米，高9米。额书“节孝承恩”四字。通体雕琢龙凤狮鹿、麒麟仙鹤、花草楼阁、八仙人物等纹样，采用浅浮雕、浮雕、镂空雕等多种雕刻手法。1983年5月，被萧山县人民政府公布为文物保护单位。

陈氏牌坊 位于闻堰镇黄山村古西江塘旁。清乾隆十七年（1752）奉旨敕建。坐南朝北，残留石质两柱单门，柱高4.5米，分4层。3层正反阴刻大楷“为儒士华海西之妻陈氏立”。1层和4层为仙人、凤凰、龙狮、盘龙等深浮雕。柱联阳文：“圣德褒贞千载万庥怀北极，坤仪着范一生清节表西江。”柱底置2石狮。

湖中双凤坊 位于西山道口外萧西路上。周易藻《萧山湘湖志》载：“孙学思、孙学古建，坊在西门（县城）外数十步。孙氏为湖中翘楚，故编列之。”《萧山湘湖孙氏宗谱》毛奇龄序记载：“明世宗朝，有礼部春溪公以文章为世指名，而其弟东莞公登嘉靖甲辰进士，当时榜之为湖中双凤，比之云间之两龙，而不为过。”今无存。

城山古道坊 位于越王城山南麓城山古道入口处，系湘湖八景之一“城山怀古”的组成部分，始建于1924年，由几根石柱组成，较简陋。1992年重建为四柱三门、前后抱鼓的石牌坊，并改额“城山怀古”，坊联有二，云：“群峰叠翠盛传尝胆事，众志成城常忆卧薪人”；“雍容赠答缓报一双文锦鲤，制胜多门坐归十万水犀军”。

（三）墓丘

据民国《萧山湘湖志》记载，“湘湖山水灵秀，坟墓所在棋布星罗”。秦朝有秦始皇妃子墓，南宋有宝章阁待制张称逊墓、杨冀王墓、杨齐王墓、通判知州权三司监铁判官王丝墓、龙图阁直学士绍兴太守来廷绍墓，元朝红毛将军墓，明朝山西布政使华克勤墓、南京吏部尚书谥文靖公魏骥墓、孝子来衡墓、礼部郎中孙学思墓、鲁府长史黄九皋墓、诏褒耆德郡大宾曹福庆墓、常州府丞何世学墓、太常寺丞何汝敷墓、江西右布政使来三聘墓、太傅来宗道墓、福建右布政使来斯行墓，清朝两浙博物君子来鸿雯墓、云南巡抚何煊墓、一品封职汤尔恭墓等。择其要介绍于下。

秦始皇妃子墓 位于湘湖北侧井山湖中的石井山。山上有石井，妃子墓在井下。民国《萧山县志稿》引万历《萧山县志》：“连山旁有小山，号石井山，其井上广下曲，秉烛入，不尽数十级，相传为妃子墓。”公元前210年，秦始皇最后一次东巡，登会稽山，祭大禹，萧山是必经之路，其妃子卒于回归之时。此次东巡，本拟在湘湖连山脚下“置石桥渡浙江”，终因江面“涛山浪屋，有吞天沃石之势”而未建而成桥。明万历年间，连山外尚有“石柱数十立于江际”。今石井山树柯茂密，妃子墓井口难寻。

张称逊墓 位于湘湖东龟山南麓。俗称“王坟头”。张称逊，南宋理宗宝章阁待制兼端明殿大学士，逝后封靖王，谥忠献。其父张复初为驸马都尉，长兴县主，封永国公。张称逊逝后葬湘湖龟山，其后裔留此守墓，子孙繁衍，遂成村落，名龟山张，亦称居山张。20 世纪 50 年代，墓和墓前石人、石马尚存，“文化大革命”时期毁。

王丝墓 位于碑牌岭西侧山麓。王丝系宋代兵部员外郎，与范仲淹为同科进士，又为挚友，王丝病故时，范仲淹知杭州府，亲扶灵柩过江安葬，并题墓志铭，有“既及于民，复通于神”等语。山麓原建有石牌坊，山以此而名碑牌岭。今圮。

郑文甫墓 在石岩乡湖山村，1988 年发现。郑文甫为宋户部尚书，墓碑系明朝永乐十五年（1417）二月立，清朝嘉庆十二年（1807）二月重修。碑文：“宋郑氏始祖　户部尚书宝汉阁学士文甫府君子　诰封一品夫人裴氏太君　大明永乐十五年二月十四世孙　大清嘉庆十二年二月二十世孙　重修。”

汤尔恭墓 位于湘湖北岸扳罾山。据《城厢镇志》载，在水漾湖山麓有清一品封职汤尔恭墓，墓前亭柱有自题联云：“烟霞为友，泉石为邻，我入山来非寂寞；诵读立身，家桑立业，尔归家去莫嬉游。”旁柱联云：“一湾湘水藏幽坞，半壁城山枕乐邱。”

杨齐王、杨冀王墓 位于义桥镇戚家山东、西坞。民国周易藻《萧山湘湖志》云：“杨岐岭在杨岐山，杨齐王、杨冀王之墓在焉”。《萧山杨氏宗谱》等书录：杨冀王，名次山。河南人，护驾南渡后移家上虞。南宋宁宗赵扩之妻杨氏与次山联宗，认他为兄（宗谱称杨次山是杨皇后胞兄），所以称“国戚”。据宗谱说，杨齐王叫杨忠（墓碑及寺内牌位均作“杨番”），为杨次山之父。杨忠、杨次山死后，均葬于此山，后人称“杨岐山”。两墓旧有守护人，经 800 年生息繁衍，其子孙已成村落，即闻家堰杨家湾。杨家湾有杨姓人氏 100 多人，至今已传 33 世，村中人都说迁居于此为“守护杨王坟”。东方文化园首期施工时有石马、石羊残件数个。

宋徽宗衣冠冢 位于城西蒙山。《萧山市志》简本载：东岳庙“原是‘徽宗庙’，山上还有宋徽宗赵佶的衣冠冢”。南宋初，中原迁来萧山的赵宋宗室赵不衰，为纪念死在五国城的祖先宋徽宗，集徽宗衣冠葬于蒙山，并经南宋皇帝同意，造徽宗庙供奉；后蒙古人打来，为免遭毁损，赵氏族人遂改称为东岳庙，把宋徽宗像改装成东岳大帝，庙得以保留。明朝来励有“蒙山遗迹几千年，今日登临思惘然”的诗句。

来集之墓 来集之（1604—1682）墓，位于长河冠山寺侧。来集之，字元成，号倘湖，明朝崇祯庚辰（1640）进士，著述颇丰，有《易图亲见》、《读易偶通》、《卦羲一得》、《南行偶笔》及《倘湖遗稿》等。清朝毛万龄《登冠山寺兼访来元成给谏不值》、翁德洪《登冠山同元成饮杏下》等诗，都是在拜访先人来元成墓时写下的。1989 年，来集之墓志铭发现于长河镇塘子堰村。系清康熙十四年（1675）来集之自撰自书。

魏骥墓 魏骥墓位于湘湖东南岸徐家坞，三面环山，西南面湖。墓地系魏骥（见《魏骥复湖》）生前自己选定，称“乐丘”。魏骥于明成化七年（1471）逝世，享年99岁。98岁时给子孙写下遗嘱：“年旦近百，盖棺之日近矣，故予为尔辈嘱：倘至瞑目，慎勿动，磊扰乡里经营坟墓及诸亲旧赙奠，以玷污余之平日，至嘱，至嘱。”墓和墓道是朝廷拨款按其官职规格修建的[1]，系土石坟茔。墓前甬道长百余米、宽四米，两侧排列着一对对石立马、石跪羊、石蹲虎和手握朝笏的翁仲，风格朴实，雕刻精美。墓道口原有四柱三门、石狮护卫的石牌坊，1966年被毁。1999年8月，魏骥墓及墓道被列为萧山市重点文物保护单位。

[1] 李维松：《萧山古迹钩沉》，方志出版社2004年版，363页。

四 桥梁等古迹

（一）桥梁

湘湖古桥梁甚多，跨湖桥、三善桥、仙人桥、思家桥、黄家大桥等，最为著名的是跨湖桥。新湘湖一、二期建设，桥已达50余座，可以说湘湖是一处仿古桥博物馆。

跨湖桥 位于上下湘湖间的葫芦腰上。明代嘉靖三十三年（1554），邑人孙学思为方便湖西孙姓大族和湖东吴姓大族往来而建，初为木桥，乡人呼作“花坞桥”。到了清雍正六年（1728），邑人柯元甫改木桥为石梁桥。桥长4丈，桥门1丈2尺。桥跨湖之南北，将湖分为上湘湖和下湘湖，桥的东西两面，水面辽阔，烟波浩森。清雍正六年（1728），邑人柯元甫重修跨湖桥，将石拱桥改为板桥，桥长四丈，桥门宽一丈二尺；嘉庆十二年（1807）六月，邑人任已任又改梁桥为拱桥。光绪三十年（1904）九月，任葆真堂进行重修。至民国16年（1927），周易藻编《萧山湘湖志》时，此桥“已坍矬，急待拆建”。民国23年（1934）出版的《萧山县名胜纪略》中，绘有此次重修后的跨湖桥插图。抗战期间，被日军毁坏后重建为石板桥。1961年，改建为钢筋混凝土公路桥，跨径6米，宽4米。1984年，在其旁边又建起一座双曲双肋单波公路桥，以满足交通需要。清毛万龄有诗曰“十里波光一小桥”“画桥南渡便天开”，即指跨湖桥的意境。桥边还有一亭，曰跨湖桥亭。据《萧山城厢镇志》记载：“一虹卧波，贯通两岸。桥旁有亭，每当皓月当空，满清辉之时，坐此亭内，见湖心一轮清影浮动，银光闪烁；两岸疏林淡月，宿鸟无声；远村夜火点点，隐约林间，这清澈莹净而又幽寂的美景，给人以享受。”现建新公路拱桥和仿原跨湖桥两座，成为湘湖新景。又因近年来在桥西发现新石器时代遗址，遗址因近桥而名，曰跨湖桥遗址，桥名远播，知名度极高。

三善桥 位于湘湖北井山湖口。俗呼“三眼桥”。明崇祯初年（1628），云南布政使来斯行建。清同治四年（1865），西江塘坍，洪水泛滥，桥被冲毁。光绪十七年（1891），里人重建。误其名为三喜桥。现为

图 30　古湘湖跨湖桥

平桥，可通汽车。

仙人桥　位于湘湖北大黄坞山口。桥宽约四至五尺，其后面岩石上镌有“脚踏仙人桥，手攀仰天螺，近则近一线远，远则远一肩，银子在眼前”等隐语（周易藻《萧山湘湖志》），今石刻剥蚀难寻。今新建圆拱石桥。

锁龙桥　位于湘湖水漾湖口。传为明朝初年朱元璋军师刘基因镇风水而建。现拆旧桥建新石拱桥。辛庐八景有“水漾鸣蛙”一景。周易藻《萧山湘湖志》“辛庐八景”有“水漾湖采莼”一景。“荡桨女儿归独晚，前湖新约采莼丝。”（毛奇龄《入湘湖书诗》诗）

望湖桥　位于县城西门外湘湖入口处。明万历《萧山县志》载：“杨、郭二令祠在湖口，民登桥望湖，故名。”清康熙六年（1667）重修。原为拱桥。今复建于湘湖“湘浦观鱼”南，为梁桥。

盛家桥　位于湘湖盛家港入萧绍运河口，因亦称“盛家港桥”。湘湖北田亩灌溉，水经盛家港（东斗门）穴口入运河而达。不知其始建，清光绪年间里人重修。

黄家大桥　位于湘湖南石岩山与文笔峰之间。有嘉靖二十九年（1550）由进士黄九皋始建，清嘉庆年间黄际泰重修。桥梁两侧镌“黄家大桥”、“龙门浴日”。为四墩五孔石梁桥，南北跨埭上黄河。

思家桥　位于湘湖南史家桥村。明朝初年，里人黄寿康建，嘉靖间黄九皋重修，名“义方桥”。墩镌：“贺学士创始，族长相继懿修”。桥额：思家桥。取村中有十几位在异乡做官而思乡不绝之意。为石梁桥，今保存完好。

德由桥　位于湘湖西南黄筑塘边。始建年代不详，现存桥梁系清代重建。为石梁桥。北侧桥额镌“德由桥”，取德从此始意。

（二）井泉池墩溪闸

金泉井 在湘湖净土山脚。南宋嘉泰《会稽志》说：萧山“邑人酿酒，多汲取此水，是以萧酿与越酒并重”。乾隆《萧山县志》有载。清道光咸丰年间，协办大学士（宰相）汤金钊祖父汤成德在井前开“汤恭美”酒店。酿酒的水汲于此井，所以酒的质量好，营业很兴旺。民国初期，这家酒店自酿黄酒“运赛南洋劝业会，得优奖”。一时声名鹊起，求购者踵接。民国《萧山县志稿》载：“井在本镇净土山脚，井口方丈，甘洌不减杭之虎跑，遇旱不干，昔日远近争汲，途为之塞，西山绵亘十里，井泉源远流长。”抗战开始，日机狂炸萧山，金泉井被掩埋于瓦砾废土之下。1984 年 8 月寻访而得，井为圆形，直径 1.5 米，深 1.8 米，一昼夜出水 100 多吨。据有关部门化验，水质优良，含氡及别的有益于人体的元素，可以治疗冠心病、高血压、关节炎、坐骨神经痛及神经性皮炎等。

洗马池 位于湘湖越王城内紧靠马门处，西有放生池和句践祠，呈长方形。周无垒石，为越王句践屯兵拒吴取“嘉鱼”之处。

香泉 在石岩山先照寺。周易藻《萧山湘湖志》有载。井呈多边形，方四尺，深丈许，终年不涸，水质甘洌清香。明嘉靖中，郡守洪珠书“香泉”两字镌于池畔石上，今已圮。

白龟井 在西山北麓隆兴寺旧址东。明万历《萧山县志》记载：“白龟井，在社稷坛左，石窦中积水清澈。相传至正间遇旱，祈之有白龟出，故名。”井呈长方形，深约 2 米，井壁为岩石砌筑，清澈见底，底有石头状如乌龟。

乾姜泉 在湘湖乾姜山北，冬复不竭，清洁殊异，越王以之造姜。周易藻《萧山湘湖志》有载。今无存。

佛眼泉 在湘湖越王城山巅西南处一岩石上。周易藻《萧山湘湖志》曰：“围不逾杯，深不盈尺，冬夏不竭”，状如佛眼，故名。

龙井 在湘湖村越王城山南麓山脚。有两口，一在城山古道口，一在孙氏宗祠后。两井合称“龙井双涌”，为旧时湘湖八景之一。现合并置于城山广场东，成景点。

赵婆井 亦作朝罢井。在徐家坞路北。周易藻《萧山湘湖志》有载。

湘溪 在湫口坝之南，净土寺之西。乡人呼为雌雄溪。周易藻《萧山湘湖志》有载。清毛奇龄有《蛤上人还住湘溪》诗。

湖墩 周易藻《萧山湘湖志》载：黄龛墩，在山下张，俗呼黄天墩。九里墩，在跨湖桥之东。栗子墩，在跨湖桥之西。麻西墩，在湖之西北。蛤蟆墩，在湖之西南，亦名蛤蟆山。

涵闸 北宋政和二年（1112），杨时筑湖塘于湘湖南北，留霪穴 18 个，蓄水可闭，需水可启，灌溉周围 9 乡 81 村的 14.68 万亩田地。穴口工程几经整改，南宋淳熙九年（1182），以石铺护，明崇祯年间建湫口闸，清乾隆三十三年（1768），石家湫等8处要穴改建石闸，历时3年。

第五节　湖贤事迹

湘湖乃里人之命脉，关乎九乡之水利，关乎民众之利益。因此，维护湘湖公权是历朝公义之象征。里人对维护湘湖公权、使湘湖湖利得以保全、湘湖土地不被侵占的为民办事的人，称为“湖贤”，并记于志书，供后人纪念。郭伦的《萧山赋》曰：“湘湖……创于杨而定于赵，培于魏而清于何。”像明清时期的魏骥、何舜宾与何竞父子、毛奇龄等就是代表。而於士达则是从技术的角度出发讲如何治理湘湖，其《湘湖考略》“乃治湖要书也”，当列“湖贤”之列。

一　魏骥与湘湖清占

魏骥（1373—1471），字仲房，号南斋，萧山城厢镇人。其故居在城厢镇桥下达魏家弄，出仕后，迁居万寿桥下街。明永乐三年（1405）中举，次年以进士副榜授松江学训导。不久，应召参修《永乐大典》，迁太常博士。宣德元年（1426），任吏部考功员外郎，转任南京太常寺少卿。正统三年（1438）任吏部左侍郎，后为礼部左侍郎、南京吏部侍郎。正统十三年，升任南京吏部尚书。在位期间，识体务礼，端正勤廉，好别流品，辨君子小人不遗余力。奏陈时务，多被英宗皇帝采纳。他曾五次请求退休，但皇上离不开这位“谙于世事，了于国体”的老臣，不仅均未允许，反而一次次地给予提拔升迁。景泰元年（1450），代宗继位，77岁的魏骥终于得以告老还乡，回到萧山。

魏骥回家后，不仅与里人稠处，以耕读传家，还时常头戴笠帽，足穿草鞋，巡行乡野，体察民情。萧山环江滨海，水灾频仍，他多次向地方当局提出兴修水利的建议，并以年迈之躯，奔波于水利工地，先后主持或参与了麻溪坝、西江塘、北海塘、瓜沥塘、股堰、大堰、毕公堰、螺山闸等多处水利设施的修筑。景泰七年（1456），钱塘江洪水高涨，从西小江倒灌而入，西小江决堤，大片农田被淹，魏骥“躬负畚锸，亲课楗石”，加入抢修堤塘的队伍，百姓踊跃参与，终于使堤塘修筑完固。

当时，湘湖多年失修，湖堤坍塌，湖滩淤积，一些豪富刁民乘机蚕食，或开垦种植，或挖土制陶，或截流养鱼，或营建屋舍，致使湖区面积缩小，蓄水量大减，依靠湖水灌田的九乡百姓深受其害。魏骥认为“是湖为邑无穷之惠也”，不能如此毁废。他既向县令陈情，动议修复湘湖，又联络乡绅筹划具体事项，得到了广泛支持和响应。为了制定修湖方案，他在儿孙陪同下，带着干粮，拄着拐棍，到湖区各处踏勘。修筑方案出来后，他邀请耆老、乡绅、工匠等商议修改，广纳各方意见，使方案更加切实可行。

图31　魏骥墓道

整治湘湖的主要工程，是清退占湖的田地并加以疏浚，恢复湖面；再将各处坍蹋荒废的堤塘逐一挑土加高，在紧要处砌石护岸，堤脚增筑“卧羊坡”，抵避风浪；修复或新建堤闸涵洞，以利适时灌溉；堤塘上栽以柳树，既保土固堤，又美化环境。

其时，湘湖被私占私垦的湖田已近万亩，这相当于原湘湖面积的1/4。要恢复湖面，就得清理私占，退垦还湖，但此事推行起来非常艰难。其中侵占湖利最多的湖畔巨富孙全及其姻亲吴子信，势力强大，很难对付。魏骥秉公而行，无所畏惧。他邀集耆老、乡贤、族长等聚会，请大家在乡间分头宣讲退田还湖的重要性和迫切性，动员九乡百姓起来支持复湖大举，从而对少数私占湖产者造成巨大压力。在实施复湖的方法上，商议决定先易后难，先从占田较少、容易对付的对象入手，由村中德高望重者出面做工作；同时呈请县衙发出告示，对强占豪夺而不肯退田者，以侵占公产论处，严惩不贷。由于强大的声势和严厉的措施，退田还湖进展比较顺利。那些日子，魏骥心系复湖工程，经常在现场察看。对于儿孙们的劝阻，他只是淡然一笑：“湘湖不恢复，我这把老骨头散不了！”在魏骥的努力下，湘湖先后清退被占湖田 7318 亩，湖塘涵闸等工程因此得以顺利修复，湘湖蓄水量大增。

魏骥认识到，保护湘湖任重道远。复湖工程之后，侵占湖利之事还时有发生，其中巨豪孙全不仅原先所占湖田尚未全部退清，而且仍在侵吞湖利。由于自己已经年迈，他便授意于门生——时由御史被谪戍至广西庆远卫的何舜宾，希望何舜宾退休以后能接任自己的清湖大业。后来，何舜宾以自己的生命铲除了孙全这个湖霸，湘湖面貌再度得以恢复（见《献身湘湖的何舜宾》）。

魏骥好谈理学，长于诗文，其著作为当时四方人士所求购。残暮之年，他还将自己退休后从事故乡水利事业20多年的心得体会和经验做法，撰成《水利事述》、《水利切要》两部水利专著，给后人留下了一笔宝贵的财富。

魏骥在98岁高龄的那一年，给子孙写下一份遗嘱："区区蒙圣代六朝厚恩，官阶一品，愧无分寸之报，今年已九十又八，为旦暮之必死，然得正而毙，幸也。况年且近百，盖棺之日近矣，故予为尔辈嘱，倘至瞑目，慎勿动扰乡里，经营坟墓，及诸亲旧赙奠，以玷污余之平日，至嘱，至嘱。成化七年九月十九日。"他要求死后丧事从简，不去惊动地方衙门和乡亲，不要大兴土木经营坟墓，也不要收受亲戚旧友的奠赠，体现了他一生廉明朴实的操守。现魏骥墓仍在，位于湘湖边徐家坞山麓。

魏骥写下遗嘱不久，宪宗皇帝闻悉魏骥筑堤浚湖，有功乡里，特遣使者前往萧山慰问，赐以羊酒米食，并命地方官每月供米三石，赡养终身。使者尚未到达萧山，魏骥已经病逝。消息传到南京，"钦赐祭葬，谥文靖"，朝廷打算按封建礼仪大张旗鼓地加以祭葬，由吏部左侍郎叶盛撰墓志铭，大学士商辂撰神道碑文，尚书邹干撰行状。时值"风潮冲入具境，淹死人畜，田禾塞巷"，魏骥子孙根据其遗愿"诣阙谢葬"，并恳请有司，将所剩的1700两工价银，全部转赈灾民。

对于魏骥所作的贡献，湘湖百姓念念不忘，颂扬之声遍及乡村，称他是杨时之后有功于湘湖的第二人。人们"感公生前没后之惠，合章上请立祠报祀"，朝廷众多大臣也纷纷向皇上陈述魏骥的种种德行，建议将他列位于德惠祠中，与杨时并享祭祀。皇上曰："魏骥惠及乡民，准入祠。"于是，命礼部作主，入于德惠祠，列杨时之右，飨春秋之祭。

清毛奇龄《过魏文靖公祠诗》，表达了人们对魏骥的赞颂和缅怀：道德宗前哲，朝廷仰老臣。履声虽北远，斗色岂南湮。有意长怀古，无时不在民。乡关歌道路，阴雨暗经纶。人古琴徽在，风流钟虡陈。至今千亩绿，共指一湖春。薛幌追双妙，荒祠绝四邻。山空虽有路，庭迥绝无人。桧老深桥鹊，碑残卧石嶙。悠悠千载后，谁复问湘滨？

二　何舜宾与何竞的故事

何舜宾（？—1498），字穆之，号醒庵，萧山人，出身于官宦家庭。明成化五年（1469）进士，任南京湖广道监察御史，管理京畿渠道。因秉性刚强，与权贵相忤，被谪戍广西庆远卫，于成化二十三年（1487）遇赦回乡。这时，经吏部尚书魏骥修浚的湘湖，因年代久远，复趋淤积，附近土豪遂纷纷侵占蚕食，依靠湖水灌溉的九乡百姓深受其害。何舜宾本是魏骥的门生，魏骥晚年曾将自己所著的《水利事述》一书传授于他，并云："占田未清，病根尚在[1]"，示意他接任清湖重任[2]。现在，见到湘湖如此状况，他不禁慨然："我不能整治京师沟渠，当来治理湘湖！"

何舜宾通过详细调查，发现湘湖被侵情况严重。其中湖畔富豪孙全及其姻亲吴瓒，居然填土为塘，设窑制陶，侵占面积巨大。他将占湖者的名单及所占面积等一一写入文本，告发于县衙，奏闻于朝廷。面对山雨欲来风满楼的势态，孙全等占湖者十分惧怕，他们把挽回局势的希望寄托在县令的身上，对他争相行贿，要他变更事实。当时的县令，是以御史身份谪戍萧山多年的安徽当涂人邹鲁。在金钱利益面前，本性"贪暴狡悍"的邹鲁一改姿态，把屁股坐在了占湖者一边。何舜宾知道后大骂邹鲁，邹鲁便将他恨之入骨。他诬陷何舜宾那份奏本，县官未曾过目，奏本上的官印是从县衙窃得所盖。他又诡言朝廷没有给过何舜宾赦牒，说何舜宾是从广西庆远卫逃回来的，其官衔属假冒，应押回原卫查核。邹鲁将何舜宾的这些"罪行"向上司告发并请求惩治，但被上司驳回，之后再次设计陷害何舜宾。

邹鲁的阴谋，被丁忧归里的何舜宾的门人、训导官童显章所知晓，邹鲁遂诬以"掘冢、占仓"等罪名，将童显章逮捕，论处以绞刑，呈请浙江行省高级法官审批。法官认为案件可疑，让县衙将童显章押至府署验审。邹鲁唆使押解人员将童显章押经何舜宾家旁，又派遣湖豪、皂隶、快捕等尾随其后。当押至何家门前时，众人将何家团团围住，并大呼："何舜宾篡取重囚！"破门而入，劫走何舜宾准备的奏章和成化二十三年（1487）所授的赦牒、缘例冠带等凭照，掠去家中资财，并将何、童二人押到县衙，开庭审讯，各鞭笞四十。童显章被收监，听候判决；何舜宾则未经请示上司同意，就被戴上枷锁，押送广西庆远卫。邹鲁示意押送人员在途中将何舜宾处死。为保万无一失，又派田敏、胡纪等13人赶去行事。田敏等在衢州附近追上押送队伍后，剥去何舜宾的衣服，断绝其饮食，驱使他赶路。过江西玉山县城后，本可沿信江乘船西行，可硬是"摒舟押之，步至余干"。最后在余干县昌国寺夜宿时，用湿衣闷住何舜宾的口鼻，以致气绝而亡。时为弘治十一年（1498）七月。

在何舜宾被捕的同时，邹鲁又遣人马四处搜捕其家人。何舜宾的儿子何竞，负母携妻躲于草丛之中，昼伏夜行，三日后逃到其姐夫富玹家。眼看捕者又将赶至，何竞想起父亲曾说任南京监察御史时，结交了一位生死至交，名叫王鼎，他现已由广东布政司参政退休回归江苏常熟老家，便决定前往投奔。在富玹的安排下，他们由坎山渡江，逃到王鼎家避难。

何竞本想将母亲妻子安置在王鼎家中，自己只身前去干涉父亲案件，但被王鼎劝住。及至闻讯父亲在余干被害，他痛不欲生，想要马上回去报

[1]毛奇龄：《湘湖水利志》（卷一）"景泰年清占·有英宗皇帝敕禁谕文"，《四库全书存目丛书》史部第224册，齐鲁书社1996年版，据清康熙刻《西河合集》本影印，第612—640页。

[2]一说魏骥在遗嘱中示意何舜宾接替治理湘湖的重任，钱杭研究认为不可能存在这种情况，理由是：毛奇龄《萧山三先生传》（之一）《明南京吏部尚书荣禄大夫谥文靖魏公传》概述此事：先卒五日，悉拣亲朋所请卷轴，题识酬答。预书嘱其子辞朝野祭葬、啥襚、赙赠。《明史》卷一五八《魏骥传》：骥卒，赐祭葬如礼，谥文靖。其子完以骥遗言诣阙谢葬，乞以其金振饥民。帝怃然曰："骥临终遗命，犹恐劳民，可谓纯臣矣。"许之。康熙《萧山县志》（卷一八）《魏骥传》：成化七年，公龄九十有八……翛然而逝。其子完以遗命辞免营葬，诏从之。毛奇龄《魏公传》提到的"遗言"和《明史》、《康志》两个《魏骥传》提到的"临终遗命"，即是魏骥的正式遗嘱，因其内容无涉水利，显然不是何舜宾所遵之"遗命"。见钱杭《"烈士"形象的建构过程——明清萧山湘湖史上的"何御史父子事件"》，《中国史研究》2006年第4期。

仇，但王鼎劝他：“邹鲁爪牙众多，早有防备，他正等着你自投罗网呢。而眼下你母亲悲伤至极，妻子又即将分娩，你也不能抛开她们不管。你父亲的冤仇，自有伸张昭雪之日。”何竞对王鼎十分尊敬，何况王鼎的意见又很有道理，他只得继续匿藏，等待时机。一天，邹鲁将要迁任山西按察司佥事的消息传到常熟，王鼎闻知后，认为这是一个报仇的机会，他给何竞策划了一系列行动方案，吩咐何竞赶快回家行动。他还调笑说：“如果你不嫌我累赘，我这把老骨头愿意带上兵器跟你前去铲除邹鲁！”

何竞辞别王鼎回到家乡萧山，匿藏于族父何宁家中，暗中召集亲族故旧坦陈他的复仇计划，众人都愿意参与。弘治十二年（1499）四月二日，邹鲁既已移交县印，便到省里领取上任凭证。正当他坐着轿子，悠悠晃晃经过湘湖边上的盛家港时，埋伏于陈习园内的何竞等二十来人，身穿白衣，手握棒杖铁器，一齐跳跃而出，直扑邹鲁轿子，邹鲁随从惊吓逃散，于是棒杖齐下，邹鲁被打得双目失明，须发尽拔。何竞拔出佩刀砍其大腿，必欲杀之，被众人劝止。何竞将自己与邹鲁并项连锁，赴按察司投案，同时委请族父向上诉冤。

不料按察司佥事萧冲是邹鲁故党，接案后，他对何竞严刑逼讯，企图逼迫何竞服罪。何竞高声大呼：“你们是必定要杀我，可我并不怕死！谁无父母？要是你们的父母遭此冤死，你们会怎样？况且我已将父亲的冤屈诉诸朝廷，量你们也不能擅自杀我！”愤恨之下，他一口咬下臂膀上的一块肉，吐于案上，又口中含血，喷得萧冲一面，满堂皆惊。萧冲觉得，邹鲁已是一个瞎子，随从他的人都在袖手旁观，自己也不必再费力帮助，而何竞却理直气壮，不可能轻易制伏，遂将此案上报刑部处理。刑部会审后，意见不一，胡判一通，认为邹鲁具有“摒人服食至死”之罪，而何竞部署乡民，殴打本属长官，致使终身残废，应处何竞绞刑。何竞不服，其母朱氏跑到鼓院擂鼓鸣冤。于是，刑部又命大理寺寺正曹廉等人重新审理。曹廉问何竞：“你为何殴打县官?”何竞对道：“我只知父仇，不知县官，何况他已经去任。我后悔只是打了他，而没有把他杀了！”言毕，涕泪俱下，曹廉为之恻隐。在查取各种证据后，最终改判为：邹鲁造意谋杀人，斩；田敏、胡纪，系杀害何舜宾之凶手，绞；湖畔恶霸孙全，侵吞湖利，贿赂邹鲁，劈；何竞殴伤五品以上官，送福建福宁卫充军[1]。

正德元年（1506），明武宗登极，皇恩大赦，何竞赦归故里。他看到，由于父亲所奏获准，湘湖千疮百孔的蚕食现象已被一泓清波所取代，湖面又一次恢复了杨时创湖之初的面貌。碧波荡漾的湘湖边，立有一块奏请获准的碑石，其文略曰：湘湖八十余里，宋令杨文靖初建潴水，勒有旧石。本朝成化中，魏公致仕，加意恢复，著有成书。今乡官何舜宾重为廓清。原于弘治八年白县上闻，已遣布政司分守参政勘验明，实清出湖民孙全等侵占田一千三百二十七丘，堰池九十六口，地二十六片、瓦窑房屋无算。因委本府经历到县追理，并设耆民等八名，专一讥摄而夹持污货，未之匡

[1] 一说：钱杭认为：孙全即便有罪也罪不及死或罚未至死，舜宾之死即便为湖也谈不上“死湖”。邹鲁之判死刑，是因其知法犯法，以及“故屏人服食至死”和“造意杀人”手段之残忍，而不是因为被杀者是何舜宾；换言之，邹鲁的死刑并未从反面证明何舜宾真的就具备了“以死争复”湘湖的烈士身份，并获得了官方认可。孙全致辟一说显非事实，应是毛奇龄为确立何舜宾“烈士”形象所虚构。见钱杭《“烈士”形象的建构过程——明清萧山湘湖史上的“何御史父子事件”》，《中国史研究》（京）2006年第4期。另一说：萧邦齐认为：从万历元年（1573）到乾隆十五年（1750）几近两百年间，该县续编的县志，没有一本收入何御史的传记。还不止此，翻阅康熙三十二年（1693）的县志，举个例子来说，在水利一卷中，编者虽简略地提到何氏父子的活动，却不提反对他们的人，而对正德十四年（1519）大肆占湖的事件，也不提孙氏与此有干系。在官方的文件里才提到孙氏的名字，以小号字体印在正文后面；很明显，孙氏是能够操纵主要史志的文本，以求有利于自己的。见〔美〕萧邦齐《湘湖——九个世纪的中国世事》，叶光庭、张环宙、王芳、李娟合译，陈桥驿校，杭州出版社2005年版，第5页。

改。今幸籍明命一复其旧，弃害就利，前绪有绩。但当预监夙昔，杜之后来。其命知县杨铎据案勒石。

毛奇龄《何孝子传》中有一引文："邑之有湖，创于龟山，复于文靖（魏骥），而终以其身为廓清者御史也。"何氏父子案称得上一波三折，极具戏剧性。从明嘉靖年间开始，陆续有人将何案中的几段关键情节改编成传奇、戏文等文艺样式在民间广为流传[1]。

三　毛奇龄与《湘湖水利志》

毛奇龄（1623—1716），字大可，又字齐于、晴初，别号河右。以郡望西河，称西河先生。毛奇龄为萧山城东里人，清代学者，文学家。康熙十八年（1679）举博学鸿儒，授翰林院检讨，参与修《明史》；康熙二十四年（1685）隐疾归里，专事著述。

为保护湘湖，毛奇龄还以自己的如椽之笔为武器，抨击和揭发毁湖渔利现象。康熙二十八年（1689），他得悉湖民孙凯臣等人斗胆违反历代禁令，乘湖水干涸之机，私自筑堤架桥，南自柴岭北至湖岭，长达三里；继而石岩一带也有人效尤，筑塘围田，蚕食湖面，严重影响了四周农田的灌溉。他拍案而起，"扶病捉笔"，撰写了《湘湖私筑跨水横塘补议》和《私筑湖堤揭子》，力陈私筑塘埂、围湖侵占之害，据理揭发上告。绍兴知府采纳其建议，饬县削堤复湖，及时惩处了为首者孙凯臣等人，并勒石永禁，使湘湖私围滥垦之风得到了有效阻抑。

毛奇龄晚年勤于笔耕之外，效仿耄耋放翁之雅兴，尽情享受山水之乐，投入到湘湖的怀抱。湘湖风起皱生潮，十里平山一望遥。坐趁凉风过湖曲，重在枯柳卧杨桥。红亭东去人犹在，白鹭西飞影未消（《重过杨桥》）。他爱湘湖的澄波万顷、青山烟林，爱领略和观赏那里的荷风午凉、村姑采莼，还有那多处名胜古迹……《入湘湖书事》诗：（一）落星湖畔草茫茫，别有澄波万顷凉。溪口一桥连大路，城里几里到横塘。青山入浪烟林动，翠藻绿岩水带长。隔浦交鸟惊棹起，藕荷深处又成行。（二）环山净卷碧琉璃，紫幕红茵度水涯。稻叶暗抽早溉后，荷风不断午凉时。龙堂濑浅杨王宅，鸟道云盘句践祠。荡桨女儿归独晚，前湖新约采莼丝。毛奇龄曾多次登临湘湖之滨的越王城遗址。其中一次，是他和文友姚庸庵、张德远、左夔友一起泛舟湘湖并登山游览。四人雅兴勃发，作诗唱和。姚庸庵先赋《虞美人》一词，毛奇龄以同韵和之：平明载酒登高去，湖畔停船处。几株乌桕未全红，犹喜黄花开遍小桥东。长江一望环如带，放眼千山外。开樽更上越王台，多少夕阳江上晚来情。在越王城，南可俯视湘湖碧波，北可眺望钱江如练，令人心旷神怡。如果说，毛奇龄这阕词写的是景的话，那么毛奇龄另一次与好友登临城山后写成的一首七律《重阳日同姚监郡、张广文、徐征君城山晚眺》，其蕴涵就厚重得多了："清秋高眺万

[1] 韩邦奇：《苑洛集》（卷一九）《见闻考随录》（二）称，"文士撰为戏文，今扮演盛行。扮邹者，以铜为二目，纳之以灰，备诸丑态"。毛奇龄：《西河合集》（卷五八）亦引《何孝子传奇》。此外，清初还有丁鸣春所作《邹知县湘湖记》，全剧已佚，惟《南曲九宫正始》册录一支佚曲，另《风月锦囊》（续编卷二〇）选收两出。一出演何竞与友人一起游赏，一出演何竞与母亲赴京城途中，遇见父亲旧友。剧前有《满庭芳》词，介绍剧情大意："儒学何生，宦家才子，读书善事高堂。严亲为宦，归老日门口。钦把湘湖奏改，谁知惹出灾殃。被邑宰，作军起解，谋死在他乡。子痛父非命，舍生结口，甘弱（溺）长江。又虑慈帏无养，到官其（启）本奏君王。刑部差官明判，孝子姓命香。"

图32　毛奇龄像

山中，句践曾经此筑宫。拔地鹫峰何巀嵲，当年鸟喙本英雄。岩垂橘柚侵衣绿，酒泛茱萸映面红。读罢荒碑归去晚，前溪新月渐朣胧。”

毛奇龄善于雄辩，长于考据，对地方史实的挖掘、纠正与整理贡献颇多，这也体现在他对湘湖掌故的著述上。他的九怀词之首篇《水仙五郎》，序言整理记述了湘湖水仙花节与潮神之关系的民间故事，为其后方志所采用；而赋体正文，以优美的文词，描写了湖中水仙（花）和潮中水仙（神）交替出现的情景。

毛奇龄通音韵学，善书画，山水、花卉，有创意到随笔之至，妙得天趣。传世作品有康熙二十一年《看竹图》轴，现藏日本大阪市美术馆，三十六年作《墨荷图》轴，现藏故宫博物院。

《湘湖水利志》是毛奇龄退休后所编撰。为了搜集史料，他除了在本县查阅外，还去杭州、绍兴的藏书库查阅，并多次到湘湖现场踏勘，终于较快地写成了书稿。

卷一的内容是：宋熙宁年间，县民殷庆等人请示开湖之始，政和年间开湖，宣和年间议罢湖不许，南宋绍兴年间定均水则例，乾道年间清占湖者，淳熙年间，清占立均水约束记，约束记文，清水穴，嘉定年间清浚定例、湖岸以金线为界，元朝至正年间修湖，明朝洪武年间颁水利图记刻石县庭、图记、图跋，景泰年间清占。有英宗皇帝敕禁谕文、钦奉敕谕。

卷二内容是：弘治年间何御史清占始末，萧山水利志，正德年间清占勒榜、禁革侵占湘湖榜例、本朝康熙年清占勒石始末、水利衙县府藩臬申文发票节略，乡官揭议节略，永禁私筑勒石记。

卷三内容是：附议、附白马湖、附詹家湖、附瓜沥湖、附落星湖梓湖、附二堰、附萧山水利事述、条例、湘湖历代禁罚旧例，共计33项构成全书。

毛奇龄以博学著称，曾任翰林院检讨，任明史的纂修官，所以，在《湘湖水利志》中，搜集了湘湖水利的成规、先例、轶事，按年次顺序编述，在治湖变迁和争执要点方面，都是很周到的。也就是说，从宋朝的后半叶造湖的来由说起，在宋代所确定的湖水范围、受益分配湖水的范围、蓄水、护岸、放水的设施、放水方法、维持管理的成规和湖水的使用，都有论述。同时，叙述了自南宋到清初年间，以私占、奉献、水灾旱灾为契机的重要废湖事件起因与经过，以及这些事件的处理方法。他一贯主张重申陈规、先例、修复湘湖、维护用水，预防私人占有。对于私人占有，他主张要予以镇压。毛奇龄的书是以一代博学的自信和不厌舌祸笔祸的笔锋，目标是向侵占者做直截了当的批判[1]。

[1] ［日］斯波义信：《〈湘湖水利志〉与〈湘湖考略〉》，《萧山历史文化研究》，方志出版社2006年版，第14页。

《湘湖水利志》（三卷）是明末清初的萧山学者毛奇龄（1623—1716）晚年时的著作。收集在他的文集《西河合集》的第76、77册中，共计21000余字。这部水利专志付梓后，以浙江巡抚采进本荐诸四库全书馆，被收入“存目”，成了后人研究湘湖的重要历史文献。

四　於士达与《湘湖考略》

於士达，萧山峡山头（今属义桥镇）人，庠生，著有《湘湖考略》一卷，正文共22篇，附录6篇。既曰考略，其内容较为单薄，行文也简洁。

乾隆末年，湘湖多年失修，经於士达和王融谷等的请求，浙江巡抚批准拨给湘湖修湖岁银千两，湘湖堤防得以修复一新。为记述湘湖当时的堤塘涵闸情况，於士达经过详细调查，于嘉庆元年（1796）写成此书。

嘉庆三年（1798）有家刻本，道光二十四年（1844）重刊。为它作序跋者，都是当时的名家，如王宗炎是清乾隆四十五年（1780）进士，享“东南硕师”之誉；汪辉祖，乾隆四十年（1775）进士，著名幕僚。他们对这本书推崇有加。成书当年，於士达拿着书稿去拜访已辞官回家的一代名幕汪辉祖，请他作序。汪辉祖觉得自己在外多年，对湘湖情况不甚明了，便转请其朋友王宗炎作序。王宗炎不仅是萧山人，熟悉湘湖，而且学问功底深厚，多年在杭州紫阳书院讲学，具有“东南硕师”之称。王宗炎欣然答应汪辉祖的嘱托，并在序中对於士达赞赏有加：“嘉庆改元之始，於君士达集同老上书当事，假引省银为两者千，大治堤，崇卑益高，不泄不溢，足以固水。当是时，君立堤上，两手持土濯水验坚疏，躬畚锸与佣保杂作，不避风雨炎暑，日行两崖间，寻十有八穴遗迹，度形势便宜，民所疾苦，施行缓急，论而录之为《湘湖考略》。”其实干、苦干精神，跃然纸上。

王宗炎作序后，汪辉祖鼓励於士达将书稿付梓印行，於士达担心书稿中陈述有关利弊无所保留，害怕湖豪奸吏对自己不利。汪辉祖主动为於士达刊刻成书，并于书后题跋，时为嘉庆六年（1801）十月。

《湘湖考略》由清朝嘉庆元年（1796）湘湖全图一页和考略22则组成。当时，萧山县的进士、十万卷楼书斋的主人王宗炎（号谷塍）复校、作序。同时，还由萧山县进士、著名史学家汪辉祖（1730—1807）于嘉庆六年（1801）十月写出跋文，考虑到显贵们和胥吏的反对，代替不宜刊行的於士达，由学忍堂出面出版这本书。出版年月，从本书的附录末尾来看，记载的年月是嘉庆八年（1803）十月中旬，这个时间，就是会稽的陶廷谐撰写湘湖建改石塘记的日期。其间，有八九年的时间。另外，绍兴府上虞县的举人、精通古典和小学的王煦也是此书的参订人。

此书是全一册，每半页9行，每行23字，总共约41页，共16000余字。全书的构成是：书皮第 页、两页工宗炎序（嘉庆四年）、两页目录、两页湘湖全图（靡页、图、嘉庆三年中秋於士达订记）、29页湘湖考略（全湖形势、石岩穴、柳塘、划船港金二穴辩疑、周婆秋、凤林穴、历山南、历山北、许贤霪、亭子头、黄家湫、全堤私霪、沙阑咀、黄家霪、童家湫泄水之弊、霪穴并建、废穴辨误、放湖筑坝、湖水至秋必放、革弊、湖塘堆积湖草、险要处、修筑之法、湖山，计22项）。1页汪辉祖跋（嘉庆六年），3页（附录）湖贤亭略，2页萧山吴斐《湖贤会序》（嘉庆二年），2页会稽陶廷谐撰《湘湖改建石塘记》（嘉庆八年），全书由上述顺序构成。

《湘湖考略》是一本水利专著，其内容归纳起来主要有三个方面。

一是介绍湘湖山水，图文并茂，一目了然。如这幅《湘湖全图》，山岭、村落、堤堰、穴口、桥梁、古迹，位置基本正确，而且十分形象，像一轴山水画。笔法简洁，有立体感。

二是指点出18穴（用湘湖水灌田的启闭口），探明原址及当时状况。18穴中，上湘湖有11穴：石斗门（石岩穴）、黄家霪、童家湫、凤林穴、亭子头、杨岐穴、许贤霪、历山南、历山北、河墅堰、柳塘（塘子堰）；下湘湖有7穴：石家湫（石湫口）、东斗门（盛家港）、横塘、金二穴、划船港、周婆湫、黄家湫。

三是介绍了12位湖贤（宋代杨时、赵善济、顾冲、郭源明、殷庆，元代於善，明代张懋、魏骥、何舜宾、何竞、富玹、张嵿）的事迹。他们在开湖灌田、修筑堤塘、节制用水等方面，都作出了不朽的贡献。

《湘湖考略》“乃治湖要书也”，重点是讲怎样筑石塘。但涉及面较广，可以说是一部综合性的湘湖专著。又因成书早于周易藻《萧山湘湖志·续志》129 年，况周氏著书时，参考了《湘湖考略》，所以其价值不容低估。

第六节　湘湖氏族与代表人物

“鹭鹚飞起蓼花湾，万顷琉璃夕照殷。云影映波波作镜，烟鬟里就压乌山”[1]，清代诗人黄元寿的这首《湘湖云影》以一句“云影映波波作镜”将湘湖之美展露无遗。黄元寿是萧山埭上黄氏后裔，明末清初时，黄氏家族势力日盛，著名的“甲科济美坊”至今仍矗立在湘湖南岸。除了黄氏家族外，另有孙、赵、周、吴、华等大族，宋元之际，他们或因战乱（孙氏），或因政治中心南移（赵氏、韩氏），或为避世隐居（周氏、华氏、黄氏），或为做官需要（吴氏）纷纷落户湘湖一带。而今湘湖氏族多已发为大族，并在地方经济发展和湘湖建设中发挥了重要的作用。

[1] 杜永毅选编：《湘湖古诗五百首》，浙江人民出版社 2006 年版，第 218 页。

一　湘湖氏族源流

（一）孙氏

湘湖孙氏为萧山大族，有 30000 多人，聚居于城厢、闻堰、临浦、戴村、河上、浦阳、进化等镇乡。

孙氏本姓陈，其远祖为春秋时期陈国公子陈完（字敬仲）的 5 世，齐国大夫孙书（字子占）。因伐莒（西周分封的诸侯国，今山东莒县）有功，齐景公赐姓孙氏，食邑青州乐安（今属山东）。孙书 3 世为著名军事家孙武（字长卿），因“齐乱奔吴”，其次子孙明（字景浩）因“征伐有功，食采富春”。至富春 19 世孙钟（字振扬），迁瓜邱，其子孙坚、其孙孙权“立国江东”（东吴），“族因大振”。瓜邱 10 世孙瑶（字良玉）南朝刘宋时为大将军，率兵驻守富春临江青草关（今富阳东梓）。东梓 12 世孙郾（字仁郾，号南阳），宋奉议大夫，其子孙忠，始迁龙门。龙门 11 世曾五公孙应鹳（字如能），宋末元初避乱来萧，徙居萧山湘湖北岸湖里，称湖里孙。其他如闻堰燕斗孙、临浦塘郎孙、河上镇大桥璇山下孙、浦阳小湖孙、进化镇涂川孙、泥桥头孙等族，其始迁祖皆为富阳龙门迁入，为孙应鹳后代。

“赐姓溯齐君，瓜瓞于今绵似续；分派自龙门，木本水源知有在。”（湖里孙村孙氏家庙楹联）可见，萧山孙氏为春秋齐景公赐姓，孙武、孙

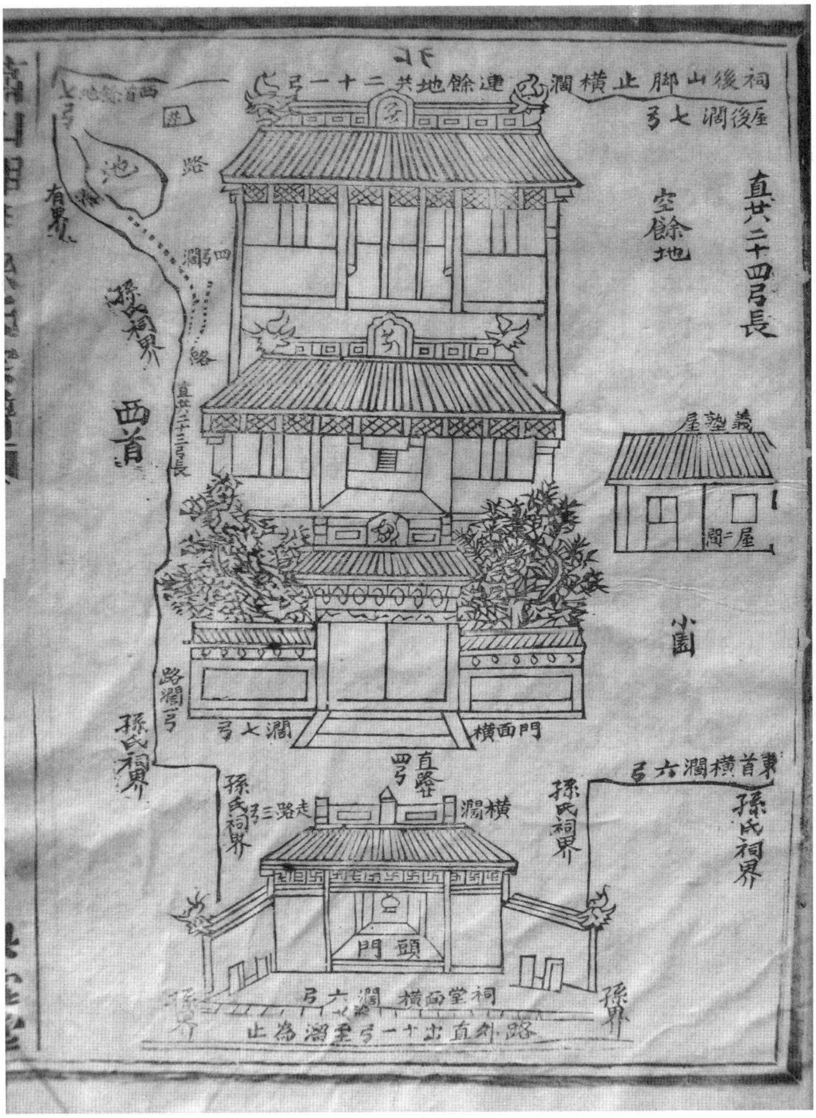

图 33　湘湖孙氏宗祠

权之后，迁自富阳龙门，最早的始迁祖为孙应鹳[1]。

[1] 萧山档案馆，萧山区档案学会汇编：《萧山姓氏探源——王炜常姓氏文章汇编》2005 年版，第 38 页。

（二）赵氏

湘湖区域的赵氏，人口已超过 23000 人，聚居于城厢街道大弄、杜湖，进化镇石柱头，所前镇赵坞，义桥镇赵家坞等地。

据《宋史・宗室世系表》载：宋朝宗室分为三个支派，即太祖（赵匡胤）支派、太宗（赵光义）支派、魏王（赵廷美）支派。太祖支派分为燕王（赵德昭）支派和秦王（赵德芳）支派。萧山的几支赵氏属赵匡胤支派，因此又称浚仪（开封古名）赵氏。

1. 城厢镇大弄（今新世纪广场东）赵氏

始迁祖为赵诚，元至正十二年（1352），自大都宛平县（今属北京丰台区）以进士官萧山主簿（知县佐官）莅政萧山，“为人端正、淳笃、爱民”，在维护社会安定方面做了不少有益的工作，后升浙枢密院经历（职掌衙门案牍和管辖吏员，处理官府日常公务的官）。

2. 城厢镇杜湖赵氏

始迁祖赵与涨（字深渊），为宋太祖赵匡胤次子燕王赵德昭的后代，与南宋理宗赵昀（与莒）同为赵匡胤11世孙。自富阳吴山迁萧山渡湖（今作杜湖）晾网山（今蒙山）定居。

3. 进化镇石柱头赵氏

始迁祖赵孟冶，号梅泉，系理宗赵昀堂侄，受命守护理宗生母明懿夫人全氏墓，由临安（今杭州）迁来孤尖（俗称皇坟尖）东麓筑室安家。

4. 所前镇赵坞赵氏

始迁祖为痒生（秀才）赵荣七，明嘉靖初由山阴（绍兴）华舍迁来。华舍赵氏始迁祖为赵匡胤13世孙赵由芳，赵荣七为赵由芳的第5世孙。赵坞赵氏，已传18世，现有600余人。

5. 义桥镇赵家坞（今称赵一村）赵氏

始迁祖为德芳之后，属赵氏23世的赵仲睦[1]，字旺益，明朝中期自绍兴东关迁来湘湖之南的苎萝乡赵家坞（今属义桥镇）定居。

[1] 一说为赵摅，宋毅武军节度使佥判（协理郡政，主管文牍），绍兴府签判兼守孝陵。孝陵即永阜陵，在今绍兴县东南9公里处的攒官山，赵摅属浚仪赵氏第15世，其祖父即南宋第二代皇帝孝宗赵昚。然而赵摅本人并未住过赵家坞。住赵家坞者是浚仪赵氏第21世顺贤、顺朝兄弟俩。他们“由会稽东关分迁，始居赵家坞”。之后，浚仪赵氏第23世旺益，明代中期，“自东关始迁湘湖之南赵家坞卜居，为该地始迁祖。”（《萧山的孙氏和赵氏》，《萧山史志》2003年第2期。）

（三）周氏

周为湘湖区域的大姓，有30000多人，聚居于所前镇来苏周、戴村镇马谷周、临浦镇周家湖等地。

周氏先祖为西晋太康（280—289）汝南安城（今河南省平舆县境）安东将军周俊，唐永泰间（765—766），汝南12世周崇昌“仕至廉州刺史，居于道州宁远（今属湖南）”。至19世周从远，迁至营道濂溪（湖南道县），成为道州营道周氏始祖。营道4世孙即为北宋哲学家周敦颐（字茂叔、号濂溪）。宋建炎元年（1128）营道7世孙周靖（字天锡）随宋室南渡，由祥符（今河南省开封市东镇关）南迁杭州，在朝为官。后岳武穆被害，遂于宋绍兴十一年（1143）弃官携眷迁居诸暨紫岩盛厚里定居。宋嘉熙庚子（1240），营道第10世孙治、闾、恪（天锡公曾孙）迁至诸暨南门三踏埠。后周恪（字城夫，号梅轩）子文乔公（营道11世孙）携子敦、朴由诸暨南门迁至萧山临浦镇周家湖，为萧山临浦镇周家湖开族始祖。元至正间（1341—1370），周文乔之弟周文实之子周副（字元赞）从诸暨“沿浦阳江而下，见来苏乡，心甚爱之”，遂“构屋数楹”，研究《周易》，成为所前镇来苏周氏开族始祖。明孝宗年间，周文乔8世孙崇谦公讳自牧，在周家湖配韩氏，生子四，由周家湖迁马谷，成为戴村镇马谷周氏即凌溪南岸周氏开族始祖。嘉庆年间（1796—1820），马谷周氏11世孙周宇隆，13世孙乐琏、乐球、乐琳，14世孙周诗南，先后移居盛家村；马谷12世孙周礼南，13世孙乐尧、乐刚、乐宽、乐仪、乐善先后移居丁村，分别成为戴村镇盛家村和丁村的周氏始祖[1]。有来苏周氏周之麟、周起莘，有马谷周氏周易藻（另见本章第七节）。

[1]周解秋：《凌溪南岸周氏渊源考释》，《萧山史志》2007年第1期。

（四）韩氏

韩姓是一个大姓，《百家姓》中列第15位。按现代人口统计，在全国列第25位（一说列第17位），在萧山列第16位。萧山韩姓中最大的一支——湘南韩姓，人口约13000人，占韩姓人口的3/4。

萧山韩氏始祖为北宋宰相韩琦（字稚桂，行玉，谥忠献），韩琦在相州建昼锦堂，成为相州安阳1世祖，其子孙以“昼锦堂韩”为称。韩琦长子忠彦，宋哲宗丞相，生6子。韩忠彦长子治，官太常卿，生5子。韩治长子韩肖胄是南宋高宗丞相，绍兴十六年（1146）朝请大夫韩膺胄挈继妻周夫人和幼子穆（是年3岁）与长兄韩肖胄随驾南来，从绍兴五云门（东门）定居萧山峡下（今义桥镇峡山村），从此开湘南韩姓一族，韩膺胄成为萧山湘南1世祖。

（五）吴氏

萧山吴氏在全县502个姓中是第22位的大姓，人口已达14617人，主要集中在城厢镇、城南乡、闻堰乡等地。其分支有油车桥吴氏、城南沙里吴、蜀山村吴姓等。

萧山吴氏始祖为周太王姬古公子仲雍，“泰伯奔吴”后，成为吴地领袖。吴太伯第71世孙吴彬（字文郁），唐时官封骠骑将军，家族因此迁居咸阳。吴太伯第73世孙兆辰（字文郁）时，家族迁居在开封。至吴太伯第77世孙吴万镒时，官任曲阜县令，后升为京东转运副使，家族随之迁到山东。其孙吴太伯第79世孙吴原任浙江青田县尉，生子吴相、吴梓。吴相成为苏州、山阴吴氏共同始祖，吴梓则成为江阴吴氏始祖。后因吴太伯第81世孙吴造（字文立）官任乌伤（今浙江义乌县）主簿，山阴吴氏一支又迁居到浙江义乌。至吴太伯85世孙吴欢、86世孙吴亦，皆迁萧山，成为萧山吴氏始迁祖[2]。吴珍，吴氏84世，字鼎全，自山阴迁居萧山临浦，成了油车桥吴氏的始迁祖。

[2]《宋代延陵吴氏的崛起》，引自《中华姓氏通史·吴姓》，http：//www.cnwu.net/old/Article_Show.asp？ArticleID=979。

（六）黄氏

萧山黄氏如今已至28世，人数超过14000人。

据来裕恂著《萧山县志稿》记载，黄姓出自嬴姓，得姓于陆终氏，商末周初建立黄子国，后为楚国所灭。遂以国名为姓氏，就是黄氏。至东汉尚书令黄香，江厦郡安陆县（今湖北梦县东南一带）人，成为萧山埭上黄氏始祖。隋开皇年间，江夏黄氏一支迁婺（金华府），历19世传至黄萦，生子黄洪、黄浩。黄洪生子黄珌、黄瑕；黄浩生子黄琛、黄璞、黄玘。其子孙分成五支：黄珌一支迁至剡（今浙江嵊县西南）、黄瑕一支迁至丰城（今属江西）；黄琛一支迁至监利（今属湖北）、黄璞一支迁至弋阳（今属湖南）、黄玘一支迁至分宁（今属江西）。暨阳黄氏也是迁自金华，萧山埭上[1]黄氏也是迁自暨阳。埭上黄氏始迁祖南宋绍兴年间，两浙（浙东、浙西）提举黄榄，途经这里，见“大江（钱塘江）北绕，文峰（文笔峰）南翔，山明水秀，土厚风淳”，遂自诸暨孝义迁此定居发族[2]。

[1] 城厢镇石岩办事处境内的老屋、新庄、思家桥、寺下黄一带。埭者，堵水土堤也。这里地处湘湖东南岸。

[2] （民国）来裕恂：《萧山县志稿》，天津古籍出版社1991年版，第48页。

（七）华氏

萧山华氏主要聚居于闻堰镇潭头、义桥镇渔浦、城北街道水塘湾、所前镇渔临关。

“萧山华氏出于无锡，自无锡而会稽，自会稽而至萧山渔浦里（今属义桥镇），源流甚悉。”（清汤金钊）华氏先祖本姓子，（宋）戴公子考父食采于华，遂以华为姓。世代为宋卿。后迁居江苏无锡为盛族。再迁进越会稽郡（今绍兴）。至宋代朝奉大夫华镇（宋代著名诗人），字元仁，宋元丰二年（1079）进士，及第后，独爱萧山风俗淳厚，山水秀丽，举家迁居萧山渔浦（今义桥镇民丰村渔浦街）为萧山华氏始祖，繁衍发族。至华镇11世孙华克勤，“以贤良方正”，举为山西布政司。生6子，长子华宁二，自渔浦迁居西山。幼子华宁五，仍居渔浦。次子华宁四，则自渔浦而至闻堰，又自闻堰而至谭头。萧山华姓以四房潭头为最盛。三处各自成族，并各自修家谱。

二　湘湖氏族代表人物

湘湖各大氏族推动了湘湖的发展变化，而各大氏族的名人是湘湖氏族的代表人物。

孙学思　湖里孙村孙氏第10世，明嘉靖十八年（1539），由楷书考选儒士，官至礼部主客清吏司郎中。嘉靖三十三年（1554）他为了便于湖西的孙氏与湖东的吴氏两姓往来，出资在湘湖窄处（湘湖形似葫芦）建跨湖桥。从此，湘湖被分为上湖（南湖），下湖（北湖）。此外，陈习园故址附近的湖头庙、至湖岭的复兴庵，八面金星山的柴岭庵皆为其所建。孙学思的建桥行动，从水利功用来讲，是具有不利影响的。民间就传有“孙学思筑湖堤，长害九乡水利”的民谣。

孙学古　学思之弟，与孙学思并称“湖中双凤”，明嘉靖二十三年（1544）进士，东莞县（属广东）知县。在任时为百姓办了许多实事。如听说有豪强“筑塘海口，专利殃民”，孙学古将其绳之以法。死后，当地民众为其立祠纪念[3]。

[3] 杭州市萧山区人民政府地方志办公室、南开大学地方文献研究室整理：民国《萧山县志稿》，南开大学出版社2010年版，第598页。

赵之鼎　县城大弄赵氏人。年少时为孝子，成年后“游学京师”。顺治十四年（1657），在顺天武乡试中取得第一名（即武解元），却不求做官，回家侍奉母亲。康熙己酉年间（1669），湘湖溃堤，将九乡淹没。赵之鼎“急出己资，鸠人聚畚锸，星夜堵筑”。又亲自监督修西江塘。平时乐于助人。其子为康熙十二年（1673）武探花赵文璧。

赵与涨　湘湖杜湖赵氏。曾任京西北路招抚使，是一员抗金将领。南宋中期，与涨“游至萧山，乐土地沃饶，遂置别业（别墅）于夏孝乡[1]，自吴山（属富阳）迁居焉”。

[1] 夏孝乡，北宋乡名，辖地今为杭州滨江区长河、西兴一带。

周之麟　字石公，号简斋，清顺治十六年（1659）进士，由翰林院庶吉士、读讲学士而至佥都御史、太常卿、通政使（正三品），是一位值得称道的廉吏。他做了30年的官，住宅、田产不及中等人家。平时，他常对子弟说：“我居处、服食，较诸生时，不敢一分增；我气概、襟怀，较诸生时，不敢十分减。”可见其自律之严。

周起莘　初名之道，字次修，14岁时即中廪生。清康熙十八年（1679）春，他和毛奇龄去北京参加博学鸿词考试。毛奇龄名列上卷，留在翰林院做了检讨官；他名列中卷，以明经官处州宣平县（今并入武义和丽水两县）儒学教谕。《处州府志略》说：“起莘文采风流，日引诸生讲学，导以诗赋。”其哲学著作有《性理目录》、《载道文抄》；文学著作有《倚玉堂诗抄文抄》。清乾隆《萧山县志》不唯为他立传，还收录了他创作的诗两首。

韩膺胄　字勉夫，相州安阳人，政和五年（1115）进士，授广东番禺县令。在任有惠政，百姓称为韩父。任满征起居郎，兼晋王府教授。北宋亡后，和兄肖胄奉母扈驾南渡，官中书舍人，权礼部侍郎、兼侍讲。在任期间，曾上书宋高宗慎用刑罚，禁止非法拘禁，“凡狱官失入死者，终身罚之，虽经赦宥，永不收叙”，在宋金关系上，拒绝与金和议。淳熙三年（1176）在绍兴去世，享年81岁，谥庄宣。与兄肖胄同葬日铸岭（今绍兴县平水镇）。

韩惟论　字仲文，号玉吾，湘南韩姓第15世，韩家汇人。明嘉靖二十五年（1546）举人。官福建沙县教谕，与时任南平教谕的海瑞订交，结为知己。明嘉靖二十八年（1549）升任山东汶上县令，海瑞特往送行，并赠银一两。惟论到任后，“抑贵游，祛耗蠹，汰浮冗，讼至立剖，期年而邑大治”。在任去世，汶上人立祠塑像以祀之，其事迹载县志循吏传。

黄九皋　字汝鸣，号竹山，萧山埭上黄村（今属蜀山街道知章村）人，黄懌之子，萧山本地尊称他“竹山公”，黄竹山是纪念他而命名的。明嘉靖十七年（1538）进士，后授工部主事、鲁王府长史致仕。在任工部主事期间，修建黄家大桥。此外还提出“论西江塘五害”的观点，给后人治水指明了方向。明朝嘉靖四十年（1561），兵部尚书总制军务胡宗宪奉旨敕建“甲科济美坊”，表彰黄氏宗族多人中举，黄九皋名刻首部。著有《竹山集》。

黄元寿 原名丙寿，字砚庵，萧山埭上黄村（今属蜀山街道知章村）人。光绪十一年（1885）举于乡，好学能诗，有《南强文抄》、《望烟楼诗草》传世，辑有《汉魏丛书》（16 册）。其开垦湘湖之事，乡里颇有争议。

华镇 宋代著名诗人，字元仁（一说安仁），越州会稽（今浙江绍兴，一说萧山）人，北宋官吏。宋元丰二年（1079）进士，累官朝奉大夫，知漳州军事。好学博古，工诗文。华镇原著有文集 100 卷，杨子法言训解 10 卷，书记 3 卷，会稽览古诗 103 篇，长短句 1 卷，会稽录 1 卷，均已佚；今仅存《云溪居士集》（30 卷）、《四库总目》传于世。

华克勤 字无逸，元朝末年自渔浦街（今属义桥镇）移家潭头（今属闻堰镇），成为潭头华氏始祖。年轻时，他隐居湘湖北岸的延庆寺（位于今闻堰镇凌家坞村）读书。洪武十年（1377），华克勤因品德优秀，才学出众而被举为“贤良方正”，并受任山西布政使，成为一省中最高的行政长官。在山西任上，他“宣教化，布威德”，“孝亲忠君”，“除奸去伪”，因而受到皇上的嘉奖。朱元璋两次下诏，表彰他在山西的“丰功伟绩”。接着，派华克勤出使日本国。洪武三十年（1397），华克勤病逝故里，享年 76 岁，和夫人邹氏“合葬湘湖青山之西第一金星（老虎洞山）”。

第七节　湘湖“诗巢”的繁荣

湘湖诗词的发展，随着北宋湘湖的建立逐渐兴盛起来，无论在咏唱的作者上，还是数量上都形成了一定的规模；尤其是南宋定都杭州，到湘湖及附近区域游历的名人如织，初步形成了“诗巢”。元末明初，萧山北干山吴越两山亭的建成，特邀了许多名人到此吟咏，自此以后，到湘湖旅游的名人及吟唱者迅速增加。《湘湖古诗五百首》共 253 页，明清诗词占了 182 页，占 70% 强。其中明诗词 110 首，清诗词 170 首，共 280 首，占全部诗词的近 60%。魏骥写湘湖诗词有 9 首、来集之有 10 首、刘基有 6 首，其余诗人均不超过 3 首。如果说魏骥、来集之、刘基等名人是明朝诗人写湘湖的典范，那么，到了清代有 6 首以上写湘湖的诗人多达 10 余位，分别是蔡仲光、包启祯、毛万龄、毛奇龄、单隆周、朱彝尊、陈至言、蔡惟慧、黄元寿等。自宋、元、明朝到了清代后，湘湖诗歌出现了高峰，“诗巢”繁荣，光从数量上说 136 余位诗人就达 280 余首，约占《湘湖古诗五百首》的 60%。但到了清后期，随着湘湖的淤塞，风光渐消，诗词也随之减少。分析“诗巢”的繁荣，具有鲜明特点。

明清时期，湘湖是一块福地，云集了众多的诗人。除萧山本地诗人外，细数一下，不下 50 人[1]，其中约 60% 为浙江人，20% 为江苏人，还

[1] 以《萧山诗词五百首》作者统计。

有10%为安徽、福建、上海等地人，可见多为江浙一带的人。浙江籍诗人来自仁和（杭州）、山阴、会稽、诸暨、富阳、上虞、余姚、鄞县、嵊县、嘉兴、平湖、义乌等，其中山阴、会稽人有：镏绩、徐渭、汪应轸、朱纯、徐緘、吴寿昌、姚夔、陶元藻、李慈铭等；仁和（杭州、钱塘）人有：凌云翰、邵经邦、徐继恩、王嗣槐、厉鹗、金志章、瀞挺、项廷纪等。江苏人有：杨基、姚广孝、高启、王宠、王守、虞谦、金圣叹、谢承举、钱子义、孙自式、潘耒等；而来自江苏长洲（苏州）的杨基、姚广孝、高启、王宠、王守等人值得关注。而萧山本地诗人达70余位，诗作达190余首，而魏骥、黄九皋、来集之、毛奇龄、汤金钊等人为朝廷大官。

一　诗坛大家云集

明朝初期，湘湖水域广大，风景秀丽，古迹遍布，诗坛领袖纷纷来到湘湖，写下了许多咏湘湖的诗篇。有“会稽二肃”之称的谢肃，朱元璋谋士刘基，“吴中四杰”之一的高启，“后七子”领袖王世贞，“后五子”胡应麟，“云间派”领袖陈子龙，“景泰十才子”的苏平等。

“罗刹江东宝地幽，袈裟独上木兰舟。青山玄度同深隐，彩笔文通结胜游。双树吹香连竺国，杂花飞雨洒皇州。道心何处非清净，雪里芭蕉水上鸥。”这是“会稽二肃”之一谢肃的《送翱天碧住萧山净土寺》诗。诗中可知翱天碧是高僧，谢肃为送翱天碧主持湘湖东侧净土寺而作的送别诗。“罗刹”指罗刹江，即钱塘江。“玄度”、“文通”，指许玄度（许询）和江文通（江淹），意指许寺（祇园寺）、江寺，两寺在净土寺东的县城内。全诗表达了谢肃送翱天碧恋恋不舍的情意。其诗体现了谢肃朴健和尤为到格七律的诗风。收录于《萧山诗词五百首》的除上面的外，还有“客怀对此真悲壮，且饮樟亭酒一杯”的《浙江观潮》的诗。

朱元璋的谋士刘基（伯温）是元末明初著名的诗人和散文家。他先后到萧山县城、湘湖越王城、石岩山、任氏山堂等处，留下许多题留。《题烟波泛舟图》、《萧山山行》、《题湘湖图》、《萧山任氏山堂》、《发绍兴至萧山》、《菩萨蛮·越城晚眺》等是收录于《萧山诗词五百首》的诗词。刘伯温的诗，以朴茂、雄放见称，尤长于古体诗。他早期的诗作反映了当时社会动乱的情况和人民的痛苦生活。细读刘伯温写湘湖的诗，如“蛟鼍塞川陆有虎，两臂无力令人哀”、“此地忽漫思身世，奈尔桃花满眼何”、“顾瞻望四方，怅然愁思深”等诗句，不难看出其中壮志未酬而不平的心境，当为遭排挤后弃官乡游之作品。刘基为朱元璋开国功臣之一，官至太史令、御史中丞，封诚意伯。告老还乡后，受左丞相胡惟庸的构陷，忧愤而死。

“吴中四杰”之一的高启，受到李白的影响，善于写七言歌行，其诗兼师众长，诗风清新秀逸。高启曾为苏州知府魏观撰《上梁文》，有“龙蟠虎踞”四字，被目为党人，逮赴金陵，仅 39 岁而被连坐腰斩于市。尽管如此，但高启仍被推为明代首屈一指的诗人。《夜抵江上候船，至晓始行》、《晚次西陵馆》、《渡浙江，宿西兴民家》、《夜发钱清》、《十二月十九雪中》等，是高启往返于京城至浙东路经萧山候船时写下的诗，内容多为江潮、码头、沿途的风景与心境。但有一首送别诗比较特别：“凤凰台下一帆归，秋雨秋风满客衣。黄菊到家应落尽，西陵斜日闭园扉。”（高启《送任元礼》）。这个任元礼为萧山人，在北干山麓建有“怡怡山堂”，山堂曾是元末明初众多名士刘伯温、宋濂、王祎、苏伯衡、高则诚等的集聚之地。任元礼与高启同朝为官，好友回乡，高启送之，固有此诗。古时坐船回乡，金陵到萧山路途漫长，或要七八天，因此会有“黄菊落尽”、“斜日闭园”之感慨。高启还是萧山县尹尹明府的“吴越两山亭”落成典礼的邀请诗人，写有《萧山尹明府吴越两山亭》的诗歌。

明朝“后七子”王世贞、李攀龙、宗臣等，提倡“文必秦汉，诗必盛唐”，并前后呼应，推波助澜，形成一个声势浩大的文学复古运动，在明代文坛上持续达百年之久。这一运动在沉重打击“台阁体”、扭转明代风气这方面来说是有进步意义的。王世贞与李攀龙同为“后七子”的领袖。攀龙早卒，他独主文坛 20 年。在明代前后七子中，学问渊博，才力雄厚，以世贞为最，被后人推为明代文坛盟主。王世贞嘉靖二十六年（1547）进士，官至南京刑部尚书。隆庆时出任浙江等地方长官，写下《往返钱塘江喜为问答》（二首）。“朝指萧山驿，暮唤钱塘渡。侬身不属侬，却似商人妇。”诗似白不白，诙谐幽默，读之朗朗上口。

胡应麟是明朝“后五子”之一，特爱古文辞，为王世贞所推崇。《钱塘秋望》、《渡钱塘七首》、《送董大之会稽》等钱塘诗尤为注目。“潮探吴相庙，山绕越王台。”“龛赭回望两山屯，天削银屏障海门。”“梅花两岸清溪色，船到西兴正落潮。”将钱塘江两岸的古迹、景色与潮文化联系在一起，形象生动，大气回荡。

到了清代，咏湘湖的诗人和诗词在数量上均不亚于明朝，也不乏名家诗人。其中以“烟雾水石间客”的金志章，“会稽才子”陶元藻，“南施北宋”之称的施闰章，诗人查慎行、方象瑛等，文学大家厉鹗、朱彝尊、赵执信、李慈铭等比较著名。

清雍正浙江钱塘人金志章，性闲旷，人称“烟雾水石间客”，著有《江声草堂诗集》。工诗，清才渊雅，与杭世骏、厉鹗齐名。有《萧山》、《越游杂诗》、《东淀舟中杂题》等选入《萧山诗词五百首》。“江通渔浦白，山绕固陵青。”“萧然山下经行处，绝忆当年许椽居。”“惊起乡关廿年梦，风吹一夜到西陵。”其诗清丽自然，追求的是“竹箭春逾美，莼丝晚更馨”的意境。

“会稽才子”陶元藻，诗文负盛誉，乾隆时诸生，九试棘围，屡荐不得上。归里后，在西湖筑泊鸥庄，撰述自娱，有《泊鸥庄文集》。在《湘湖古诗五百首》中收录《游压乌山》、《江寺》、《隆兴寺》等诗。“望到白蘋洲外路，卖鱼船载一僧归。”其诗集寺庙、僧人、湖光于一体，有隐居乡野之情趣和味道。

取士有“冰鉴”之誉的施闰章，诗学韦应物、柳宗元，工于五言，与宋琬齐名，有“南施北宋”之称。沈德潜说：“宋以雄健磊落胜，施以温柔敦厚胜。”（施闰章《清诗别裁》）善古文辞，尤工诗，因为安徽宣城人，被目为“宣城体”。康熙十八年（1679）应博学鸿词科，擢翰林院侍读。著有《学馀堂诗集》。施闰章与毛奇龄（字大可，萧山人）交厚，同修《明史》。《萧山诗词五百首》中选的两首诗，都与毛奇龄有关。康熙三十二年（1693），年届七旬的毛奇龄辞官回乡，施闰章在送毛奇龄还乡的宴席上当即写了《即席送大可还萧山》诗：“论诗风雨过三春，江畔榴花照眼新。明日湘湖归棹远，相思各是独吟人。”毛奇龄回乡后，施闰章还常常想起毛奇龄，“诗序真看毛奇龄，骚歌重见屈原来”，寄诗予毛奇龄，“湘湖春绿香莼软，吴岫天青锦树开。见说楼船横海急，茅斋门掩水城限”（施闰章《忆萧山毛大可》）。可见，施闰章与毛奇龄情意深重。

清文学大家厉鹗，字太鸿，号樊榭，浙江钱塘人。少贫，性孤峭，于书无所不窥。康熙时举人。所著有《宋诗纪事》、《樊榭山房集》、《绝妙好词笺》等多种。《晚发江干》、《萧山》、《题北岭将军庙》（二首）等是收录于《萧山诗词五百首》的诗。前两首五言律诗，后一首七言律诗。如“渔浦山争出，樟亭树忽过”、“树红迎北干，江白隔西兴”的“渔浦”、“樟亭”、“北干”、“西兴”等均是萧山地名。

以《越缦堂日记》而闻名的清末文学大家李慈铭，在光绪六年（1880）中进士，曾任户部郎中、户部江南司资郎，光绪十六年（1890）补山西道监察御史，转掌山西道。为文沉博绝丽，能诗词及骈文，一生著作甚丰。“记曾赛庙过萧山，回泊湘湖第几湾？怪底夕阳红袖湿，桃花坞口采莼还。”（《暮秋杂忆》）此诗是《湘湖诗词五百首》最后一首。湘湖“赛庙”、“采莼”两幅民风民俗图跃然笔尖，值得玩味。

二　诗人桑梓情怀

浓浓的乡情亦成就了湘湖诗歌的繁荣。据《湘湖古诗五百首》统计，明朝萧山籍诗人有 30 余位，来励、魏骥、张箕、来天球、蔡友、童瑞、汪景昂、来汝贤、黄九皋、来日升、来三聘、倪朝宾、孙学思、孙学古、来集之、张玘、方以规、朱玉贞、任杰、任徵、任四邦、来曾奕、黄琮、来仪、张山、丁克振、来端容等写了 90 余首诗歌。清朝萧山籍诗人有 40 余位，蔡仲光、包启祯、毛万龄、毛奇龄、单隆周、沈堡、何之杰、王先吉、毛远公、张远、周起莘、丁梦芝、陈至言、徐廷槐、周琰、来吾庐、何其荄、陆成栋、汪继培、王端履、韩钦、蔡惟慧、来又山、王宗炎、汤金钊、黄元寿、张文瑞、汤树棠、任琦、汤鼎熺、黄巽（女）、林国柱、王廷枢、来沂圣、王勉、韩绥之、陶轩、蔡英、沈士藻、傅以言、何增筠、黄道之、傅鼎颐、任国任等写了190余首诗歌。

明清时期，有许多歌颂湘湖诗歌的作者是朝廷大官，像魏骥、黄九皋、孙学思、来集之、毛奇龄、韩钦、汤金钊、何增筠等人均是萧山籍的诗人[1]。

[1] 魏骥、毛奇龄本书另有专门介绍。

说到黄九皋，只要看今存位于知章村的“甲科济美坊”和“思家桥”古迹便可知晓。“甲科济美坊”为表彰黄九皋等黄姓中举16科13人，于明嘉靖四十年（1561）奉旨敕建。“思家桥”为嘉靖年间黄九皋重建。黄九皋嘉靖十七年（1538）进士，官至工部主事。《湘湖古诗五百首》留诗《登石岩》、《压乌山》、《登石岩一览亭次吴龙津林丹峰韵》等，三首诗均为七言律诗。“湖光西接严陵濑，地脉东连天柱峰。”写的是湘湖的位置。“鸿门示玦玉斗碎，项氏焉知眷范增。”说的是压乌山的来历。“路瞻兜率诸天界，潮动钱江出地雷。”站在石岩山上，沿着大路一直能望见位于河上金坞的兜率寺，而钱塘江的大潮出雷出地心，表达了诗人丰富的想象和浪漫主义情怀。

周易藻《萧山湘湖志》云，湖中双凤坊为“孙学思、孙学古建，坊在西门外数十步。孙氏为湖中翘楚”。《萧山湘湖孙氏宗谱》毛奇龄序：“明世宗朝，有礼部春溪公以文章为世指名，而其弟东莞公登嘉靖甲辰进士，当时榜之为湖中双凤，比之云间之两龙，而来为过。”“甲科济美坊”有孙学思书写牌坊文。孙学思历官中书舍人、礼部郎中。其诗“越城迢迢旧有城，越王曾此驻行兵。当年霸气全消歇，此日龛灯复更明。敌国谩论尝胆事，野台还著卧薪名。至今月黑千峰夜，似有排空战马声”。此《越王城吊古》的诗将句践“越王城退兵”、“老虎洞卧薪尝胆”、“白马湖排马布阵”等典故，孙学思通过到自己故居后山上的句践寺吊古，用诗歌将之形象地展现出来，是一首绝妙好诗。

来集之，又名熔，字元成，号倘湖，明萧山长河（今滨江区）人。崇祯十三年（1640）进士，授安庆府推官，累官太常寺少卿、兵科给事中。著有《倘湖樵书》。来集之是湘湖诗词写的最多的诗人之一，《湘湖古诗五百首》、《萧山诗词五百首》共收有13首，其中写杨岐寺诗有3首，写西陵诗词4首，以“湘湖”命题的诗3首。来集之对杨岐寺非常衷情，一而再再而三地到此寺，每次有不同的情韵，不同的收获。“妙高楼上闲闲坐，看见山前起翠烟。”“黄花满地风雨天，翠竹当空好悟禅。”“欲随渔子沧浪去，万里天风看渺茫。”看来，来集之随着年龄的老去，心情也从清闲、求禅到了渺茫，真是诗情随年龄而走。再看看写的湘湖诗词，“西陵道上人如蚁，罗刹江边浪似山。独有鱼罾湖角挂，风风雨雨总安闲”。诗名《湘湖即事》，用对比的方式，将湘湖繁忙与安闲呈现出来，犹如世事与自身，已被世界所渐渐抛弃。

汤金钊是清朝少有的做过礼、吏、工、户四个部尚书的大官，他在嘉庆四年（1799）中进士，做官执法严明，力主禁烟，著有《寸心知室存稿》。汤金钊喜登石岩山，携友同登，还宿于山寺。“撰杖来登百仞山，山头坐数镜中鬟。湖缘水浅舟行涩，江为沙横溜势湾。”（汤金钊《乙酉冬日从王晚闻师游石岩》）“湖外长江江外山，湖中几点碧烟鬟。”（汤金钊《宿石岩山先照寺》）诗人拄杖如孩童般细数湘湖中的如鬟一般的小岛，感叹做人不也是“湖缘水浅舟行涩，江为沙横溜势湾”的吗？但自己依旧“松竹经霜无改翠，峰峦返照有余殷”，表明绝不同流合污。

湖北巡抚何增筠，谥文节，道光十五年进士，不知何原因在任上殉难。其诗《同人泛舟湘湖由城山寺至湘云寺小集醉归得四首》，写出携友看山，一路乘船、登城山寺、游湘云寺，然后归舟的情景和招游、祭拜、寻古、狂歌、棹归于一体的动态，通俗自然，形象生动，像这样的四首承上启下、相互连接的诗，在《湘湖古诗五百首》中仅此一首。

《湘湖古诗五百首》、《萧山诗词五百首》中，清代有6首以上诗作的诗人有10位，除朱彝尊外，像蔡仲光、包启祯、毛万龄、毛奇龄、单隆周、陈至言、蔡惟慧、黄元寿、张文端等，几乎清一色为萧山人。桑梓情怀显露无遗。

如果说来集之是明代写湘湖诗词最多的人，那么清代最多的当为蔡仲光，统计了一下，共有20首[1]，这比来集之还多出了7首。蔡仲光（1609—1685），原名士京，字大敬，清萧山人。明末诸生，以博学著称，后匿迹山林，悉心从事灾异、星象研究，著《地震说》一卷。康熙年间，征召隐士，知县登门相邀，蔡推辞不就。著有《谦斋文集》、《谦斋诗集》。蔡仲光擅长律诗与绝诗，20首诗歌中有律诗13首，其中七律4首，五律6首，排律3首；有绝句7首，其中七绝6首，五绝1首。从内容上看，赠答寄友的有7首，游玩的有10首，诵潮观江的3首。其诗比较直白，多描写湘湖湖光山色和郊游时的情景。其中有一首值得关注，“摇摇曾有状，殷殷是何声。湖海萧条色，风尘黯淡情。江云三折水，垄树一孤城。不尽徬徨意，临高涕泗横”（《宿城山地震有声因早起望江》）。这是唯一的古代留下来关于湘湖地震的诗歌。诗人这一夜住在城山寺，感到地摇，听到殷殷声，不知发生了什么事，清晨起来望江，见到万物一片箫瑟，不知道该怎么办，只能老泪纵横了。诗人是位执著的人，居然匿迹山林，悉心从事灾异、星象研究，并有所成果，著有《地震说》（一卷）。

[1] 以题目为准，同目下有2首的四阙。

清初，诗人们结伴到湘湖郊游的不在少数。而包启祯、蔡仲光、沈禹锡、毛奇龄四友结伴游湘湖，写了许多诗歌，令今人刮目相看。《登越王城》、《从湖中携得荷花归》、《湖行》、《湖中曲》、《偕徐涵之走湖上》、《登龟山怀杨文靖先生》为包启祯的作品。《采莼》、《湖中春社》、《在湘湖有作》、《七月雨晴湘湖即事》、《泛湖入杨岐山寺》、《仲春雨后湘湖书事》等为蔡仲光所作。《入湘湖书事二首》、《湘湖采莼歌二首》、《莲公还住净土寺》、《重阳日同姚监郡张广文徐征君城山晚眺》等为毛奇龄所作。可惜，沈禹锡的诗未曾获见，与四友交往，推想湘湖诗不少。从题目看，不知哪几首为唱和之作，倒是蔡仲光的《在湘湖有作》明确写上是“因寄丁一惠、毛万龄、单隆周、包秉德、毛甡”的，这包秉德、毛甡就是四友中的包启祯和毛奇龄，包秉德、毛甡分别是包启祯与毛奇龄的另一个名字。“濒湖尽是水云乡，蜿蟺群山绕路长。几处红墙开古寺，忽乘青舫入横塘。晴飞黄鸟迷歌曲，醉折荷花乱酒香。回睹江云心有忆，封书好为寄毛苌。”其中“醉折荷花乱酒香”句，与包启祯的《从湖中携得荷花归》有相同内容，或许是一同去采湘湖荷花的吧。“分笑风前彩袖薄，争妆月下镜屏联。湖光十里明如绣，携得红衣相对眠。”把荷花拟为美人倒也贴切。

这蔡仲光也真了得，引得诗人们同他一起唱和。翰林院检讨、浙西词派创始人朱彝尊有《赠蔡五十一（仲光）》，专门赠寄蔡仲光。“十里湘湖水，回流入女墙。君家湖水上，时有落花香。海月升江寺，风琴响石堂。更闻多古调，识曲汉中郎。”诗中得知，蔡仲光的家在萧绍运河边，近江寺且有人弹古调的弄堂里。又有领江东文社、从游者百数的单隆周，也专门同蔡仲光一起在秋季的一天上了北干山，有了“古藤青骨石，白水净沉螺。许椽风流在，临崖起啸歌”（蔡仲光《同蔡大敬吴西美上北干山》）的诗。

乡人中数毛奇龄成就最大（另有介绍），他与王嗣槐等为“佳山堂六子”，与何之杰、徐缄为“越中三子”，与其弟毛万龄有“江东二毛”之目。《湘湖古诗五百首》、《萧山诗词五百首》收入的19首诗词中有诗13首、词6首。关于毛奇龄生平前有单独介绍。毛奇龄湘湖诗词不少，这里主要说说关于西施与西施古迹的诗词。《西施庙》、《苎萝村二首》、《山行过美施闸二首》、《江城子》、《青玉案·渡江有感》、《忆王孙·游西施山》等，毛奇龄将西施古迹走了个遍，留下了不朽的诗篇。“浦口西施庙，萧萧竹映门。越王山下路，寂寂苎萝村。红粉沟头水，青苔石上魂。夜来馀里归，灯烛伴黄昏。”写西施庙。“西子吴宫去，溪边少浣纱。绿萝相伴女，空自貌似花。”写苎萝村。“西施湔裙处，行人唤美施……当年教舞去，祠下换衣裳。”写浴美施闸。“古西陵，雨冥冥。越王宫女，着履在樟亭。”“当日西施从此去。城山出海，楼船近岸，中有更衣处。”写樟亭。“西施歌馆旧城东，画栋朱栏映碧空，花絮阴阴趁晚风。翠重重，石上胭脂堕雨红。”写西施山。诗词虚实结合，语言朴素，再现了与西施相关的历史故事。

单隆周，幼与毛奇龄比邻同塾，列书遍读，并称神童，年14补博学弟子员，试则第一，遂领江东文社，从游数百辈。著有《史记考异》、《雪园杂著》等多种。单隆周写湘湖的诗亦有13种，是写律诗的好手。

“画桥分径敞层阴，高阁摩空试一临。”题的是浮湘阁。“故居千载迷三径，何处相寻菊与松。”说的是秦君里。“清馨音稀仙梵静，满塘寒露落芙蓉。”指的是杨岐寺。不同的古迹，描写出不同的特点，让人回味无穷。

乡人陈至言亦是律诗高手。康熙三十六年（1693）进士，官翰林院编修，充内阁《一统志》纂修官总裁，御试两擢第一，两充会试同考官，卒于任。陈至言不仅是考试能手，还是写诗词好手。今收存11首，其中诗8首，词3首。“百叠湖山起霸图，三千越甲下东吴。”“浮湘一片春湖水，水面微风扇罗绮。”“十里第堤新绿满，一湖春水晓云横。”“可怜百战陈兵地，白马银涛剧可哀。”气势磅礴，出手不凡。将典故与实景无缝对接，虚实相间，读之朗朗上口。

蔡惟慧是写湘湖风景的诗人。他是康熙三十八年（1699）的岁贡，曾筑书屋于城南，以六经授生徒。收入的6首诗中，有“湘湖云影”、“北干松风”、“西村梅雨”是写萧山风景的。“城北崔巍耸碧霄，婆娑雪干带根摇。一溪松韵惊风雨，半岭涛声杂海潮。”（蔡惟慧《北干松风》）“披襟西望兴悠然，梅熟江村五月天。漠漠水云翠岫里，层层烟雾绿阴前。”（蔡惟慧《西村梅雨》）这是“萧山八景”中的两景，点出了景点的位置，描绘出了“松风”、“梅雨”的特色。

清光绪十一年（1885）举于乡的黄元寿，好学能诗，其《吴越两山亭》、《一览亭》诗值得一读：“玉顶高峰峙，江山一望收。龙飞天目劲，鳖镇海门秋。句践五千甲，婆留十二洲。英雄今已矣，终古暮云愁。”“玉顶”即玉顶峰，北干山最高峰，吴越两山亭所在。“婆留”即钱镠。“鹅鼻耸岧峣，孤亭万象包。江流吴越判，星野斗牛高。山脚炊烟起，波心月影摇。眉珠荷箬定，饭粒满湖抛。”“鹅鼻”即石岩山，顶有一览亭。读黄元寿五律诗，仿佛是自己站在山顶的亭子，心胸一下子开阔起来，古今气象均包含其中。

三　书画大家题湘湖

细翻《湘湖古诗五百首》、《萧山诗词五百首》，其中书画家诗人不少。唐贺知章以书法称重，留下《回乡偶书》名篇；宋林希逸善书画，遗《泊舟渔浦望吴山作》、《临浦秋夜》、《宿西兴渡作》等三首；元画家梅花屋主王冕有《过渔浦》、《送章德远教官自湘湖归慈湖》、《赵千里夜潮图》等；元画家马臻隐居于西湖之滨，有《浙江晚眺》诗；元山水画大家倪瓒（云林居士）有词《人月圆》。

到了明清时期，画坛“明四家”的沈周、唐寅，能官能文的画家倪元璐，山阴书画大家徐文长，清代书画家梅清、书画金石篆刻家屠倬、大画家郑板桥等，均是写诗高手。清文坛大家毛奇龄有书画作品《看竹图》、《墨荷图》藏于日本大阪美术馆和北京故宫博物院。他们诗画合一，将诗题于画上，既赏画又读诗，双璧合一，更具形象。

明画家沈周（1427—1509），字启南，号石田，晚号白石翁，长洲（今江苏吴县）上城人。画名很大，影响所及，形成“吴门派”。与其学生文徵明及唐寅、仇英合称“明四家”。书法学黄庭坚，诗学白居易、苏轼、陆游。其《越水图》诗：“记别钱塘二十年，夕阳山色晓潮边。隔江千里美人远，梦落西兴旧渡船。”诗用笔细腻，语词清爽，形象生动，情在画中。

擅画山水、人物、花鸟的“明四家”之一的唐寅（1407—1523，字伯虎），能诗文，留下《石井山》一诗：“嵯峨怪石倚云间，抛掷于今定几年……从来不食溪边草，自古难耕陇上田。”石井山为湘湖北井山湖中的岛屿，传为秦始皇妃子墓。画家画石井山图，并题诗于画中，从诗中分析，画中当有怪石、苔藓、藤萝、牧童、夕阳等。

明代文学家、书画家徐文长（1521—1593），名渭，初字文清，改字文长，号天池山人、青藤山人，山阴人。初为诸生，有盛名，然屡试不第。善书画，好诗文，著有《徐文长文集》。《萧山诗词五百首》收入《赠吕山人》、《龛山凯歌》、《仲春有客登西兴镇海楼观潮寄诗答此》、《龛山观潮》等。徐渭为浙闽总督胡宗宪的幕府书记，懂军事谋略，协赞抗倭军事。《龛山凯歌》是在会稽典史吴成器在龛山大破倭寇后，徐渭来到龛山写下的。“旗裹金疮碎朔风，军中吮卒有吴公。更教厮养眠营灶，自向霜槽喂铁骢。”而《龛山观潮》则是描述与友人阅龛山战地后登岗背所观的潮景。

户部尚书倪元璐（1593—1644），字玉汝，号鸿宝明浙江上虞人。天启间进士，授编修，历官国子监祭酒、兵部右侍郎、户部尚书，能诗文，善书画，有《倪文贞集》。“叫破鸬鹚梦，粗吟与细呼。柔风扶病橹，瘦影点酸湖。舫额夸题米，堤身盗姓苏。山山有新意，不是画葫芦。”此诗名《泛湘湖》，舟行湖中，惊了“鸬鹚梦”，在宽大的湖中，舟成“瘦影”。“米”字当指画家米芾，其中“点”、“画”之意显然来自作画的“语言”。

明末清初书画家陈洪绶（1598—1652），字章侯，幼名莲子，一名胥岸，号老莲，别号小净名、晚号老迟、悔迟，又号悔僧、云门僧。4岁就读于长河来氏家塾。幼年即喜绘画，相传陈洪绶四岁时到已定亲的岳父家去读书，见室内的墙壁粉刷一新，便用桌椅做脚手架，在墙上画了一尊八九尺高的武圣关羽像。17岁与长河来斯行女儿完婚，在那里生活了22年。夫妻俩一个善画，一个工诗，清闺唱酬，颇饶韵致。陈洪绶后为来斯行写《槎庵先生传》。惜恩爱夫妻时间不长，陈26岁时妻子来氏留下女儿道蕴撒手尘寰。陈洪绶后来成为名画家，与早年在长河来氏家塾的学习不无关系。陈洪绶女儿道蕴，后亦成为扬名越中的诗画家，亦与父亲的熏陶是分不开的。

清诗画家梅清（1623—1697），字渊公，号瞿山，安徽宣城人。顺治十一年（1654）中举，再试礼部不第，乃游于燕、齐、梁、宋间，士大夫多与之交，王士祯、徐元文尤为倾服。“越王台畔罢吹箫，海色无边夜寂寥。铁马不归人去尽，问谁江上射新潮。”这首《越中漫兴》诗，乃诗画合一，自然天成，思路开阔，画境宽广，今人与历史交织，具有深意。

屠倬，字孟昭，号琴坞，清越州暨阳（今诸暨）人。后居钱塘。嘉庆间进士，官至九江知府。善诗文，旁及书画金石篆刻。著有《是程堂集》。“北风猎猎飐高桅，津鼓沉沉趁晓催。估舶穿城衔尾入，肩舆迎客踏波来。霜蒙屋角熹微白，云落江心掩冉开。闲听吴侬谈往事，三千犀弩射潮回。”《萧山道中》诗，作者在一个大冬天的早晨，乘舟一路入萧山城往西而去，只见脚夫沿纤道背纤而来，船中吴人在谈钱镠射潮的故事。这也许就是一幅冬天早晨的水乡画。

郑板桥（1693—1765），清书画家、文学家，名燮，字克柔，号板桥，江苏兴化人。乾隆进士，选山东范县知县，后调潍县，因忤大吏，罢官回扬州，卖画为生。工诗词，善书画，号称“三绝”，尤善兰花、墨竹、怪石，为“扬州八怪”之一，有《郑板桥全集》。《观潮行》为排律，有20句，想必不是画中题诗。“崩轟喧豗倏已过，万马飞渡萧山城。”诗中“萧山城”当为萧山的西兴城。

四　名寺僧人赞湘湖

湘湖是一处富有湖光山色的清静之地，引来佛家在此建庙传教，湘湖由此亦成佛教圣地，引无数僧人到此一游，期间不乏名僧。历朝僧人有许多咏湘湖诗，据《萧山诗词五百首》看，唐朝和明朝是诗僧多游湘湖的朝代。唐朝诗僧有释灵一、释皎然、释齐己等，还有道士华阳真人。明朝则有释如兰、释德祥、释至仁等，还有佛道兼通的诗人姚广孝。分析僧人的诗歌，总是充满典故和哲理，让人回味无穷。

唐朝诗僧吴一公，法名释灵一，居余杭宜丰寺，一生足迹遍及两浙名山及衡庐诸寺。释灵一与皇甫冉在西陵相遇：“西陵潮信满，岛屿没中流。越客依风水，想思南渡头。寒光生极浦，落日映沧州。何事扬帆去，空惊海上鸥”（释灵一《酬皇甫冉西陵渡见寄》）。诗气质淳和，格律清畅，时人甚誉之。谢灵运的十世孙释皎然，在唐代诗僧中最有名，他与灵澈、陆羽同居妙喜寺，著有《杼山集》。《萧山诗词五百首》收录6首诗，分别为《送王居士游越》、《述梦》、《陪卢使君登楼送方巨之还京》、《送人游越》、《送刘司法之越》、《题秦系山人丽句亭》等。从诗名看，诗人多与越人交厚，对越之山水熟悉且情有独钟。“野性配云泉，诗情属风景。爱作烂漫游，闲寻东路水。何山最好望，须上萧然岭。”（释皎然《送王居士游越》）唐诗僧胡得生，法名释齐己，从蜀游于湘湖，听江寺无上人讲经。“讲终斋馨罢，何处称真心。古寺高山下，炎天独院深。燕和江鸟语，墙夺暮花阴。大府多才子，闲过在竹林。”（释齐己《夏日江寺寄无上人》）唐朝除诗僧外，还有位道士也云游至此，这就是被称为华阳真人的施肩吾。他是位怪人，元和十年（820）殿试状元及第，未待朝廷授官，即归故里浙江分水，酷爱神仙术而不恋宦途，潜心学道修仙。“忆昔西施人未求，浣纱曾向此溪头。一朝得侍君王侧，不见玉颜空水流。”（施肩吾《越溪怀古》）

明朝僧人释至仁，字行中，自称熙怡叟，元末明初鄱阳（今江西鄱阳县）人。元末住绍兴崇报寺，明洪武初主持虎丘寺，著有《澹居稿》。有诗《吴越两山亭为尹本中县尹赋》：“萧然大夫新作亭，吴山越山相对青。天目云霞耀西浙，石帆风雨来东溟。王霸英雄何足数，句践吴差两杯土。喜君乱后苏苍生，白昼弹琴如单父。”看来，僧人也脱不了世俗，竟然赴萧山县尹本中之约，同去唱和县尹重建在北干山的吴越两山亭。不过诗对吴越两山亭的地理位置还是描绘准确的，对元末明初战乱后的重建也是赞美有嘉的。

曾住持径山寺的僧人、明钱塘人释德祥，也是位元末明初写诗高手。释德祥，字麟洲，号止庵。约洪武中前后在世。工诗，著有《桐屿集》。释德祥有《题镇海楼》录于《萧山诗词五百首》。“斯楼屡易名，一上一伤情。白屋多为戍，青山半作城。雨中春树出，风里晚潮生。亦有归鸦早，闲啼四五声。”据乾隆《萧山县志》“西兴镇海楼塘闸图”图，镇海楼为西兴铁陵关三层歇山顶关楼。镇海楼，有关楼、玩江楼、望海楼、铁陵（岭）关等名称。2000 年《西兴镇志》载，相传为越大夫范蠡所筑，五代十国时期吴越王钱镠增筑。明洪武、宣德年间（1368—1435）为“玩江楼”，后圮；弘治十年（1497）萧山县令邹鲁重建，改称“镇海楼”；嘉靖十八年（1539）修葺，隆庆中受潮水冲激，又圮；万历十五年（1587）秋季重修时，增高四尺，架楼三楹。清光绪年间（1875—1908），里人在石台上建奎星阁。1966 年，铁陵关被拆，仅存关基。僧人释德祥，洪武中前后在世，诗名《题镇海楼》，说明此时已称镇海楼。此诗不像唐宋诗人登镇海楼看潮，而是看到了另一面，即元末明初战乱而使民居成为“白屋”，诗人难怪“一上一伤情”。

杭州天竺寺僧释如兰，字古春，自号支离，浙江富阳人，剃度后住杭州天竺，道行超迈。明朝永乐初，召校镌经律论三藏，有《支离集》。“藕花风起晚凉多，高据胡床听棹歌。芳草不归支遁鹤，白沙惟见右军鹅。人家隐隐连桑梓，僧梵悠悠出薜萝。今夜湖中好明月，相思其奈故人何。”（释如兰《湘湖》）释如兰不知住在湘湖哪一座能看到藕花、能听到棹歌的寺庙，在一个明月之夜，仿佛看到了古代僧人支遁的“鹤”和王羲之“鹅”，不由得想起了与水相连的家乡（富阳）的故人。诗人伤感之情跃然纸上。

值得关注的是姚广孝（1335—1418），他是一位通习阴阳术数之学和佛学的人。姚广孝，字斯道，明长洲（今江苏苏州）人。十四岁出家为僧，法名道衍。洪武中，从燕王（成祖）至北平，为心腹谋士。成祖即位，复姓，赐名广孝，授太子少师，命蓄发，不肯，常居僧寺。曾参与纂修《永乐大典》。著有《姚少师集》、《逃虚子诗集》。“愿我精三业，从师净一心。”是姚广孝毕生追求的目标和心愿。《萧山诗词五百首》集有《经梦笔桥》、《越王台》等诗。此二首均为七言绝句。“脉脉溪流接远津，秋风过客一酸辛。桥头霜树成文锦，犹记当年梦笔人。”“辇土为台抱恨深，营门金气尚森森。当时吴破非兵力，只在西施一捧心。”读之，满是充满典故与哲理，让读诗人回味无穷。

清朝浙江钱塘（杭州）人澌挺，字伥亭，著有《云溪近稿》。这是在《湘湖古诗五百首》中出现的诗僧。不知是未能发现还是别的原因，清代只此一位僧人。他的《钱塘怀古》诗亦充满典故与哲理。“青丘西郭水连天，庆忌孤坟落照偏。夜夜海潮飞白马，年年江月渡乌鸢。越王台榭愁荒草，吴苑深歌泣断烟。七十二峰零乱后，只今依旧采莲船。”“白马”指白马湖，在湘湖北，传伍子胥驾白马化作潮神而来。“乌鸢”指句践夫人与句践一起入吴为奴，群臣临水祖道所唱的“乌鸢歌”，非常悲鸣。通过“越王台榭愁荒草，吴苑深歌泣断烟”的对比，道出了复归“七十二峰零乱后，只今依旧采莲船”的主题。

五　明清皇帝咏萧然

据资料分析，明清时期到过湘湖北西兴的皇帝有三位，分别是明太祖朱元璋、清圣祖康熙、清高宗乾隆。他们留下的一些可供后人研读的诗篇以及与萧山名人的故事，成为今人茶余饭后的闲谈。

在中国历史上，朱元璋是一个“朝为田舍郎，暮登天子堂”的突出典型。少时为人佣耕放牧，后入皇觉寺为僧，后投红巾军，任右副元帅。元至正二十七年，灭张士诚，次年（1368）在应天府（今南京）称帝，国号洪武。尽管他对文人大兴文字狱，在文化领域制造“白色恐怖”，但他却独尊“程朱理学”，召示“一宗朱氏之学，令学者非五经孔孟之书不读，非濂洛关闽之学不讲”[1]。他常以“予本布衣”、“朕本农家”自称，但骨子里却比较自卑，也由此引发一种无比敏感的对文人的忌讳。但朱元璋自己也写诗。在《湘湖古诗五百首》中，收录明有《题西施》诗一首：“天生两奇绝，越地多群山。万古垂青史，西施世美颜。窈窕精神缓，悠然体态闲。笑拥丹唇脸，皓龄出其间。一召起闾里，句践扼雄关。伐谋应得志，西浙径亲攀。铁甲乘潮渡，黄池兵未还。”诗写得不怎样，读之有点拗口。分析此诗，当为渡钱塘江时所作，因为渡口离西施故里不远，有许多关于西施的传说故事。其诗表面看写西施，而实则写西施之谋，志在

[1] 陈鼎：《高攀龙传》，《东林列传》（卷二）。

夺取天下。

清朝自入关以来，为统治汉族，采取一系列的措施，翻译汉文化典籍，融入汉文化道德理念，汉族儒生入仕，顺应汉文化习俗等。为加强对汉族的统治，圣祖康熙三次南巡，清高宗弘历六次南巡。《绍兴市志》载："康熙二十八年，己巳（1689）二月十一日，清圣祖行次杭州，谕'禹陵在望，念大禹功德隆盛，万世永赖，应行亲诣，以展企慕之枕。'二月十三日，清圣祖从杭乘舟启行，驻跸绍兴府会稽山之麓。二月十四日，黎明，清圣祖诣禹陵，至外门前，步行入。率扈从、内大臣、侍卫、部员大小官员行三跪九叩礼，读祝文致祭。祭毕，登窆石亭，留览良久。是日回銮，驻跸萧山西兴镇。"这是清圣祖康熙三次南巡中的首次。

康熙皇帝第二次到萧山是在第三次南巡时。当时渡江后在西兴观潮，只见西兴镇海楼下人头攒动，观潮者很多。"相传冰岸雪崖势，滚滚掀翻涌怒涛。风静不闻千里浪，三临越地识江皋。"（清圣祖康熙《钱塘江潮》）《萧山文化志》云："康熙三十八年（1699）三月，康熙皇帝玄烨南巡到萧山，毛奇龄进呈音乐著作《乐本解说》13 卷"。毛奇龄是文坛奇才，不仅有许多著作，而且还懂书画，通音乐，他的才华还得到了康熙帝的赞赏。当毛奇龄进呈《乐本解说》音乐著作时，康熙皇帝以御书一幅赐他，随驾的皇太子亦赐书屏联各一。

清高宗乾隆皇帝弘历，在位期间曾六次南巡，特别是乾隆十六年（1751）春第一次南巡，他自京师出发，经直隶、山东至江苏清河，然后渡黄河，乘船沿京杭运河南下，经扬州、镇江、丹阳、常州、苏州、嘉兴、石门而达杭州。当乾隆皇帝的龙船到达浙江境内时，他诗兴大发："轻舟晓日别吴门，川路溪烟漾晏温。柳叶轻笼鸡犬社，菜花黄入苎萝村。分疆顿觉民风异，转壑都关吾意存。恩沛宁无需再沛，畴咨大吏悉心论。"（乾隆皇帝弘历《入浙江境》）从吴入越，烟云清绕，柳叶轻笼、鸡犬相闻，在菜花黄时到了苎萝村，感觉越地的民风与吴地异样，百姓安居乐业，乡民富足有余，皇恩浩荡已经满溢了。

当乾隆皇帝渡钱塘江转入萧绍运河去绍兴祭祀大禹陵路过萧山时，乾隆帝一口气作了《西兴》、《萧山道中》两首诗。尤其是渡钱塘江，看到宽阔的江面和雄伟的大堤时，他早已兴奋不已，诗兴大发，待船刚停靠西兴码头后，便立刻亲笔题字作《渡钱塘》诗一首："斛土千钱诡就塘，风恬日暖采方舟。一江吴越分疆界，三月烟花正艳阳。"诗中洋溢着乾隆帝南巡的万丈豪情和对钱塘江的赞美之情。诗被后人勒于石上，耸立于西兴铁岭关外南侧。在沿萧绍运河东行过萧山县城时，乾隆帝写下了《萧山道中》诗："溪窄绿塍阔，水肥乌榜轻。开篷画芃茜，挂席翦澄明。南国春方丽，越天云复晴。山阴指明日，已是镜中行。"乾隆帝坐在"乌榜"船上一路东行去山阴，眼中萧山一会儿一个样，雨后晴空，春意遍地，山清水秀，仿佛是在镜中行画中走。

乾隆皇帝自祭大禹陵后，一路西行，到萧山县驿过夜，第二天一早辞别萧山，到西兴渡江而去圣因寺行宫，又游了占地十亩的圣因寺，在行宫的玉兰堂写下了《自绍兴渡江至圣因寺行宫作》诗：“朝辞馀暨暮钱塘，片刻长江稳渡航。未免情殷恋西子，不殊风便送滕王。”

清朝皇帝对萧山做官的人非常欣赏，像毛奇龄、何之杰、蔡佳、朱筠、汤金钊、葛云飞等都得到过赏赐。被称为“越中三子”之一的何之杰，在康熙南巡时，献寿12章、章6句，受到康熙皇帝的称赞，令督臣询其生平回奏。朱筠在乾隆年间参加了《四库全书》的纂修，还将明朝《永乐大典》中的稀世珍本次第加以刊印，得到了乾隆皇帝的称赞。还有武将蔡佳，在康熙十三年（1674）随清兵征讨福建耿精忠（后响应吴三桂叛乱），招抚有功，在雍正皇帝即位的第六年（1728）十一月，钦奉特旨谕祭蔡佳，赞其“鞠躬尽瘁”、“恤死报勤”、“赋性忠直，国尔忘身”，表示“朕用悼焉，特赐祭典，以慰幽魂”。还有嘉庆帝的老师朱珪（1731—1807），在由两广总督改任安徽巡抚之时，将多年积蓄的养廉金1500两解交广东官库，以作抗英维修兵船之用，当嘉庆帝问询其动机时，他说：“御外事大，惜乎金钱。”嘉庆皇帝甚是感动。当他闻讯朱珪离世的消息时，顿时伤心大哭，赐抒痛诗十二韵，命翰林黄钺于殡前焚之。曾任吏部、工部、户部尚书的萧山人汤金钊，在任期间，勤政爱民，持法公正，颇得人心，道光皇帝曾在汤赴江南时，赋诗赠行，后加赏二品顶戴，旋复赏头品顶戴。咸丰皇帝即位后，赏太子太保，并颁赐御书“庆衍恩荣”匾额。汤金钊死时，咸丰皇帝特派礼部右侍郎前去祭祀亡灵，并赞其“学宗醇正，品饬端方”。武将葛云飞，在鸦片战争的定海战役抗击英国侵略者中壮烈殉国，咸丰皇帝亲笔书写了“忠荩可风”四个大字，刻在萧山所前山泉王村的葛云飞墓碑上，让世人瞻仰，以为永志。

六　词曲与湘湖竹枝词

有湘湖诗歌的历史，当然还有湘湖词曲的沿革。历朝诗人歌颂湘湖，写了许多湘湖词牌，像宋朝秦观的《望海潮·越州怀古》，陆游的《长相思》、《渔父·灯上读玄贞子渔歌因怀山阴故隐追拟》，姜夔的《汉宫春·次韵稼轩蓬莱阁》，林淳的《水调歌头·次赵帅开西湖韵》，赵长卿的《临江仙·日暮舟中月明寒甚忆暖春围炉》，康与之的《江城子》；元朝倪瓒的《人月圆》；明朝来集之的《沁园春·题贾祺生江上新居北直人旧令萧山》、《百字令·乘潮晚渡》；清朝毛奇龄的《忆王孙·游西施山》、《长相思·泛舟西小江即事》、《江城子》、《霜天晓角·同丁大声史宪臣徐徽之蔡大敬来成夫登望京门楼》、《青玉案·渡江有感》、《虞美人·九日同姚庯庵张德远左夔友诸君泛湘湖登越王城和庯庵韵》，朱彝尊的《清平乐·雨中夜渡萧山》、《一半儿·西溪双调》，徐釚的《渔家傲·

望钱塘江》，顾贞观的《眼儿媚·西兴候潮》，陈至言的《醉春风·湖上即事》、《孤鸾·妆亭怀古》、《望海潮·西陵观涛》，沈晫日的《东风第一枝·咏萧山白杨梅》，冯登府的《惜琼花·越溪秋思》，项廷纪的《虞美人·归自越中》等，都是词中代表[1]。

细细翻阅，不乏大家名词。“泛五湖烟月，西子同游。茂草台荒，苎萝村冷闲愁。”（宋秦观《望海潮·越州怀古》）“湘湖烟雨长莼丝，菰米新炊滑上匙。云散后，月斜时，潮落舟横醉不知。”（宋陆游《渔父灯上读玄贞子渔歌，因怀山阴故隐追拟》）“伤心莫问前朝事，重上越王台。鹧鸪啼处，东风草绿，残照花开。怅然孤啸，青山故国，乔木苍苔。当时明月，依依素影，何处飞来?”（元倪瓒《人月圆》）“排马湖边，越王城下，长河远村。览江庐许刹，思量六代；桃源渔浦，追忆虞秦。东吊蠡谋，西凭胥怒，还溯桐江觅钓纶。扁舟去，访六千君子，倘有遗人。”（明来集之《沁园春·题贾祺生江上新居北直人旧令萧山》）“平沙十里长亭路，空留得，花如雾。最恨江流流不住。暮潮初下，午潮还上，今古西陵渡。”（清毛奇龄《青玉案·渡江有感》）以上各朝选一二大家的词读之，其内涵丰富，韵律锵锵，仿佛有乐队伴奏一般，身心畅然。

湘湖词曲中，有《湘湖采莼歌》和《湘湖竹枝词》独树一帜。

《湘湖采莼歌》由明朝长河人来集之创始，在明末清初流行。代表人物有来集之、毛奇龄、单隆周、黄巽等。分析《湘湖采莼歌》，明来集之的共有18句，多为七字句，其中1、3为五字句。清毛奇龄的《湘湖采莼歌》共七字4句；单隆周的一首为32句，多为七字句，其中13、14为九字句，另两首为七字14句和18句，没有长短句；黄巽（女）的词名《湘湖采菱曲》共31句，多为七字句，其中13、14、15、16、25、27、28为五字句，可见《湘湖采菱曲》是《湘湖采莼歌》的翻版。除毛奇龄的词没有长短句和有韵脚外，其余的都有长短句，都没有韵脚。可见，此《湘湖采莼歌》形式比较自由。从内容看，《湘湖采莼歌》主要反映的是湘湖女子采莼的内容。“乘舟直入湘浦里，四顾千山万山紫。中有瑶草异众芳，龙耕烟兮种水底。”（来集之）“压乌山前春欲暮，阿子前湖采莼去。藕根菱叶生满湖，艇子湾湾不知处。”（毛奇龄）“莼根琐细生湘渚，绿跗柔枝密如缕。肉食焉知风格超，抱甘独向波澜苦。”（单隆周）此中可以看出，作者同情怜悯湘湖采莼女子采莼之辛苦，是“肉食”者无法体会得到的。

写《湘湖采菱曲》的是位女子，叫黄巽，字顺之，号蕉卿，清萧山人。萧山训导黄超之女，19岁嫁钱塘梁超壬，未几年卒。著有《听月楼稿》诗二卷。其词与上不同，内容写的是湘湖女子采菱。“采菱复采菱，菱船四面来前汀。湖水净逾碧，湖山瘦且清，双桨只在波中停。菱歌静后不知处，却向湖头浣纱去。”由此可见，《湘湖采菱曲》是作者专为湘湖女子采菱时唱而写的。由此推导，《湘湖采莼歌》亦如此。当然，在夏秋之际的夜晚，文人们携爱侣或坐于湘湖桥上，或坐于荡漾于湘湖之上船

[1] 引自杜永毅编选《湘湖古诗五百首》和《萧山诗词五百首》。

中，手执二胡，嘴吹笛子，相互唱和《湘湖采莼歌》和《湘湖采菱曲》，也不失为风流快乐之事。

《湘湖竹枝词》发端于清朝康熙年间，由萧山人沈堡创制，分析其韵律和内容，当从《湘湖采菱曲》发展而来，大概是觉得《湘湖采莼歌》内容太狭窄，形式有长短句不好记，故创制了《湘湖竹枝词》。《湘湖竹枝词》经后代不断完善，在清代中后期形成成熟的曲牌。代表人物为沈堡、汪继培、王端履、黄元寿、王勉等。与《湘湖采菱曲》一样，《湘湖竹枝词》的作者亦均是萧山人。乡人唱乡曲，该是何等惬意和美妙。

与《湘湖采莼歌》长短句不同的是，《湘湖竹枝词》为七字4句，若干曲组成，一般在六曲以上。每曲一个内容，每曲一个韵脚。内容多为湘湖的特产、劳作、祭祀、风俗、风景、事态等画面。读来朗朗上口，如乡间顺口溜。《湘湖古诗五百首》中录有《湘湖竹枝词》：沈堡7曲，汪继培12曲，王端履9曲，而黄元寿的《湘湖杂咏》20曲、《湘湖吟社》6曲，王勉的《湘滨秋泛》10曲等，虽不是以《湘湖竹枝词》命名，但其形式与《湘湖竹枝词》一样。

越王台下草萋萋，越王台上鹧鸪飞。
啼尽江山多少恨，游人还唱浣纱溪。

湖畔村姬颜色红，浓脂腻粉斗春风。
乌篷艇子离南浦，去拜蒙山东岳宫。

杨梅初熟烂湖干，接种甘香草种酸。
采得金婆最佳果，火齐颗颗写晶盘。

八月十八大潮王，鼓棹扬舲逐队行。
同到浙东台上望，雪山一片压吴城。

鸣榔得得散湖烟，双桨纷来棹白船。
浦口渔家三百户，一时都在镜中天。

郎子扳罾湖水滨，白舫玉鲔烂如银。
若逢比目须开网，莫使长笊碎锦鳞。

夜乌啼断已三更，湖上风高波浪生。
正是茅檐人未寝，寒鸡声和纺花声。

这是清沈堡的《湘湖竹枝词》，共7首。沈堡，字可山，清萧山人。

康熙间廪生，喜吟咏，晚岁筑蠹悔堂，聚书玩古，著有《渔庄诗草》。此《湘湖竹枝词》，每段表达一层意思：第一段唱越王台的荒凉，第二段写湖畔村姬拜东岳庙，第三段写采湘湖杨梅，第四段写八月十八观大潮，第五段写浦口渔村早市，第六段写渔家罾鱼，第七段写夜间百姓纺花。全词除第一段写出“越王台”附近的地点外，每段都有湘湖百姓的劳作与生活，读之如身临湘湖腹地，自己仿佛就是这幅湘湖风俗图中一子。

绍兴师爷的祖师汪辉祖的儿子汪继培，也是写《湘湖竹枝词》的好手。汪继培，字厚叔，号苏潭，清萧山人。嘉庆乙丑（1805）进士，官吏部主事，乞假言归，娴习子史，搜讨不倦。父辉祖，晚年著《九史同名录》等，未成而逝，继培续成之。著有《潜夫论笺》。汪继培的《湘湖竹枝词》有12曲。他把龟山遗风被人忘却、湘湖侵湖状况、江湖一览亭、湘湖百姓的农活、越王句践屯兵城、湘女打渔采茶场景、湘湖男人有福不知、浮湘阁钟声、制砖烧窑作生涯、采莼街卖的风情、清明湘湖扫墓、杨岐山上采杨梅等写入词中，犹如一幅湘湖风情画，栩栩如生。

另外，家有书十万卷藏书的王端履，曾为教谕的王勉，长河人来又山，好学能诗的黄元寿等，均有《湘湖竹枝词》，只不过内容的侧重不同罢了。

七　湘湖文赋与散文

（一）《湘湖赋》的特色

迄今为止，共发现《湘湖赋》三篇，分别为黄九川、朱彝尊和郎敬斋所写，都是清前期的作品，但所写角度不同，亦呈现出各自的特色。

《萧山湘湖志》载清黄九川[1]《湘湖赋》曰：“翳吾邑之有湖兮，厥令名之湖。肇龟山之开蛰兮，用以灌九乡。袤八十里之回绕兮，实民命之攸系。”整文以骈赋的形式谋篇，描写了“实民命之攸系”的内容，以“湖开而巨流”解“槁苗之憔悴”和“亢旱之蕴隆”，以“开闸之迅疾”后而“转枯槁为荣秀兮”，功归“群公大贤”而“积盛德以动天”。此赋主要是从湘湖水利的角度来歌颂湘湖和“群公大贤”。

[1] 黄九川，萧山人，曾任江宁六合县（今属江苏省）训导。

而清朝朱彝尊[2]的《湘湖赋》则是以越之旧疆吊句践，“十年生聚”、“十年教训”终“一举而诏吴”、“衣锦而师旋”。请看：

[2] 朱彝尊（1629—1709），清文学家，浙江秀水（今嘉兴）人。康熙时举博学鸿词科，授翰林院检讨，参加纂修《明史》。能诗词，为浙西词派的创始者。

> 岁柔兆困敦兮，是月维阳。辞鉴水之一曲兮，言归故乡。尊大路于萧山兮，犹句践之旧疆；舍予舟於城阙兮，别问渡於陂塘。践荒涂之幽僻兮，山是越而湖湘；围列岫之周遭兮，汇一水于中央。莼丝荇带齐消歇兮，澄百顷之波光。相兹湖之寥阔兮，溯苍苍之葭苇。漾轻舠而如所如兮，逾五里而十里。鲜泽农之耕作兮，但众师之栖止。雉角角以飞鸣兮，鹭娟娟而停峙；瞻牛头与苎萝兮，信不远而伊迩。爱

山川之清淑兮，斯生长夫西子；洵明艳之绝伦兮，直夫差之一死。以余暨为诸暨兮，验往牒之非是；眺越王之故峥兮，丁国步之迍邅。会稽不可保兮，称臣妾而播迁；洊临江而祖道兮，奏哀曲於乌鸢。迨返国而渡三津兮，惟八臣四友谋猷之后先；既十年而生聚兮，更教训之十年。简俊士之四万兮，率君子之六千；诞一举而诏吴兮，齐衣锦而师旋。雠九世而当复兮，岂身耻辱而忘焉；志既立而转死为霸兮，胡后之人独不然。他山难久留兮，问西陵而前路；夕既济于钱塘兮，尚踟蹰而回顾。徒吊古而慨慷兮，惜年岁之迟暮。

——见《曝书亭集》（四库全书）

朱彝尊在迟暮之年，到越地宦游，吊古叹今，慨慷而作此《湘湖赋》。今萧山图书馆正门前有此书卷雕塑。

清朝乾隆年间萧山人郎敬斋亦有《湘湖赋》，他以吟咏湘湖风景为主题作赋。“其东则崖丛石立，峭峻壁于千寻，亭翼山椒，挹波光于一览……其南则金堤匝地，玉镜浮天，渔浦联江，平接烟光……其西则井山肖其形，青山名其色，蜿蜒屈曲……其北则净土名山，慨想千秋风月，浮湘名阁，常涵万顷波涛……。”作者以饱含深情的笔墨，将湘湖的地理位置、山川地形、风流古迹等形象地描绘出来，并大加赞美。“人事独擅其胜，物产莫可比伦。”“雪浪惊而声沉罗刹，绿影动而影接陴田。”“银床涵冰雪之香，萃律葱茏。”“餐菊山之落英，不羡篱头旧植；煮茗山之新甲，何须饮瓮里香醪。”引人入胜，让人神往。从《湘湖赋》可见作者对湘湖深厚感情，也足见湘湖之魅力所在。

（二）《莼赋》的特色

《莼赋》为清朝康熙皇帝所写。爱新觉罗玄烨南巡浙江，经萧山到绍兴，途中尝湘湖莼菜羹，觉味极其鲜美，“如士君子道，胜而腴，意象闲远”，故在舟行闲暇之际，援毫赋之。

维此细物，生于清流，出泥不淄，浸水不浮，翳纤茎而内蕴，簇小颖以中抽，濯寒影于冰壶，含精光于玉璆。夫其当春乃茁，春暖渐稠，藻荇讵匹，菰蒋奚俦。浴西湖之澄泓，濑镜水之滮浏。人薄言兮采之，恒荡漾兮方舟。至若滑浆腻脂，手掬难留，登之簠簋。调和是谋，冒以紫姜，杂以芳修。惊流匙之鲜莹，快入口之脆柔。味虽标于冲淡，意可符于鳞虬，固堪同于抱德之士，自保其洁素。抑将比于超尚之徒，深潜于隐幽，非寻访之不遗，几有失于冥搜。若乃熏风五月，小卉芬哀香凝，浅濑色照轻沤，华实并茂更副。予求彼洞庭之所撷，恐难媲兹妙产。笑季鹰之所讬，又何待于思秋。偶执笔以摛辞，宜荐之于琼楼。

——见《圣祖仁皇帝御制文集》(四库全书)

《莼赋》写出了莼菜生长的环境、季节、烹饪、口感等，与其他相比之，谓其特珍，借古喻今，笑谈其间。莼菜不仅为康熙所爱，且成为康熙赋词、写诗文之妙笔。

莼菜入赋，非康熙首创，早在宋朝王十朋就将其写入《会稽风俗赋》，就有“湘湖之莼，采撷无尽”的描写。可见，莼菜入赋早有传统，似乎是非高洁之人莫属，也非名家高士所能尝，乡间莼菜经赋一描绘，显得独有品性，更显得弥足珍贵。

（三）古代其他赋中的湘湖内容

湘湖因风景秀丽，引得文人相继歌颂之。湘湖文赋乃湘湖又一道独特风景，令乡人读之流连忘返。湘湖内容最早以文赋出现的是在南朝王十朋（1112—1171）的《会稽风俗赋并序》中：“连山如珠，秦皇之所驱兮。”“压山如玦，亚父之所割兮。”南宋宝庆间（1225—1227）进士孙因作《越问》之一《句践》云：“昔句践兮思报国，问国政兮五大夫……客曰：异哉兮！彼长颈而乌喙，如其可与共乐兮，何鸱夷之远避。”道出句践“可共患难，不可共福贵”之形态，故范蠡察之，离他而远去。元代至正间（1341—1368）为萧山教谕的赵子渐，有《萧山赋》赞：“粤若萧山之形胜也，雄哉伟乎！分峦峙句践之役，长江界吴越之区……西陵通南北之商，古驿候往来之使；亭灶课煮海之程，乡民羡湘湖之利……呜呼！江山险阻兮，古越故疆；人才渊薮兮，梦笔故乡；伟衣冠之尘迹兮，兹感慨以成章！”而郭伦的《萧山赋》曰：“湘湖泽多，回环七十余里，溉灌九乡之禾，蓄兮有时，放焉有科。创于杨而定于赵，培于魏而清于何。”把湘湖功用和湖贤的贡献生动而形象地描绘出来。清杨绳祖《萧山赋》却是以渔浦烟光、清江月色、北干松风、西村梅雨、罗刹涛声、湘湖云景、书院遗芬、文峰拱秀等“萧山八景”而闻名于世。

（四）古代关于湘湖的散文

南宋淳祐八年（1248）任会稽县事的蔡攀龙有《江湖一览亭记》云：“爰举首焉，长江在前，涛声振耳，恍疑数部笙歌；载凝眸矣，巨湖在侧，水色侵人，知是何年图画。点点泼来忘错愕，戏浪轻凫，层层舞出拥云衢，零风堕叶。叠障遐岚，映湘湖之豪气，悬崖飞瀑，分山水之奇观。虬松与虎石相依，修竹偕老梅共峙，片帆疾去，阵鹢低飞，是皆亭中寓目逼真注睛即是也。噫！”点出站在江湖一览亭上观长江、看湘湖风景之特色。《萧山湘湖志》记载：“亭为韩枢密公所建，初称着戴亭。公之孙德麟始匾其上，曰‘江湖一览亭’。蔡攀龙有记。”此亭位于湘湖亭子头自然村。20世纪80年代移建于老虎洞山。

明成化十二年（1476）以进士出任萧山知县的吴淑[1]，写有《游湘湖记》：“盖湖之北岸而来，夹于两山，阔不数百丈，至此轩然而起，豁然而开，山益高峻，水益深阔，洲渚岛屿之胜，花木禽鸟之盛，与夫云烟变动，宇宙推移之迹，凡得于斯游者，皆足以长吾胸中育物之机，消吾事外营心之虑，始而喜，终而乐，初不知天地之在吾身，吾身之在天地也。”吴淑在萧山做官五载，对湘湖情深似海，在政事之暇，乘一小舆由德惠祠经隆兴寺至湫口，在湫口下舟循湖之北岸，过菊花山至桃花坞，又西行达越王城下，上山而观越城古垒……或车或舟或步行，逆时针方向，绕湘湖一周，以登石岩山观湘湖作歌而终。“山丛兮湖水清，麋鹿饱卧兮鱼龙不惊，坤实固脈兮天气清明。河洛标异兮岐山凤鸣，超越宁宙兮刮磨日月之精。渴饮琼浆兮饥餐玉树之英，将俾吾身兮与天地而长生。歌竟而返。”

[1] 吴淑，字艾夫，宜兴（今属江苏）人，明成化十二年（1476）以进士出任萧山知县，绩学能诗，官五载，厘剔奸蠹，吏皆惮之，擢御史，历湖广佥事。

明吏部郎中、文学家袁宏道[2]作《湘湖》文：“湘湖在萧山城外，四匝皆山，余游时，正值湖水为渔者所盗，湖面甚狭，行数里即返舟。”然此非开篇之语，乃文后所余言。观此文章，实乃赞湘湖莼菜的溢美之词。“萧山樱桃、札鸟、莼菜皆知名，而莼尤美。莼采自西湖，浸湘湖一宿，然后佳。若浸他湖，便无味。浸处亦无多地，方圆仅得数十丈许。”“余往仕吴，问吴人，张翰莼作何状？吴人无以对。果若尔，季鹰弃官不为折本矣。”这袁宏道是写作高手，不是正面写湘湖莼采，而是以西湖莼菜浸湘湖一宿而佳的侧面描写，突出了湘湖莼菜比西湖莼菜更为上品；而且浸之最佳处也只有这数十丈大小的地方。西晋文学家张翰，字季鹰，因思莼菜而弃官返乡，由此避免了杀身之祸。亦是侧面赞美莼菜之效用。

[2] 袁宏道（1568—1610），字中郎，号石公，湖广公安（今属湖北）人。明万历进士，与兄宗道、弟中道并称“三袁”，为公安派的创始者，有《袁中郎全集》。

张岱是明末清初的文学家，为浙江山阴（今绍兴）人，以散文闻名，代表作《陶庵梦忆》、《西湖梦寻》，是对过去繁华生活的回忆，其中或描写风景名胜、或记载人物掌故，往往流露出故国之思。笔触细腻，描摹生动，为人们所传诵。《明圣二湖》是他《西湖梦寻》中的一篇。“余弟毅孺常比西湖为美人，湘湖为隐士，鉴湖为神仙。余不谓然。余以湘湖为处子，眡娗羞涩，犹及见其未嫁之时；而鉴湖为名门闺淑，可钦而不可狎；若西湖则为曲中名妓，声色俱丽，然倚门献笑，人人得而媟亵之矣。”张岱，避乱剡溪山，杜门谢客数十年，写下了许多著作，此为名篇。将西湖、湘湖、鉴湖作为对比，形象而生动。尤其是把湘湖比作未嫁之时的处子，“眡娗羞涩”，妙不可言。

清萧山人韩绥之[3]写《游湘湖记》（载于《萧山湘湖志》）曰：“甲申之秋，七月既望，余与同志泛舟于湘湖。于时皓魄初呈，湖光如镜，流萤历乱，宿鸟无声。萧寺晚钟，悠扬山半；远村夜火，隐约林间。乃与诸君敲野店而沽酒，钓修鳞以作羹，歌清夜之曲，诵明月之诗，任轻舟之所之，乃徜徉而乐甚。”作者之笔如王羲之的《兰亭集序》，欢快而欣喜。然作者笔锋一转“顾余独因之有感焉”，借游湘湖而道出追忆往昔情怀：“虽日涉其间，不知其为乐也……昔者处之不加喜，今则遇之以为乐，岂

[3] 韩绥之，字斯来，清萧山人，庠生，著有《南浦嫩抄》。

风景之或异乎？盖涉风波而后知居安之乐，登峻岭而后知王道之平，人情之安于其常故耳。”此文名《游湘湖记》，意却在游玩之外，将何为“乐”及“乐”的哲理通过游湘湖而阐述明白。

民国长河袍园老人来裕恂著有《民国萧山县志稿》，其中“衙署公牍”载有明邑令张懋《湘湖水利图记》和任辰旦《邑令刘俨断毁湘湖筑堤记》等；“地方记载”收有元朝提学副使刘圩《德惠祠记略》，明何世复《何御史舜宾复入县志揭》，清毛奇龄《湘湖水利永禁私筑碑记》等；“名人著作”有清朝沈堡的《三江辨》，李慈铭的《全榭山渐水篇跋辨正》等，均为有关湘湖的文章，待过后细读之。

第五章　20 世纪:湘湖垦殖与文化探索

湘湖之美，美在天然。湘湖之韵，韵在文采。北宋学者杨时的《望湖楼》以一句“湖光写出千峰秀，天影融成十里秋”道出了宋代湘湖的全盛景象。而与此同时，对于湘湖的垦殖与开发从此开始。进入 20 世纪后，湘湖的水域面积持续减少，期间虽有七次垦禁之争，但湘湖的湮废似乎已成定局。民国 16 年（1927）的湘湖收归国有，中华人民共和国成立后国家对湘湖的大规模有计划垦殖，使湘湖垦殖比之前任何时期更为迅速，湘湖从此风光不再。湘湖由一个浩瀚大湖，湮废而成为一条窄小的河，湘湖再也无法承担原有的灌溉功能了。

第一节　湘湖湮废

“湘湖的历史，实际上就是对抗试图废湖与霸占湘湖的官僚和有权势的乡绅的历史；也是地方官吏和具有公心的乡绅如何防犯他们的历史；是双方势力利害冲突的历史。”[1]

[1]〔日〕斯波义信:《〈湘湖水利志〉与〈湘湖考略〉》，《萧山历史文化研究》，方志山版社 2006 年版，第 19 页。

据 1987 年版《萧山县志》记载，自晚清举人黄元寿于 1903 年、1910 年两次提议垦湖失败后，民国年间，又有虞祖恩（1912）、翁兆霆（1915）、吕公望（1916）、黄彭寿（1921）等人发起的四次垦禁之争以及围绕湘湖产权问题的垦禁之争（1926）。至 1927 年，湘湖荒地收归国有，垦禁之争案结束，湘湖从此进入了湮废时期。

民国16年湘湖图（根据民国16年《湘湖建设计划图》重新绘制）

图34　民国16年湘湖图

一　民国垦禁之争

（一）民国垦禁之争各案始末

民国元年（1912）4月，虞祖恩等10人呈请绍兴军政分府，拟设立“萧山湘湖垦荒公司”开垦湘湖，收入按比例分配给军政府及九乡公利，后因九乡绅士意见不一而未能实行。

民国4年（1915）10月，客籍翁兆霆、李应必以湘湖为国有荒地，组织“湘利垦牧公司”，拟承垦濒河高阜7000余亩，经农商部核准后，呈报巡按使准垦湘湖荒地。此方案经九乡绅士讨论后“旋请旋驳”而告吹。[1]

民国5年（1916）9月8日，浙江省长吕公望根据省水利委员会于民国4年（1915）12月5日提交的湘湖测量报告书及湘湖测量计划概要致函省议会，提出湘湖拟浚垦兼施案。9月13日，[2]浙江省议会议长沈定一函复省长，指出：“萧山湘湖既有湖税，由九乡人民共同担负，不能认为官荒，非官荒即无议价标卖之理。”[3]最后经过省议会讨论议决：永远禁止开垦湘湖，并应即督饬各乡设法增高堤坝。

民国10年（1921）三月，县民黄彭寿等拟具“浚垦湖荒计划大纲”，要求县召开九乡代表公决后，转呈省长立案开办。与此同时，九乡代表倪纬等15人，上书要求严禁私垦“以安农业，而顺舆情”。上述两案均无批复。

民国15年（1926）4月22日至5月21日，九乡绅士有6批135人上书说明湘湖属九乡私产，为保水利，要求官府重申禁令，立碑永禁。5月20日，县知事郭曾甄遵照浙江省长夏超批示，召集绅耆投票公决湘湖问

[1]萧山县志编纂委员会编：《萧山县志》，浙江人民出版社1987年版，第1074页。

[2]一说9月23日。陈志富：《萧山水利史》，方志出版社2006年版，第455页。

[3]陈志富：《萧山水利史》，方志出版社2006年版，第455页。

题。到会73人，主张浚垦并施者63人，主浚者8人，主禁者2人。会议公决：湘湖为九乡私产，浚垦并施。6月11日，浙江省长夏超指令，列举湘湖为官产的依据。6月18日，省议员张韬关于湘湖官产问题向省长提出质问书，肯定湘湖是九乡私产。22日，省长夏超答复质问，[1]说明湘湖为官产的理由。由此掀起一场湘湖产权问题的争论。

民国15年（1926）11月9日，浙江省长陈仪公布省议会关于“池荡湖沼不容借端垦辟”的议决，勒令县知事郭曾甄禁止放垦标卖湘湖荒地，撤销垦浚湘湖事务所，立碑重申禁令。

民国16年（1927），湘湖荒地收回国有，由浙江省政府承认围垦湘湖，促使湖面剧减，同年起，在湘湖定山前后一带的泥沙冲积荒地上，先后成立了国立第三中山大学劳农学院（后改为浙江大学农学院农场，湘湖农场前身）、湘湖乡村师范学校和浙江省农业推广人员养成所等单位[2]。由此，民国初期的垦禁之争终于宣告结束。

[1] 萧山县志编纂委员会编：《萧山县志》，浙江人民出版社1987年版，第1075—1076页。

[2] 陈志富：《萧山水利史》，方志出版社2006年版，第451—457页。

（二）民国垦禁之争的特点

自北宋杨时筑湖至民国湘湖收回国有，800多年来，围绕湘湖的主禁与主垦之争一直未停止过。但与前代比较，民国初期的垦禁之争又呈现出自己的新特点和新变化。

对此，学者陈志根提出了三大特点：一是由对湘湖的非法暗占、私侵演变为公开要求废湖主垦，如以“萧山湘湖垦荒公司”、“湘利垦牧公司”的集体名义而非个体名义占湖；二是官绅间的合作关系不复存在，绅士内部也出现了分化，如民国元年（1912）4月，虞祖恩呈请垦湖，结果因九乡绅士意见不一而未能实现；三是主禁、主垦的争论增加了湘湖的产权问题的讨论，并出现了“浚垦并举”新的意见，引起了浙江省政府与省议会对湘湖禁垦的严重对立，如民国5年（1916）浙江省长吕公望与议长沈定一围绕湘湖产权和禁垦问题的争论。[3]

综上所述，在民国初期的垦禁之争中，从表面上看，主禁派多次占据优势，但从细微观察，却发现最终的结果是主垦派赢得了这场斗争的胜利。湘湖由此进入所谓的“放垦时代”。对于这一现象，美国史学家萧邦齐认为是“合乎革新和改良精神的，是20世纪早期社会环境改变的迹象”。[4]陈志根认为，开垦湘湖反映了“中国的商品经济有了发展”，地方乡绅“商品意识增强”，垦禁之争中绅民的集体上书行为则反映了“民主主义新思想的高涨”。所以从“主禁”到“主垦”不仅是“个人私利”之需，更是社会历史发展之必然。

[3] 陈志根：《民国初期湘湖主禁主垦之争特点新论》，《现代城市》2010年第5卷第1期。

[4]〔美〕萧邦齐：《湘湖——九个世纪的中国世事》，叶光庭、张环宙、王芳、李娟合译，陈桥驿校，杭州出版社2005年版，第179页。

二　开发湘湖意见书

民国时期，尤其是抗战前后，随着湘湖垦禁之争的开展，地方乡民对湘湖的“私占、私侵”逐步转为公开，各种各样的开发和建设湘湖的计划书和意见书纷纷出台。

据《萧山县志》记载，民国时期对开发湘湖的计划意见书的要点有：

黄彭寿的《浚垦湖荒湘湖计划大纲》，浚垦并举，以浚湘湖之土，培高应垦之地，垦种之地亩估价标卖，以补偿疏浚经费。

韩强士的《经营湘湖计划书》，提倡掘井灌田，废湖建设湘湖模范村。

周得坦的《开垦湘湖意见书》，将湖中荒地开垦种桑，收入分配给九乡举办公益事业。

城区自治委员朱成基等提出的《整顿湘湖水利六条》，专设浚理机构，因地制宜搞浚垦。

民国25年（1936），浙江省建设厅把建设湘湖农村实验区列为当年度行政计划之一。拟指导农民分期举办农田水利、农业推广活动，兴修乡村道路，发展乡村工业、乡村卫生和乡村教育事业，以及创办各种合作社等。后，日军侵浙，计划落空。[1]

民国35年（1946），孔雪雄等据民国16年（1927）秋对湘湖的调查研究，建议设“萧湘建设公司”，负责整顿农场和合作砖瓦窑；建置农舍；培育鱼苗；筹设小油厂；检修涵洞，疏通航道，修筑公路，发展交通，运销土产；改进教育；设立医院等。

浙江农业推广人员养成所所长韩雁门的《湘湖乡村建设计划大纲》（草案）认为：下湘湖地面较为偏僻，为天然蓄水区域，且为窑户原料供给场所，应计划水利，振兴窑业；上湘湖地面适中，文化机关大都集中在此，各种设施已有相当基础，进行乡村建设，宜先从上湘湖着手。提出：疏浚水道，修筑道路，整理土地，改进农业生产，改善乡村经济，推进农民教育，倡导农村卫生村。

综合以上各计划书内容不难发现，民国时期的开发湘湖意见书不仅在内容上不断补充，由一般的废湖置田发展为发展水利、交通、文教事业，而且根据上、下湘湖的不同特点设计开发计划，更趋规范和科学，这些变化无疑体现出民众对湘湖开发思路的日趋成熟。

三 湘湖湮废

民国4年（1915）12月，浙江水利委员会第一测量队队长陈恺受命主持湘湖实测，提出《湘湖测量报告书》，对于湘湖当时的实际面积和水深进行了精确表述：

湘湖在萧山县治西南，全湖周围照此次实测计之，共为52里有奇[2]，全湖面积共为22042亩[3]，灌溉农田10余万亩……实计储水之湖面，18300余亩[4]。据此实测，湘湖面积当时仅存不足20000亩。

自民国16年（1927）湘湖荒地收归国有，意味着政府对围垦湘湖的

[1] 萧山县志编纂委员会编：《萧山县志》，浙江人民出版社1987年版，第1076页。

[2] 以前清工部营造尺1800尺为1里计算，与《志》载周围80里之数不符。

[3] 以前清工部营造尺240方步为1亩计算，与《志》载湖面37002亩之数不符。

[4] 钱杭：《库域型水利社会研究》，上海人民出版社2009年版，第25页。

承认，从此湘湖面积缩减步伐加快。据陈志富《萧山水利史》、《湘湖开垦面积及仅存湖水面积一览表》统计[1]，1927—1949 年，湘湖面积从 22042 亩缩减为 10000 余亩，湖底高程多数在 5 米（吴淞）以上。客观地说，此时的湘湖已丧失原有的蓄水、排灌功能。

[1] 陈志富：《萧山水利史》，方志出版社 2006 年版，第 467 页。

1955 年后，由于湘湖农场及西兴、石岩、城郊等乡村的围湖垦种，加上沿湖砖瓦厂的挖泥取土，湘湖的面积又被人为地缩小了近一半。经 1965 年国家和地方政府有计划地统一垦殖后，至 1966 年，全湖面积仅存 3040 亩，比 1949 年缩小约 2/3。此后，湖岸又陆续兴建起 7 家砖瓦厂围湖 1000 余亩。至 1984 年，湘湖完成了作为一个湖的最后蜕变，湘湖已成为一个 30—50 米宽、约 11 公里长、面积为 1460 亩（为宋代面积的 3.9%）的狭长的河流型湖泊。

湘湖开垦及仅存湖水面积一览表

年份	开垦面积（亩）	仅存湖水面积（亩）	主要建设单位
1927—1931	3000—5000		国立第三中山大学劳农学院
1947	2000 （以上小计到 7000）		湘湖乡村师范学校和浙江省农业推广人员养成所等单位
1949		10000 余	
1955	7000 1000 余		湘湖农场、西兴、石岩、城郊等乡村沿湖砖瓦厂
1966 以后	2600 1000	3040	东方红公社、城厢镇湘湖村兴建 7 家社队砖瓦厂，挖取泥土
1984		1460	
合计	18600 （主要指农田面积）	最终 1460 （包括输水河道、鱼塘水面）	18600 + 1460 = 20060 亩，接近原全湖面积 22042 亩。如果路、渠、沟、房屋、窑厂等计算在内的话，则至 20 世纪 80 年代中期湘湖已开垦殆尽

湘湖的湮废，是长期以来自然淤积和人为垦殖共同作用的结果，湘湖恢复到怎样的程度取决于承担的职能。“当湘湖在灌溉效益上对附近地区具有较大价值的时代，人为活动阻遏和延缓湘湖的湮废；当其灌溉作用逐渐减少以后，人为活动就加速湖泊的湮废。”[2]

[2] 侯慧粦：《湘湖的形成演变及其发展前景》，《地理研究》1988 年 12 月。

第二节　湘湖砖瓦业的兴盛

砖瓦业在湘湖的兴盛源于明代，明朝中叶以后是湘湖历史上演变最为迅速的阶段，这一时期，因地狭人稠的矛盾比较突出，对湘湖的私占私垦日趋严重，如豪绅孙全占湖为田、中书舍人孙学思私建跨湖桥阻隔湘湖水流，致使湘湖面积日渐缩小，其灌溉作用大大下降。据明代文学家袁宏道描述："湘湖在萧山城外，四匝皆山，余游时，正值湖水为渔者所盗，湖面甚狭，行数里即返舟。"

而在另一方面，随着明代商品经济的发展，居住湖岸的孙全、吴瓒两家对湖为婚姻，共起填湖为"陶窑之基"[1]，从此一发不可收拾。

一 湘湖砖瓦业的历史

湘湖是第四纪全新世沼泽型泻湖沉积，其黏土层由水云母组成，并含少量粉砂和有机质，局部可见贝壳。所以湘湖黏土细腻而韧，是制作砖瓦的优质原料。自明代以来，随着砖瓦市场需求的增加，湘湖沿湖居民选择制砖谋生的生活方式，于是便有了湘湖八景之一的"山脚窑烟"一景。

（一）明清砖瓦业的出现

明弘治年间（1488—1505），湘湖已有人"填湖置窑"。至明嘉靖时期（1522—1566），濒湖从事该业的已有数百家。后湘湖逐年淤塞，窑户相继增加[2]。

至清代，砖瓦业已成为萧山的大宗商品。清康乾时期，湘湖岸边居民"大抵以陶为业"的约有"三百八户"，分布于"定山、汪家堰、跨湖桥、湖里孙、窑里吴诸村"，"砖瓦为邑著名出产"，年产值"银七八万元"[3]。

（二）砖瓦业对湘湖水势的影响

宋元以后，随着人类围湖造田速度的加剧，宁绍平原一带的湖泊数量直线下降。据统计，明清两代共计约有155个湖泊被完全垦废，占历史时期（唐代）湖泊群总数（217个）的71.4%。至1949年，只剩下了28个湖泊，仅占总数的13%。以惯常理论，湖泊一旦遭到围垦绝无还湖可能，但湘湖虽经百年围垦却仍能还湖，实与砖瓦业有关，这就使湘湖成为"宁绍平原上绝无仅有的特例"[4]。

砖瓦业对于湘湖水势的影响主要有两方面：

其一，改变了湘湖的自然状态，引起上下湘湖间的"倒注"。

上下湘湖湖底海拔原来相差无几[5]，砖瓦业兴起后，每年消耗湖泥20万立方尺，无节制地挖泥导致下湘湖一带"一片汪洋中，鳞次栉比，皆方形圆形之硬堤，其状仿佛大水浸渍中之田亩"，从而导致了上、下湘湖间的"倒注"，根本性地破坏了湘湖水利的制度安排[6]。

其二，为湘湖"放水还湖"提供了可能。与一般田地相比，湖田土质

[1]（清）毛奇龄：《湘湖水利志》（卷二），载《西河文集》，萧山区地方志办公室重印2005年版。

[2] 萧山县志编纂委员会编：《萧山县志》，浙江人民出版社1987年版，第343页。

[3]（民国）彭延庆修：《萧山县志稿》（卷一）《物产·砖瓦》，民国24年（1935）铅印本，杭州市萧山区地方志办公室翻印。

[4] 陈桥驿、吕以春、乐祖谋：《论历史时期宁绍平原的湖泊演变》，《地理研究》1984年9月。

[5] 上湘湖湖底均高海拔1712米，下湘湖湖底均高海拔1711米，仅1米落差。

[6] 钱杭：《共同体理论视野下的湘湖水利集团——兼论"库域型"水利社会》，《中国社会科学》2008年第2期。

肥沃，又接近水源，便于灌溉，特别适宜于水稻的种植。随着砖瓦业的发展，湘湖湖底的黏土大量减少，肥力下降，无法垦为农田，这就为湘湖“放水还湖”提供了可能。

二 砖瓦业的发展

（一）民国时期的湘湖砖瓦业

民国时期，砖瓦业继续发展，“民国14年（1925），沿湘湖各村大都烧制砖瓦，大小土窑多达63座，砖瓦品种有35种”[1]。

[1] 萧山县志编纂委员会编：《萧山县志》，浙江人民出版社1987年版，第343页。

周易藻的《萧山湘湖志》对当时的砖瓦品种和主要窑所作了详细的介绍。

图35 湘湖砖窑

1. 砖瓦品种

砖的品种主要有：尺八方、尺六方、尺四方、太堂、主富、灶面、双堂、老大延陵、大延陵、中延陵、五斤头、四斤头、棒槌砖、双开、砖簧、洋砖；瓦的品种主要有：瓦、板瓦、筒瓦、定瓦、时瓦、长梢、尺筒、半升筒、天沟筒、止水筒、狗头瓦、钉套、龙腰、筷储筒、墙扎、菊花盆、狮子、瓦将军、花边滴水。

2. 各村窑所

上孙8窑：新棚窑、老棚窑、新窑、中间窑、下棚窑、上村大棚窑、下村大棚窑、来家窑；中孙7窑：大窑、小窑、里棚窑、山水窑、老新窑、中间窑、蔡家窑；下孙11窑：老窑、新窑、里棚窑、下棚窑、水沟窑、中间窑、老窑、十娘窑、结束窑、樟树下窑、坟头窑；定山4窑：东窑、西窑、中间窑、朝北窑；汪家堰4窑：塘下窑、凤林窑、水沟窑、望江窑；山前吴3窑：河口窑、北山窑、东山窑；跨湖桥6窑：园里窑、上窑、中间窑、下窑、里棚窑、新棚窑；王家里6窑：山南窑、水沟窑、长命窑、大陈窑、狗头窑、中窑；小窑里吴4窑：上窑、下窑、东二窑、西一窑；大窑里吴5窑：顺和窑、老窑、新一窑、福民窑、大窑[1]。

[1]（民国）周易藻：《萧山湘湖志》（卷八）《窑所》，民国16年（1927）刊印；萧山区地方志办公室重印2005年版，第14—17页。

由于孙氏家族所居住范围为上孙、中孙、下孙村，吴氏家族所居住范围为山前吴、大窑里吴、小窑里吴，所以在周氏记载之55座“窑所”中，孙吴两家即占38座，占“窑所”总数的69%，可见两家在当时确可称为“陶窑之基”，成为湘湖当时举足轻重的两大势力。

（二）中华人民共和国建立后的湘湖砖瓦业

民国后期，萧山砖瓦业因战乱而日趋凋敝，至中华人民共和国建立前夕，“生火窑不满40座”，砖和瓦的产量，仅分别占1936年的36.4%和60.6%[2]。中华人民共和国建立后，萧山砖瓦业开始逐渐恢复。

[2] 管思耿主编：《萧山县二轻工业志：1840年—1984年》，《萧山县二轻工业志》编纂组，1985年8月，第173页。

1. 砖瓦企业兴建

中华人民共和国建立后，随着砖瓦生产的恢复，湘湖沿岸的砖瓦企业纷纷建立。1952年，省工业厅在湘湖建立第一家砖瓦生产专业厂——浙江砖瓦二厂（后改名浙江建筑材料总厂）。1953年3月建立了湘湖砖瓦生产合作社，1954年增加了湘湖砖瓦供销生产合作社。至1957年共有集体砖瓦社（组）5家，职工515人，产值为21万元。“大跃进”期间（1958—1962），5家砖瓦企业下放给长河区，合建东湖砖瓦厂（后改称杭州砖瓦厂），年产值达到110余万元。1962年底，原湘湖、跨湖两砖瓦社析出，单独建社（1969年1月两砖瓦社合并改名萧山砖瓦厂）。1971年和1973年先后建起东方红砖瓦厂（后为西兴砖瓦厂）和长河砖瓦厂。1974年又办起了城厢砖瓦厂。此后，沿湖的石岩、闻堰、义桥等乡镇也建起砖瓦厂。从1980年起三四年内，闻堰定山村、西兴东湘村、长河红旗（塘子沿）村也都办起砖瓦厂。湘湖砖瓦业逐渐由下湘湖向上湘湖转移。至1985年湘湖沿岸已有砖瓦厂10家。此后，下湘湖的一些砖瓦厂黏土挖尽，泥源枯竭，生产难以为继，杭州砖瓦厂、浙江砖瓦厂逐步转产，乃至停产。西兴砖瓦厂也于1995年停产。

2. 砖瓦产量逐年递增

以下是根据《萧山县二轻工业志》中的《建材工业主要产品产量、产值表：1953—1984》设计的1957—1983年萧山砖瓦业的产量柱状图[3]。

[3] 管思耿主编：《萧山县二轻工业志：1840年—1984年》，《萧山县二轻工业志》编纂组，1985年8月，第177—178页。

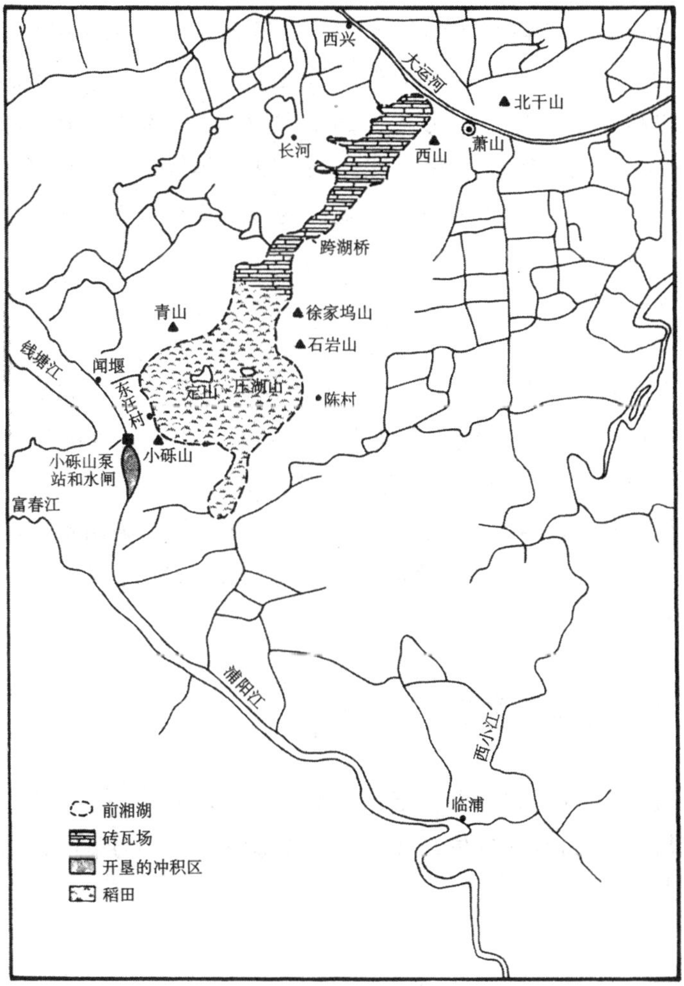

图 36　1986 年前的湘湖砖瓦场区域

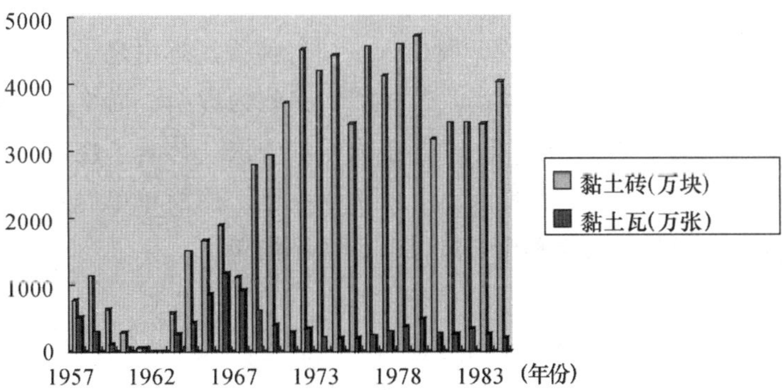

图 37　湘湖砖瓦业年产量

从图中可以看出，萧山砖瓦业在 1957—1983 年的发展历程中，除 1958—1963 年因受“大跃进”和体制调整影响，1966—1968 年受“文化大革命”影响外，砖瓦业产量一直呈持续上涨和稳定发展的态势。据统计，1952年砖瓦生产恢复正常，砖瓦产量达到835万块（张），比1949年增加将近一倍。20世纪六七十年代，湘湖兴办砖瓦厂达到了高峰，生产大幅度提高。1970年生产砖瓦2928万块（张），1976年达16404万块（张），1984年增至35697万块（张），比1970年增加11倍，比1976年增加1.2倍。至1985年湘湖沿岸砖瓦厂的砖产量超过2亿块，生产各种瓦片近2000万张[1]。

[1] 萧山县志编纂委员会编：《萧山县志》，浙江人民出版社1987年版，第343—344页。

3. 砖瓦烧制设备改进

20世纪50年代萧山的砖瓦业相对比较落后，砖瓦烧制设备不仅数量少，而且生产处于纯手工操作阶段，“只有制坯之泥，靠牛练踏”，技术含量较低。1957年萧山砖瓦业共有柴窑（以灌木、茅草为原料）33座，煤窑（以煤为原料，又称土窑、芋艿头窑或馒头窑）只有1座。“大跃进”期间，砖瓦业的柴窑全部改作煤窑。至70年代，煤窑渐渐被淘汰，可用于连续作业的轮窑等大型设备逐渐投入使用，萧山砖瓦业从过去的纯手工而逐步走向机械化。

三　湖窑诗歌与作者

“暮色苍茫之际，湖边山脚窑烟缥缈”，明清以来，湖岸居民“以陶为业”，成为湘湖特有的景色，文人雅士挥毫泼墨[2]，为萧山砖瓦业留下了一些千古名篇。

[2] “湖窑诗歌”均引杜永毅选编的《湘湖古诗五百首》。

茆屋濒湖三百家，抟泥弄瓦作生涯。
窑中火候炉中诀，细看浓烟几缕斜。
——清汪继培《湘湖竹枝词》

汪继培，字厚叔，号苏谭，萧山人，绍兴师爷汪辉祖之子。这首诗描绘了湘湖岸边烧制砖瓦的情景。“三百家”在此为虚指，描绘的是湖岸边住着许多“以陶为业”的人家。“窑中火候炉中诀”体现了烧砖人掌握火候的本事，对外人而言，只能看到几缕浓烟而已。简简单单的几句话，把湘湖烧砖人的烧制技巧勾勒得惟妙惟肖，实不简单。

范泥作瓦叠湖濆，赤埴青黎水底分。
日暮窑头添新火，轻烟散作半山云。
——清黄元寿《湘湖杂咏》

黄元寿，萧山人，晚清举人，好学能诗，有《南强文抄》。这首诗歌写的是砖瓦烧制前后的湖边美景。范：模子。濆：水边。埴：黏土。黎：

黑。此诗前两句写的是湘湖砖瓦工人做砖瓦于水边，用模子做的瓦片叠放在湖边上，红泥、青黑泥照在水中很分明。后两句即是前两句的延伸，写砖瓦拿到窑里去烧制，日暮时分烧砖瓦的轻烟在半山中飘荡，好似云飞天上。从而构成湘湖八景之一的“山脚窑烟”一景。

瓦窑几处暮烟浮，小立何人换渡头。
此中畅得游人意，湫口窑头都作记。

——清王勉《湘滨秋泛》

王勉，萧山人，嘉庆二十四年（1819）举人，官教谕。渡头，渡口，过河的地方。湫口，下湘湖一带湫口穴（闸名）。此诗前两句写的是砖窑与人相互映衬的景色。后两句则写了得意的游人提笔赋诗的情景，意在写湘湖之美。

水连渔艇摇空漠，风卷窑烟入翠微。

——清蔡英《湘湖》

蔡英，萧山人，乾隆四十五年（1780）优贡。这首诗通过“水”、“风”的动态描写，体现出水上和空中的两种景观相互辉映的场景，从而使诗歌富于一种天然的动态美。

响遏梵宫添荡漾，烟霏窑舍转模糊。

——清黄道之《湘湖云影》

黄道之，萧山人，以子中理贵，赠文林郎。这首诗以“响遏”与“模糊”进行对比，融合视觉与听觉的感受，让人细细品味湘湖的宁静之美。

第三节　湘湖农业

“萧邑无特产，所恃以生活者，天然之物产耳。查五谷以外，惟西乡之菸叶，东乡之麻棉，南乡之竹木，沿海之盐，为大利所在。”[1]萧山地处宁绍平原，土地肥沃，资源丰饶，水稻、豆麦、棉花和蚕桑等作物的栽培历史悠久。湘湖一带自古以来被称为“九乡水仓”，魏骥《咏湘湖》称“水能蓄潦容千涧，旱足分流达九乡”。明清以后，随着湘湖面积的缩小加剧，湘湖对九乡水利的作用大大下降，“围湖还田”由民间的“私侵”转为政府的公开行动。民国16年（1927），湘湖荒地收归国有，这一年既是

[1]（民国）来裕恂著：《萧山县志稿》（卷1）《制造物》，天津古籍出版社1991年版，第66页。

湘湖湮废的开始，也是湘湖农业兴起的开始。

一　湘湖农场

萧山湘湖农场位于闻堰镇东汪村东侧，濒临钱塘江、富春江、浦阳江三江汇合处，目前隶属湘湖旅游度假区管委会。建场60多年来，湘湖农场发挥自己区位优势和资源优势，因地制宜，开展多样化经营，打出了“湘湖”品牌，体现了萧山人“踏实肯干，勤劳朴实”的创业精神。

（一）农场的机构沿革

“湘湖农场”之名，来自20世纪20年代的“围湖造田”。民国16年（1927），湘湖收归国有，经踏勘湘湖，国立第三中山大学（后改名为浙江大学）于次年围湖造田5000亩，并创建校办农场。之后，在这块土地上创办湘湖师范、浙江省建设厅农场及农林部华东繁殖场“专事水稻试验”[1]。根据来裕恂《萧山县志稿》记载，“昔年（1928）曾由浙江大学农学院辟为农场，后以国难停止，今其校舍场圃，已被敌毁，近有人开上湘湖高阜，以为田者”。

[1] 萧山县志编纂委员会编：《萧山县志》，浙江人民出版社1987年版，第269、1074页。

1949年6月，浙江省农林厅军管会代表至湘湖接管华东繁殖场，并改名为浙江省农林厅种子公司湘湖农场。建场时仅有土地95亩，人员45名。1951年在原湘湖地区的浙大校办农场和湘湖师范的部分土地并入湘湖农场，正式定名为“地方国营浙江省湘湖农场”，隶属浙江省农林厅。1958年下半年，闻堰公社的湘湖一社、二社、三联社和定山社划入湘湖农场，成立湘湖人民公社，地址设在上湘湖定山。湘湖公社有水田113亩，山地200亩，职工604人，固定资产219.4万元，隶属萧山县委领导。1959年上半年，湘湖公社奉命撤销，恢复湘湖农场。1960年，湘湖农场隶属杭州市农业局，遂改名为杭州市湘湖农场。1962年，湘湖农场隶属萧山县农业局，又改名为萧山县湘湖农场。1962年后，湘湖农场分为三个分场，即老场、压湖山、排干山，俗称“三个片”。1965年12月27日，湘湖师范与湘湖农场合并，成立管理委员会，校与场对外挂两块牌子，经济独立核算。1966年“文化大革命”开始，校场分离，至1970年校场管理委员会正式解散，原萧山县“五七”干校土地划归湘湖农场，农场又增设了“五七”分场，至1972年又划出。1978年3月，萧山县革委会决定，湘湖农场属经营性国营农业，划归萧山县农垦局管辖。1988年萧山撤县设市，农场改名为萧山市湘湖农场，划归萧山市农场管理局。

至2000年底，湘湖农场总面积3平方公里，其中粮地1879亩，水面404亩，果树茶园67亩，苗木花圃635亩。总人口1086人，年末职工873人，其中退休职工234人。有场属私营企业、股份制企业11家，其中场办工业企业6家、农业企业4家、旅游观光业1家。

2003年8月19日，浙江湘湖旅游度假区管理委员会成立，湘湖农场划归浙江湘湖旅游度假区管理委员会，管委会临时办公地点设在湘湖农场。

（二）农场的多样化经营之路

1955年开始发展畜牧业。由于生产内容单一，长期亏损。1978年国企改革开始起步，政府对耕地的限制相对放宽，湘湖农场积极开展多样化经营，逐渐形成三大产业。

1. 种植业

湘湖农场主营水稻，进行良种繁育和推广。1978年国企改革起步后，以经营苗木为主。2000年底，全场总面积约3平方公里，其中耕地2479亩，水面404亩，果树茶园67亩，苗木花圃635亩。目前已成为萧山红花木生产基地。

2. 养殖业

最具特色的是养鳖业。1991年湘湖农场从杭州水产养殖科研究所引进养鳖技术，投资36万元，利用萧山乳品厂余热水，养殖甲鱼1万只获得成功。同年12月，和省经济建设投资公司、国家农业投资公司共同投资800万元（湘湖农场出资280万元），创办“浙江中浙萧山特种水产公司”，成立萧山养鳖研究所。1995年，公司年养鳖25万只，成为浙江省最大的中华鳖养殖、良种培育、繁殖基地，萧山特级农业企业[1]。

3. 畜牧业

以养奶牛和猪为主。1984年，湘湖农场饲养生猪1841头（多为出口中猪），奶牛446头，产鲜奶205万斤，全年工农业总产值428万元（其中工业286万元），利润48万元（其中工业41万元）。1988年，农场建立牛奶公司，撤销畜牧科，下设萧山乳品厂、两个牛奶场、畜牧场和渔场。1991年畜牧科从牛奶公司划出单独建制，成立萧山市畜禽养殖公司。

所属杭州五星乳业食品有限公司已成为萧山鲜奶供应基地。

根据湘湖三期规划蓝图，湘湖农场部分的土地使用权将被出让，农场原址将“退耕还湖”，对于湘湖而言，无疑是一次自然的回归。

[1] 杨贤兴主编：《萧山农垦志》，方志出版社2002年版，第129页。

二　湘湖林场

湘湖四周青山环绕，景区山林的覆盖率达80%，植被丰富，品种繁多。城厢镇湘湖村设山林队，后改为林场。据《萧山城厢镇志》记载，湘湖村一带有丘陵山地3816亩，有林山地453亩，柴山1000余亩。山林以抚育天然林为主，品种繁多。除较多的松树外，还有栗树、梨树、桃树、杨梅树、檫树、桉树、栲树、冬青树、檀树、桑树等40余种，以及70亩毛竹。1978年冬，又在三坞一带开垦荒山造杉树林60亩。山林经济作物有茶叶、杨梅、毛笋、元笋、桃子、梨、柿、樱桃、文旦、香泡、石榴、栗子等。1982年，为发展山林经济，在水洋坞开垦山地54亩，投资两万余元种植橘苗5000余株。

山林曾经是湘湖村重要的收入来源，1971年山林收入45万元，占湘湖村收入的21%。随着村办工业的发展，山林收入的比重日趋下降，1981年山林收入8.5万元，占湘湖村总收入的3.3%[1]。

[1] 萧山城厢镇志编纂委员会：《萧山城厢镇志》，浙江大学出版社1989年版，第280页。

三　湘湖渔场

萧山湘湖渔场位于今萧山西山西北湘湖初中西南侧（城厢街道下湘湖路），全场由白马湖、中湘湖、下湘湖三部分组成，建场已有30多年，渔场共起水鲜鱼600余万斤，为萧山渔业的发展作出了重要贡献。

萧山湘湖渔场前身为绍兴养鱼场，1954年，绍兴养鱼场所属白马湖养鱼分场为萧山县湘湖农场接收，水面面积2000亩。1956年经萧山县人民委员会批准又开辟下湘湖水面5000亩养鱼，共有水面7000亩。1966—1969年，下湘湖鱼种塘、亲鱼塘等70亩，划给杭州齿轮箱厂建厂房，鱼苗种大多依靠外县支援。

1977年9月，萧山县革命委员会决定将白马湖与下湘湖两个渔场从湘湖农场划出，单独成立萧山湘湖渔场，场址设在白马湖。此后渔场长期亏损。从1980年起，湘湖渔场实行承包责任制，生产鱼苗种，有鱼种塘87亩，渔场扭亏转盈。1981—1985年，渔场年生产能力8000万尾左右，1984年，起水鲜鱼29.86万斤，累计创利14.5万元。1985年还办起工厂企业，总产值7087万元，利润36.75万元。1987年，有水面2200亩，鱼种塘87亩，网箱240只，职工39人。

中湘湖渔场（又称中湘湖鱼种场）筹建于1977年，是为解决湘湖渔场鱼种不足问题而建立的鱼种生产基地。1980年建成投产后，试产花白鲢、草鱼、鳊鱼、白鲫、鲤鱼、罗非鱼等鱼苗500多万尾，基本解决了鱼苗自给。1981年，中湘湖鱼种场投产，解决了鱼苗自给问题。1982年人工繁育鲢、鳙、草、青四大家鱼苗4287万尾，1986年生产鱼苗5200尾，年生产能力可达1亿尾[2]。

[2] 萧山县志编纂委员会编：《萧山县志》，浙江人民出版社1987年版，第271页。

第四节　湘湖景观与典故

湘湖景色美丽，在发展中形成了许多景名，亦产生许多成语故事。

一　湘湖景观

“十里湘湖图画开，诸峰高处越王台。”[1]古往今来，大凡名胜古迹，常有“十景”、“八景”之命名，一般以四言偶句表达，平仄工稳对仗整齐、音韵铿锵起伏跌宕，读来朗朗上口，以期流传后世。自明清以来，湘湖以其优雅的自然风光和深厚的文化积淀，逐渐形成了“八景”之说，不仅有“老八景”和“新八景”之分，而且还形成了“石岩十景”、“辛庐八景”等7个版本。在“萧山八景”的7个版本中亦有许多湘湖景观。

[1] 引自韩绥之《同友人登城山》诗。

（一）湘湖八景

关于“湘湖景观”，有以下7个版本[2]。

[2] 方晨光：《文脉湘湖》，方志出版社2007年版，第256页。

湘湖景观一览表

序号	版　本	景观内容
1	清乾隆年间（1736—1795）《萧山湘湖孙氏宗谱》	龙井双涌、跨湖春涨、水漾鸣蛙、湘湖秋月、尖峰积雪、越城晚钟、柴岭樵歌、湖中落雁
2	清光绪二十一年（1895）《萧山埭上黄氏家谱》“石岩十景”	刘基遗踪、石岩秋色、山顶览亭、乐丘魏墓、香泉烹茗、鹅鼻采药、文峰积雪、石壁飞瀑、平桥卧波、甲科流芳
3	民国10年（1921）《萧山马谷周氏宗谱》	跨湖桥泛棹、寨岭庵闻钟、越王城玩月、缸窑湾听涛、至湖岭踏春、水漾湖采莼、九里墩戏鹭、三善桥观鱼
4	沈璧、徐树林主编《萧山城厢镇志》（1989）	城山怀古、览亭眺远、光照晨曦、跨湖夜月、杨岐钟声、横塘棹歌、湖心云影、山脚窑烟
5	沈枝根主编《萧山文化志》（1990）	城山怀古、览亭远眺、光照晨曦、跨湖夜月、杨岐钟声、柳塘春晓、山脚窑烟……
6	赵纪来主编《可爱的杭州·萧山卷·杨时和湘湖》（1994）	城山怀古、览亭远眺、先照晨曦、跨湖夜月、杨岐钟声、横塘棹歌、湖心云影、山脚窑烟
7	方晨光等策划设计《湘湖诗画邮票珍藏册》（2006）	城山怀古、览亭远眺、先照晨曦、跨湖古舟、杨岐钟声、湘湖云影、山脚窑烟、蒙山寿域、西山霁雪、青山莲华

从上表来看，“湘湖八景”并非固定不变，随着湘湖的历史变迁和周边景观的变化，“湘湖八景”的内容也在不断改变。从某种意义上来说，也是萧山社会发展的一个缩影。

1. 湘湖“老八景”

所谓“老八景”，指的是清乾隆年间出版《萧山湘湖孙氏宗谱》收录的“湘湖八景”。

龙井双涌 龙井，一为今城山广场东侧的两口姊妹井，二在孙氏宗祠（今湘湖文化院）后门。每逢雨后，龙头山之泉涌于井，井水汩汩涌出，成为奇观。此景今存，萧山茶叶协会曾在此连续举办三届“湘湖龙井”品尝活动。

跨湖春涨 跨湖桥，位于上下湘湖间。此景描绘的是春季桃花汛发，四周山溪，汇泻湖中，“春涨湖桥水接天”的景观。此景今已重建，但桥身南移，桥孔由原来的单孔变为五孔。

水漾鸣蛙 水漾湖，位于湘湖北岸的一个小湖，湖水与湘湖以“锁龙桥”贯通。此景描绘的是春夏之夜，星光点点，“无数蛙鸣群和应”的湖乡野趣。此景今已成为历史。

湘湖秋月 中秋之夜，沿湘湖人家设桌于院庭，以老南瓜、月饼供月。诗云：“冰轮遍照绝无尘，魄落湘湖色倍新。不怕凉秋为爱月，洗杯更酌酒千巡。”

尖峰积雪 尖峰，位于湘湖南岸所前镇孔湖村西的木尖山主峰，高耸似笔，称文笔峰；因山势高耸，常有云雾，又称雾楼峰。海拔257米，湘湖群山数它最高，所以雪易积厚，融化缓慢，犹如冰天雪柱。而雪霁天晴，阳光一照，则流金烁银，分外绮丽。

越城晚钟 越城，即越王城山，位于湘湖西北岸城山山巅。春秋时越王句践在此屯兵拒吴。山顶旧有城山禅寺，清乾隆间香火兴盛。每当僧侣鸣钟晚课，低沉的钟声久久回荡于湖面，令人肃然。清咸丰辛酉年（1861），城山禅寺被毁，所谓的“晚钟”之声已不复存在。

柴岭樵歌 柴岭，即湘湖东南柴岭山，海拔186米，当年林木茂密，樵夫“腰插勾刀背扁挑”，进山采薪，“归来信口无腔唱”，勾勒出一幅闲适、安详的民俗风情画。今林深树密，无登山之路。

湖中落雁 此景描绘了秋季雁群光顾湘湖，或盘旋湖上，或喝水觅食，或傍沙而眠的生动景象[1]。

2. 湘湖“新八景”

所谓“新八景”，指的是《萧山城厢镇志》（1989）收录的“湘湖八景”。

城山怀古 与“老八景”中“越城晚钟”相比，此景将“晚钟”改为“怀古”，追念“越王此地沼句吴”的历史典故，充分体现了湘湖所蕴涵的深厚的人文底蕴。

览亭眺远 览亭，即位于湘湖东南石岩山巅的一览亭。此亭建于明嘉靖年间，1941年毁，1994年重建。一览，取“湖光山色一览无余”之意。登亭远眺，万顷湘湖尽收眼底。

[1] 杜永毅选编：《湘湖古诗五百首》，浙江人民出版社2006年版，第205—207页。

图38　越王城——城山故道

光照晨曦　位于石岩山巅北部的先照禅寺，又叫“光照庵”，得名于“旭日之光先照此寺”。该寺于1989年在原址重建，为观赏日出圣地。

跨湖夜月　跨湖桥堤北端原有一跨湖亭，为清嘉庆年间建造的过路凉亭。秋夜坐于跨湖桥桥亭之内赏月，令人心旷神怡，尘虑顿消。

杨岐钟声　杨岐，指湘湖西南（今东方文化园内）的杨岐寺（又名崇福寺）。此寺依山而建，门对湘湖。寺内有巨型铜钟，早晚钟声，随风荡入湖面，余音袅袅，不绝于耳。

横塘棹歌　横塘即横筑塘，位于湘湖西南堤塘的外侧。横筑塘长3里，塘内外皆河道，芦苇丛生，是捕鱼捉蟹的好去处。夕阳西下时分，渔舟唱晚，一派诗情画意。

湖心云影　湖心，在此指上湘湖中心的压乌山。站在山上，但见“湖山四顾渺无涯……水底烟峦云影簇”，其景蔚为壮观。

山脚窑烟　明代已有人“填湖置窑”，从而又添一景。此景描绘了暮色苍茫之际，湖边山脚“轻烟散作半天云”，成为湘湖特有的景色。

与湘湖“老八景”侧重于自然景观相比，湘湖“新八景”似乎更富有人文气息。湘湖“老八景”中，仅一处“越城晚钟”涉及人文景观，而在湘湖“新八景”中，涉及人文气息的有“城山怀古”、“览亭眺远”、“光照晨曦”、“杨岐钟声”、“横塘棹歌”、“山脚窑烟”等6处景观。除越王城外，其他景点为“老八景”所无，反映了湘湖变迁过程中周边环境的变化[1]。

[1] 沈青松主编：《历史文化名湖——湘湖》，方志出版社2006年版，第63—70页。

（二）辛庐八景

1. 周易藻“辛庐”

辛庐，建于民国10年（1921），位于萧山湘湖缸窑湾之麓（今下孙村窑里坞掬星岛），为清末名士周易藻晚年所建之屋，因为农历辛酉年筑的庐舍，故自题“辛庐”，周易藻所编《萧山湘湖志》即在此完成。

据说，当年的“辛庐”造得很是考究，由朝南三间正屋和东西两间侧屋组成，东西两侧有围墙与正屋连接，朝南有大墙门，朝西有小侧门。

据韩渠初先生回忆，三间平屋“没有分间，是一个大厅，地面材料是石灰黄泥，做得非常平整光滑，中间墙上挂着周易藻的巨幅画像，两边墙上挂着周先生和友人的对联。中间天井很宽大，是用鹅卵石垫铺，并且拼出美丽的图案。有一株葡萄树和一个葡萄棚，有两盆不大不小的铁树，还有几盆花。朝东侧屋有一座二眼头柴灶，一只旧的菜柜，一张旧的八仙桌和几张方凳。朝西侧屋是管墓人的卧室”[2]。

[2] 周解秋：《命运不济　壮志未酬——怀周易藻先生》，《萧山史志》2006年第3期。

辛庐所在的窑里坞景区，左傍至湖岭，右近跨湖桥，面对湘湖，背枕越王城山，景色殊佳。周易藻有感于此，自拟了“辛庐八景”，即跨湖桥泛棹、寨岭庵闻钟、越王城玩月、缸窑湾听涛、至湖岭踏雪、水漾坞采莼、九里墩戏鹭、三善桥观鱼。

2. 辛庐八景

为了纪念“湘湖之父”周易藻，“辛庐”现已作为湘湖掬星岛上的“私家”茶室而得以重建。

跨湖桥泛棹　跨湖桥是湘湖的标志性景观，湘湖“老八景”有“跨湖春涨”，“新八景”有“跨湖夜月”，但都停留于恬静秀美的自然风光，现从“泛棹”二字着手，使跨湖桥又有了动态之美和人文情趣。

寨岭庵闻钟　寨岭庵位于万罗伞山山麓（今跨湖桥北岸大小毛坞西侧）。晨昏之际，湘湖四周古寺鸣钟，回荡湖面。周易藻以小寺入景，可以看出他的随遇而安和平民化的一面。寨岭庵今已久废。

越王城玩月　此景不听“晚钟”，不去“怀古”，而取“玩月”二字，可谓另辟蹊径。登越王城赏月，眼前碧波玉盘，背后千古悠悠，把酒举杯，别有一番韵味。

缸窑湾听涛　“夜乌啼断已三更，湖上风高波浪生。”[1]周易藻住辛庐时，每当夜半醒来，听湖面风起浪涌，拍打湖岸，发出涛声阵阵，便会心潮澎湃，回忆起历历往事。

至湖岭踏雪　至湖岭，位于湘湖北侧龙头山。岭不高，逶迤平缓，此地可观湖山四时美景。冬季雪后，漫步岭中，观雪中湘湖，别有一番风韵。

水漾坞采莼　水漾坞位于水漾湖南侧，与湘湖“老八景”之“水漾鸣蛙”不同，此景描写的是春季姑娘们荡舟湖中，俯身挽袖，采摘莼叶的情景，突出了一分鲜活人气。

九里墩戏鹭　九里墩，位于跨湖桥之东。此地水草丰茂，常有“鹭鹚飞起蓼花湾，万顷琉璃夕照殷”。顽童戏鹭，更是妙趣无限。

三善桥观鱼　三善桥，位于湘湖西北井山湖口处（今跨湖桥遗址公园附近）。此地为观鱼极佳位置，其中的“老斑鲫鱼”[2]非常有名。三善桥原为石桥，现重建为钢筋水泥桥。

周易藻所拟之“辛庐八景”与新老“湘湖八景”的不同在于，不仅突破了四字窠臼采用五字一景，而且更加突出了景观的人文内涵，关注了景色的四时变化，丰富了湘湖的文化底蕴；以五字命名的湘湖景点，前三字均为湘湖景点所在的地名，将地名与景点联系起来，更加突出了景点所在的位置，为今日湘湖的开发增添了一处很好的旅游景观。

[1]（清）沈堡：《湘湖竹枝词》，杜永毅选编：《湘湖古诗五百首》，浙江人民出版社 2006 年版，第 177 页。

[2] 内容采自李维松“辛庐八景”文章。

（三）石岩十景

“石岩十景”一说，源于清光绪二十一年（1895）《萧山埭上黄氏宗谱》，分别为：刘基遗踪、石岩秋色、山顶览亭、乐丘魏墓、香泉烹茗、鹅鼻采药、文峰积雪、石壁飞瀑、平桥卧波、甲科流芳。古语云：“十里埭上黄，旗杆多如讨饭棒。”自古以来，埭上黄一带人才辈出，文人雅士多聚于此，抒发情怀。这一点在“石岩十景”中有所反映。

刘基遗踪　元末明初军事家刘基（即刘伯温）曾登临石岩山作《石岩山》诗，写下“云霞媚余姿，松柏淡清阴”之句，表现其淡泊、超然的情怀。

石岩秋色　石岩山草木茂盛，一到秋大，层林尽染，“松竹经霜无改翠，峰峦返照有余殷（红）”（清汤金钊），成为文人们观赏秋景之地。

山顶览亭　同湘湖“老八景”之“览亭眺远”。

乐丘魏墓　乐丘在石岩山北徐家坞，青山如屏，面对湘湖。明永乐间，南京吏部尚书魏骥选中此地为长眠之所，命名“乐丘”。如今墓碑已毁，但墓道及石像保存完好。

香泉烹茗　香泉在石岩山顶先照寺后，“广四尺，深尺许”，久旱不涸，清澈甘冽，为明绍兴府太守洪珠开挖并题额。此泉现在仍是山巅饮用之水。

鹅鼻采药　雄鹅鼻为石岩山主峰，海拔 213 米。传说八仙之一的吕纯阳曾到此采药，并将草药倒在雄鹅鼻上，于是这里有了珍贵的草药，吸引了不少草医。

文峰积雪 同“尖峰积雪”（见《湘湖八景——老八景》之“尖峰积雪”）。

石壁飞瀑 文笔峰东麓有“石船坞”，乡民称“石壁坞”。据民国《萧山县志稿》载：“石船坞，两旁峭石壁立，林壑幽美，雨后有飞瀑数丈”，蔚为壮观。

平桥卧波 平桥即 5 墩 4 孔的平梁式黄家大桥。明嘉靖二十九年（1550）由黄九皋出资建造，是萧山境内最古老的石桥之一。

甲科流芳 石岩埭上黄氏人才辈出，明清两朝出过 29 位举人，其中 10 位考中进士。位于知章村的“甲科济美牌坊”，是表彰黄九皋等人得中进士而建的，三层三门，气势恢弘[1]。

[1] 王炜常：《石岩十景》，1999 年 11 月 22 日，《萧山日报·萧然揽胜》。

（四）“萧山八景”中的湘湖景观

“萧山八景”形成于 600 年前的明朝永乐年间，100 年后的正德、嘉靖、万历年作了三次调整，到了清朝、民国又作过两次调整。历朝的“萧山八景”中，湘湖景观（以着重号标明）都占多数，约有 7 个版本[2]。

[2] 沈枝根主编：《萧山文化志》，中国卓越出版公司 1990 年版，第 207 页。

通过对以上湘湖景观的整理罗列，可以一窥湘湖变迁的历程。随着湘湖面积的缩小，灌溉功能的减退，湘湖的人文旅游功能越来越突出，湘湖景名也从重自然向重人文发展。

“萧山八景”中湘湖景观一览表

序	版本	八景内容
1	明永乐八年（1410）任濲《题萧山八景图送曾明府》	航坞龙湫、湘湖秋水、西陵古渡、柳塘春晓、菊山秋霁、钱清暮潮、北干茅亭、渔川晴雪
2	明正德《萧山县志》	湘湖云影、罗刹潮声、书院遗香、文峰拱秀、北干松风、西山梅雨、清江月色、渔浦烟光
3	明嘉靖《萧山县志》	湘湖云影、海门潮势、北岭烟光、西山月色、祇寺霜钟、谯楼小阁、渔浦歌声……
4	明万历年间《桃源初集》	湘湖云影、罗刹潮声、文峰豹雾、航坞龙湫、书院流芳、笔花遗迹、西山霁雪、北干松风
5	清朝杨绳祖《萧山赋》	渔浦烟光、清江月色、北干松风、西村梅雨、罗刹涛声、湘湖云影、书院遗芬、文峰拱秀
6	民国《萧山县志稿》	渔浦烟光、清江月色、北干松风、西村（山）梅雨、罗刹涛声、湘湖云影、书院遗芬、文峰拱秀
7	沈枝根主编《萧山文化志》（1990）	江寺钟声、湘湖之影、西陵观潮、石岩望秋、西山梅雨、北干松峰、渔浦烟光、清江月色

注：加黑点的为湘湖景名。

二 湘湖典故

湘湖历史悠久，人文荟萃，从春秋战国到清朝，留下了馈鱼退敌、临水祖道、卧薪尝胆、沉鱼西子、祖龙鞭石、萧然自致、孙康映雪、江淹梦笔、莼羹鲈脍、金龟换酒、程门立雪、水仙五郎等成语典故。

馈鱼退敌 春秋时期，越国兵败退守湘湖越王城山，吴军十万水犀军围住城山，吴将派人向城山送咸鱼两尾，范蠡一看明白其意，遂令卫兵在洗马池中捉红锦鲤两尾，叫送咸鱼的吴兵带回，吴帅一看，立刻明白山上有水、有鱼、有粮，是有准备的，不会像咸鱼一样，而自己十万大军一天粮草就是一个很惊人的数字，于是下令撤军。宋朝华镇《城山》诗云："兵家制胜旧多门，赠答雍容亦解纷。缓报一双文锦鲤，坐归十万水犀军。"

临水祖道 公元前492年5月，越王句践奉诏，率夫人、范蠡等300余人，离开固陵，入臣于吴。据《康熙萧山县志》"浙江固陵"载：行前，群臣皆送，"临水祖道，军陈固陵，大夫文种为词祝曰：'皇天祐助，前沈后扬。祸为德根，忧为福堂。威人者灭，服从者昌。王离牵致，其后无殃。君臣生离，感动上皇'"。群臣在感伤中为越王句践敬酒饯行，句践"仰天吧息，举杯垂涕，默无所言。种复祝之曰：'大王德寿无疆，无敌乾坤，受灵神祇，辅翼我正，厚之祉祐在侧，德消百映，利受其福，去彼吴庭，来归越国'"。众臣告别，送至浙江之上鸡鸣墟（今滨江区浦沿境内），待诏入吴。

卧薪尝胆 春秋时期，吴越争霸，越王句践战败，入吴为奴。句践为雪国耻，归国后把苦胆悬于坐卧处，吃喝睡觉前都要尝一尝胆的苦味，以示不忘为吴奴的苦痛和耻辱。萧山属越国疆域，越王城西侧的青山老虎洞为越王句践卧薪尝胆之地，明代学者刘宗周有联云："此地曾传尝胆事，我来犹忆卧薪人。"

沉鱼西子 西施，姓施名夷光，别名西子，春秋时期越国人，以美人计助越王句践雪耻复国，所住施家渡村位于湘湖东南15里。"淡妆浓抹总相宜"的西子有"沉鱼"之貌，相传西施在溪边浣纱时，水中的鱼儿被她的美丽所吸引，鱼见之沉入水底。"沉鱼落雁，闭月羞花"，沉鱼为先，国色大香四大美女，西施居首。

祖龙鞭石 相传秦始皇祭禹前后途经连山渡，有一妃子暴病而亡，葬于湘湖石井山。隋朝夏侯曾先《会稽地志》记载："秦始皇欲造石桥渡浙江，今尚存石柱数十，列于江际。"今北干山有鞭石亭。《太平寰宇记》载："传说秦始皇作石桥，欲流海看日出处，时有神人，驱石下海，石去不速，神辄鞭之，皆流血，至今悉赤。"元朝诗人萨都剌，登北干山有《吴越两山亭》诗，诗中有"鞭石土有亦"句。

萧然自致 出自湘湖萧然山。许询，字玄度，东晋初颇有名望的处士。父亲许旻任会稽内史，许询亦被封为朝议郎，并隐居永兴西山脚下新宅中。许询与东晋名流孙倬、王羲之、谢安等每日饮酒赋文，游历于越山秀水之中。一日清晨，早早起来，信步渡上西山，见山林葱郁，霞光普照，身心异常轻松，似有悠然自得萧然自致之感。故此，后人称西山为萧然山。到了唐天宝元年（742），城因山名，改永兴县为萧山县。永兴新宅，许询当年舍宅为寺，今之祇园寺，为杭州市文物保护单位。

孙康映雪 湘湖孙氏宗祠，曰“映雪堂”。堂名取孙氏祖先“孙康映雪”成语典故。晋代，孙氏的先辈孙康自幼聪明好学，家中却一贫如洗。他白天要帮助家里干活，只能晚上读书，但又没有钱买足够的灯油。一个冬天的夜晚，孙康躺在床上默诵诗书，忽见窗户渐明，原来是积雪映亮了窗纸，他就来到雪地里，借着雪光读书。之后，孙康常映雪夜读，终学有所成。

江淹梦笔 离湘湖1里的萧山城内，有江寺与梦笔桥。江寺乃南朝才子江淹舍宅为庙之所。寺前一桥名江寺桥，古名梦笔桥。取江淹梦笔、梦中传笔、梦笔生花、江郎才尽等典故。相传江淹年轻时，诗文很受当时文人推崇，人称“江郎”。说是江郎梦中得一老翁的五彩笔，从此才思横溢，文采风流，挥笔如神。到了老年时，江郎文诗大不如前，时人说“才尽”了，但他托梦说事，说梦见东晋词赋名家郭璞了，郭说“吾笔在卿处多年，可见还”。江淹只得将怀中之笔归还，从此便不善文。

图39 江寺

莼羹鲈脍 南朝宋刘义庆《世说新语·识鉴》，讲的是张翰在洛阳为官，见秋风起，思念起故乡的莼羹鲈脍，便弃官归里。南宋爱国诗人陆游，对萧山湘湖的莼菜也有着浓厚的“莼鲈之思”，常往来于萧绍间，并且还兴致勃勃地“小艇湘湖自采莼”，或“携友共采湘湖莼”，其《剑南诗稿》，以湘湖莼菜为题而入诗的翻篇可见，用湘湖莼菜来寄托愁绪或抒发壮志亦不少。

金龟换酒 贺知章，越州永兴湘湖南史家桥村（今萧山蜀山街道知章村）人，唐代著名诗人。他身居要职大名鼎鼎的时候，李白还初出茅庐。一次，他们在长安紫极宫邂逅，李白拿出自己写的《蜀道难》一诗向他求教。贺没有读完，就赞叹不已，立即将佩在身上以显示官品级别的金龟换了酒，两人痛饮，遂成忘年交。李白在《对酒忆贺监诗序》中写道：“太子宾客贺公，于长安紫极宫一见余，呼余谪仙人，因解金龟换酒为乐。”

程门立雪 杨时，南宋著名哲学家、教育家，政和二年（1112）任萧山县令，并筑湘湖。其师兄游酢曾任萧山县尉，负责萧山地方的治安。两人曾同去洛阳拜见老师程颐。一日，程颐瞑目端坐，杨时、游酢怕惊动老师，便恭恭敬敬地站在门外等候，不敢惊扰，也不离去，到程颐醒来，门外的雪已经下到一尺多深了。杨时后来在萧山授学，程颐得悉赞曰：“吾道南矣！”明朝在湘湖设立“道南书院”，以弘扬杨时学说。大弄原有杨时牌坊，今城南有道源路、道源桥。

水仙五郎 清初大家毛奇龄湘湖采风而创作出的民间故事。每年秋天，湘湖水仙花盛开，湖边人家就要祭祀水仙五郎。古时湘湖之滨有兄弟五人事母至孝，当水仙花开时，其母思鱼餐，但又戒勿因捕鱼而扰水仙花，兄弟五人念湖面皆花，定无可取鱼者，乃各穿着用食鱼鸟羽毛缀成的防水衣，入钱塘江抓鱼，因遇大潮而漂去，成了潮神。每当水仙花开，五兄弟（五郎）就骑着白马还故乡望母，上湘湖旁的白马湖即是他们出入驻足之处。毛奇龄还将这个故事和所传伍胥（伍郎）变成潮神的传说相映糅合，写出了仿楚辞骚体，赋词曰：“秋霜未降兮花开满湖，潮神骑白马兮张灵弧。”清绍兴师爷汪辉祖之子、学者汪继培有《湘湖竹枝词》诗：“如何湖上寻春女，不拜杨公拜水仙。”

第五节 湘湖师范

“漠漠烟光渔浦晚，青青草色定山春”（唐韩翃《送友人游江南》）。“风景湘云寺最幽，压乌山下荡轻舟”（清黄元寿《湘云寺》）。位于上湘湖的定山与压乌山，自古以来以景色秀丽著称，不仅是历代文人墨客休憩之处，而且还曾诞生过一所由人民教育家陶行知先生指导创办的，被称为“浙江的晓庄”、“乡村小学教师的摇篮”、“八九十年代浙江陶研工作的发祥地”的学校——浙江省湘湖师范学校。

浙江省湘湖师范学校，之所以以“湘湖”命名，是因为其与湘湖的不解之缘。据浙江省湘湖师范学校编《浙江省湘湖师范学校校史》记载，在湘湖师范学校80年（1928—2008）的辉煌校史中，先后在定山、压乌山一带设立总部、分部的时间长达26年[1]。

[1] 设立总部：1928年10月—1937年10月，1969年2月—1981年7月；设立分部：1950年10月—1951年9月，1965年2月—1969年2月。

一 湘湖师范的创立

20世纪二三十年代，以晏阳初、黄炎培、陶行知、梁漱溟等为代表的一批资产阶级知识分子，怀着改造农村生活、推动农村建设的愿望在中华大地掀起一场轰轰烈烈的乡村教育运动，1927年3月15日，人民教育家陶行知先生在南京和平门外创办“晓庄试验乡村师范”[2]后，各地掀起兴办乡村师范的热潮。

[2] 1928年改名为晓庄学校，2000年改名为南京晓庄学院。

（一）沈定一提议择址湘湖

1928年2月25日，国立第三中山大学（1928年4月改名为浙江大学）召开设立乡村师范第一次筹备会，秘书长刘大白（代校长蒋梦麟出席）、时任浙江省国民党党部要员、省议长的萧山衙前人沈定一等出席了会议。会上，根据沈定一的提议，决定“以湘湖为试验区，先成立一所乡村师范，树立全省的模范”[3]。4月1日，浙江大学召开乡村师范第二次筹备会，将建校一事委托时任中华教育改进社主任干事、南京晓庄学校校长的陶行知办。

[3] 浙江省湘湖师范学校编：《浙江省湘湖师范学校校史》，浙江教育出版社1998年版，第10—15页。

（二）陶行知指导建校

为了筹办乡村师范，陶行知曾多次来杭州和萧山，并亲赴湘湖定山勘定校址。

1928年7月3日，陶行知冒着酷暑到萧山湘湖定山察看校址，决定“在定山顶建筑湘师校舍，在山腰处建一所小学”，采用砖瓦结构建造。

1928年10月1日，浙江省立乡村师范学校正式开学后，陶行知于11月10日再次赴湘湖师范指导，当晚在定山顶科学馆开了欢迎会。会上，陶行知“全面、具体地解释了‘教学做合一’，对普及教育，因材施教，教材教法等都做了详细的解答，从而形成著名的教育文献《湘湖教学做讨论会记》，并为湘湖师范的办学方针奠定了理论基础”。

二 湘湖师范的发展

湘湖师范建校以来，经历了抗战烽火的洗礼、内战时期的锤炼，历经坎坷，成就辉煌。

图 40　湘湖师范压乌山校址

中华人民共和国建立前后的湘湖师范，根据学校所处环境的变迁，分为四个时期[1]。

[1] 邵永校：《湘湖师范的变迁》，2009 年 10 月 16 日《萧山日报》。

（一）湘湖时期（1928.10—1937.9）

1928 年 10 月 1 日，“浙江省立乡村师范学校”在湘湖定山成立，初建时的湘湖师范有学生 18 名，教职员 7 名。首任校长操震球以晓庄师范为蓝本，以生活教育理论为指导，设置“共同教学做”、“轮流教学做”、“自决教学做”、“会朋友”等课程，鼓励学生走向农村，投入社会实践。1932 年，湘湖师范全部转移到压乌山，而音乐教室仍在定山之顶。次年校名添“湘湖”二字，改为“浙江省立湘湖乡村师范学校”。

（二）抗战南迁时期（1937.10—1945.12）

1937 年抗战爆发后，金海观校长率领全校师生南迁流亡办学，七迁校址，一路辗转义乌、松阳、庆元、新窑（包括福建松溪的分部）、景宁、古市，直至 1946 年 1 月迁回萧山。八年流亡办学期间，湘湖师范在浙南山区实施国难教育和战时教育，除语文、数学两门主课外，其他学科适当合并，各年级普遍开设中国通史讲座课和军训课，学校规模没有缩小，反而扩大了，学生最多时达 800 余人，并形成“苦硬、实干、研究、进取、注重情谊”等“湘湖精神”[2]。而原压湖山校址则惨遭日寇焚劫，山上“一片瓦砾”、“草木全无”、“几难寻出吾校些微遗迹，损毁可谓巨矣”[3]。

[2] 浙江省湘湖师范学校编：《浙江省湘湖师范学校校史》，浙江教育出版社 1998 年版，第 46—47 页。

[3] 《金海观全集》编纂委员会：《金海观全集》（中），方志出版社 2003 年版，第 1007 页。

（三）祇园寺时期（1945.10—1949.5）

1946年2月28日，湘师回迁至祇园寺复课，附小一部设在祇园寺东厢（原体育路小学前身），次年在湘湖西岸东汪村附近建房设分部。在白色恐怖下，金海观校长同情和支持校内中共地下党的活动和师生的爱国民主运动，保护和营救爱国师生，使湘师成为一所红色的革命学校。

（四）小南门时期（1949.5—2002.10）

1949年5月萧山解放后，湘师一度以祇园寺为湘师本部。1951年9月，学校在城厢镇小南门孔庙设立分部。1953年，改为“浙江省萧山师范学校”。1956年，湘湖师范新建12个教室的两层教学楼，同年9月学校全部集中在孔庙改扩建后的西河路小南门上课，原祇园寺校舍改为教工、学生宿舍和湘师附小。1957年，改为“浙江省湘湖师范学校”。“文化大革命”期间，湘湖师范没有停止对师范生的培养，1973年至1978年，湘湖师范共招学制二年的农村初中教师6届，27个班，培养了1165名毕业生[1]。

[1] 浙江省湘湖师范学校编：《浙江省湘湖师范学校校史》，浙江教育出版社1998年版，第67、350页。

湘湖师范建校以来，为国家培养了大批优秀的教育工作者，据《浙江省湘湖师范学校校史》统计（见下表），截至1998年，湘湖师范学生数为18456名，其中毕业生数为14093名，结业生数为1691名，可谓桃李满天下了。

湘湖师范培养学生一览表

时段 项目	新中国成立前	新中国成立后	总计
学生数	3614	14842	18456
毕业生数	1404	12689	14093
结业生数	475	1216	1691

三　湘湖师范与湘湖

湘湖师范创办以来，努力践行陶行知的生活教育理论，不仅使学校成为“浙江的晓庄”，而且对湘湖地区的开发和建设也产生了重要的影响。

（一）改造湘湖周边景观

湘湖师范开学后，即以定山师范部和定山小学为基点向外逐步扩展，改造旧庙宇是其扩展的主要途径。如，改东汪元帅殿为东旺小学，改关帝庙办民众茶园，改压湖山湘云寺为中山堂（原为农民聚会之所）。

“湘云寺”一名取之于湘湖八景之“湘湖云影”，为清代文人会聚之地。1930 年，随着学校规模的扩大，为满足校舍扩建的需要，湘湖师范开始向定山东面的压乌山发展，将湘云寺一带改建为学校本部，占地 60 多亩，定山校舍改为分部，据说当时“湘云寺的大殿被用做礼堂和餐厅；两侧的厢房设了好几个教室、好几个实验室、一个图书馆和一个医务室”[1]。

此外，为方便定山与压乌山两地师生往来，湘湖师范又建筑了连接两山的长 150 余丈的湖堤，开定山路、竹林路、松岭路、湘云路、欣欣路，筑成湘云池、水月池。学生们还参与修建堤坝、开挖河渠、掘井、平整土地、修路和建造各式建筑物。

[1]〔美〕萧邦齐：《湘湖——九个世纪的中国世事》，叶光庭、张环宙、王芳、李娟合译，陈桥驿校，杭州出版社 2005 年版，第 214 页。

（二）提高湘湖民众文化水平

湘湖师范的服务对象：一是面向儿童的小学教育，二是面向成人的民众教育。

湘湖师范开办之初，设立了定山、东汪两所中心小学。坚持“课课有主题，周周有中心”，办学颇有特色。1928 年 10 月 18 日，开办东汪民众茶园，为农民开设夜校及时事、卫生讲座，并配有象棋、二胡等文娱设备，极大地丰富了当地群众的文化生活。

（三）推动湘湖农业发展

“生活是什么？就是建设适合乡村实际生活的活教育”[2]。建校以来，湘湖师范始终坚持陶行知“教学做合一”的原则，将改造乡村社会生活作为工作中心。学生除了参与学校 1416 亩试验田劳动外，还需担负当地修建堤坝、开挖河渠、掘井、平整土地、修路等任务。据统计，湘湖师范开垦荒地，“计有稻田 30 亩，园地 15 亩，茶园地 15 亩”；“推广农作物的优良品种和新的耕种方法；研究莼菜的种植方法；姜片虫的防治医疗”等。对当地经济尤其是农业发展起了重要作用[3]。

湘湖师范现已成为历史，但在萧山人的心中，它却是一座永远的丰碑，一段抹不去的记忆。这所学校承载的其实已不仅仅是一所乡村师范学校的校史，而且也承载着萧山人奉献、实践、团结、勤俭、创造的“湘湖精神”[4]。

[2]陶行知：《中国乡村教育之根本改造》，杭州市陶行知研究会、杭州市教育委员会编：《以陶为师，献身教育》，1991 年，第 50 页。

[3]浙江省湘湖师范学校编：《浙江省湘湖师范学校校史》，浙江教育出版社 1998 年版，第 21—22 页。

[4]毛微昭：《湘师——永远的怀念》，http：//blog.sina.com.cn/mwz350713。

第六节 湘湖研究

湘湖的研究，自宋代以来就已经开始，至今仍是一个热门话题。宋元时期为湘湖的初建时期。这一时期对湘湖的研究侧重于历史沿革及水利灌溉的介绍，如南宋《嘉泰会稽志》卷十记述了湘湖的成湖、灌溉情况；南宋萧山县丞赵善济在《萧山湘湖均水约束记》中提出“均水约束”配水方法。明清至民国，随着废湖保湖、主垦主禁之争的白热化，人们对湘湖对九乡水利的作用更为关注，出现了6个版本的湘湖史志。如洪武初年萧山知县张懋编著的《湘湖水利图》和《湘湖志略》，清代毛奇龄撰写的《湘湖水利志》及於士达撰写的《湘湖考略》、鲁燮光撰写的《湘湖水利志》，民国16年（1927）周易藻所编的《萧山湘湖志》。其后毛奇岭的《湘湖水利志》（三卷）、於士达的《湘湖考略》（一卷）以及民国时期周易藻的《萧山湘湖志》（九卷）被认为是湘湖研究史上“具有显著的标志性的著作”[1]。

[1] 王芳：《湘湖研究概况综述》，载陈志根编：《萧山历史文化研究》，方志出版社2006年版，第106、108页。

与古代局限于对湘湖沿革和水利设施的研究不同，现代学者对湘湖的研究开始从历史地理、自然地理角度进行研究，从而为湘湖研究另辟蹊径。著名历史地理学家陈桥驿教授在《论历史时期宁绍平原的湖泊演变》一文中，提及湘湖三次之多，同时以湘湖的演变为依据，提出“废复不定的现象，是整个湖泊群由盛转衰，由进至退过渡阶段的反映”[2]，论证湖泊演变的规律性所在。陈桥驿的助手侯慧遴副教授则在陈桥驿的基础上进一步研究，提出“湘湖的湮废是自然淤淀和人为活动共同作用的结果”，从而把“自然淤淀”这一因素纳入研究范围。萧山湘湖师范学校的杨钧老师则从自然地理角度论证了湘湖的存在价值，认为“还没有人认为湘湖的功能已不存在”。

[2] 陈桥驿：《论历史时期宁绍平原的湖泊演变》，《地理研究》1984年9月第3期。

国外学者对湘湖的研究时间较晚，1956年市立大阪大学教授佐藤武敏在《人文研究》第7、8期连载《宋代湖水的分配——以浙江省萧山县湘湖为中心》是国外学者关于湘湖最早的学术论文。与国内学者相比，国外学者注重对湘湖从社会角度进行研究，代表人物和作品为日本国立大阪大学教授斯波义信写的《〈湘湖水利志〉与〈湘湖考略〉——浙江省萧山县湘湖水利始末》和美国瓦尔巴莱索大学历史系主任萧邦齐教授著的《湘湖——九个世纪的中国世事》。

在这一时期，除继续对湘湖的成湖、水利等问题进行研究外，主要是做一些基础资料的点校整理以及对国外学术著作的翻译工作。萧山区地方志办公室在2001年仿制古本重印了毛奇龄的《湘湖水利志》和周易藻的《萧山湘湖志》；斯波义信的《〈湘湖水利志〉和〈湘湖考略〉——浙江省萧山县湘湖水利始末》于1988年前由浙江农业大学胡德芬副教授译为中文，发表于《中国历史地理论丛》（第三集）上；萧邦齐的《湘湖——九个世纪的中国世事》中文译本在2005年由杭州出版社出版。

一 周易藻的《萧山湘湖志》

周易藻（1864—1936），字芹生，号璐琴，晚号遁叟，萧山戴村镇丁村人。年轻时勤奋好学，“少以文章名，澹于仕进”，26岁时中举，后命运不济，仕途坎坷，四次赴京参加进士考试都因“额满见遗”无功而返。

64 岁时，感慨“读书不成名，著书未成卷”，遂著《萧山湘湖志》（九卷），以了“著书成卷”之心愿。

周易藻所著《萧山湘湖志》（九卷），是历来研究湘湖的著作中最为厚重的一部。其内容“首述龟山建始，递及赵、顾、郭、于之擘画，魏、何、富、张之经营。暨宋、元、明、清之案牍文告，骚人学士之文赋诗歌，下逮古迹冢墓、名山庵寺、村落桥梁、水陆物产，提要钩玄，罔弗殚录”。

周易藻的《萧山湘湖志》，在体裁上“仿纪事本末体”，收载了自北宋政和初年杨龟山（杨时）开辟湘湖以来的史、地资料，其中包括当时著名的“主禁”（废田为湖，永禁侵占）“主垦”（罢湖为田，垦耕种植）之争。而对湘湖周边名胜古迹、湖贤事迹、诗歌题咏等则“分居别部，勒为一书”。所以毛奇龄的《萧山湘湖志》不仅可纵览湘湖历史沿革，精研湘湖水利，而且较之毛奇龄所撰《湘湖水利志》及於士达所撰《湘湖考略》更为充盈、翔实。

图 41　周易藻像

为著此书，周易藻天天外出，“驾一叶扁舟，浏览湘湖，穷幽探隐，日夕始返。夜则检查水利诸书，摘录历年卷宗，参互考订”。故书中材料，多为亲临考察、搜求得来，较为客观完整地反映了清末民初时期的湘湖面貌，对于后人了解湘湖、认识湘湖有着不容低估的作用。

萧山县知事（县长）郭曾甑为该书作序说：“余闽人，因读先生之书，得悉文靖（即杨时，也是福建人）当年之惠政……是编之成，非唯萧山人之幸，亦余之幸也。”“专书汇而存之，数十年后知之者希矣……足以信今传后，其有裨于桑梓。”

二 《萧山县名胜纪略》

20世纪30年代，湘湖的人文旅游功能逐渐为人们所重视。为适应开发湘湖及振兴萧山旅游业之需，民国23年（1934）6月初，萧山县名胜管理委员会编印《萧山县名胜纪略》一册，对萧山各地山川形势作了一次系统整理，成为萧山第一本系统完整的旅游手册。

书中对当时湘湖的地点、史略、现状、沿湖胜地、行程、物产都作了较详细的说明。

在湘湖“史略”部分，书中记述了湘湖的成湖情况：“宋神宗时，居民吴氏等奏，以崇化等乡，有田高阜，两岸皆山，连雨则水散漫下游，其低洼之田，受浸无收，乞筑为湖。至政和二年，杨龟山来宰是邑，视山可依，度地可圩，以山为界，筑土为塘，废田三万七千余亩，辟为储水之湖，名曰湘湖。”吴氏本为萧山大族，是当年修湘湖的提倡者；而到明弘治年间，吴氏与孙氏家族“共为陶窑之基”，倡导废湖还田。另书中记载“民国十五年，省长夏超，倡湘湖为省有，至民国十七年，省党部倡湘湖为国有，于上湘湖先后开田至五六千亩”。没有回避当时禁垦之争这一热点问题。

在介绍“沿湖胜地”景观的现状时，认为当时的湘湖虽“无复昔日景色”，却仍能“怡性悦情，涤我胸怀，去我尘俗也”；至湖岭一带“湖中胜迹颇多，要以此为第一”；越王城山上“山间童然不毛，屋宇湫隘，无甚可观”；登一览亭可观“湘湖之绿水澄鲜，钱江之风帆上下”等。

为方便游客旅游，该书又对游客的行程和交通方式作了介绍，“由杭江萧绍两路来者，可雇人力车至湫口坝，乘船先至下湘湖，再至上湘湖。自闻堰义桥来者，雇船先至上湘湖再至下湘湖”。

此外，该书还简略介绍了湘湖莼菜、鲥鱼、砖瓦、杨梅等物产，特别提出“杭州所售之西湖莼菜，实均系湘湖所出，味极鲜美”[1]。

《萧山县名胜纪略》一书不仅是一本民国湘湖旅游指南，而且还具有一定的史料价值，对于今天湘湖的开发大有裨益。

[1] 萧山县名胜管理委员会编：《萧山县名胜纪略》，民国23年（1934）编印，第10—15页。

三　陈桥驿的《论历史时期浦阳江下游的河道变迁》

陈桥驿，原名陈庆均，当代著名历史地理学家。1923 年出生，浙江绍兴人。以研究宁绍平原起家，其研究领域涉及历史地理学、郦学（“水经注”研究）、历史地图学、方志和地名学、城市与古都研究、宁绍史地与吴越文化研究以及中外学术交流等诸多方面，在《水经注》研究方面，有《水经注研究》、《郦道元评传》、《水经注校释》、《水经注校证》等问世，被誉为“当代郦学领域的学术泰斗”。

陈桥驿先生的《论历史时期浦阳江下游的河道变迁》载于《萧山史志·名家论坛》2005 年第 3 期。该文是陈桥驿先生以《水经注》为基础，运用历史地理学的方法，考证浦阳江下游河道变迁的论辩型论文。

浦阳江，为钱塘江下游最大支流，它发源于浙江义乌，包括支流在内，流经义乌、浦江、诸暨、萧山四地，下游经萧山临浦镇，过碛堰山至渔浦北出钱塘江。对于今天浦阳江下游河道“过碛堰山至渔浦北出钱塘江”的情况，学术界普遍认为非其故道，陈桥驿先生对此提出了质疑，并进行了论证。陈桥驿首先采用地理学的方法分析了“古代浦阳江下游的河湖形势”，认为临浦（临湖）、湘湖（西城湖）、渔浦三个湖泊“与古代浦阳江下游河道都有密切关系”；继而又采用历史学的方法论证汉唐时代的浦阳江下游河道一直是“北出萧山”，并从“从渔浦注入钱塘江”，碛堰山“原为浦阳江之出口”，而临浦、湘湖和渔浦等湖泊的围垦湮废最终使其在北宋由原来的“溢洪道”而成为“浦阳江北注钱塘江的主要通道”。（注：陈志根认为，浦阳江主要的流程分为两路：一路由临浦湖经碛堰山北和木根山南的峡口注入渔浦湖，西北出钱塘；另一路由临浦湖顺地势北经山、会、萧平原沼泽地，又东折经钱清入海[1]。）针对明代以来学者“浦阳江故道东出绍兴三江口”的说法，陈桥驿认为源于对浦阳江和钱清江关系的混淆，事实上，因“碛堰兴废无常”，以致“浦阳江主流时而借道钱清江，时而复归故道”，所谓“东出绍兴三江口”仅仅是多次改道中的一次。

[1] 陈志根：《浦阳江下游河道变迁考略》，《萧山历史文化研究》，方志出版社 2006 年版，第 94 页。

与以往学者不同的是，陈桥驿先生的这篇论文，不仅查阅了大量历史文献，而且运用现代地理学的方法进行论证，对于当代史学研究尤其是对古湘湖的历史变迁研究具有重要的借鉴意义。

四　萧邦齐的《湘湖——九个世纪的中国世事》

《湘湖——九个世纪的中国世事》是美国汉学家萧邦齐教授经几个月实地考察后撰写的研究湘湖的专著。该书于 1989 年出版英文版，又于 2005 年 7 月经叶光庭、张环宙、王芳、李娟合译，陈桥驿校译，由杭州出版社出版中文版。

全书共25万字，共分9章，向读者展现900年来湘湖的风云变化，包括始创时期的宋代湘湖、晚清湘湖的灾难以及20世纪80年代湘湖的重建故事等。分别从北干山、陈习园、越王城、净土山、上孙村及青山、压乌山、石岩山、一览亭、小砾山9个地理位置，按时间顺序详述湘湖从北宋政和年间（1111—1118）到1986年间近9个世纪的变迁史。因此，它被认为"是目前我们可以看到的对于湘湖历史地理研究的最完备的成果"[1]。

[1] 王芳：《湘湖研究概况综述》，引自陈志根编《萧山历史文化研究》，方志出版社2006年版，第110页。

以历史地理学的方法研究湘湖。该书通过将历史叙述与理论分析巧妙的结合，展示了9个世纪的中国社会，特别是具体到个人与个人、家族与家族之间围绕湘湖而展开的矛盾冲突。文中着重描写了孙、吴、来、黄、韩等家族之间的利益，并从公众利益角度对私占者予以尖锐抨击。

以图带史，反映湘湖的文化影响。该书每章开头都有一幅风景画。如"12世纪晚期北干山上望湘湖小景"、"15世纪晚期陈习园小景"，都是在特定历史时期所能看到的景象。

以丰富的史料构建"传统的中国文化"。该书在论证"中国社会的运作图景"过程中，充分运用了多种史料，凡与湘湖研究有关的历史笔记、县志、文件、文章、县里大族的宗谱、报纸和政府报告乃至诗词无不搜罗，所以该书也具有较高的史料价值。

[2] 陈桥驿：《回忆与汉学家肖邦齐相处的日子——兼论其它几位国际汉学家的汉学研究》，见《湘湖——九个世纪的中国世事》中译本，杭州出版社2005年版，第297页。

以人与环境、土地与水的斗争为着眼点，可为今日之鉴。当今世界，水资源和土地问题是影响人类生存发展的重大问题，作者在其中亦将其作为切口，分析了人口数量和需求与可耕地和水资源的关系，人类生存与生态环境的关系等，这些问题对于今天中国的可持续发展有一定的借鉴作用。

陈桥驿教授认为，该著作是"是目前我们可以看到的对于湘湖历史地理研究的最完备的成果"[2]。但也有学者提出其中有瑕疵，学者钱杭指出，"萧邦齐在序中说：开垦湘湖实际上是为了私利，因而是不道德的。这个观点也成为我们的观点了"，开垦湘湖是否就是不道德，对湘湖的保护与开垦是否可为忠奸之划分，可见"他的基本思路未能有效地摆脱传统视角"[3]。

[3] 钱杭：《用地方数据构筑的区域社会史——萧山湘湖史的数据基础》，《传统中国研究集刊》（第二辑），上海人民出版社2006年版。

五　斯波义信的《湘湖水利志与湘湖考略——浙江省萧山县湘湖水利始末》

日本学者斯波义信1984年所著的《湘湖水利志与湘湖考略——浙江省萧山县湘湖水利始末》，是以清初毛奇龄《湘湖水利志》与於士达《湘湖考略》两本有关开发湘湖的水利书籍为素材，来考察"当时在那种新的生产、定居环境下所产生的地域性组织的发展史”[1]。

该文对毛奇龄《湘湖水利志》与於士达《湘湖考略》二书内容作了一番说明和比较，认为后者是“一本技术性比较强的书”，其着眼点主要在“环湖堤防的维修保管”方面，而对于侵湖者，没有作“直截了当的批判”，而是“把富有实际知识的意见提出来”。

该文在分析了宋朝以来的绍兴水利志后，对历代有关湘湖的逸事作了有选择的考证评述。如记述了杨时筑湖与“均包湖米”的措施，提到了赵善济的《湘湖均水利约束记》，明朝魏骥、何舜宾保湖与由此引发的湘湖禁垦之争等。

该文在记述这些事件的过程中对湘湖湮废的原因作了细致的分析，总结出 5 条要素，对湘湖湮废原因作了比较完善的解释，分别为“长期自然的、人为的泥沙淤积”、“嘉靖十五年（1536）所建的三江闸系统的影响”、“把湘湖分成上湖和下湖，全湖水的循环就停滞下来”、“乡绅、乡官的性质和利害有变化”、“地方行政机能的变化”[2]，从而将自然与人文因素结合起来。除从技术角度分析自然、人为的泥沙淤积现象外，该文还运用了社会史的观点，考证湘湖私占源于“和显贵们相勾结的土豪向上投献”，同时，地方官行政权力的缩小，在广大的地方社会面前“无力行使”（行政权）也是一个重要原因。

从该文的价值取向来看，与萧邦齐相似，作者仍然认为湘湖的历史主题为“地方官和有公益心的乡绅与要想废湖和私占的官僚及有势力的乡绅的对抗斗争”，湘湖的历史实际上就是“对抗试图废湖与霸占湘湖的官僚和有权势的乡绅的历史”。“保湖者为公，垦湖者为私；为公者善，为私者恶”的传统价值观并没有改变。

六　《萧山县志·湘湖记略》

1987 年版《萧山县志》附录《湘湖记略》，是一篇全面反映古湘湖的文章，约 8000 字。文章记述了从北宋政和二年（1112）人工湘湖开筑始，到 1984 年县城建部门制定逐步恢复湘湖景观规划止的湘湖演变过程。文章分湖的形成及历史效用、主禁主垦之争与反侵占、民国时期开发湘湖计划意见书的要点、湘湖物产、湘湖名胜古迹、湘湖的变迁与现状等 6 个部分。尤其是对于禁垦之争记述比较详尽，将宋元时期、明清时期、清末民国时期分别撰写，体现了各时期禁垦之特点。但文中未记录人工湘湖筑成前的自然湘湖状况，不能不说是一种遗憾。

[1]〔日〕斯波义信：《湘湖水利志与湘湖考略——浙江省萧山县湘湖水利始末》，转引自《萧山历史文化研究》，方志出版社 2006 年版，第 12 页。

[2]〔日〕斯波义信：《〈湘湖水利志〉与〈湘湖考略〉》，转引自《萧山历史文化研究》，方志出版社 2006 年版，第 28—30 页。

余论　文化湘湖的振兴

到了20世纪末21世纪初，湘湖的保护开发得到了杭州市萧山区委、区政府极大的关注，并加快规划建设速度。1992年，萧山市政府组建了“湘湖风景旅游开发办公室”。1995年，经浙江省人民政府批准设立湘湖旅游度假区。之后通过湘湖村“农转非”、土地收储、村民安置等项措施，完成了湘湖开发基础性工作。2003年，浙江湘湖旅游度假区管理委员会建立，使湘湖保护和规划建设进入快车道。为迎接2006年世界休闲博览会，2004年湘湖保护和开发工程启动，通过规划设计、规划论证、居民房屋征迁、企业搬迁与接收、湖堤湖岸工程和仿古景观建设，终于在2006年世界休闲博览会前建成开放。与此同时，湘湖景观建设、湘湖经营管理、湘湖文化研究、湘湖文化公园建设等进入了历史上从未有过的发展时期。

湘湖旅游度假区是杭州旅游大区域整体开发的一部分，是环绕杭州城的旅游度假区的重要组成部分，是延续杭州“三面云山一面城”神韵的大手笔。湘湖和萧山南部的石牛山、青化山构成了以湘湖为中心的杭州东南部旅游组团，与西湖风景旅游组团隔江相望，互为联系。

湘湖旅游度假区总规划面积51.7平方千米。这一区域生态环境良好，自然风景优美，而且物质文化遗产和非物质文化遗产丰富，既有著名的跨湖桥文化遗址和越王城山遗址等文化遗址、遗迹，又有众多的历史文化传说故事。区域内人口众多，产业集聚密度较高。在湘湖旅游度假区管理委员会成立之前的湘湖开发过程中，长期注重资源的获取，历史文化遗产基本上没加保护，甚至还受到相当的破坏。湘湖保护与开发是一项符合杭州市萧山区百姓意愿的“民心工程”，由萧山区政府出资、浙江湘湖旅游度假区管理委员会具体负责实施。目前，湘湖旅游度假区管理委员会采取以保护湘湖历史文化为目的，提升区域品牌形象，适度开发湘湖周边区域，以“反哺”湘湖历史文化保护的政策，取得了较好的成效；周边区域所选择的经济项目和产业门类不能与湘湖历史文化保护内容相冲突。经过几年来周密的论证与探索，出台了切合湘湖旅游开发实际的《萧山湘湖区块控制性规划》，对旅游开发中的湘湖历史文化保护作了具体规划。湘湖保护与开发工程启动区块东临风情大道，南为西山山脊，北至越王城山脊，西到湘湖社区与滨江接壤处。现在湘湖旅游开发一期主体湖面恢复工程已经完成，正在实施推进工程；湘湖二期规划基本完成，正进入实施阶段。

一　湘湖开发历程

1958 年，萧山县人民委员会委托浙江省工业设计院编制《萧山县城厢镇规划总图》，在说明书中提出：“湘湖离城较近，风景优美，远景将成为萧山的一个大公园及休疗养的佳地。”1960 年制订的《萧山县 1960 年工业发展规划》（草案）第 16 条中提出了“逐步建设湘湖风景区”。进入 20 世纪 80 年代以来，随着萧山经济快速发展，湘湖保护与旅游开发逐渐得到了人们的重视和关注。

1984 年，萧山县政府把湘湖开发建设提到了议事日程，制定了逐步恢复湘湖景观的规划，规定凡黏土取尽的泥塘均应灌水复湖。1992 年，萧山市委九届六次全体（扩大）会议决定开发湘湖旅游资源，建设湘湖风景旅游区；萧山市计划委员会在调研的基础上形成《湘湖开发前瞻》报告，萧山市政府组建了“湘湖风景旅游开发办公室”，办公室设于市计划委员会内，日常工作由计划委员会承担。到 1993 年 9 月 30 日，按照相关政策规定，城厢镇湘湖村农业人口共 817 户 1972 人全部转为非农户口。是年 11 月，撤销湘湖村村民委员会建制，设立湘湖居民委员会。翌年，6 家村办企业由“村办”转为“市属大集体”，企业职工也全部转为市属大集体职工，其余村民也按有关政策被妥善安置。

1994 年，浙江省区域调查大队完成了对湘湖地区的地形测绘，绘制了 1/500 的地形图。杭州市园林设计院编制了《萧山湘湖风景旅游区总体规划》，萧山市政府对此作了《关于同意萧山湘湖风景旅游区总体规划的批复》。此规划面积为 18.10 平方公里，包括湘湖部分及东、西白马湖。涉及城厢、闻堰、西兴、石岩等 5 个乡镇 11 个村，内含耕地 4 万亩，山地 1.33 万亩，水面 0.30 万亩和企事业单位占地 0.50 万亩[1]。

[1] 杭州市萧山区建设局编：《萧山建设志》（下卷），中华书局 2008 年版，第 561 页。

1995 年，萧山市计委按照建立省级旅游度假区的要求，邀请省内外有关专家对湘湖进行考察，征求设立湘湖旅游度假区的规划意见。之后，萧山市政府将上海同济大学专家提供的《湘湖旅游度假区总体规划构想》（图）和《萧山市湘湖旅游度假区可行性研究报告》一并上报省政府。是年 9 月，浙江省政府正式批准成立浙江省湘湖旅游度假区。

1996 年，湘湖旅游度假区的开发被列为政府当年工作的重要任务之一。是年，总长3126米的湘西路开工建设。1998年，全长2000米的湘湖路拓宽改造工程开工。同年9月，《浙江湘湖旅游度假区总体规划》通过专家评审。1999年4月，湘湖风情大道一期工程完成招标并开工建设。2003年4月，杭州市萧山区第十三届人大常委会第一次会议通过《关于重点督办要求保护和开发湘湖的代表议案的决定》，提出“把湘湖建成一个集自然风光与历史文化于一体的城市中心风景区，真正打造成‘北有西湖、南有湘湖’的城市环境品牌”。2003年7月萧山区政协第十一届常委会第二次会议通过了《关于大手笔谋划和实施古湘湖保护开发的调研报告》。8月，收储了萧山二轻砖瓦厂、萧山农水学校、区人武部靶场、湘湖砖瓦厂、湘湖风情城、湘湖社区、湘湖渔场等土地和水面273.48公顷。同时，建立湘湖文化研究会，积极为湘湖建设出谋划策。

2004年以举办世界休闲博览会为契机，首期启动区块建设开始。6月，萧山区委、区政府专门组建起湘湖保护与开发工程指挥部，先后从区级机关、镇街抽调区管干部和后备干部等108人进驻现场，是年底基本完成1400户居民房屋腾空，拆除房屋90%。2005年，湘湖开发建设进入高潮。先后进行湖堤岸挡墙、挖土、涵闸、沿湖石矶、景观桥梁、仿古茶楼、观鱼廊等景观工程建设，开工建设2495套居民安置房，接收湘湖渔场和搬迁湘湖社区的41家企业。至年底，岛屿2座、2600米的湖岸线、1800米的湖堤、2座节制闸、10座石桥、5座游船码头、100米石栈道等工程完工，恢复湖面1.2平方公里，初步形成“一心、一湖、二带、二区”的格局。2006年4月至10月，杭州世界休闲博览会在湘湖成功举办，共接待游客100余万人次。

2007年11月，湘湖旅游度假区顺利通过国家4A级旅游景区验收。2008年4月在北京召开的2008年第二届中国休闲经济发展论坛上，湘湖旅游度假区被评为“中国最佳休闲旅游目的地”。2008年7月，湘湖旅游度假区被国家旅游景区质量等级评定委员会正式公布为4A级旅游区。

到2011年，度假区将以5A级旅游景区为标准，扩大景区面积至10.6平方公里，完成30万平方米公建设施、17.8公里景区交通道路和56万平方米公寓房产建设，形成“一湖、二带、三园、四中心、五大酒店、十大景区和五十个景点”，成为集观光、休闲、度假、生态、文化、科普、健身、购物、演艺、会展于一体的国际化旅游综合体。

二　湘湖规划与文化保护

湘湖旅游区规划采用“一次规划，分步实施”的方针。1998年，分别编制了《旅游区开发与湘湖风景区规划》、《湘湖旅游度假区总体规划》。2004年，委托浙江省城乡规划设计院编制浙江湘湖旅游度假区51.7平方公里控制性规划，启动区块4.64平方公里修建性详细规划。2005年，浙江省湘湖旅游度假区启动区块修建性详细规划正式实施。2007年12月底，通过评审5.95平方公里的《湘湖二期修建性详细规划》。2010年《湘湖二期修建性详细规划》正式实施。

（一）湘湖旅游度假区总体规划

1998年9月，《浙江湘湖旅游度假区总体规划》[1]通过专家评审，提出了湘湖旅游度假区建设目标为：以“水、夜、绿”为主题，依托“大杭州旅游”的区域优势以及湘湖自然风光、人文古迹，通过一系列新颖独特的旅游项目的启动与环境整治、美化，在未来5—10年将湘湖旅游度假区建设成为在华东地区乃至更大范围有影响的旅游度假胜地。

[1] 杭州市萧山区建设局编：《萧山建设志》（上卷），中华书局2008年版，第59页。

浙江省湘湖旅游度假区区域范围：东侧以山脊线为界，北起西山、柴岭山，南至城厢镇徐家河村；南侧东起徐家河村、跨湖村，西至长河镇汤家井村；西侧南起长河镇汤家井村、海山桥村，北至西白马湖；北侧西起西白马湖、东白马湖、里黄家坞、湫上王、松毛山、菊花山，东至西山，规划面积9.98平方公里。

用地范围：北起湘湖绿谷与萧山城区接壤，南至湘湖农场，东接石岩山，西与越王城山与杭州的滨江区紧密相连。规划以“古湘湖”为主题，突出湖光山色、美丽的夜景。优化生态环境，凭借“大杭州”区域优势，追踪国内动态，开拓国际市场，将湘湖建设成为环境优美，适应国际旅游发展潮流的集观光、竞技娱乐、休闲健身、度假旅游为一体的旅游度假胜地。总体布局有游憩娱乐区、观光浏览区、商贸活动区、别墅区和管理区五大部分，每个功能区既相互独立又相互关联，构成湘湖旅游度假区完整的系统工程。

（二）湘湖区块控制性规划

2003年12月，编制《萧山湘湖区块控制性规划》[2]，控制范围为：北至原萧杭铁路及西站场，东至蜀山路，西至杭州滨江区界及闻堰四季大道、闻戴公路，南至杭州绕城公路，包括滨江区的白马湖周边区域、小砾山三江口周边区域，总面积51.7平方公里。其中属萧山区44.8平方公里，属滨江区约6.2平方公里。明确规定湘湖周边各类建筑项目予以全方位控制，杜绝在湘湖周边再搞其他建设。

[2] 杭州市萧山区建设局编：《萧山建设志》（上卷），中华书局2008年版，第65页。

规划理念：以世界湘湖为目标，历史湘湖为核心，文化湘湖为重点，生态湘湖为前提，休闲湘湖为特色。后归纳为“自然生态湘湖、历史文化湘湖、休闲度假湘湖”三句话18个字。区块定位为杭州至江南地区以湖为主题的越文化山水旅游区块与历史人文地域，大都市生态、休闲、游憩分区。

湘湖的保护与开发分三步走：第一步（2003—2005）恢复核心区块（启动区块）4.64平方公里；第二步（2005—2011）完成二期规划面积

5.95 平方公里；第三步（2011—2020）完成整体规划面积 51.7 平方公里。

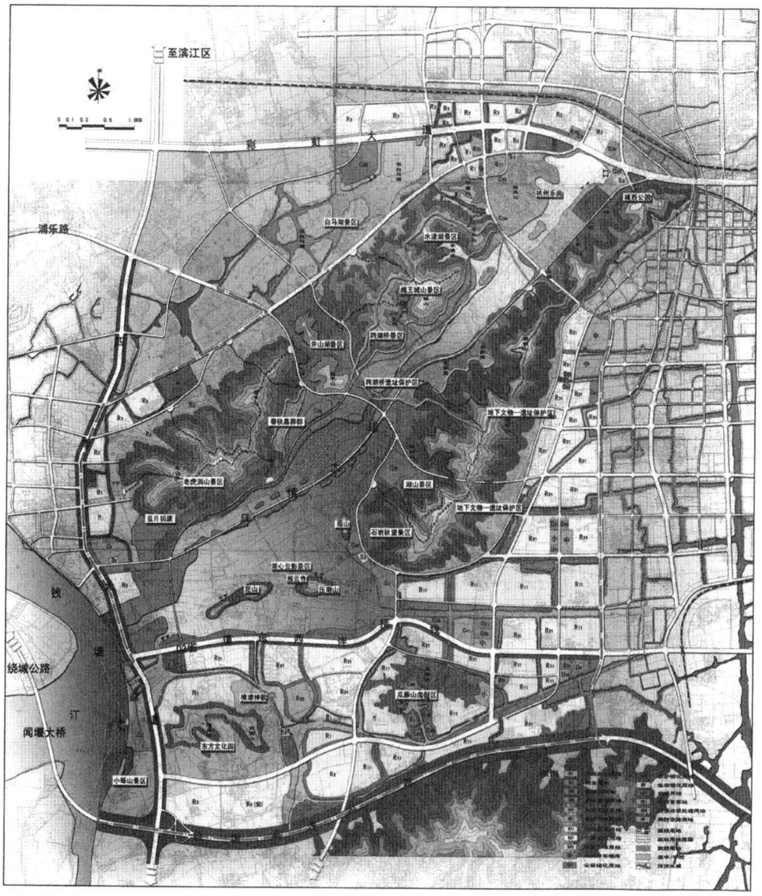

图 42　新湘湖规划图

总体结构：结合古湘湖历史及现状开发实际，规划形成“一心、一湖、二带、二区”的结构。“一心”即以越王城山、跨湖桥遗址为重点形成核心片。“一湖”即恢复古湘湖为基础的水域，湖域包括上湘湖、下湘湖与白马湖。“二带”即依托山体形成湘湖两岸景区带，作为历史文化与风景旅游的景观轴带。“二区”即根据文物古迹、遗址保护要求和景区特色划分为南北二区。北区位于核心区北侧、湘湖风情大道以北，主要为杭州乐园及世界休闲博览会改造区、北部居住及安置区，休闲博览会用地预留湘湖风景区入口公园及广场；南区位于核心以南，以文化、历史等景观为特色，包括井山湖景区、老虎洞山景区、小砾山景区、东方文化园景区、石岩望秋景区、湖心云影景区、居住南区和东西部居住配套区。湘湖结构为一湖三区，以跨湖桥为界，北以下湘湖为基础形成曲而长的水系；

南以上湘湖为基础形成开而荡的湖面；白马湖则形成巧而精的水态。

（三）湘湖修建性规划

1. 湘湖保护与开发启动区块修建性详细规划

启动区块（一期）规划定位。独具风情的观光、游览风景地，以山峦、湖体等自然景观为背景、以湘湖历史文化为特色的观光旅游地，整个大湘湖风景旅游区的启动空间、景观引导区块，完善科学网络系统和景观结构系统，与西湖风景区、钱塘江滨江风景带相关联的风景旅游地。

启动区块总体规划构思。规划凸显生态湘湖、文化湘湖和休闲湘湖的建设要求，提出“延续湘湖历史”和“现状条件的充分利用”两大目标。如保留老民居、砖瓦厂、水域、村落、地名等对社会发展、人类进步起到积极推动作用的历史元素；部分恢复历史上曾为湘湖的发展起到重要作用的一些史迹并作再生设计；有选择地保留了一些现状堤作为未来新湘湖的交通和景观堤，利用大小望湖山谷设计生态湿地系统等。

启动区块规划范围。为了使湘湖的人文历史完整，规划将用地范围扩大，把长河砖瓦厂包括进本次规划范围内，总面积共计4.64平方公里。

湘湖一期规划内容。延续湘湖历史文化，重新规划湘湖水域，对湘湖景观分区，湘湖保护性开发内容，湘湖建筑风格，湘湖夜景灯光，湘湖交通道路，湘湖植物景观，旅游服务设施，给排水、电力、消防、通信等基础设施方面均作了系统规划。

整体区块与启动区块的景观分区。整体区块：规划大湘湖区块共分为21个主要景区，分别为湘堤卧波、柴岭樵歌、石岩秋望、湘湖书声、横塘棹歌、杨岐钟声、湖心云影、越王伏棘（含双峰积雪、卧薪尝胆、莲花圣地、春秋追忆、世外桃源）、井山峰容、东马听荷、西马踏泽、北湘湖景区、城西公园、小砾观江、跨湖问史、城山怀古、水漾蛙鸣、云雾茶清、下孙涵古、湘南逸所、柴岭樵歌。启动区块：根据景观特色和用地的功能，规划在湘湖启动区块内共分为7个景观游览区和两个功能服务区，各景区之间功能和景观互有交叉。7个景观游览区为跨湖桥景区、大小望湖景区、越王城山景区、下孙景区、水漾湖景区、中心湖区、山林景区；两大功能服务区为服务管理区和休闲度假区。

2. 湘湖二期修建性详细规划

湘湖二期规划目标。以“主攻二期，做热湘湖”为三年目标，把湘湖打造成旅游功能集聚的国际化旅游综合体，争创国家5A级旅游景区。主要是通过“休闲博览园”和“东方文化园”两个国际旅游综合体的建设，把湘湖打造成集观光、休闲、度假、购物、演艺、会展、文创产业等功能于一体的，规模大、功能全、品质高、环境优、服务好的大国际旅游综合体，为湘湖新城建设打下基础。

湘湖二期保护开发思路。湘湖二期的规划与开发要充分体现湘湖控制性规划的基本要求，主要目标是做好详细规划控制，保护好文物古迹、自然生态；控制好环湖河流的污染源；净化周边环境，精心提炼二期主题与特色。湘湖二期以控制性规划为依据，围绕历史文化、自然生态、休闲度假三个定位，紧紧连接一期建设，突出三个主题：一是再现古湘湖"开而荡"的大湖面，积极打造自然山水环境；二是要保护历史遗存，充分挖掘越王卧薪尝胆、老虎洞、莲华寺、一览亭、魏骥墓、贺知章、秦始皇妃子墓、秦皇渡等一批人文资源；三是围绕第二届休博会的主题，做好做活休闲文化的文章；四是以湘湖保护建设为核心，把湘湖二期建设与打造文化产业园区、湘湖旅游综合体、湘湖新城等多位一体结合起来，使湘湖成为在国内亨有较高知名度的休闲旅游目的地。

湘湖二期保护开发范围。湘湖二期是在现有启动区块的基础上，西扩5.95平方公里。东至湖山景区山脊线，南至原石岩砖瓦厂南线，西南至老虎洞村南缘，西至老虎洞山山脊线，北接湘湖一期启动区块、狮子山山脊线。其中，恢复水面2平方公里左右[1]。

湘湖二期保护开发内容。湘湖二期规划以5A级景区为标准，总开发面积10.6平方公里，完成30万平方米公建设施，17.8公里景区交通道路，56万平方米公寓房产，形成"一湖、二带、三园、四中心、五大酒店、十大景区、五十个景点"，即3.2平方公里一个湖面，105万平方米两个沿湖岸景观带，跨湖桥遗址、越王城遗址、少儿公园与极地海洋世界三个主题公园，湘湖新天地休闲中心、罗家坞野外体验中心、陈家埠休闲度假中心、眉山岛科普休闲中心四个休闲中心，水漾坞超五星级度假酒店、大樟树宾馆、湘庄、湘湖国宾馆、眉山宾馆五大酒店，老虎洞、石岩山、狮子山、湖山、中湘湖等十大景区和五十个景点[2]。完成政府性投资28亿元，达到年接待境内外游客300万人次，解决就业5000人，旅游三产收入达到5亿元，使度假区成为集观光、休闲、度假、生态、文化、科普、健身购物、演艺、会展为一体的国际化旅游综合体。

[1]《湘湖二期修建性详规"出炉"》，http://zzhz.zjol.com.cn/05zzhz/system/2007/12/05/009027763.shtml。

[2]方晨光：《杭州湘湖保护开发与研究》，引自《杭州蓝皮书：2009年杭州发展报告·文化卷》，杭州出版社2009年版，第88—89页。

（四）湘湖保护控制的主要内容

2003年12月，编制的《萧山湘湖区块控制性规划》，确立了以越王城山、跨湖桥遗址为重点的核心片；其保护范围为越王城山、跨湖桥景区、湘湖主水域、白马湖湖域。规划还划定湖域恢复区、遗址与文物保护单位保护范围、山林植被保护区与禁止建设区。设定遗址与文物保护单位建设协调区、风景旅游与度假区、城市生态休闲区、村庄安置区等为有条件建设区，以保护和控制为原则，对确需建设的区域限定开发条件，制定专门的控制条件、指标、准则，以指导区内的开发建设。

《湘湖二期修建性详细规划》亦提出了保护历史遗存，充分挖掘越王卧薪尝胆、老虎洞、莲华寺、一览亭、魏骥墓、贺知章故里、秦始皇妃子墓、秦皇渡等一批人文资源的要求。

湘湖保护的具体内容为自然资源、湘湖文物、“湘湖八景”、湘湖名人资源、湘湖特产、湘湖民俗与历史故事等。

自然资源。湘湖自然资源得天独厚，北宋时湘湖有80里周长的水面，湘湖两岸萧山与青山相夹，山色葱郁，溪流淙淙，不仅有上、下湘湖，还有水漾湖、井山湖等子湖，与湘湖相连的还有白马湖等较大的湖，菊花山、龟山、大小毛坞、越王城山、板罾山、万罗伞山、象山、柴岭、碑牌岭、石岩山等耸立湖边，湘湖泉、佛眼泉、龙井、香泉、乳泉、洗马池等古泉井绕湖四周，尚有多处古樟树屹立湖边。

湘湖文物。湘湖文物丰富，而且档次很高，主要有全国重点文物保护单位跨湖桥遗址（下孙遗址、独木舟、跨湖桥遗址），浙江省重点文物保护单位越王城遗址（土城墙、句践祠、洗马池、佛眼泉、古井、放生池），杭州市文物保护单位魏骥墓、一览亭遗址，还有跨湖桥、城桥、三善桥、飞龙桥、小方池、城山怀古坊、东岳庙、冠山寺、先照寺、杨岐寺、莲华寺、后王寺、百步寺、复兴庵、孙氏宗祠、来氏宗祠、韩氏宗祠等古迹，另有德惠祠、湘云寺、净土寺、隆兴寺、道南书院、石浣书院、清惠书院、秦始皇妃子墓、贺知章故里、来集之墓、王丝墓等历史文化较为深厚的遗址遗迹。

“湘湖八景”。湘湖历来风光秀丽，风景宜人，吸引了众多名人骚客前来。古代记录“湘湖八景”的主要有《湘湖孙氏宗谱》的“湘湖八景”，《马谷周氏宗谱》的“辛庐八景”和《萧山埭上黄氏宗谱》的“石岩十景”。

湘湖名人资源。湘湖名人是湘湖引以为荣的重要资源，从张夏、贺知章、陆游、杨时、方从礼、魏骥、孙学思，到朱筠、毛奇龄、汪辉祖、周易藻等，无不有功于湘湖，或保卫湘湖，或歌颂湘湖，或建设湘湖，或记载湘湖。

湘湖特产。湘湖旅游离不开湘湖特产，主要有贡品湘湖莼菜、贡品樱桃、湘湖白水团杨梅、湘湖藕、湘湖龙井、水红菱、土鲫鱼等。湘湖特产历史上往往是名人骚客诗文的重要内容，南宋大词人陆游有许多诗词都将湘湖莼菜作为顾恋家乡越中的代名词。

湘湖民俗文化。湘湖地处越中东部，其风俗与越风俗多有相同，但不乏湘湖个性，如东岳庙会、城山庙会、花朝、舞龙灯、赛龙舟等，都孕育着自己的文化特色。

湘湖历史故事。踪迹遍布的湖泊，有许多美丽的传说故事，历代都有记载，如禹舜治水、徐福东渡、亚父范增、子胥沉江、句践卧薪、美人西施，等等。

三　新湘湖建设与湘湖机构

2001 年“跨湖桥遗址”的考古发掘，使人们对湘湖的关注程度有了大大的提高，跨湖桥遗址也由此成为湘湖的金名片。截至 2008 年，湘湖已完成核心区块的启动，恢复 4.64 平方公里。2010 年，湘湖二期规划区块 5.95 平方公里正在启动，总开发面积达到 10.6 平方公里。一个青山、绿水、和谐、自然的湘湖重现于世人眼前。

2006 年 4 月，湘湖一期景区所有建设项目通过了初步验收，这标志着湘湖一期景区建设基本完成，萧山的“母亲湖”终于揭开面纱的一角。湘湖景区从无到有，从小到大，经历了规划设计、民房拆迁、景区建设三个阶段：完成了 51.7 平方公里的控制性规划编制，实施了湘湖启动区 4.64 平方公里的开发建设，完成了 1402 户民房和 41 家企业近 39.5 万平方米的拆迁，收储了 8600 亩（合约 573.33 万平方米）水面、山林和土地，完成了一湖、二带、五大景区 20 个景点的建设，恢复湖面 1800 亩（合 120 万平方米）。同时还新建了安置房 29 万平方米，基本完成了拆迁安置工作。形成了湘浦、湖上、城山、越楼、跨湖桥等五大景区，下孙涵远、湘堤卧波、湘浦观鱼、忆杨思贤、绿岛掬星、湖心云影、湖中落雁、城山怀古、越亭春色、湖桥拾梦、王桥望胆、越堤夕照、浣月涤心、纤道古风、越楼品茗、跨湖问史等 16 个景点正式对外开放。完成 9 公里湖岸线，1.8 余公里湖堤，恢复湖面 1800 亩（合 120 万平方米），新建跨湖桥等桥梁 18 座和石栈道 1 座，修筑湖心小岛 3 个；完成了城山广场、湘湖渔村、跨湖夜月景点等景观建设，形成了以“一带、两线、五区、十点”为主要内容的湘湖景区；同时完成绿化种植 12.5 万平方米，共 100 多个植物品种，新建仿古建筑 2000 平方米，完成了 5 个码头及景区监控系统，音响系统，供水、供电、照明、通信等配套设施的建设；接待游客 300 多万人次，2008 年元宵灯会游客超过 12 万人次。

湘湖保护开发工程一期的建设特点，主要是以保护重点文物为主要内容的湖面恢复工程。通过对全国重点文物保护单位“跨湖桥遗址”和浙江省级重点文物保护单位“越王城遗址”两个遗址公园的保护性开发，挖掘湘湖的跨湖桥文化和古越神韵。开发水漾坞、下孙村落以挖掘湘湖古村落的民俗风情。开设下孙文化村、孙氏宗祠、湘湖文化展览馆、湘湖画院等历史文化设施，以纪念为湘湖作出杰出贡献的历史名人杨时、魏骥、周易藻以及湘湖水哺育的唐代大诗人贺知章等，展示湘湖历史文化和民俗风情，以突出乡贤文化和湘湖文化[1]。

根据湘湖保护开发的总体方案，对湘湖保护开发工程启动区块二期项目（2008—2010）的工作任务进行了分解，计划到 2011 年使景区总开发面积达到 10.6 平方公里，完成 30 万平方米公建设施、17.8 公里景区交通

[1] 方晨光：《杭州湘湖保护开发与研究》，引自《杭州蓝皮书：2009 年杭州发展报告·文化卷》，杭州出版社 2009 年版，第 76—77 页。

道路，预计日接待游客容量为15万人次。2011年第二届世界休闲博览会主园区项目主要设在陈家埠休闲度假中心。二期规划在功能定位上不仅在于“还湖于民”，把湘湖建设成一个“市民公园”，而且更在于打造一个“集游览、观光、会务、休闲、度假为一体的综合型旅游度假区”，其休闲功能更为突出。

为建好新湘湖，政府设立了湘湖开发管理研究机构，主要有浙江湘湖旅游度假区管委会、浙江湘湖旅游度假区经营管理有限公司、萧山地方海事处湘湖海事所与萧山港航管理处湘湖所和杭州湘湖（白马湖）研究院。

浙江湘湖旅游度假区管委会 1992年4月，萧山市计划委员会就开发湘湖组织专题调查，形成了《湘湖开发前瞻》系列调研报告。是年，萧山市委九届六次全体会议决定开发湘湖旅游资源，建设湘湖风景旅游区，萧山市政府据此组建了“湘湖风景旅游开发办公室”，日常工作由计委承担。1999年4月，浙江湘湖旅游度假区管理委员会办公室与新建的萧山旅游局合署办公，两块牌子一套班子。2003年8月，浙江湘湖旅游度假区管理委员会设立。下设党政办公室、规划管理科、工程建设科、经济发展科。主要职责为湘湖旅游度假区规划编制工程建设、旅游产业发展的规划、实施与相关产业的发展和管理工作，做好招商引资工作，并综合管理度假区所属单位。

浙江湘湖旅游度假区经营管理有限公司 2006年3月25日正式成立，公司隶属浙江湘湖旅游度假区管委会，负责湘湖旅游度假区日常管理和经营工作，公司下设办公室、市场接待部、游船服务部、安保服务部、下孙文化村等5个部门，有经营管理人员150人。公司以“经营养管理”、“重管理，次经营”为主旨，采取条块结合的经营管理办法。年营业额指标200万元，物业出租200万元。市场接待部负责公司活动方案策划、形象宣传、市场营销、对外接待、景区咨询投诉和游客接待中心的日常管理等；游船服务部负责游船及自营项目的经营管理、游船及相关设施设备的维护、水上营运安全及救生、区内承包租赁项目的监管等；安保服务部负责景区安全管理、环境卫生、园林管理等；下孙文化村负责区域内环境卫生、园林管理、游客接待、经营户监管、展馆祠堂等管理等。公司有游船13艘，船名“城山”为画舫，“龙凤”为婚庆船，“锦鲤、揽秀”为豪华游船，其余“平澜、浮湘、凌波、越漪、挹翠、跨云、紫薇、莼歌、菱曲”等为普通游船。湘湖旅游度假区经营管理公司的成立，标志着湘湖启动区块由建设转向管理与经营。

萧山地方海事处湘湖海事所与萧山港航管理处湘湖所 2006年4月25日正式挂牌，实行一套人马两块牌子，有工作人员3人，海事艇1艘。主要负责湘湖景区水上交通安全监管职能，景区水上游乐项目的审批（报备），水上游乐船舶及浮动设施的登记（报备），船舶检验和船员培训、考试、发证等工作，担负景区水上交通事故的调查和协助配合有关部门做好湘湖水域设施事故处理等。两所的建立，标志着湘湖水上安全工作纳入正常管理。

杭州湘湖（白马湖）研究院 2010年5月成立，为杭州城市学之湘湖（白马湖）学的专门研究机构。以杭州萧山、滨江城市化的推进中关于湘湖（白马湖）历史文化保护、开发工程建设、相关史料抢救、乡土知识普及、湘湖品牌树立等方面为主要研究内容，为湘湖（白马湖）规划、建设、管理、经营提供基础性资料。其主要职责为承担湘湖（白马湖）学研究理事会秘书处工作，负责湘湖（白马湖）学研究总体规划编制，开展湘湖（白马湖）学理论研究、丛书编纂、学术交流、信息发布和人才培训等，并承担湘湖（白马湖）学研究理事会的日常组织协调工作。湘湖（白马湖）研究院为正处级事业单位，编制10人，下设办公室、文献资料部、学术研究部3个部门。杭州湘湖（白马湖）研究院，以湘湖（白马湖）学研究总体规划编制和湘湖（白马湖）学理论研究为主要任务，负责《湘湖（白马湖）全书》、《湘湖（白马湖）文献集成》、《湘湖（白马湖）通史》、《湘湖（白马湖）辞典》、《湘湖（白马湖）研究报告》的编纂。湘湖（白马湖）研究院通过特聘客座研究员、吸收研究会成员、委托研究项目等方式，整合国内外与湘湖（白马湖）研究相关的研究机构和大专院校的专家学者参与湘湖（白马湖）学的项目研究。

四 新湘湖一期景区

新湘湖一期五大景区——跨湖桥景区、城山景区、湖上景区、湘浦景区、越楼景区等，于2005年底前完成，2006年4月杭州世界休闲博览会期间向游人开放。

（一）跨湖桥景区

跨湖桥景区主要有跨湖问史、湘湖金沙滩、燕尔婚庆园和荷花庄等景点组成，是整个湘湖的核心区块。

跨湖问史 跨湖桥位于湘湖葫芦腰处，始建于明朝嘉靖三十三年（1554），将湘湖分为上湘湖和下湘湖。2007年在旧址重建跨湖桥，东侧新建五孔车行拱桥，桥面长89米，桥高6.5米，造型大气壮美。跨湖桥遗址位于桥西800米处，1990年、2001年曾进行两次考古发掘，发现了陶器、木器、骨器、石器等大量文物，据碳十四测定，是一处8000年前的新石器时代的遗址。遗址中发现的独木舟，是迄今世界上现存最早的独木舟。跨湖桥遗址早于河姆渡遗址1000年，是浙江一处新的考古学文化，2001年被评为“中国十大考古新发现”。

跨湖夜月 为旧湘湖八景之一。跨湖桥西北侧立有亭子，此处为跨湖夜月最佳观赏处，故名“跨湖夜月”亭。每当夜晚，站在亭内，面湖而立，天上一轮明月，水中两座古桥，交相辉映，银光闪烁，令人心旷神怡，流连忘返。不时有游船经跨湖桥洞徐徐而去，渐行渐远，仿佛把人们带入诗画般的梦境之中。

湘湖金沙滩　位于跨湖桥西北1000米处，占地5000平方米，靠湖外围是5000平方米浅水浴场，配备游乐设施和安全防护网，浅水区还有浮船一条可定浅滩风浪。在蓝天、白云下，游客可以在沙滩、湖水中享受大自然赐予的阳光、空气和水；游客可以带着孩子玩沙戏水，可以打沙滩排球、创作沙雕、晒日光浴，也可到浅水浴场作亲水游，充分体验回归大自然的趣味。

燕尔婚庆园　位于跨湖桥西北侧100米处，占地面积19亩，拥有花轿、马匹、婚船、各朝代的婚庆礼服及迎亲仪仗队等传统婚庆用品和人力资源，主要从事中式婚嫁文化服务、婚嫁用品用具展售、传统中式婚礼展示演绎、婚纱摄影摄像、水上婚庆服务、婚姻介绍服务、婚礼节目策划实施、婚庆宣传品设计制作等。

荷花庄　位于跨湖桥东侧800米，其古朴典雅的水榭、曲桥、亭台等与周围山水自然环境融为一体，每当夏季来临，树叶婆娑莲荷曼舞，仿佛西施“此地曾经换舞衣”。相传春秋战国时代，西施由固陵港乘船入吴为妃，在漫漫的赴吴途中，西施以越国乡亲们送的鲜藕解渴，更坚定沼吴复国的决心。到达吴国后，她种下藕，藕成熟后又采下藕节、藕芽托人送还越国，种于家乡的湘湖中，表达了深深的思乡之情。至今，西施藕的故事还在湘湖区域流传。

图43　新湘湖一期全景图

（二）城山景区

城山广场　为景区的核心区。广场开阔，青石板铺地，从南到北依次为城山码头、城山怀古坊、石兵俑、广场、范蠡点将台、水师指挥台、维甲令石刻、仿古战场等，广场右侧为龙井双涌景点等，湖边有临水祖道亭。

越王城遗址　越王城山素有“周朝胜迹，越代名山”之称。春秋末期，吴越争霸，为屯兵抗吴，句践筑城于山巅，时称固陵，后称“越王城”。城垣中卑四高，高处即为当时人工夯筑的城垣，周长1091米。城垣内缓外陡，四角高隆台地，用作瞭望，仅马门一处与外界相通，明代修有数百级石阶与之相接，谓“城山古道”。城内有句践祠、洗马池、佛眼泉等古迹。历代文人游此凭吊赋诗，谓之“城山怀古”。1989年被公布为浙江省级文物保护单位。

登山游步道　全长4000米，是越王城山保护工程的一部分，由象山船坞入口登上，盘行象山、大毛坞、龙舌嘴、城山等处，其间有亭台楼阁可供休憩，绿树掩映，奇石兀立，是拥览湘湖全景，养生健身的绝佳去处。

龙井双涌　龙井为越王城山东南麓中孙村的两口水井。为清朝乾隆时期湘湖八景之一。湘湖北有龙头山，山不高，而山泉伏流，似出水蛟龙。诗曰：“汩汩争趋双孔收，龙蟠凤翥此间求。百年名世应谁是，须向宗家堂畔流。”井泉清澈甘洌，满而不溢，旱而不涸，村民长期取水饮用。“龙井双涌”为湘湖天然奇观。

临水祖道　位于城山广场东南侧湘湖边，亭背山面水，内设“临水祖道”碑，为纪念公元前492年越王句践“临水祖道，军陈固陵”入吴为臣而立。出行前大臣百姓“临水祖道”，进行祭祀仪式，祝酒饯行，文种祝词，场面十分悲壮。

（三）湖上景区

绿岛掬星　掬星岛是湘湖的湖心岛，“绿岛掬星”是“绿岛若星，双手可掬”的诗意写照。岛上建有纪念湘湖杰出学者周易藻的小屋——“辛庐”。周易藻是晚清举人，仕途坎坷，1921年在湘湖缸窑湾自筑“辛庐”，倾情研究湘湖，编成《萧山湘湖志》（9卷），翔实记录了自北宋以来湘湖被侵占、恢复的历史，对今天湘湖重建和历史文化内涵的挖掘具有重要作用。“万里轮蹄销壮志，一龛风月寄闲身。”写出了周易藻当年建“辛庐”的初衷。

越堤夕照　越堤横跨湘湖，面对越王城山，与西面湘堤遥遥相望。越堤全长930米，堤上共有梦湖、越王、定澜、采莲、浣月、织翠和藕芳等7座桥，是一条将自然和历史、现代和远古融为一体的人文长堤，展示了江南水乡的古桥梁文化。越堤景色千姿百态，“越堤夕照”更为迷人。每当夕阳西下，金色的阳光洒满堤桥，湖面水光潋滟，景色绝美。

湘堤卧波 湘堤位于湘湖一期西侧，为纪念萧山人圆梦湘湖而名，全长900多米。湘堤连接湘湖莼菜观赏区、湘浦观鱼、湘湖渔村，中有鹭屿，屿南有新石器时代的“下孙遗址”，从南至北蜿蜒千米，是新湘湖的围湖堤，堤上有拥岚、望湖、引鹭、迎柳、枕流等和卧虹不同风格的石桥；堤桥连绵起伏，曲折迂回，如银龙卧波。站在堤上，可尽览湖光山色。

湘湖云影 为明朝嘉靖“萧山八景”之一。清朝黄道之“湘湖云影”诗曰：“一片湘纹绿绮铺，倒开天界入澄湖。混将云影徘徊意，现作波光潋滟图。”现湘湖保护开发工程，已恢复湖面1800亩，从而再现了“一湖秀水，两岸美景”的古湘湖景色。如今湘湖为国家4A级旅游景区，“湘湖云影”亦再现景区。清晨阳光从湖东升起，山青水绿，平湖似镜，朝霞满天，云影映波，绿萝遍湖，游鱼穿行。黄昏太阳从湖西下山，湖天霞光，金光闪烁，弯月如钩，华灯初上，令人心旷神怡。

湖中落雁 为《萧山湘湖孙氏宗谱》“湘湖八景”之一。孙允文诗曰：“月落湖中霜满船，惊寒雁阵傍沙眠。飞鸣饮啄皆天趣，谁许时人世网牵。”新湘湖湖面广阔，水草丰茂，鸟类众多。每至秋季，湘湖芦花苍苍，水浅渚浮，雁群光顾，盘旋湖上，吮水觅食，傍沙而眠，成为湘湖一景。

湖桥拾梦 宋代诗人苏泂在《湖中》诗中说：“湘湖梦不到，今日到湘湖。草木尽春色，山川如画图。”梦湖桥为仿古圆拱石桥，桥面高耸，利于登高望远，取萧山人民圆梦湘湖之意。站立桥上，如屹立在千顷烟波之上，湖光山色尽收眼底。黄昏时分，夕阳西下，霞光满天，湖天霞光相接，湖面烁金，恢弘无比，景色如诗如梦，令人陶醉。遥想当年吴越大军在这片山水之地逐鹿争雄的风云场面，如今金戈铁马、刀光剑影早已消逝，只剩下湖水似烟，鸥鹭蹁跹，夏日临风，小舟轻摇，荷叶翻飞，荷香扑怀，一派和谐景象。

（四）湘浦景区

忆杨思魏 景点位于湘湖湖东的湘堤上。始于忆杨亭，止于思魏亭。忆杨亭，位于湘堤南，为纪念北宋名臣、理学家杨时而建。思魏亭，位于湘堤北，为纪念明朝清湖功臣魏骥而建；魏骥居乡期间，布衣粗食，疏浚湘湖，加高堤塘，修筑涵闸，清退私占，是以农田连得丰稔，民感其惠，称颂其绩。

一镜容天 景点位于湘湖纵轴线东侧湖畔。亭榭“一镜容天”雄伟、大气。游人伫立亭榭之中，举首西望，湘湖水面，恰如荧光熠熠的巨大明镜：云影天光徘徊，青山碧树倒影，好一幅气势开阔、明秀亮丽的画图。

楹联“湖光写出千峰秀，天影融成十里秋”，录用了北宋萧山县令、湘湖创建者杨时《望湖楼》诗句，是对湘湖美景的生动写照。

湘浦观鱼 位于湘湖东南之滨，占地20余亩，景点颇具江南古典园林风格，濠辩亭、知乐亭、水云榭和澄心居四座临水亭榭全长108米，檐牙高啄、前后勾连，各具特色，分土步鱼池、南北家鱼池、中西红鱼池等五大观鱼区。东为土步鱼池。土步鱼，又名杜父鱼，其肉嫩白，味鲜美，为湘湖名产。湘湖百姓逢桃花水涨，常以瓦阱和沉舟捕之。南、北为家鱼池，放养芙蓉鲫鱼、青鱼、鲢鱼和鳙鱼。古时湘湖芦苇丛生，水中鱼群游集，渔家高唱渔歌，举棹而归，湘湖八景“横塘棹歌”由此而来。中、西为观赏鱼池，有荷包红鲤、兴国红鲤、金鲫鱼、锦鲤等，在池中从容出游。相传春秋时期，越军被困城山，越王曾取城山洗马池红锦鲤“馈鱼退敌”。君临湘湖云水之间，凭栏观望，人鱼相乐，岂不美哉！

（五）越楼景区

纤道古风 纤道，是古代萧绍平原常见的一种桥路结合的青石通道，供纤夫挽船行走。湘湖古纤道像一段白练漂浮在碧波之上，为湘湖平添了一道亮丽的风景。它和湘堤、越堤以及堤上的10多座仿古石桥一起，完整地反映了古代萧绍平原的水乡桥梁文化，生动展示了湘湖的历史风貌。

越风楼 为木石结构庭院式仿古建筑，依水而建。隔湘湖与越王城山相望，建筑面积750平方米，内有大厅和10个包厢，外设凉棚茶座，可供300余名游客同时品茶，并可提供餐饮服务。庭院内小桥流水、假山奇石，具有古越风韵。

五 文化公园

文化公园是湘湖重要的旅游休闲区域。主要有杭州东方文化园、杭州乐园、杭州山里人家、杭州世界休闲博览园、下孙文化村、杭州极地海洋公园（少儿公园）、跨湖桥遗址博物馆（见第一章第三节）等。

（一）杭州东方文化园

杭州东方文化园地处湘湖南杨岐山麓，西临浦阳江、富春江、钱塘江汇合之“三江口”。1999年8月动工兴建，总投资9亿元，占地1.61万平方米。全园以周易八卦布局，儒、释、道三家同构建筑，集园林文化、宗教文化、养生文化等东方文化之精华，具有观光、养生、休闲、度假等多种功能。以2728米彩绘文化艺术长廊贯穿全园，有佛教文化展示中心、太极文化中心、青少年教育中心、东方疗养院、江南水乡等5个区块，分佛家区、道家区、儒家区、东方度假区、山瑞览胜景区等，充分展示了东方传统文化的丰富内涵和深厚底蕴。第一期景区杨岐寺、万佛金塔地宫等工程于2000年9月建成开放；第二期道家、儒家景区2001年初竣工开放。主要景点有杨岐寺、三江塔、烽火台、儒道释三家景点，太虚湖假日酒店、红豆杉生态林、飞鸟滑草场、东方骑术俱乐部、百年坊步行街和观光农业等，是一处融山水、人文、宗教于一体的东方文化的乐园。东方文化园已被中国宗教学会和中国社会科学院世界宗教研究所授予“中国佛教文化展示中心”、“世界宗教学术研究基地”的称号。被国家有关部门命名为“中国最佳休闲度假胜地”、“4A级旅游景区”、“中国十佳主题公园”和“中华民族东方文化园”。

儒、道、释景区 佛教景区有世纪广场、福寿二星、和合二仙、观音显圣、“天下无双”大牌坊、杨岐禅寺、彩绘文化艺术长廊、万佛金塔地宫、三江宝塔、杨岐钟声等，尤其以观音显圣、万佛金塔地宫和百米影雕著称。道家景区由道家人物群雕、太极坛、道苑天宫、别有洞天等特色景点组成。儒家景区由孔子铜像、论语碑廊、杏坛、圣贤阁、孝心馆等特色景点组成。

万佛金塔地宫 仿泰国皇宫式样建造，塔身内外供奉9999尊金佛像，连同建筑本身佛像造型，故称“万佛金塔地宫”。地宫内金砖铺地，展示高僧舍利、佛教巨典等国家一级佛教文物。地宫广场供奉泰国佛教界赠送的释迦牟尼佛涅槃像，佛像由整块缅甸玉雕琢而成，周身用宝石等镶嵌，为国内最大玉卧佛像。

太虚湖假日酒店 是华东地区首家东方文化主题休闲酒店，融园林文化、休闲文化与养生文化为一体，以会议会展、休闲度假和疗养体检为特色，拥有“中国最佳休闲度假胜地”之美誉。

百年坊步行街 全长800米，被誉为“杭州市十大步行街之一”。步行街由“天下无双”大牌坊和以明清建筑风格为基调的古建筑群构成，设计采用传统江南建筑外观形式，与杭州其他仿古街形成明显差异，成为广大市民开展商业、娱乐活动和居住的理想选择。2009年9月，浙江省非物质文化遗产项目代表性传承人、民间工艺大师、文化经销商、老字号企业落户东方文化园。2010年7月，中国文化遗产探访之旅——走进杭州东方文化园。

（二）杭州乐园

杭州乐园，位于湘湖风景区内，系杭州宋城集团于1998年投资3亿元建造，占地面积15.72万平方米，其中陆地（包括山岭）面积1600亩，水面面积260亩，氡温泉度假村500亩。由荷兰村主题公园、“马可·波罗之旅”主题公园、生态公园、高尔夫球场、网球场、索道和氡温泉度假村等现代运动项目组成，是一处集旅游、休闲、娱乐、健身于一体的主题公园，于1999年4月正式对外开放。

荷兰村主题公园 由荷兰水街、花街、地中海、生态园、山水欢乐天地等组成。依托湘湖原有的湖光、山色、绿地、河湾、沙滩等自然风光，加之后来建造的人造景观，采用中西合璧的手法，推出蹦极、攀岩、太空秋千、翻江倒海、空中飞人等游乐项目；风车馆、木鞋馆、航海馆、啤酒馆充满异域风情；“新年快乐节”、“浪漫情人节”、“女人节”、“水车比赛”、“寻宝大行动”、“戏水狂欢夜”、“美食养生之旅”、“圣诞狂欢夜”，围绕不同季节和不同节假日举行不同的活动，而“海盗大战”、“成吉思汗”最为壮观。

“马可·波罗之旅”主题公园　将13世纪伟大的旅行家周游世界各地联系在一起，公园依托高尔夫球场的湖面、草坪和河道按史实塑造了一系列景点。

生态公园　以环保、生态为主题，建有环保馆、动植物标本馆以及鸵鸟、蓝孔雀、梅花鹿等多个动植物养殖实验馆。

氡温泉度假村　由度假酒店、会议中心、度假公园等组成，拥有沐浴中心、娱乐中心、垂钓中心。

（三）杭州山里人家

杭州山里人家，位于湘湖农场大湾山脚下，是杭州宋城集团投资的以农耕文化为主题的旅游景区，占地面积40万平方米，投入资金800万元，1999年9月正式对外开放。整个景区以一座原始风貌保存完好的清末民国初小山村——大湾村为核心，从返璞归真、回归自然出发，营造出有层次、有情趣、有历史文化内涵的空间。山里人家有青山绿水，枯藤老树，古宅民居，亭台阁榭。山上有抗日战争时期遗留的炮台壕沟；有当年知识青年上山下乡的知青屋。山下有粉墙青瓦，小桥流水。村中有500年历史的参天古樟。山里人家有瓜棚荷塘、水车石磨、草屋篱笆、茂林修竹、栈道山亭，古朴的小山村，原始的手工作坊和村童私塾，突显出凝聚历史的古村落文化的魅力。碧水、绿树、青山、白鹭，构成山里人家清新田园画；羊咩、牛哞、鸡鸣、犬吠，谱就山里人家自然交响乐；令人陶醉于“山深人不觉，犹在画中游”的意境中。2000年2月，景区被中共萧山市委宣传部、萧山市教委、共青团萧山市委联合授予“青少年教育活动基地”称号。2004年初，景区开设罐头鞋、空中抓杠、高空断桥、钢丝桥、礼让通行、信任跌等20多个训练项目，又成为拓展运动基地。

（四）杭州世界休闲博览园

杭州世界休闲博览园，位于上湘湖，总投资35亿元人民币，占地3平方公里，六泓湛蓝的湖水和10公里长的河道将休博园分为城市休闲中心区、威尼斯水城区、苏黎士区、奥兰多区、荷兰海游乐区、爱琴海区、地中海区和加勒比海区共8个区域。休闲博览园成为一个集旅游、休闲、度假、会展、商务、人居于一体的多元化多功能休闲度假的主题城。在2

万平方米的休博广场周围有休博园主题酒店、大型百货商场、大型超市、各种主题商店、娱乐中心、圣诞街、汽车电影院、游船码头等；设有会展区、游乐区、休闲区、度假区、休闲社区、生态园区等，可容纳数万人的大马戏宫、露天演艺广场、高科技影视中心、大型休闲娱乐中心、水公园等旅游休闲设施。

杭州世界休闲博览园，于2003年起为杭州世界休闲博览会而建。于2006年4月22日至10月22日在湘湖举行“杭州世界休闲博览会”。由世界休闲组织、国家旅游局、浙江省人民政府主办，杭州市人民政府、萧山区政府和杭州宋城集团承办，其主场馆——杭州世界休闲博览园由宋城集团承建，是中国首个休憩商业区（RBD），是一座飞进未来的城市，是一个休闲王国、游乐世界、购物天堂、人居乐园，是人们体验快乐、享受生活、感受未来的乐园。

（五）世界休闲风情园

世外桃源风情园，位于上湘湖老虎洞山下的风情大道旁，占地79万平方米，2001年由浙江万达集团兴建，距西湖仅15公里，与湘湖和跨湖桥遗址博物馆相邻。以休闲、度假、娱乐、观光为主，主要包括桃源湖山庄、阳光城、天上人间、月光城等42项活动内容，园内异域园林风格建筑与传统江南园林建筑相互映衬，天鹅湖景色美不胜收，成群的黑天鹅、白天鹅在湖中自由地划动，鸣叫于倒映着青山绿树的湖面。

异国风情别墅人居展示区　由140多栋高档度假别墅组成，会聚了英式、美式、法式等各国别墅建筑设计的精髓，被称为万国别墅园。

世外桃源度假酒店　按世界一流标准建造的集豪华客房、特色餐饮、高档商务于一体的休闲度假、休闲娱乐、会议宴请的度假胜地；酒店依山傍水，环境优美，通过房间配有专门的阳台，可欣赏到天鹅湖的湖光山色和老虎洞山景致，是风情园的经典之作，于2006年4月建成对外开放。

（六）下孙文化村

下孙文化村，位于湘湖北岸，毗邻城山广场，占地33亩，总建筑面积6280平方米，是一个集文化科普、旅游、餐饮于一体并具有浓郁地域风情的文化村落。设有湘湖文化展览馆、孙氏宗祠、湘湖美术馆、湘溢楼、春茗楼、古玩街等。下孙文化村于2009年9月正式开园。

湘湖文化展览馆　设有“序厅”、“历史厅”、“风光厅”、“物产厅”、“传统工艺厅”、“文献厅”、“民国物品厅”、“湘湖民居”等展区，通过图文、人物塑造、场景模拟、视频演示等多种手段，集中展示了湘湖悠久的历史面貌、深厚的民俗文化积淀，重现湘湖一带的风土人情。

湘湖美术馆　主要从事艺术品，包括名家字画、金石篆刻、工艺美术品等的陈列、展览、收藏、保管，提供名家字画、金石篆刻、工艺美术品的评估作价、咨询和教育培训等服务，以及组织举办专题学术研讨、对外文化交流、艺术精品展示、教育培训和艺术鉴赏等活动，为艺术家展示优秀作品提供良好的平台，为市民群众享受艺术、陶冶情操提供服务。

下孙宗祠 湘湖孙氏，为春秋时期军事家孙武和三国吴大帝孙权后裔。元末兵乱，孙武第50世孙应鹳，自富春龙门迁居萧山湘湖，是湘湖孙氏第一世祖。湘湖孙氏宗祠，始建于明朝嘉靖年间，为湘湖孙氏第10世孙学思出资修建；二建于清康熙年间。两次都因年久失修，战乱频繁而湮废。孙氏宗祠，按照越地传统规制建造，由前厅、后堂、戏台、侧厢、天井等组成，是湘湖孙氏家族祭祖、议事、修谱、庆典、娱乐的场所。2003年，为了实现湘湖还湖于民的功业，包括孙氏族人在内的湘湖一期居民迁离了家园。2009年，湘湖景区重建了孙氏宗祠，传承中华姓氏文化，弘扬湘湖历史人文。

（七）杭州极地海洋公园（少儿公园）

杭州极地海洋公园（少儿公园），位于湘湖风景区，毗邻跨湖桥博物馆，占地260亩，总建筑面积41000平方米，总投资4.5亿元，由极地海洋世界、少儿游乐区、鸟语林、配套服务区组成，是一个集休闲、娱乐、科普于一体的新颖的主题公园。该主题公园按4A级旅游景区规划设计，是集极地动物展示（鲸类动物展示品种最多）、极地景观体验（如“鲸豚共现场舞”）于一体的国内最大的海洋公园之一，也是华东地区最大的海洋主题公园。杭州极地海洋公园（少儿公园），于2008年10月1日建成开放。

杭州极地海洋公园 海水总水体15000吨，展出极地动物16种150余头（只）；鱼类1000种20000余尾；珍禽益鸟3000多只。并配套20项大型游乐设施，同时设置了“鲸海畅游”、“极地王国”、“冰原历险”、“鲸豚湾”、“海豹港”、“企鹅广场”、“海底世界”、“冰海船奇”、“大洋鲸奇”、“雨林奇观”、“黄金海岸”、“珊瑚馆”、“水母馆”、“地中海小镇”、“渔人码头”、“海洋剧院”、“极地欢乐剧场”、“鲸豚湾餐厅”、“海洋会议厅”等10多个展示场馆和休闲体验区，并以参与互动的方式展示了来自世界各地的珍稀极地海洋动物。除动物展示项目外，极地海洋公园还特别设置了目前中国唯一的“自闭症儿童海豚伴游中心”，即利用海豚发出的超声波帮助患儿恢复健康。极地海洋公园于2008年10月1日建成开放。

少儿公园 位于湘湖旅游度假区的沈王家坞，与杭州极地海洋公园合地而建。公园环境幽雅，草木葱翠，背山面湖，集休闲、娱乐、科普于一体。少儿公园内设少儿游乐区、鸟语林园和游客服务区。少儿游乐区有击浪旋艇、跳跃云霄、旋转木马、虚拟魔幻世界等20余项大中小型游乐设施，巧藏妙置，颇具匠心。既能让孩子体验惊心动魄的运动，也能感受童话奇幻的想象。

鸟语林　园内由百鸟馆、明星剧场、鸟博物馆、科教馆等组成，建筑面积1113平方米，放养了80多个品种近3000只鸟类，是目前华东地区品种最齐全的鸟类公园。游客服务区内设有泡泡商业区、休闲吧、大型餐厅和194位停车场等，随时为游客提供完善的服务。

六　湘湖著作

改革开放以来，萧山在经济发展的同时，文化业有了很大的繁荣。这一时期是萧山出书最多的时期，单以志书年鉴而论就有近80种，而对于湘湖的研究依然方兴未艾。

进入21世纪以来，湘湖的研究又出现了新的趋势，为配合湘湖的整体开发和发掘湘湖的文化内涵，人们对湘湖研究的专业化程度进一步提高。从研究内容来看，涉及湘湖的自然、历史、人文、水利、社会、文化等各个领域，尤其对与湘湖旅游相关的文化价值被更多地关注。

《湘湖的传说》　由吴桑梓搜集整理，2002年6月由北方妇女儿童出版社出版。全书由“风物传说”、“地名传说”、“人物传说”和“俗语传说”4编71篇传说故事组成。凝聚着作者田野调查、搜集整理的心血。

几千年的历史变化，为湘湖留下了一串串美丽的传说。从2000多年前的吴越争战到宋代湘湖的形成，从越王句践到乾隆皇帝，从黄山西南到尚书魏骥，从治水英雄到乡间巧女，从风物特产到田地山川等，湘湖百姓祖祖辈辈在这里生生息息，辛勤耕作，是他们对湘湖那份真切的爱，对湘湖那份厚重的情，才有了那么多丰富多彩的美丽的传说。

“西湖销金锅，湘湖元宝湖。”美丽的传说往往让人更能记住湘湖，更能体会对湘湖的恋恋不舍。《压乌山》、《湘湖泉》、《美女山》等地名传说，《一览亭》、《吴王与越王》、《魏尚书》等人物传说，《湘湖莼》、《湘湖藕》、《湘湖土步鱼》等风物传说，是《湘湖的传说》的代表，如美丽的珍珠散落在湘湖周围，以独特的方式诉说着湘湖悠久的历史。

《历史文化名湖——湘湖》　由沈青松主编，2006年3月由方志出版社出版。全书由“湘湖历史”、“湖光山色”、“名胜古迹”、“湘湖特产”、“历史名人与湘湖”、“湘湖诗文选”等6辑共44篇短文汇编而成，翔实记载了湘湖以往的自然面貌和灿烂悠久的历史文明。全书23万字。此书最大的特点是“全而不赘”，每一个专辑都有自己的侧重点。

“湘湖历史”重在梳理湘湖的历史演变，从湘湖前身“西城湖”的自然形成而湮废到湘湖的修筑，从宋代至民国的“主禁”、“主垦”之争到新中国成立后对湘湖大规模有计划有步骤地垦殖再到今日复湖。湘湖经历了一个形成、湮废、“还湖废田”、“废湖还田”、复湖的过程，湘湖可说是一个饱经沧桑之湖。

“湖光山色”选取了压乌山、水漾湖、井山湖、白马湖、渔浦等几个较有代表性的景点以反映湘湖“青山环湖，湖依青山，山中有湖，湖中有山”的地域特点。

“名胜古迹”对湘湖周边的名泉、古井、亭阁、牌坊、古墓、寺庙进行了归纳整理，对这一辑的撰写，编撰者不仅查阅和研究了大量的资料，还多次前往实地调查考证，因此具有很高的史料保存价值。

“湘湖特产”搜集了莼菜、杨梅、樱桃、茶叶、土步鱼、藕、菱、砖瓦等特产，并将较多笔墨放在湘湖莼菜、云雾茶两大特产上，对于今天打出湘湖品牌，发展“生态湘湖”不无帮助。

“历史名人与湘湖”意在反映湘湖深厚的文化底蕴，从杨时筑湖、魏骥复湖、何舜宾献身湘湖到毛奇龄情倾湘湖，凡为湘湖的建设和保护者，无一遗漏。

“湘湖诗文选”熔历代方志、家谱、杂记于一炉，对涉及湘湖之艺文作了系统整理，充分反映出历代文人对湘湖的依恋之情。

《湘湖诗画邮票珍藏册》 由浙江省书法家协会副主席鲍贤伦先生题签，方晨光等为主策划、设计、撰文、摄影的《湘湖诗画邮票珍藏册》，于2006年4月由浙江省邮票局、杭州市萧山区邮政局出版发行。

整套邮票由前言、景点和萧山湘湖诗选以及收藏证书四个部分组成。前言部分主要介绍湘湖的历史变迁、特色以及历代文人墨客对湘湖的吟咏。景点部分聘请专家从原“湘湖八景”、“萧山八景”中选取现存景观实地拍摄照片，制成12枚湘湖景点个性化邮票。邮票由中国邮政发行。为湘湖第一套整体发行的邮票。这12枚邮票分别是“湘湖”全景、“古湘湖图”、“跨湖古舟”、“城山怀古”、“蒙山寿域”、“杨岐钟声”、“先照晨曦”、“览亭远眺”、“湘湖云影”、“西山霁雪”、“山脚窑烟”、“青山莲华”，其后之“湘湖十景”每景必附景点介绍、对应诗文以及名家绘画，并附有50枚中华人民共和国成立后的邮票。萧山湘湖诗选部分则选取了古代诗人咏湘湖的23首诗（词），共计收录古代湘湖诗词33首。故其书“展卷一读，左图右史，犹如置身湘湖山水之间作一卧游”[1]。

邮册整体设计采用仿古装帧，宣纸折页，涵盒包装，配有专利编号的收藏证书，定价360元，极具鉴赏收藏价值。所附景观除了供专家研究之外，对于广大市民了解和认识湘湖的历史文脉以及湘湖文化的宣传普及都有着重要的意义。

《湘湖丛书·湘湖文苑》 是由中共杭州市萧山区委宣传部、浙江湘湖旅游度假区管理委员会牵头编辑出版的湘湖文化系列丛书。丛书共分三辑。第一辑《湘湖古诗五百首》和第二辑《湘湖民间传说》以资料搜集为主，包括古籍整理及民间的采风活动；第三辑《感动湘湖》则以作者的采访记录为主，重在记述当代湘湖保护开发的情况。由浙江人民出版社于2006年10月出版。

[1] 来新夏：《湘湖知音》，载《文脉湘湖》，方志出版社2007年版，第3页。

《湘湖古诗五百首》，由杜永毅选编，是从历代诗篇中遴选自春秋至清217位诗人吟咏湘湖及其周边胜迹的诗词508首。为便于阅读，在编排上以时为经，以人系诗，将同一作者的作品会聚在一起；每位作者载简要生平介绍；每首诗词，均注明出处。最后就诗词中涉及的部分地名、景点作了简注，附于书末备查。

《湘湖民间传说》，由吴桑梓等搜集整理，分远古传说、湘湖传说、跨湖桥传说、吴越春秋传说、名人传说、地名传说、故事和传说等七个部分。共搜集传说、故事67篇，计12万字。

《感动湘湖》，俞梁波著，为长篇报告文学集，记录了湘湖社区自2005年6月至10月的整体拆迁工作，作者以时为序，分阶段介绍拆迁工作的进展，赞颂了工程指挥部和17个拆迁工作组人员知难而进的决心和“真情实干、锲而不舍”的征迁精神。

《文脉湘湖》 是方晨光历时3年多，遍踏湘湖区域而撰写完成的一部著作，亦是近年来综合性、系统性记述湘湖历史文化面貌的文献。天津南开大学终身教授来新夏作序。于2007年7月由方志出版社出版。为萧山历史文化丛书之一。

全书26.6万字，图文并茂。共分7编61目，内容涉及文化遗址、历史遗迹、历史人物、环湖古镇、古寺名刹、地方特产、湘湖风景等，同时在附录中新增“新湘湖景区”的内容，从而将湘湖历史文化研究的下限延伸至2006年。

该书在撰写中始终浸润了浓浓的人文关怀。如从全书结构来看，7编标题分别为：“文化遗址显湘湖”、“遍踏湘湖觅皇踪”、“湖贤事迹说功臣”、“古镇环绕湘湖碧”、“万顷湖边古寺多”、“湘湖特产润千年”、“心景相融皆成景”，采用的是七言绝句的形式，读来脍炙人口；从全书内容来看，每一编的重点都很突出。如“遍踏湘湖觅皇踪”一编以“皇踪”二字贯穿主线，将有关湘湖的历史典故与遗迹联系起来；“古镇环绕湘湖碧”一编则介绍西兴、长河、浦沿、闻堰、渔浦、城厢、临浦等环湖古镇，分别把湘湖放到了与帝王相关、与古镇相连的背景中来写，从湘湖文化的辐射与影响写湘湖文化，很有特色。

该书的意义，不仅在于从历史文化的角度审视湘湖，更在于大众从湘湖旅游、深入了解湘湖的角度来设计、撰写全书，从客观上也为湘湖历史文化保护和旅游开发提供了基础性的依据。南开大学终身教授、著名方志学家来新夏先生对此书给予高度评价：“《文脉湘湖》为地方小志，不仅为萧山增一乡邦文献，亦为方志武库辟一支流，于地方文献之开拓与研究，大有裨益。”[1]

[1] 来新夏：《湘湖知音》，引《文脉湘湖·序》，方志出版社2007年版。

《库域型水利社会研究——萧山湘湖水利集团的兴与衰》 是钱杭历时10年撰成的全面研究湘湖水利共同体的形成、兴盛、衰落、解体的社会史专著。作为传统中国研究丛书之一，于2009年5月由上海人民出版社出版，共28.7万字。

所谓“库域型”水利社会指的是以人工水库为核心的水利社会。该书以湘湖为“库域型”社会中的典型个案，作者通过系统整理湘湖文献资料，综合运用社会科学的研究方法，全面研究湘湖史上的重要制度、人物和事件，努力再现湘湖农业水利集团的构建及解体过程，分析各类冲突发生的原因和后果，探索中国传统社会中这一类利益共同体所存在的根本缺陷。

该书共分6章，作者通过分析湘湖水利集团的基本制度、结构与功能、秩序规则、意识形态等问题，深刻揭示了湘湖史的基本问题在于湘湖利益共同体内部的各方之间“不能稳定地形成建立在共赢基础之上的互补关系”，反而把对方视为“敌对者，而政府又无法主导相关利益人群共同的存废趋向和维护原则”，其结果只能导致共同体内部各方利益关系的对立，从而丧失了重建秩序的机会，并最终使湘湖水利集团的利益受到损害。

该书之意义，不仅在于研究湘湖的历史变迁过程，而且对于理解中国传统社会处理生存与发展、权利与正义等重要问题，剖析今天社会转型过程中的种种困难和问题，推动社会的和谐化提供了典型的范例。

《跨湖桥文化论集》 跨湖桥遗址的发现与发掘，如惊雷一声，打破了浙江近20年史前考古工作的沉闷局面。但在当时，这个有着8000年历史、理应让人惊喜的年代数据，似乎给人更多的是一种诧异。“浙江7000年”这已经是考古界近20年的固定概念，突然出现的8000年遗址，如同天外来客，令人诧异。文化面貌十分独特，工艺技术较为先进的跨湖桥遗址，带给人们的竟是重重疑团，由此也注定了跨湖桥遗址命运的曲折与坎坷。

该书由林华东、任关甫担任主编。全书分跨湖桥文化专论和相关论述两辑，共收入论文29篇，约31.6万字。内容涉及考古发掘、文化比较、建筑遗迹分析、独木舟分析、水稻研究、原始艺术、陈列设计等，于2009年9月由人民出版社出版。

附录1 湘湖大事年表

中生代之前，湘湖区域一直被海水覆盖，2亿多年前才隆起成陆。晚更新世开始，湘湖是周边环山的低地，到了晚更新世后期，成为大片沼泽。距今14000年前，发生第三次（卷转虫）海进。卷转虫海进时，湘湖区域为一片浅海，海岸线在龙门山脉和会稽山余脉山麓。海进后又受冰期影响发生海退。由于冰川、海潮作用频繁，气候冷暖交替，湘湖是一处海陆交替的地带。距今约10000年前，湘湖成为一个自然湖泊。

约8200年前，从浙中山区沿浦阳江下来一群原始人，他们在湘湖地区繁衍生息，烧陶制弓、建房做舟、渔猎耕织、养猪种稻，创造了熠熠生辉的“跨湖桥文化”，这群人被后人称为“跨湖桥人”。

约6900年前，随着海平面进一步上升，整个湘湖区域再次被海水吞没，跨湖桥人被迫向更高的南部山区迁徙。到了5000多年前，海水消退，湘湖地区复归为沼泽，植被茂盛，水草丰美，良渚文化先民来到钱塘江南的湘湖周边地区，披荆斩棘，开辟新的家园。

4200多年前，洪水泛滥，湘湖区域又一次被海水覆盖，良渚先民被迫离开。此时的湘湖，成为一个浅海湾。过了200多年，洪水退去，发展水平远不如“良渚文化”的“马桥文化”在萧山繁衍开来。马桥人被认为是越人的先祖。

4200多年前，舜继尧位。今湘湖及周边很多地区留有民间传说，如尧禅位于舜的“舜湖”，舜渔猎于“渔浦”，舜耕于“历山”，舜传授渔猎和耕作技术的“余湖”等。后禹继舜位，治水于萧绍平原，治理浦阳江，导涂山之水于新江，有“涂山”、“新江岭”地名。今浦阳江一带有禹娶涂山氏女娇的传说。

公元前19世纪后期，大禹五世孙夏后帝少康恐会稽禹陵断祭，乃封无余于越，始称“越”或“于越”。因湘湖地区江海相通相连，东海潮汐频繁，上承山洪，下纳海潮，海湾口逐渐淤积起大量的泥沙，于是海湾出现沙嘴，并不断地扩大延伸。

商周时期，“泰伯避历”、“江蛮是适”，吴太伯仲雍在湘湖区域筑城，城“口”置天，状如“吴”自号句吴，时称“泰伯奔吴”，城曰“藩篱”。环山之水，卧波城下，水因城名，称之“潘水”。

周敬王十四年（前506），吴王阖闾伐楚，其弟夫概叛，遣使由三江通越。越军渡浙江北上，行不久兵退。越王允常命范蠡在浙江之上筑固陵城，屯大船军。越国的多次水上军事行动，都从固陵港出发。

周敬王二十六年（前494）春，句践出兵伐吴，兵败夫椒，溃退于湘湖外围波涛汹涌的钱塘江上，领残兵五千保栖越王城山固陵，被吴军团团围住，留下“馈鱼退敌”的故事。又有句践被困，逃到湘湖东之山上，四顾而萧然。后人称此山为“萧然山”。

周敬王二十八年（前492）五月，越王句践夫妇和范蠡等300余人，由湘湖起程，入吴为奴，自为人质，以换取越国的继续存在。

周敬王三十年（前490），越王句践归国，开始励精图治，卧薪尝胆，养精蓄锐，图谋灭吴。

周敬王三十二年（前488），范蠡在苎萝山下（今萧山临浦镇施家渡一带）觅得美女西施。而后西施在越都学舞习礼三年。周敬王三十五年（前485），句践遣文种从固陵出发，护送西施入吴，献于夫差。在固陵（今西兴）留下了“妆亭古迹”。

周敬王三十八年（前482），句践遣文种以国宝献夫差，并派遣士卒3000人，从固陵港出发，从吴伐齐。次年六月，句践乘吴王北上黄池与诸侯会盟之机袭击吴国，时从固陵港出发的水手2000人，水师47000人，战舰数百艘，杀吴太子友。周敬王四十二年（前478）三月，句践从固陵港启程伐吴，吴大败。

周元王元年（前475），句践再次从固陵港出兵攻吴，围吴都苏州三年之久，吴王夫差自杀，于越灭吴。周元王五年（前471），句践由固陵启程会诸侯于徐州，建都琅琊，于越称霸。

周敬王二十七年至周元王三年（前493—前473），越国处于卧薪尝胆、争霸称雄时期，在后海（钱塘江）建有杭坞、石塘、防坞、舟室，在溟海（湘湖）区域建有固陵城、固陵港等，这些均为临水之军事设施。

春秋战国时期，萧山中部平原主要有临浦（湖）、通济（湖）、渔浦（湖）、西城湖、白马湖等，分布于浦阳江下游与钱塘江之间，萧绍平原的西部。

秦始皇二十六年（前221），置会稽郡，萧山属会稽郡地。秦始皇三十七年（前210），秦始皇最后一次东巡，至钱塘，渡浙江，经下诸暨（今萧山）到绍兴，登会稽山，祭大禹。在萧山留下槿头（今萧山径游）、北干山（鞭石亭、祭坛）、石井山（妃子墓）、连山（连山渡、石桥）等传说故事。

西汉初至元始二年（2），始建县，名余暨，属会稽郡。东方朔《神异记》称“亚父断萧山南岭将压于乌江”，湘湖“压乌山”由此得名。汉献帝兴平二年（195），孙策采用迂回战术，取道查浦（湘湖附近），袭击高迁屯，打败固守固陵城（现滨江区西兴镇）的会稽太守王朗，逐步统一江东。

三国孙权黄武年间（222—229），改余暨为永兴，属会稽郡。且县治在古长兴乡，即今湘湖闻堰和滨江浦沿一带。

西晋惠帝时期（290—306），在时任会稽内史贺循的主持下，开通了一条以钱塘江边西兴为起点，穿经萧绍平原直通会稽城的浙东运河（又名萧绍运河、西兴运河）。

东晋永和元年（345），高阳名士许询舍清风坊之宅为寺；孝宗（晋穆帝）诏曰：“永兴新宅，为崇化寺。”北宋治平三年（1066）改名“祇园寺”。

北魏时期（386—534），郦道元的《水经·渐江水注》，有“西城湖”（今湘湖）名出现。

南朝齐建元二年（480），江淹子昭玄舍宅为寺，称“江寺”。江寺前建梦笔桥。

南朝陈时期（557—589），夏侯曾先《会稽地志》记载有湘湖城山“馈鱼退敌”的故事。

唐朝垂拱二年（686），长史杨德裔筑永兴、山阴海塘，因处两县交界处，故称“界塘”。开元十年（722），会稽县令李俊芝主持修筑西兴至三江闸的会稽海塘。大中年间（847—860），胡暹发动民工筑赭山塘。

唐朝证圣元年（695），贺知章（659—744）自越州永兴（今湘湖南知章村）北上长安，后考中进士，官至礼部侍郎。于天宝三年（744）告老还乡，留下《回乡偶书》等诗作。

唐朝诗人李白（701—762）《送友人寻越中山水》有“东海横秦望，西陵绕越台”诗句。

唐天宝元年（742），改永兴为萧山。以县治西一里的“萧然山”得名，沿用至今。

唐朝杜光庭的《萧山白鹤观石像老君验》记载：“越州萧山县白鹤观石像老君……有湘湖老人水上见一物，凌波而去。”“湘湖”之名在唐末就已经存在。

唐朝中和二年（882）七月，钱镠率部渡钱塘江袭击屯兵西陵（现滨江区西兴镇）刘汉宏部大获全胜。次年（883），十月刘汉宏会集浙南等州兵10余万，屯兵西陵，欲进攻杭州，钱镠率“八都兵”渡江攻之，大破其兵，刘汉宏逃回越州。中和四年（884），钱镠率八都兵战西陵，破越州，刘汉宏被俘杀。乾宁四年（897），钱镠以浙江东道招讨使名义征讨在越州称帝的董昌，攻西陵，破越州，擒昌以献。

五代十国后梁开平四年（910），吴越王钱镠征集军民20万人，筑西陵篓石塘。乾化二年（912）八月，钱镠重修西陵城，以“陵非吉语”，改为西兴。西陵成为吴越国重要的屯兵之地。

北宋著名的政治家、诗人、学者刘敞（1019—1068），写《得萧山书言吏民颇相信又言湘湖之奇及生子名湘戏作此诗》诗，“居民爱尹氏为字，令尹生儿湖作名”。

北宋景祐年间（1034—1038），张夏以工部郎中任两浙转运使，派将士分段守护海塘，并主持修筑萧绍海塘，将部分柴塘改建为石塘。后在海塘决口抢险中牺牲，葬于县北去虎山（今长山），历朝皇帝先后追封为宁江侯、护堤侯、显应侯、静安公等。百姓在长山、衙前、蜀山、赭山等地建庙祭祀，人称“张老相公”。

北宋皇祐五年（1053），杨时出生在福建省将乐县。7 岁能写诗，8 岁能写赋，熙宁九年（1076）中进士。拜程颢、程颐为师，精通理学，人称“龟山先生”。官至工部侍郎、龙图阁直学士。政和二年（1112）任萧山知县，开湘湖、传理学，后人在湘湖边移建“杨长官祠”，明代改称“德惠祠”。南宋绍兴五年（1135）去世。

北宋熙宁年间（1068—1077），县民殷庆等鉴于湘湖自然淤积及人为影响而成高阜田地，干旱洪涝灾情频发，请县府废田筑湖，未成。大观年间（1107—1110），县民吴氏等复请筑湖，仍未实现。

北宋熙宁三年（1070），湘湖工程实施者方从礼生于遂安县（今浙江淳安）。北宋政和初，方从礼考察湘湖，掌握第一手资料，见“萧山湘湖湮废久，民田无以溉”，便集中乡民意见，形成复湖主张，在县令杨时到任决策后，实施湘湖工程。后卒于任上，享年 47 岁。

北宋政和二年（1112），新县令杨时到任，在调查研究后，决定恢复湘湖，派县尉方从礼实施湘湖工程，筑南北两堤，蓄水成湖，共废田 3700 亩，灌溉周边九乡 146868 亩农田；所废之田的税粮，实施“均包湖米”加以分担。湖成，杨时夜行湘湖视察，作《新湖夜行》等诗。

北宋政和六年（1116）到重和二年（1119），杰出的政治家、学者和诗人许景衡（1072—1128）应方从礼之弟从道之邀，写下《方文林墓志铭》。

北宋宣和元年（1119），距湘湖建成仅 7 年，部分地方豪绅提出废湖复田主张。经县合议审讨，主禁主垦意见不一。在县令的干预下，主张废湖复田的乡官，虽暂时接受 10 位老农保湖请愿，却提出要看当年灌溉效益再作最后决定。是年，恰逢大旱，靠湖水灌田得以收成，故废湖复田未成。

南宋绍兴二十八年（1158）大旱，9 乡农民争水事件纷起。县丞赵善济定出《均水法》，争水、偷水事件骤减。

南宋乾道年间（1165—1173），地方官募夫主事，疏浚萧山县城至西兴段运河，以利漕运。

南宋乾道二年（1166），湖民徐彦明私下献湖给恩平郡王，并请废湖为田。招讨使李显忠、大节使周仁也想从湖中得到若干亩土地，他们合谋废湖为田。县丞赵善济得悉，晓以利害，力争维护湖面，奏准皇上，才得免废，并立榜禁之。

南宋淳熙九年（1182），县令顾冲清占，退田还湖，修订原《均水法》；淳熙十一年十月十二日订《湘湖均水约束记》，刻石立碑，以示遵守。

南宋嘉泰年间（1201—1204），《嘉泰会稽志》载："萧山湘湖之莼特珍，柔滑而腴，系贡品，称湘湖贡莼。"

南宋嘉定六年（1213），有湖民私占湘湖造屋，由于湖水涨落边界线标记难定，故对是否占湖争议不决。县令郭渊明根据"黄者山土，青黎者湖土"的建议，定出湘湖两岸以"金线"为界，即自山脚黄土尽处为湖身；凡发现在青土上建屋者，拆屋还湖，治罪充军。

南宋年间，爱国大诗人陆游多次途经西陵驿、渔浦驿，并到湘湖游玩，留下了几十首写湘湖的诗词。"此生安得常强健，小艇湘湖自采莼。"陆游对湘湖情有独钟。

元初，孙氏由富阳龙门迁来湘湖，定居于下湘湖，由上孙与下孙等村，后发迹成为湘湖大族。

元大德三年（1299），县学重建"大成殿"，由翰林直学士张伯淳撰文、著名书法家赵孟頫书《萧山县学重建大成殿记》碑文。

元至正年间（1341—1368），侵湖为田者渐多，监县亦马丁提出废湖复田，县尹崔嘉讷力驳罢湖之议，清出侵占之田还湖，并发帑治理湘湖。

元至正二十五年（1365），主簿海牙公重建西兴驿房。

元末明初，著名军事家刘基辅助朱元璋建立明朝，多次到湘湖停留，留下《题湘湖图》等多首诗篇。民间留有"飞龙桥"等历史传说。

宋元时期，渔浦、西兴为钱塘江上重要的津度，文人墨客、达官贵人一路乘船而至，走走停停，或入越做官，或寻踪觅古，或访寺问僧，或见朋送友，或江渡寄驿，或观潮叙怀，写下了让后人感慨万千的诗词篇章，有多达百余位名人在游历湘湖后写下了近200余首诗词。湘湖由此开始成为名人游历的“诗巢”。

明洪武初（1368—1378），自四都（今长河、闻堰一带）至临浦，兴筑土塘15里。创制戽水牛车和“四柱清册”（朝廷定式，颁布天下）的单道葬于湘湖西山南麓单家园。

明洪武十年（1377）九月，县令张懋作《湘湖水利图记》，重刻石碑立于县门，以定民志；建四长官祠于湘湖，后人移祠于净土寺旁，改称“杨长官祠”，并加图像祀之。

明洪武末年（1398），湖民苏原九因新种官田坍入江内，借口垦湖以弥补所坍官田，将上湘湖中高地若干亩开垦为田。

明永乐初（约1403），湖民韩望等将湖中若干亩开垦为田。此后，私垦之风更甚。

明正统五年（1440）七月，萧山籍的南京吏部尚书魏骥，以湘湖受损奏请朝廷，英宗发布了《全国水利禁令》。景泰元年，魏骥告老还乡，清查湘湖私田，疏浚湘湖，修筑涵闸，亲率乡民修筑麻溪坝、西江塘、白露塘和湘湖诸塘；倡议复建杨长官祠，由其子募款建成。成化七年（1471），魏骥去世，葬于湘湖徐家坞，墓自曰“乐丘”，享年98岁；遗言“辞免营葬”，朝廷拨付的1700余两银钱转济灾民。县民感其恩，合章上奏朝廷，明宪宗准入德惠祠（杨长官祠），与杨时同祀。

明正统八年（1443），朝廷差太监迫进贡湘湖樱桃，樱桃因受鸟灾无收成，知县苏琳无奈将迫贡太监捆送京城，据理力争，英宗下令免贡。此后，湘湖樱桃被百姓称为免贡樱桃。

明景泰四年（1453），县丞李孟惇将苏原九等人所开垦的湖田全部清出，罚谷1600余石，充实官库，并晓示禁垦湖中高地，但暗占之风未绝。

明天顺年间（1457—1464），绍兴知府彭谊、郡守戴琥开碛堰山，筑临浦、麻溪两坝，自此依赖湘湖灌溉的农田已不足开湖时的一半。湘湖孙氏和吴氏侵占湖利，魏骥清出吴氏侵占，孙氏侵占未退完；魏将此事托付给本邑弟子御史何舜宾继续办理。

明成化年间（1465—1487），何舜宾揭露孙全私占湖利。被县令邹鲁设计陷害致死；其子何竞上告朝廷，邹鲁治死罪；孙全所占湖田1327亩、堰池96口、地26片、瓦窑房屋210间，全部清出还湖。知县杨铎奉命刻石立碑，以禁占湖。

明成化十六年（1480），县令吴淑游湘湖，并作《湘湖游记》。

明正德十四年（1519），工部尚书张嵿、按察司佥事富弦（萧山人），清出孙肇五、徐学告私占之湖田。次年三月，又贴出《禁革侵占湘湖榜例》，规定沿湖9乡每乡选出有资产的壮丁两名，担任湖长（任期2年），分段负责湖岸的监视和维修。

明嘉靖十五年（1536），建造三江闸后，崇化、昭明、来苏3个乡和由化乡的6个村改用西小江水灌田，有关这些乡的霪穴，先后废。至此，需用湘湖水灌田的只有长兴、新义、夏孝3个乡和许贤、安养两乡在江北的9个村（由化乡的涝湖村在极旱年间才需灌湖水）。依赖湘湖水灌溉的农田面积已不到宋、元时的半数。

明嘉靖三十二年（1553），为抵御倭寇侵扰，知县施尧臣重筑县城城墙。城周9里120步，高2丈5尺，宽2丈2尺，上垒雉堞2585垛。清顺治十年（1653），知县韩昌先重建县城东西两城楼，并修葺城垣。顺治十三年（1656），改筑城墙旧堞，每堞宽8尺，高6尺，共筑914堞，数堞之间留一空隙，用以置炮。民国时期，城墙陆续拆除。

明嘉靖三十三年（1554），孙学思为沟通湖西岸的孙姓、湖东岸的吴姓两族的往来，在湖中狭腰处私自筑堤并建造跨湖桥，从此湘湖分为南、北两湖，南为上湘湖，北为下湘湖。

明天启三年（1623），文坛大家毛奇龄出生，清康熙十八年（1679）举博学鸿儒，授翰林院检讨，参与修《明史》，康熙二十四年引疾归里，专事著作。《四库全书》就收录有52种；《西河合集》有400余卷。毛奇龄对于湘湖的贡献，在于检举湘湖侵占、撰写《湘湖水利志》和写诗赋词。康熙五十四年（1715），毛奇龄去世，享年93岁。

清康熙二十八年（1689）八月，湘湖大旱，湖底皆裂。湖民孙凯臣等，趁机私自筑堤架桥，西自湖岸，东至柴岭，横跨湖面3里余。后石岩一带也有人私自在湖中筑塘。经本县朝臣翰林院检讨毛奇龄揭发上告，知府采纳，饬县削堤去桥，惩治孙凯臣等，并勒石永禁。

清康熙三十一年（1692），始筑西江备塘300余丈。

清雍正八年（1730），汪辉祖出生于瓜沥镇昭东大义村，乾隆四十年（1775）中进士，五十六年任署道州牧。后因足疾辞职回萧山苏家潭家著书立说，撰有《学治臆说》、《佐治药言》等大量著作。清乾隆五十八年（1793），西江塘坍，萧山、山阴、会稽三县集资重修，浙江巡抚吉庆委本县汪辉祖（时年63岁）主持其事。嘉庆十二年（1807）逝世，享年77岁。

清雍正八年（1730），奉旨旌表已故儒士倪润妻金氏的“节孝承恩”石牌坊建于义桥新坝上埠村。牌坊为四柱三间五楼式，歇山顶构架，斗昂结合。现为杭州市级文物保护单位。

清乾隆十二年（1747），西江塘大部分泥塘改建为石塘，使之连接，并加高、培厚。

清乾隆四十八年（1783），库书傅学明、武举曹声煌、革书吴士达、革役周登山等，嘱坝夫王良千等，在湖心定山北面筑围塘3里余，占田1000余亩。经乡绅揭发，铲平围塘，惩治有关人员，并树碑永禁。

清乾隆年间（1736—1795），《萧山湘湖孙氏宗谱》收录有“湘湖八景”。清光绪二十一年（1895）《萧山埭上黄氏家谱》有“石岩十景”。民国10年（1921）周易藻编撰的《马谷周氏宗谱》（1921）有湘湖“辛庐八景”。之后，《萧山城厢镇志》（1989）、《萧山文化志》（1990）、《可爱的杭州·萧山卷》（1994）均有“湘湖八景”，《湘湖诗画邮票珍藏册》（2006）有“湘湖十景”。

清嘉庆初，於士达与王煦修湘湖堤塘；於士达著《湘湖考略》，王煦修订。

清道光、同治时期，湘湖湖堤两次决口，定山前后至青山张4600余亩淤成高地，禁垦之争不断。

道光五年（1825）冬，历任礼、吏、工、户等四部尚书的萧山人汤金钊与师王晚闻一起游石岩山，宿先照寺并赋诗，有“狮子雄蹲石锦斑”诗句。

清同治三年（1864），杭州胡雪岩设钱江渡站，置舟37艘，舟夫136人，牛16头，牛车8辆，基金15万串，于同治八年（1869）通渡，时为义渡。同年，《萧山湘湖志》编写者周易藻先生生于戴村丁村，26岁时中举人。

清光绪二十九年（1903）十月，举人黄元寿拟筹资3万元组织“厚正公司”，欲开垦湘湖荒地，以田租息收入的70%作为股份，30%作为创办学堂经费。因主禁方反对和上告作罢；次年三月，抚宪批转布政司饬县立碑，永禁开垦湘湖荒地。

清光绪三十四年（1908），钱江商轮局开设杭州闸口至义桥段机动客运航线，闻堰、义桥始设机动客运轮埠。

清宣统二年（1910），黄元寿再次呈文抚宪，认为“沧桑改变，明明于古有害而今无害，古宜止而今宜行”，拟集9乡代表合资组织“厚正公司”，开垦湘湖荒地。被核准。但随即遭主禁者反对，先有部分绅士、农民两次上书，阐述开垦之害；继则650余绅士、农民联合上书禀请禁垦。其间，绅、学两界上主禁意见书达40余件。经多次复勘，开会公议难决，抚宪怕生事端，批文暂行缓垦。

民国元年（1912）4月，虞祖恩等10人呈请绍兴军政分府，拟设立“萧山湘湖垦荒公司”开垦湘湖，收入按比例分配给军政府及9乡公利，后因9乡绅士意见不一而未能实行。

民国4年（1915）11月，浙江省第一测量队实测：湘湖周长25公里，总面积22012亩，上湘湖淤涨土地3130亩，湖中数山计570亩。

民国10年（1921），周易藻在湘湖缸窑湾之麓（今下孙村窑里坞掬星岛）筑“辛庐”，并“辛庐八景”。民国14年（1925）11月，周易藻编成《萧山湘湖志》，次年完成《续志》，县事郭曾甄作序，并于民国16年11月印行。

民国15年（1926）11月9日，省长陈仪公布省议会关于“池荡湖沼不容借端垦辟”的议决，勒令县知事郭曾甄禁止放垦标卖湘湖荒地，撤销垦浚湘湖事务所，立碑重申禁令。

民国16年（1927），绘制《湘湖建设计划图》，测得湘湖面积比宋时缩小1/3，环湖有村庄58个，1770户8750人。当年，湘湖收回国有，上湘湖成立国立第三中山大学劳农学院，后改为浙江大学农学院农场及湘湖农场。至民国36年，累计开垦湘湖土地7000余亩。

民国17年（1928）10月1日，浙江省立乡村师范学校在定山创立。著名教育家陶行知先生先后4次亲临湘湖，指导办学，并题写校刊《湘湖生活》刊名。民国23年（1934），著名作家郁达夫到湘湖师范演讲。民国26年（1937）11月，日军轰炸萧山，湘湖师范迁离湘湖，辗转浙江西南、福建山区，七易校址。民国35年1月，湘湖师范迁回萧山城厢祇园寺。1951年9月，在城厢镇小南门孔庙设立湘师分部。1956年，全部搬迁入小南门孔庙。

民国19年（1930），湘湖有大窑51座，中小窑9座，从事砖瓦制作者5200人，年产砖1250万块，瓦500万张。

民国23年（1934），萧山县名胜管理委员会编印《萧山县名胜纪略》。

1951年，原湘湖地区的浙大校办农场和湘湖师范的部分土地并入湘湖农场，正式定名为“地方国营浙江省湘湖农场”，隶属浙江省农林厅。1958年4月，萧山县第一初级农业技术学校在湘湖农场创办。1958年成立湘湖公社，次年撤销。1961年7月，增设湘湖区，两年后撤销湘湖区。1965年12月，湘湖师范与湘湖农场合并，成立管理委员会，1970年管理委员会撤销。1978年，湘湖农场被评为全国农垦系统先进集体。2003年8月19日，湘湖农场划归浙江湘湖旅游度假区管理委员会。

1952年，浙江省工业厅在湘湖建立浙江砖瓦二厂，后改名为浙江建筑材料总厂。

1958年，《萧山县城厢镇规划总图》说明书提出：“湘湖离城较近，风景优美，远景将成为萧山的一个大公园及休疗养的佳地。”后在《萧山县1960年工业发展规划》（草案）第16条中明确提出了“逐步建设湘湖风景区”。

1959年8月22日，毛泽东主席视察西兴镇杜湖村。

20世纪50年代，考古专家何天行在萧山城西近湖山麓的盛家港后到沿山路旁、瓦窑附近，发现不少新石器时代陶片，有方格文灰陶片、压纹灰陶片、直纹灰陶片等。

1960年8月，小砾山排灌站建成，湘湖灌溉功能彻底丧失。至1966年，湘湖面积仅存3040亩，沿湖先后建起7家社队砖瓦厂，围湖1000多亩。

20世纪60年代初，杭州砖瓦厂厂医陈中缄收集和拾取湘湖出土的骨器、石器等；1970年，他向当地文化馆报告；2001年7月，陈中缄的儿子陈切景将父亲所藏的石器、骨器等几十件捐赠给萧山博物馆。

1977年9月，萧山县革命委员会决定将白马湖与下湘湖两个渔场从湘湖农场划出，单独成立萧山湘湖渔场，场址设在白马湖。1980年，建成中湘湖鱼种场。

1980年，老虎洞村人工种植“湘湖莼菜”获得成功，使湘湖传统名产得以恢复。是年，“湘湖旗枪”更名为“浙江龙井”。

1984年，萧山政府制定恢复湘湖规划，规定黏土取尽的泥荡应灌水复湖。当年，日本汉学家斯波义信撰成《〈湘湖水利志〉与〈湘湖考略〉》一文。是年，建西山公园。

1989年12月，越王城遗址被浙江省人民政府公布为文物保护单位。是年，美国汉学家萧邦齐出版《湘湖——九个世纪的中国世事》，2005年出版中文版。

1990年5月，在城厢砖瓦厂取土现场发现大量黑陶片、兽骨、鹿角、木器残件等文化遗存，并有厚2米、宽30米左右的文化堆积层。因地处跨湖桥西北不远处，被命名为“跨湖桥遗址”。当年10—12月，由城厢砖瓦厂出资3万元，进行第一次考古发掘，出土了大量陶器、石器、木器、骨器及黑陶、彩陶碎片，还发现了灰坑、建筑遗迹，经碳十四测定，年代在距今8000—7000年前。

1990年8月，国际百越文化学术研讨会在杭州召开，120多位中外代表登越王城山进行实地调研，确认这是一处春秋末期越国屯兵拒吴的军事城堡。

1992年，萧山市委九届六次全体（扩大）会议决定开发湘湖旅游资源，建设湘湖风景旅游区；萧山市政府组建“湘湖风景旅游开发办公室”，办公室设于市计委内，日常工作由计委承担。

1993年，湘湖村撤销，建立湘湖居委会。湘湖村共817户1972人全部转为非农户口，原湘湖村土地（包括杂地、山地、水面等）全部收归国有，6家村办企业由“村办”转为“市属大集体”，企业职工也全部转为市属大集体职工，其余村民也按有关政策进行妥善安置。

1995年9月，浙江省人民政府根据萧山市政府《湘湖旅游度假区总体规划构想》和《萧山市湘湖旅游度假区可行性研究报告》，正式批准成立“浙江湘湖旅游度假区”。

1998年，全长2000米的湘湖路拓宽改造工程开工。同年9月，《浙江湘湖旅游度假区总体规划》通过专家评审。

1998年，杭州乐园动工兴建，总占地面积2860亩，其中陆地（包括山岭）面积1600亩，水面面积260亩，氡温泉度假村500亩。由荷兰村主题公园、“马可·波罗之旅”主题公园和氡温泉度假村等区块组成。于1999年4月正式对外开放。

1999年8月，杭州东方文化园动工兴建，总投资12亿元，占地2700亩。全园以周易八卦布局，儒、释、道三家同构建筑，集园林文化、宗教文化、养生文化等东方文化之精华，分世纪广场、佛家区、道家区、儒家区、东方度假区、山瑞览胜景区等6大景区。第一期景区于2000年9月建成开放；第二期于2001年初竣工开放。东方文化园被中国宗教学会和中国社会科学院世界宗教研究所授予“中国佛教文化展示中心”、“世界宗教学术研究基地”；被国家有关部门命名为“中国最佳休闲度假胜地”、“4A级旅游景区”、“中国十佳主题公园”和“中华民族东方文化园”。

2000年底，浙江省考古研究所与萧山市博物馆一起对浦阳江下游进行考古调查，对第一次考古发掘的跨湖桥遗址周边进行试掘，发现文化层。2001年1月，湘湖砖瓦厂取土发现较大面积的文化层，萧山博物馆馆长方晨光带领专业人员进行实地考察，并同时向萧山市人民政府和省文物考古研究所报告。5月，经萧山市人民政府批准，并安排考古经费18万元，对跨湖桥遗址进行第二次考古发掘；发掘面积300平方米，出土了大量陶器、石器、木器、骨（角）器等文物碎片，还发现了稻谷颗粒、编织物、中药罐等，经碳十四测定，年代在距今8000—7000年前。

2001 年，浙江万达集团兴建世处桃源风情园，占地 79 万平方米，主要包括桃源湖山庄、阳光城、天上人间、月光城等 42 项活动内容，主要由天鹅湖景区、异国风情别墅人居展示区（万国别墅园）和索菲特世外桃源度假酒店组成。酒店于 2006 年 4 月建成对外开放。

2002 年 3 月，首届跨湖桥遗址学术研讨会在萧山宾馆召开，会议进行了跨湖桥遗址考古发掘成果新闻发布会，跨湖桥遗址被公布是一种独特的文化类型，并在江寺举行了跨湖桥遗址考古发掘成果展。4 月，跨湖桥遗址被评为“2001 年度全国十大考古新发现”。

2002 年 8 月 12 日，世界休闲组织理事会决定在杭州湘湖举办“2006 年世界休闲博览会”。

2002 年 9—12 月，浙江省考古研究所与萧山博物馆组成联合考古队，对跨湖桥遗址进行第三次考古发掘，出土了大量骨、木、石、陶器碎片及苇编织物，发现独木舟及相关遗迹。独木舟被称为“中华第一舟”。

2003 年 3 月，跨湖桥遗址公园规划座谈会召开，基本确定了跨湖桥遗址公园建设的规划范围、公园特色、建筑风格等。2005 年 5 月，西安建筑科技大学建筑设计研究院编制跨湖桥遗址保护规划、跨湖桥遗址博物馆（遗址公园）设计方案。2005 年 12 月和 2007 年 10 月，遗址保护方案与博物馆设计方案先后经省文物局和国家文物局评审通过。

2003 年 4 月，杭州市萧山区人大常委会和区政协分别通过《关于重点督办要求保护和开发湘湖的代表议案的决定》、《关于大手笔谋划和实施古湘湖保护开发的调研报告》。8 月，收储了萧山二轻砖瓦厂、萧山农水学校、人武部靶场、湘湖砖瓦厂、湘湖风情城、湘湖社区、湘湖渔场等土地和水面 273.48 公顷。同时，建立湘湖文化研究会，积极为湘湖建设出谋划策。

2003 年 5 月，跨湖桥遗址同类型文化遗址——下孙遗址被发现；当年 11 月，进行了考古发掘。除出土文物与跨湖桥遗址相仿外，还在不足 60 平方米的试掘范围内发现了 60 多个灰坑和柱洞，碳十四年代测定亦在距今 8000—7000 年前。这一发现，为跨湖桥文化的命名提供了基础条件。

2003 年 8 月，浙江湘湖旅游度假区管理委员会成立，临时办公地点设在湘湖农场。湘湖的保护与开发进入实质性阶段。11 月，成立湘湖启动区拆迁安置领导小组。12 月，《萧山湘湖区块控制性规划》通过评审。湘湖区块的规划范围北至萧杭铁路，东至蜀山路，西至钱塘江，南至杭州绕城公路，总面积 51. 7 平方公里。

2003 年，杭州世界休闲博览园动工兴建，总投资 35 亿元人民币，占地 3 平方公里，六泓湛蓝的湖水和 10 公里长的河道将休博园分为城市休闲中心区、威尼斯水城区、苏黎士区、奥兰多区、荷兰海游乐区、爱琴海区、地中海区和加勒比海区共 8 个区域。休闲博览园成为一个集旅游、休闲、度假、会展、商务、人居于一体的多元化多功能休闲度假的主题城。

2004 年 5 月，《湘湖旅游度假区启动区块修建性详规》评审会召开。11 月，《湘湖旅游度假区启动区块修建性详规》经萧山区政府评审并原则通过。12 月，"浙江湘湖保护与开发启动区块修建性详细规划" 通过评审。湘湖启动区块面积为 4. 64 平方公里，将恢复湖面 1200 亩。

2004 年 12 月，召开 "跨湖桥考古学术研讨会" 和新闻发布会，"跨湖桥文化" 正式命名。

2005 年 2 月，"浙江湘湖启动区块一期湖堤、湖岸工程设计" 通过评审。2 月，通过招标确定工程施工企业。3 月，湘湖启动区块一期湖堤、湖岸工程开工。

2005 年 3 月，跨湖桥遗址被公布为第五批省级文物保护单位；2006 年 5 月，国务院公布跨湖桥遗址为第六批全国重点文物保护单位。

2005 年 10 月，配合 2006 年第一届世界休闲博览会在湘湖举行，在跨湖桥遗址现场建造 "跨湖桥遗址陈列馆"（临时）。陈列馆外观为仿明清民居式样，面积 731 平方米，内设两个展厅、一个录像放映厅及贵宾接待室。陈列馆于 2006 年 4 月 20 日建成开放，2007 年 10 月闭馆拆除。

2006 年 2 月，湘湖景区第一条游船——湘湖 07 号电动仿古木船在越堤梦湖桥畔入水。湘湖与湘河连通，再引入钱塘江水，将在启动区块一期工程范围内形成 1200 亩的水域面积。

2006 年 3 月，湘湖旅游度假区经营管理公司正式成立，有经营管理人员 150 人，游船 13 艘。公司的成立，标志着湘湖启动区块由建设转向管理与经营，湘湖保护与开发进入了一个新阶段。

2006 年 4 月，浙江省邮票局发行《湘湖诗画邮票珍藏册》，中国邮政发行《湘湖》个性化邮票 12 枚。

2006 年 4 月，湘湖一期景区建设项目通过了验收，完成了 51.7 平方公里的控制性规划编制，实施了湘湖启动区 4.64 平方公里的开发建设，完成了 1402 户民房和 41 家企业近 39.5 万平方米的拆迁，收储了 8600 亩水面、山林和土地，恢复湖面 1800 亩，新建了安置房 29 万平方米，完成了一湖、二堤、五大景区、16 个景点的建设任务。

2006 年 4—10 月，首届杭州世界休闲博览会主园区"一湖三园"在休博园隆重举行，圣火向湘湖旅游度假区、杭州世界休闲博览园、杭州世界休闲风情园、杭州东方文化园等圣火台传递。国家各部委及各城市领导、港澳台知名人士等参观了休博园，游览了新湘湖，在"五一"黄金周期间，"一湖三园"共接待游客 53.47 万人次，杭州世界休闲博览会期间共接待游客 100 多万人次。

2006 年 4 月，萧山地方海事处湘湖海事所与萧山港航管理处湘湖所正式挂牌，实行一套人马两块牌子，有工作人员 3 人，海事艇 1 艘。

2006 年 8 月，跨湖桥遗址和越王城遗址保护开发领导小组成立。湘湖启动区块二期景观设计方案通过专家评审。10 月，荷花庄及湘湖书画院设计方案初步论证。

2007 年 5 月，跨湖桥遗址博物馆建设启动，总投资 1 亿元，博物馆占地 83 亩，建筑面积 6800 平方米；经两年多的建设，于 2009 年，在中华人民共和国成立 60 周年前夕建成并免费对外开放。

2007 年 8 月，浙江湘湖旅游度假区管委会和浙江海洋水族馆投资有限公司正式签约，在湘湖边合作建设杭州极地海洋公园（少儿公园）。公园占地 260 亩，总建筑面积 41000 平方米，总投资 4.5 亿元，由极地海洋世界、少儿游乐区、鸟语林、配套服务区组成，于 2008 年 10 月建成开放。

2007 年 12 月，湘湖管委会邀请园林、旅游、规划等省内专家在开元名都召开湘湖二期修建性详细规划评审会。计划到 2011 年使景区总开发面积达到 10.6 平方公里，完成 30 万平方米公建设施、17.8 公里景区交通道路，预计日接待游客容量为 15 万人次。2011 世界休闲博览会前完成施工建设。

2008年3月，以“品牌景点，品质旅游”为主题的“品质萧山·咏十景”评选活动拉开帷幕。其中，“湘湖云影、钱江观潮、乐园狂欢、杨岐钟声、响天竹风”等5处湘湖景观列入“萧山十景”。

2008年4月，在北京全国政协礼堂召开的2008第二届中国休闲经济发展论坛上，浙江湘湖旅游度假区被评为“中国休闲旅游最佳目的地”。

2008年4月，为打响“湘湖龙井”品牌，“湘湖龙井茶品会”在湘湖“龙井双涌”景点举办，活动包括炒茶表演、茶艺表演等。

2008年5月，美国易地EDSA等4家设计单位对“一湖三园”区域现场踏勘，详细考察了“一湖三园”的现状和经营理念，并召开湘湖国际旅游综合体规划方案征集说明会，标志着“湘湖国际旅游综合体”规划正式启动。

2008年5月，浙江湘湖旅游度假区被国家旅游局授予国家4A级旅游景区称号。湘湖荣获“2008年度杭州生活品质·休闲生活”上榜区块。

2008年6月，杭州市萧山区委、区政府与湘管委、闻堰镇、蜀山街道等单位签下土地收储目标责任书。计划在两年内共完成8900亩土地收储，拆迁房屋20万平方米。

2008年8月，湘湖启动区块北岸湖岸修复工程荣获“2008年度浙江省建设工程钱江杯奖（优质工程）”。

2009年6月，湘湖水漾湖酒店项目启动；海军92418部队跨湖楼建设项目启动；湘湖二期征迁工作目标责任书签字仪式举行。

2009年7月，浙江湘湖旅游度假区被评为2008年度杭州市“十佳景区”。

2009年9月，CCTV《寻找国宝》走进杭州萧山·湘湖大型公益鉴宝活动在湘湖城山广场举行。10月4日晚，在中央电视台2套经济频道播出。

2009年9月，跨湖桥遗址博物馆开馆，湘湖燕尔园开园。

2009 年 9 月，占地 33 亩、总建筑面积 6280 平方米的下孙文化村开园。

2009 年 12 月，湘湖新城概念性规划方案正式出台，提出“以湖兴城、以湖旺城”的新城建设意见。努力形成一湖（湘湖）、一城（湘湖新城）、一址（跨湖桥遗址）、两大旅游综合体（休博园和东方文化园）的新格局。

附录2　湘湖诗词文赋目录选

（一）诗

固陵祝词（春秋越・文种）
乌鸢歌（春秋越・句践夫人）
旦发渔浦潭（南朝梁・丘迟）
登越王台（唐・宋之问）
回乡偶书（唐・贺知章）
晓发（唐・贺知章）
早发渔浦潭（唐・孟浩然）
祇园寺（唐・綦毋潜）
宿范浦（唐・崔国辅）
送友人寻越中山水（唐・李白）
西施（唐・李白）
送友人游江南（唐・韩翃）
题秦系山人丽句亭（唐・皎然）
竹林寺（唐・朱放）
题越王台（唐・崔子向）
南游感兴（唐・窦巩）
同萧山陈长官县楼登望（唐・方干）
题贺知章故居叠韵作（唐・温庭筠）
江城晚望（唐・刘沧）
萧山祇园寺（唐・丘丹）
得萧山书言吏民颇相信又言湘湖之奇及生子名湘戏作此诗（宋・刘敞）
岁暮自桐庐归钱塘，晚泊渔浦（宋・潘阆）

渔浦弱师（宋·沈辽）
城山（宋·华镇）
梦笔桥（宋·华镇）
新湖夜行（宋·杨时）
望湖楼（宋·杨时）
萧山觉苑寺雪后杜门（宋·陈渊）
夜泊萧山，酒醒梦觉月色满船，感而有作（宋·王十朋）
新晴马上（宋·陆游）
梦笔驿（宋·陆游）
宿渔浦（宋·陆游）
萧山（宋·姜夔）
湖中（宋·苏泂）
湘湖饮平远亭，口占呈邢刍父（宋·苏泂）
越王台（宋·文天祥）
渔浦晚秋旅怀（宋·真山民）
西兴道中（宋·董嗣杲）
渡越（元·仇远）
越王台（元·王沂）
夜过白马湖（元·萨都剌）
吴越两山亭（元·萨都剌）
萧山秋兴二首（选一）（元·郑洪）
萧山净土寺（元·宋禧）
登越王台次任一初韵（元·贡性之）
越山清晓（元·贡性之）
湘湖（元·镏涣）
萧山上咏（元·张招）
题湘湖图（明·刘基）
题吴越两山亭（明·鲍恂）
萧山任氏山堂（明·刘基）
湘湖草堂为贡友初赋（明·凌云翰）
越王台（明·姚广孝）
萧山尹明府吴越两山亭（明·高启）
蒙山（明·来励）
泛湘湖（明·来励）
湘湖即景（明·来励）
舟发湘湖抵峡山途中书事（明·魏骥）
癸酉立秋日放舟湖上将抵乐丘触景偶成（明·魏骥）
送王照府造完石陡门还府（明·魏骥）

望湖亭（明·蔡友）
石井山（明·唐寅）
德惠祠（明·湛若水）
曹林庵（明·王守仁）
与杨子完步浣纱溪梁有怀西施之乡（明·徐渭）
登蒙山宫留别社友（明·来汝贤）
登石岩（明·黄九皋）
压乌山（明·黄九皋）
登越王城，城在山椒，下有白马湖（明·来三聘）
萧山八景（明·倪朝宾）
惠济寺（明·孙学古）
泛湘湖（明·倪元璐）
一览亭（明·林策）
苎萝村（明·徐熥）
到杨岐寺二首（明·来集之）
湘湖采莼歌（明·来集之）
夜梦到西施故村，口吟一首（明·金圣叹）
湘湖（明·释如兰）
城山（明·朱纯）
压乌山（明·方以规）
赠杨寺僧（明·朱玉贞）
潘江舟中口占（明·任杰）
题萧山八景图送曾明府（明·任徵）
江湖一览亭（明·黄琮）
采莼（清·蔡仲光）
湘湖春社（清·蔡仲光）
仲春雨后湘湖书事（清·蔡仲光）
从湖中携得荷花归（清·包启祯）
即席送大可还萧山（清·施闰章）
湘湖云影（清·毛万龄）
湘湖（清·毛万龄）
越中漫兴（清·梅清）
湘湖采莼歌（清·毛奇龄）
西施庙（清·毛奇龄）
题浮湘阁（清·单隆周）
过秦君故里（清·单隆周）
赋得西陵绕越台（清·单隆周）
红粉山（清·徐缄）

净土寺（清·何之杰）
赠蔡五十一（仲光）（清·朱彝尊）
杨寺（清·毛远公）
越王城怀古（清·陈至言）
登越王台望大江（清·陈至言）
宿新坝（清·姚夔）
春日湘湖即事（清·蔡惟慧）
游压乌山（清·陶元藻）
萧山道中（清·爱新觉罗弘历）
宿石岩山先照寺（清·汤金钊）
湘湖杨梅（清·黄元寿）
从长河泛马、湘二湖归舟口号（清·张文瑞）
杨梅二绝句（清·张文瑞）
至湖岭晚步（清·汤树棠）
湘湖晚秋（清·任琦）
秋游湘云寺见落叶有感归而赋之（清·林国柱）
城山鱼（清·林国柱）
过湘湖怀何孝子（清·傅以言）
泛舟湘湖（清·任国任）
暮秋杂忆（清·李慈铭）

（二）词

望海潮·越州怀古（宋·秦观）
渔父·湘湖烟雨长莼丝（宋·陆游）
汉宫春·一顾倾吴（宋·姜夔）
人月圆·伤心莫问前朝事（元·倪瓒）
菩萨蛮·越城晚眺（明·刘基）
沁园春·排马湖边（明·来集之）
湘湖采莼歌（明·来集之）
霜天晓角·平沙十里（清·毛奇龄）
青玉案·渡江有感（清·毛奇龄）
虞美人·平明载酒登高去（清·毛奇龄）
湘湖采莼歌（清·单隆周）
湘湖竹枝词（清·沈堡）
摸鱼子·莼（清·朱彝尊）
醉春风·湖上即事（清·陈至言）
孤鸾·妆亭怀古（清·陈至言）
湘湖竹枝词（清·汪继培）

惜琼花·越溪秋思（清·冯登府）
虞美人·归自越中（清·项廷纪）
东风第一枝·咏萧山白杨梅（清·沈皞日）

（三）文（赋）

萧山白鹤观石像老君验（唐·杜光庭）
方文林墓志铭（宋·许景衡）
江湖一览亭记（宋·蔡攀龙）
送照磨王君造完陡门还官序（明·魏骥）
游湘湖记（明·吴淑）
湘湖（明·袁宏道）
明圣二湖（明·张岱）
莼赋（清·爱新觉罗玄烨）
湘湖赋（清·郎敬斋）
湘湖赋（清·黄九川）
湘湖赋（清·朱彝尊）
游湘湖记（清·韩绥之）

附录3 湘湖古代景名简注[1]

湘湖 湘湖位于萧山城区西南，东北西南走向，呈葫芦形状，两山相夹，湖山一色。春秋时期称溟海，汉唐时叫西城湖，唐末已有湘湖名称。原系天然湖泊，北宋政和二年（1112），县令杨时政萧山，围堤筑塘，增大蓄水功能，以灌溉九乡，湖周长80余里。1995年9月12日，浙江省人民政府正式批准建立浙江湘湖旅游度假区。

白马湖 又称排马湖、石姥湖。相传春秋时，吴王在此排马布阵，故名；与湘湖仅一山之隔，风景颇佳。

固陵 春秋时期，越国范蠡筑城于浙江之滨，言可以固守，谓之固陵，即现在的越王城。固陵城（山）的南、城北均为固陵港，城港一处。后西城湖（固陵港）湮塞，钱塘江南岸的固陵（港）码头由于钱塘江江道的变迁而北移，逐渐远离固陵城。因此，固陵一指越王城，一指西兴。

海门 钱塘江在清乾隆以前，江流经南大门出海，江南为龛山，江北为赭山，两山相对，谓之海门。后江流改道北移，南大门渐淤成陆。

渔浦 又名渔浦潭、范浦、渔浦街，位于湘湖的西南，现归属义桥镇，系钱塘江重要古渡。“渔浦烟光”是《萧山县志》所载的萧山八景之一。

越王台 在湘湖北岸的越王城山（又名城山）。山中卑四高，宛若城堞，前两峰对峙如门，曰马门。春秋时，越于此驻兵拒吴。山顶有泥夯城墙、句践寺、佛眼泉、洗马池。1989年浙江省人民政府公布越王城遗址为省级重点文物保护单位。

横筑塘 位于湘湖横筑塘村，志载宋时已有。横筑塘横亘3里，北接湘湖塘，南接河岸。古代塘上设“牛埭”，以挽舟过河，有北拖埠、南拖埠。南拖埠今存。近处祀张老相公的南塘庙今存。

西陵 现名西兴。五代时，吴越王钱镠以“陵非吉语”，改西陵为西

[1] 本文根据杜永毅《湘湖诗词五百首》“地名、景点简注”整理。

兴。

樟亭驿 遗址在西兴旧邮亭，处萧绍运河南岸，六朝时称西陵驿，唐朝时称樟亭驿。传为西施梳妆赴吴为妃处。历代诗人多有吟咏。

镇海楼 原名玩江楼，位于西兴渡口，是古代钱塘江南观潮胜地，久废。明弘治十年（1497）重建改此名。

贺知章故里 贺知章，唐代著名诗人，永兴（萧山）人。其故里在湘湖南岸文笔峰下史家桥村（今属蜀山街道知章村），村内有明代重修的石桥“思家桥”，保存完好。

苎萝山 海拔127米，在浣纱溪东岸，历史上属苎萝乡，今属临浦镇。山上有红粉石。

苎萝村 又名西施里，在苎萝山下，浣纱溪穿村而过，溪东为东村，溪西为西村（今称施家渡村），施姓聚居，相传为西施出生地。

西施庙 又称西子祠、娘娘庙，在浣纱溪西岸，坐西朝东，面对苎萝山，今存。宋嘉泰《会稽志》有西施庙的记载。

浴美施闸 位于施家渡村西北两河交汇处，相传西施赴越都时，曾在此湔洗。明万历年间，此处建闸，为纪念西施，立一石碑曰：“古浴美施闸。”今存。

萧然山 即萧山，在城区西，又称西山。萧然山名称来源，志书记载两说并存：一说晋代大隐许询筑室于山下，“萧然自放”；一说越王句践兵败退入此山，“满目萧然”。主峰海拔154米。明清县志将“西山梅雨”列为萧山八景之一。现辟有西山公园。

石岩山 在湘湖东南，俗称雄鹅鼻，又名狮子山，主峰海拔209.8米，山上有先照寺和一览亭。“石岩望秋”为县志所载萧山八景之一。

压乌山 又名压湖山，在湘湖中，原四面环水，形如翠螺。山麓有湘云寺。传说“亚父（范增）断萧山南岭，将压于乌江”，遗落于湘湖，故名。

冠山 位于滨江区长河镇，因山形似冠得名。山上有冠山寺，山脚有浮泉。

蒙山 原名晾网山，在萧山城西，山上原有徽宗庙，有宋徽宗赵佶的衣冠冢，宋末元初改称东岳庙，现部分建筑尚存。

北干山 在萧山城北，其巅曰玉顶峰，山上有吴越两山亭。“北干松风”为原萧山八景之一。现已建成北山公园。

德惠寺 原称杨长官祠，位于湘湖东，在净土山麓，初祀宋县令杨时，感其筑湘湖之功，明代配享有功于家乡水利的乡贤魏骥，已圮。

隆兴寺 坐落在西山北麓，晋将军隆吉建，故名。目前遗迹尚存。

净土寺 在净土山北麓，北宋开宝五年（972）建，太平兴国七年（982）改名净土寺。寺侧有金泉古井，今存。

湘云寺 在湘湖压乌山麓，清嘉庆、同治年间曾是文人“湖贤社”、

“激堰会”的会聚之所，已圮。

先照寺 又称先照庵、光照庵，在石岩山上，宋绍兴中建。1991 年重建先照禅寺。“先照晨曦”曾是湘湖八景之一。

杨岐寺 在湘湖南岸的杨岐山下，始建于南宋，旧有大悲阁及妙高楼，已毁。1998 年在旧址重建杨岐禅寺，处于东方文化园内，山腿上钟楼挂有巨型铜钟，再现了古代“湘湖八景”中的“杨岐钟声”。

曹林庵 在湘湖北、浙东运河南，宋咸淳中建，民间称“剥衣亭”。曾是明朝哲学家王阳明到访之地，今不存。

祇园寺 在城厢街道，东晋永和元年（345），隐士许询舍宅建造，为萧山现存古寺之冠，系杭州市文物保护单位。

江寺 又名觉苑寺，在市中心萧绍运河边。据地方志载，原为南朝文学家江淹故宅，始建于南齐建元二年（480）。杭州市文物保护单位。

竹林寺 又名惠济寺，位于城厢街道惠济桥北堍。始建于南齐，以寺僧擅长妇科闻名。今不存。

一览亭 在石岩山巅，建于明代，后屡有损毁，存遗址，为杭州市文物保护单位。近处“一览亭”系 1994 年重建。此处近挹湘湖，远眺钱江，湘湖八景中的“览亭眺远”即指此。

吴越两山亭 位于北干山玉顶峰，宋景德四年（1007）始建，以其地处吴越分界的北干山而著名，历代诗人多有吟咏。原亭已圮，1997 年在原址建成玉顶阁。

浮湘阁 在城厢街道西门外金泉井之西，唐九经书额，今不存。

丽句亭 系唐代隐逸诗人秦系寓居萧山时所建，位于秦君里秦君巷，即今城厢街道西仓弄，该亭在当时系越中一大胜景。旧亭已湮没。2002 年在江寺公园内原址重建。

萧然山堂 又称怡怡山堂，在北干山南麓，建于元代，系任德谦兄弟别业。元末，众多名士（如刘伯温、宋濂、王祎、苏伯衡、高则诚等）在此聚集寓居，遂使山堂一时成为卧虎藏龙之地。元至正二十年（1360），山堂毁于兵祸。

乐丘 在蜀山街道徐家坞，明南京吏部尚书魏骥墓在此，墓道旁石羊、石马保存完好，系杭州市文物保护单位。

跨湖桥 位于湘湖葫芦腰处，明嘉靖三十三年（1554）为方便孙吴两家往来而建，清雍正时改木桥为石桥，嘉庆十二年（1807）又改为石拱桥。桥分湖为上湘湖和下湘湖。明清诗人多有吟咏。为古代“跨湖春涨”、“跨湖夜月”、“跨湖桥泛舟”景点所在。

梦笔桥 位于江寺前，跨萧绍运河，南齐中建，桥名出自“江淹梦笔”故事，现桥旁建有梦笔园。

附录 4　新湘湖一期景名楹联一览表*

匾（额）	书家	楹联	撰句	书家	备注
城山怀古	欧阳中石	郁郁固陵一任神驰今古， 悠悠越水更容思接瀛寰。	薄松涛	翟翕武	城山怀古坊面水
		文种祝犹存岩壑漫寻薪胆迹， 范蠡谋既遂鹭鸥闲沐苎萝风。	汤柏林	马世晓	
水流运在	朱关田	虎洞衔悲方辟就春秋大业， 凫山遗爱又展开烟水新图。	王漱居	薛　驹	城山怀古坊面山
		古垒抹斜阳岭树幻成兵甲影， 新堤摇细柳棹歌销尽鼓鼙声。	陈孔斌	骆恒光	
跨湖夜月	刘　枫 卓鹤君	兰棹乍移寻梦去，银蟾不寐跨湖来。	沈思年	王濑居	

* 本表根据浙江湘湖旅游度假区管理委员会湘湖文化研究室《湘湖启动区块景名与楹联专辑》（一期）整理。

续表

匾（额）	书家	楹联	撰句	书家	备注
越风楼	祝遂之	客品好茶茶醉客，楼依新水水明楼。	王濑居	王濑居	正厅
		风递莼歌萦茗席，日移柳影补琼窗。	张学理	李文宽	大门
		山水勾留千日梦，亭台休憩一鸥春。	薄松涛	薄松涛	右厅
窑里坞船埠	来海鸿	舟中不觉青山转，埠外时看白鹭飞。	郑少梅	戴家妙	面山
		百代人文古舟现相，一湖风月春水飞歌。	张学理	韩祖耀	面东
		短桨划开湘浦水，轻衫带走越山风。	余　荩	吕国璋	面水
湘里坊游客中心	驾　沧 （俞建华）	毕功何去，范子运筹归巨贾； 遗泽应思，杨公立德在卑官。	郑少梅	戴家妙	
		古越城山，容我寻思代谢； 湘湖图画，任君解识升平。	徐弘道	刘文林	
湖畔问渔		且喜登楼满陂花木闲听鸟， 何劳结网浅水池塘好摸鱼。	王企敖		
湖畔问渔		池中捧出不待冯驩弹铗， 厨下烹成正迎张翰归舟。	连金法		餐馆
再顾楼	方国樑	水活知鱼美，宾多恋酒香。	徐世征	吕国璋	渔村餐馆
悠然一得	杨西湖	荷池桂木清华境，村酒时蔬淡泊心。	陆永祥	王　涛	渔村东台门
逸兴遄飞	戴家妙	古井旁，邀谁同醉月；疏窗外，引我独寻诗。	林　峰	俞建华	渔村西台门
水云榭	余　正	一水中分骈山对语，清风解意皓月同怀。	徐弘道	徐弘道	

续表

匾（额）	书家	楹联	撰句	书家	备注
一镜容天	驾沧（俞建华）	湖光写出千峰秀，天影融成十里秋。	宋·杨时《望湖楼》	驾沧	
忆杨亭	吕国璋	十里长堤新绿满，一湖春水晓云横。	清·陈至言《闲步湘湖》	骆恒光	
临水祖道	鲍贤伦（亭碑）	黄钺初收酒满难消臣虏恨，乌鸢乍起风高不断国妃歌。	蒋荫炎	杨西湖	面山
		赌命行奇计，椎心别故人。	楼沛然	薄松涛	面水
跨湖夜月	金鑑才	兰棹乍移寻梦去，银蟾不寐跨湖来。	沈思年	王漱居	
顺心亭		云分高下岭，湖变淡浓妆。	吴胜波	杨西湖	服务中心
偷闲亭	天野	看阶前花开花落，任天外云卷云舒。		薄松涛	
蕴甘澄洁	王漱居	一脉传世，回眸凤翥；双泉名世，侧耳龙吟。		薄松涛	
湘里坊		入门知雅俗，临水判清浑。	余荩	韩祖耀	
辛庐	周鸿图	万里长堤新绿满，一龛风月寄闲身。	民国·周易藻辛庐联截句	戴世成	
迎柳桥	吕国璋	入堤均赏脸，对叶偶思眉。	王漱居	王漱居	
		春风又剪双堤柳，镜水重开四面湖。	黄枢	吕国璋	
卧虹桥	驾沧（俞建华）	秋水长天溶落日，晴峦平野拱悬弧。	周明道	驾沧	
		雪映程门垂作范，霞飞萧邑化为桥。	蒋荫炎	余正	

续表

匾（额）	书家	楹联	撰句	书家	备注
越王桥	明庐（金鑑才）	水上已销戈剑影，天中曾涌越吴云。	王漱居	杨西湖	
		一柱城山薪胆在，半湖烟水鹭鸥眠。	薄松涛	薄松涛	
采莲桥	杨西湖	几处清香萦短棹，一天疏雨滴圆荷。	张学理	钱法成	
		香淡催荷梦，涟清浣我心。	余苠	骆恒光	
跨湖桥	王冬龄	八千年后古舟名世，三百顷前新水涵天。	高卓	王涛	
		大海胸怀缘独木，古陶经济领千秋。	郑少梅		
		一带游云遥割东西岭，数舟归鹢轻移上下湖。	楼柏青	祝遂之	
		五孔染霞波潋滟，四山飞籁月朦胧。	陈孔斌		
飞龙桥	方增先	柳湖边蛙鸣水漾，天幕上鳞舞云从。	周友声	王漱居	
		亢龙有志潜还举，乌鹊凌虚去复来。	徐元	吴山明	
下孙古村	薄松涛	烟水藏，七百年村落；金阳映，两三点汀鸥。	钱法成	钱法成	
孙氏宗祠	颜体	禧春拄杖而来，莺歌高柳凭君听； 祀日携家以至，鬯献盈樽寄我思。	王漱居	王漱居	前厅中柱
		绕山岚，跨湖月，墟里分来胜境； 书数卷，纲一张，桃源隐在尘寰。	薄松涛	薄松涛	前厅前边柱
祖德敷弘	王漱居	分派自龙门木本水源知有在，诒谋垂燕翼春霜秋露感无穷。	（民国）孙保	颜体	孙氏宗祠前厅大门
梨园风	高生良	弦声歌盛世，春色满明湖。	薄松涛	颜体	孙氏宗祠戏台
映雪遗风	孙慰耆	湘水长抱越山高环介其间筑室棲神以妥先祖； 孝子种瓜忠臣植梓愿后昆读书励节勿隳家风。	（民国）孙保	俞建华	孙氏宗祠大厅中楹前

续表

匾（额）	书家	楹联	撰句	书家	备注
诗礼传家	钱沄成	盛世重光，丕烈溯先贤，遗泽长昭桑梓； 灵辰肇祀，状猷延旧德，宗声复播钱塘。	薄松涛	电脑（隶）	孙氏宗祠大厅中楹中
兵学圣祖	王漱居	披星戴月守桑梓，难忘却，远祖兵书，东吴王气； 倚巘临湖估风水，乐道哉，景鄰虎穴，族接龙门。	王漱居	方国樑	孙氏宗祠大厅中楹后
明德唯馨	施立刚	楹桷傍湖山神灵以妥，文章作金石祖武其绳。	乾隆孙企奭	颜　体	孙氏宗祠大厅东楹侧
福祉亲承	胡铁军	祠外阴阴，皆认夏松殷柏；烛前默默，惟思勉力崇恩。	陈　英	颜　体	孙氏宗祠大厅西楹侧
湘湖美术馆	祝遂之	映雪忆孙公，书声隐隐；还乡思贺之，柳线依衣。	缪海平	高晓莎	东侧门
思清意远	高生良	皱绿成波，见莼滑韵；吹红作雨，傍牖挥翰。	陆永祥	俞建华	湘湖美术馆二进
湘湖文化展览馆	俞建华	百顷波光，迷濛景色；千年胜遗，锦绣人文。	王　峥	王　涛	门柱
源远流长	胡章书	蹑城山，自寻城堞；疑湘水，或遇湘灵。	王　藻	祁　斌	展馆二进序厅门柱
湘湖历史厅	电脑（启）	转深沉，堪效杨知县；趋淡泊，且随范大夫。	张　岳	应厚丰	展馆三进下
湘湖风光厅	电脑（启）	越吴事，尽付楼头玉笛；风物情，温听柳外黄莺。	徐中秋	陈　雁	展馆三进上
天道酬勤	徐　勤	流水无心，书香自发；名山有约，文德常绵。	陈景超	陈成益	西台门二进门
求无愧怍	旧　匾	黛耜绿畴期化雨，经根史干袭宗风。	傅震宇	史国根	西台门二进厅
春茗楼	韩祖耀	茗烹雅韵，睁接空中群鸟影；弦拨新声，情萦轩外一湖波。	虞克有	陈孟尔	湘茗楼大门北
湘溢楼	杨西湖	杯映波光山影，窗含画意诗情。	黄有韬	王秉初	莼香居大门

续表

匾（额）	书家	楹联	撰句	书家	备注
下孙船埠		一湖烟，听棹欹远；重峦景，看云影低。	黄浴宇	来海鸿	
小憩吻翠	朱赤明	百片浮云千顷玉，一天飞雨半山风。	杜使恩	袁　诚	船坞山廊
听涛谷	陈迎平	自向山腰观日出，谁从云际剪霞飞。	郭秀兴	高　静	船坞山亭
凌虚亭	俞　超	身在玲珑收八面，鸟闻翡翠叫群山。	陈　琼	李　巍	船坞山六角亭
		秋来湖上莼鲈美，春入山间花草香。	周　易	黄勇芳	
燕尔园	颜　体	一世姻缘，缘延奕代；百年恩爱，爱满明湖。	张润民	电脑（隶）	婚庆园大门砖雕
宜家之乐	陈　可	匝地鲜花呈瑞色，跨湖圆月证新人。	周一谔	庄舒羽	婚庆园前厅
花好月圆	胡正好	萧郎慰忆得琼瑶恋，越女修成秦晋缘。	傅　展	越伟荣	婚庆园东厢房
白头偕老	戴世成	翠院风轻飞蛱蝶，明湖水暖浴鸳鸯。	巫凌霄	巫凌霄	婚庆园西厢房
龙凤厅	田舍郎	好水迎亲，彩霞醉客；仙宾额手，鸾侣连心。	金纪夫	施立刚	婚庆园大厅边柱
		月为媒，鸾凤齐飞光彩羽；天作合，海山双誓鉴新人。	祝瑜英	薄松涛	婚庆园大厅中柱
		莲开并蒂，香浮绿水；月鉴同心，腮染红霞。	李文照	旷雄白	婚庆园大厅厅柱
月老阁	邵观松	仗月老，红绳已把同心结； 望云天，彩凤当夸比翼鸟。	吴胜波	施静焕	
		梁孟齐眉，缘牵一线；芝兰同馥，约订三生。	林　峰	许　坚	
情缘亭	王一范	情生金玉合，缘结蕙兰香。	胡正陶	外　伦	

附录5　湘湖导游词[1]

各位游客，欢迎大家光临浙江经济的首富之区萧山，来到华夏文明的源头之一、历史文化名湖——湘湖观光游览。

湘湖是杭州西湖的姊妹湖，与西子湖隔钱塘江而南北相望，人们戏称西湖与湘湖的故事为“新《西厢（湘）记》”。但是湘湖有着和西湖完全不同的气质和风韵。它形似葫芦，烟波浩渺的湖水随着周围的山势进退围合，形成山抱水、水环山，山绕湖转、湖傍山走，山中藏湖、湖中藏山，山水交融、湖山争辉的独特风貌。

湘湖不仅风光秀丽，而且人文景观荟萃。早在8000年前，这里就有人类繁衍生息。湘湖先民所孕育的“跨湖桥文化”，是浙江远古文明源头之一，也是华夏古老文明的源头之一。几千年来，跨湖桥人及后代在这里创造了千古不朽辉煌的历史，留下了许多美丽动人的故事传说。大家知道，西子湖是以绝代佳人西施命名的，有意思的是，湘湖也与舜帝之妃“潇湘妃子”有不解之缘，古代有许多诗歌将湘湖与“湘妃”联系在一起。

在历史上，西施和湘湖也有不解之缘。不知有没有游客知道西施与湘湖之间曾经有过什么样的联系。（根据不同的回答，进行合适的点评。如，“对，这位游客果然知识广博，回答正确”。）有关西施的具体故事，将在下面的导游过程中，细细地说与大家。

好，现在就请各位朋友和我一起踏上这片美丽而神奇的土地，去探寻历史的奥秘。

湘湖旅游度假区是1995年经浙江省人民政府批准正式设立的。它位于杭州市萧山区，东接萧山城区，西临钱塘江。浙赣铁路从度假区北端穿过，南面是杭州绕城高速公路，东面有杭州萧山国际机场，03省道横贯东西；新建成的风情大道由东北部直通西南部，是区内的主干线，交通十

[1] 本文选自2006年杭州南风旅游规划研究院《浙江湘湖旅游度假区一期旅游线产品导游词·湘湖概况》（一期），有删改。

分便捷。度假区南北两山相夹，一面临江，规划恢复7.4平方公里的湖面，是一块以自然生态、历史文化为基础，集湖光山色为一体的大型旅游休闲度假区。度假区的规划总面积为51.7平方公里；首期启动区块面积为4.6平方公里，分为七大景区和两个功能区；现在对外开放的是启动区块的一期景区，以新恢复的1.2平方公里湖面及其湖畔、堤岸为主体空间。

涵虚天镜落灵湖

湘湖之美，首先在黛色群山中荡漾着的那片浩渺的碧水。清代诗人周起莘赞美它是“涵虚天镜落灵湖”，意思是湘湖犹如天宫遗落在人间的一面宝镜，清澈而明净。大约在4000年前，这一带还是一片浅海湾。由于海湾口淤沙逐渐堆积，海湾和外海的通道最后被阻塞，由此演变成一个潟湖。后来湖水淡化，最终形成淡水湖。

在春秋时期，越王句践称这片区域为“目鱼池”、“溟海”，称钱塘江为“后海”。北魏郦道元的《水经注》记载为“西城湖”。大约到唐朝的时候出现了“湘湖”的名称。湘湖湖盆浅平，自然淤积速度较快，加上人工开垦的影响，到北宋时已经湮废殆尽。排灌困难，洪涝灾害频繁。北宋政和二年（1112），名臣杨时（成语“程门立雪”的主人公）出任萧山县令。他依靠县尉方从礼，“以山为界，筑土为塘”，带领老百姓在这片土地上建起了一个巨大的人工湖。改造后的湘湖，可调节旱涝，灌溉农田达14.6万多亩，实现了萧山人民的夙愿。当时杨时称它为“新湖”。

历史上的湘湖呈东北至西南的走向，东北部狭长，西南部宽阔，形状宛若一个长颈葫芦。西南至现萧山区闻堰镇东汪村，东北至现萧山城西一公里的湫口，长约9.5公里，宽0.5—3公里不等，周长约40公里，湖面37002亩，相当于现在西湖面积的4.5倍。

湘湖和西湖历来被称为钱塘江两岸的姊妹湖，但它们有着不同的独特风韵。明代文学家张岱说，与西湖相比，湘湖犹如未嫁的少女，有一种素雅淳朴的天然之美。这种独特的气质，和湘湖四周环列的群山环境也有密切的关系。这些山脉，主要分为东南走向和西北走向两列，将湘湖夹抱其中。他们虽然不高，但绵延起伏，错落有致，湖山相依，山衬水映，显得非常自然和谐。放眼远望，群山如道道翠玉屏风，滴翠流绿，山间云雾缭绕，随风飘流，像是给湘湖笼罩上了洁白的纱巾或翠黛的衣衫。定神近看，各山前伸后缩，在湖边形成了几十个山坞，而且坞中有坞，盘桓幽邃，湖水深入其中，又成为坞中之湖。由此构成“山中有湖、湖中有山”的奇特景观，形成山水交融、湖山争辉的格局，使得湘湖一年四季风光美不胜收。初春水暖，湖面似镜，十里长堤，柳色翠绿；浅滩水渚上，开满了大片洁白的水仙花。夏季湖面碧叶连天，荷花娇艳欲滴；沿湖各山坞，深红浅紫的杨梅挂满枝头，景色如画。秋天大自然色彩绚丽多姿，湖畔丹枫欲燃，杏叶鲜黄，湖中红蓼白茅，凫聚雁飞。冬天雪后，湘湖一片寂静，只见银湖吐光，群山凝素，琪树瑶花，互相辉映；群山如玉宇琼楼，若隐若现。

历史上，因其湖光山色胜似西湖，湘湖曾有过“赛西湖”的美名。清代何尚贤《湘湖云影》诗说：“蟹舍渔庄入画图，何人不说赛西湖。”文人学士对湘湖一直情有独钟，他们根据诗文意境，结合湖光山色，着意品题，分别形成了“龙井双涌、跨湖春涨、水漾蛙鸣、湘湖秋月、尖峰积雪、越城晚钟、柴岭樵歌、湖中落雁”和“城山怀古、览亭眺远、光照晨曦、跨湖夜月、杨岐钟声、横塘棹歌、湖心云影、山脚窑烟”等新、老“湘湖八景”，更为湘湖增添了丰富的诗情画意。

文明之光耀灵湖

湘湖之美，还在于她所蕴涵的无比深厚的文化积淀。湘湖，是浙江文明的源头，中华文化的发祥地之一，是真正的历史文化名湖。经过20世纪和21世纪的多次考古发掘，在位于湘湖中心的跨湖桥和下孙地区出土了石器、木器、陶器、骨器、玉器、稻谷、茶子等大量的文物，还发现了一条用整段马尾松挖凿而成的独木舟、几支船桨以及相关的作坊。这些极其珍贵的文物，经北京大学文博学院碳十四测定，其年代在距今8000—7000年。它证明了远在8000年前，湘湖已有人类居住和繁衍生息。他们建造房屋、耕耘农田和收获稻谷、制作精美的陶器，还能驾驶“中华第一舟”跨越江湖、走向大海。2004年12月，中国考古专家正式命名为“跨湖桥文化”。它是浙江省迄今命名的五个新石器时代文化遗址中年代最早的一个，比河姆渡文化遗址还要早1000多年。它将浙江文明史追溯到了距今8000多年以前。2006年5月，跨湖桥遗址被公布为第6批全国重点文物保护单位。

春秋战国时期，湘湖一带属于越国疆域，是吴越争霸的主战场之一。公元前494年（春秋末期），越军战败，越王句践率五千甲士保栖会稽山脉，在湘湖越王城山一带，与吴军展开殊死血战。这里至今还保留有最完整的越国拒吴城堡遗址——固陵城。越国败降之后，句践被迫向吴称臣，入吴为奴。在吴国当了三年马夫之后回到越国，他立志要报仇雪耻。据《越绝书》、《吴越春秋》等史料记载，句践卧薪尝胆、灭吴复国过程的不少英雄壮举，就发生在湘湖一带。湘湖青山上的老虎洞，相传就是句践卧薪尝胆之地。湘湖、白马湖就是当年越军水军精锐“大船军”的驻扎之地。湘湖边的这座越王城山，专家考证它就是历史所称的“固陵城”。湘湖东北20公里的航坞山，是越国的造船基地。在经过“十年生聚、十年教训”之后，越国开始转入全面反攻，大军从固陵港出发，一路从海路入长江，一路经钱塘江直趋苏州，终于在公元前473年灭掉了吴国。在湘湖大地上诞生的“卧薪尝胆、励志图强”的民族精神，最终发展成为浙江人代代传承的精神财富。

湘湖，是浙江古代的水陆要冲。它的西南是富春江、浦阳江和钱塘江三江交汇之处。湘湖西岸的渔浦村，从晋代起就是沟通两浙的著名津渡。到唐代，它和西兴、杭州城南的柳浦，构成钱塘江上舟楫不绝的水运三角枢纽。渔浦和相距不远的西兴一样，也是“浙东唐诗之路”的起点。崔国辅、孟浩然、王维、陶翰、常建、储光羲、钱起等许多唐代著名诗人，都在这里留下了赞美的诗篇。

湘湖拥有深厚的文化积淀和秀丽的湖山风光，自古以来就是闻名东南的风景胜地。古往今来，曾有无数的文人墨客在这里歌咏吟唱，流连忘返。诸如李白、贺知章、宋之问、温庭筠、苏轼、秦观、陆游、姜夔、文天祥、萨都剌、刘基、唐寅、袁宏道、朱彝尊等著名文人，都写过讴歌湘湖的诗文。这些代代增添、世世相传的艺术瑰宝，使湘湖的历史文化积淀显得更加厚重，成为名副其实的“诗巢”。

斗转星移，历史变迁。由于自然和历史的原因，明代以后湘湖渐渐缩小，它美丽的容颜也蒙上了层层灰土。到20世纪50年代，湘湖已经演变成河流型湖泊；发展到后来，只剩下了几个面积较大的水域；在此格局上，建成了浙江省淡水养殖场和萧山湘湖渔场。

改革开放以后，萧山市政府高度重视湘湖的开发建设。1995年，经浙江省人民政府批准设立“浙江湘湖旅游度假区”，面积为9.98平方公里。它实现了湘湖区域产业的优化，改善了旅游设施和环境，促进了湘湖区域旅游事业的发展。进入21世纪以来，随着杭州由“西湖时代”走向“钱江时代”，以及2006年世界休闲博览会的落户湘湖，湘湖迎来二次创业的机遇。现在，湘湖新一轮的开发与保护已全面启动。新的湘湖度假区占地51.7平方公里，它将以杭州国际旅游风景城市为背景，以湘湖历史文化为依托，充分体现保护与开发相结合、历史文化与现代文明相结合，最终形成“一湖、二带、三区”的都市大型休闲旅游度假区。用不了多久时间，一个迷人的风景旅游胜地、东方休闲之都，将矗立在我们面前。

附录6　新“萧山十景”评选中的湘湖景观

2008年3月，以“品牌景点，品质旅游”为主题的“品质萧山·咏十景”评选活动拉开帷幕。活动由萧山区政府主办，区委宣传部、区旅游局、湘湖管委会、萧山日报社、萧山广播电视台、萧山网承办。

杭州市萧山区旅游局编的《萧山十景》[1]画册，收录有“萧山十景”和“萧然美景”，这是在广泛征求市民意见的基础上形成的带有普遍意义的景观。“萧山十景”为：湘湖云影、钱江观潮、乐园狂欢、杨岐钟声、静坞醉梅、桃源烟雨、响天竹风、地藏祭星、十里香雪、航坞听梵。其中的“湘湖云影、钱江观潮、乐园狂欢、杨岐钟声、响天竹风”为湘湖景观。“萧然美景”为：跨湖问史、城山怀古、传化绿岛、围垦沙韵、农运先声、道林年韵、览亭远眺、西施浣纱、越王卧薪、火山云石。其中的“跨湖问史、城山怀古、览亭远眺、西施浣纱、越王卧薪”为湘湖景观。

[1] 引自2009年杭州市萧山区旅游局编的《萧山十景》画册，画册中收录有“萧山十景”和“萧然美景”，此处原文摘录。

（一）湘湖云影

湘湖，位于钱塘江南岸，与西湖隔江相望，是西湖的姊妹湖，人们戏称西湖与湘湖为“西厢（湘）记”。与西湖相比，湘湖野趣、自然，像一位清纯、质朴的姑娘。

湘湖美景系自然。两边山脉将湘湖夹抱在其中。湖山相依，山衬水映，显得非常自然和谐。放眼远望，群山如道道翠玉屏风，滴翠流绿，山间云雾缭绕，随风飘流，像是给湘湖笼罩上了洁白的纱巾或翠黛的衣衫。定神近看，群山前伸后缩，在湖边形成几十个山坞，而且坞中有坞，盘桓幽深，湖水深入其中，又成为坞中之湖。由此构成“山中藏湖，湖中有山”的奇特景观。山水交融、湖山争辉的格局，使得湘湖四季风光美不胜收。明代以来，湘湖碧水白云的景观被称为“湘湖云影”。

湘湖之美，需细细品味，最引人注意的是黛色群山中荡漾着的那片浩渺的碧水。清代诗人周起莘赞美它是“涵虚天镜落灵湖”，意思是湘湖犹如天宫遗落在人间的一面宝镜，清澈而明净。湘湖自然风光秀丽，人文积淀深厚，越王句践、美女西施、谋臣范蠡在此留下了许多动人的传说故事。湘湖曾经是当时越国的军港，越王句践正是在此操练水军，完成复国大业。湘湖在成湖之后便名扬四海，历代文人骚客游览湘湖，留下了许多脍炙人口的诗句。

掀开湘湖的历史，从8000年前的跨湖桥人用弓钻取火，驾独木舟探海开始；到2500年前吴越争雄的刀光剑影。从萧山老乡贺知章文笔峰下“晓发”，入京高中状元，50年后又“回乡偶书”，留下文坛佳话；到900年前县令杨时顺应民意，筑堤成湖，惠泽百姓的壮举。从500多年前魏骥等湖贤复湖的艰辛；到周易藻在“辛庐”伏案编撰《萧山湘湖志》……尤其是距今8000年的跨湖桥遗址的发掘，更是石破天惊，将浙江的文明史足足提前了1000年。

新湘湖已成为“国家4A级旅游景区”和浙江省首个“中国休闲旅游最佳目的地”，无论是城山怀古，还是跨湖问史，抑或湘浦观鱼与龙井双涌，湘湖处处是亮点，步步是风景。湘堤越堤古朴，亭台楼阁雅致，游船广场惬意，新湘湖将越来越美丽。

（二）钱江观潮

“八月十八潮，壮观天下无。”钱塘江之名在于钱江大潮，千百年来，汹涌澎湃的钱江潮以其潮势雄伟壮观和奇特而闻名于世，每年农历八月十八是观潮的最好时刻。钱江南岸，又以乌龟山上观潮为最佳。乌龟山形若海龟饮江，正好处在钱江南岸江流大转折之最前沿，大潮胜景，一览无余。

钱江大潮，为历代帝王及文人赞叹。吴越国钱王射潮；南宋乾道帝射猎观潮；明朝戚继光虎山抗倭；清时乾隆帝六巡钱塘。苏东坡、白居易、李商隐、刘禹锡、辛弃疾、陆游、张宁、唐伯虎等都曾留下诗篇。

钱江大潮一日二潮，永恒不变。潮水从杭州湾这个“喇叭状”的入海口涌入时，初时并无阻滞，但当往前挺进，俨然进入“喇叭身”狭窄的瓶颈内，潮水前进速度大减，然而，紧接其后的潮水仍以排山倒海之势在后推波助澜，前潮未进，后潮已至，出现“后潮叠前潮、大潮叠细潮”之潮中潮。当潮水来到那条长及数里、横亘江中的积沙带时，被再一次层叠堆高，在连串推高叠举之冲击下，海潮终于怒吼喷发，形成世上罕见的钱江大潮！

潮声自远而近，震耳欲聋。远眺，宛如百万军马操戈而来，又如万只战鼓同时擂动，气势雄浑无与伦比。钱江潮千变万化，有一线潮、剪刀潮、回头潮、龙卷潮等形态，尤以一线潮最著名。潮水因遇庞大沙坎阻挠，在浪浪叠加的情况下，远观状如雪堆，如一道白虹呈现眼前，江潮一线，是为“一线潮”，极其壮观。

按照观潮的通俗说法，钱江潮有三看一听。一看“虎背眺帆”，白虎山巅观远潮；二看“卧龙一线”，长堤之上观一线潮；三看“美女回头”，美女坝前观回头潮；一听“月夜归舟”，床榻之间听夜潮。用一句诗来形容：“日观钱塘夜听潮”。

（三）乐园狂欢

杭州乐园位于湘湖畔，是萧山首家4A级旅游景区、华东地区最大的游乐主题公园、2006杭州世界休闲博览会主场馆。杭州乐园的特色就是玩得开心，玩得刺激。目前杭州乐园主要分为狂欢嘉年华区、水公园区、特色主题商业街区等5个区块。

狂欢嘉年华区是杭州乐园最疯狂、最刺激的地方，这里秉承了世界上最著名的游乐品牌环球嘉年华的精华。杭州乐园不但保留了环球嘉年华最时尚的游乐设备，收纳了风靡全球的赢取嘉年华毛绒玩具的摊位游戏，而且也从中吸收了丰富的经营和管理理念。所以，只要你参与其中的项目，必定能让你彻底狂欢，心满意足！

狂欢嘉年华区由20多个大型游乐项目和20多个摊位游戏项目组成。有最刺激的880米的飞天长龙过山车，最惊险的超级海盗船，最为奢华的急速大风车，最有激情的激流勇进，最具童趣的碰碰车，最浪漫的双层转马。2008年为迎接奥运，杭州乐园隆重推出了三大极限项目：自由落体、UFO和跳伞塔。

水公园是目前领先于国际前沿的游戏休闲项目，是一个占地6000多平方米的大型亲水组合项目：4000多平方米的造浪池，1000多平方米的沙滩，1000多平方米的儿童戏水区——水上欢乐堡。其中核心部分造浪池能模拟大海波浪，最高的浪可达1米，浪型更达十几种，不用出海就可享受海上冲浪的刺激。

特色主题商业街区分为金矿小镇、荷兰水街、荷兰花街，在欧陆风情中让您体验各种独特的氛围。这里是享受美食和购置旅游纪念品的理想场所。作为中国第二代主题公园的代表，杭州乐园将时尚休闲和游乐体验作为两大撒手锏。这个充满狂欢色彩的新生代主题游乐世界，展示的是快乐的声音、快乐的色彩、快乐的滋味、快乐的速度和快乐的形状……杭州乐园，玩的就是心跳！

（四）杨岐钟声

杨岐寺是一座别具风格的寺庙。建于南宋嘉定二年（1209），由于所在地东西两坞葬有南宋宁宗杨皇后国戚杨氏齐王和冀王，“齐”、“冀”谐音“岐”，寺以人名，山因寺名，称“杨岐寺”和“杨岐山”。杨岐寺盛传佛教临济宗杨岐派，至今已有近800年的历史。

杨岐寺北坐杨岐岭，东南面湘湖，西南傍钱塘江、富春江、浦阳江三江口，是一处兼具山水霞雾的风水宝地。宋宁宗和元泰定帝分别御赐“报亲崇福禅寺”、“崇福杨寺”额。许是受两朝皇帝的恩宠，许是古刹丛林景色清幽、远离尘嚣，杨岐寺梵宇琳琅，香火独盛，常常成为文人骚客吟咏的题材。

“借问霜天何处钟，船娘遥指杨岐寺。”湘湖八景的“杨岐钟声”，历史悠久，曾与杭州净慈寺的“南屏晚钟”齐名。据旧志记载，旧时杨岐寺的大悲阁、妙高楼依崖而立，隐现于云霞烟雾之中，早晚钟声，随风入湖，余音袅袅，不绝于耳。

如今的“杨岐钟声”来自中国佛教协会赠送的重达12.8吨的杨岐世纪宝钟。它总高4米，最大口径2.6米，是迄今为止江南最大的一口铜钟。据测试，杨岐宝钟每撞击一次，其声音可延续1分50秒，其浑厚的声音可传到20华里外。铜钟的顶部铸有56朵象征净土的莲花，代表着我国56个民族。佛家认为人有108种烦恼，谓之“百八烦恼”。而所谓敲钟108下，既是为了破“百八烦”，也是为了求功德圆满。钟上铸就的108尊观音化身佛像，寓意着撞钟即能驱除所有烦恼。铜钟的主体部刻有汉、藏、梵三种文字的大乘妙法莲华经文。铜钟的周边铸有21只仙鹤，寓意此钟铸于21世纪，誉为世纪宝钟。

岁月悠悠，杨岐寺历经千年风雨，几建几毁。1998年，中强建工集团斥巨资重建杨岐寺。如今的杨岐寺已成为一座著名的寺庙，来自各地的游客们在这里倾听钟声，感受佛教文化的源远流长。

（五）响天竹风

山不在高，有仙则名。戴村境内的狮山，气势雄壮，山势奇险，别有性格。上山皆有道，而狮山则以奇妙的“九曲十八盘”令人惊叹。一条山道如同一条千变万化的神奇腰带贯穿山体，沿途各个景点点缀其间。

“云狮飞瀑”，气势雄壮，其声激昂。驻足观望，一条白练横空出世，半空坠落，水雾弥漫，犹如传说中的仙境，令人顿生超凡脱俗之感。

“沐日亭”是观日出的好地方。在天气晴好的清晨，站在亭里，向东方眺望，可以领略太阳从东方冉冉升起的奇特景象，那种金光四射的美丽对于热爱生活的人来说，是一种全身心的幸福。萧山观日出之胜地不多，“沐日亭”因其海拔高，空气清新，又因狮山是一座传说诸多的神奇之山，伫立“沐日亭”观日出，别有情趣。

“竹涛小筑”的周围都是竹子。南方人对于竹子有着一种偏爱，咏竹诗篇流传颇广，置身于竹海之中，令人忘却诸多烦恼，与自然亲近无距离。

传说，仙人上天庭有着一条道，俗称“仙道”。“登云栈道”就是传说中的一条仙道，古朴的条石，青苔密布，蜿蜒曲折，直达山顶。漫步栈道，衣袂飘飘，群山连绵，心旷神怡。

山顶一个湖，集天地之灵气。“云雾天池”原称响天岭水库，建于20世纪。终年烟雾缭绕，湖水清澈无比，所以有“天池”的美称。

“狮山古村落”源自山顶的一个村——狮山村。目前，村落正在改造之中，假以时日，一个古朴、自然、生态的新村将呈现在世人面前。狮山村，遍野的高山茶园令人关注，纯天然、无污染的高山茶香飘千里。

置身于狮山之中，仿佛回到了梦中故乡。无论是狮山的山峰，还是瀑布，或者石头，都具有浓烈的狮山特色。站在山顶眺望，有一种“山路十八弯，弯弯显神奇”与“神龙见首不见尾”的感觉。响天竹风，意韵深长。

（六）跨湖问史

跨湖桥是湘湖最著名的桥梁。当年湘湖建成之后，南北之间一水远隔，没有陆路可通。到了明代嘉靖年间，家住湘湖北岸的中书舍人孙学思，在湘湖窄小的葫芦腰处修建了一座桥。桥横跨湖上，将南北连为通途，所以取名“跨湖桥”。在桥的两端，修筑长长的大堤，横贯湘湖。从此，湘湖被一分为二，桥的西南为上湘湖，东北为下湘湖。

古时候的跨湖桥，景色很美。湘湖老八景中的“跨湖春涨”，是描绘春季桃花汛期，四周山溪汇泻湖中，跨湖桥南北，水面辽阔，烟波浩渺，蔚为壮观。现在的跨湖桥，依然让人神往。新八景中的“跨湖夜月”，是说跨湖桥的秋夜，山暗林疏，湖平似镜，清气袭人，夜凉如水。此时，一轮皓月冉冉升起，湖面波光闪烁，游人置身此景，顿觉尘念尽消。

2001 年的跨湖桥更是震惊了全国。在她附近出土了大量石器、陶器、木器、骨器、玉器，还有人工栽培的水稻谷粒。其中最令人叹为观止的是号称“中华第一舟”的独木舟的出土。独木舟全长超过5.6米。聪明智慧的湘湖先民，先用火烤整根马尾松，然后用石锛将焦炭挖去，反复多次后，最终凿成了独木舟。可以想象远古湘湖人驾舟行驶的情景。在七八千年以前，凭借一叶独木小舟穿越波涛汹涌的海湾和钱塘江，这需要多大的勇气和技巧啊！从中可以看出先人要征服海洋的气魄和决心。

跨湖桥遗址的发现将浙江的文明史足足提前了1000 年。2004 年12月，它被正式命名为“跨湖桥文化”。

（七）城山怀古

越王城山，素有“周朝胜迹，越国名山”之称。越王句践在此筑城拒吴、智退敌兵，留下了一段千古传颂的佳话。城山下有城山怀古坊、城山广场、临水祖道亭、龙井双涌和越王城山门等。

城山怀古坊气势恢弘，通体石质，四柱三门冲天式，图腾压顶，既体现了越人的图腾崇拜，又符合现代人的审美情趣。坊柱南北两面镌有8副对联，画龙点睛地写出城山优美的自然风光与深厚的人文底蕴。占地4万多平方米的城山广场，以旧石板铺筑，厚重古朴。广场左侧的湖边有一小亭，额“临水祖道”，是纪念句践战败入吴为奴，群臣送别时，在此祭祀路神而建。广场边的“龙井双涌”是古“湘湖八景”之一，井水清澈，四季不涸。越王城山山门为新建的仿古建筑，由粗犷古朴的门楼、范蠡点将台、烽火台、高高的越军水师指挥塔等组成，门楼上飘扬着9面杏黄色越国大旗，右侧城楼一角置数具越甲石像。置身其间，仿佛看到了当年吴越激战的悲壮场面。

沿着500多级的“城山古道”拾级而上，就来到了越王城遗址。城内有句践祠、洗马池、佛眼泉等遗迹。城址的平面布局略呈东西走向的梯形，占地面积2万多平方米。高隆的四周是当年越军利用山脊的自然走向，取土夯筑而成的城垣。越王城是目前发现和保存最完整的春秋末期城堡遗址。

山顶西南的岩石上有一泉水，状如佛眼，故名佛眼泉。方志说它“围不逾杯，深不盈尺，冬夏不竭”，堪称城山一绝。山顶正中的句践祠，始建于宋代，明清时期演化为城山寺。20世纪90年代新建的句践祠殿宇五楹，单檐歇山，殿内供奉句践坐像，左范蠡、右文种护卫越王，是缅怀先贤、激励后进的纪念性建筑。句践祠东侧有一洗马池，传说句践屯兵拒吴时人马饮用过此水。池中产嘉鱼，句践“馈鱼退敌”所用的两条活鱼，就取自此池。公元前494年，吴越决战于夫椒（今吴兴），越军大败，句践率三千残部退守钱塘江南岸，凭借城山，筑城固守。吴王夫差统领号称10万兵马追击越军，将城山团团围住，久攻不下。吴军以为山上乏水，派使者送来两条咸鱼试探，越军当即取两条鲜鱼回赠。吴军方知山上有粮有水，易守难攻，遂撤兵。

城山怀古是历代文人的一个心结。千百年来，无数文人墨客寻访句践遗踪，发思古之幽情。唐朝宋之问、元朝朱时中留下了“江上越王台，登高望几回”、“本无声利及蒿莱，吊古何须问霸才”等怀古诗句。登临城山，俯视湘湖，让人思绪万千。多少英雄人物，多少豪壮往事，物是人非，随风而逝，而那种风雅之情，那种怀古之心，则世世代代，永远流传。

（八）览亭远眺

一览亭位于石岩山上，这里山势险峻，岩石裸露，山因而得名。石岩山的主峰海拔213米，形似昂首向天的雄鹅鼻，故称鹅鼻峰顶。登鹅鼻峰顶，既可从金西村沿古道石阶盘旋而上，也可从北麓湖山村新辟的盘山公路开车直达。一路上，山道弯弯，山风习习。

鹅鼻峰顶，胜迹众多，有先照寺、香泉、一览亭等。这里是登高远望的绝胜处，曾被列为萧山八景之一的“石岩望秋”及湘湖八景之一的

"览亭远眺"等景。明代刘伯温、魏骥，清人汤金钊、王宗炎等名人学士，也曾登临此顶，留下了不少赞美的诗篇。

先照寺，一名光照庵，始建于南宋绍兴年间。清晨，薄雾笼罩，旭日东升，光照山寺，紫烟缭绕，故名先照寺。寺前有井，寺后有池。池畔原有明代嘉靖间绍兴郡守洪珠手题"香泉"两字。

据志书记载，香泉"广四尺，深尺许"，水色似乳汁，舀入碗内，却又异常清澈。明嘉靖十七年（1538）工部主事黄九皋有诗云："汲井香分仙掌露，烹茶烟袅白云隈。"

先照寺东有一览亭，飞檐翘角，石质六柱，兀立山巅。明嘉靖十年（1531），由绍兴郡守洪珠始建并题额。后屡毁屡建。亭柱旧有联："立定脚跟不怕石头路滑，放开眼界看尽江上峰青。"对联直白却合情合理，细细品味，很有人生哲理。

站在一览亭远眺，湘湖绿水澄鲜，钱江风帆上下，万顷陇田如棋盘，隐隐远山似黛眉。随着季节的变化，收入眼底的景色也不相同。春天，百里平畴，油菜花开，春光烂漫；秋日，稻禾黄熟，金浪翻滚，丰收在望。

在先照寺西，有一金刚塔，高 28.85 米，七层八角，雄伟壮观，是鹅鼻顶上最醒目的建筑。塔内有扶梯盘旋而上，登塔临窗眺望，见浦阳、富春、钱塘三江汇流，烟波浩渺；烟霭浮漾中，钱江五桥犹似长虹，飞架两岸；吴山越水，历历在目。

（九）西施浣纱

西施是中国古代四大美女之一，有"沉鱼"之貌。相传西施在溪边浣纱时，水中的鱼儿被她的美丽吸引，看得发呆，都忘了游泳，以至于沉入水底，所以后世便用"沉鱼"来形容女子的美貌。四大美女中，西施的事迹最为感人，在国难当头之际，她忍辱负重，以身许国，帮助越王勾践完成了复国大业。

临浦东北处有一苎萝山。秀峰挺峙，山上有"红粉石"，传说是西施梳妆后将胭脂泼在上面，天长日久而成；也有说，那是西施别离故乡时，依依不舍，泣血而成。

苎萝山西麓有一条长约 2.5 公里的浣纱溪，传说少女时代的西施，曾伴母在溪边浣纱。西施虽说是一村姑，但天生丽质，禀赋绝伦，就是连皱眉抚胸的病态，亦为邻女东施所仿，"东施效颦"的典故由此而来。沿着蜿蜒的小溪，两岸分布着西施庙、范蠡庵、起埠庙、浴美施闸等 10 多处西施遗迹。

西施庙位于浣纱溪西岸，门对苎萝山。南宋淳年间，西施受封萧山县苎萝乡 48 村的土谷神后，遂改名为西施庙，俗称娘娘庙。如今，西施庙后殿重建，殿前香炉底下覆盆状石础，便是南宋遗物。庙前苎萝亭梁上"清嘉庆二十三年重修"的墨书依然清晰。

范蠡庵又叫日思庵。范蠡是越国大臣，为了越王句践的复国大业，范蠡四处寻访能歌善舞的美女，历尽千辛万苦，终于找到了西施。

范蠡与西施一见钟情，但为了国家大业，只得忍痛放下儿女私情。据说当时的美人必须具备三个条件：一是美貌，二是善歌舞，三是体态优雅。在范蠡的指导下，西施花了三年时间，学习歌舞、步履、礼仪，终于从一位浣纱女修炼成为绝世美人，成为吴王夫差最宠爱的妃子。后世百姓为纪念范蠡，在浣纱溪畔建造了这座庙。

“浴美施闸”位于浣纱溪与西小江交汇处，传说西施未去吴国时，常常在水边洗手洗裙。明朝万历年间，居住在这里的屠邦文，建闸节制用水，闸名“浴美施闸”。如今闸已改桥，但明制“浴美施闸”的石碑移至桥堍，保留着纪念西施的这一遗迹。

为保护和开发西施文化资源，2004 年，临浦镇建成了占地 75 亩的西施文化公园，园内有西施出生、母女逃荒、范蠡访美等 8 个介绍西施生平经历的浮雕，并建有苎萝村、日思庵等建筑，将散布在苎萝山一带的西施古迹“搬”进了公园，以示家乡人民对西施的缅怀。

（十）越王卧薪

“此地曾传尝胆事，我来犹忆卧薪人。”闻堰镇老虎洞山上的老虎洞，相传为越王句践卧薪尝胆之处。山上石奇景秀，可俯瞰三江美景，洞旁莲华寺依山临空而建，错落有致，远望如金色浮雕，镶嵌专苍翠之间。

老虎洞山海拔 218 米。山顶处最适合饱览闻堰风情，西南方向可见三江口和横跨江面的袁浦大桥。三江归帆，渔浦烟火，旧时“萧山八景”中的“渔浦烟光”，即指此美景。放眼望去，满目青翠，田畴民舍尽收眼底。

老虎洞山山腰处有一老虎洞，山因洞而得名。老虎洞是一个自然形成的天然石洞，可以容一成人轻松上下，洞的中部有一个较宽敞平整的穴位。相传在春秋战国时期，此山洞有一猛虎，凶悍无比。一日，越王句践来到老虎洞山的山腰，忽见一猛虎跃地而起，句践等人惊吓不已。但这猛虎一见越王句践，似有灵性知道其乃真龙天子，遂仓皇逃窜，不知去向。老虎洞上有出口，下有退路，又位于山腰，其地理位置正是山之要害，可谓风水宝地。洞内青草碧绿，时有细泉渗出石缝，坐于洞中清风送爽，清凉通气。于是越王便选此洞为栖身之地，“卧薪尝胆”，最终战胜吴国成为春秋一霸。

老虎洞前有一莲华古寺。古寺依山而建，寺院建筑层层叠叠，规模庞大。寺院初建于宋，重建于清道光年间。每当晨曦初现，朝霞映在红瓦黄墙上，巍峨的殿宇浮现在青山绿水间，显得更加壮美。而如今莲华古寺已成为纪念越王的一个绝佳去处。

参考文献

志书

（东汉）袁康、吴平辑录：《越绝书》，乐祖谋点校，上海古籍出版社1985年版。

（北魏）郦道元：《水经注图》，（清）汪士铎图，陈桥驿校释，山东画报出版社2003年版。

（宋）沈作宾等修，施宿纂：《嘉泰会稽志》，《中国方志丛书·华中地方》（第549号），成文出版有限公司，据民国15年影印清嘉庆十三年采鞠轩藏版，1983年版。

（明）嘉靖《浙江通志》，文渊阁四库全书本。

（清）毛奇龄撰：《湘湖水利志》（3卷），萧山区地方志办公室重印，2005年版。

（清）邹勷，聂世棠等修：《萧山县志》，引自《中国方志丛书·华中地方》（第597号），成文出版有限公司，据康熙十一年刊本影印，1983年版。

（清）刘俨增补，张远纂：《萧山县志》，江苏古籍出版社、上海书店、巴蜀书社据清康熙三十二年刻本影印，《中国地方志集成》浙江府县志辑第11册，1993年版。

（清）富玹、张文瑞等：《萧山水利》，《四库全书存目丛书》（史部第225册），齐鲁书社，据浙江大学图书馆藏清康熙五十七年雍正十三年孝友堂刻本影印，1996年版。

（清）黄钰纂修：《萧山县志》，乾隆十六年刊。

（民国）萧山王铭恩编：《萧山乡土志》，萧山县立第一高等小学校民国11年7月初版。

萧山县地名办公室编：《萧山县地名志》，1984年版。

（民国）彭延庆主修，姚莹俊总纂，张宗海续修，杨士龙续纂：《萧山县志稿》，民国13年主修。

（民国）周易藻著：《萧山湘湖志》（8卷续1卷），民国16年（1927）刊印，萧山区地方志办公室重印，2005年版。

（民国）王仁溥署：《萧山县志稿》，民国24年（1935）印行，杭州市萧山区地方志办公室翻印，2005年版。

（民国）来裕恂：《萧山县志》，民国37年修，天津古籍出版社1991年版。

费黑主编：《萧山县志》，浙江人民出版社1987年版。

临浦镇志编撰小组：《临浦镇志》，浙江人民出版社1988年版。

沈璧、徐树林主编：《萧山城厢镇志》，浙江大学出版社1989年版。

王玮瑺：《长河镇志》，光明日报出版社1989年版。

沈志根主编：《萧山文化志》，中国卓越出版社1990年版。

傅振照、王志邦、王致涌辑注：《会稽方志集成》，团结出版社1992年版。

绍兴县地方志编纂委员会：《康熙会稽县志》（复印本），1992年版。

绍兴县地方志编纂委员会：《嘉泰会稽志》（复印本），1992年版。

绍兴县地方志编纂委员会：《嘉庆山阴县志》（复印本），1992年版。

王玮瑺：《浦沿镇志》，中国商业出版社1994年版。

萧山县机水利局编：《萧山水利志》，1999年版。

西兴镇人民政府编：《西兴镇志》，2000年版。

熊德利主编：《当代萧山镇乡场简乡》，中共党史出版社2001年版。

沈迪云主编：《萧山市志》（简本），方志出版社2001年版。

王凯尔主编：《萧山建设志》，中华书局2008年版。

杭州市萧山区人民政府地方志办公室编：《萧山市志》第1—3卷（试印本），浙江人民出版社2010年版。

著作

（后汉）赵晔：《吴越春秋》，苗麓点校，江苏古籍出版社1992年版。

（清·乾隆）西吴悔堂老人：《越中杂识》，浙江人民出版社1983年版。

（清）於士达著，王煦参订：《湘湖考略》，嘉庆六年十月刊刻，道光二十七年（1847）重印；萧山区地方志办公室重印，2006年版。

（民国）孙树笙修，孙保纂：《萧山湘湖孙氏宗谱》（24卷），民国17年（1928）映雪堂木活本。

陈桥驿：《绍兴史话》，上海人民出版社1982年版。

陈桥驿等：《浙江地理简志》，浙江人民出版社1985年版。

陈桥驿主编：《浙江古今地名词典》，浙江教育出版社1991年版。

陈桥驿：《吴越文化论丛》，中华书局 1991 年版。

萧山市地名委员会办公室编：《萧山市地名图册》，1992 年版。

沈建乐编著：《绍兴历代名人》，上海社会科学出版社 1992 年版。

林东华：《河姆渡文化初探》，浙江人民出版社 1992 年版。

张能耿，盛鸿郎，单家琇：《越中览胜》，国际文化出版社 1995 年版。

浙江省湘湖师范学校编：《浙江省湘湖师范学校校史》，浙江教育出版社 1998 年版。

刘宪康：《山青花欲燃》，杭州出版社 1999 年版。

陈志根主编：《萧山百年百事》，浙江大学出版社 2000 年版。

席龙飞：《中国造船史》，湖北教育出版社 2000 年版。

褚云皎：《天下奇观钱江潮》，内蒙古人民出版社 2000 年版。

车越乔、陈桥驿：《绍兴历史地理》，上海书店出版社 2001 年版。

陈志根：《萧山古今谈》，西泠印社出版社 2001 年版。

王炜常：《越山湘水识萧然》，萧山档案局（馆）、萧山档案学会编印，2001 年版。

吴桑梓：《湘湖的传说》，北方妇女儿童出版社 2002 年版。

盛鸿郎：《绍兴水文化》，中华书局 2004 年版。

蒋乐平主编：《浦阳江流域考古发掘报告之一：跨湖桥》，中国文物出版社 2004 年版。

浙江省博物馆编：《越魂》，浙江人民美术出版社 2004 年版。

李维松：《萧山古迹钩沉》，方志出版社 2004 年版。

蒋乐平主编：《跨湖桥——新石器时代遗址考古报告》，文物出版社 2005 年版。

〔美〕萧邦齐：《湘湖——九个世纪的中国世事》，叶光庭、张环宙、王芳、李娟合译，陈桥驿校，杭州出版社 2005 年版。

沈青松主编：《历史文化名湖——湘湖》，方志出版社 2006 年版。

陈志根主编：《萧山历史文化研究》，方志出版社 2006 年版。

张均德：《会稽贺氏》，中国文史出版社 2006 年版。

杜永毅：《湘湖古诗五百首》，浙江人民出版社 2006 年版。

吴桑梓等：《湘湖民间传说》，浙江人民出版社 2006 年版。

俞梁波：《感动湘湖》，浙江人民出版社 2006 年版。

陈志富：《萧山水利史》，方志出版社 2006 年版。

吴云主编："杭州滨江区历史文化丛书"之《史事撷英》、《古韵风流》、《乡音土语》、《民俗风情》、《口耳遗文》、《乡贤轶事》、《古镇图说》，西泠印社出版社 2007 年版。

方晨光：《文脉湘湖》，方志出版社 2007 年版。

王心喜：《杭州史前文化研究·跨湖桥文化》，人民出版社 2007 年版。

方晨光等策划、设计、撰文、摄影：《湘湖诗画邮票珍藏册》（内置中国邮政发行《湘湖十景》个性化邮票12枚），浙江省邮票局发行，2007年版。

〔美〕萧邦齐著：《九个世纪的悲歌——湘湖地区社会变迁研究》，姜良芹、全先梅译，社会科学文献出版社2008年版。

钱杭：《库域型水利社会研究——萧山湘湖水利集团的兴与衰》，上海人民出版社2009年版。

杭州市萧山区旅游局：《萧山十景》（画册），2010年版。

湘湖文化研究室编：《湘湖启动区块·景名匾额与楹联》（1—3），2010年版。

杭州市萧山区民政局、杭州市萧山区地名委员会办公室编：《萧山区地名图册》，2010年版。

文章

何天行：《萧山湖岸发现新石器时代陶片》，《考古通讯》1955年第4期。

陈桥驿：《论历史时期浦阳江下游的河道变迁》，《历史地理》（创刊号）1981年11月。

王心喜：《浙江新石器时代文化的特点》，《杭州师范学院学报》1982年第2期。

湖南省博物馆：《湖南石门皂市下层新石器遗存》，《考古》1986年第1期。

侯慧粦：《湘湖的形成演变及其发展前景》，《地理研究》1988年第7卷第4期。

方向明、芮国耀：《萧山跨湖桥新石器时代文化遗址》，《浙江省文物考古研究所学刊》，长征出版社1997年版。

方向明：《试论跨湖桥遗址》，《东方博物》（第二辑），杭州大学出版社1998年版。

徐建春：《浙江聚落——起源——发展与遗存》，《浙江社会科学》2001年第1期。

蒋乐平、王屹峰、郑建明、孟国平：《浙江发现早于河姆渡的新石器时代遗址》，2002年2月1日《中国文物报》。

蒋乐平等：《跨湖桥遗址发现中国最早的独木舟》，2002年3月21日《中国文物报》。

赵辉：《跨湖桥遗址学术讨论纪要》，2002年4月5日《中国文物报》。

蒋乐平：《跨湖桥遗址思考》，2002年5月3日《中国文物报》。

方晨光：《跨湖桥遗存：萧山人的文化名片——跨湖桥遗址文化类型地位与作用的思考》，2002年10月17日《中国文化报》。

朱诚等：《对长江三角洲和宁绍平原一万年来高海面问题的新认识》，《科学通报》2003年第48卷第23期。

郑云飞、蒋乐平等：《浙江跨湖桥遗址的古稻遗存研究》，《中国水稻科学》2004年第2期。

孙自鸣：《浙江海平面年年往上涨》，2004年6月16日《都市快报》（杭州）。

中国社会科学院考古研究所考古科技实验研究中心碳十四实验室：《放射性碳素测定年代报告》（三十），《考古》2004年第7期。

王张华等：《长江三角洲南部地区晚更新世年代地层和海水进退》，《海洋地质与第四纪地质》2004年11月。

蒋乐平等：《浙江萧山下孙遗址发现早于河姆渡的文化遗存》，2004年12月3日《中国文物报》。

刘慧：《跨湖桥文化命名可以成立》，2004年12月18日《浙江日报》。

林华东：《越国固陵城的发现和保护与开发利用》，引自陈香梅文化和自然遗产保护研究中心编《固陵文化遗产发现、保护、利用专集》（第二届杭州历史文化发掘、保护与利用研讨会论文分册），2004年版。

王永江、姜晓玮：《卫星遥感探讨杭州湾跨湖桥古文化消失原因》，《国土资源遥感》2005年第1期。

金毅：《嵊州出土九千年前石刻人头河姆渡文化找到源头》，2005年8月6日《今日早报》（杭州）。

张恒、王海明、杨卫：《浙江嵊州小黄山遗址发现新石器时代早期遗存》，2005年9月30日《中国文物报》。

王健：《略论吴地古人类活动和原始居民》，《学海》2005年第6期。

嵊州市人民政府、浙江文物考古研究所：《专家谈：浙江嵊州小黄山遗址》，2006年1月11日《中国文物报》。

盛丹平：《浙江浦江县上山新石器时代早期遗址》，《农业考古》2006年第1期。

王心喜：《跨湖桥文化的命名及年代学的讨论》，《杭州师范学院学报》（社会科学版）2006年第1期。

王心喜：《小黄山遗址新石器时代早期遗存的考古学观察》，《绍兴文理学院学报》（哲社版）2006年第2期。

蒋乐平：《错综复杂的东南新石器时代早期文化——也谈浙江新发现的几处较早期新石器时代遗址》，中国文物信息网，2006年5月9日。

王心喜：《试论"跨湖桥文化"》，《萧山历史文化研究》，方志出版社2006年版。

方晨光：《杭州湘湖保护开发研究》，《杭州蓝皮书·2009年发展报告》（文化卷），杭州出版社2009年版。

吴健、李萍：《回首八千年——跨湖桥遗址博物馆基本陈列简介》，2009 年 11 月 9 日（http：//www. zjww. gov. cn/magazine/2009 - 11 - 09/11089680. shtml）。

浙江湘湖旅游度假区管理委员会办公室编：《湘湖大事记》，2010 年版。

后　　记

《湘湖史》自2008年3月列项以来，经历了列目、申报、列项、撰稿、统稿、修改、审定、出版等过程，历时四年，现在终于完成了。

2008年初，课题负责人方晨光进行列日申报，《湘湖史》被列入杭州市哲学社会科学规划重点课题与杭州历史文化丛书出版计划。由于课题负责人工作的变化，此项课题任务有所耽搁。到2010年6月才有实质性进展，课题负责人邀请了有一定研究功底并对湘湖有浓厚研究兴趣的萧山五中的孙娟、卓伟和萧山二中的裘陆铭进行撰稿，三位老师不顾教学工作的繁忙，欣然接受了任务。课题组在萧山五中专门召开了课题研讨会，进行课题布置和撰稿分工。而后，大家各负其责，进行艰苦研究，陆续在2011年一季度交了稿。而后，方晨光对课题进行了全面统稿疏理，对章节进行调整，对不足部分进行补写和改写，终于在2011年7月底前完稿。而后，又根据来新夏教授、楼柏青老师和出版社意见再次进行统稿调整，补充了图片，并于2012年10月4日召集课题组成员对书稿进行交叉审稿。应该说，课题组对《湘湖史》研究的态度是认真的，是值得肯定的。

《湘湖史》课题分绪论和5章30节，外加余论和6则附录及参考文献。主要撰稿分工如下：课题提纲及绪论由方晨光撰写，除第三章的第三节和第五节、第四章的第四节部分和第六节、第五章的第五节第二目、余论的部分内容、参考文献目录等由方晨光撰写、整理外，其余第一章、第二章由裘陆铭撰写，第三章、第四章由孙娟撰写，第五章与余论由卓伟撰写，最后由方晨光完成全书统稿，并进行修改、编辑、校对，最后配图及撰写后记等。需要说明的是，因章节内容调整，撰写者所写内容也有交叉。湘湖大事记则凝聚着四位撰稿人的集体智慧。

特别要感谢恩师、中国地方志泰斗、南开大学终身教授来新夏先生，在年近90高龄欣然接受《湘湖史》请序，当接到书稿后，又作一详读，并点出书稿之优劣，先后两次来电嘱咐文稿修改之意见。本想来先生如此高龄，当用较长时间审读与写序，没想到仅仅半月就快递“《湘湖史》序”，除打印稿外还另附一页便签，言辞情真意切、意见非常中肯，且又处处见谦逊。此足见来先生的大家风范，是吾辈学习之楷模。

《湘湖史》被列入杭州市哲学社会科学规划重点课题，得到了杭州市社会科学院、浙江湘湖旅游度假区管委会、中国社会科学出版社、湘湖（白马湖）研究院、杭州市萧山区地方志办公室、萧山区档案局、萧山区科学技术协会、萧山图书馆、萧山五中、萧山二中的大力支持，在科研经费的资助、编撰会议的召开、著作出版的资助、资料查询、出版内容的审校等方面予以鼎力相助，尤其是周膺、韩长来、孙伊田、黄勇芳、沈迪云、孙勤、楼柏青等老师的精心指点，在这里表示衷心的感谢！

由于时间、资料、研究人员水平等因素的限制，本课题尚有许多学术问题未能进行非常深入的研究，有些问题甚至还存在一定的争议，希望大家不吝赐教，并有待于今后作进一步完善。

方晨光

2012 年 10 月